Agréables mensonges

Essais sur le théâtre français du XVIIe siècle

Collection
Bibliothèque de l'âge classique

Photo de couverture :

Eustache Le Sueur : *Clio, Euterpe et Thalie,*
Musée du Louvre.
(Cl. R.M.N., détail)

© Klincksieck, 1991
ISBN : 2-252-02755-X

JACQUES MOREL

Agréables mensonges

Essais sur le théâtre français du XVIIᵉ siècle

Préface de
ALAIN VIALA
avec la collaboration de
Christian Biet, Patrick Dandrey, Georges Forestier

*

Postface de
GENEVIÈVE BOISARD

*

Ouvrage préparé par
GEORGES FORESTIER
avec la collaboration de
Christian Biet, Patrick Dandrey, Alain Viala

K

PARIS
KLINCKSIECK
1991

Préface

Paradoxe de la « littérature grise »... Elle constitue un capital de savoir, et donc, comme telle, une réalité sinon pérenne — car tout savoir est relatif et transitoire — du moins justifiant une conservation, une durée ; et cependant foule d'articles, de dossiers de recherche, de notes, de documents restent dans les tiroirs ou, plus souvent, cantonnés dans les pages de revues spécialisées que seuls quelques... spécialistes justement parcourent encore au bout de quelques années. Ceux-là mêmes à qui elle pourrait être la plus utile, ceux qui sont en train d'apprendre et de chercher, la perdent tôt de vue, s'ils y ont accès, ou, pire, n'y accèdent jamais. Eh que diable ! Qu'on la laisse perdre, si tel est son sort, et qu'on épargne ainsi quelques arbres de nos forêts ! Oui mais : il advient qu'il y ait là matière utile, et donc à préserver. Le livre préserve. Mieux que l'article. Certes il ne garantit pas contre l'érosion du temps, et nombre d'ouvrages dorment à jamais dans leurs bandelettes de poussières au fond des bibliothèques ; du moins il conserve plus d'accessibilité que les numéros de revue, plus dispersés, moins conservés, moins consultés. Le livre proposé ici veut conserver accessibles des travaux que Jacques Morel a menés et rédigés trente années durant, qui conservent leur utilité, qu'il n'a pas rassemblés dans des livres, et que nombre de ses collègues, amis, anciens élèves souhaitent pouvoir lire, relire, consulter et transmettre. Ce n'est donc pas tant — quoique ce le soit pleinement ! — l'hommage à un enseignant — chercheur à la carrière déjà bien remplie — quoiqu'elle soit loin d'être finie ! — que le souci de poursuivre les tâches dans lesquelles il s'est investi qui a présidé à la préparation du volume que voici.

Ce volume frappera sans doute l'attention du lecteur par son dosage singulier entre l'unité et la variété. Combinaison qui est à l'image de la personnalité et de la démarche critique de son auteur. L'unité en est flagrante dans la matière même : il n'est question ici que du théâtre du XVIIᵉ siècle français, auquel Jacques Morel a consacré la plus grande partie de sa carrière universitaire.

La variété n'est pas moins sensible : le nombre des écrivains auquel il a consacré des études critiques, de Rotrou à Racine, de Hardy à Fontenelle, montre qu'il a, plus que beaucoup, lu sinon tout, du moins une immense part de la production théâtrale de ce temps ; et sa curiosité ne s'est pas bornée là, les excursions abondent vers d'autres horizons, de Sénèque à Giraudoux... Qu'il soit permis — et je promets que ce sera la seule manifestation d'hommage personnel et amical que je me permettrai là — à un qui le connaît bien d'ajouter que ce n'est encore qu'une fraction de tout ce qu'il a lu, aimé, étudié.

Cela d'ailleurs correspond bien à ce qui fonde plus que tout la démarche intellectuelle du critique selon Jacques Morel : une connaissance intime et diversifiée des œuvres littéraires, plus que l'une ou l'autre doctrine interprétative.

Mais la bonne innutrition ne va pas sans une problématique. Elle se manifeste ici à travers quelques thèmes de réflexion majeurs — qui nous ont dicté pour la composition de l'ouvrage un regroupement thématique des articles recueillis, plutôt qu'un plan chronologique. Le domaine de prédilection des études ici rassemblées est celui de la DRAMATURGIE. Il constitue le champ de recherche privilégié de Jacques Morel depuis sa thèse sur Rotrou dramaturge de l'ambiguïté. *Tout le présent ouvrage relève de cette préoccupation ; mais les deux premières parties en sont les lieux d'expression les plus caractéristiques. Question conjointe, celle des modèles, de leurs reprises, respect ou transformations : elle irrigue les deux autres parties. Mais deux autres interrogations, que l'on peut même dire thèses essentielles de ces études critiques, courent en filigrane dans tous ces textes, et me paraissent constituer les apports les plus forts. La première tient à l'observation aiguë des effets de mixité thématique et formelle, des cas multiples et variés d'œuvres qui échappent au classement usuel en genres distincts ; à cet égard, ces études invitent à user avec précaution des notions commodes mais souvent trop vite figées de « classique » et de « baroque » : Jacques Morel n'a jamais refusé ou récusé ni l'une ni l'autre, mais ne les prend jamais pour argent comptant sans en relativiser les pertinences. L'autre interrogation forte, et sans cesse plus forte chez lui au fil des années — la consultation de la chronologie des articles est à cet égard parlante — tient au rapport entre les formes de la création littéraire et artistique et les formes de pensée d'un temps et d'un milieu.*

Ce point mérite qu'on s'y attarde un instant. Juste celui qu'il faut pour le souligner par deux exemples. Lorsqu'il met en relation la classification des genres et celle des valeurs morales (voir les chapitres I, 9 et II, 4) ou encore lorsqu'il forme l'hypothèse que l'esthétique baroque correspond à un imaginaire « centrifuge » (chapitre I, 1) ce sont des identités structurales entre la représentation du monde et le monde de la représentation qu'il met en évidence. Ces hypothèses sont lourdes d'enjeux. Elles entrent, par exemple, dans un dialogue fructueux avec certaines réflexions d'Erwin

Panofsky. *On voit combien il eut été préjudiciable de les laisser s'étioler faute d'accès commode pour les lecteurs.*

Mais au-delà encore, une problématique plus constante sous-tend l'ensemble de ces analyses critiques. Sans grand bruit de théorie, c'est la question sans cesse reprise ici : « Qu'est-ce que le théâtre ? »

Jacques Morel donne deux réponses, l'une qui concerne la forme, l'autre qui porte sur la nature ; les savants du XVIIᵉ siècle diraient : une définition de mot et une définition de chose... Pour la définition du mot, Jacques Morel revient sans cesse sur le fait que la forme théâtrale est double : à la fois littérature et spectacle. La pointe de l'analyse en termes de dramaturgie consiste alors à constamment envisager le texte de théâtre dans sa signification sur scène. Sans théoriser dans l'abstrait, les articles ici rassemblés fourmillent d'études nourries de cette observation ; on en trouvera un exemple achevé dans le chapitre « Corneille metteur en scène » — qui était dans sa version orale accompagné de diapositives qu'il n'a malheureusement pas été possible de reproduire ici.

Mais s'agissant de la nature même de la création théâtrale, le propos de Jacques Morel va encore au delà. Il nous invite à regarder ces œuvres comme autant d'explorations du possible, comme autant — pour reprendre une expression de Philippe Hamon — de « simulations de situations » par le moyen du texte de fiction et du spectacle, donc comme découverte, par les voies de l'imaginaire, d'espaces de réalités éventuelles. Remarquable à cet égard est la réflexion, souvent reprise dans ces pages, sur l'œuvre de Rotrou, et en particulier sur la figure de Saint Genest. Ce volume aidera à avancer dans l'étude de la question de l'utilité du théâtre, qui hante le XVIIᵉ siècle français, et propose de répondre par une utilité qui, au delà du divertissement — qui n'est pas négligé pour autant — et au delà du rôle même de représentation, le théâtre est un art d'exploration. Et par une telle réponse, cette longue méditation sur le théâtre du XVIIᵉ siècle échappe aux bornes des limites séculaires, s'étend au théâtre en général, et s'ouvre même à la littérature générale.

Cette ouverture vaut aussi comme une réponse à toute question sur les raisons d'étudier la littérature, d'y consacrer des enseignements et des recherches. Elle ne sert pas seulement à former le goût : elle construit l'esprit d'analyse et le jugement ; et elle conduit vers l'histoire des formes, des arts, des idées, vers l'histoire sociale et celle des mentalités, enfin vers la réflexion anthropologique. C'est beaucoup ; il y a encore un peu plus : le ton général de ces pages est à lui seul une autre invitation : une invitation à aimer la littérature et le théâtre, à aiguiser ses curiosités et son attention.

Tous ceux qui connaissent Jacques Morel le retrouveront, tous ceux qui le liront sans le connaître le percevront, au fil de ces pages, sous les deux traits essentiels qui ont caractérisé sa carrière et — on peut le mentionner, je pense, sans quitter le plan de ses travaux — sa personnalité : l'érudition et la sensibilité.

Alain VIALA.

Agréments du mensonge

« Carminibus ponent clausa theatra modum »

Corneille, *Excusatio*.

Tout art est mensonge, en ce qu'il a les caractères que l'homme prête au vrai, mais qu'il n'est pas le vrai. Et particulièrement l'art théâtral, qui requiert une aire de jeu, un temps de représentation, et des «gens assemblés» qui s'entretiennent : sur la scène, dans la salle, et de l'une à l'autre.

Le théâtre est encore mensonge, parce que le lieu construit ou tracé pour lui est le tapis que le poète, «à l'aide d'un acteur», sait faire voler, avec une merveilleuse promptitude, jusqu'aux bords du Tibre ou aux rives d'Aulis ; et parce que le temps minuté du spectacle comprend et contient le passé du récit et l'avenir de la prescience ou de la prophétie.

J'ai dès l'enfance aimé l'or et la pourpre, les ombres et la lumière, les cris et les silences de la boîte magique du théâtre ; pleuré avec *Les deux Orphelines*, accompagné les *deux Enfants* dans leur *Tour du Monde*, cru être un grognard auprès de *Madame Sans-Gêne*. J'ai joué de cette connivence jadis évoquée par Stendhal, pacte de faux-semblant séduisant et dangereux : car le public fait périr les Genest qui se prennent pour des Adrien ou prétend châtier le traître de mélodrame qui joue trop bien son rôle. Je connais encore parfois cette volupté de celui qui longe un gouffre en ne sachant pas très bien s'il est assuré de ne pas s'y précipiter. J'aime cette sorte de vertige.

**

Tout peut s'arrêter là. Mais le théâtre propose beaucoup d'autres plaisirs aux labadens, aux pions et aux pédants que nous avons été ou que nous sommes (avec des dénominations plus flatteuses) : la récurrence et l'expansion. On ferme les yeux pour ne jouir que de la diction. On quitte la salle et on ouvre l'in-douze : on le lit soi-même, à haute voix ; la voix se lasse, on se contente de la lecture muette. On est seul enfin, sans compagnon, sans partition, avec sa pauvre mémoire. On se dit à soi-même les vers retenus («Le dessein en est pris [...] ; «Non, je ne pleure pas, Madame [...]) ou l'attaque d'une tirade en prose («Certes, ce n'est pas une petite peine [...]). Ayant ainsi redescendu tous les degrés de l'art oratoire selon Cicéron, on veut percer à jour le texte : derrière les répliques du *Saül* de Gide chantent les plus beaux vers de *Phèdre* ; sous la nouveauté anti-théâtrale d'Ionesco se cachent des réminiscences shakespeariennes ou moliéresques ou byroniennes. Tout cela n'est qu'esquisse partielle de ce qu'on peut appeler étude récurrente d'un texte de théâtre. L'étude expansive est plus agréablement perverse encore : on y casse le texte, on y procède à des prélèvements indiscrets, on va chercher à côté des pages de roman, des anecdotes historiques, d'illustres personnages ; on concocte tout cela : cela fait un ragoût critique au fumet délicieux, à partir duquel on pourrait d'ailleurs bâtir un spectacle. Des praticiens du théâtre actuel ne s'amusent-ils pas à présenter des menus ainsi conçus, intervertissant deux répliques de *Britannicus* ou composant un cocktail qui réunit Euripide, Sénèque et Racine ? Cela est toujours bon, parce que le Théâtre, comme la Bible, est assez *solide* pour supporter toutes les formes d'insolence. Préparons le banquet, chantons le Cômos, et que retentissent les trois coups !

J'aime le théâtre.

Jacques MOREL

Avant-propos :

De l'esthétique classique *

La difficile victoire du dépouillement et de l'unicité de décor sur la profusion baroque correspond assez exactement à celle de la régularité classique sur la liberté des œuvres du début du siècle. Les poèmes de Hardy et de ses contemporains faisaient bon marché de l'aristotélisme. L'*Art poétique* d'un Vauquelin de La Fresnaye (1605) et surtout celui de Laudun d'Aigaliers (1598), entérinent cet « anti-classicisme ». Grande liberté dans la structure, temps indéterminé, mais qui peut embrasser toute une vie, audace des situations, épisodes sanglants qu'on ne se contente plus de raconter mais qu'on impose aux regards de l'assistance, langage fortement coloré, qui ne craint ni la violence ni la crudité, inspiration enfin souvent romanesque, qui tend à faire prévaloir, dans la tragédie même, les vicissitudes de la fortune sur les exigences du destin. C'est contre tout cela que réagissait la préface de *La Silvanire* (1631) et que Chapelain militait dès 1630, en attendant le progressif triomphe des « doctes » : La Mesnardière, dont la *Poétique* paraît en 1639, Sarasin, qui publie en 1640 son *Discours de la tragédie*, Vossius dont l'œuvre monumentale paraît en 1647, et surtout l'abbé d'Aubignac, dont la *Pratique du théâtre* est publiée en 1657. Deux notions ont dominé l'histoire de la régularité. L'une correspond à une exigence sociale : c'est la bienséance, selon laquelle les héros dramatiques doivent se garder de blesser, non seulement les mœurs du pays et des temps que leur histoire évoque, mais encore celles de la société à laquelle le poète les présente. L'autre répond à une exigence intellectuelle : c'est la vraisemblance, au nom de laquelle la règle d'un jour, puis celle de l'unité de lieu doivent accompagner la nécessaire unité d'action ou d'intérêt. C'est au nom de ces deux principes fondamentaux que le *Cid* a été blâmé par l'Académie, sensible sans doute, après le précédent du fol et brillant *Tyr et Sidon* de

* Encyclopédie du Spectacle, Paris, Gallimard, 1965. (« L'Esthétique classique »).

Schélandre, insolemment préfacé par Ogier (1628), au danger que la tragi-comédie faisait courir à la régularité enfin respectée, ou peu s'en fallait, par la pastorale et la tragédie. En fait, l'étroite observation des règles était en 1636, une gageure. Elle ne répondait pas au goût du public pour le spectacle extérieur, pour l'aventure et pour les surprises. Elle ne répondait pas même à celui des savants théoriciens qui prétendaient l'imposer. Richelieu protège le docte et sévère Chapelain, et les œuvres dramatiques dont il suscite la création ressortissent à l'esthétique du mouvement et de la surprise. Mairet et Scudéry se font les champions de l'orthodoxie, mais le premier demande au dramaturge de mettre plus d'action en son théâtre que ne faisaient les Anciens, et le second multiplie dans ses tragi-comédies « changements de face » et épisodes romanesques. Les années 1630-1650 voient s'affirmer l'influence italienne sur les Pichou et les Rayssiguier et l'influence espagnole sur les Du Ryer et les Rotrou. Celles qui suivent immédiatement la Fronde correspondent au triomphe du théâtre romanesque d'un Thomas Corneille, d'un Quinault, d'un Magnon ou d'un Le Royer de Prade. La discipline des règles ne pourra vraiment s'imposer qu'après la publication de la *Pratique de théâtre*, violente réaction, entre autres, contre les excès du romanesque, qui sera suivie des premiers grands chefs-d'œuvre de Molière et de Racine : *Les Précieuses ridicules*, profession de foi de réalisme dramatique (1659) ; *Alexandre*, où le jeune Racine fait pour la première fois l'apologie de la « simplicité » du sujet, et propose la formule de la tragédie chargée de « peu d'incidents et peu de matière » (1666).

  C'est, en un certain sens, le triomphe de l'académisme en matière théâtrale. Les *Discours* de Corneille le refusent, dans une attitude de défi très proche de celle que le poète adoptait au moment de la Querelle du *Cid*. En 1636, Corneille avait raison. En 1660, c'est lui qui a tort. Entre d'Aubignac et Corneille, entre Racine et Corneille, il y a la distance d'une conception de l'œuvre d'art qui soumet la beauté à la raison et envisage le poème dans son achèvement et son implacable finitude, à une conception si l'on veut, baroque, où les beautés surprennent par l'extraordinaire, où l'on compte plus sur la complicité et l'imagination du spectateur que sur son adhésion réelle à un système et à une action dramatiques. Le plaisir dramatique sera bientôt inséparable de la connaissance intellectuelle. Le principe de l'admiration et le goût des situations pathétiques feront place avec le théâtre racinien à une conscience tragique, avec le théâtre moliéresque à une conscience ironique des irrémédiables contradictions humaines. Le rationalisme dramatique, qui n'est pas, en 1636, adapté aux exigences du temps, se trouve en 1660 parfaitement accordé à la nouvelle conception de l'homme et de sa condition, que Pascal et La Rochefoucauld ont illustrée dans sa terrifiante nudité. Le drame ouvert à l'espérance fait place à la tragédie du désespoir. Bientôt, une œuvre comme *La Princesse de Clèves* fera tomber les dernières illusions romanesques. L'exigence de vérité prend le pas sur l'exigence de grandeur : le cœur n'est plus ému de « ce qu'il ne croit pas ».

I

Thèmes et formes

1

L'imaginaire du spectacle[*]

Tout art selon l'antique doctrine imite la nature, c'est-à-dire la reproduit ou entre en émulation avec elle. Mais plus que tout autre l'art dramatique où l'architecte, le décorateur, le poète et les interprètes recréent les trois réalités fondamentales du temps, de l'espace et du mouvement. Ainsi une vision naïve ou hyperréaliste du théâtre le rendrait-il semblable à ces applications de la physique de la lumière où le blanc parfait se reconstitue à partir des sept couleurs qui composent ses éléments.

Cependant, l'art n'est pas la nature. Et une illusion parfaite, comme celle que veut donner le trompe-l'œil des peintres, doit être assimilée au mensonge. Les murs décorés en pastorale du jardin des Wolmar ou les décervelages de notre Grand-Guignol ne peuvent être l'objet de totale illusion que pour des spectateurs assez envoûtés pour oublier que le domaine de Julie est fermé et que les suppliciés vont tout à l'heure, à l'avant-scène, s'incliner devant le public. Je peux bien être bouleversé par l'acteur rêvé par Artaud qui se brûle lui-même comme le Phénix en brûlant les planches, non pas me croire transporté dans la chambre d'Émilie, au tombeau de Ninus ou dans le palais de Thésée comme l'écolier d'Asmodée put l'être dans les demeures de ses concitoyens.

La représentation théâtrale participe à la fois d'un « agréable mensonge », l'imitation, et d'une authenticité qui lui est propre, et qui est sa vérité : une création esthétique plus ou moins précisément codée. Au XVIIe siècle, la fidélité dans l'imitation s'appelait vraisemblance, et Corneille a nommé « fictions de théâtre »[1] l'ensemble des conventions admises par l'auditoire et respectées par l'artiste. Le talent des créateurs consiste à si bien ménager la première et les secondes qu'elles puissent collaborer entre elles, et tour à tour paraître se confondre ou crier leur différence et leur contradiction

---

[*] *Mélanges Milner*, Paris, Corti, 1988. (« L'Imaginaire du spectacle au XVIIe siècle »).
1. Examen du *Cid*.

Cette ambiguïté, d'où procèdent toutes les autres ambiguïtés du spectable, le XVIIe siècle semble l'avoir vécue d'abord comme tension inquiétante ou délicieuse incertitude, avant de la surmonter, progressivement, par cet art subtil de la conciliation qu'on appelle, depuis près de deux siècles, le classicisme.

*
* *

La tragédie des années 1660-1680 permet, dans son texte même, de définir avec une relative facilité la conciliation qu'elle opère. Un jeu s'y déroule, qui a ses règles, sa donne, son enjeu, son commencement et sa fin comme une partie d'échecs exemplaire. Un poème est dit, plus proche qu'il ne semble de ce qu'on appelle une « forme fixe ». Tout cela dans le cadre d'une scène limitée par des parois percées de rares ouvertures. Tels sont les éléments d'une « cérémonie » fondée sur la convention du lieu, qui est fermé, du temps, qui est court, du geste et de la diction, qui sont codifiés. Mais ces composantes une fois déchiffrées comme autant de signes, une illusion virtuelle se déploie dans un au-delà de l'espace et du temps de la représentation. La fermeture de la scène, celle du poème, favorisent cette sorte d'illusion, que nourrit ce qui se voit et ce qui s'entend dans leur cadre limité. Pourvu qu'il ne choque pas, le décor est indifférent. La liberté d'évoquer par le récit ce qui s'est passé autrefois ou ce qui se passe ailleurs permet de se contenter des célèbres unités. Le fait que ce qui ne repose pas sur le jeu et les propos de l'acteur n'a pas de sens en soi impose que la scène ne soit jamais vide au cours d'un acte et rend aux entractes le baisser du rideau inutile. Le palais de Thésée ou celui de Titus perdent leur identité quand les comédiens qui l'habitent et le désignent ne sont plus là pour l'authentifier.

Le théâtre classique est centripète. Tout s'y résout en un jeu étroitement limité dans l'espace-temps, mais où toutes les « réalités » peuvent converger par le moyen des tropes, ces procédés d'expression indirecte où se tranpose ce qui ne peut être montré directement. L'illusion de la présence y est procurée par la médiation de l'hypotypose. Les pleurs et le récit tiennent lieu de l'ekkyklème antique ; on n'a plus besoin de présenter aux yeux du spectateur le cadavre du héros sacrifié. Aussi bien Ogier de Gombaud écrivait-il dès 1631 que les récits des messagers pouvaient émouvoir « autant ou plus que la chose même dans une bouche fort éloquente »[2]. Touché par le rythme et les modulations de la phrase ou du vers, instruit par le mot et le geste qui désignent un objet ou une situation, le spectateur est invité à un travail actif de l'imagination où puisse être restitué, si l'interprète ne l'a pas trahi, l'univers largement étendu (et les temps indéfiniment prolongés) de l'invention poétique. Le lieu et le moment de

2. Préface d'*Amaranthe*.

la représentation éclatent quand Antiochus évoque « l'orient désert »,
Phèdre les détours du labyrinthe, ou Harpagon le jardin où il a enterré
son or.

*
* *

Cependant, dans les années 1630-1640, le théâtre de l'Hôtel de
Bourgogne et celui du Marais, tout en s'inspirant en leur architecture des
mêmes modèles (Vitruve relu et corrigé par les théoriciens ou les metteurs
en scène d'Italie, Serlio en attendant Sabbatini), supposaient une tout
autre conception de la scène, du jeu et du poème dramatique. Le *Mémoire*
du décorateur Mahelot, mais aussi les textes dramatiques et critiques
imprimés et certains frontispices, comme ceux de *La Mort de César* de
Scudéry (1637) ou du *Martyre de Sainte Catherine* de Puget de La Serre
(1643), permettent de rendre compte de cette conception sans risque de
s'égarer.

L'aire de jeu comporte alors (dans la réalité de la décoration ou dans
les vœux des poètes et des théoriciens) la représentation du lieu ou des
lieux de l'action. Elle présente dans la plupart des cas un décor simultané
comparable à ceux des *Passions* médiévales et supposant d'ailleurs des
conventions de jeu souvent comparables aux leurs. Mais les lieux représentés
sont disposés au fond et sur les côtés de la scène ; ils sont en principe assez
richement construits et dessinés selon les lois de la perspective, une
perspective d'illusion destinée à donner l'impression de la profondeur.
Ces lieux s'ouvrent et se ferment, demeurant tels qu'au début du jeu ou se
métamorphosent : la chambre nuptiale devient chambre funèbre, la
montagne découvre le tombeau d'Antigone, le temple se mue en palais.
Une façade disparaît pour faire voir les vignes de Suresnes ornées de
véritables grappes. Le ciel « naturel » s'ouvre et le Ciel de Jupiter apparaît.
La perspective unifiante d'abord aperçue doit parfois être réinterprétée.
Le jeu des acteurs, leurs propos, leurs sorties et leurs entrées montrent
que le carrefour comique, dans *Mélite* de Corneille, veut évoquer en réalité
deux quartiers éloignés d'une même ville. L'espace rassurant d'une
campagne de Touraine s'efface pour faire voir une lointaine cité ou le parc
d'un château : c'est ce qu'indique nettement le texte (et les didascalies) de
L'Illusion comique. Il n'y a donc pas nette séparation entre le jeu du
théâtre et le reste du monde. On songe parfois à ces *Nativités* où l'étable
s'ouvre sur la campagne et ses brebis, sur le ciel, l'étoile et les anges. La
scène baroque est centrifuge. Elle fait éclater ses perspectives de tous les
côtés sur l'indéfini du temps et de l'espace.

Ainsi cette scène représente une tension entre l'image et le signe :
chaque lieu construit peut entretenir une illusion partielle et d'un moment,
en se présentant, quand les personnages y évoluent, comme suffisamment
plausible pour aider l'imagination à la croire mimétique au sens premier
du mot. Mais la présence en un même espace de lieux réputés très éloignés

suppose, de la part du spectateur, l'acceptation de conventions, d'un code au moins implicite, et reposant sur l'utilisation de tropes théâtraux. Quand Tirsis disparaît par la gauche pour reparaître du côté droit, c'est qu'il est censé avoir parcouru une distance considérable. Pourtant, la contiguïté des lieux construits, tout en étant de l'ordre de la transposition poétique, peut apparaître aux yeux d'un public naïf comme fidèle reproduction du vrai. La scène française des années 1630-1640 amène à confondre, dans l'indéfini de l'espace théâtral, l'image et le signe, la présentation de l'ordre de l'hypotypose et la représentation de l'ordre du trope. C'est de cette confusion qu'est victime le père de *L'Illusion comique*, tout comme les spectateurs princiers du « Martyre d'Adrien » dans *Saint Genest*, et Genest lui-même. Car la confusion du signe et de l'image peut entraîner celle de la scène et de la salle, celle de l'auteur et du public, celle du comédien et de son personnage. « Aujourd'hui, dit l'« orateur » de *La Comédie des comédiens* de Gougenot, publiée en 1633, deux de nos principaux acteurs se sont émus si avant sur ce sujet, qu'ils sont passés des paroles aux effets, où par une mauvaise rencontre ils se trouvent tous deux blessés ».

*
* *

Cette opposition et parfois cette confusion maintiennent cependant, même si ce doit être dans l'ambiguïté, la double dimension nécessaire de l'image et du signe. En revanche, on aboutit à la contradiction et à l'absurdité quand on prétend que tout au théâtre soit de l'ordre de l'hypotypose immédiate et de l'illusion sensible. C'est ce que voulait Chapelain qui écrivait dès 1630 : « L'imitation en tous poèmes doit être si parfaite qu'il ne paraisse aucune différence entre la chose imitée et celle qui imite ». Et l'abbé d'Aubignac, dans sa *Pratique du théâtre* de 1657 : « Il ne se faut point imaginer qu'il n'y ait rien de tout ce que nous y voyons, mais bien les choses mêmes dont nous y trouvons les images. Floridor alors est moins Floridor que cet Horace dont il fait le personnage ». De telles exigences peuvent aboutir à la pure et simple négation du théâtre. Du moins l'imagination dont parle l'abbé d'Aubignac ne peut-être naïf abandon à l'impression première, mais doit procéder d'une fine conciliation, au sein du plaisir, de l'esprit, du cœur et des sens. Répondant en 1660 aux objections que la *Pratique* formulait contre son système dramatique, Corneille a proposé des « fictions de théâtre » supposant que le public, emporté par le poème, son verbe et son action, se garde de prêter attention aux fautes apparentes de l'auteur envers la stricte imitation du réel. Une étroite « vraisemblance » lui importait aussi peu, dans la mise en scène du premier acte du *Cid*, que dans le choix même des sujets et des héros qu'il proposait au public. Certes, il pouvait séduire dangereusement ce public en le faisant assister à la scène du soufflet, non par bravade à l'égard des bienséances, mais pour jeter, dit-il, ses spectateurs « dans le parti de l'offensé » ; et quand, au contraire, il faisait seulement raconter la mort du Comte, non par soumission aux mêmes bienséances, mais afin que Rodrigue demeurât plus sympathique à l'auditoire que son adversaire. C'était utiliser en bon avocat l'hypotypose immédiate dans la première situation et non moins habilement l'artifice du trope euphémique dans le second. C'était une manière à lui de transposer dans le poème le jeu des toiles qui révélaient ou qui masquaient les compartiments de la scène baroque. Mais du même mouvement il définissait dans cette transposition les principes qui devaient être un peu plus tard ceux de l'esthétique racinienne. Dans *Le Cid*, l'illusion théâtrale, ou plutôt la connivence sensible entre le spectateur et le poète, naît du poème et non de l'espace où se déroule sa représentation. A deux reprises cependant, par la grâce du théâtre à machines, il était revenu à l'esthétique de l'éclatement temporel et spatial. *Andromède* et *La Toison d'or* étaient d'ailleurs, ultime paradoxe de l'art théâtral baroque, parfaitement conformes à l'exigence de vraisemblance formulée par l'abbé d'Aubignac. Les métamorphoses y devenaient plausibles parce qu'elles provenaient d'un effet surnaturel (ce sera plus tard le cas dans l'opéra). Et de plus, ajoutait Corneille, les dieux pouvaient, ici et là, descendre dans un palais au moyen de machines volantes, car « nos théâtres ne sont fermés en haut que de nuages ». Belle et spirituelle alliance, sous la plume du poète en sa maturité, de la convention poétique et des réalités concrètes du décor et du jeu. Remonterons-nous au Ciel de Jupiter, au delà de ces nuages ? nous nous abandonnerons au rêve baroque. Apprivoiserons-nous la divinité, pour qu'elle demeure dans nos temples comme l'Athéna de *L'Orestie* ? nous nous conformerons à l'esthétique racinienne. Artémis a son autel dans *Iphigénie*, et Phèdre bâtit un sanctuaire à Aphrodite. Mais seul le naïf soldat, au dénouement, aperçoit la première « dans la nue » ou croit voir Poséidon aiguillonner les « flancs poudreux » des chevaux d'Hippolyte. La « cérémonie » racinienne intègre le sacré dans la cité humaine. L'aventure baroque s'efforce de le rejoindre en faisant s'effondrer les murailles des palais.

2

L'apport des *Minores**

Le champ d'investigation correspondant à ce sujet est si vaste que nous nous résignons à n'en aborder que quelques aspects ; ceux qui nous semblent avoir la meilleure chance de représenter les dimensions cardinales du goût, du sens de la « littérarité » et de la conception de l'Histoire littéraire de nos prédécesseurs les plus proches et de nos contemporains ; ceux aussi qui nous paraissent susceptibles d'application dans d'autres domaines, dans d'autres pays et à d'autres époques. Nous n'évoquerons guère les œuvres des plus grands qui, à l'intérieur de leur production, peuvent être considérées comme mineures ; nous ne ferons qu'effleurer le problème (cependant essentiel) des œuvres mineures appartenant à d'autres genres littéraires mais ayant, comme source thématique, esthétique ou idéologique, exercé une influence sur la création théâtrale de l'époque dite classique ; enfin, nous ne poserons qu'indirectement les questions touchant aux définitions : qu'est-ce qu'un auteur mineur ? qu'est-ce qu'une œuvre mineure ?

Notre propos sera donc limité à la confrontation entre des œuvres qui appartiennent au théâtre parce qu'elles s'inscrivent dans le champ de production dramatique, et celles qui constituent ce que Jacques Truchet appelle le « répertoire » au sens le plus large du terme, c'est-à-dire celles qui sont régulièrement représentées, ou couramment lues, ou volontiers étudiées.

Qu'on l'explique de la manière qu'on voudra, la production théâtrale du XVIIᵉ siècle a été dès leur temps même dominée par trois noms, Corneille, Racine, Molière : rien de ce qui les a précédés, accompagnés et suivis ne les a égalés dans l'esprit des commentateurs, dans la mémoire des hommes de culture et surtout aux planches des théâtres.

* Il « Minore » nella Storiografia Letteraria, Actes du Colloque de Rome, Longo Editore, 1985. (« La Place et l'intérêt des Minores dans l'étude du théâtre français du XVIIᵉ siècle »).

Pour autant ne faut-il lire qu'eux, pour le plaisir ou pour l'instruction ? Préfaçant sa monumentale *Histoire de la Littérature dramatique française du XVIIe siècle*, H. C. Lancaster justifiait en 1929 une telle entreprise en affirmant que les œuvres moins connues pouvaient être intéressantes, soit en elles-mêmes, soit pour mieux faire connaître et estimer Corneille, Racine et Molière. C'était pour Lancaster l'occasion de rendre hommage à ses prédécesseurs du XVIIIe siècle, particulièrement aux frères Parfaict, et à ceux du XIXe, les Fournier, les Fournel, et l'ensemble de la Bibliothèque elzévirienne. Il pourrait ajouter aujourd'hui le volume procuré à la collection de la Pléiade par Jacques Scherer (1975), et des collections aussi riches que celles des Textes Littéraires Français Modernes, et de tant d'autres, Tours, Saint-Étienne, Bologne, Florence, Exeter et les grands centres américains ayant permis à un large public l'accès à des œuvres autrefois réservées aux lecteurs privilégiés de la Bibliothèque Nationale, de l'Arsenal ou de la Mazarine.

Lancaster se situait dans le droit fil des recherches de Gustave Lanson, dont l'*Esquisse d'une histoire de la tragédie française*, substance du cours professé à Columbia University en 1916-1917, avait été éditée à New-York en 1920. La plupart des historiens du théâtre qui ont succédé à l'un et à l'autre se sont efforcés d'insérer eux aussi le surgissement des chefs-d'œuvre dans une histoire qui les débordait largement. Un fort petit nombre d'entre eux a suivi la leçon de Charles Péguy dans les célèbres pages de *L'Argent suite* (22 avril 1913) dont je ne résiste pas à la tentation de lire au moins quelques lignes :

> J'étais justement à l'École Normale quand M. Lanson y vint enseigner. Je me rappelle encore comme si j'y étais ces longues et ponctuelles et sérieuses leçons sur *l'histoire du théâtre français*, qui nous plongèrent dans une stupeur d'admiration. Je le dis sans ironie aucune. Je n'ai pas envie de rire ; et on peut m'en croire. Ça, c'était du travail. Il avait lu, il connaissait tout ce qui s'était publié ou joué ou l'un ou l'autre ou l'un et l'autre de théâtre en France ou en français jusqu'à Corneille [...]
>
> Il arriva une catastrophe. Ce fut Corneille [...] Lui aussi il avait fait semblant de vouloir entrer en série [...] Vous savez, ces premières pièces, qui viennent en suivant, qui s'intercalent bien à leur place dans l'histoire du théâtre français [...] On essaya bien de quereller encore *Le Cid*, en appelant au secours Guilhen de Castro. Mais tout le monde avait compris que celui qui comprend le mieux *Le Cid*, c'est celui qui prend *Le Cid* au ras du texte ; dans l'abrasement du texte ; dans le dérasement du sol ; et surtout celui qui *ne sait pas* l'histoire du théâtre français.

Dans l'Introduction de son *Théâtre du XVIIe siècle*, Jacques Scherer écrit :

> A l'image sommaire d'un classicisme souvent affadi par la tradition universitaire le présent recueil voudrait substituer le tableau d'une production extrêmement diverse, riche de passions et d'intentions

défendues avec ardeur, et obtenant souvent des réussites littéraires et dramatiques remarquables. (p. IX)

Jacques Scherer donne l'exemple des *Galanteries du duc d'Ossonne* de Mairet, œuvre naguère étudiée par Giovanni Dotoli et Robert Horville, où il aperçoit avec raison une dimension non autrement représentée du goût des années 1630. C'est encourager à multiplier les monographies « ouvertes » sur des auteurs plus ou moins oubliés, à tenter de saisir les principes de fonctionnement d'un corpus correspondant à la production de l'un deux, à rechercher, dans une œuvre rare, un témoignage irremplaçable dans les domaines de la curiosité intellectuelle ou de l'imagination scénique.

Les monographies d'auteurs se sont multipliées après 1850, au nom d'un optimisme « historicien » et positiviste. Elles ont souvent été relayées de nos jours avec des travaux visant davantage à l'interprétation éthique ou esthétique de l'œuvre ou à sa mise en perspective dans l'histoire des mentalités ou dans celle des genres considérés. Après le *Rotrou* de Jules Jarry (1868), le *Thomas Corneille* de Gustave Reynier (1893), le *Tristan* de N. Bernardin (1895), le *Mairet* d'Ernest Dannheisser (1888), les premières décennies de ce siècle voyaient paraître le *Scudéry* d'A. Batereau (1902), le *Pierre Du Ryer* de Lancaster (1912), le *Pradon* de Thomas Bussom (1922) et le *Quinault* d'Étienne Gros (1926). Tous ouvrages qui bénéficiaient des progrès de l'érudition et contribuaient, sans en avoir toujours une parfaite conscience, à apporter quelques pierres à une sociologie de la littérature encore à naître, à tisser, par l'étude des sources et des influences, un réseau historique et géographique préludant aux travaux actuels sur l'intertextualité et à l'esthétique de la réception. Dans les toutes dernières années, où la réflexion sur les formes de l'écriture théâtrale a été particulièrement intense et rigoureuse, de Jacques Scherer à Anne Ubersfeld, les monographies d'écrivains se sont astreintes à une double orientation, esthétique et éthique à la fois, l'effort étant fait pour saisir autant que possible le rapport entre l'une et l'autre. Ainsi en est-il du *Rotrou* de Francesco Orlando (1963), du *Tristan* de Daniela dalla Valle (1964), des ouvrages de Thomas Zamparelli sur Claude Billard (« a Study in post-renaissance dramatic Esthetics », 1978) ou de Françoise Charpentier sur Montchrestien (« les débuts de la Tragédie héroïque », 1981).

Les études plus particulièrement consacrées à quelques œuvres rares, particulièrement à l'occasion d'une édition, donnent aux chercheurs la possibilité d'analyses systématiques, portant sur les sources et influences, sur les conditions de la représentation, ou procédant selon les méthodes de l'analyse actantielle, de l'étude dramaturgique, de l'analyse sémiotique. Les commentaires de G. Dotoli sur *Le Railleur* de Mareschal ou *Les Galanteries* de Mairet, ceux de G. Saba sur *Pyrame*, ceux de J.W. Barker sur les deux *Tyr et Sidon* de Schélandre, qu'il a publiés conjointement en 1975, apportent non seulement toute sorte de documents précieux sur l'aspect extérieur de la création des œuvres, mais aussi sur la complexité de leur structure et leur efficacité paradoxale. Dans sa *Dramaturgie classique* (1951), Jacques Scherer affirmait que « des pièces médiocres peuvent intéresser la dramaturgie autant que les chefs-d'œuvre, et peut-être davantage » (p. 9). N'en prenons pour exemples que la thèse (malheureusement non publiée) d'Albert Azeyeh sur Rayssiguier, au jury de laquelle le regretté Roland Barthes avait bien voulu participer en 1977, où les principes barthésiens de l'analyse des textes avaient conduit le candidat à des conclusions de l'ordre de l'esthétique et de l'idéologie qui rejoignaient et confortaient celles des plus récents historiens du théâtre de l'époque « baroque » ; ou, celle, tout récemment soutenue, de Madeleine Mervant, qui appliquant les principes de l'étude sémiotique définis par Anne Ubersfeld parvenait à mettre en évidence dans *Pyrame* les dimensions de la « tragédie de l'adolescence ».

Si ces éditions, si ces monographies d'œuvres permettent parfois de s'interroger sur les apparentes aberrations que constituent, par exemple, l'extravagante mise en scène des *Galanteries* ou celle, trop somptueuse, d'*Andromède* (voir l'édition de Christian Delmas), si d'autres fois elles mettent le doigt sur la bizarrerie de construction de *L'Écossaise* de Montchrestien (où la rupture entre les deux drames, celui d'Élisabeth et celui de Marie, peut s'expliquer esthétiquement par une vision de la tragédie comme lieu du dialogue impossible et spirituellement par les hésitations de Montchrestien lui-même entre catholicisme et protestantisme), s'il leur arrive de s'attacher à un monstre injouable mais débordant de richesses poétiques et morales, comme la *Sylvanire* « à l'italienne » d'Honoré d'Urfé ou les pièces en prose du trop oublié Puget de la Serre, l'immense programme qu'elles commencent à remplir et qu'elles invitent à poursuivre peut être envisagé avec optimisme. Elles permettent de constituer un puzzle signifiant peut-être à son point d'aboutissement. Jacques Scherer voit ainsi se constituer, d'œuvre en œuvre, dans les cinquante premières années du siècle, « une société [...] discrète [...] pour la promotion de la littérature, en particulier dramatique » ; une société « moderniste, voire futuriste, en ce qu'elle vise à insérer une société d'auteurs dans la société monarchique » (*Théâtre du XVIIᵉ s.*, p. xv).

Parallèlement à la reconstitution de ce répertoire élargi, l'étude générale des genres impose que les auteurs et les œuvres « du second ordre » viennent illustrer dans tous les sens du terme les étapes et les enchaînements de l'histoire de ces genres. Ce que Jacques Truchet écrit de la tragédie classique comme « vaste phénomène culturel » (*La Tragédie classique en France*, P.U.F., 1975, p. 8 et suiv.) peut s'appliquer à la comédie et à ses avatars, à la tragi-comédie aussi et à la pastorale, trop longtemps considérés comme genre mineurs. Les enquêtes poursuivies sur la tragi-comédie, de Lancaster à Marvin Herrick et à Roger Guichemerre ou sur la pastorale, de Marsan à Daniela dalla Valle, permettent, dans un domaine relativement limité, de saisir les dates de naissance des courants esthétiques et sociaux qui ont permis l'émergence des œuvres, de repérer leurs modèles premiers et de dessiner, par la superposition d'un grand nombre de poèmes, l'exemplaire-type dont les sujets, les motifs, les genres intérieurs (l'écho pastoral, l'attaque par des pirates dans la tragi-comédie) peuvent se retrouver d'une pièce à l'autre et inspirent l'idée de la constitution d'un répertoire verbal, thématique et sémantique : celui que dès 1937 Louis Arnould commençait à dresser à propos des *Bergeries* de Racan. L'informatique pourrait aider à constituer de tels répertoires. Mais au XVIIᵉ siècle même, pour ne parler ici que de la pastorale, un Quinault, dans sa *Comédie sans comédie*, un Molière, dans les divertissements de *La Princesse d'Élide* en présentaient un plaisant raccourci sous une forme, là sobre et élégante, ici joyeusement caricaturale.

Certains genres « secondaires » ont été abandonnés parce qu'ils répondaient aux exigences d'une certaine société, exigeaient des moyens énormes et usaient d'un langage qui nous est devenu aussi étranger que celui du Nô ou du Kabuki. Ainsi en est-il du théâtre scolaire en latin, dont la langue, fort peu cicéronienne, est de difficile abord, dont la gestuelle symbolique paraît avoir été singulière, et dont le contenu moral, précisément adapté aux acteurs et à leur public, est fort éloigné de ce que les historiens croient discerner dans la tragédie classique telle qu'ils la connaissent à travers Racine ou Corneille. Le ballet de cour, naguère étudié par Margaret Mac Gowan et Françoise Christout, véhicule tout au long du siècle (jusqu'à ce que l'opéra se substitue à lui) une idéologie de l'héroïsme monarchique (c'est toujours Ulysse échappant à Circé ou Renaud à Armide et la raison triomphant du désordre) ; il le fait selon une esthétique très élaborée, où la danse, la musique et la parole répondent à de précises conventions mais sont toujours signifiantes. C'est un genre qui pourtant rivalisait avec la tragédie, à en croire l'abbé de Pure, dans son *Idée des spectacles anciens et nouveaux* (1668). Autre genre éminemment social, et qui a lui aussi préludé à l'opéra, c'est l'ensemble de pièces à machines, qu'étudie Christian Delmas. S'il n'a eu qu'une histoire relativement courte (de 1645 à 1660 environ), cette histoire est mêlée de si près à la politique de faste de la vie de cour, les thèmes mis en œuvre ont si profondément nourri l'imaginaire collectif, les décorations, la musique, les brillants changements à vue ont tellement ébloui les contemporains du jeune Louis XIV que l'étude de ce théâtre peut apprendre beaucoup sur l'évolution du goût à une période où la tragédie traverse une crise, et où la comédie attend les grands succès de Molière (qui jouera d'ailleurs du ballet et de la machine ; qu'on songe aux *Fâcheux* et à *Dom Juan*).

Mais l'étude globale des grands genres ne peut être valablement entreprise qu'à condition de faire sortir de l'ombre ce qui y était demeuré. Les *histoires* parues dans les collections de la librairie Armand Colin ou des Presses Universitaires, les grandes enquêtes menées par l'équipe de Jean Jacquot au C.N.R.S., celles qu'ont entreprises la Société d'Histoire du Théâtre et ses sœurs ou cousines d'Angleterre ou d'Italie, les thèses de Roger Guichemerre sur la comédie avant Molière ou de Jean Emelina sur le valet de comédie, tout cet ensemble permet de mieux définir les lignes d'évolution, de noter les points de rupture, d'apprécier les reniements et les audaces novatrices. Corneille n'est pas sorti de rien, comme le voulait Racine dans son Discours de réception de Thomas ou comme le voulait Péguy dans le texte tout à l'heure évoqué. Mais la révolution des années 1640-1660, qui, prolongeant la veine scudéryenne, tend à réduire la tragédie au modèle romanesque ou à en faire une pastorale noble, n'a pas été perdue pour un Racine : ses chaînes amoureuses, ses rêveries sur l'innocence perdue, l'élan un peu fou de ses jeunes héros vers des conquêtes impossibles, tout cela, quoi qu'il en ait écrit, est largement tributaire du courant romanesque et galant qui a nourri son imagination de jeune homme autant que la lecture d'Euripide et de Sénèque. La tentation de la comédie, dès la jeunesse de Rotrou et plus encore chez les dévots de la *comedia* espagnole, D'Ouville, Boisrobert, Scarron, Thomas Corneille, risquait de faire d'elle une histoire charmante impliquant dans une « embrouille » deux couples de distingués personnages, accompagnés, il est vrai, par des domestiques, des docteurs ou des fanfarons susceptibles d'éveiller le rire. A l'école de la farce française et italienne, et par un retour délibéré aux grandes sources antiques et italiennes, Molière a imposé, certes, un nouveau style de comédie, son style. Et pourtant l'imbroglio italien ou espagnol l'attire encore dans *L'Étourdi* et dans *La Princesse d'Élide*. Et pourtant *Le Bourgeois gentilhomme* ne serait pas parfaitement compris si l'on n'y voyait la burlesque transposition de galanteries de la génération précédente. Dans *Le Malade* encore, l'aventure amoureuse des jeunes gens doit au roman, à la pastorale et à la comédie galante.

Ainsi la métamorphose des genres dramatiques, éclairée par l'étude d'auteurs et d'œuvres secondaires, apparaît-elle moins comme une suite de formules hétérogènes, et davantage comme une série de variations qui se modulent au cours de la longue durée.

Il est temps, sans doute, de revenir aux chefs-d'œuvre. Ceux-ci, assurément, existent. Au théâtre, on a le droit d'applaudir. Dans une histoire du théâtre, on a le droit de s'écrier, comme Scudéry a propos de Corneille : « Le soleil s'est levé ! ». On a récemment rassemblé en deux volumes les principaux articles consacrés par Raymond Lebègue au théâtre français (Nizet, 1977 et 1978). D'article en article, le lecteur découvre ici les éléments de continuité et les points de rupture que j'ai signalés tout à l'heure. Il y découvre aussi que bien des mythes s'effondrent à qui regarde les choses de près : l'échec, sauf exception, de la littérature populaire, étroitement dépendante d'une littérature savante préalable ; la rareté des réussites du théâtre provincial, souvent en retard sur le mouvement intellectuel et artistique parisien. Mais il y comprend aussi que toute grande œuvre gagne à être replacée dans son contexte immédiat : celui qui la précède, celui qui la suit (et qui parfois permet de mesurer et d'apprécier sa « réception ») et bien sûr celui qui veut rivaliser avec elle en se faisant jouer en même temps qu'elle. Dans sa thèse sur *Le Langage dramatique* (1972), Pierre Larthomas s'est efforcé pour sa part de découvrir les critères de la « grande œuvre dramatique », celle qui « passe la rampe ». Ces critères ne peuvent être définis qu'à partir d'une étude des « effets manqués », et Racine ne peut être vraiment apprécié qu'à partir d'une étude de Pradon. Le mauvais théâtre, écrit encore en substance Pierre Larthomas, est celui qui n'est que parole ; celui qui utilise mal « les accidents et les déformations du langage » ; qui enchaîne mal les répliques ; qui manque de rythme ; qui ne sait pas « subordonner chaque élément à l'ensemble de l'œuvre » (p. 11, 12 et 449). Nous avons naguère dirigé une thèse sur les « doublages » des tragédies de Racine, où la candidate, Marcelle Bilon, parvenait à confirmer les opinions de Pierre Larthomas à propos de *Phèdre*, bien sûr, mais aussi de *Bérénice* et d'*Iphigénie*.

A ces suggestions et à ce type de comparaison nous aimerions ajouter une proposition. Toute œuvre qui compte, dans la littérature dramatique du XVIIᵉ siècle, est réécriture à la fois d'une autre grande œuvre antique (théâtrale ou non) et d'une ou plusieurs œuvres récentes mais qui ont peu ou qui n'ont pas réussi. Dès *Clitandre*, Corneille réutilise, en même temps qu'un épisode de *L'Ane d'Or* d'Apulée, le thème de l'« amour sanguinaire » présent dans une *Charite* de 1624 (cf. Madeleine Bertaud, *La Jalousie au temps de Louis XIII*, 1981, p. 348). Il s'inspire, dans la scène de la prison, d'une scène analogue de *Tyr et Sidon*. Il pastiche, dès le premier acte, la scène du poignard dans *Pyrame*. Dans son édition de *L'Illusion comique*, Robert Garapon a montré comment cette œuvre mettait en scène toute sorte de souvenirs de spectacles récents, des *Comédies des comédiens* de Scudéry et de Gougenot à une tragi-comédie de Rotrou. *Phèdre* est l'aboutissement de toute une série d'œuvres : non seulement Euripide et Sénèque, non seulement Garnier et ses émules et successeurs : Tristan avec son *Chrispe*, tragédie à sujet historique, se trouve réutilisé par Racine. Il semble que le propos d'un grand poète du théâtre, au XVIIᵉ siècle, soit d'écrire au second degré, et de faire la preuve de sa supériorité et de son génie en prenant son bien chez des prédécesseurs ou des contemporains apparemment moins inspirés, et en en composant un miel qui soit tout sien. Un dernier exemple : dans *L'Impromptu de Versailles*, Molière ressaisit la structure du théâtre dans le théâtre, dont Robert Nelson jadis et Georges Forestier naguère se sont faits les historiens. Il a mesuré l'efficacité et l'heureuse ambiguïté du genre qui, après Corneille, avait été brillamment illustré par Quinault dans *La Comédie sans comédie*. Mais tout cet arsenal emprunté devient entièrement sien, se présente à sa date, en exacte situation, et par surcroît parvient encore de nos jours à ravir le lecteur, voire le public.

Je terminerai par quelques suggestions pour un programme ou des programmes de recherche :

— Dans un genre donné, pour une période donnée, procéder à une redéfinition du corpus des œuvres, en affinant les méthodes déjà appliquées, et en donnant une idée des filiations d'œuvre à œuvre.

— Touchant particulièrement au théâtre du XVIIᵉ siècle (mais de semblables principes pourraient être appliqués à d'autres objets), bâtir un dictionnaire aussi complet que possible des mots-clés du langage dramatique, des thèmes poétiques ou idéologiques véhiculés par les œuvres, des figures de rhétorique utilisées, des genres intérieurs intégrés aux œuvres.

— Rassembler enfin un corpus des œuvres mineures non théâtrales (romanciers, mythologues, historiens, moralistes) ayant directement inspiré les œuvres majeures.

Programme sans doute ambitieux pour qu'un chercheur puisse réaliser seul une de ses branches. Mais qu'une épuipe, douée de moyens informatiques, pourrait entreprendre avec profit pour tous. Je crois savoir que des projets de ce genre sont déjà en cours de réalisation.

3

L'esprit de la tragédie*

Genèse et évolution

Quand l'essentiel du théâtre sérieux était représenté en France par les mystères et les moralités, le terme même de tragédie n'évoquait pas autre chose que le récit, sous quelque forme littéraire que ce fût, d'*histoires tragiques*, consacrées au meurtre, au viol, aux horreurs de la guerre. La tragédie française est née vers 1550 de la conjonction de plusieurs influences : théâtre scolaire néo-latin des Muret et des Buchanan, redécouverte des œuvres et des thèmes de l'Antiquité, soit à travers Sénèque (dont l'influence restera prépondérante jusqu'en plein XVIIᵉ siècle), soit grâce aux adaptations humanistes, en latin ou en français, de quelques tragédies de Sophocle et d'Euripide, prestige, enfin, de la tragédie italienne, représentée particulièrement par Luigi Alamanni, et des théoriciens italiens du genre, Vida et Trissino, en attendant les commentaires célèbres d'Aristote, dus à Scaliger et à Castelvetro. De la *Cléopâtre* de Jodelle (1552) aux *Juives* de Robert Garnier (1583), la tragédie de la Renaissance française demeure consacrée aux infortunes des grands de ce monde, qui, ainsi que l'écrit Vauquelin de La Fresnaye vers 1570, usurpent la louange « aux dieux appartenante » et se trouvent précipités d'une grandeur excessive à une misère insupportable ou à la mort. Le succès du thème des *Troyennes*, repris notamment en 1579 par Garnier, atteste le goût des hommes de ce temps pour les drames les plus sombres.

Dès les dernières années du XVIᵉ siècle, ce type de tragédie a traversé une crise où le genre a failli mourir. Malgré les mérites de l'œuvre mi-humaniste, mi-maniériste d'Antoine de Montchrestien, ou ceux d'Alexandre Hardy qui, malgré ses outrances, demeurait un fervent disciple de la Pléiade, la tragédie tendait alors à se confondre soit avec un drame multiforme mais toujours violent, comparable à la *Tragédie espagnole* de Thomas Kyd, soit, et de plus en plus, avec une tragi-comédie aventureuse

* *Encyclopaedia Universalis*, extrait de l'article « Tragédie ».

où les périls du héros et de l'héroïne n'avaient plus du tragique que
l'apparence, et où les craintes des spectateurs étaient vite surmontées par
la satisfaction de l'issue heureuse. Quand, en 1628, Jean de Schélandre
reprenait la sombre tragédie qu'il avait donnée en 1608 pour en faire une
tragi-comédie (*Tyr et Sidon*), il avait conscience d'aller dans le sens de
l'évolution du goût en faisant ressusciter ses héros et en les récompensant
par un heureux mariage. Dix années plus tard, préfaçant *L'Amour
tyrannique* de Georges de Scudéry, Jean-François Sarasin faisait, en
prétendant s'appuyer sur Aristote, l'apologie de la tragédie à fin heureuse
(1639).

L'âge de Corneille substitue à ces hésitations entre la violence
débridée et les déguisements tragi-comiques une conception authentiquement
tragique du drame, où les héros ne parviennent à leur pleine expression
que moyennant le renoncement à tout ce qui paraissait devoir assurer leur
bonheur. Ce néo-stoïcisme sereinement vécu par un Rodrigue ou un
Polyeucte, poussé par Isaac Du Ryer jusqu'à l'absurde, vécu religieusement
par les héros de *Mariane* ou de *La Mort de Sénèque* chez Tristan L'Hermite,
teinté de néo-platonisme dans l'œuvre de Jean de Rotrou, constitue
comme l'armature morale de la tragédie française à l'époque de Louis XIII.

On a souligné avec raison la coupure introduite par la Fronde et les
déceptions qui l'ont suivie dans l'évolution des genres dramatiques en
France. La tragédie authentique a failli y périr une fois encore au profit
d'œuvres purement romanesques ou brillamment vides, comme tant de
poèmes de Boyer et de Thomas Corneille. Le grand Corneille lui-même a
été tenté par ces formules nouvelles qui sacrifiaient à la sensibilité des
spectateurs l'austérité inhérente à la manière tragique.

Il a fallu que Corneille donnât *Œdipe* (1659) et que Racine débutât
avec *La Thébaïde* (1664) pour que la voie royale de la tragédie fût à
nouveau frayée, l'hôtel de Bourgogne et même le Marais laissant à
d'autres salles, voire à d'autres troupes, les jeux délicats et colorés dont
allait sortir l'opéra. L'époque de Racine est dominée par des œuvres qui
reprennent sans se lasser le thème de l'impossibilité du bonheur. *Pulchérie*
et *Suréna* (1672-1674) disent-ils autre chose que *Bérénice* et *Mithridate*
(1670-1673) ?

Une dernière et fatale révolution a bouleversé le monde tragique dès
la mort de Racine. Ses successeurs, qu'ils aient nom Crébillon ou La
Motte, encouragés par les théories de Fontenelle, de l'abbé Dubos, voire
de Fénelon, ont, dans leurs œuvres outrageusement sombres ou naïvement
optimistes, préparé le théâtre « philosophique », c'est-à-dire la tragédie de
Voltaire ou le drame de Diderot.

Problématique

La tragédie du XVIIe siècle français constitue cependant un tout, et
l'historien est fondé à l'étudier en tant que tel, en dépit des évolutions et

des antinomies. C'est que, fortement attachés à une tradition qu'ils croient antique, les poètes de cette époque ont en commun non seulement un vocabulaire, mais aussi une culture mythologique, historique et biblique, et des préoccupations éthiques et métaphysiques qui les font s'interroger sur la nature et la condition de l'homme.

Le genre est alors, explicitement, médité en fonction de l'Antiquité grecque et romaine. Non seulement par les théoriciens lus en France, Heinsius (1611), Vossius (1647) ou d'Aubignac (1657), mais aussi par les poètes. Ceux-ci, encouragés par les essais critiques publiés par Chapelain dans les années 1630, n'adoptent les préceptes d'Aristote qu'au nom de la *raison*, et entendent donc être libres de les interpréter à leur guise. De là les variations extrêmes de la doctrine communément admise des unités, qui, chez les contemporains du jeune Corneille, s'accommode aisément de la multiplicité « tragi-comique » des incidents, voire des lieux, tandis qu'elle implique chez Racine la recherche de la nudité et le sacrifice de tous les éléments non indispensables à la compréhension du drame. De semblables malentendus sont discernables pour ce qui concerne les bienséances (s'agit-il seulement de la cohérence du personnage et de sa conformité à ce que nous en apprend la tradition, ou du devoir qu'a le poète de le rendre supportable au public moderne ?), la vraisemblance (est-ce le possible, le croyable, le raisonnable ou la conformité au « vrai » et au « naturel » ?), ou le dosage de la progression logique et de la nécessaire surprise, qui varie du début à la fin du siècle et de poète à poète. On discute encore pour savoir si c'est au héros et à ses aventures qu'il convient d'apporter le plus grand effort, ou si c'est le sujet, c'est-à-dire l'histoire racontée, qui doit inspirer et contrôler tout le reste, comme le veut un Saint-Évremond. On ne s'entend pas toujours non plus sur les modes qu'il convient d'appliquer à la « moralité » tragique. Si la *catharsis*, la purgation aristotélicienne, est généralement interprétée comme un avertissement invitant le spectateur à un certain sens de la mesure, à la domination sur les passions et à la maîtrise de la souffrance, on ne sait pas toujours si, comme l'entend Corneille, l'admiration pour un personnage extraordinaire doit exciter le spectateur à un héroïque dépassement de soi et comme à une apothéose de l'individu qu'éprouve l'urgence tragique ou si, comme le suggèrent la plupart des tragédies de Racine, la tragédie ne peut inviter l'homme qu'à une méditation mélancolique ou désespérée, sur sa condition.

L'action tragique

C'est toujours d'un individu engagé dans une histoire (fût-elle mythique) et obligé à un choix décisif par l'urgence de l'événement qu'il s'agit. La tragédie commence, du *Cid* à *Phèdre*, au moment où l'homme, envisagé dans sa condition sociale et politique et dans son individualité

propre, est amené à prendre une décision où ses ambitions les plus
légitimes et ses intérêts les mieux reconnus se trouveront compromis dans
une lutte sans merci, supposant le sacrifice d'une part essentielle de soi et
pouvant entraîner la mort. Dans cette lutte, les passions humaines sont
impliquées, que le héros les domine ou qu'elles l'entraînent irrésistiblement.
La sagesse professée par le théâtre du XVIe siècle supposait la maîtrise des
passions. Les trois grandes passions dramatiques, avarice, amour et
ambition, y étaient également condamnées, et c'est à leurs affreux ravages
conjugués qu'assistaient les spectateurs de Robert Garnier. Le XVIIe siècle
introduit une hiérarchie entre ces passions. Réservant l'avarice à la
comédie, il entend que dans la tragédie le dépassement héroïque supposé
par l'ambition l'emporte sur les «faiblesses» de l'amour. Que nous
apprend Corneille, sinon que le souci du bien commun et de la grandeur
de l'État doit primer la passion amoureuse et permettre ainsi au héros de
se conformer à la plus belle image possible de soi? Que nous apprend
Racine, sinon que les malheurs de l'homme viennent de son incapacité à
échapper à l'emprise de l'amour, qui l'empêche d'entendre précisément sa
voacation? Mais d'aussi profond que ces difficiles exigences sourd une
irrépressible vocation au bonheur. Le personnage tragique est à la recherche
de son épanouissement. Rodrigue, aussi bien que Titus, sait que la
passion amoureuse qui l'anime est aussi noble que son désir de servir la
communauté pour être reconnu par elle et y trouver sa gloire. Il sait même
que ces deux exigences sont inséparables parce qu'elles constituent son
être, son originalité. Le sacrifice de l'une d'elles correspond non seulement
à une mutilation, mais comme à une désintégration de l'individu. Le
parfait bonheur voudrait que l'acte une fois accompli Isaac fût rendu à
Abraham, c'est-à-dire que la descente aux enfers du sacrifice ouvrît la
voie à l'apothéose. Solution souvent entrevue par Corneille mais renvoyée
par Racine dans le futur passé de la nostalgie.

4
Mise en scène du songe*

Le thème du songe a été assez fréquemment utilisé au cours du XVIIe siècle par les auteurs de tragédies. Chez Corneille ou Racine, il donne lieu à un simple récit, plus ou moins long et plus ou moins émouvant. Mais, à plusieurs reprises, les auteurs ont essayé d'en donner une représentation concrète. Au moment où le théâtre français mettait l'accent sur les éléments extérieurs du drame, c'est-à-dire dans les premières années du siècle, Hardy et ses contemporains faisaient venir sur la scène des apparitions qui s'adressaient directement, soit à un personnage éveillé — il s'agissait alors de l'apparition pure et simple — soit à un personnage endormi — il s'agissait alors d'un véritable songe. Chez les écrivains de la génération suivante, et en particulier chez Tristan L'Hermite, la vision disparaît, mais le héros est plusieurs fois présenté sur la scène en train de dormir, ou juste au moment de son réveil. Enfin, chez les auteurs de pièces à machines, entre 1655 et 1675, les mêmes procédés de mise en scène reparaissent, mais les intentions ne sont plus du tout les mêmes.

*
* *

Dans un certain nombre de tragédies de Hardy et de ses contemporains, une ombre vient sur scène et parle au personnage endormi[1]. Dans d'autres pièces, l'ombre apparaît seule en scène, et le héros fait ensuite son entrée, dans le plus complet bouleversement[2]. Ce dernier type ne pose pas de problème particulier de mise en scène. La seule difficulté qu'il comporte est celle du costume porté par l'acteur qui devait jouer le rôle de l'ombre.

* *Revue d'Histoire du Théâtre*, 1951. (« La Présentation scénique du songe dans les Tragédies Françaises au XVIIe siècle »).

1. Par exemple dans *La Mort d'Achille*, *Timoclée*, etc.

2. Le monologue de l'ombre prend alors l'allure d'un simple prologue : ex. Hardy, *La Mort d'Alexandre*, *Mariamne*, *Alcméon*.

Or les paroles du héros concernant sa vision restent trop imprécises pour qu'on en puisse tirer le moindre renseignement sur l'apparence extérieure du personnage qui lui est apparu. Il en va tout autrement pour ce qui est du premier type : deux problèmes se posent à la fois : comment un personnage peut-il être représenté dormant sur un lit ? Et comment l'ombre se présente-t-elle sur le théâtre ? A la première question, la réponse est immédiatement fournie par le « *Mémoire* » de Mahelot. A propos de plusieurs pièces, disparues ou non, de Hardy, il y est question de chambres qui s'ouvrent et se ferment. Ainsi, pour *La Folie d'Ysabelle* :

> Il faut que le théâtre soit beau, et, à un côté, une belle chambre, où il y ait un beau lict, des sièges pour s'asseoir ; la dite chambre s'ouvre et se ferme plusieurs fois ; vous la pouvez mettre au milieu du théâtre si vous voulez[3].

Mahelot nous fournit en même temps l'esquisse du décor. Il n'y avait donc aucune difficulté à mettre un lit sur la scène, dans un compartiment spécial. Mais Mahelot ne nous donne aucun renseignement sur le costume de l'ombre. Heureusement, la maladresse même des auteurs nous est ici d'un précieux secours. Souvent, en effet, après l'apparition, le héros raconte son rêve de bout en bout à son confident ; ainsi, dans *Les Lacènes* de Montchrestien, Cléomène raconte en ces termes l'apparition du spectre qui a troublé son sommeil :

> Son port estoit dolent, ses yeux cavez de larmes,
> Son front tel que la Lune, alors que par les charmes
> Des Thessales sorciers, une horrible paleur
> De rouge entremeslée a terny sa couleur.
> Ses os persans la peau blanchissoient de la sorte
> Que feroit le squelet d'une personne morte :
> A peine il se portoit sur ses tremblants genoux
> Et ses pieds incertains vacilloient à tous coups (I, 2).

Quelquefois, l'ombre elle-même se décrit ; dans *Achille*, Hardy fait ainsi parler l'ombre de Patrocle :

> Reconnoy, reconnoy le geste et le visage
> De ton Patrocle cher, auteur de ce présage,
> Tel que quand téméraire en tes armes caché
> Hector lui eut la vie et la gloire arraché,
> Que l'âme je vomis par la poitrine ouverte... (v. 5-9).

Dans une *Charite* anonyme publiée en 1624, l'ombre du mari assassiné, après avoir parlé à la veuve endormie, apparaît aussi au meurtrier (et n'est alors visible que pour lui seul), qui la décrit ainsi :

> ce spectre pâle, blême,
> Descharné, qui retient les traits de Lépolème... (IV, 3).

3. Éd. Lancaster, p. 74.

Tous ces textes concordent. Tous sont conformes à ce que nous lisons dans les tragédies de la même époque où l'apparition est seulement racontée. Ils permettent d'imaginer sans peine le déguisement et le jeu des acteurs qui, sur la scène d'alors, interprétaient les rôles de fantômes. Ils n'étaient point tels que l'imagination populaire les imagine quelquefois, avec chaînes et voile blanc; c'étaient des cadavres, dont les os, détail à peu près constant, apparaissaient à travers la peau déchirée, mais dont le visage, blanchi, gardait sa physionomie propre. Rappelons à ce propos que Pauline, dans le récit qu'elle fait de son rêve, précise que Sévère ne lui est point apparu comme apparaissent les morts :

> Il n'était point couvert de ces tristes lambeaux
> Qu'une ombre désolée emporte des tombeaux
> Il n'était point percé de ces coups pleins de gloire... (I, 3).

Ces personnages effroyables s'avançaient sur scène en vacillant et récitaient leur tirade sur un ton élevé et d'une voix sifflante, comme permet de le supposer l'adjectif « gresle » que nous rencontrons plusieurs fois dans le théâtre de Hardy :

> Lors une gresle voix telle que des Esprits
> Sa clameur en ces mots à peu près a compris (v. 785-786).

nous dit Panthée dans la pièce qui porte son nom; et l'expression se retrouve dans *Timoclée* (v. 1079) et dans *Alcméon* (v. 147). On conçoit le succès que pouvaient avoir, auprès d'un public aussi populaire que celui des premières années du siècle, des visions aussi terrifiantes. L'horreur constituait alors la meilleure part du plaisir théâtral, et rien n'était épargné pour la porter à son maximum d'intensité.

*
* *

Dans la *Mariane* de Tristan, l'animation de la scène du songe est obtenue par le réveil en sursaut d'Hérode. L'émotion provoquée par ses cris permet à la discussion de s'engager immédiatement. N. M. Bernardin, dans sa thèse sur Tristan (pp. 324 sqq.), et dans une de ses conférences, prononcée à l'occasion d'une reprise de la pièce à l'Odéon[4], essayait de prouver que la *Mariane* de Tristan, comme celle de Hardy, avait été jouée dans un décor complexe, comprenant diverses « mansions », dont la chambre d'Hérode. Depuis, des doutes se sont élevés à ce sujet. Jacques Madeleine, dans son édition de la tragédie, considère que l'« emploi de ce système un peu primitif, s'il est certain pour la tragédie de Hardy, paraît infiniment plus conjectural dès qu'il s'agit d'une œuvre jouée en 1636 »[5]. Dans son *Histoire de la mise en scène*, Mme Deierkauf Holsboer, reprenant la

4. « Devant le rideau », Paris, 1901.
5. Paris, 1917 : p. XXII.

question, réserve son jugement et regrette que N. M. Bernardin n'ait pas songé que *La Mariane* a été jouée au Marais, et qu'il n'est pas sûr que les décors utilisés par Mondory aient été les mêmes que ceux de l'Hôtel de Bourgogne[6]. Tous deux rappellent un texte de Michel Laurent, qui, dans son mémoire, rédigé en 1675, propose pour *La Mariane* des décors successifs, avec, au premier acte, « un lit de repos, un fauteuil, deux chaisse *(sic)* ». Ni l'un ni l'autre ne fait état, à propos du premier acte de la pièce, de la scène analogue placée par Scudéry au deuxième acte de sa *Mort de César*, jouée en 1635 au théâtre du Marais. C'est le premier exemple que nous ayons trouvé, pour le XVIIe siècle, du réveil en sursaut. Il s'agit d'un dialogue entre Calpurnie, réveillée à la suite d'un songe affreux, et César. Le premier vers est accompagné de la note marginale suivante :

> La chambre de César s'ouvre, sa femme est sur son lit endormie, il achève de s'habiller.

En face du dernier vers de la scène, nous lisons :

> La chambre se referme (II, 2).

Aucune différence dans les termes avec les notices de Mahelot que nous évoquions tout à l'heure. Il semble bien que ce soit à l'exemple de Scudéry que Tristan ait introduit le procédé dans sa pièce. C'était, au fond, une variante de la présentation de Hardy : dans ses pièces, l'ombre parle au héros couché sur son lit ; on peut ne pas ouvrir la chambre, et on aura le songe d'Alexandre, ou le songe d'Alcméon, où l'ombre paraît d'abord, seule ; mais on peut aussi ne montrer que la chambre et cacher l'ombre, et on aura le songe de l'Hérode de Tristan. Dix ans plus tard, lorsqu'il écrit *Osman*, Tristan ouvre sa tragédie sur une scène analogue au réveil d'Hérode, et plus encore à la scène de Scudéry que nous évoquions tout à l'heure. En effet, dans *La Mariane*, Hérode ne parle pas en dormant ; il vient de s'éveiller quand s'ouvre le premier acte. Dans *Osman*, au contraire, la Sultane sœur est « dormante » dans la première scène et ne s'éveille qu'au cours de la scène II ; il est curieux que l'esclave de la Sultane prononce à peu près les mêmes paroles que César, au moment où la dormeuse pousse des cris (qui sont analogues dans les deux pièces). César dit en effet :

> Il la faut éveiller ; répondez-moy, dormeuse (II, 2).

et l'esclave de la Sultane :

> Il la faut réveiller ; mais elle est réveillée (I, 2).

Dans la suite, l'attitude du héros en face du songe de la bien-aimée est la même chez les deux auteurs ; dans l'une et l'autre de ces deux pièces,

6. P. 128.

il n'est point fait de récit détaillé du songe ; et les deux tragédies ont des sujets analogues : on peut donc penser que Tristan, ayant assisté à la représentation de *La Mort de César*, s'en est souvenu lorsque, peu après, il mettait en chantier sa *Mariane* ; et qu'ayant pu, par la suite, en lire une des premières éditions, il l'a méditée en écrivant *Osman*. Or, Tristan précise, dans l'édition de cette dernière pièce, comment il en conçoit la mise en scène : il s'agit d'un décor plutôt synthétique que complexe, qui représente la façade d'un palais, avec portes et fenêtres permettant d'en voir l'intérieur ; au début de la pièce, exactement comme dans *La Mort de César*, une porte doit s'ouvrir ou un rideau s'écarter pour permettre de voir la Sultane sur son lit ; celle-ci doit se lever au cours de la deuxième scène et s'entretenir avec ses suivantes devant la façade, tandis que la porte se referme. On imagine aisément pour *La Mariane* un jeu de scène analogue, ainsi que pour l'*Agamemnon* d'Arnaud (1641-42). La scène du réveil d'Hérode aurait donc été jouée, non pas proprement dans un décor à compartiments, ni dans un décor changeant à chaque acte, mais dans un décor intermédiaire, représentant diverses parties d'un palais, qu'une série de rideaux cachaient et découvraient tour à tour.

Il en va tout autrement lorsqu'en 1669 est représentée une *Geneviève* anonyme. Le premier acte représente une forêt ; le second représente, dit la notice, « la chambre du Comte, qui dormira sur un lit de salle en alcôve : outre la garniture ordinaire de la chambre d'un Seigneur, il faut que sur la table il y ait une petite caisse où l'on puisse mettre des lettres ». Au cours de la scène, un personnage, entendant soupirer le Comte, « tire un des rideaux de l'alcôve », et Sifroy se lève précipitamment. Aux environs de 1670, *La Mariane* pouvait être jouée dans des décors analogues, et nous voyons ainsi s'achever l'évolution entre le décor complexe, simple juxtaposition de « mansions », et les décors successifs, en passant par le stade intermédiaire de ce que nous avons appelé le décor synthétique.

*
* *

Dans quelques tragédies, dont la plupart ont été écrites entre 1655 et 1670, le songe est présenté sous la forme d'un ballet ou une féerie de caractère plus gracieux qu'atroce.

L'*Antioche* de Le Francq (1625) est, semble-t-il, la première pièce de langue française qui comporte un véritable ballet (III, 7). L'ensemble de la pièce est rempli d'éléments féeriques et de machines merveilleuses. La scène qui nous intéresse (I, 5) porte de curieuses indications scéniques : « Des petits songes arrivent au théâtre qui de pavots endorment Ptolomé et les siens, produisant les monstres qu'il racontera cy-après ». Ptolomé commence à pousser des cris provoqués par les sombres visions qui commencent à se présenter à lui, tandis que ses compagnons sont tout heureux de se rendre à « Morphée le bris-soin », au « doux dieu sans souci ». Puis le silence se fait, autant qu'on en puisse juger, jusqu'au réveil, qui fait l'objet d'une nouvelle note marginale. Il est possible aussi que, pendant le jeu des « petits songes » et durant le sommeil de Ptolomé, une musique se soit fait entendre, comme ailleurs dans la pièce (III, 2). Malgré le peu d'importance de l'ouvrage, et le mauvais goût dont il témoigne, il est intéressant dans la mesure où certains éléments y apparaissent sous une forme gracieuse et fantaisiste.

La tragédie publiée à Caen en 1657, et intitulée *Le Champ*, commence par une « ouverture de théâtre » où le jeu scénique prend plus d'importance que les paroles prononcées par les personnages. Ce jeu est ainsi expliqué :

> La France paroist comme une amazone triomphante, conduite par son ange tutélaire, qui la rameine des combats, et luy encharge de prendre du repos, pendant qu'il veille à sa conservation. Dans son repos, il lui paroist en songe un grand homme noir, armé de toutes pièces, qui la vient attaquer, et après un long duel, toute en fougue elle le jette mort sur la place. Après elle s'éveille et void l'ombre de Clovis, qui lui prédit les desseins que les Sarrasins ont contre elle ; de quoy toute effrayée, après plusieurs plaintes elle tombe en pamoison, et aussitost la vigueur luy estant revenue, elle prend dessein d'aller conter à Martel ce qu'elle a veu, et sort du théâtre.

Suit un texte en vers qui comporte : un dialogue entre l'ange et la France, des stances prononcées par l'ombre de Clovis et un monologue de la France. A l'acte II, elle fait à Charles Martel le récit de ses songes.
Elle décrit ainsi l'apparition du Sarrasin :

> Un homme noir armé,
> Effroyable géant, colère et animé,
> Dont le grince des dents et le feu du visage
> Donnoient de mon malheur un assuré présage.

Et celle de Clovis :

> Un grand homme tout pasle,
> Dont le vestement blanc entremeslé de noir
> Eût aux plus assuréz presque fait peur à voir,
> Qui d'une triste voix, confuse et tremblotante,
> Me disoit en pleurant cette chose estonnante.

Elle précise qu'elle l'a aperçu en tirant « son rideau » et en regardant « dans la salle ». Toutes ces indications montrent que l'ouverture, dont la valeur littéraire est au-dessous du médiocre, reprenait, en le modifiant, le principe du songe à la Hardy. Elle est en ce sens un anachronisme, mais elle est œuvre de mode en présentant de manière nouvelle le songe sur la scène, en le faisant mimer par les personnages. Cela est d'autant plus surprenant que les deux personnages qui en viennent aux mains sont deux allégories. C'est là encore un exemple isolé, mais qui témoigne de l'effort fourni à partir de 1650 pour animer le songe tragique, fût-ce par des moyens artificiels et grossièrement extérieurs.

*
* *

Les pièces que nous allons étudier maintenant présentent un plus grand intérêt, car la présentation du songe y est influencée d'une part par la vogue des pièces à machines, et de l'autre par le songe lyrique, tel que le définit La Fontaine en introduction au *Songe de Vaux*. Le songe est réduit à une agréable fiction dont personne n'est dupe, mais qui permet de présenter poétiquement les fantaisies les plus gracieuses : ce n'est qu'un mode d'expression particulièrement heureux.

Les Amours de Jupiter et de Sémélé de Boyer, tragédie à ballets et à machines, s'ouvre avec le réveil de l'héroïne :

> La scène est dans une chambre magnifique, avec une alcove cachée par des rideaux ; aussitost que cette décoration a succédé à celle du prologue, on voit descendre l'Aurore, précédée par deux Heures, et l'on entend un concert de voix et d'instruments (I, 1).

Cette scène est intéressante, étant la transposition dans une pièce à machines, non plus du songe d'apparition visible, mais du type « réveil en sursaut », rencontré tout à l'heure. Ce réveil est, au contraire de tous ceux du même type que nous avons étudiés, très doux et très gracieux, et le songe a été des plus agréables :

> L'image d'un beau songe, un fantosme agréable,
> Rend envers Jupiter ma paresse excusable :
> Luy-mesme estoit l'objet d'un songe si charmant (I, 1).

Il ne s'agit pas, comme ailleurs, d'une révélation importante : le songe n'a pas ici d'autre intérêt que d'ouvrir agréablement la pièce. Il n'a aucune valeur, ni psychologique, ni dramatique, par lui-même. Il n'a pour lui que le charme de sa présentation. Son caractère érotique fait songer à *Adonis* et à *Psyché*. De la « *belle ouverture* »[7] de *La Mariane*, Boyer n'a retenu que le côté spectaculaire, qu'il a surchargé d'apparitions merveilleuses et d'évocations voluptueuses. Tout cela est bien loin de Hardy. Le songe effroyable fait place à la rêverie amoureuse. Le réveil de Sémélé, c'est déjà un tableau de Boucher, avec des chairs roses, des voiles transparents, des petits amours et de délicieuses évocations mythologiques (1666).

Dans sa tragi-comédie d'*Endymion*, Françoise Pascal avait consacré trois actes au songe du jeune amant de Diane : là aussi, les fantaisies mythologiques, le charme et la féerie du spectacle, et l'érotisme qui s'y exprime, l'emportent sur la violence de l'émotion (1657).

Il est curieux que dans l'anonyme *Geneviève*, non content d'avoir consacré une scène assez spectaculaire au réveil du Comte Sifroy, le poète ait repris le thème de son rêve dans un ballet placé entre les deuxième et troisième actes. Les mouvements de ce ballet sont ainsi conçus :

---

7. D'Aubignac, *La Pratique du théâtre*, éd. Martino, p. 233.

(1) La nuit ayant donné entrée au Sommeil dans la chambre de
Sifroy, (2) comme il pensoit s'en rendre le maître (3) les soucis l'en
viennent chasser, mais il trouve moyen de les endormir. (4) Leur
repos est troublé par l'ombre de Geneviève, qui vient demander un
tombeau, elle les esveille pour luy en dresser un, où ils la mettent
avec cérémonie. (5) Le Sommeil, les surprenant dans cette action, les
jette tous quatre dans le même tombeau (6) Mais Phosphore l'ayant
ouvert de ses rayons, en fait sortir, au lieu de l'ombre qui y avoit été
mise, la représentation de Geneviève vivante et au lieu de quatre
Soucis, quatre petits Amours, qui vont porter à Sifroy l'espérance de
la revoir bientôt. »

Il est intéressant de constater, ici comme dans *Le Champ*, que
c'est par l'intermédiaire du ballet et de la machinerie que l'allégorie a
reparu sur la scène française. Ces amours, cette atmosphère de grâce et de
merveilleux appellent les mêmes remarques que celles que nous faisions à
propos de *Sémélé*. Ajoutons cependant que dans *Geneviève* on trouve à la
fois les éléments du songe baroque et ceux de la rêverie lyrique et
mythologique : dans la mise au tombeau de Geneviève et dans sa réapparition
sous la forme d'une belle et jeune femme, on pourrait voir le symbole du
passage des anciennes conceptions aux nouvelles.

Une dernière œuvre très caractéristique est la tragédie de Donneau
de Visé intitulée *Les Amours du Soleil*. Une longue introduction présente
le sujet et l'interprétation de la pièce. C'est une espèce de manifeste
enthousiaste, à la gloire des tragédies à machines. Au quatrième acte, on
voit le Sommeil « couché sur un lit d'ébène. Il a une longue robe blanche
qui marque le jour et une noire parsemée d'étoiles qui marque la nuit. Il a
de grandes aisles, il tient une verge à la main, avec laquelle il touche les
hommes et les fait dormir ». Il est entouré « d'un nombre infiny de songes
sous diverses figures ». Toute cette description, inspirée de Virgile et
d'Ovide, manifeste bien le changement complet de l'attitude des hommes
en face du songe : il correspondait, au début du siècle, à la croyance, très
répandue alors, aux fantômes et aux apparitions nocturnes ; une présentation
concrète de ces phénomènes surnaturels n'avait rien de choquant pour le
public. Si, après un temps assez long de désaffection pour une pareille
mise en scène, certains auteurs paraissent y revenir, ce n'est pas en raison
d'un quelconque retour à la superstition, ce n'est pas non plus par un
besoin réaffirmé de violence extérieure : c'est qu'un public aristocratique
et délicat réclame au théâtre des spectacles plaisants pour les yeux, et qui
puissent toucher sa sensibilité raffinée. Il faudra tout le génie de Racine
pour rendre au songe, sans d'ailleurs essayer d'en donner une présentation
concrète, sa violence primitive et sa profondeur religieuse.

N.-B. — On trouvera le titre complet des pièces citées et leurs cotes à la Bibliothèque
Nationale ou à la Bibliothèque de l'Arsenal, dans l'ouvrage de H. C. Lancaster sur le théâtre
français du XVIIe siècle.

CATALOGUE DES SONGES
CONTENUS DANS LES TRAGÉDIES FRANÇAISES
PUBLIÉES ENTRE 1610 et 1691

Abréviations : symb. = songe symbolique.
app. = songe apparition.
pr. = songe prophétique (c'est-à-dire faisant voir, plus ou moins confusément, les faits mêmes qui se produiront).
all. = songe allusif (c'est-à-dire non raconté ni représenté sur la scène).

N.B. : I. Lorsqu'une seule date figure à la suite de la référence, c'est la date de publication ; lorsque la chose était possible dans l'état actuel de nos connaissances, nous l'avons fait précéder de la date de la première représentation.

II. Pour plus de commodité, nous avons fait figurer à part les songes contenus dans les tragédies de Hardy.

I. SONGES DE HARDY

(1610-1625 environ)

1.	Didon se sacrifiant	I, 2 — app.
2.	Didon se sacrifiant	IV, 1 — app.
3.	Didon se sacrifiant	IV, 3 — pr.
4.	Scédase	IV, 1 — symb.
5.	Panthée	IV, 1 — app.
6.	Méléagre	V, 2 — symb.
7.	Mort d'Achille	I, 1 — app.
8.	Ravissement de Pluton	III, 1 — app.
9.	Mort d'Alexandre	I, 1 — app.
10.	Timoclée	III, 1 — app.
11.	Mariamne	I, 1 — app.
12.	Lucrèce	II, dern. symb.
13.	Alcméon	I, 1 — app.
14.	"	IV, 2 — symb.

II. AUTRES SONGES

(1610-1691)

15.	Claude Billard	Henry le Grand (1612)	II, 2 — all.
16.	"	"	III, 1 et 2 — all.
17.	(Anonyme)	Tragédie Mahometiste (1612)	I, 1 — app.
18.	"	Un More cruel (1612-14 ?)	II, 2 — symb.
19.	Jean Prévost	Turne (1614)	acte II — app.
20.	Bernier	Embryon Romain (1618)	IV, 2 — symb. + pr.
21.	Pierre Mainfray	Cyrus Triomphant (1618)	I, 1 — symb.
22.	Poytevin	Sainte Catherine (1619)	I, 2 — app.
23.	Mainfray	La Rhodienne (1621)	V, 1 — all.
24.	P.D.B. (Brinon)	Les Rebelles (1622)	I, 1 — symb.
25.	Théophile	Pyrame (1622)	IV, 2 — pr.

26.	M.H.L.	Charite (1624)	IV, 2 — app.
27.	Denis Coppée	Saint Lambert (1624)	II,1 — symb.
28.	Le Francq	Antioche (1625)	I, 5 — pr.
29.	Borée	Béral victorieux (1627)	II, 4 — symb.
30.	"	Tomyre victorieuse (1627)	V, 1 — all.
31.	La Serre	Pandoste (1631)	I, 2 — pr.
32.	"	Pyrame (1633)	IV, 2 — pr.
33.	Mairet	Sophonisbe (1635)	II, 3 — all.
34.	Scudéry	Mort de César (1635-36)	II, 2 — pr.
35.	Benserade	Mort d'Achille (1635-36)	I, 1 — app.
36.	Scudéry	Didon (1635-37)	I, 1 — all.
37.	"	"	IV, 2 — app.
38.	Tristan	Mariane (1636-37)	I, 1 et 2 — pr. + app.
39.	"	Panthée (1637-39)	II, 2 — app.
40.	Sallebray	La Troade (1639-40)	II, 3 — app.
41.	Pierre Corneille	Horace (1640-41)	I, 2 — pr.
42.	Pierre Du Ryer	Saül (1640-42)	IV, 3 — all.
43.	Arnaud	Agamemnon (1641-42)	II, 1 et 2 — app.
44.	Boisrobert	La vraye Didon (1641-42)	I, 1 — app.
45.	Pierre Corneille	Polyeucte (1641-42-43)	I, 3 — pr.
46.	Desfontaines	Saint Eustache (1642-44)	I, 2 — app.
47.	Tristan	Mort de Sénèque (1644-45)	III, 2 — pr.
48.	"	Mort de Chrispe (1644-45)	III, 1 — symb. + app.
49.	Gombauld	Les Danaïdes (1644-58)	I, 1 — all.
50.	Boyer	Porcie Romaine (1645-46)	I, 1 — all.
51.	Gilbert	Hypolite (*sic*) (1645-46)	II, 2 — pr.
52.	Griguette	Mort de Germanic (1645-46)	II, 3 — pr.
53.	Rotrou	Saint Genest (1645-47)	I, 1 — pr.
54.	"	Venceslas (1647)	IV, 1 — pr.
55.	Gilbert	Sémiramis (1646-47)	II, 1 — all.
56.	Tristan	Osman (1646-47-56)	I, 1 et 2 — pr.
57.	(Anonyme)	Mort des enfants de Brute (1647-48)	III, 1 — all.
58.	Cyrano	Mort d'Agrippine (1653-54)	III, 1 — app.
59.	"	"	III, 2 — pr.
60.	Montgaudier	Natalie (1654)	V, 4 et 5 — app.
61.	Cardin	Le Champ (1657)	prol. et II, 3 — app.
62.	Charenton	Mort de Baltazar (1661-62)	II, 1 et 2 — pr.
63.	Boyer	Oropaste (1662-63)	I, 2 — pr.
64.	"	Amours de Jupiter et Sémélé (1666)	I, 1 — app.
65.	(Anonyme)	Geneviève (1666-69)	II, 3 — app.
66.	D'Avre	Dipne (1668)	II, 1, 3 et 6 — symb.
67.	Boursault	Germanicus (1673-94)	V, 1 — pr.
68.	Sconin	Hector (1675-75)	V, 2 — pr.
69.	Blessebois	Eugénie (1676)	II, 1 — app.
70.	Le Febvre	Eugénie (1678-78)	II, 1 — pr.
71.	Ferrier	Adraste (1680-80)	I, 1 ; IV, 2 ; V, 2 — all. + pr.
72.	Racine	Esther (1689-89)	II, 1, 8 ; III, 2, 4 — all.
73.	"	Athalie (1691-91)	II, 5 — app. + symb.

5

Rhétorique et tragédie *

Les problèmes posés par les rapports de la rhétorique et de la poésie dramatique au XVIIe siècle sont nombreux et complexes. Nous avons réduit notre étude à la tragédie, afin d'éviter les épineuses questions de la dévaluation et de l'accentuation des procédés oratoires dans la comédie par les moyens du burlesque et de la parodie. Une autre perspective a été également adoptée : celle des traductions et adaptations de drames étrangers, particulièrement italiens et espagnols, qui mériterait à elle seule une étude détaillée, faisant apparaître dans bien des cas la substitution à des effets précisément stylistiques d'un ordre, de figures et d'une topique soucieux avant tout de clarté et de force persuasive. L'intellectualisation, la « rationalisation » des modèles étrangers dans leurs imitations françaises se présentent d'abord comme la mise en forme rhétorique du texte original. Nous nous sommes donc arrêté à la seule tragédie, et à la confrontation des exigences de ses théoriciens, particulièrement de La Mesnardière et de l'abbé d'Aubignac, aux réalisations des poètes.

Au premier chapitre de la *Rhétorique*, Aristote rappelait à son lecteur que la science dont il allait traiter n'appartenait pas à un genre déterminé, mais se voulait, généralement, connaissance des moyens de persuasion. Lui-même illustrait volontiers son propos en empruntant des citations aux poètes, et particulièrement aux poètes de théâtre. Les ouvrages de Cicéron demeurent attachés à l'idée de l'universalité du règne de la rhétorique et à l'utilité de la lecture des poètes pour le futur orateur. Tantôt il invoque, en argument contre la monotonie du discours, la variété de ton admise chez les poètes tragiques et la variété des talents requise de l'acteur de théâtre[1] ; tantôt il veut que l'orateur paraissant sur la tribune rappelle en quelque manière Roscius entrant en scène[2]. Ces comparaisons

---

* *XVIIe Siècle*, 1968. (« Rhétorique et tragédie au XVIIe siècle »).
1. *Orator*, XXXI, 109.
2. *Brutus*, LXXXIV, 290.

demeurent présentes à l'esprit des maîtres de la Renaissance et du XVIIᵉ siècle français en même temps que se perpétue une certaine confusion entre ce qui ressortit à la rhétorique et ce qui ressortit à la poétique. Le traité de Scaliger[3] est tout autant l'ouvrage d'un rhéteur que celui d'un maître de poésie. Quatre-vingts ans plus tard, Jules de La Mesnardière avertit le poète de se nourrir de la *Rhétorique* d'Aristote :

> La Rhétorique d'Aristote est une source inépuisable de sentiments judicieux, qui lui donnera des lumières pour bien imaginer les choses, et pour les dire noblement. Là il verra dans les exemples qui sont tirés des anciens poèmes, que l'Éloquence a triomphé dans les productions poétiques avant que d'être admirée dans celles des Orateurs[4].

L'abbé d'Aubignac affirme à son tour :

> Je souhaiterais donc que les Poètes se rendissent très savants en l'art de bien discourir et qu'ils étudiassent à fond l'Éloquence[5].

Dès les premières pages de son *Art de parler*, le P. Lamy précise encore :

> Cet ouvrage ne regarde pas seulement les orateurs, mais généralement tous ceux qui parlent et qui écrivent, les poètes, les historiens, les philosophes, les théologiens[6].

Rappelons enfin, comme nous y invite un article récemment réédité de B. Munteano[7], qu'Horace s'est inspiré des préceptes cicéroniens dans l'*Épître aux Pisons* et que l'*Art poétique* de Boileau recourt lui aussi constamment, en dépit des apparences, aux catégories de la rhétorique traditionnelle.

Cependant, les ouvrages des maîtres d'éloquence ne font appel à la tragédie que pour lui emprunter des exemples ou pour introduire les comparaisons que l'on devine entre l'élocution de l'orateur et celle de l'acteur. Inversement, les théoriciens du théâtre, au moins à partir de La Mesnardière, considèrent comme allant de soi la connaissance par le poète des lois de la rhétorique, et ne se soucient guère de les reprendre à son intention. De plus, ils paraissent refuser au poète de théâtre l'usage des procédés oratoires qui s'imposeraient au barreau ou dans la chaire. La Mesnardière, après avoir fait l'éloge de la rhétorique, « absolument nécessaire au poète et à l'orateur », en suppose connu l'essentiel et poursuit :

---

3. 1561.

4. *La Poétique*, 1640, *Préface*, p. VVV.

5. *Pratique du théâtre*, 1657, IV, 2.

6. Seconde édition, 1676, *Préface*, f. 6.

7. *Constantes dialectiques*, Didier, 1967, p. 150. Notre sujet a été abordé dans un des savants articles de Jean Cousin, *Rhétorique et Tragédie, Rev. des Cours et Conf.*, 1933, XXXIV-2, pp. 159-168. Voir également : Peter France, *Racine's Rhetoric*, Oxford, 1965.

Et ainsi, sans nous arrêter aux éléments du discours, nous considérerons en gros le style du Poème tragique, et les principales fautes que l'on fait contre cet Article[8].

Sur quoi l'auteur d'*Alinde* interdit pratiquement au poète tous les embellissements de la rhétorique et reproche à Sénèque et à Guarini leurs sentences et leurs comparaisons. Évoquant les « qualités générales du style tragique », il propose la définition suivante :

Il faut que le Discours soit pur, grave, mâle, continu, vigoureux et magnifique ; égal ou diversifié, selon les différents sujets auxquels on le doit appliquer[9].

Ce qui veut dire, dans son esprit, que les « tropes et les figures », toujours insupportables quand ils sont trop fréquents, soient quasi éliminés de la tragédie, dont « les beautés consistent dans la Passion et dans l'Action[10] ». Et encore :

Il faut que la pensée soit forte, et non pas qu'elle soit pointue ; que l'expression soit vigoureuse, et non pas qu'elle soit fardée ; que les paroles soient pures, et non pas qu'elles soient luisantes ; que les termes soient convenables, et non pas qu'ils soient spécieux[11].

D'une manière analogue, d'Aubignac refuse les « pointes d'esprit, qui surprennent surtout les femmes et les petits bourgeois », et les « antithèses souvent mal fondées[12] ». Il prétend n'apporter à son lecteur que des « observations particulières » et inédites, et des règles adaptées à la seule poésie dramatique[13]. L'un comme l'autre répudie en tout cas la froideur de l'argumentation pure ou l'ingéniosité des figures trop élaborées. En quoi ils se souviennent du *Si vis me flere* d'Horace, comme de sa proscription des *sesquipedalia verba* dans la bouche de Télèphe et de Pélée. En quoi encore ils annoncent les formules du chant III de l'*Art poétique* de Boileau :

Vos froids raisonnements ne feront qu'attiédir
Un spectateur toujours paresseux d'applaudir,
Et qui des vains efforts de votre rhétorique
Justement fatigué, s'endort, ou vous critique.

---

8. Ouvr. cit., Chap. X, p. 326.
9. *Ibid.*, p. 390.
10. *Ibid.*
11. *Ibid.*, p. 391.
12. Ouvr. cit., IV, 2.
13. *Ibid.*

Ou encore :

> Que devant Troie en flamme Hécube désolée
> Ne vienne pas pousser une plainte ampoulée,
> Et sans raison décrire en quel affreux pays
> Par sept bouches l'Euxin reçoit le Tanaïs.

Au siècle précédent, Scaliger avait appliqué à la tragédie la distinction cicéronienne des différents niveaux de l'éloquence en l'autorisant à resserrer l'expression jusqu'à la nudité ou à l'orner jusqu'à la profusion :

> Il y a deux types d'expression, et la tragédie doit s'appuyer sur l'un et sur l'autre. Car ils sont comme les colonnes ou les piliers sur lesquels repose l'ensemble de l'édifice. Il est en effet une façon de parler simple et sobre, comme en cette phrase : «La mort rend les bons heureux». Il en est une autre, colorée et large ; comme si, pour exprimer la même pensée, on disait : «Ne croyez pas que les bons périssent, quand leur âme en soi immortelle rejoint les lieux d'où elle était descendue en échappant aux misères d'ici-bas[14]».

Pour Scaliger en effet, la tragédie a trois objets : l'instruction, l'émotion et le plaisir (*docere, movere, delectare*). Et si la structure générale de l'œuvre (*deductio et dispositio*) doit se conformer du plus près possible à la vérité, il est permis au poète d'étonner et de bouleverser son spectateur (*admirari, percelli*) par le brillant de sa manière[15]. Mais des poètes tels qu'Alexandre Hardy ou que le Théophile de *Pyrame*, et même, à leurs débuts, les Corneille, les Rotrou et les Tristan se sont plu à pratiquer un style orné, caractérisé par la pointe, le paradoxe, les comparaisons tirées de loin et les images violentes. Et c'est contre cette allégresse à jeter indistinctement dans les discours des personnages tous les traits de la rhétorique la plus brillante que La Mesnardière, puis l'abbé d'Aubignac, ont réagi. Les frères Parfaict se moqueront au siècle suivant de ces vers tirés de l'*Amphitrite* de Monléon (1630), où l'héroïne évoque à la fois son mépris pour le soleil et son amour pour Neptune.

> A peine un Dieu de flamme a senti ma froideur
> Qu'un Dieu de glace et d'eau se plaint de mon ardeur.
> Et l'un et l'autre voit dedans cette disgrâce
> Qu'à l'eau je suis de feu, qu'au feu je suis de glace[16].

La Mesnardière, critiquant les poètes qui «font naître des fleurs» en la bouche des héros les plus douloureux, écrivait déjà :

---

14. *Poétique*, III, 97 : «Quum autem sententiarum duo sint modi, utrisque tota Tragoedia est fulcienda. Sunt enim quasi columnae, aut pilae quaedam universae fabricae illius. Sane sententia simplex ac praecisa est, ut illa, *Mors bonos beat*. Alterum vero genus pictum et fusum : veluti sic eandem si dicas, *Nolite existimare bonos interire, quorum animus per se immortalis, ad eas sedes unde profectus fuerat, evolat ex his miseriis.*»

15. *Ibid.*

16. Frères Parfaict, *Histoire du Théâtre français*, IV, 489.

S'ils introduisent un mari dont la femme vient de mourir, ou quelque amant passionné qui a perdu sa maîtresse, ils leur font dire : *Que la terre n'a plus de roses et de lys, puisqu'Olympe n'est plus au monde. Que les perles et le corail, l'or, l'ivoire, le musc et l'ambre n'auront plus les qualités qui les rendaient précieux ; puisque le corps adorable qui leur influait les vertus qui les faisaient aimer aux hommes, vient de souffrir le trépas. Bref que le soleil et les Astres doivent pleurer cette mort, en qui la Nature a perdu son principal ornement* [17].

La Mesnardière et ses successeurs répudient une rhétorique simplement ornementale au profit d'une rhétorique expressive. Le théâtre tient de l'*éthos* et du *pathos* : il est peinture d'une action et représentation des passions. Il doit faire précisément imaginer la première et comme ressentir les autres par sympathie. Il ne doit donc recourir aux figures que dans la mesure où ce recours est imposé par le sujet même, par la sensibilité du spectateur ou par « l'indigence de la langue [18] ». Il lui faut réinventer une rhétorique adaptée aux besoins de la scène, en interrogeant la *nature* et en en recréant les effets dans l'esprit du spectateur par un *art* spécifique. Écoutons La Mesnardière :

[Le poète dramatique] est obligé d'entrer dans les sentiments [de ses personnages], de se vêtir de leurs passions, et d'épouser leurs intérêts, pour les faire passer ensuite dans l'esprit de ses Acteurs, et enfin, par leur ministère, dans l'âme de son Auditeur [19].

et l'abbé d'Aubignac :

Avec l'Ordre il faut joindre les Figures, j'entends les grandes figures qui sont aux choses et aux sentiments, et non pas celles qui ne sont que dans les paroles, petites certainement et de peu de consé- quence [20].

C'est tout le paradoxe du naturel dans l'art, dont les bons poètes du siècle ont entendu dépasser les apories.

*
* *

Comme nous y engagent aussi bien les poètes que les critiques de la période postérieure à 1635, notre étude ne portera point sur les aspects purement ornementaux de la rhétorique au théâtre, ceux qui, selon La Mesnardière, doivent être réservés aux endroits « vides » du discours, et à ce que le critique appelle les « sentiments indifférents et non nécessaires ». Nous nous limiterons à tout ce qui dans le poème éveille non seulement la

17. Ouvr. cit. Chap. X, p. 388.
18. Selon le P. Lamy, ouvr. cit., p. 99, les tropes deviennent figures lorsqu'ils ne sont point nécessités par la « disette de la langue », mais amenés par la passion.
19. Ouvr. cit., Chap. X, p. 364.
20. Ouvr. cit., IV, 6.

delectatio, mais aussi et surtout l'instruction et l'émotion, ce qui par
conséquent veut s'adresser à l'intelligence pour la persuader et au cœur
pour l'émouvoir. D'autre part, suivant en cela, ainsi que l'a montré le
R.P. de Dainville, l'exemple des professeurs de rhétorique de la seconde
moitié du siècle, nous emprunterons nos exemples aux meilleurs poètes,
et particulièrement à Corneille et Racine, dont l'art témoigne à la fois
d'une connaissance parfaite des principes de la rhétorique et d'un constant
souci d'en masquer agréablement l'usage.

Appliqué au théâtre, l'art de persuader peut s'entendre de deux
manières fort différentes. Le dialogue se présente souvent comme un
combat où les personnages entendent se persuader mutuellement. Ils sont
alors censés utiliser en toute connaissance de cause les moyens propres à
convaincre un adversaire. Il s'agit alors d'une rhétorique explicite puisque
consciente d'elle-même et seconde puisque ne s'adressant au spectateur
que par la médiation d'un interlocuteur. Ailleurs le poète entendra
persuader son auditeur en faisant agir et parler devant lui un personnage
ayant certaines passions et certains intérêts. La rhétorique sera dans ce cas
implicite, puisque le héros sera censé s'exprimer « naturellement », et
primaire, puisqu'elle ne pourra être attribuée qu'au talent du dramaturge
et s'adressera directement au spectateur. Enfin, ces deux formes de la
rhétorique pourront se superposer, lorsque derrière les moyens de
convaincre visiblement utilisés par un personnage le spectateur sera invité
à découvrir l'expression de ses passions ou de ses intentions secrètes. Au
témoignage de l'abbé d'Aubignac, c'est en ce troisième emploi des artifices
oratoires qu'excellait Corneille.

**
* **

La tragédie et les moments rhétoriques

La tragédie renaissante ne pouvait pas ignorer les artifices de la
rhétorique. Démonstration morale, leçon néo-stoïcienne de résignation à
l'inévitable, commentaire plutôt qu'accomplissement d'une action, elle
attachait aux moyens de la conviction une importance décisive. Des
œuvres telles que *Les Juives* de Garnier, *L'Écossaise* de Montchrestien et
encore le *Pyrame* de Théophile mettent en scène de véritables procès. Les
dialogues des rois et des reines avec leurs conseillers entraînent l'emploi
du genre délibératif, les confrontations des accusés et de leurs juges celui
du judiciaire et les commentaires du dénouement celui de l'épidictique. Il
subsiste, dans le théâtre du temps de Louis XIII ou même de Louis XIV
plus que des traces de cette poétique de la démonstration, qui n'a pas
cessé d'autre part de fleurir dans la tragédie de collège. Les quatre
tragédies les plus célèbres de Corneille, *Le Cid, Horace, Cinna* et *Polyeucte*,
ne sont autre chose que des procès. *Nicomède* bien plus encore, *La Mort
de Sénèque* de Tristan, comme déjà sa *Mariane*, les œuvres maîtresses de

Du Ryer, *Scévole, Alcionée*, voire *Saül*, et de Rotrou, *Crisante, Venceslas, Saint Genest* ou *Cosroès*, ont pour sujet principal la condamnation du héros par un tribunal humain, que son châtiment soit ou non justifié. Il n'est pas étonnant dès lors que toutes ces œuvres empruntent une partie de leurs beautés à l'art déployé par les uns pour attaquer et par les autres pour se défendre à partir notamment des règles de la *topique*[21]. La crise romanesque de la tragédie a porté un coup sévère à cette conception de l'écriture théâtrale. Certes, bien des œuvres de la seconde moitié du siècle gardent encore les caractères du drame-procès : c'est le cas du *Timocrate* de Thomas Corneille, ou encore de son *Comte d'Essex*. C'est encore celui d'*Esther*. Mais précisément *Esther* se rattache par ce trait essentiel à la tradition archaïsante de la tragédie scolaire. Dans ses tragédies précédentes Racine s'est interdit de mettre en scène un procès explicite. Le dénouement de *La Thébaïde* empêche Créon de faire comparaître Antigone, que le suicide a délivrée de tout scrupule envers son frère et envers les dieux. Titus n'est blâmé par le Sénat qu'en dehors de la scène et les violences de *Bajazet* et de *Phèdre* excluent toute possibilité de délibération. *Andromaque* pouvait donner lieu au déploiement d'une éloquence typiquement judiciaire, et plus encore *Britannicus*. Mais l'emportement de l'amour, de la haine ou de l'ambition est ici et là trop prompt pour qu'un procès puisse s'y instaurer. La tragédie racinienne est le lieu du crime. C'est la tragédie cornélienne qui est celui du châtiment. Aussi l'utilisation directe des moyens traditionnels de la persuasion n'intervient-elle que rarement chez Racine. Le seul véritable procès de son théâtre est celui du chien Citron dans *Les Plaideurs*. Il est significatif que le poète, pour son unique comédie, ait choisi justement un thème qu'il excluait à peu près totalement de son œuvre sérieuse.

Le commentaire de la discussion entre Deuxis et Syllar, les assassins engagés par le roi dans *Pyrame* de Théophile (III, 1) et du débat opposant Porsenne le pieux et Tarquin le tyran dans *Scévole* de Du Ryer (II, 4) fait apparaître un même art de ramener le particulier au général et de réduire un conflit particulier à l'affrontement de doctrines générales. Les deux scènes mettent en œuvre les figures les plus traditionnelles de l'éloquence judiciaire : *correction* ou *épanorthose, concession* ou *épitrophe* ou *consentement, sentences* ou *épiphonèmes*, permettant de clore brillamment un développement, *pléonasmes* expressifs, ou *polyonimies*, destinés à imposer une idée reprise trois ou quatre fois sous des formes différentes. La déclaration de Septime, dans *Pompée* de Corneille (I, 1), est plus subtilement composée et rédigée : Corneille y ménage un effet de *suspension* en plaçant la *proposition*, non pas aussitôt après l'*exorde*, mais en guise de *péroraison*, à la suite d'une *réfutation* où Achillas est combattu sans être d'abord nommé et d'une *confirmation* plus logique qu'oratoire. La

---

21. « Selon cette méthode, si on parle contre un parricide, on s'étend sur le parricide en général, et on rapporte ce qui est commun à l'accusé, et à tous les autres parricides ; et après on descend aux circonstances du parricide... » (P. Lamy, ouvr. cit., p. 247).

manière du tribun romain est évoquée par la rudesse du style, les *asyndètes* et les sobres *antithèses*. L'appel aux considérations générales est implicite, et les sentences sont exclues.

*
* *

La rhétorique des passions

La Mesnardière et l'abbé d'Aubignac ont accordé plus d'importance à ce que le premier appelle les « sentiments passionnés » et les second les « passions et mouvements d'esprit ». « Nous voyons bien clairement, écrit La Mesnardière, qu'il n'y a point d'apparence de faire parler les passions comme ferait la raison même[22] » ; et d'Aubignac : « Le poète doit bien connaître toutes les passions, les ressorts qui les font agir, et la manière de les exprimer avec ordre, avec énergie et avec jugement[23] ». Tous deux ont évoqué les moyens que le poète peut utiliser pour traduire les mouvements passionnés, en excluant tout ce qui supposerait, de la part du héros, un calme et une ingéniosité lucide peu compatibles avec la situation tragique. « Nous devons concevoir, écrit La Mesnardière, que les passions violentes sont à notre entendement ce qu'est une vapeur épaisse à notre imagination, et ce qu'est l'agitation à l'eau qui nous sert de miroir[24] » ; et l'abbé d'Aubignac refuse aux discours pathétiques les « antithèses et autres jeux de mots qu'on ne peut jamais employer... parce qu'ils semblent affectés par étude, et non pas produits par le mouvement de l'esprit ; ils ressentent une âme tranquille, et non pas troublée de passion[25] ». Mais le naturel dans l'art est un naturel restitué et l'imitation suppose un choix et la mise en relief de l'essentiel. Aussi La Mesnardière entend-il

> ... apprendre au poète que la *Colère* et la *Fureur* parlent d'un ton impétueux, foudroyant et précipité. Que la *Haine* et la *Vengeance* ont leur caractère ferré, employé admirablement dans les Imprécations d'Ovide contre celui qu'il nomme *Ibis*. Que l'*Orgueil* doit être exprimé par des termes ampoulés, le *Désespoir* par des paroles entrecoupées de sanglots ; et enfin que la *Compassion* a, tout ainsi que l'*Amour*, ses manières pitoyables, languissantes et abattues[26].

Selon le même théoricien, c'est la douleur qui est le plus difficile à exprimer. Si elle se résout en « mouvements de rage », elle demande « les gémissements, le tumulte, les clameurs, et les tempêtes ». Si elle ne comporte que des « sentiments de tendresse », elle réclame « les soupirs,

22. Ouvr. cit., Chap. X, p. 338.
23. Ouvr. cit., IV, 2.
24. Ouvr. cit., Chap. X, p. 337.
25. Ouvr. cit., IV, 6.
26. Ouvr. cit., Chap. X, p. 374.

les langueurs, le saisissement et les larmes ». Mais l'une et l'autre forme de la douleur « conviennent en ce point, de n'admettre aucunement les manières figurées, les fleurs, ni les agencements[27] ». L'abbé d'Aubignac, apparemment, contredit son prédécesseur en écrivant : « Par l'ordre des choses qui se disent, on réforme ce que la Nature a de défectueux en ses mouvements ; et par la variété sensible des figures, on garde une ressemblance du désordre de la nature[28] ». Mais il le rejoint en précisant quelles figures sont propres au théâtre : apostrophe, ironie, exclamation, hyperbole, interrogation et imprécation, à l'exclusion de ce qui est apprêté, mais non de ce qui est noble :

> Il ne faut rien exprimer sur la scène qu'avec Figures, et [...] si les simples Bergers que l'on y fait paraître portent des habits de soie et des houlettes d'argent, les moindres choses y doivent être dites avec grâce, et avec des expressions ingénieuses[29].

Pour Boileau, à propos duquel nous avons dit combien les artifices de la rhétorique lui paraissaient déplacés au théâtre, il se souvient de La Mesnardière aussi bien que d'Horace en rappelant :

> Chaque passion parle un différent langage.
> La Colère est superbe, et veut des mots altiers.
> L'Abattement s'explique en des termes moins fiers[30].

Les exigences de tous trois nous semblent résumées dans le chapitre XVIII de Longin, consacré aux *Hyperbates*, c'est-à-dire à la « transposition des pensées ou des paroles dans l'ordre et la suite du discours ». « Cette figure porte avec soi le caractère véritable d'une passion forte et violente. » C'est à propos de l'hyperbate que Boileau, en traduisant Longin, précise le mieux la doctrine de l'illusion dans l'art :

> Les habiles écrivains, pour imiter ces mouvements de la Nature, se servent des hyperbates. Et à dire vrai, l'Art n'est jamais dans un plus haut degré de perfection, que lorsqu'il ressemble si fort à la Nature, qu'on le prend pour la Nature même ; et au contraire la Nature ne réussit jamais mieux que quand l'Art est caché.

La rhétorique des passions est illustrée par trois scènes de *fureurs* : le monologue de Créon à la fin d'*Antigone* de Garnier, celui d'Hérode au cinquième acte de *Mariane* de Tristan, et la tirade d'Oreste sur laquelle se clôt *Andromaque*. Le beau *morceau* placé par Garnier dans la bouche de Créon ne comporte aucune progression logique : le personnage se tient à un même niveau de tension et se contente de faire alterner la révolte, le

---

27. *Ibid.*, pp. 375-376.
28. Ouvr. cit., IV, 6.
29. Ouvr. cit., IV, 7.
30. *Art poétique*, Chant III.

remords et l'horreur de soi et du monde. Il utilise cependant toutes les
formes de la *répétition*, les *interrogations*, les *exclamations*, l'*apostrophe*
aux absents, l'*énumération*, et les diverses expressions du *doute* et de
l'*exagération*. Dorothée, la funeste messagère, nourrit cette fureur sans
susciter pour autant un véritable dialogue en évoquant par l'*hypotypose*,
qui fait « voir » les événements, le suicide d'Eurydice, et en rapportant les
propres *fureurs* de la malheureuse, qui consistent en *imprécations* destinées
justement à Créon. En revanche, les *comparaisons*, les *arguments* et les
sentences, figures réservées à l'éloquence volontaire, sont à peu près
absentes de cette page. Les fureurs d'Hérode n'usent guère de l'*apostrophe*,
de l'*exagération* et de l'*imprécation*, rehaussées cependant par d'ingénieuses
trouvailles stylistiques comme l'indiscrète répétition du mot « bouche ».
En revanche, la page ménage une sensible *progression* : les apostrophes y
sont ordonnées et les vœux qu'elles expriment de plus en plus larges et
lointains, jusqu'à la violente malédiction proférée contre le peuple juif qui
annonce les imprécations de Camille. Les quatre derniers vers (« Mariane
est donc morte... ») substituent enfin à ce forcènement les plaintes d'une
âme abattue, brillante retombée que Corneille ne prendra pas. A considérer
seulement les procédés utilisés, Racine semble revenir, par delà Tristan
ou Corneille, à l'extrême variété que nous trouvions chez Garnier : *ironie,
apostrophe, interrogation, exclamation, interruption, hypotypose* offrent à
la page un riche arsenal rhétorique. Pourtant la scène est originale à
beaucoup d'égards : elle est beaucoup plus courte que les précédentes ;
elle permet des interprétations *allégoriques* (« De quel côté sortir ? ») ; elle
enveloppe un élément prophétique dans une *allusion* (« A qui destinez-
vous l'appareil qui vous suit ? ») ; une *épanorthose* ou *correction* finale
(« Mais non, retirez-vous, laissez faire Hermione... ») permet de clore le
développement sur un *trait* : celui-ci, qu'autorise le style traditionnel de la
galanterie (« mon cœur à dévorer »), prend ici une signification seconde :
le vrai persécuteur d'Oreste, c'est en effet la passion amoureuse.

*
* *

La rhétorique à plusieurs dimensions

Les moments de calme ou de répit qui permettent au discours de
s'organiser et de se dérouler conformément aux exigences de la rhétorique
héritée et les moments passionnés où la seule « nature » semble pouvoir
s'exprimer dans la plainte et le cri correspondent à deux pôles de l'écriture
théâtrale. La plupart du temps, le poème se tient à mi-chemin de la
rhétorique de persuasion et de la rhétorique de suggestion sensible.
D'Aubignac le sentait bien qui, s'étonnant de l'abondance des délibérations dans le théâtre ancien et moderne, reconnaissait que celles qui,

monologuées ou dialoguées, avaient réussi, étaient aussi celles où le *pathétique* dominait sur l'argumentation *rationnelle* : les monologues d'Émilie, de Cinna et d'Auguste ou la scène de consultation de *Cinna*. Dans ces scènes en effet, mais aussi dans beaucoup d'autres, deux plans au moins doivent constamment se distinguer. Celui de la rhétorique proprement dite, c'est-à-dire des moyens visiblement utilisés par un personnage pour se faire entendre ou approuver. Celui de la passion, cachée ou éclatante, qui oriente en fait le discours et lui confère sa véritable signification. De nombreuses pages du théâtre du XVIIe siècle ressortissent à cette dualité, et ne peuvent être comprises qu'à condition de l'y avoir précisément reconnue. L'exemple le plus célèbre est bien entendu celui de la consultation du deuxième acte de *Cinna*. Au moment d'entrer chez l'empereur, Cinna et Maxime peuvent craindre que celui-ci n'ait découvert la conjuration et ne les convoque pour leur signifier leur châtiment. Derrière leurs réponses apparemment sereines et désintéressées devra donc se deviner le passage de l'inquiétude à l'heureuse surprise. Mais ces réponses elles-mêmes sont inspirées, chez Cinna, par le désir d'achever le projet d'assassinat du prince, chez Maxime par celui de faire l'économie d'un acte dangereux. Enfin Cinna n'agit que pour conquérir le cœur d'Émilie, et non pour se gagner les républicains de Rome. Ces différents niveaux apparaissent dans la manière même des interlocuteurs d'Auguste : l'éloquence de Cinna est abrupte et vive, celle de Maxime insinuante et flatteuse, tant l'un a peur de voir Auguste renoncer, tant l'autre a hâte de le voir se retirer. De semblables effets sont sensibles dans les propos de Rodogune comme de Cléopâtre, et d'Arsinoé comme de Flaminius. Racine en use dès *Alexandre*, pour manifester la duplicité de Taxile. Il les retrouve à la seconde scène d'*Andromaque*, où Oreste et Pyrrhus ne parlent que d'Astyanax et ne songent qu'à leur amour ; ou dans les premiers vers de la scène de déclaration dans *Phèdre*, où la reine parle pour elle en prétendant parler pour son fils.

Les monologues de délibération sont particulièrement propres à faire apparaître la distance qui sépare le niveau de la conscience et de la volonté et celui de la passion triomphante ou douloureuse. Le monologue de Cléopâtre, au début de l'acte II de *Rodogune*, comporte au plan le plus apparent une décision de renoncer au masque pour laisser triompher la haine. A un niveau second, les ruptures de rythme, les répétitions, le sensible passage de l'apostrophe aux sentiments à l'apostrophe à l'ennemie absente expriment l'exaltation d'une femme hors d'elle-même, et dont on sent déjà qu'elle pourra dans son entreprise braver toute prudence. Mais enfin la passion est ici clairement mise en évidence par des procédés conscients, apostrophe, antithèse, symétrie, parallélisme, comparaisons, organisation précise en groupes de quatre vers. Au monologue d'Hermione à l'acte V d'*Andromaque* — le premier grand monologue racinien — pourraient mieux s'appliquer les formules utilisées par l'abbé d'Aubignac à propos des grands monologues cornéliens : « C'est plutôt l'image d'une âme au milieu de ses Bourreaux que d'un homme qui délibère au milieu de ses amis[31]. » Apparemment il s'agit encore d'une scène de délibération : Hermione peut croire tout possible : arrêter le bras d'Oreste, ou le laisser agir, ou, s'il renonce, agir à sa place. Les premiers mots de l'héroïne présentent la situation comme ouverte aux entreprises de la liberté ; les suivants accumulent les arguments qui accablent Pyrrhus, et qui ôtent toute justification à l'amour qu'elle lui a voué. Mais cette structure apparaît comme ironique et dérisoire, non seulement parce que le monologue est interrompu par l'arrivée de Cléone, mais parce qu'il s'interrompt constamment lui-même à la faveur d'associations, non d'idées mais de sentiments, et que chacun de ses développements fait apparaître les contradictions de l'amour-haine. Mais enfin le spectateur est déjà invité à saisir sous le désordre des arguments passionnels l'ordre secret de la fatalité amoureuse. Certes le monologue s'interrompt : mais l'interruption est seulement apparente : le « Ah ! devant qu'il expire... » qui précède l'entrée de Cléone annonce déjà, par delà les cris de rage de la scène suivante, les reproches à Oreste et le suicide du dénouement. L'opposition entre les vers « Le cruel ! de quel œil il m'a congédiée... » et « Et je le plains encore ! et, pour comble d'ennui... » n'est telle qu'en apparence, puisqu'Hermione précisément ne voit la *cruauté* de Pyrrhus que parce qu'elle l'aime. La rupture qui sépare les deux derniers développements (« Non, ne révoquons point l'arrêt de mon courroux... » et « A le vouloir ? eh quoi ! c'est donc moi qui l'ordonne ? ») a la valeur d'un lien : Hermione constate qu'elle n'existe pas pour Pyrrhus ; mais précisément elle ne peut exister que par lui et pour continuer à nourrir sous son nom le rêve obstiné du prince charmant. Ce que Racine ne dit pas, mais ce que cette page veut faire sentir, c'est qu'Hermione, consciente par bouffées des éléments de la situation, n'en peut encore tirer la seule conclusion possible : la nécessité de sa propre mort. Derrière la structure naïve du débat, derrière les procédés de la rhétorique de la passion, une trame plus secrète se découvre, qui va plus loin que toute rhétorique, et qui procède de l'emploi de mots-clefs, *cruel, s'intéresse*, d'alliances de mots d'abord inaperçues (« il m'a forcée enfin à le vouloir »), de sentiments que la seule chaleur de la passion empêche de paraître absurdes (« Il me laisse, l'ingrat, cet embarras funeste », entendons de savoir s'il faut ou non l'assassiner). La rhétorique débouche sur la stylistique, et celle-ci s'achève à son tour en poétique.

Ce développement sur la rhétorique à plusieurs est encore illustré par la lecture et le commentaire de trois textes : Corneille, *Rodogune*, II, 3 de « Dites tout, mes enfants... » à « La mort de Rodogune en nommera l'aîné » ; Corneille, *Suréna*, IV, 3, de « Seigneur, je vous regarde en qualité d'époux » à « Qu'à des rois dont on puisse aimer le souvenir » ; et le monologue de Mithridate dans la tragédie de Racine en IV, 6. Dans la première de ces trois scènes, Corneille a mis en œuvre une éloquence insinuante, qui interprète ou feint d'interpréter les *réticences*, puis le

---

31. Ouvr. cit., IV, 4.

silence des deux fils de Cléopâtre. Celle-ci a un marché à leur proposer et entend le présenter, non comme une exigence tyrannique, mais comme la meilleure réponse possible aux inquiétudes des deux frères. Elle veut se servir d'eux en affectant de les servir. *L'ironie* de la page repose sur l'emploi de la figure dite de la *communication*, par laquelle on demande son opinion à l'interlocuteur en préjugeant de sa nature. La progression est celle d'une argumentation spécieuse, mais d'apparence rigoureuse. Cléopâtre ne suit pas l'ordre normal du discours : comme Septime, elle utilise la *suspension*, et ménage la curiosité de ses fils en même temps que du spectateur. Sur la *supposition* des sentiments de haine que ses fils nourriraient à l'égard de Rodogune, Cléopâtre fonde une *hypothèse* annoncée par trois *exclamations* : Nicador fut « innocent ». L'horreur des deux frères pour Rodogune met fin à tous les doutes. Rodogune a été une sorte de sorcière, dont les enchantements ont agi sur Nicador et forcé Cléopâtre à le séduire (développement à caractère *elliptique* : il ne faut pas trop insister sur ce passage essentiel du raisonnement, sous peine de faire apparaître son absurdité). La conséquence s'impose alors : il faut châtier Rodogune. Mais Cléopâtre ne fait pas immédiatement éclater sa conclusion : elle se contente d'abord de l'expression indirecte (« la cause de mon crime », « son sang odieux ») ; elle s'attarde à une *prolepse* (j'aurais pu me venger moi-même) et répond à l'objection par l'*upobole* (mais vous aviez droit à vous venger, étant compris dans l'offense) ; quatre vers, *synonymes* deux à deux, préparent encore le trait, l'*épiphonème* final, où Rodogune, enfin, est nommée, où le mot de *mort*, enfin, est prononcé. Derrière l'argumentation suspensive de Cléopâtre, l'exagération traduit la mauvaise foi du personnage, et l'ironie objective (Cléopâtre prête à ses enfants des sentiments exactement inverses à ceux qu'ils éprouvent) met en évidence son aveuglement passionné. Les déclarations d'Eurydice à Pacorus dans *Suréna* procèdent d'une intention bien différente, mais font apparaître des procédés analogues : Eurydice veut sauver Suréna. Son interlocuteur sait ou devine leur mutuel amour. Il s'agit de lui laisser espérer qu'il peut être aimé à son tour, à condition d'attendre sans rien attenter contre le héros. Le problème d'Eurydice se réduit à la conciliation de la demi-promesse et de la sincérité : il faut faire entendre à Pacorus que toute violence à l'égard de Suréna rendra *en tout cas* leur union impossible. L'ordre général de la déclaration est logique et rigoureux : 1) « je vous regarde en qualité d'époux ». 2) « il faut que le temps m'apprenne à vous aimer ». 3) Rendez-vous donc, en épargnant Suréna, digne d'être aimé par moi. Mais une ligne seconde s'y discerne : celle des arguments *ad hominem* (la mort de Suréna serait fatale au renom de Pacorus : six vers synonymes deux à deux reprennent l'idée en *polyonimie* ; la mort de Suréna serait dangereuse à la sécurité de Pacorus : idée insinuée par la périphrase « le sang qui vous la donne » et développée par les six vers suivants). Enfin la ligne profonde du discours, toujours sensible et toujours discrète, est la suivante : j'aime Suréna et n'accepterai jamais qu'il soit sacrifié à l'orgueil du roi et à la jalousie du prince :

Pacorus avait utilisé la figure du doute (« Un si cher confident ne fait-il point douter / De l'amant ou de lui qui les peut exciter ? ») ; Eurydice reprend les mots mêmes de ce prince en les accentuant (« Cet amant si chéri... » qui éveille la jalousie, « ... n'en peut rien espérer » qui éveille un sentiment de sécurité) ; Pacorus avait utilisé la figure de la *réticence* (« Ainsi ce confident... Vous m'entendez, Madame, / Et je vois dans les yeux ce qui se passe en l'âme. ») ; Eurydice reprend la figure (« Si votre impatience ose aller jusqu'au crime... / Vous m'entendez, Seigneur... ») et sans doute la fait suivre d'une explication avouée (je ne songe qu'à votre gloire), mais laisse entendre que l'explication réelle est autre (je n'aime que Suréna). On peut appliquer à ces deux textes les formules suivantes, tirées de l'*Art de parler* du P. Lamy [32] : « Lorsqu'on propose des choses contraires aux inclinations de ceux à qui on parle, l'adresse est nécessaire : l'on ne peut s'insinuer dans leur esprit que par des chemins écartés et secrets ; c'est pourquoi il faut faire en sorte qu'ils n'aperçoivent point la vérité dont on veut les persuader qu'après qu'elle sera maîtresse de leur cœur. » Le monologue de Mithridate par lequel nous terminons cette enquête, qui vient après les aveux surpris de Monime concernant son amour pour Xipharès, est tout entier envahi par le *doute*. Il commence et il finit par l'incertitude et l'interrogation. Il n'y a point en lui de progression vers une décision, mais inventaire d'une situation et exploration d'un cœur incertain. Pourtant la page progresse formellement en mouvements bien marqués : Mithridate se « reconnaît » dans la violence et la cruauté ; Mithridate laisse parler l'affection paternelle ; Mithridate constate la persistance en lui de son amour pour Monime. Mais la passion utilise pour s'exprimer des effets d'intensité (exclamation, interrogation, itération, synonymie, antithèse, dialogue avec soi-même) et des effets de tension (style entrecoupé, substitution de la coordination ou de l'asyndète à la subordination et aux moyens oratoires traditionnels). Le jeu rhétorique n'est plus utilisé qu'avec une intention tragiquement ironique : il n'a plus d'efficacité réelle. Dernier effet ironique : le réemploi, aux derniers vers, d'une *pointe* galante (le poison réel / le poison amoureux), sorte d'*euphémisme* soulignant, comme dans les fureurs d'Oreste, la fatale puissance du sentiment amoureux.

*
* *

Nous n'avons pas prétendu épuiser ici l'effrayant chapitre de la rhétorique théâtrale classique. Nous voudrions seulement avoir donné une idée de sa complexité. Après la rhétorique « naïve » d'un Garnier et la rhétorique avant tout ornementale des années 20, la génération de Corneille a imposé une rhétorique à double fond, où les intentions secrètes doivent être traduites pour le spectateur aussi bien que les intentions

32. P. 260.

apparentes. Racine, à son tour, plus soucieux encore de concilier la rigueur intellectuelle et le frémissement de la passion, a pour ainsi dire réinventé une rhétorique du sentiment. Tout en respectant les principes de composition et les figures de la rhétorique aristotélicienne et ceux que lui proposait un abbé d'Aubignac dans sa théorie de l'écriture pathétique, il a recherché, plus au fond, à recréer par le verbe et par le rythme l'illusion de la vie, mais aussi, en faisant appel aux plus fines ressources du langage, à imposer au spectateur les significations désespérées que les recettes héritées lui permettaient bien de *traduire*, mais non de *restituer* sensiblement à l'imagination.

6

Les stances tragiques *

Le mot *stance*, tiré de l'italien *stanza*, apparaît vers 1550 en France[1] ; il évoque, à l'origine, le repos qui termine chaque strophe d'un poème de structure lyrique, et, par extension, la strophe elle-même, puis le poème entier. Le vocable semble avoir été utilisé d'abord pour désigner des compositions de prétentions plus modestes que les odes[2]. On comprend qu'il soit apparu au moment où Ronsard publiait ses premiers recueils pindariques : il a permis à des poètes plus discrets ou plus timides de souligner que leur dessein était moins ambitieux — et plus « moderne » — que celui du chantre de Jupiter et des Muses. Quelque incertitude subsistera cependant : si *L'Académie de l'Art poétique* de Deimier (1610) distingue l'ode et les stances dans l'énumération qu'il propose des « trente-deux sortes de poèmes » pratiqués en France[3], les éditions de Théophile de Viau désignent successivement une même composition comme une ode, puis comme une série de stances, ou présentent dans un même tirage deux poèmes de même sujet et de même structure, l'un comme une ode, l'autre comme une poésie en stances[4].

Les historiens de la stance dramatique[5] datent sa naissance de 1610, année où Claude Billard publie une tragi-comédie de *Genèvre*, dont la dernière scène présente une suite de treize sizains d'octosyllabes aux rimes *aabccb* ; son baptême correspondrait à *La Vengeance des satyres* d'Isaac Du Ryer,

---

* *XVIIᵉ siècle*, 1965. (« Les Stances dans la tragédie française au XVIIᵉ siècle »).

1. Battisti..., *Dizionario etimologico italiano*, vol. V, Florence, 1957.

2. Ph. Martinon, *Les Strophes*, Paris, 1911, p. 454.

3. Pierre de Deimier, *L'Académie de l'Art poétique*, Paris, 1610, pp. 19-20.

4. Cf. l'apparat critique de l'éd. Streicher, Genève et Paris, 1952-1958.

5. H.C. Lancaster, *The Origin of the lyric monologue in French classical tragedy*, P.M.L.A., XLII, 1927, pp. 782-787 ; J. Scherer, *La Dramaturgie classique*, Paris, 1950, nᶦᶦᵉ éd. 1959, pp. 285-296 ; G.-W. Andrian, *Early use of the lyric monologue in french drama of the seventeenth century*, M.L.N., LXVIII, 1953, pp. 101-105.

publiée en 1614. Cette pastorale reprenait en le modifiant un autre poème du dramaturge, *Les Amours contraires* (1610), notamment en y remplaçant une chanson par des stances ainsi désignées et simplement dialoguées par deux personnages, dont l'un prétextait, pour ne pas chanter, une fâcheuse extinction de voix[6]. Les stances dramatiques sont donc nées d'une volonté d'ornementation et de variété propre à la pastorale et à la tragi-comédie. Le paradoxe est qu'elles ont été introduites dans le genre plus sévère de la tragédie, avec la *Médée* de Corneille (1634-1635), et qu'elles y ont poursuivi une carrière brillante au moins jusqu'à *Andromède* (1650) avec des prolongements apparemment anachroniques jusqu'à *La Thébaïde* (1664)[7].

*
* *

L'alexandrin à rimes plates est généralement considéré, par les théoriciens du théâtre classique, comme un équivalent artistique de la prose. Selon La Mesnardière, qui publie sa *Poétique* en 1639, le théâtre n'emploie le vers que pour « toucher plus vivement l'esprit »[8]. L'abbé d'Aubignac, en 1657, écrit que les alexandrins « doivent être considérés au théâtre comme de la prose » et que d'ailleurs « chacun en fait sans peine et sans préméditation dans le discours ordinaire »[9], idée que Corneille reprend pour la combattre dans l'*Examen d'Andromède*. Au XVIIIe siècle encore, Houdart de la Motte et Voltaire évoquent les alexandrins tragiques comme un « langage commun » ou comme un « langage convenu »[10]. Aussi, dès le début du XVIIe siècle, l'abandon de cette forme poétique correspond-il toujours, au moins dans les genres « sérieux », au passage du dialogue ordinaire, soit à une *citation* (lettre, chanson, poème de commande, oracle), soit à un dialogue ou à un monologue dont la pensée ou le sentiment tranche sur le reste du drame et qui requièrent de ce fait une versification plus élaborée. L'utilisation, en cette occurrence, d'une forme poétique astreinte depuis Malherbe à une discipline sévère crée un effet d'opposition frappant entre les moments lyriques du poème et les souples alexandrins employés partout ailleurs. Ce contraste justifie et limite à la fois l'emploi des stances.

Sans doute les stances bénéficient-elles, aux yeux des doctes, de la garantie antique. Évoquant les « changements de mesures » qui figurent dans les poèmes dramatiques des Anciens, La Mesnardière ajoute :

6. H.C. Lancaster, *A History of french dramatic literature*, I, 1929, p. 73 ; G.W. Andrian, *art. cit.*, p. 102.

7. Ph. Martinon, *op. cit.*, p. 62 ; J. Scherer, *op. cit.*, pp. 296-297. On trouvera dans ce dernier ouvrage un très grand nombre de références aux stances dramatiques en général, et particulièrement aux stances tragiques.

8. Chap. X, p. 400.

9. *La Pratique du Théâtre*, Livre III, chap. X.

10. Houdart de la Motte, *Troisième Discours sur la Tragédie, Œuvres*, éd. de 1730, t. 1er, pp. 153-154 ; Voltaire, *Comm. sur Corneille, Œuvres*, éd. Garnier, t. XXXI, p. 199.

« Quoique la négligence des siècles peu curieux ait perdu cette harmonie qui animait si puissamment les ouvrages dramatiques, nous devons au moins conserver ce changement de cadences comme un débris précieux de l'artifice admirable dont se servaient les premiers poètes pour les expressions passionnées »[11]. D'Aubignac, de son côté, fait référence à l'*Andromaque* d'Euripide[12], et Corneille justifie les changements de rythme par l'exemple des Grecs, de Sénèque et des Espagnols[13]. Voltaire lui-même croit encore que les stances dramatiques constituent le substitut moderne des chœurs antiques[14].

Si l'on prétend ainsi que les stances répondent aux exigences de la doctrine aristotélicienne, on affirme surtout qu'elles introduisent dans le drame une variété dont le public se montre friand : « Ce changement est agréable à l'oreille », écrit La Mesnardière[15]. L'abbé d'Aubignac évoque « l'humeur des français, qui s'ennuyent des plus belles choses quand elles ne sont point variées »[16], Corneille rappelle que les stances plaisent et donc sont bonnes pour le théâtre[17], et La Motte constate en soupirant : « Bien des gens sont encore charmés des stances de Polyeucte : tant il est vrai que nous ne sommes pas si délicats sur les convenances, et que la coutume donne souvent autant de force aux fausses beautés que la nature en peut donner aux véritables »[18]. Aveu significatif de la part d'un théoricien hostile aux stances, peu indulgent pour le monologue en général, et porté à préférer, sur la scène, une prose poétique à l'encombrante et invraisemblable majesté des alexandrins.

Cependant, les théoriciens des stances n'entendent pas qu'on les utilise n'importe où et dans n'importe quelles conditions. La Mesnardière les réserve aux scènes « solitaires », c'est-à-dire aux monologues[19]. Cette opinion a été partagée par la majorité des poètes. La stance est très vite devenue, notamment à partir de *Médée*, une forme du monologue de plainte ou de débat intérieur. L'abbé d'Aubignac veut que pour sauvegarder la vraisemblance les stances soient toujours placées au début d'un acte ou correspondent à la première entrée de l'acteur dans cet acte. Un poème aussi élaboré que le monologue en stances doit en effet, selon l'auteur de *La Pratique du théâtre*, avoir pu être préparé par le personnage intéressé ou commandé par lui à un poète professionnel — comme c'est le cas du sonnet de *Mélite* et de quelques autres introduits dans la tragi-

11. *Op. cit.*, pp. 403-404.
12. *Op. et loc. cit.*
13. *Examen d'Andromède.*
14. *Op. et loc. cit.*
15. *Op. cit.*, p. 399.
16. *Op. et loc. cit.*
17. *Op. et loc. cit.*
18. *Op. et loc. cit.*
19. *Op. cit.*, p. 409.

comédie des années 1630-1640[20]. Consciemment ou inconsciemment, les poètes se sont conformés à cette exigence dans plus d'un cas sur deux. Rotrou et Tristan, en particulier, situent en début d'acte toutes leurs scènes en stances, sauf dans la *Mariane*, qui répond pourtant à la règle de la première entrée. Le *Timocrate* de Thomas Corneille (1656) et *La Thébaïde* de Racine (1664) comportent des stances respectivement situées en tête de l'acte III de la première pièce et en tête de l'acte V de la seconde. Corneille est un des rares poètes de son époque à n'avoir pas systématiquement respecté ce qui paraît bien avoir été l'usage général.

L'accord est moins net en ce qui concerne le contenu des monologues en stances. La Mesnardière parle des «passions qui agitent diversement un esprit inquiété», mais aussi de «passions tendres» et ajoute que «le sens qui recommence à la tête de chaque strophe, et qui admet facilement des pensées toutes contraires à celles qui ont précédé, peut figurer les combats et les divers mouvements d'un esprit irrésolu», formule qui renferme une évidente allusion aux stances du *Cid*[21]. L'abbé d'Aubignac admire lui aussi le monologue lyrique prononcé par Rodrigue, auquel il ne reproche que son invraisemblable caractère d'improvisation[22]. Corneille précise et limite la doctrine de ses prédécesseurs : comme il oppose les stances au grand lyrisme et les rapproche au contraire des vers hérités du genre pastoral et dont il a donné un brillant exemple dans *Andromède* — en attendant *La Toison d'or, Psyché* et *Agésilas* — elles lui paraissent moins propres à exprimer les «mouvements violents» que «les déplaisirs, les irrésolutions, les inquiétudes, les douces rêveries, et généralement tout ce qui peut souffrir à un acteur de prendre haleine, et de penser à ce qu'il doit dire ou résoudre»[23]. Ces divers points de vue paraissent rejoindre ceux des théoriciens de la stance en général. Sans doute les traités de Lancelot, de Richelet et de La Croix[24] envisagent-ils à peu près uniquement les aspects formels de la stance, bien que ces ouvrages soient nettement postérieurs à la grande période des stances dramatiques. Mais Colletet, dans divers ouvrages publiés après 1650, propose une théorie de la stance parfaitement adaptée à son usage dans les pièces de théâtre. «La matière» des stances, écrit-il en 1664 dans *L'École des Muses*, «est ordinairement plus triste» que celle des odes, et «la disposition des rimes plus libre et plus bizarre»[25] : ce qui suppose que la stance recherche moins la

---

20. *Op. et loc. cit.*

21. *Op. cit.*, pp. 402-403.

22. *Op. et loc. cit.*

23. *Op. et loc. cit.*

24. Lancelot, *Quatre traités de poésie...*, Paris, 1663, pp. 68-76 ; Richelet, *La Versification française*, Paris, 1671, pp. 230-276 ; La Croix, *L'Art de la Poésie française*, Lyon, 1675, III, 1. Richelet précise cependant : «Que si la matière des stances est triste ou enjouée, il faut de telle façon arranger les vers, que dans les sujets galants les stances se ferment par des masculins ; et dans les tristes par des féminins» (*op. cit.*, p. 231). Les poètes tragiques ont en fait préféré la stance masculine à la stance féminine.

25. Cité par Martinon, *op. cit.*, p. 455.

force héroïque et davantage la douceur mélancolique, ou, en d'autres termes, que le ton des stances les situe à mi-chemin entre le genre lyrique et le genre élégiaque. On comprend que le P. Mourgues[26] et Furetière les jugent particulièrement adaptées aux « matières graves et spirituelles »[27]. Dans un des traités réunis par Colletet dans son *Art poétique* (1658), l'allusion aux stances dramatiques paraît beaucoup plus évident. Comparant les stances aux quatrains moraux, l'auteur s'exprime ainsi : « [Les stances] diffèrent des quatrains en ce que les stances contiennent d'ordinaire un raisonnement perpétuel et suivi du commencement jusques à la fin, tantôt sur le sujet d'une passion violente, tantôt sur quelques actions héroïques et guerrières, et ainsi des autres... »[28]. A partir de ces témoignages, il est possible d'inférer une conception moyenne des stances en général et particulièrement des stances dramatiques. Plus souples que l'ode, les stances ressortissent davantage à la poésie personnelle et peuvent s'apparenter au genre de la *Plainte*[29]. Plus disciplinées que l'élégie, parce qu'astreintes au retour de certaines rimes et de certains rythmes, elles peuvent adopter la structure rhétorique et progressive d'un raisonnement. Elles admettent donc tout à la fois la suggestion sensible et le mouvement d'une pensée rigoureuse. La raison et le sentiment s'y trouvent également à l'aise. Elles n'excluent que le débat général propre au *Discours*, la tension héroïque et impersonnelle que recherche l'*Ode*, l'abandon à la passion qui caractérise l'*Élégie*.

Le public, à l'époque de Louis XIII, est sensible à tous les éléments gratuits du spectacle dramatique. Il aime les belles mises en scène, les intermèdes musicaux, et généralement tous les morceaux poétiques susceptibles d'être appréciés en dehors de leur contexte dramatique, et que d'ailleurs les poètes publient volontiers séparément. Déjà les dramaturges du XVIᵉ siècle distinguaient par des guillemets les vers-sentences, voire certains développements moraux de portée universelle. Leurs successeurs ont cultivé les genres intérieurs, oracles, songes, tirades didactiques, lettres en vers. Particulièrement, ils ont fréquemment — au moins jusqu'aux environs de 1640 —, introduit par un titre les scènes en stances[30]. Ce goût et cet usage autorisent à envisager d'abord les stances comme un genre autonome, destiné à plaire indépendamment de son rôle proprement dramatique. Une telle étude permet de constater que le monologue lyrique, au moins dans la tragédie, se soumet à toutes les règles de la strophe malherbienne, telles qu'un Lancelot, un La Croix ou un P. Mourgues les ont codifiées. Le nombre des vers dans chaque stance, selon ces théoriciens, « n'est point moindre que quatre, ni plus grand que

---

26. Le P. Mourgues, *Traité de la Poésie française*, Paris, 1685, III, 1.
27. Furetière, *Dictionnaire*, art. *Stance*.
28. pp. 148-149.
29. Genre évoqué par Deimier, *op. cit.*, p. 20.
30. J. Scherer, *op. cit.*, p. 295.

dix »[31] ; les groupements impairs sont à peu près exclus. Dans la tragédie, les stances de dix vers sont les plus fréquentes, et sont suivies d'assez loin par les stances de six et de huit. Les vers utilisés sont, conformément aux exemples donnés par Lancelot, de six, huit, dix ou douze pieds, les vers impairs n'apparaissent pas dans ce genre dramatique. Les stances tragiques isométriques paraissent bien être toutes composées d'octosyllabes, tandis que les stances hétérométriques, infiniment plus nombreuses, associent généralement l'alexandrin et l'octosyllabe, plus rarement l'alexandrin et le vers de six pieds, exceptionnellement, comme dans les stances de Rodrigue, dans l'*Antigone* de Rotrou et dans *La Thébaïde* de Racine, des vers de douze, dix, huit et six pieds. La même discipline se retrouve dans la disposition des rimes. Lancelot assigne au sizain les dispositions suivantes : *abab/cc, aab/cbc et aab/ccb*. Les auteurs tragiques préfèrent la seconde et la troisième dispositions (deux tercets) et respectent scrupuleusement le repos du troisième vers. Tristan, qui a préféré à toute autre cette forme de stance, en donne un bel exemple dans *Osman* (1647) :

> O Fortune ! Nymphe inconstante,
> Qui sur une conque flottante
> Fais tourner ta voile à tout vent !
> Auras-tu pour Osman des outrages sans nombre ?
> Il est si fort changé que ce n'est plus que l'ombre
> De ce grand Empereur qu'il fut auparavant. (V, 1).

Selon Lancelot, le huitain doit être une suite de deux quatrains *abba* ou *abab*, avec bien entendu un repos après le quatrième vers. Cette forme est déjà utilisée dans les stances de *La Généreuse Allemande*, tragi-comédie de Mareschal (1630), avec la disposition *abba/cddc* et une pause avant le second quatrain :

> Je ne puis vivre de la sorte
> Dans le honteux débris d'un dessein ruiné
> Et pour sortir enfin d'un malheur obstiné
> Un fer m'en ouvrira la porte.
> Je n'ai déjà que trop différé ce desseins ;
> Mais je crois que la mort s'entend avec ma vie,
> La cruelle qu'elle est résiste à mon envie,
> Je la cherche partout, et la porte en mon sein.
> (2e journée, V. 8).

Corneille, dans *Médée*, et Rotrou, dans *Antigone* (1639) se conforment à la même alternance et adoptent le même repos. Mais Corneille semble préférer un huitain à trois rimes : les stances de l'Infante, au cinquième acte du *Cid*, comprennent un quatrain *abba* précédé de deux vers rimant en *ab*, et suivi de deux vers à rimes plates *cc* ; il y a repos après le second et après le quatrième vers, et l'ensemble paraît désarticulé. Les stances d'*Héraclius* sont faites de deux tercets séparés par un repos et

---

31. La Croix, *op. et loc. cit.*

suivis de deux vers qui riment avec les deux précédents, ce qui donne l'ensemble *aab/ccbcb*. Tristan a utilisé le même dessin et respecte la même pause au troisième vers dans *La Mort de Sénèque* (1643-1644) :

Mon âme, apprête-toi pour sortir tout entière
De cette fragile matière
Dont le confus mélange est un voile à tes yeux :
Tu dois te réjouir du coup qui te menace,
Pensant te faire injure on te va faire grâce :
Si l'on te bannit de ces lieux
En t'envoyant là-haut, c'est chez toi qu'on te chasse,
Ton origine vient des Cieux. (V, 1).

Le dizain régulier, défini par Lancelot, Richelet et La Croix, est constitué par un quatrain *abab* ou *abba* et un sizain *ccdeed* ou *ccdede*, et comporte deux repos, l'un après le quatrain, l'autre après le premier tercet ou après le distique *cc* qui ouvre le sizain. La plupart des stances tragiques se conforment à ces exigences, notamment dans *La Mort de Mithridate* de La Calprenède (1635), *Crisante* de Rotrou (1635), *Alcionée* de Pierre Du Ryer (1637) et deux tragédies tardives de Corneille, *Œdipe* (1659) et *La Toison d'or* (1660). Les pauses sont variables dans les stances de Rodrigue, ainsi que dans *La Thébaïde* de Racine. Mais celles de *Polyeucte*, de *Saint Genest* (1645-1646) et d'*Andromède* (1650) sont très irrégulières : bâties sur quatre rimes et non sur cinq, elles présentent, après un quatrain (*abab* dans les deux premières tragédies et *abba* dans la troisième), un sizain dont le dessin est *cddccd*, et qui, selon les pauses que le poète y introduit, se résout à son tour en un quatrain *cddc* suivi du distique *cd*, en un distique *cd* suivi d'un quatrain *dccd* ou en deux tercets *cdd* et *ccd*. Ainsi la première stance de Polyeucte comporte un repos après les vers 4 et 8, dégageant à la fin le distique fameux.

Et comme elle a l'éclat du verre,
Elle en a la fragilité.

La seconde est coupée après les vers 4 et 6, introduisant entre deux quatrains le distique

Il étale à son tour des revers équitables
Par qui les grands sont confondus.

Les stances de *Saint Genest* changent également de rythme en cours de route : si les deux premières comportent bien deux quatrains suivis d'un distique, les deux dernières paraissent se résoudre en un quatrain suivi de deux tercets :

Pour lui la mort est salutaire,
Et par cet acte de valeur
On fait un bonheur volontaire
D'un inévitable malheur.
Nos jours n'ont pas une heure sûre,

> Chaque instant use leur flambeau,
> Chaque pas nous mène au tombeau,
> Et l'art, imitant la nature,
> Bâtit d'une même figure
> Notre bière et notre berceau. (V, 1).

Ainsi, tout en se soumettant pour l'essentiel au rythme malherbien, les poètes dramatiques du second tiers du siècle, et particulièrement Corneille, se sont efforcés de l'assouplir, soit en augmentant le nombre des mètres employés dans une même stance ou en variant leur disposition, soit en diversifiant librement la succession des rimes et le groupement des vers de la strophe. En revanche ils ont toujours évité l'enjambement d'une strophe sur l'autre et suivi le précepte malherbien de la belle chute, repris par Richelet[32] et rappelé dans le vers fameux de Boileau :

> Les stances avec grâce apprirent à tomber

Les stances de *La Mort de Mithridate* de La Calprenède se terminent toutes sur les mêmes rimes. Le dernier vers de la seconde reprend même celui de la première (« Un berger craindrait d'être roi »). Les stances du *Cid* jouent sur les rimes *peine / Chimène* ; « mon père est l'offensé » termine l'avant-dernier vers de la première et de la sixième stances ; l'expression « le père de Chimène », qui apparaît dans la première, termine encore la seconde et la dernière. Corneille lui-même a critiqué cette excessive ingéniosité. De fait, la plupart du temps, la chute de la stance est beaucoup moins appuyée. Elle est généralement caractérisée par un effet stylistique brillant (image, antithèse, pointe) et toujours par la plénitude de son sens : le dernier vers veut en effet terminer précisément la strophe ; il faut donc que celle-ci ne puisse avoir sans lui un sens complet. Un poète comme Tristan recherche volontiers la chute surprenante, comme en témoignent les deux dernières stances de Mariane en prison, dont l'une se termine par la violente évocation « du vivant bouche à bouche attaché contre un mort » et l'autre par une image toute gracieuse : « Seigneur, fais-moi bientôt marcher dessus des fleurs ». Corneille préfère généralement, au brillant extérieur, la précision d'une pensée qui s'achève. C'est le cas des stances de *Polyeucte*, le dernier vers de chacune d'entre elles étant préparé par les quatre octosyllabes qui le précèdent. C'est encore celui des stances d'*Héraclius*, le dernier vers y étant toujours vivement opposé à l'avant dernier :

> Plus eux-mêmes cessent d'entendre
> Les secrets qu'on leur a commis.

> Et je doute de ma naissance
> Quand on me refuse la mort.

32. *Op. cit.*, p. 232.

Si c'est par instinct de nature
Ou par coutume de m'aimer.

Quand je trouve un amour de père
En celui qui m'ôta le mien. (V, 1).

Tous les poètes ont compris en tout cas, qu'ils aient réservé ou non pour la fin de la stance une formule brillante ou paradoxale, l'intérêt présenté, pour l'expression même de l'idée, par la netteté rythmique de la chute.

*
* *

Pourtant un pur ornement poétique ne saurait satisfaire un dramaturge. Corneille et ses contemporains ont réfléchi au problème de l'insertion des stances dans la tragédie et se sont efforcés de leur donner des vertus proprement dramatiques.

Comment, tout d'abord, revenir, après le monologue lyrique, au dialogue en alexandrins ? Trois possibilités se présentent : les stances peuvent remplir la scène : ainsi, dans le *Marc-Antoine* de Mairet (1635), Cléopâtre récite des stances pendant le court moment où ses suivantes l'ont laissée seule pour aller préparer ses « ornements royaux » et le lit de parade où elle sera exposée après sa mort. Corneille et Rotrou ont souvent procédé de manière analogue. Tristan une fois seulement, dans *La Mort de Sénèque*. En revanche, la stance interrompue après quelques vers, ou même au milieu d'un vers, par l'arrivée d'un second personnage se présente beaucoup plus rarement dans la tragédie que dans les autres genres : on la trouve cependant dans l'*Alcionée* de Du Ryer, dans *Héraclius* et dans *Andromède* de Corneille, et dans *La Thébaïde*. Beaucoup plus intéressant est le procédé qui consiste à prolonger le monologue lyrique par quelques alexandrins : Polyeucte prononce encore six vers en apercevant Pauline après les cinq stances qu'il vient de déclamer. Dans *Crisante* de Rotrou et dans *Mariane* de Tristan, les stances sont suivies respectivement de seize et de quatre alexandrins. Dans *Panthée*, dans *La Mort de Chrispe* et dans *Osman*, Tristan a fait suivre toutes les stances de ses héros d'une longue suite d'alexandrins, où les éléments du monologue lyrique sont repris sous une forme nouvelle et repensés à la lumière de la raison. Ce procédé assure mieux que tout autre la transition entre le moment lyrique et la reprise du dialogue dramatique.

Le deuxième problème que pose le monologue lyrique est le plus important : le poète considère-t-il les stances comme un moment de l'action ou comme un moment de répit, où le personnage peut méditer à loisir sur l'événement ? Leur suppression rendrait-elle la pièce incomplète, ou la priverait-elle seulement d'un *morceau* bien venu mais inutile ? Ici encore l'étude des stances tragiques conduit à des conclusions particulières. Tandis que dans la comédie ou la tragi-comédie le poème ne vaut généralement que par sa beauté, il sert ici l'action plus souvent qu'il ne la ralentit. Certes, dans *Antigone* comme dans *Crisante*, les stances ne font que reprendre, de strophe en strophe, le même thème de l'inconstance de la fortune et de la vicissitude des grandeurs royales, sans que cette méditation donne lieu à aucune décision. Presque partout ailleurs, les stances présentent un intérêt dramatique précis. Elles peuvent simplement, comme dans *Héraclius*, exprimer l'attente d'un dénouement dont les diverses formes possibles sont successivement envisagées ; elles se déroulent alors selon un ordre logique, et requièrent une structure rhétorique précise. D'autres fois, les stances commentent une décision déjà prise : dans *Marc-Antoine*, Cléopâtre justifie son suicide à l'intention de Marc-Antoine, qu'elle invoque par-delà le tombeau : elle parle d'abord de son amour, auquel elle se sacrifie, affirme ensuite son indifférence aux jugements du peuple, qui risque de l'accuser de lâcheté, et termine par une confiante prière au disparu. Les stances de Dircé, dans *Œdipe* de Corneille, répondent à un dessein analogue : décidée à mourir, la jeune fille adresse à l'aimé absent un adieu et une justification. Ailleurs, les héros se haussent, dans les stances, à la hauteur de ce que les événements exigent d'eux : c'est le cas de Mariane et de Sénèque, dans les tragédies de Tristan, et de Saint Genest, dans celle de Rotrou : leurs stances progressent à la manière de méditations religieuses ou de paraphrases de psaumes, accumulant les arguments en faveur du ciel et contre la vie terrestre. Ces stances-méditations ou ces stances-élévations s'accompagnent parfois de toute une mise en scène : Antigone et Antioche, dans les tragédies citées de Rotrou, monologuent en des chambres tapissées de deuil ; Mariane, Polyeucte et Genest méditent à l'intérieur de la prison où ils sont enfermés : le décor renforce la solitude de ces personnages, et se prête à une réflexion sérieuse ou mélancolique. Dans les comédies, les tragi-comédies ou les pastorales, et dans la *Panthée* de Tristan, le cadre de la méditation est naturel (forêt ou jardin), et permet aux personnages de dialoguer avec les « objets inanimés » ; le monologue lyrique retrouve ainsi l'inspiration des « solitudes » de Théophile et de Saint-Amant. Dans plusieurs tragédies de Tristan, les stances sont emportées dans un mouvement qui répond à la logique de la passion : une issue provisoire au dilemme tragique est envisagée, que le monologue en alexandrins viendra ensuite corriger : il en est ainsi dans les stances de Fauste, au second acte de *La Mort de Chrispe*, et dans celle de la fille du Mufti, au premier acte d'*Osman*. Mais la perfection n'est atteinte que dans des monologues tels que ceux de Rodrigue et de Polyeucte, qui rassemblent les éléments d'un combat intérieur et aboutissent à une décision. La prière de Polyeucte est une progressive montée de la terre vers le ciel : le héros dénonce la fragilité des biens terrestres, oppose son renoncement à la défaite inéluctable des grandeurs de ce monde, et anticipe sur la joie des biens célestes au delà du sacrifice consenti. La délibération de Rodrigue se développe en deux temps : les trois premières stances examinent les divers aspects du dilemme qui s'impose au héros ; les trois suivantes énumèrent les diverses solutions possibles, pour s'arrêter à la plus généreuse ; l'Infante, au cinquième acte, ne procède pas autrement.

Dans la plupart des cas que nous venons d'envisager — attente, justification d'une attitude, délibération et décision, le soutien stylistique des stances ne peut être que clarté, précision et logique. *La Mort de Mithridate* de La Calprenède présente déjà, en 1635, toutes ces qualités :

> Il n'est point de haine et de rage
> Dont le sort ne m'ait poursuivi ;
> Mais il ne m'a pas tout ravi,
> Puisqu'il me laisse le courage.
> Doncques, ne délibérons plus,
> Tous ces regrets sont superflus,
> Faisons ce que le Ciel ordonne,
> Et nos neveux diront de moi
> Que si je perds une couronne
> Je conserve le cœur d'un roi. (V, 1).

Souvent, le débat intérieur est ponctué par des interrogations ou des exclamations. Un bon exemple des premières est fourni par le monologue lyrique de Lydie, dans *Alcionée* de Du Ryer. L'héroïne aime Alcionée, mais hait en lui le rebelle qu'il fut contre le roi père de Lydie :

> Qu'ai-je fait, qu'ai-je résolu,
> Et dedans mon âme incertaine,
> Qui sera le plus absolu,
> Ou de l'amour, ou de la haine ?
> Mais dois-je encore consulter,
> Après que l'on m'a vu tenter
> Tout ce que peut un adversaire ?
> Orgueil, honneur, cruelle loi,
> Dois-je tout faire pour vous plaire,
> Ne dois-je rien faire pour moi ? (III, 1)[33].

En revanche, les méditations ou les stances passionnées à la manière de Tristan ou de Rotrou requièrent une ornementation sensible plus marquée. Les images, les pointes et les effets stylistiques frappants y sont plus fréquents et plus élaborés. Antigone, dans la tragédie de Rotrou, s'attarde à comparer les vicissitudes de la fortune au mouvement des flots de la mer :

> Tels que d'une mer agitée
> On voit les flots s'entre-suivant,
> Se fuir après au gré des vents,
> Et ne tenir jamais une assiette arrêtée :
> Tel est ton ordre aux biens que tu nous fais ;

---

33. On notera que les points d'interrogation correspondent aux repos normaux de la strophe. Il y a ici un parfait accord du rythme des vers, du jeu des rimes et de la structure de la phrase, qui assure la limpidité de l'ensemble et caractérise la manière malherbienne.

Tu caresses, tu frappes,
Tu viens à nous, tu nous échappes,
Et tu ne t'arrêtes jamais. (III, 1).

La *Mariane* de Tristan laisse, comme on l'a vu, se succéder les images délicates et les évocations violentes. S'abandonnant à son amour pour Panthée, Araspe, autre personnage de Tristan, multiplie les trouvailles stylistiques ingénieuses dans le registre de la galanterie :

Ses yeux, ces lumières fatales,
Sont des planètes sans égales
Qui peuvent à leur gré disposer de mon sort.
Mais, ô simplicité qui n'a point de seconde !
En nommant ses beaux yeux les plus beaux yeux du monde,
Je loue innocemment les Auteurs de ma mort. (*Panthée*, II, 1).

Dans *La Mort de Chrispe*, l'héroïne se fait *tendre* par l'Amour une *guirlande qui éclate sur des précipices* ; Chrispe brave *l'effort de ses larmes comme un superbe écueil brave celui des flots* ; et l'amante malheureuse s'étonne en se voyant *toute de flamme* pour un objet qui est pour elle *tout de glace* (II, 1).

Dans tous les cas, le monologue en stances, comme beaucoup de monologues, use et abuse des apostrophes aux personnages absents ou disparus, ainsi qu'aux sentiments et aux abstractions personnifiés. Dans *Médée*, Égée s'adresse tour à tour à la prison où il est enfermé et à l'amour dont il est victime. Polyeucte dédie ses apostrophes successives aux *voluptés*, aux *honneurs*, aux *plaisirs*, à Décie, au *monde*, et aux *saintes douceurs du Ciel*. Fauste, dans *La Mort de Chrispe*, dialogue tour à tour avec elle-même, avec l'objet qu'elle aime, puis avec la *crainte*, le *désir*, l'*honneur* et l'*amour*. Le procédé est évidemment destiné à donner plus d'animation encore à ces monologues dramatiques.

*
* *

Les stances tragiques, nées à la faveur du goût *baroque* de l'ornementation, se sont donc très vite intégrées, en se soumettant à la discipline *classique*, au mouvement même des drames où elles étaient introduites. Le paradoxe est d'autant plus frappant que les groupes strophiques constituaient, depuis Malherbe, la forme poétique la plus sévère et la moins dynamique, apparemment, qu'on pût concevoir. Il a fallu toute l'ingéniosité d'un Corneille, d'un Tristan ou d'un Rotrou pour concilier la rigueur de leur versification avec la vivante évocation des tourments d'un héros individuel, et le retour périodique de leurs formules rythmiques avec la progression d'un débat intérieur. Leur courte histoire correspond à la rencontre, précieuse et rare, du repos lyrique et de l'action dramatique. Elle permet ainsi de confirmer qu'aux yeux des hommes du XVIIe siècle l'œuvre théâtrale était bien un *Poème* au double sens de ce mot : un chant et une action.

7

Poétique de la tragi-comédie*

Depuis les origines, la tragi-comédie française affecte de reconnaître comme son garant l'*Amphitryon* latin, où Mercure, dès le prologue, propose, avec une divine désinvolte, de ranger l'œuvre de Plaute parmi les *fabulae commixtae*, et de la nommer *tragicocomoedia*. L'effort ainsi fait pour rattacher un genre décidément moderne à une tradition antique a toujours fait sourire les historiens du théâtre. Ajoutons que la première adaptation célèbre d'*Amphitryon, Les Sosies* de Jean Rotrou, a été publiée en 1638 avec la simple appellation de *comédie*. Et pourtant, la France vivait alors l'âge d'or du genre tragi-comique ; Rotrou lui-même n'hésitait pas à présenter comme tragi-comédies une comédie comme *L'Hypocondriaque* ou une tragédie comme *Iphigénie*. La manière tragi-comique n'a-t-elle donc aucune chance de se donner des lettres de noblesse ? Elle semble, paradoxalement, y être parvenue sur le tard, à un moment où elle était déjà condamnée, mais selon des modalités qui peut-être ne sont pas tout à fait dépourvues d'enseignement pour l'historien du théâtre et plus généralement pour l'historien du goût.

René Bray écrit dans sa *Formation de la doctrine classique* :

> La tragi-comédie finit de se développer juste au moment où la doctrine classique se forme... Au lieu d'avoir des règles, elle s'oppose aux règles, particulièrement aux unités. Elle a été pendant plus d'un siècle aussi pauvre en théories que riche en œuvres[1].

Ces formules définissent assez bien l'état d'esprit des auteurs de tragi-comédies, du moins jusqu'en 1639-1640, comme celui de leurs amis préfaciers, et, par contraste, celui de leurs adversaires aristotéliciens sévères.

---

* *Le XVIIᵉ Siècle et la recherche*. Actes du Colloque de Marseille, Marseille, C.M.R. 17, 1977. (« Imitation et recherche littéraire : la tragi-comédie »).

1. Éd. de 1961, p. 329. L'histoire de la tragi-comédie a été faite par H. C. Lancaster, *The french Tragi-comedy*, Baltimore, 1907 et par M. T. Herrick, *Tragicomedy*, Urbana, 1955.

Préfaçant la version tragi-comique de *Tyr et Sidon*, François Ogier part en guerre, dès 1628, contre les « doctes », scrupuleusement attachés aux « règles que les Anciens ont prescrites pour le théâtre » et condamne *Œdipe Roi* au nom de la vraisemblance. Dans la préface de *La Généreuse Allemande*, André Mareschal se révolte comme feront plus tard Beaumarchais et Brecht contre l'*horreur* du dénouement dans les tragédies antiques ou à l'antique et propose comme parfait modèle, adapté aux « délicatesses de nos peuples d'aujourd'hui », cette tragi-comédie qui présente « un changement de succès heureux que le ciel ou la seule patience fait trouver à la vertu tant de fois traversée » (1631). Au même temps, l'auteur anonyme du *Traité de la disposition du poème dramatique* souligne l'originalité de la « poésie française » par rapport à « celle qui a été reçue des Grecs, des Latins et des Italiens » et suggère de faire éclater les cadres hérités en rangeant sous la seule rubrique de « poème dramatique » ou « pièce de théâtre » la tragi-comédie et la pastorale aussi bien que la tragédie et la comédie. Le même auteur affirme en même temps sa préférence pour les pièces « composées », c'est-à-dire ne respectant pas l'unité d'action et violant en conséquence la règle d'un jour et le précepte du lieu unique. Dans la préface d'*Andromire* enfin (1641), Scudéry, qui n'a pas toujours gardé sur ce point la même doctrine, s'étonne que les Anciens « aient à peine connu le poème tragi-comique », considéré par lui cependant comme « le plus agréable » de tous : ne représente-t-il pas la « juste médiocrité » qui plaît tant aux hommes de ce temps ? Chapelain avait fait l'éloge de la manière moyenne, quelque vingt ans auparavant, dans sa fougueuse préface de l'*Adone* de Marino (1623)[2].

Ces textes sont assez connus. On pourrait leur joindre beaucoup d'autres témoignages, à commencer par la préface de *Clitandre* ou la dédicace de *La Suivante* de Corneille. Mon propos n'est pas ici de dresser un *corpus*, mais de dégager quelques traits essentiels. Il apparaît qu'entre 1625 et 1640 environ un certain modernisme se fait jour dans les milieux de création littéraire, et qu'il se manifeste de manière particulièrement aiguë à propos du genre libre de la tragi-comédie. Mais comme les accents en sont différents selon les hommes ! Tandis que les uns rompent les ponts avec la science des doctes au nom du plaisir du public, ainsi que Lope de Vega venait de le faire en Espagne, les autres font effort pour glisser habilement le genre contesté à une place laissée vide par les Anciens, comme l'architecte baroque italien animait de feuillages tremblants et de figures en mouvement l'espace vide des frises ou des frontons classiques. Au reste, c'est bien selon l'esprit des modernes italiens, et notamment de Guarini, qu'Honoré d'Urfé reprenait, à propos de la *Sylvanire*, l'image du nain (le Moderne) monté sur l'épaule du géant (l'Ancien) et par là voyant plus loin que lui. Position non dépourvue d'ambiguïté : les Italiens, vantés par Mairet comme les purs héritiers de l'art antique, n'ont-ils pas, théoriciens

---

2. La plupart des textes cités ici ont été récemment rassemblés par W. Floeck, *Texte zur französischen Dramentheorie des 17. Jahrhunderts*, Tübingen, 1973.

comme Castelvetro ou Vida, praticiens comme Cinthio ou Trissino, insolemment déformé un message dont ils se jugeaient les gardiens privilégiés ? Cependant, on l'a remarqué, Mareschal les place aux côtés des Grecs et des Latins quand il engage les Français à « cultiver leur différence » à l'égard de leurs devanciers. En fait, toutes les prises de position qu'on vient d'évoquer paraissent bien traduire un malaise, voire quelque mauvaise conscience. Le refus de l'imitation des Anciens, au nom du goût moderne, s'accompagne, dirait-on, d'une certaine peur. Les genres nouveaux, qu'on entend de plus en plus présenter à l'admiration des rois et des princes, ne risquent-ils pas de perdre en dignité, dans le conflit ouvert ou larvé avec le « Père », ce qu'ils acquièrent en agrément et en liberté ?

*
* *

Jacques Scherer a noté que, dans la décennie 1640-1649, la tragi-comédie et la tragédie poursuivent une carrière semblable et paraissent régner fraternellement sur l'ensemble de la production théâtrale française [3]. L'importance attribuée, naguère encore, à la querelle du *Cid*, ne permettait guère de s'en rendre compte. Et cependant le fait méritait et mérite toujours réflexion. Pressentant peut-être la réconciliation des genres, Chapelain écrit dès 1635, dans la seconde version du *Discours de la poésie représentative* :

> La tragi-comédie n'était connue des anciens que sous le nom de tragédie d'heureuse fin, comme est l'*Iphigénie à Tauris*. Les modernes Français l'ont fort mise en vogue, et par les personnes et par les mouvements l'ont plus fait tenir de la tragédie que de la comédie [4].

On retrouve sous ces formules la doctrine italienne de la « tragedia di lieto fin », qui fit couler beaucoup d'encre à la fin du Cinquecento comme elle devait le faire dans la France du XVIIe siècle. Quoi qu'il en soit, les historiens de la tragi-comédie ont noté que dans les années qui ont suivi la rédaction du texte de Chapelain la tragi-comédie française s'est souvent trouvée fort proche dans son inspiration comme dans sa structure de la tragédie euripidéenne. La Mesnardière, comme Chapelain, cite en exemple l'*Iphigénie à Tauris*. Desmarets, dans l'avis *Aux lecteurs* de sa tragi-comédie de *Scipion* (1641), dit avoir eu « dessein de nommer cette pièce une tragédie, encore que la fin en soit heureuse, comme il y en a beaucoup de semblables dans les anciens tragiques. Les seules personnes qui étaient représentées distinguaient autrefois le tragique d'avec le comique » :

---

3. Appendice IV de la *Dramaturgie classique* ; voir aussi Jacques Truchet, *La Tragédie classique en France*, Paris, 1976.

4. *Opuscules critiques*, éd. par C. Hunter, Paris, 1936, p. 130.

si c'étaient des Rois, des Princes, et d'autres personnes illustres, cela s'appelait tragédie ; et à ce poème convenaient seulement des sujets graves, avec des discours sérieux et dignes des personnages de ce rang ; et si c'étaient des personnages pris d'entre le peuple, cela s'appelait comédie, à laquelle convenaient seulement des sujets bas et des accidents ridicules, avec des propos ordinaires et capables d'exciter le rire par leur naïveté. Toutefois j'ai considéré que le mot de tragicomédie est un terme trop usité maintenant, et duquel trop de gens se sont servis pour exprimer une pièce dont les principaux personnages sont Princes, et les accidents graves et funestes, mais dont la fin est heureuse, encore qu'il n'y ait rien de comique qui y soit mêlé ; et j'ai cru qu'il valait mieux se servir de ce nom après tant d'autres, que de faire un parti à part ; et suivre la mode telle qu'elle est, que d'être seul à suivre les anciens en chose de si peu de conséquence.

La doctrine de la tragédie à fin heureuse a été mise en forme par Jean-François Sarasin, dans sa célèbre préface en forme de *Discours sur la tragédie*, placée en tête de la tragi-comédie *L'Amour tyrannique*, de Georges de Scudéry (1639). Sarasin y présentait d'emblée son ami comme un parfait disciple d'Aristote, et soutenait que sa pièce devait être appelée tragédie, et non tragi-comédie. Au fil des pages et des phrases, Sarasin développe benoîtement la doctrine aristotélicienne de la tragédie, et revient enfin à son premier propos pour examiner le dénouement de *L'Amour tyrannique*, et le déclarer digne, tout heureux qu'il est, du qualificatif de « tragique ». Moyennant une violente condamnation de ce mélange des tons et des genres qu'imposent les tragi-comédies irrégulières, Sarasin défend la production tragi-comique de Scudéry, et l'apparente à la tragédie à fin heureuse dont, dit-il, Aristote a donné la théorie, et dont Euripide a fourni les exemples avec *Alceste*, les deux *Iphigénie, Ion* et *Hélène*. Sarasin attribue au désir du poète de se soumettre aux usages du temps l'emploi qu'il fait, ici et ailleurs, du terme de tragi-comédie : l'argument est le même que celui de Desmarets[5]. On peut remarquer, d'ailleurs, que Corneille continuera jusqu'après 1644 à présenter *Clitandre* et *Le Cid* comme des tragi-comédies.

L'attitude de l'abbé d'Aubignac, dans sa *Pratique du théâtre*, rédigée pour l'essentiel dans les années qui nous intéressent présentement, est encore plus radicale :

Pour les tragédies sérieuses que nous avons, elles finissent toujours, ou par l'infortune des principaux personnages, ou par une prospérité telle qu'ils l'avaient pu souhaiter. Nous avons l'exemple de l'une et de l'autre catastrophe dans les poèmes qui nous restent de l'antiquité, bien que cette seconde manière ne leur ait pas été si commune qu'elle l'est de notre temps[6].

---

5. *Œuvres*, éd. Festugière, Paris, 1926, pp. 1 à 36.
6. *Pratique*, II, 9 ; voir aussi II, 10.

Le texte s'applique admirablement à des tragédies de Corneille telles que *Cinna* et *Nicomède*. Dans un autre passage de *La Pratique*, l'abbé d'Aubignac affirme qu'il suffit que « le sujet et les personnages soient tragiques, *c'est-à-dire héroïques* » pour qu'on soit fondé à parler, non plus de tragi-comédie, mais de véritable tragédie.

Les quelques textes qui viennent d'être cités, contrairement aux précédents, sont d'une parfaite convergence. Ils ne diffèrent que par la nuance ou l'accent. Dire que plusieurs tragédies antiques sont déjà des tragi-comédies, ou dire que les meilleures tragi-comédies modernes sont en fait des tragédies dignes de l'antique, cela revient à peu près au même. A une nuance près toutefois, et qui vaut d'être notée. Dans le premier cas, on veut distinguer deux types de tragédie à l'antique, en faisant remarquer que les modernes ont préféré l'un à l'autre. Dans le second, on ne croit plus en l'existence légitime que d'un seul genre, le genre tragique, et l'on est amené à condamner les tragi-comédies qui ne se conformeraient pas à son patron. Le genre qu'on prétend défendre en lui donnant la même dignité qu'à son aîné se trouve ainsi privé de ce qui faisait son originalité réelle. La « savonnette à vilain » dont on l'honore risque bien de le rendre méconnaissable.

Il y eut un *docte*, l'excellent Gérard-Jean Vossius, pour défendre la tragi-comédie de manière nouvelle, et avec des arguments tirés de son immense érudition antique. Sa *Poétique* en latin répond à près d'un siècle de distance à celle de Scaliger et semble également prendre recul par rapport à celle d'Heinsius, qui appartient aux premières années de son siècle. Elle est publiée en 1647, c'est-à-dire à un moment où la formule cornélienne s'est imposée, non seulement à la France, mais à l'Europe, et semble être fondée, tout en n'évoquant guère que des œuvres d'un passé plus lointain, sur la méditation des œuvres du Rouennais et de quelques-uns de ses émules.

Scaliger et Heinsius demeuraient fermement attachés au principe de l'*Infelix*, voire de l'*Horribilis Exitus* de la tragédie digne de ce nom. De plus, Scaliger n'accordait qu'une attention parcimonieuse aux « genres moyens » cultivés en Grèce et à Rome. Enfin, Scaliger ne semblait pas prendre au sérieux le passage où Plaute forge le mot de tragi-comédie : « C'est avec esprit (*festive*) que Plaute appelle tragi-comédie son *Amphitryon*, où en effet la dignité et la grandeur des personnages sont mêlées (*admixtae*) à la bassesse comique »[7]. Vossius, tout au contraire, désireux de donner ses lettres de noblesse au principe moderne de la perfection dans la médiocrité, ne cesse de rechercher les œuvres antiques les plus représentatives de la manière *mixte* ou *moyenne*. Voici les passages les plus significatifs de ce point de vue.

---

7. *Poetices Libri septem*, I, 8. Scaliger range sous l'étiquette tragique le drame satyrique, qui « mêle le plaisant au sévère » et la célèbre *Tragédie des Lettres* de Callias d'Athènes connue par le *Banquet des Sophistes* d'Athénée au livre X : la structure était celle d'une tragédie à la manière de Sophocle, mais les paroles étaient remplacées par la récitation de l'alphabet, des syllabes, ou seulement des voyelles.

A propos du théâtre latin tout d'abord : Vossius cite le *De verborum Significationibus* de Festus (IIe siècle) et le glose ensuite :

> Article Togata : « Il y a deux genres de *Togata* : la *Praetexta*, dont les personnages sont de rang élevé, ainsi appelée parce que ceux qui dirigent les affaires de l'État portent la *toga praetexta* ; et la *Tabernaria*, ainsi appelée parce qu'elle rassemble personnages de rang élevé et personnages de rang humble (*hominibus excellentibus etiam humiles permixti*)... Il ressort nettement de ce texte que, si les *Praetextatae fabulae* étaient des sortes de tragédies et les *Togatae* des comédies, la *Tabernaria*, dont l'argument (*argumentum*) était mixte (*mixtum*), était, comme dit Plaute, une tragi-comédie (*tragico-comoedia*).

La *Taberna* désigne ici la cabane du pauvre. Vossius se réfère aux vers d'Horace que Malherbe a si heureusement adaptés :

> Pallida mors aequo pulsat pede pauperum tabernas
> Regumque turres. (*Odes*, I, 4, 14)[8].

Ces vers sont-ils cités parce qu'ils évoquent à l'esprit de Vossius la rencontre que suscite le poète tragi-comique moderne entre les rois et les bergers, en de communs accidents ? Je ne suis pas loin de le penser.

A propos de l'issue de la tragédie chez les Grecs : Vossius admet que l'issue heureuse ne contrevient pas à l'essence du genre tragique. Certes, ces dénouements sont choisis en considération du public, qui « aime mieux rentrer chez lui dans la joie plutôt que dans la tristesse ». Il donne comme exemples : les *Electre* de Sophocle et Euripide, *Philoctète* de Sophocle, les deux *Iphigénie* d'Euripide ; et encore, du même, *Alceste, Oreste, Hélène, Hippolyte, Rhesus, Ion*. Vossius rappelle encore que Clément d'Alexandrie et Eusèbe de Pamphylie attribuaient à Ezéchiel une tragédie de la Sortie d'Égypte : or « quoi de plus heureux que la sortie d'Égypte »[9] ?

Pour qu'une pièce de théâtre soit appelée tragédie, il suffit, poursuit Vossius, « que sa *face (facies)* soit triste et respire l'inquiétude » ; et il résume l'argument tragique en y voyant la présentation des douleurs et des angoisses d'illustres personnages (*in atroci et ancipite illustrium personarum fortuna*).

Cependant, Vossius ne nie pas que la tragédie à fin heureuse comporte des éléments comiques :

> Je ne nierai pas cependant que les tragédies de ce genre empruntent quelque chose à la comédie. La Nature de la tragédie est triste (*luctuosa*), on ne peut le nier ; c'est la terreur et la pitié qu'elle se

---

8. *Poeticarum Institutionum Libri*, II, 3.
9. *Op. cit.*, II, 13.

propose d'éveiller. Quand il en est autrement, c'est une concession au plaisir du public[10].

La mise en évidence du caractère mixte de certaines œuvres antiques apparaît encore à propos de la manière d'Euripide, qui parfois n'est « guère plus élevée que la manière comique », ou de son invention, quand dans *Les Phéniciennes* il s'efforce de finir sur le glorieux exil d'Œdipe plutôt que sur la vision des cadavres d'Etéocle et Polynice, ou encore quand Vossius reprend à un grammairien du XIIᵉ siècle, Tzetzès, la définition de la poésie satyrique, « tragédie mêlée de jeux » :

> De fait, la poésie satyrique mêle rire aux lamentations, et d'ordinaire, à partir des larmes, aboutit au rire.

Et plus loin :

> La manière satyrique est intermédiaire entre tragédie et comédie.

Occasion de citer Marius Victorinus (vᵉ siècle) :

> Le genre satyrique est un milieu entre le style tragique et le style comique[11].

Une telle insistance, de la part d'un savant, traduit parfaitement les hantises du monde éclairé de ce moment de l'histoire du théâtre. Il s'agissait de bénir les genres moyens au nom de ces mêmes anciens qui jusqu'alors avaient été les garants des genres sublimes. Vossius finit par faire directement l'éloge de la tragi-comédie moderne en rappelant les pamphlets de Guarini contre son détracteur Jason Denoris. Selon lui, le véritable héritier des Anciens n'est pas le professeur de Padoue, mais le poète de Ferrare, l'auteur du *Pastor fido*, qui s'était contenté, après tout,

---

10. Vossius cite un passage de la *Poétique* d'Aristote, où celui-ci n'admet qu'avec réserves les tragédies où les bons sont récompensés et les méchants punis. « On ne leur donne la première place qu'à raison des sentiments du public, car les poètes se règlent sur les spectateurs et composent d'après les préférences de ceux-ci. Mais ce n'est pas là le plaisir que donne la tragédie : c'est bien plutôt un plaisir propre à la comédie » (1453 a). Un peu plus loin, il est vrai, Aristote met au premier rang des sujets de tragédie ceux où celui qui s'apprêtait à tuer reconnaît sa victime et renonce à son geste : « Dans *Cresphonte*, par exemple, Mérope est sur le point de tuer son fils mais elle ne le tue pas et au contraire le reconnaît ; et dans *Iphigénie*, même situation de la sœur par rapport au frère » (1453 b, trad. J. Hardy, Belles-Lettres). Ces diverses formules, dans leur incohérence même, laissent en fait beaucoup de liberté à l'interprète moderne.

11. *Op. cit.*, II, 19. Aux vers 220 et suiv. de l'*Épître aux Pisons*, Horace présentait déjà le drame satyrique comme un drame mixte, mais auquel il n'était pas permis de descendre jusqu'au ton des *tabernariae (in obscuras humili sermone tabernas)*. La doctrine de Festus est, on le voit, assez différente de celle du poète de Mécène et d'Auguste.

de produire une œuvre appartenant au même genre moyen entre tragédie et comédie que l'*Amphitryon* latin[12].

*
* *

L'histoire du genre tragi-comique met ainsi en évidence un paradoxe. L'imitation des Anciens n'est pour rien dans la formation non plus que dans l'épanouissement du genre. Mais il est venu un moment où le clan des doctes, soucieux, à la manière qu'affectera un Ménage, de plaire au monde, semble avoir voulu donner sa garantie à ce que les mondains avaient exigé et protégé. La spontanéité du modernisme devait, dès lors, faire semblant d'être travail, recherche, et respect des choses d'autrefois. Il fallait être Corneille, et superbement indifférent à tous les partis pris, pour inventer encore un autre genre, celui de la «comédie héroïque». Il se tirait par ce moyen des dilemmes où s'enfermaient ses contemporains. La «comédie héroïque», où de grands personnages sont entraînés dans des aventures qui ne mettent pas leur vie en péril, est l'héritière de la tragi-comédie en ses formes les plus agréables. Il faut être un Alexandre pour trancher ainsi les nœuds réputés inextricables.

---

12. Cette évocation des querelles italiennes de la fin du XVIe siècle intervient dans un chapitre consacré à des genres dont il ne subsiste que des traces chez Donat et chez Athénée : Vossius rapproche du drame satyrique les *fabulae rhintonicae* ou hilarotragédies dues au poète Rhinton de Tarente (IIIe siècle av. J. C.), qui «fut le premier à mêler des éléments comiques à la tragédie». Il est malheureusement impossible de juger sur pièces. On est donc fondé à penser que Vossius désigne, par ces appellations «antiques», des œuvres modernes. Les sculpteurs représentaient de même Louis XIV sous les vêtements d'Alexandre. Du moins savaient-ils qui était Alexandre.

8

Histoire ou Mythologie ? *

Le poète tragique peut tirer ses sujets, indifféremment, de la mythologie ou de l'histoire. Le principe était déjà affirmé dans les *Observations* de Scudéry sur *Le Cid*[1]. Tout au long du siècle, il a été réaffirmé par le plus grand nombre des théoriciens du genre et reconnu, explicitement ou implicitement, par ses praticiens. Une variante des *Réflexions sur la poétique* du P. René Rapin est, de ce point de vue, révélatrice. Dans l'édition de 1674, il écrivait : « l'Histoire et la fable doivent nécessairement entrer dans la composition du sujet », texte auquel reviendra l'édition de 1684 tandis que celle de 1675 proposait, plus largement : « La vérité ou la vraisemblance et la fiction doivent... »[2]. Dans la dernière formule, il apparaît que « vérité » renvoie à l'ensemble histoire/mythologie et que « vraisemblance et fiction » correspondent aux sujets inventés, prévus par Aristote et largement admis par l'abbé d'Aubignac. Au livre premier du *Traité du poème épique* du P. Le Bossu, consacré à l'invention poétique en général, on peut lire : « Le poète doit feindre une action générale, [...] il doit ensuite chercher dans l'histoire, ou dans les fables connues, les noms de quelques personnes à qui une action pareille soit arrivée véritablement ou vraisemblablement ». Dans cette phrase, les deux adverbes ne semblent pas s'opposer au même titre que les deux sources : dans l'une comme dans l'autre, le vraisemblable s'applique aux ajouts et aux transformations imposés à sa source par le poète[3]. Les mythes grecs étant souvent, sinon toujours, des récits réputés allégoriques concernant la fondation ou les grandes crises politiques des cités, Corneille était autorisé à écrire, dans le

---

* *La Mythologie au XVIIᵉ siècle*. Actes du Colloque de Nice, Marseille, C.M.R. 17, 1982. (« Histoire et mythologie dans la tragédie française du XVIIᵉ siècle »).

1. René Bray, *La Formation de la doctrine classique*, p. 309.
2. Éd. E.T. Dubois, Droz, 1970, p. 36.
3. Éd. de 1675, chap. VI, p. 36.

Discours de la tragédie : « La fable et l'histoire de l'antiquité sont si mêlées ensemble, que pour n'être pas en péril d'en faire un faux discernement, nous leur donnons une égale autorité sur nos théâtres »[4]. Dans le même texte, il écrivait encore : « L'opinion commune suffit (*selon Aristote*) pour nous justifier quand nous n'avons pas pour nous la vérité ». C'est à la fable que s'applique cette « opinion commune », ainsi que le précise un autre passage du *Discours*, où Corneille l'assimile à « cette vieille traditive (*sic*) qui nous a accoutumés à [...] ouïr parler » des dieux antiques et de leurs « métamorphoses »[5]. C'est la doctrine de l'« impossible croyable », et plus généralement de l'autorité de la tradition telle qu'elle est *actuellement* reçue par le monde cultivé. On songe ici à la formule plus tard appliquée par Racine au personnage d'Andromaque, quand il affirme, dans la *Préface* de 1676, s'être conformé à « l'idée que nous avons maintenant de cette princesse ». La tradition n'est pas en effet, pour un homme du XVIIe siècle, à rechercher dans les textes les plus anciens ; on la dégage d'un corpus constamment enrichi par des variantes, des gloses et des moralisations, mais décanté et actualisé jusqu'à ce que le mythe, sans rien perdre, si possible, de sa force originelle, devienne acceptable et transparent au public contemporain. Il y a ainsi une sorte de progrès dans la vie des mythes comme dans celle de l'enseignement théologique ou dans celle de la connaissance historique.

Boileau n'écrit jamais, dans son *Art poétique* : préférez l'histoire, ou préférez la fable. Mais :

> Qu'Achille aime autrement que Tyrsis et Philène.
> N'allez pas d'un Cyrus nous faire un Artamène[6].

Dans un même mouvement, il cite les noms d'Achille, d'Agamemnon et d'Enée, de Caton et de Brutus. C'est entre l'évocation d'Enée d'une part, et des héros de la *Clélie* de l'autre, qu'il écrit :

> Conservez à chacun son propre caractère.
> Des siècles, des pays, étudiez les mœurs.
> Les climats font souvent les diverses humeurs[7].

Il établit de cette façon une analogie remarquable entre science des faits historiques et science des récits fabuleux.

*
* *

La querelle — ou les querelles — du merveilleux n'a pourtant pas, au XVIIe siècle, touché la seule poésie héroïque. Les dieux antiques, dont

---

4. Éd. Couton, Garnier, p. 44.
5. *Ibid.*, p. 54.
6. III, v. 99-100.
7. III, v. 112-114.

Jean Seznec étudiait naguère la « survivance », pouvaient apparaître ici et
là, comme des démons haïssables, ou comme de pures créations de
l'imagination des poètes, ou selon la doctrine évhémériste comme de
grands personnages abusivement divinisés. Un chrétien devait naturellement
s'écrier comme Néarque et Polyeucte : « J'abhorre les faux dieux. — Et
moi, je les déteste. » ou comme saint Genest : « J'ai pour suspects vos
noms de dieux et d'immortels »[8]. Ces trois personnages ne font en effet
que poursuivre une tradition critique déjà longue. En 1630, Monléon
s'excusait d'avoir, dans son *Amphytrite*, conté les aventures des dieux,
« ces faux dieux que je retire du monument de l'idolâtrie, avec laquelle on
les avait ensevelis »[9]. En 1643, dans sa *Vraie Didon*, Boisrobert, ainsi que
les frères Parfaict se plurent à le reconnaître un siècle plus tard, « zélé
partisan de la vérité et de la vertu, rend justice à Didon, qui vécut plus de
trois cents ans après Enée. Didon, fidèle aux cendres de son époux
Sichée, refuse le cœur et la main d'Hyarbas, roi de Gétulie »[10] : autrement
dit, Boisrobert aurait substitué une véritable histoire aux fantaisies impies
de la mythologie. En 1657, Gabriel Gilbert, avocat et secrétaire de la
Reine Christine, publiait une curieuse tragédie des *Amours de Diane et
Endymion*, où le héros se livrait à une insolente interprétation de la
mythologie :

> Je connais bien les dieux, je sais leur origine.
> C'étaient des conquérants, des héros et des rois,
> Qu'on a déifiés pour leurs fameux exploits.
> L'éclat de leurs hauts faits, par le cours des années,
> A fait jusques au ciel monter leur destinée[11].

La doctrine de Desmarets de Saint-Sorlin pourrait être ici rappelée,
comme le faisait R. Sayce en 1955 dans son *French Biblical Epic* et
J. Dryhurst dans sa communication de 1972 à l'A.I.E.F., où se trouvait
encore cité un important texte de Balzac :

> Le Grand Pan est mort par la naissance du Fils de Dieu, ou plutôt par
> celle de sa doctrine, il ne faut pas le ressusciter. Au lever de cette
> lumière, tous les fantômes du paganisme se sont enfuis, il ne faut pas
> les faire revenir[12].

Au cours du même colloque, J. Vanuxem rappelait que l'abbé de
Marolles, en 1655 dans *Le Temple des Muses* et en 1662 dans *Le Traité de
la poésie épique*, mettait en garde contre l'abus de la mythologie, dans les
œuvres poétiques comme dans l'art en général, opposant la « multitude

---

8. *Polyeucte*, II, vi, et *Saint Genest*, II, iv.
9. *L'Amphytrite*, déd. au marquis d'Effiat.
10. *Théâtre françois*, **VI**, pp. 203-204.
11. *Théâtre françois*, **VIII**, p. 205.
12. C.A.I.E.F., n° 25, mai 1973, p. 282.

incroyable » des divinités païennes à la simple « sagesse » de l'Église [13].
Dans le *Discours de la tragédie*, Corneille, qui entendait justifier le sujet
d'*Andromède* sans pour autant tomber dans le laxisme, s'efforçait d'apporter
au problème une solution nuancée. Les « dénouements par des dieux de
machine » sont admis chez les Grecs, parce que leurs tragédies « paraissent
historiques », et qu'elles « paraissent vraisemblables à cela près » [14]. Mais
l'apparition d'un ange salvateur ne serait absolument pas supportable sur
une scène chrétienne : « il ne faut avoir qu'un peu de sens commun pour
en demeurer d'accord » [15]. Le spectateur moderne acceptera donc plus
facilement les événements miraculeux païens que les interventions
surnaturelles inspirées par la foi chrétienne. Encore s'efforcera-t-on d'en
limiter l'importance, en accordant le plus grand rôle, au cours de la pièce,
à des démarches purement humaines. La doctrine est comparable à celle
des théoriciens « classiques » de l'épopée : le miracle y pourra être souffert,
à condition qu'il n'y soit pas indispensable [16]. Racine paraît avoir voulu,
aux dénouements d'*Iphigénie* et de *Phèdre*, mettre en application cette
doctrine modérée, en y faisant évoquer comme des « on-dit » l'intervention
de Diane et celle de Poséidon.

*
* *

La tragédie humaniste avait à peu près également puisé dans le fonds
mythologique (à partir des traditions épique et dramatique de la Grèce et
de Rome) et dans l'histoire profane ou sacrée. Jodelle fait jouer une
Cléopâtre, et poursuit avec une *Didon*. L'œuvre de Robert Garnier se
partage exactement entre les deux domaines. On ferait encore la même
constatation en examinant les œuvres publiées par Alexandre Hardy.
Dans les années 1634 et 1635, qui ont vu renaître la tragédie régulière,
Mairet donne sa *Sophonisbe* et Rotrou son *Hercule*, Scudéry fait jouer sa
Mort de César et Corneille sa *Médée*. Mais dans les années qui ont suivi,
l'équilibre s'est rompu décidément, au moins dans les œuvres qu'a retenues
la postérité immédiate (on peut songer ici aux listes établies par Chappuzeau
des œuvres représentées avec « honneur » dans les années 1670), en faveur
de l'histoire. Quand elles se refusent au romanesque, les œuvres tragiques
présentées au public entre 1640 et les débuts de Racine par les deux
Corneille, Mairet, Rotrou, et tout particulièrement par Tristan, empruntent
leurs sujets à la Bible et à la vie des saints, à l'histoire romaine, aux
chroniques orientales, très rarement à la mythologie. Dans la carrière de
Corneille, *Œdipe*, sur lequel je reviendrai, apparaît comme un accident.

13. *Ibid.*, p. 299.
14. Éd. Couton, pp. 44-45.
15. *Ibid.*, p. 45.
16. Voir mon article dans *Actes* du Xe congrès de l'ass. G. Budé, Les Belles Lettres,
1980.

Encore convient-il de préciser que les sujets propres à la tragédie se réduisent à un très petit nombre. Certains d'entre eux, qui avaient tenté les poètes humanistes, les auteurs de tragédies scolaires en latin et les poètes du premier tiers du XVIIe siècle, tendent à disparaître ou à se métamorphoser curieusement. Il en est ainsi du sujet des *Troyennes*, de celui de la mort d'Hercule, voire de celui de *Médée*, qui ne ressuscitera vraiment qu'à la fin du siècle, avec Longepierre[17]. Trois héroïnes continuent cependant à inspirer les poètes de façon continue : Antigone, Iphigénie et Phèdre. La violence excessive que véhiculaient tant d'autres fables, ou le merveilleux externe outré dont elles faisaient usage, avaient dû en détourner le cœur et l'esprit des dramaturges. Justifiant les tranformations qu'il avait apportées au mythe d'Œdipe, Corneille écrivait : « J'ai reconnu que ce qui avait passé pour miraculeux dans ces siècles éloignés pourrait sembler horrible au nôtre »[18]. Il s'agit du spectacle des yeux crevés du héros, mais aussi de l'absence d'amour dans le modèle sophocléen.

*
* *

Au cours de cette période, cependant, une riche lignée d'œuvres dramatiques multiplie les variations sur le thème ovidien des amours des dieux ou sur les miracles opérés par les « dieux de machine ». Il s'agit de l'ensemble des tragédies ou des tragi-comédies qui préfigurent plus ou moins lointainement (sous l'influence de l'Italie) ou qui préparent immédiatement l'éclosion de l'opéra français. Qu'on songe à l'étonnant *Ravissement de Proserpine* de Claveret (1639), où l'auteur précise : « La scène est au Ciel, en la Sicile et aux enfers, où l'imagination du lecteur se peut représenter une certaine espèce d'unité de lieu, les concevant comme une ligne perpendiculaire du ciel aux enfers »[19]. « Ébauche » ou « idée » d'un grand spectacle, comme dira plus tard La Bruyère à propos de l'opéra ? Il est certain que Claveret n'hésitait guère à mettre au premier plan, dans cette œuvre, les effets extérieurs que Corneille conseillait de soumettre à la vraisemblance psychologique. Des réflexions analogues pourraient être inspirées par l'*Orphée* de Chapoton (1648) et bien sûr par *Andromède* et par *La Toison d'or*, à ceci près que Corneille a eu conscience, avec ces deux ouvrages, de créer un genre nouveau supposant un mode d'écriture nouveau, et qu'avec les étonnantes métamorphoses il y faisait alterner les dialogues de sentiments où se pouvait découvrir une certaine vérité des cœurs. On ne sait ce qu'était l'*Électre* de Pradon. Mais cet effrayant génie

---

17. Voir l'article de M.-T. Tobari, dans *C.A.I.E.F., n° cité.*

18. *Au lecteur*, en tête d'*Œdipe*, éd. Stegmann, Le Seuil, p. 565.

19. Éd. de 1639, indication figurant sous la liste des « acteurs ». Les frères Parfaict, ouvr. cit., VI, p. 12, s'en sont gaussés : « Ne pourrait-on pas dire, écrivent-ils, qu'il avait dessein de relever les anciens échafauds de l'Hôtel de Bourgogne, employés autrefois par les Confrères de la Passion ? »

est parvenu à présenter dans *Pyrame* une double intrigue galante, Amestris amoureuse de Pyrame voulant partager son trône avec lui et Bélus amoureux de Thisbé désirant ce même trône pour y faire asseoir la bien-aimée (1674). Certes, dans sa *Troade* (1679), le même Pradon faisait bien mourir, « pour la bienséance », Polyxène et Astyanax ; mais il expliquait ce double sacrifice par un malentendu galant entre Ulysse amoureux de Polyxène tombée entre les mains de Pyrrhus et Pyrrhus amoureux d'Andromaque tombée entre celles d'Ulysse. Dans ces œuvres-là, par une sorte de perversion, le mythe devenait occasion d'un divertissement pur et n'était plus récit exemplaire et signifiant. Le charme d'*Alceste*, et même le charme de *Psyché*, ne ressortiront plus guère à la gravité tragique. Il a sans doute fallu au jeune Racine quelque inconscience pour qu'il acceptât de débuter au théâtre avec « le sujet le plus tragique de l'antiquité » (entendons le plus sanglant). Il lui a fallu ensuite beaucoup de lucide courage pour imposer *Andromaque* et son « triste » dénouement, *Iphigénie* et la violence qu'y garde Clytemnestre et qu'y acquiert Eriphile, *Phèdre* et la coupable passion qui s'y exprime et qui tente de s'y assouvir.

*
* *

Cette rapide esquisse met en évidence un paradoxe. Les poètes tragiques français s'inspirent toujours, après 1635, que ce soit directement ou que ce soit indirectement, d'un théâtre qui emprunte ses sujets, ou du moins la plus grande partie d'entre eux, à la mythologie. Or la Fable offre peu de sujets qui échappent au triple écueil de l'insupportable violence, du merveilleux outré ou de l'amoralisme antique qui d'un criminel peut faire un héros. Ils sont donc conduits, soit à faire porter sur l'histoire (dont le champ est immense) l'essentiel de leurs efforts, soit à puiser dans les romans (mais sans le dire), soit à écrire des tragédies sacrées (mais avec prudence). S'ils entendent toutefois traiter un thème fabuleux, ils doivent se garder, s'ils ne préparent pas un divertissement de cour, une pièce à machines ou un opéra, de le tirer à la galanterie ou d'y rechercher des effets extérieurs. Ils ont été ainsi amenés à reprendre sans cesse les mêmes récits mythiques, en essayant de préserver leur intensité tragique sans blesser cependant la sensibilité de leur public.

Ces difficultés de la composition tragique semblent avoir été surmontées de deux façons. A la tragédie historique, les dramaturges ont imposé une poétique propre au drame mythologique. Inversement, ils ont pu enrichir la tragédie à sujet fabuleux de thèmes d'allure historique. Il y a là deux principes complémentaires, qui peuvent en partie rendre compte des échanges auxquels ont été soumis les deux corpus de l'histoire et de la Fable : « mythologisation » de l'histoire dans les structures, « historicisation » de la mythologie dans les thèmes. Avec comme corollaire, recherche d'une plus grande dignité dans les sujets historiques, et d'une vérité humaine plus sensible dans les sujets fabuleux. C'est ce que je voudrais mettre en évidence au moyen d'un petit nombre d'exemples.

*
* *

L'histoire reste hantée par les mythes sur la scène française. Si l'on veut bien considérer ici la tragédie sacrée aussi bien que la tragédie à sujet romain, grec ou oriental, les exemples sont nombreux. Déjà *Abraham sacrifiant* de Théodore de Bèze se souvenait d'*Iphigénie*. Quoi d'étonnant si, en retour, l'*Iphigénie* de Rotrou, pour ne citer qu'elle, se souvient des sacrifices d'Isaac et du vœu de Jephté ? Au XVIIe siècle, les métamorphoses du thème de *Phèdre*, si souvent évoquées en notre siècle[20], sont devenues inséparables de celle de l'histoire du malheureux fils de Constantin, Chrispe. On a montré l'importance du *Crispus* de Stephonius (1601), une des sources, auprès du P. Caussin, de Tristan dans sa *Mort de Chrispe* (1644), et qui a inspiré à Corneille de judicieuses réflexions où il oppose à la sagesse de la tragédie en latin l'artificielle « agnition » (ou *reconnaissance*) imposée au sujet par J.-B. Ghirardelli en 1653 :

> Les ressentiments, le trouble, l'irrésolution et les déplaisirs de Constantin auraient été bien autres à prononcer un arrêt de mort contre son fils que contre un soldat de fortune. L'injustice de sa préoccupation aurait été bien plus sensible à Crispe de la part d'un père que de la part d'un maître : et la qualité de fils, augmentant la grandeur du crime qu'on lui imposait, eût en même temps augmenté la douleur d'en voir un père persuadé. Fauste même aurait eu plus de combats intérieurs pour entreprendre un inceste que pour se résoudre à un adultère ; ses remords en auraient été plus animés, et ses désespoirs plus violents. L'auteur a renoncé à tous ces avantages pour avoir dédaigné de traiter ce sujet comme l'a traité de notre temps le P. Stephonius, jésuite, et comme nos anciens ont traité celui d'*Hippolyte*[21].

Il est dommage que Corneille ne rende pas hommage ici à Tristan. Mais il est intéressant qu'il donne dans cette page le plan même de la tragédie de Racine. Car la tradition des *Crispe* a permis à l'auteur de *Phèdre* d'apporter à sa tragédie un poids moral et religieux, et surtout une thématique touchant aux conflits intérieurs à la cité. Le développement de l'histoire des Pallantides, auxquels se rattache l'invention du personnage d'Aricie, doit certainement à Tristan L'Hermite, où l'amie du héros est en même temps fille d'un possible usurpateur prétendu. Les quasi-citations bibliques de l'héroïne sont redevables à la christianisation imposée au sujet, dans l'esprit du P. Caussin, à plusieurs dramaturges du XVIIe siècle évoqués par André Stegmann dans son article du « Premier colloque racinien ». Entre-temps, l'expérience précisément tristanienne de *Bajazet* avait permis à Racine de donner une première version du mythe renouvelé qui trouve dans *Phèdre* son équilibre et sa plénitude.

20. Voir en particulier A. Stegmann, « Les Métamorphoses de *Phèdre* », in *Actes du premier congrès racinien*, Uzès, 1962, pp. 48 *sqq*.

21. *Discours de la tragédie*, éd. Couton, p. 43.

Un semblable mouvement d'aller et retour est présent dans d'autres traditions. Le thème de la folie héroïque, proposé par exemple dans l'*Ajax* de Sophocle et l'*Hercule furieux* de Sénèque, a inspiré le roman historique avec le *Roland* de l'Arioste, s'est confondu, dans les *Saül* français, avec l'esprit de vertige biblique, est revenu enfin, avec *Andromaque*, animer la folie d'Oreste, après le détour qu'Alexandre Hardy et Tristan lui avaient imposé dans leurs tragédies de *Mariane*. Image, ici et là, du poids de la fatalité et de l'aveuglement répandu par les dieux sur ceux qui usurpent leur puissance ou qui les blessent par leur orgueil, le thème s'est enrichi, au passage, de tout ce qu'apportent les passions modernes de l'ambition et de l'amour à un schéma tragique premier. Il s'est, en même temps, épuré. Déjà l'abbé d'Aubignac faisait un mérite à Sophocle de n'avoir pas eu de complaisance pour les manifestations extérieures de la folie d'Ajax. Du Ryer les a réduites à l'évocation de songes et de visions infernales. Racine, dans la scène dernière d'*Andromaque*, indique en quelques vers seulement (où il pense encore à l'*Orestie* d'Eschyle et à l'*Electre* de Sophocle) la situation où le « destin » auquel il se livrait « en aveugle » a conduit le « triste » Oreste. André Gide avait parfaitement compris ce jeu des correspondances entre les histoires bibliques et les mythes de l'antiquité païenne. A son Saül amoureux de David et rival de son fils Jonathan il prête à plusieurs reprises des expressions empruntées à la *Phèdre* de Racine.

Quand Corneille écrivit et fit représenter *Rodogune*, il ne pouvait pas ne pas penser au cycle des Atrides. Rodogune est une sorte de Cassandre qui aurait survécu à Agamemnon, en attendant d'être Electre, une Electre qui sans doute ne souhaite pas qu'on lui obéisse en accomplissant le parricide, mais qui ne peut pas ne pas souhaiter la mise hors jeu de Cléopâtre/Clytemnestre. Antiochus se trouve placé dans la situation d'un fils désireux de venger son père sans pour autant passer à l'acte direct. Corneille était conscient d'avoir repris avec *Rodogune* le sujet d'*Electre* de Sophocle, mais il se refusait de présenter un parricide comme le héros positif d'une tragédie :

> C'est un fils qui venge son père, mais c'est sur sa mère qu'il le venge. Séleucus et Antiochus avaient droit d'en faire autant dans *Rodogune* ; mais je n'ai pas osé leur en donner la moindre pensée[22].

Pour imiter Sophocle en le corrigeant, il fallait, selon lui, trouver un autre sujet, où la même situation de départ permît une issue moins choquante, ou faire qu'Oreste tuât bien sa mère, mais par accident ou par erreur. La leçon a été scrupuleusement suivie par Crébillon, par Longepierre, par Voltaire, par Alfieri et par Alexandre Soumet[23].

*
* *

22. *Ibid.* p. 47.
23. Voir Pierre Brunel, *Le Mythe d'Electre*, Armand Colin, « coll. U2 », 1971.

Une habitude s'est créée au XVIIe siècle, qui est celle de la « libre circulation » entre le domaine des héros fabuleux et celui des personnages historiques. *Pertharite* devait au sujet d'*Andromaque* et à celui de l'*Hercule* de Rotrou, lui-même enrichi par le souvenir des amours de Néoptolème. *Œdipe* à son tour reprend à *Pertharite* le schéma de la tragédie de l'usurpation, ce qui permet au poète de compenser ce qu'il enlève au mythe par ce qu'il lui ajoute. Dans *Bérénice*, Racine ne se contentait peut-être pas de développer une donnée de Suétone en songeant à une harangue de Scudéry et à un roman de Segrais. Il songeait peut-être à ces récits où le héros, Thésée, Ulysse ou Enée quitte les bras de la femme aimée pour continuer sa mission, sans se soucier des mortelles douleurs de la femme abandonnée. Deux ans plus tard, Thomas Corneille donnait une *Ariane* qui se souvenait de *Bérénice*, et dont les frères Parfaict ont loué la plus grande proximité au goût du public[24].

Les poètes du XVIIe siècle n'ont pas véritablement confondu l'inspiration mythologique et l'inspiration historique. Ils se sont efforcés seulement de les enrichir l'une par l'autre, afin que l'une et l'autre pussent à la fois surprendre et convaincre les spectateurs auxquels ils les présentaient. *Phèdre* eût été moins touchante de n'entendre pas crier le sang d'Hippolyte. Et Néron moins fascinant si Junie-Daphné, métamorphosée par les dieux en intouchable vestale, n'avait un instant auréolé le « monstre naissant » de l'aveuglant rayonnement de Phoebus-Apollon.

---

24. *Théâtre françois*, XI, p. 205. Sur les métamorphoses du personnage d'Hercule, voir Ronald W. Tobin, « The classical Herakles », in *Mythology in French Literature*, Univ. of South California, Fr. Lit. Series, vol. III, 1976.

9

Images du prince[*]

On sait que la société du XVIIe siècle est hiérarchisée : politiquement, une échelle dont en principe nul ne peut franchir les degrés, qu'il s'agisse de grimper ou de déchoir, définit une tête, le roi, et une série de membres ordonnés selon des règles analogues à celles qui, chez Platon, président à l'organisation de l'Univers. Socialement, un éventail se déploie qui fait à chacun sa place, des princes aux gentilshommes et de ceux-ci aux diverses catégories de la roture. Mais, dans une perspective chrétienne et morale, une autre échelle existe, et un autre éventail : la vertu et le vice, la grandeur et la bassesse y prennent, il est vrai, des colorations différentes selon les exigences correspondant au rang et à l'« état de vie » de tel ou tel, et les qualités attendues d'un roi ne peuvent être les mêmes que les qualités attendues d'un robin ou d'un paysan ; il y a cependant analogie entre ces diverses valeurs. Comme le dit Don Louis, l'« honnêteté » d'un fils de « crocheteur » mérite autant de respect que l'« honneur » d'un gentilhomme.

On sait aussi qu'au moins depuis la préface de Chapelain à l'*Adone* de Marino, qui reprenait les distinctions de la rhétorique des Anciens (1623), une précise correspondance est exigée entre la grandeur ou la bassesse du sujet, celles des personnages qu'il met en action et celles de la manière qui lui est appliquée : ainsi s'opère la distinction entre les genres, de la tragédie à la farce, de l'épopée au roman comique, de l'ode à la satire : de Régnier à Boileau, de Sorel à Scarron et de Larivey à Molière, les auteurs de pièces basses ou familières ont toujours revendiqué la dignité des genres qu'ils cultivaient au nom de la parfaite adéquation de la manière à la matière.

On sait enfin que la hiérarchisation des genres littéraires se concilie au temps de Louis XIII comme au temps du Roi Soleil avec une préférence

* *Le Pouvoir monarchique*, (ét. réunies par J. Dufournet), Univ. de la Sorbonne Nouvelle, 1990.(« Société, valeurs et formes : images du Prince dans la création littéraire en France au XVIIe siècle »).

marquée pour l'écriture moyenne : *Adonis* de La Fontaine fait écho aux galants de Voiture ou de Sarasin, et sa *Psyché* aux romans de Madeleine de Scudéry. Mais cette hiérarchisation suscite aussi, par réaction, ce jeu des cartes brouillées que représente la tradition burlesque. Faire parler Didon comme une harengère ou donner une couleur épique à une querelle de chanoines autour d'un lutrin, c'est s'amuser à introduire dans l'écriture une série de plaisants décalages où la norme se reconnaît sous les déviations et les violences dont elle est l'objet. Mais quand la hiérarchie du pouvoir ou celle de la dignité sociale se trouvent remises en questions, comme à l'époque des guerres de religions ou à celle de la Fronde, le burlesque (avoué ou non comme tel) peut devenir une arme dangereuse : en témoignent telle page des *Tragiques* sur les derniers jours de Charles IX ou de Catherine de Médicis et cinquante ans plus tard l'immense production des mazarinades.

On voit quelle variété dans la création littéraire et artistique peuvent entraîner les diverses interprétations et les diverses déviations d'une norme pourtant reconnue. C'est cette variété qui a donné l'idée d'une représentation de la production littéraire de l'âge « classique » dans les trois dimensions de l'espace.

Le tableau présenté s'ordonne selon trois critères : éthique (axe V−V+), socio-politique (axe P−P+), linguistique (axe N−N+) ; ces trois axes permettent de faire varier la valeur reconnue aux objets (individus, catégories humaines, principes d'action), la puissance des personnages, la noblesse de la manière qui leur est prêtée ou qu'on leur applique. Ces critères permettent, si tel personnage étudié définit presque à lui seul une forme littéraire, d'évoquer le genre où il s'insère le plus normalement. Ils permettent aussi de songer à des modèles d'ordre religieux, ceux que Pascal, par exemple, introduit dans les *Provinciales* : Dieu, modèle des bons rois et *Pater omnipotens*, le Christ Serviteur souffrant ou objet de dérision (on songe ici aux martyres des souverains anglais ou au *Popule meus* qu'on appliquera plus tard à Louis XVI) ; selon les « lieux » définis dans cet espace, il serait aisé d'y faire figurer Satan triomphant ou ridiculisé, ou l'homme pécheur, pitoyable ou grotesque.

Les trois plans sécants définis chaque fois par deux axes sur trois partagent l'espace en huit secteurs également infinis tangents deux à deux par un plan, quatre à quatre par une droite, et se rencontrant en un point d'attraction centripète du goût mondain, impliquant « honnêteté » du cœur et de l'esprit, juste milieu social, élégance contrôlée de la parole. Une ligne oblique, désignée comme la *norme*, tend d'un côté vers la plus éclatante grandeur, la plus grande puissance et l'expression la plus élevée, et de l'autre vers l'absence de toute valeur, de toute puissance et toute noblesse dans l'expression. Le long de cette ligne, entre le Barbouillé et Alexandre ou Auguste, on peut imaginer toute une suite de genres et de personnages différents, tous caractérisés par l'adéquation éthique *pouvoir/ valeur* et par l'adéquation stylistique *pouvoir + valeur/expression* : il y a place pour les princes de tragi-comédies ou de comédies-ballets (*Don*

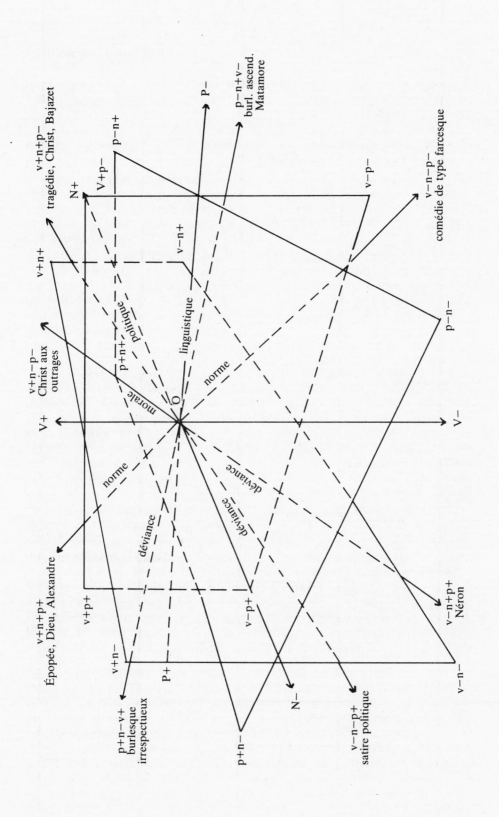

Sanche de Corneille ou les amoureux de *La Princesse d'Élide*) aussi bien que pour les jeunes chevaliers et les citadins aisés de la comédie des années 1630-1640.

Les six autres secteurs comportent des anomalies : certaines d'entre elles peuvent être admises par un homme d'honnête culture, d'autres correspondent à de véritables interdits :

1. Le secteur v + n + p − correspond à un type de tragédie sombre, à la limite de ce qu'accepte Aristote, où un personnage parfaitement noble et vertueux tombe dans le malheur. C'est le thème d'*Antigone*, dont l'héroïne a été souvent assimilée à une image christique ; ou celui de *Bajazet* de Racine ; ou encore celui de *La Mort de César* de Scudéry. Chez Pascal, l'image des religieuses de Port-Royal, persécutées par des ennemis puissants, mais favorisées par des miracles comme celui de la Sainte-Épine, pourrait ici trouver sa place. Ce secteur peut correspondre enfin à une image négative du pouvoir : celui qu'on acquiert par l'usurpation ou qu'on maintient par une tyrannie ; ici et là, les héros-victimes ont pour eux la noblesse du cœur et celle du discours. Songeons à Sédécie en face de Nabuchodonosor.

2. A l'inverse, le secteur p + n − v − évoque une manière comique ou satirique, où l'on s'en prend, souvent avec courage, à des personnages puissants mais redoutables, juges sans conscience, médecins assassins, souverains sans valeur : tel portrait de Mazarin ou d'Anne d'Autriche par le Cardinal de Retz serait ici bien à sa place. On peut encore évoquer, plus proches de nous, *Ubu* de Jarry ou *Le Dictateur* de Chaplin. Mais, dans la littérature même des XVIᵉ et XVIIᵉ siècles, le rôle de *Pyrame* de Théophile de Viau n'est pas très éloigné de la formule, non plus que, dans ses outrances, le Nabuchodonosor des *Juives* de Garnier.

3. On pourrait placer sous le signe du mélodrame le secteur v − n + p +. Nous avons choisi de l'illustrer par le personnage de Néron dans *Britannicus*. Il n'y a, entre la représentation du puissant dans cette section et celle de la précédente, qu'une nuance stylistique. Quand Nabuchodonosor s'élève à une certaine dignité dans le langage, ou le roi de *Pyrame*, nous les retrouvons ici. Inversement, il arrive que la brutalité de Néron rejoigne la formule (2). Dans *Les Provinciales*, le P. Bauny serait tout à fait à sa place dans ce secteur. Le vieux Corneille, dans *Suréna*, présente Orode comme noble tyran digne que nous l'épinglions avec Néron, frère en cela de Cléopâtre dans *Rodogune* et de la Syra de Rotrou dans *Cosroès*.

4. Le secteur inverse du précédent suppose un personnage de haute valeur dénué de tout pouvoir et traité sur un mode (ou parlant un langage) dépourvu de noblesse. Cette figure v + n − p − est une forme burlesque. Elle suppose dérision par rapport à ce qui est grand et cruauté à l'égard de ce qui est faible. La scène souvent évoquée dans les mystères et dans les tableaux médiévaux du Christ aux outrages en est un exemple frappant. Aucun genre codifié du XVIIᵉ siècle ne saurait accueillir de semblables

scènes. Corneille et Rotrou n'en sont pourtant pas éloignés dans quelques dialogues de *Théodore* ou *de Saint Genest*.

5. Il n'en va pas de même du secteur p − n + v −, qui participe du burlesque ascendant, et qui définit très bien un personnage tel que Matamore, dans *L'Illusion comique* de Corneille, la manière du *Lutrin* de Boileau ou le pastiche du grand syle oratoire dans la bouche de l'Intimé des *Plaideurs*. Tel que le voit le Cardinal de Retz dans ses *Mémoires*, un personnage aussi nul que La Meilleraye est précisément désigné comme disciple de Matamore. Rôle que beaucoup de marquis et de courtisans de Molière pourraient assumer, comme tous les pantins gonflés de vent du chapitre *De la Cour* dans *Les Caractères* de La Bruyère.

6. Le dernier secteur, p + n − v +, correspond encore au burlesque. Si la production littéraire qu'il peut inspirer n'est pas assurée de la même approbation (sinon du même succès) que « l'élégant badinage » permis par la formule (5), il est bien représenté et largement admis dans le monde littéraire du XVIIᵉ siècle. Car il est certes irrespectueux, mais il peut lui arriver, quand il n'est, ni violemment anti-religieux, ni à la limite de la lèse-majesté, d'être beaucoup plus rassurant que le burlesque de dérision de la formule (4). Il n'a pas plus de venin, en effet, que les insolences des pages et des bouffons de cour. Il ne prend pour cible que des personnages trop respectés pour que ses traits puissent les atteindre en profondeur. Telles sont les plaisanteries de Scarron dans le *Virgile travesti*. On condamne les mazarinades et plus encore le « livre abominable » évoqué dans *Le Misanthrope*. On fait la toilette des *Voyages* de Cyrano. Mais on s'amuse d'*Ovide en belle humeur*, on sourit quand le roi de *Dom Bernard de Cabrère* de Rotrou se laisse aller au sommeil lorsqu'un de ses généraux lui rend compte de ses exploits, on se divertit, à l'extrême fin du siècle, à entendre et voir les parodies de *Bérénice* jouées par les Italiens.

**
**

La spatialisation des œuvres littéraires du XVIIᵉ siècle à partir de quelques normes « classiques » permet de faire quelques constatations :

1. Les ouvrages correspondant à la norme « idéale » ne représentent qu'une partie de la production tragique ou comique de l'époque, malgré la largeur des choix qu'ils impliquent. Le Prince n'est donc pas toujours le propriétaire par excellence des valeurs sociales, morales et stylistiques dont il devrait être le parangon.

2. La forme la plus sombre de la tragédie et la forme la plus acérée de la satire correspondent à une norme seconde mais largement représentée dans la littérature du temps de Racine : on sait que tout souverain est menacé ; on sait que tout puissant peut être taxé d'usurpation ; Bajazet périt, malgré sa noblesse, ses vertus et ses droits, tandis que « le Mazarin » triomphe.

3. Les deux formes opposées du burlesque présentées en (5) et (6) sont assurées, la première de l'approbation officielle (elle ne s'en prend qu'à des personnages sans mérite ni relief, et donc sans avenir véritable), et la seconde du succès immédiat (elle est l'expression indirecte de la déférence, tout en laissant entendre que les puissants sont des hommes comme les autres).

4. Les formules (3) et (4) permettent de définir une sorte de tragédie où le méchant triomphe, et singulièrement le souverain indigne, ce qui est scandaleux ; ou un burlesque d'une cruauté intolérable, ce qui ne l'est pas moins. Pourtant, toutes deux sont souterrainement présentes ici ou là : l'une dans un *Britannicus* qu'on oserait intituler *Néron*, l'autre dans un *Misanthrope* relu par Rousseau et qu'on intitulerait *Alceste ou la Force d'âme bafouée*. Au temps de la première révolution d'Angleterre, les deux camps opposés ont dû se représenter les rivaux sous l'une et sous l'autre de ces formules. Mais parmi les composantes de la mélancolie politique du XVIIe siècle, l'idée que les saints rois doivent être bafoués tandis que les tyrans incapables sont destinés au triomphe est sans doute essentielle. Le cruel Sylla meurt dans la paix, le généreux César est assassiné comme une bête malfaisante. C'est le sens de *Cinna* ; et nul ne peut douter de la justesse des intuitions politiques de Corneille. Mais le rêve d'un roi « honnête homme » hante encore les esprits comme au temps de Montaigne.

10

Honneur et bonheur :
un théâtre de la jeunesse *

La notion de *mimesis* et la triple exigence de la rhétorique classique (*docere, movere, delectare*) imposent à la « poésie représentative » d'offrir l'illusion du vrai. Mais cette illusion n'est pas dépourvue d'ambiguïté. En dehors du fait que l'écriture, même proférée par l'acteur, n'est jamais transcription de la parole spontanée, l'invention du créateur fait naître un monde « rival » du nôtre, c'est-à-dire entretenant avec lui certes des rapports d'analogie, mais prenant avec lui des distances. Celles-ci traduisent la marge de liberté que se donne tout poète digne de ce nom.

On a choisi d'évoquer ici l'un des objets favoris de la littérature dramatique française : le jeune homme ou la jeune fille, autrement dit l'être humain qui vient d'accéder à la conscience de soi et qui s'apprête à jouer un rôle dans le monde où il vit. C'est le temps où se dessine une personnalité, mais où doit aussi s'affirmer une vocation.

Un tel choix est justifié par la définition même des genres dramatiques, telle qu'elle se dégage, non tant de la lecture des théoriciens que de celle des praticiens de la poésie théâtrale. La tragédie est le lieu où triomphe ou se perd le *héros*, cet être unique mais exemplaire dont l'existence prend sens au moment exact où il accepte de s'engager dans une action non prévue, non souhaitée, mais imposée par les circonstances : Horace doit tuer Curiace, Oreste ordonner le meurtre de Pyrrhus. La comédie est le lieu où les jeunes gens découvrent les conditions de leur épanouissement et parviennent à les réaliser : Agnès et Horace se rejoignent, Rosine épouse enfin son mystérieux bachelier. Cependant, bien des analogies se discernent entre ces « genres ennemis ». L'atteste l'existence des genres mixtes : tragi-comédie, comédie héroïque ou pastorale au XVIIe siècle, drames ou bergeries au XVIIIe. C'est que dans ces différents genres et à ces

---

* Conférence prononcée à l'Université de Davis (Californie) le 27 février 1990. (« *Honneur et Bonheur* : images de la jeunesse dans le théâtre français de Corneille à Beaumarchais »).

diverses époques resurgit le thème obsédant de l'éducation, c'est-à-dire de l'apprentissage de la vie ; une éducation qui se termine, et dont on ne sait au départ si elle portera des fruits ou si elle manifestera sa radicale insuffisance. Le temps de l'œuvre dramatique opère une transition entre celui des « enfances » et celui des « gestes » de la maturité. Comparé à ses sources espagnoles, *Le Cid* illustre parfaitement ce choix des dramaturges français. Mais plus généralement les siècles « classiques » ont eu ceci de moderne qu'ils sont souvent parvenus à concilier l'exigence sociale et l'exigence individuelle en rêvant de nouvelles normes de vie collective susceptibles de changer le monde et en grandissant les cœurs et les âmes des héros pour discipliner efficacement leur élan instinctif vers le bonheur. Métamorphose qui consacre la victoire de la jeunesse et peut même rajeunir les Esons mourants.

On présentera ici quelques aspects de cet apprentissage et de cette conquête, après avoir rappelé que leur double problématique s'inscrit dans une réalité datée. On s'interrogera enfin sur l'efficacité possible du théâtre qui les met en scène.

*
* *

Les jeunes gens et jeunes filles de naissance aristocratique ou bourgeoise n'ont pas, à l'époque classique, beaucoup d'occasions d'accès à la liberté. Avoir des enfants, c'est encore, comme dans *L'Écclésiaste* ou dans la *Lettre* de Gargantua à Pantagruel, s'assurer une sorte d'éternité par la perpétuation de la « race » et souhaiter la naissance d'êtres qui vous ressemblent d'esprit comme de visage et de nom : c'est le rêve du vieil Horace et de Don Diègue, ou de Mithridate et de Thésée ; ou encore du vieux Sganarelle dans *Le Mariage forcé* de Molière :

> J'aurai le plaisir de voir des créatures qui seront sorties de moi, de petites figures qui me ressembleront comme deux gouttes d'eau. (*sc.* 1)

Ce plaisir ne peut être assuré que moyennant une sévère discipline et le maintien d'une stricte hiérarchie familiale. Le père domine : on sait que dans la procréation la femme n'apporte que le réceptacle où germera la cellule première déposée par l'époux ; il est donc normal que l'homme règne sur l'ensemble de la famille et singulièrement sur l'épouse ; comme dit Arnolphe, « Du côté de la barbe est la toute-puissance ». Il est aussi normal que les garçons aient autorité sur les filles : en cas de disparition des parents et des tuteurs légaux, le frère a autorité sur sa sœur comme le mari l'avait sur l'épouse ; c'est ce qu'évoque Corneille dans *Mélite*, quand Cloris fait taire son amant à l'arrivée de son frère (I, 5). L'aîné, d'autre part, a naturellement autorité sur son cadet ; c'est lui qui reçoit l'essentiel de l'héritage et qui peut donc reprendre les armes du père noble ou le métier du père bourgeois ou, s'il est de famille royale, assumer la succession au trône. De là l'embarras que peut entraîner la naissance de jumeaux :

l'histoire de Jacob et d'Esaü est quotidiennement vécue, et la tradition des *Ménechmes* n'est pas pur jeu. *Rodogune* témoigne du sérieux du problème, où la reine Cléopâtre tient sa provisoire puissance du fait qu'elle est seule à pouvoir dire lequel de ses fils, Antiochus ou Séleucus, est né le premier. Enfin, quand disparaît l'autorité paternelle légitime, par mort, absence prolongée ou indisponibilité, le pouvoir sur les enfants fait l'objet d'une délégation : la mère, comme dans *Mélite*, où l'héroïne se soumet à la génitrice, ou dans *La Veuve*, où c'est le mérite de Chrysante de ne pas imposer son autorité à sa fille Doris : « Ne crains pas que je veuille user de ma puissance » (I, 3) ; l'oncle ou le frère aîné, ou le tuteur désigné, comme dans *L'École des maris* : rôle assumé par Bartholo dans *Le Barbier de Séville* et mimé dans *La Veuve* par une nourrice-entremetteuse et dans *La Seconde Surprise de l'amour* par le maître de philosophie Hortensius. Arbate, dans *La Princesse d'Elide*, a reçu apparemment délégation du père absent pour guider les pas du jeune Euryale ; quelques années plus tard, Théramène guidera dans des circonstances analogues ceux du jeune Hippolyte. Ce poids de l'autorité familiale sur les jeunes gens a conduit parfois les poètes comiques, par réaction, à imaginer des parents indulgents, comme M. Orgon dans *Le Jeu de l'amour et du hasard*, ou à les rejeter dans de lointaines coulisses, comme dans nombre de pastorales, ou à privilégier le personnage de la veuve, seule maîtresse de ses volontés, de Clarice dans la comédie de Corneille à la Célimène de Molière et à l'héroïne de *La Seconde Surprise*. Autant d'absences ou déviations ou transformations qui témoignent indirectement de la faible autonomie accordée en réalité à la jeunesse dans la société de l'âge classique. La littérature théâtrale a tantôt poussé jusqu'au sacrifice l'acceptation des sujétions socio-politiques, tantôt dénoncé leurs abus et leur a parfois substitué un idéalisme qui est encore, indirectement, forme de dénonciation.

*
* *

Cet âge qu'on dit sévère a mieux évoqué que tout autre le « vert paradis des amours enfantines », c'est-à-dire la découverte de l'amour en dehors de tout code enseigné, ou présentée du moins comme telle. Cette révélation correspond à une longue et ancienne tradition poétique (on songe aux *Idylles* de Théocrite) et romanesque (issue de *Daphnis et Chloé*). Elle a toujours été liée au monde « innocent » des bergers-enfants. Tous les auteurs dramatiques du XVIIᵉ siècle et du XVIIIᵉ sont pénétrés de la nostalgie des naïves amours. De ce point de vue, *L'Astrée* apparaît comme un texte fondateur. Mais il a été suivi de beaucoup d'autres. C'est naturellement à Agnès qu'on pense d'abord : élevée dans l'ignorance, la pupille d'Arnolphe est préservée par sa naturelle simplicité de la perversion du monde de convenances et de convoitise qui l'entoure. La naissance de son amour pour Horace (qui se fait pourtant assister par une « vieille charitable ») est révélation, non seulement des élans spontanés du corps, mais plus largement de la beauté de la vie et de sa primitive innocence. Le personnage a fait école chez Molière lui-même dans la pastorale de Myrtil et de Mélicerte de 1666. Marivaux est revenu plusieurs fois sur ces amours enfantines, dont il a donné un premier et parfait crayon dans *Arlequin poli par l'amour* : le héros a été enlevé par une fée qui prétend l'épouser ; l'héroïne fuit les assiduités d'un berger indiscret : dès leur première rencontre, chacun découvre les beautés de l'autre ; et l'amour authentique leur permettra de découvrir la générosité du pardon aux persécuteurs de naguère. Près d'un quart de siècle plus tard, *La Dispute* évoquera la naissance d'un amour aussi charmant, celui d'Azor et Eglé : objets d'une expérience princière, ils se sont rencontrés au bord d'un ruisseau, se sont découverts différents et miraculeusement complémentaires. La déclaration de jeune homme (« Je meurs de joie d'être auprès de vous, je me donne à vous, je ne sais ce que je sens, je ne saurais le dire », *sc.* 4) inspirera à Beaumarchais les plus charmantes répliques de Chérubin dans *Le Mariage* :

> Je ne sais plus ce que je suis ; mais depuis quelque temps je sens ma poitrine agitée ; mon cœur palpite au seul aspect d'une femme... (I, 7)

Certes, ces jeunes amours sont menacées : Agnès ne devra son bonheur qu'aux ruses auxquelles elle se prêtera et aux reconnaissances du dénouement ; Arlequin quittera Silvia dans *La Double Inconstance* et Chérubin, dans *La Mère coupable*, aura perdu, avant de mourir, sa fraîcheur de jeune étourdi. Du moins les images des amours innocemment juvéniles nourriront-elles les rêveries des victimes tragiques d'amours interdites : Néron voudrait être Britannicus, Phèdre Aricie, et la fée d'*Arlequin poli* voudrait être Silvia. Et il est vrai que ces peintures faussement naïves sont en elles-mêmes hommage à la grandeur des purs élans de la nature en sa première fraîcheur. Il est vrai aussi que dans une œuvre théâtrale tous les instants sont également porteurs de sens : celui du dénouement sans doute, mais aussi tous ceux qui ont précédé. Si toute étape heureuse frôle l'abîme, elle doit aussi être vécue comme telle, simplement et pleinement heureuse. Le « vert paradis » n'est pas plus loin que l'Inde ou que la Chine » ; il est toujours là, comme dirait Goethe, même quand il n'est plus ; car tout passe et tout demeure à la fois. Si, selon l'expression appliquée par Gérard Genette à *L'Astrée*, le « serpent » se cache auprès de la bergerie, celle-ci n'en continue pas moins de traduire le bonheur, réel ou illusoire, des jeunes amours.

*
* *

Accéder au monde de l'honneur implique certes d'autres vertus, d'autres découvertes, et suppose surtout la conscience d'appartenir à une communauté digne d'être servie, même si on se donne le droit de la transformer. Rodrigue ne devient Le Cid que progressivement : avant l'épreuve du duel, il est seulement le parfait amant de Chimène ; après cette épreuve, il a conquis le titre de vengeur d'une famille outragée, mais soupire encore (« Que de maux et de pleurs nous coûteront nos pères », III, 4), refuse de se rendre aux arguments de don Diègue (« Nous n'avons qu'un honneur, il est tant de maîtresses ! ») et peut lui répondre :

> L'infamie est pareille et suit également
> Le guerrier sans courage et le perfide amant. (III, 5)

Il n'est Le Cid qu'après avoir élargi le point d'honneur individuel ou familial à l'honneur d'un pays qu'il amène à prendre conscience de lui-même ; et lorsqu'il consent à être pleinement et à la fois sensibilité et ardeur guerrière, c'est-à-dire à avoir « du cœur » aux deux sens du mot. Huit ans après Le Cid, Corneille donne Rodogune, dont les deux héros, les jumeaux Séleucus et Antiochus, symbolisent également la double exigence de l'épanouissement personnel dans l'amour et du service de la communauté dans la juste ambition ; un temps, chacun est prêt à renoncer au pouvoir royal pour le céder à l'autre et épouser Rodogune. Quand ils s'aperçoivent qu'un tel partage est impossible, ces « frères amis » consentent à assumer rivalité politique et rivalité amoureuse, autrement dit rivalité dans le culte de l'honneur et rivalité dans la poursuite du bonheur. Pour eux comme pour Rodrigue il ne suffit pas de dire comme Charles Péguy que « l'amour est honoré d'honneur et l'honneur aimé d'amour » ; il ne suffit pas de dire, comme on disait au temps de Corneille, que le devoir se soumet l'amour ; ni même que les héros ont concilié deux vertus : ils sont parvenus à être indistinctement eux-mêmes et les serviteurs de la communauté. C'est ce qu'a plus tard exprimé le jeune Hémon de La Thébaïde :

> Que le Ciel à son gré de ma perte dispose,
> J'en chérirai toujours et l'une et l'autre cause,
> Glorieux de mourir pour le sang de nos rois,
> Et plus heureux encor de mourir sous vos lois. (II, 2)

Hémon mourra en effet en tentant de séparer Etéocle et Polynice, mais inspiré par l'amour qu'il voue à Antigone.

*
* *

La jeunesse, pourtant, n'est pas conformiste. Si elle l'était, la société même à laquelle elle se soumettrait serait menacée de mort. Dans le genre tragique aussi bien que dans le théâtre comique, les jeunes gens les plus respectueux connaissent toujours la tentation de la révolte ou à son défaut de l'évasion. C'est peut-être qu'il faut « tuer le père » pour que le père survive. Chez Racine, Antigone (ce personnage injustement méconnu de La Thébaïde) est devenue la dénonciatrice de la tartufferie d'un oncle qui, sous couleur de défendre l'État, opère surtout une sorte de chantage d'obsédé sexuel : il s'en trouvera châtié par une folie traduite par des visions infernales visiblement inspirées par celles d'Hérode dans la *Mariane* de Tristan L'Hermite. Après Antigone, beaucoup de jeunes héros raciniens refusent la lâcheté, la démission et la mort spirituelle de leurs aînés : c'est la vocation de Bajazet, celle de Xipharès et celle d'Achille, ce sera celle d'Esther et d'Eliacin-Joas. Les uns et les autres paraissent habités par le souvenir du Nicomède de Corneille, mais aussi par celui de l'Alceste de Molière, dont le comportement traduit comiquement, sans les trahir, le véritable honneur et la parfaite probité. Car la nostalgie des antiques vertus est aussi exigence d'un renouvellement de la morale et de la sagesse. Dans beaucoup de comédies et de tragédies, cette révolte est celle d'un couple : on le constate dans *Le Tartuffe* et *L'Avare*, comme dans *Mithridate* et *Iphigénie*, ou comme dans *Suréna*. Et la tradition en demeurera jusqu'à *Arlequin poli* et jusqu'au *Barbier*.

C'est qu'il ne s'agit pas seulement du cliché des amours persécutées par les pères, mais de la dénonciation motivée de pères ou de tuteurs que leurs vices rendent indignes du rôle d'éducateurs qu'ils s'attribuent. L'amour vrai (même si, à plus ou moins longue échéance, il est condamné) n'a pas pour seul rôle de « polir » la jeunesse : il l'éclaire sur ce que sont l'avarice, l'hypocrisie, la manie du pouvoir injustement acquis ou abusivement prolongé. Les poètes dramatiques du XVIIe et du XVIIIe siècles ont su donner sens à ce qui n'est en apparence qu'élément de facilité et concession aux conventions théâtrales : l'amour vécu en plénitude par les jeunes gens, dans la tragédie comme dans la comédie.

*
* *

Dans la tragédie, les jeunes gens sont souvent voués à la mort ; ils n'en ont pas moins pour eux la victoire morale : mieux vaut mourir comme Antigone ou Britannicus que survivre comme Néron ou Créon. Dans la comédie, ils finissent, sauf exception, par s'épouser : mais ce mariage scelle d'autres noces que celles d'un homme et d'une femme. Là le poète donne une leçon d'*honneur* ; ici une leçon de *bonheur* ; et toujours, ici et là, une leçon d'*authenticité* au plein sens du terme : victoire sur les monstres, mythiques dans *Phèdre*, bassement humains dans *Tartuffe* ; victoire sur les faux-semblants de l'amour, dans *L'Avare* comme dans *Britannicus* ; victoire sur le faux honneur et sur les vertus politiques mensongères, du *Cid* à *Phèdre*, imposant une mutation en morale ou en politique. C'est grâce à l'invention des personnages d'adolescents que le théâtre classique a pu inviter les rois et les peuples, les grands et les petits à pousser plus loin leurs ambitions et leurs exigences. Loin d'être œuvres de complaisance ou de compromission, les œuvres évoquées voulaient inspirer une juste conversion. Aussi ont-elles pu faire peur : *Le Cid* est persécuté, *Tartuffe* interdit, *Le Mariage de Figaro* longtemps poursuivi par le pouvoir.

Mais les poètes savaient anticiper sur l'hypothétique victoire de la jeunesse qu'ils peignaient dans leurs écrits : Émilie adoptée, poussée à la révolte et conquise enfin par la générosité d'Auguste n'est pas pour rien dans sa métamorphose. Thésée peut fonder une lignée légitime grâce aux amours et aux ambitions d'Hippolyte et Aricie. Et dans *Mélicerte*, le jeune Myrtil parvient à faire du sévère Lycarsis un père indulgent :

> Ah ! que pour ses enfants un père a de faiblesse !
> Peut-on rien refuser à leurs mots de tendresse ?
> Et ne se sent-on pas certains mouvements doux
> Quand on vient à songer que cela sort de vous ?

Lycarsis n'est pourtant pas le vrai père de Myrtil. Et l'on sait que seul le seigneur Anselme de *L'Avare* mérite le titre de père auprès de Cléonte comme de Mariane : c'est que Molière était conscient des insuffisances d'une société où la hiérarchie réelle était, on peut le croire, inverse de celle dont il rêvait.

II

Les Créateurs

1

Du jeune Corneille*

Il n'est pas vrai, pour reprendre l'expression de J. Du Bellay, que les poètes « naissent ». Nous ne sommes pas tenus de croire Corneille lorsque, dans l'Examen de *Mélite*, il prétend avoir mis au jour une formule dramatique nouvelle avec l'aide du seul « sens commun ». Il y a bien, certes, un « miracle » de *Mélite*. Mais ni cette pièce, ni celles qui l'ont immédiatement suivie, ne peuvent être vraiment comprises en dehors de l'évolution qui se manifestait sur la scène française entre 1620 et 1635. L'œuvre de jeunesse de Corneille est étroitement solidaire de cette évolution ; et c'est seulement par rapport à elle qu'il convient de mesurer l'originalité du poète : elle ne saurait perdre, à cette utile confrontation, ni son éclat ni son ampleur ; elle apparaîtra seulement avec plus de relief.

Nous nous contenterons de poser ici trois questions : 1º Dans quelle mesure les premières pièces de Corneille sont-elles intéressées dans la renaissance des *règles*, qui leur est exactement contemporaine ? 2º Quelles sont les nouveautés introduites par le poète dans les divers *genres dramatiques* qu'il a pratiqués entre 1629 et 1635 ? 3º L'esthétique de Corneille est-elle en tous points conforme aux diverses tendances qui caractérisent, selon la critique la plus récente, la poésie et particulièrement la poésie dramatique qu'on s'accorde généralement aujourd'hui à qualifier de *baroque* ?

En examinant successivement sous ces trois angles l'œuvre de jeunesse de Corneille, nous nous efforcerons de dégager les traits essentiels de la « dramaturgie » qu'elle implique ; dramaturgie parfaitement originale, à notre sens, sinon toujours dans les moyens qu'elle met en œuvre, du moins dans l'esprit qui ne cesse de l'animer.

**
* *

* *L'Information littéraire*, 1960. (« Le jeune Corneille et le théâtre de son temps »).

« Je ne savois pas alors qu'il y en eût » a écrit Corneille à propos des règles dans l'Examen de *Mélite*. Que la pièce ait été écrite en 1625, comme le prétend Fontenelle, ou seulement en 1628-1629, l'affirmation n'est pas totalement dépourvue de vraisemblance. Il convient pourtant de la nuancer, ou plutôt de lui redonner son vrai sens. Un homme cultivé connaissait, en ces années 1625-1630, l'essentiel de la doctrine aristotélicienne. Sans doute les *Poétiques* de La Mesnardière et de l'abbé d'Aubignac étaient-elles encore à paraître, ainsi que le *Discours* de Sarasin et le lourd traité de Vossius[1]. Mais on lisait volontiers les commentateurs italiens d'Aristote, le docte Scaliger et le subtil Castelvetro. Mais on savait qu'en 1611 le Hollandais Heinsius avait publié un court manuel d'aristotélisme dramatique[2]. Corneille, tout jeune — et provincial — qu'il était alors, ne pouvait guère faire exception.

Pourtant, jusqu'en 1630 au moins, la confusion est encore grande dans la production théâtrale française. Les œuvres qui ont marqué une évolution du goût par rapport à Hardy et à ses contemporains, les *Bergeries* de Racan (1620), le *Pyrame* de Théophile (1621) et la *Sylvie* de Mairet (1626), bien qu'elles témoignent d'un incontestable progrès vers la concentration de l'action, voire vers l'adoption de l'unité de lieu et de la « règle d'un jour », ont surtout frappé par les qualités qui étaient celles des poètes nouveaux groupés bon gré mal gré autour de Malherbe, et qui, comme Sorel l'écrivait en 1623 au livre V de son *Francion*, voulaient « rendre la Poésie plus douce, plus coulante, et plus remplie de jugement ». Mais dans les années suivantes se manifeste un retour offensif du système de Hardy, qui publie une partie de ses œuvres en 1628, et de la tragi-comédie la plus libre dans le ton comme dans la structure : c'est encore en 1628 que Jean de Schélandre reprend son *Tyr et Sidon* pour en faire une tragi-comédie en deux journées. Deux importantes publications : Hardy flanque les divers tomes de ses œuvres de dédicaces et d'avis au lecteur où les nouveautés sont impitoyablement condamnées. Schélandre fait préfacer sa tragi-comédie par son ami Ogier qui, au nom du réalisme, rejette toute application des règles au théâtre et proclame la nécessité de mêler dans une même pièce les genres et les tons, comme le rire et les larmes se mêlent dans la vie réelle. L'année précédente avait paru la *Sylvanire* posthume d'Honoré d'Urfé, pastorale, certes, mais injouable, à cause de son volume et, avouons-le, du mépris que son auteur y affichait de toutes les règles. La préface reprenait l'image médiévale du géant antique portant l'homme moderne sur ses épaules et lui permettant ainsi de voir mieux et plus loin que lui. L'insolence apparente dont témoignera Corneille dans la dédicace de *La Suivante* est déjà tout entière dans la préface de la

---

1. La Mesnardière, *La Poétique*, t. I, Paris, 1639 : abbé d'Aubignac, *La Pratique du théâtre*, Paris, 1657 (Cf. éd. Pierre Martino, Paris 1927) ; Sarasin, *Discours de la Tragédie*, en tête de *L'Amour tyrannique* de Scudéry, Paris, 1639 (Cf. *Œuvres*, éd. Paul Festugière, Paris, 1926).

2. Daniel Heinsius. *De tragoediae constitutione*, Leyde, 1611.

Sylvanire. Entre 1625 et 1630, l'évolution semble donc aller vers une liberté qui ne craint pas les outrances et vers un « modernisme » violemment agressif. Des « jeunes » comme Auvray, Pichou, Pierre Du Ryer et Rotrou débutent au théâtre avec de très libres tragi-comédies, de sujet romanesque et d'inspiration volontiers espagnole. On voit dans quel sens comprendre le « je ne savais pas alors qu'il y en eût » de Corneille. Beaucoup d'autres pouvaient en dire autant, et avec une parfaite bonne conscience.

Mais les choses changent très vite à partir de 1630, et Corneille, on le constatera, suit leur mouvement, avec un léger décalage. La *Silvanire* de Mairet est jouée en 1630, et publiée l'année suivante, avec une préface qui joint le précepte à l'exemple : les règles sont redécouvertes, au moins dans le domaine pastoral. La même année 1630, Chapelain adresse à Godeau une lettre où la doctrine d'Aristote, réexaminée, mais favorablement, par la raison, est saluée comme la loi et les prophètes en matière dramatique. Corneille à son tour entre dans le jeu : il fait jouer, à la fin de l'année 1631 ou au début de 1632, une tragi-comédie régulière, *Clitandre*[3].

Ce n'est pas à dire que le respect absolu des formules antiques soit désormais chose acquise si tant est qu'il l'ait été jamais. Mairet se déclarait lui-même, en 1631, partisan d'un compromis entre la régularité antique et les exigences modernes d'action et de variété. La même année, préfaçant la *Filis de Scire* de son défunt ami Pichou, Isnard proposait la formule qui sera aussi celle d'un Rayssiguier dans son *Aminte* (1632) : les doctrines antiques ne doivent être adoptées par les modernes qu'avec les aménagements apportés par les Italiens dans leurs pastorales. Adopter les règles, mais dans une tragi-comédie, comme le fait Corneille dans *Clitandre*, c'est une autre forme de conciliation entre l'ancien et le moderne, ou, si on veut, entre les doctes et le public, que Mairet reprend d'ailleurs immédiatement à son compte avec sa *Virginie*. Cette formule demeurera : *Le Cid*, tragi-comédie, est notre premier chef-d'œuvre « classique ». Scudéry, le champion de l'orthodoxie aristotélicienne, est avant tout un auteur de tragi-comédies. Et préfaçant son *Amour tyrannique* en 1639, Sarasin fera, sous le nom de « tragédie à fin heureuse », l'apologie d'une tragi-comédie conforme aux exigences des bienséances et des unités. A cet égard, *Clitandre* peut être considéré comme une expérience précisément située dans la ligne d'une évolution annoncée avant lui et destinée à se prolonger plus d'une décennie encore.

Entre 1628 et 1632, la comédie n'est qu'une tragi-comédie à peine déguisée, comme *La Bague de l'Oubli* de Rotrou (1629), ou une pastorale à peine transposée, comme la *Célimène* du même auteur (1633), ses *Ménechmes* (1630-1631) ne constituant qu'une expérience sans postérité immédiate. Et l'adaptation tentée par Mairet pour la pastorale et par Corneille pour la tragi-comédie est chose faite pour la comédie avec la *Diane* et la *Célimène* de Rotrou (1632-1633). Ici encore, Corneille s'inspire

---

3. Sur tous ces faits, on pourra se reporter au premier volume de l'*Histoire de la Littérature Française au* XVIIe *siècle* d'Antoine Adam (Paris, 1948).

de conquêtes récentes en conformant aux règles *La Suivante* et *La Place Royale* (saison 1633-1634), alors qu'il s'était contenté, pour *La Veuve* et *La Galerie du Palais*, de la règle, qui lui est personnelle, des cinq jours consécutifs.

De tous les genres pratiqués alors, la tragédie est le dernier à s'être soumis aux règles. C'est avec l'*Hercule mourant* de Rotrou et surtout avec la *Sophonisbe* de Mairet (1634) que naît la tragédie « classique ». De même que Scudéry avec sa *Mort de César*, Corneille suit ce double exemple avec sa *Médée* (1635).

On le voit, Corneille s'est astreint progressivement, et à l'exemple d'autres dramaturges, à la discipline des règles. Fut-ce à son corps défendant ? Le ton volontiers désinvolte qu'il adopte dans ses *avis au lecteur* pourrait le faire croire. Mais ce « cothurne étroit » a été pour lui l'occasion de manifester à ses propres yeux et à ceux du public une virtuosité naturelle et une aptitude à la rigueur dans la construction dont il se vante avec l'orgueil d'un bon artisan. C'est là pour lui l'essentiel. Les règles n'ont pour lui, ni l'autorité des Anciens, ni même celle de la raison abstraite. Elles ne valent que dans l'exacte mesure où elles servent le métier de l'auteur dramatique en l'aidant à s'approcher de la perfection. Écrite en pleine « querelle du Cid », la Préface de *La Suivante*, qui reprend en les amplifiant et en les précisant les thèmes essentiels de l'*Avis au lecteur* de *Clitandre*, ne permet aucun doute sur ce point : le poète connaît les règles ; il a montré qu'il sait les appliquer ; mais il ne tient pas qu'il faille les appliquer sans discernement ; l'art de plaire, qui constitue la fin dernière de tout écrivain, et principalement de tout écrivain dramatique, suppose certes qu'on approfondisse les préceptes de l'école, afin d'en comprendre la raison d'être, mais veut qu'on tienne compte d'abord des exigences de la technique, ou, si l'on veut, de la « Pratique du théâtre ». Les scrupules de l'artisan doivent toujours l'emporter sur les prétentions des doctes. La scène française, en 1630, présentait deux importantes particularités : aucun rideau ne se baissait pendant les entractes et le décor présentait à la fois sur la scène un certain nombre de *lieux*, parfois deux ou trois, plus souvent cinq ou même sept[4]. Corneille est un de ceux qui ont su adapter avec le plus de bonheur leurs œuvres dramatiques aux nécessités matérielles. S'efforçant par exemple, et de plus en plus, de justifier l'entrée des personnages en début d'acte et leur sortie à la fin, puisque la scène ouverte les empêche d'être censés y demeurer pendant les entractes ; ou veillant (il s'excusera dans son Examen de ne l'avoir pas fait pour *Le Cid*) à introduire une rupture de scène au moment d'un changement de lieu, autant que possible en justifiant cette rupture et les sorties qu'elle suppose, et à user de scènes intermédiaires quand un personnage doit se rendre d'un lieu à un autre. Dans des pièces comme *Mélite* (déjà !), *Clitandre* et surtout *L'Illusion Comique* (où la succession des actes I et II et IV et V est fortement soulignée par le jeu de scène d'entrée dans la

4. Voir le *Mémoire* du décorateur Mahelot, publié par H.C. Lancaster (Paris, 1920).

grotte et de sortie d'Alcandre et Pridamant), Corneille a multiplié les trouvailles techniques qui dissimulent heureusement les artifices exigés par les conditions concrètes du spectacle.

*
* *

Mais il ne s'agit là encore que de moyens extérieurs. L'originalité de Corneille nous apparaîtra de façon plus décisive si nous examinons de près les genres qu'il a pratiqués et la conception qu'il s'est faite de chacun d'entre eux.

Il y a entre les premières comédies de Corneille bien des points communs. C'est qu'elles s'inspirent toutes, peu ou prou, du canevas de la pastorale : pures amoureuses et dévots amants, ou au contraire ennemis de l'amour qui ne font que se prêter dans les jeux de la coquetterie sont présents, non seulement dans notre *Astrée*, mais encore dans les pastorales françaises issues du *Pastor Fido* de Guarini (1585) et du *Filli di Sciro* de Bonarelli (1607). C'est encore au roman et à la pastorale que Corneille emprunte les chaînes amoureuses dont un Chrestien des Croix avait fixé durablement la formule dans sa *Grande Pastorelle* (éd. en 1613). La folie d'Eraste, les lettres supposées, le monologue de Clarice dans son jardin et son enlèvement, les malentendus de *La Galerie du Palais* et les enchantements de *L'Illusion Comique* appartenaient depuis longtemps à l'arsenal de la pastorale, de la tragi-comédie et du roman. Le miracle de *Mélite* n'est pas dans l'invention générale ; il n'est pas davantage dans le choix des épisodes. On en peut dire autant de *La Suivante*, qui donne simplement corps à un personnage esquissé par Du Ryer dans *Lisandre et Caliste* (1630), et où la rivalité entre l'héroïne et sa maîtresse semble prolonger l'opposition « sociale » établie par Honoré d'Urfé entre ses bergères et ses nymphes. De *La Galerie du Palais*, qui introduit des marchands sur la scène après Baro dans sa *Célinde* (1628) et Du Ryer dans *Lisandre et Caliste*. De *L'Illusion Comique* enfin, où la présence du théâtre dans le théâtre vient sauver formellement les règles tout en les violant allègrement au fond, et où s'insère une belle apologie du théâtre, mais qui avait été précédée dans cette voie par Gougenot et par Scudéry dans leurs *Comédies des Comédiens* (1633). En ce qui concerne la tragi-comédie et la tragédie nous avons pu voir que Corneille n'avait abordé ces deux genres qu'à des moments où ils se trouvaient portés au théâtre par d'autres, et avec le plus vif succès. Au moins Corneille, dans tous ces cas, a franchi le pas décisif : en appelant *Mélite* comédie et en lui donnant le cadre réaliste qui fait son charme ; en créant la tragi-comédie régulière ; en faisant jouer un rôle positif au cadre parisien de *La Galerie du Palais* et de *La Place Royale* ; en conférant un intérêt humain inspiré de Térence au cadre général de *L'Illusion* ; surtout, peut-être, en faisant triompher, pour l'une des toutes premières fois dans notre tragédie, une implacable volonté de femme, sur les caprices de la fortune et même sur les élans du cœur (contre lesquels la magie est impuissante). Qu'il s'agisse donc des règles et des recettes de métier, ou qu'il s'agisse de la découverte des genres dramatiques, Corneille a besoin d'incitations, sinon de modèles. Il n'invente pas de toutes pièces : il prolonge et parfait. Dans les deux cas, son effort va exactement dans le même sens, qui est celui du réalisme. Réalisme, certes, cette attention portée au public et à ses besoins, ce sens aigu de ce qu'exige le sujet, de ce qui est conforme au tempérament de l'écrivain, de ce que demande véritablement la structure concrète du spectacle. Réalisme aussi cette adaptation des intrigues comiques à des lieux et à des milieux qui appartiennent à la vie réelle, et cet effort pour faire du héros tragique autre chose que la proie d'un destin. *Médée* ne consume plus les héros ; l'héroïne s'élève dans la gloire en laissant les médiocres se consumer au-dessous d'elle. L'investigation psychologique lentement poursuivie à travers les premières comédies se prolonge avec cette tragédie en un acte de foi en la puissance de l'homme, avant que dans *L'Illusion Comique*, un ancêtre de Gil Blas s'efforce de nous prouver, à travers la comédie, la tragi-comédie, la tragédie et la vie elle-même, que le rang social ne peut être un obstacle à réussir une vie, et qu'à travers les apparentes fantaisies du théâtre, et l'éventail multicolore des genres, le poète ne fait que tendre à l'homme un miroir où il l'invite à se reconnaître.

*
* *

Depuis une trentaine d'années, on s'accorde de plus en plus à qualifier de « baroque » une grande partie des œuvres littéraires françaises et européennes publiées entre 1580 et 1650 environ. Il n'entre pas dans nos intentions de discuter la notion, moins encore d'en donner une interprétation philosophique, religieuse ou sociale, comme plusieurs historiens ont tenté de le faire, parfois avec bonheur, au cours des dernières années. Nous constaterons seulement qu'à l'époque envisagée le théâtre français se caractérise par plusieurs traits communs à un très grand nombre de pièces, à quelque genre que chacune d'elles appartienne. L'esthétique qu'ils composent peut se résumer en un mot. L'art « baroque » vise à l'efficacité immédiate. Il n'est pas un impressionnisme, ni un art de la suggestion, mais plutôt un « expressionnisme », qui constamment va au-devant de l'esprit ou de la sensibilité du spectateur ou du lecteur. Dans une pièce de théâtre baroque, l'action est volontiers d'une rare violence : le crime, le viol, les supplices peuvent se multiplier sur la scène. Elle doit en tout cas être toujours surprenante ; par exemple par son invraisemblance : les charmes et les miracles peuvent intervenir à tout instant, ou les rencontres hasardeuses qui font brusquement changer la face des choses ; ou les personnages peuvent manifester des sentiments inhumains dans leur nature, dans leur intensité, ou dans leur incohérence (un jeune homme très épris donne celle qu'il aime à son ami ; un amant dévot viole la femme qu'il aime). L'action peut surprendre encore parce qu'elle s'oppose à ce que les actions précédentes faisaient prévoir : un événement interprété comme rassurant précipite les héros dans le malheur ; ou, au contraire, une suite de catastrophes donne lieu à une issue heureuse : c'est le « doux changement » dont le théâtre de Rotrou, par exemple, fournit tant d'exemples ; ou encore un personnage change brusquement d'attitude, passant de l'extrême passion à l'extrême indifférence, ou de la froideur affectée à un amour dévorant. L'action, enfin, peut surprendre par une absence totale de cohérence : les feintes, les déguisements, les caprices de la folie sont susceptibles d'interprétations multiples entre lesquels l'esprit du spectateur reste suspendu comme celui des philosophes sceptiques au spectacle de l'homme et de la nature. Même surprenante variété dans le langage. Au lieu d'exprimer les sentiments intérieurs des personnages, il paraît tout entier tourné vers l'extérieur : l'évocation du cœur humain, amour, haine, joie ou désespoir, est remplacée par l'évocation du monde extérieur : un vêtement, un bijou, un jardin, une forêt, ou le cosmos tout entier, dont la description pittoresque, « mythologisée » ou artificiellement animée, tient lieu aux personnages de débat intérieur. Le langage baroque est surprenant encore par les contrastes qu'il introduit entre les tons : un fantoche de farce dialogue avec un amoureux galant ; un geôlier épris d'une servante compose pour elle un poème où la vulgarité côtoie les élégances stylistiques. Ou encore le langage veut séduire par son ingéniosité, et frapper alors moins la sensibilité que l'esprit : tout un vocabulaire et toute une série de figures sont ainsi employés, soit pour évoquer le monde extérieur, soit pour traduire les sentiments ; la physiologie galante, successivement mise au point par les pétrarquistes, les poètes de la Pléiade et des poètes italiens tels que Marino ou espagnols tels que Gongora, se livre à d'étourdissantes variations sur les petits amours mussés dans les yeux de la dame, et dont les flèches, atteignant les yeux de l'amant, pénètrent jusqu'au cœur où elles gravent le nom de l'aimée. La pastorale française, le lyrisme d'un Théophile, la tragi-comédie d'un Rotrou usent et abusent de ce langage, sans négliger les feux, les chaînes, l'aimant irrésistible, la prison, et autres symboles. Mais, et c'est le phénomène essentiel, cette langue imagée est volontiers abandonnée à ses impulsions propres : on feint de confondre les deux termes de l'image, ou on se plaît à en renverser l'ordre. Les feux deviennent des feux réels, la prison est décrite, tout amoureuse qu'elle est, comme une vraie prison. L'animation ou l'humanisation des êtres de la nature est prise au sérieux : la mer est-elle le symbole de l'inconstance ? On en fera le « perfide élément ». Le chant des oiseaux est-il comparé à celui des hommes ? On fera d'eux de petits « chantres ailés ». De proche en proche, le jeu des images se substitue au mouvement réel de la pensée humaine : la confusion du propre et du figuré, ou l'association de deux images, fait naître des « pointes » dont le développement recrée un monde apparent de pensées totalement détaché de la réalité humaine. Un conquérant amoureux est obligatoirement un vainqueur asservi. Une belle femme qui fait souffrir son amant est un ensemble de roses et de lis qui donne des soucis. Un amoureux souffrant se jette volontiers dans les eaux pour y éteindre la flamme qui le consume ou propose à sa déesse d'ouvrir sa poitrine pour lui montrer le nom gravé en son cœur. Le charme du verbe prend la place du développement rationnel de l'idée ou de l'analyse du sentiment.

On aperçoit les conséquences de cette esthétique de la surprise : elle tend à substituer à une durée intérieure une suite d'actions extérieures frappantes mais opposées les unes aux autres, incohérentes souvent en elles-mêmes, et qui détruisent à la fois tous les aspects constructifs et progressifs du temps en mettant l'accent sur le côté mouvant des apparences et sur le règne de la fortune en ce « monde sublunaire », et toute unité dans le cœur des personnages, voués au « change » perpétuel, soit par les vicissitudes de leur propre cœur, soit à cause des capricieuses rencontres auxquelles ils sont soumis. De même cette esthétique, dépouillant le langage de sa vraie signification, s'abandonne au jeu des mots et au chatoiement des images. Selon la très juste formule de R. Garapon, « le poète ou l'auteur baroque est celui qui ne peut pas refuser à chaque mot, à chaque vers, à chaque scène qu'il écrit, toute la plénitude de son autonomie expressive, dût l'ensemble de la phrase, de la scène ou de l'œuvre en souffrir »[5].

Presque tous les traits que nous avons énumérés se retrouvent dans le théâtre de Corneille, particulièrement dans celui de ses jeunes années. La violence est constamment présente dans *Médée*, soit dans les imprécations de l'héroïne où elle convoque le Ciel et les Enfers pour l'assister dans une exemplaire vengeance, soit dans l'acte V où agonisent trois personnages. Elle était déjà en œuvre dans *Clitandre*, où les cadavres s'amoncelaient, où le sang coulait à flot, où une frêle jeune fille crevait les yeux d'un jeune homme qui entreprenait de la violer. La magie règne dans *Médée* et dans *L'Illusion*. Le thème des premiers vers de *La Suivante* est celui de l'amant qui donne son aimée à son ami ; le personnage d'Alidor, dans *La Place Royale*, renonce de même à sa passion parce qu'elle est trop vive, et remet son Angélique entre les mains d'un ami. La robe de Médée est sans effet sur Nise : Créon et Créuse sont rassurés et croient toutes les difficultés aplanies avec la magicienne ; immédiatement après, Créuse ayant enfilé le fatal vêtement est saisie d'atroces douleurs et agonise à petit feu : brusque retournement de la situation, conforme à l'esthétique de la surprise. Tircis méprise l'amour, et s'éprend en un instant de la belle Mélite. Célidée est fortement éprise de Lysandre ; brusquement, elle sent son amour décroître, et que son cœur a été touché par Dorimant. On annonce à Clindor qu'il va mourir : et aussitôt la porte de la prison s'ouvre et il se retrouve entre les bras de sa maîtresse ; le même Clindor tombe assassiné au dernier acte : un changement à vue le fait apparaître bien vivant, et comptant avec les acteurs d'une troupe théâtrale la recette de la journée. Les scènes de folie d'Eraste, la succession, dans *L'Illusion*, des bravades et des frayeurs de Matamore, ou encore l'extraordinaire dernière scène du premier acte de

5. *XVIIe siècle*, n° 20, 1953. p. 260.

Clitandre, où deux attentats se détruisent mutuellement par leur seule rencontre, sont de parfaits exemples de la confusion baroque, et de l'heureuse incertitude qu'elle se plaît à entretenir dans l'esprit du spectateur.

Du baroque stylistique, *Clitandre* fournit les meilleurs exemples. L'apostrophe de Caliste au Soleil (I, 1), la personnification de la tempête et des éléments dans la bouche de Pymante (IV, 8) ou, aussitôt après, dans celle du Prince (IV, 4) constituent des descriptions baroques comparables à ce que Corneille pouvait lire chez un Théophile ou chez un certain Malherbe. On se rappelle les beaux vers de la dernière scène citée :

> L'haleine manque aux vents, et la force à l'orage,
> Les éclairs indignés d'être éteints par les eaux
> En ont tari la source et séché les ruisseaux...

Dans *Médée*, sans parler de la profusion des traits pittoresques et expressifs qui accompagnent toujours le rappel des exploits de Médée, nous retiendrons la somptueuse évocation de la robe de Médée :

> ...Jamais éclat pareil
> Ne sema dans la nuit les clartés du soleil ;
> Les perles avec l'or confusément mêlées,
> Mille pierres de prix sur ses bords étalées,
> D'un mélange divin éblouissent les yeux. (IV, 3)

Le baroque des joyaux, la lutte ici décrite de la lumière avec l'ombre appartiennent au même registre que les descriptions les mieux venues de la *Solitude* ou du *Jardin* de *Sylvie*. Les contrastes de tons, nous les trouverons dans la première scène de *Mélite*, où le style galant d'Eraste est contrebattu par la gauloiserie de Tirsis ; dans *Clitandre*, où le même Pymante que nous avons vu invoquer le cosmos en empruntant toutes les ressources du lyrisme sénéquien affecte bientôt après, pour dissimuler son identité, le simple langage d'un paysan ; tout au long de *L'Illusion comique*, enfin, où les disparates du style contribuent à la « monstruosité » de l'œuvre. Mais les exemples sont sans nombre du langage ingénieusement affecté où se plaisent les personnages de Corneille. On se reportera à la longue tirade de Rosidor, lorsqu'il voit sa Caliste évanouie (*Clitandre*, I, 7) : avec ces reproches aux baisers, qui lui redonnent la vie, au lieu de l'aider à exhaler son âme, ou la curieuse application faite aux âmes par le héros des principes de la physique élémentaire : il feint de croire que ce qu'il perd de vie, Caliste le recueille au fur et à mesure, comme s'il n'était pour tous deux qu'une certaine quantité d'âme. Dans la même pièce, on analysera les premiers vers du monologue de Clitandre en sa prison (III, 2), où il feint par exemple de croire que la prison réelle où il est enfermé est la même prison métaphorique où le retient son amour pour Caliste, Dans *La Place Royale*, Cléandre, croyant enlever Angélique de force, a enlevé Phylis. Il en devient immédiatement amoureux.

> Les traits que cette nuit il [*l'amour*] trempoit de vos larmes
> Ont triomphé d'un cœur invincible à vos charmes,

dit-il à Phylis : une pointe au premier vers, un paradoxe au second. Et d'enfiler ensuite, en treize vers, douze propositions paradoxales sur le thème du geôlier prisonnier (V, 1).

Ne nous y trompons pas cependant. Dans plusieurs *avis au lecteur*, Corneille a prétendu, en faisant une exception pour *Clitandre* et naturellement pour *Médée*, user du langage « naïf » des « honnêtes gens », c'est-à-dire faire parler ses contemporains comme ils parlaient réellement, avec la seule transposition exigée par la scène et la forme poétique. Il n'avait pas tort, *Mélite*, comparée à *La Bague de l'oubli* ou à *L'Hypocondriaque*, est d'une étonnante simplicité de style. Les dialogues croisés de *La Galerie du Palais* entre marchands et chalands ne sont pas remarquables seulement par la précision technique de leur vocabulaire, qui pourrait, comme il arrive ailleurs, constituer une sorte d'affectation à rebours. Un équilibre y est gardé, un ton y est respecté qui empêchent les propos des marchands de s'opposer trop crûment à ceux des nobles jeunes gens qui viennent à leur boutique. Dans les scènes de déclaration amoureuse au second acte de *L'Illusion*, l'amant rebuté Adraste exprime en une langue affectée un platonisme de pacotille, qui éveille les railleries d'Isabelle (II, 3). Avec quel naturel au contraire Clindor sait exprimer son amour (II, 5) ! Les galanteries recherchées sont volontiers expliquées et justifiées par Corneille. Dans *Mélite*, Cloris refuse de répondre au haut style de Philandre par un « babil affecté ». Elle attend en souriant et en le raillant avec esprit qu'il surmonte une timidité que ses périphrases expriment en la cachant, et lui demande ce baiser qu'elle brûle de lui accorder (I, 4). Dans *La Veuve*, on se moque par deux fois (I, 3 et 4) du style galant de Florame ; mais Corneille justifie de plus la présence de ce style dans sa bouche :

> C'est un homme tout neuf : que voulez-vous qu'il fasse ?
> Il dit ce qu'il a lu.

De même que la folie amoureuse d'Eraste constitue une explication au débordement de poésie infernale auquel il s'abandonne dans les derniers actes de *Mélite*, les seuls « mouvements égarés » de Clitandre dans la scène citée plus haut expliquent qu'il se livre aux paralogismes que nous avons signalés :

> Folles raisons d'amour, mouvements égarés,
> Qu'à vous suivre mes sens se trouvent préparés !
> Et que vous vous jouez d'un esprit en balance,
> Qui veut croire plutôt la même extravagance... (III, 2)

On touche ici du doigt l'art exquis de Corneille à dépasser par l'appel au réalisme et au sens commun l'ingénieuse affectation qui faisait les beautés de la poésie de son époque, et constituait l'ornement obligé de la tragi-comédie.

Mais il faut aller plus loin. On a dit, et à juste titre, que les comédies de jeunesse de Corneille annonçaient d'étrange façon le théâtre de Marivaux. De fait, Corneille, comme Marivaux le fera pour les personnages et les subtilités d'intrigue de la comédie italienne, a substitué aux jeux souvent gratuits du baroque, ou leur a superposé, l'expression, réaliste malgré les apparences, des secrets et des caprices du cœur humain. Nous avons vu comment pouvaient se justifier, en quelque sorte de l'extérieur, les extravagances verbales d'un Eraste, d'un Philandre ou d'un Clitandre. Il arrive que l'ingéniosité verbale se justifie de l'intérieur, parce que le jeu des pointes disparaît au profit de l'*esprit*. Les propos à double entente, les « équivoques » de *La Veuve* ou de *La Suivante* prennent ainsi une signification humaine. Mais déjà, dans *Mélite*, le premier dialogue entre Mélite et Tirsis est à cet égard une parfaite réussite : la logique des sentiments y est développée avec une habileté que Corneille ne dépassera guère dans les comédies suivantes, la pudique ironie qui s'efforce de les cacher parvenant au contraire à les exprimer de façon plus touchante que toutes les déclarations directes (*Mélite*, II, 8).

Dans les thèmes que Corneille met en œuvre, comme dans les ressorts de l'intrigue qu'il utilise, on découvrirait sans peine le même effort pour dépasser l'incohérence baroque et l'utilisation de la surprise pour elle-même. Les intrigues sont toujours assez fortement construites et ménagées avec assez de raison pour que les surprises et les changements n'apparaissent pas seulement comme des jeux de la fortune (ce qui est presque toujours le cas chez Rotrou), mais prennent une signification psychologique ou morale : dans *Mélite*, les bâtisseurs d'intrigues et les amants légers sont punis par leurs propres armes. Dans *La Veuve*, *La Suivante*, *La Galerie du Palais* ou *La Place Royale*, Corneille, impeccablement, démontre que l'amour sincère doit toujours triompher, et refuse aux jeux de la coquetterie toute valeur positive. Malheur à qui, comme Célidée et surtout comme Alidor, badine avec l'amour, et prétend paraître autre qu'il n'est en effet. Malheur à ceux qui, comme Eraste et surtout comme Amarante, essaient par des ruses de forcer les sentiments de qui ne les aime pas. Les brusques changements des héros ne sont qu'apparence, et recouvrent une permanence de l'être secret — dût-elle être la permanence de la coquetterie et de l'indifférence. Si Tirsis tombe brusquement amoureux de Mélite après avoir fait serment de ne pas se lier à une femme qui n'aurait pour elle que sa beauté, il n'est pas pour autant méconnaissable après sa métamorphose : son caractère enjoué ne le quitte pas, mais s'épanouit seulement quand son cœur est pris ; on le voit bien dans la dernière scène du premier acte où, conformément à ce que pouvaient laisser deviner ses propos de la scène première, il traduit ses sentiments en joyeuses voire assez gaillardes exclamations, un peu trop appuyées cependant pour que sa sœur ne devine pas qu'il a quelque raison particulière d'être en belle humeur. Le « change » de Célidée, dans *La Galerie du Palais*, n'est pas simple artifice d'intrigue : il est destiné à traduire les incertitudes sentimentales d'une toute jeune fille, qui ne sait plus exactement de quel côté son cœur s'envole. Pense-t-elle à Dorimant avec tendresse, le souvenir de Lysandre lui revient et l'empêche de s'abandonner à ses nouveaux sentiments :

> Je vois mieux ce qu'il vaut lorsque je l'abandonne,
> Et déjà la grandeur de ma perte m'étonne (II, 7).

Incapable de se décider pour l'un ou pour l'autre, elle s'en remet aux résultats de l'épreuve des « dédains forcés » dont Hippolyte lui a malignement suggéré de faire l'essai sur le cœur de Lysandre. On songe irrésistiblement à *La Double Inconstance*. Il y aurait encore beaucoup à dire sur le « change » volontaire d'Alidor. Simple jeu de la part de Corneille, qui chercherait seulement à éveiller la surprise chez le spectateur en lui présentant une psychologie incohérente et paradoxale ? Alidor est-il « l'amoureux extravagant », ou l'indulgente caricature de cet « honnête homme » évoqué dans la dédicace, et dont l'amour « doit toujours être volontaire » ?

En fait, dans son désir de dépassement de soi, dans son rêve d'un amour libre et pourtant assuré de toujours durer, Alidor n'a que le tort de se tromper sur ses propres forces. Il ressemble en cela au personnage de Matamore, poète des exploits qu'il ne pourra jamais accomplir. Mais il annonce aussi les plus « généreux » sacrifices de Rodrigue, d'Horace ou de Polyeucte, qui renoncent à leurs plus légitimes affections pour se conformer au rôle magnifique qu'ils se sentent appelés à jouer. L'incohérence et le paradoxe baroques se trouvent ainsi surmontés par une éthique de la grandeur dans le déchirement.

Les premières comédies de Corneille utilisent donc largement les traits et les thèmes de la littérature baroque. Mais au lieu de s'en servir comme de jeux de mots et d'entrelacements de thèmes gratuits, elles leur donnent une signification. Du respect des règles imposées ou proposées par les *doctes*, le poète avait tiré des effets de théâtre qui n'appartenaient qu'à lui, et concilié la loi des pédants et le plaisir du public. Des ressources que lui fournissaient la poésie et le théâtre baroques, seules capables de réussir auprès d'un public mal préparé encore sans doute à l'austérité de la dramaturgie racinienne, il se sert comme d'un tremplin paradoxal pour dire à l'homme quelque chose de l'homme. On peut étendre à l'ensemble de son œuvre de jeune homme ce qui frappe l'esprit à la lecture de *L'Illusion comique* : derrière le manteau d'Arlequin enchanté des merveilles de la magie, des caprices du langage et des surprenantes métamorphoses des spectacles de la scène et des passions des personnages, se découvre un monde humblement vrai, où les jeunes filles ignorent si elles doivent écouter leur cœur ou leur mère, où les jeunes gens rêvent d'amoureuses conquêtes, de gloire ou de richesse, où les parents s'inquiètent des aventures et des caprices de leurs enfants, contre lesquels l'autorité ne sert de rien, mais dont l'attitude la plus compréhensive et la plus indulgente ne parvient pas, malgré le souvenir des jeunes années, à suivre tous les méandres. La société des « honnêtes gens » du XVIIe siècle.

2

La liaison des scènes dans *La Suivante* *

La Suivante (1633) est la plus étroitement régulière des comédies du jeune Corneille. L'*Épître* qui la précède dans l'édition originale (1637) constitue, on le sait, une des pièces de la « Querelle du *Cid* » où le poète entend montrer que si parfois les nécessités de l'art qu'il pratique le conduisent à violer certains préceptes, ce n'est pas faute de les connaître. Parmi ces préceptes, celui de la liaison des scènes, que Jacques Scherer a précisément étudié dans sa *Dramaturgie classique*[1], est scrupuleusement respecté dans la comédie de Florame et Daphnis. Corneille s'en est fait le théoricien à l'occasion des diverses éditions de cette œuvre singulière : dès 1637, dans l'*Épître*, où il écrit :

> La liaison même des scènes, qui n'est qu'un embellissement, et
> non pas un précepte, y est gardée ;

en 1648, dans l'*Avis au lecteur* de l'édition des *Œuvres*, où cette prétendue obligation est encore nommée « embellissement » ; en 1660, dans l'*Examen*, où le poète défend contre l'abbé d'Aubignac sa conception de la liaison de vue[2]. En revanche, la même comédie s'interdit toute apparence de liaison entre les actes successifs. Si la liaison des scènes assure la continuité de l'action, la rupture soulignée par l'absence à la première scène d'un acte de tout personnage présent à la dernière de l'acte précédent donne à l'entracte sa pleine valeur. Entracte actif, où se prolongent des réflexions et s'accomplissent des démarches. Le premier est celui où se perd le plus de temps, les personnages s'étant séparés pour le repas de midi. Ce qui se passe dans les autres est toujours précisément évoqué dès les premières scènes de l'acte suivant. Ainsi est assurée, pour le spectateur comme pour

---

* *Dramaturgies. Langages dramatiques.* Mélanges Jacques Scherer, Paris, Nizet, 1986. (« De la liaison des scènes dans *La Suivante* de Corneille »).

1. *Dramaturgie classique*, II, 5.

2. *Ibid.*

le lecteur, cette impression de continuité à laquelle Corneille s'est toujours montré très attaché[3].

L'«embellissement» apporté par la liaison des scènes est en 1633 dans sa première nouveauté[4]. L'étude de *La Suivante* semble indiquer cependant que dès cette date les poètes et sans doute les spectateurs en connaissent les diverses formes et savent apprécier et interpréter toute formule s'écartant si peu que ce soit de ce qu'on peut déjà appeler la norme. Notre propos est précisément d'évaluer ces écarts et de nous interroger sur leur signification. Nous envisagerons successivement l'action des personnages au passage d'une scène à la suivante, la versification correspondant à ce passage et les diverses formules associant les mouvements extérieurs et les effets poétiques.

*
* *

Les liaisons et les mouvements des personnages

La Suivante comporte 51 scènes. Cinq d'entre elles correspondant à une fin d'acte, il y a donc place pour 46 liaisons. Parmi celles-ci, 40 sont de simples liaisons de présence et 6 seulement des liaisons de vue ou de fuite[5]. Deux d'entre elles présentent un intérêt particulier :

— En I, 5-6, Amarante s'entretient seule avec Florame, tandis que Théante et Daphnis sont au jardin. Amarante les en voit sortir, mais non Florame, à qui la suivante les a «cachés» en l'entraînant à son tour dans le même jardin par une autre entrée. Daphnis et Théante croient que tous deux les ont fuis, alors que la jalouse a seulement voulu soustraire Daphnis aux regards de Florame : c'est là une liaison de vue partielle, prenant seulement l'apparence d'une liaison de fuite.

— En IV, 4-5, Amarante, prise dans les rets qu'elle a tendus et ne comprenant pas ce qui se passe, rentre chez son maître Géraste pour prendre du «repos» et réfléchir sur la situation. Arrivant avec son ami Damon, Florame se félicite en la voyant sortir qu'elle n'ait pu le voir paraître : il échappe ainsi au fâcheux entretien d'une amoureuse indiscrète et tyrannique : autre perversion de la liaison de fuite, où celle dont l'action semble indiquer qu'elle fuit, n'en fait rien, tandis que le personnage dont les pas traduisent ailleurs une recherche entend bien échapper à la rencontre avec la première.

Dans le *Discours des trois unités*, Corneille écrira que les sorties des acteurs doivent toujours être justifiées, mais que cela n'est pas nécessaire pour les entrées. Sur les 40 liaisons de présence de *La Suivante*, 25 comportent une sortie et 24 une entrée (ce qui veut dire que 9 fois il y a en

---

3. Saint-Evremond, cité par G. Mongrédien, *Recueil des documents relatifs à Corneille*, C.N.R.S., 1972, p. 263.

4. Jacques Scherer, ouvr. cit., p. 271 et suiv.

5. I, 5-6 ; II, 1-2 ; III, 1-2 ; IV, 4-5 ; V, 1-2 ; V, 4-5.

même temps entrée et sortie) ; 17 entrées ne sont pas immédiatement annoncées, même quand elles ont été préparées antérieurement ; mais les sorties sont toujours justifiées, sauf dans quatre cas :

— En I, 8, Daphnis quitte brusquement Amarante dans un mouvement de colère.

— En III, 10, le même jeu est repris par le même personnage, mais avec la volonté de souligner un triomphe sur la rivale (triomphe d'ailleurs apparent et reposant sur un malentendu).

— En IV, 3, Géraste vient de confier une mission à Amarante ; il sort sans un adieu à un moment où elle comprend de moins en moins les intentions des divers personnages.

— En V, 3, Florame sort aussi brusquement que Daphnis au premier acte, après avoir chapitré Amarante à propos d'une trahison dont en réalité elle n'est pas coupable.

On constate que dans tous ces exemples de liaisons « anormales » le personnage d'Amarante est directement impliqué. De plus, les deux fausses fuites signalées, dont la seconde paraît répondre à la première, jouent sur deux effets différents : celui de l'apparence subjective (tel qui semble fuir recherche celle qui le voit disparaître) et celui de l'apparence objective (une démarche de recherche est muée en démarche de fuite). Enfin, il y a effet de récurrence entre les quatre sorties non justifiées, chaque nouvel exemple aggravant la situation précédemment évoquée, pour laisser enfin Amarante, à la fin du IVe acte, dans un « Dédale » dont elle ne pourra sortir.

Les liaisons et les effets à la versification

Entre deux scènes qui se suivent, les relations du point de vue des vers peuvent être de quatre sortes : rupture (deux alexandrins à rime plate terminent la première scène) ; effet de rime entre la fin d'une scène et le début de la suivante ; vers prolongé d'une scène à l'autre ; effet d'interruption d'un personnage par un autre ou par lui-même.

Dans *La Suivante*, la rupture totale est réalisée dans 32 cas : pour toutes les liaisons de vue et pour 26 liaisons de présence sur 40. L'« écart » est donc à rechercher ici parmi les seules liaisons de présence : 14 cas, dont 6 combinent deux effets et 2 en combinent 3.

Parmi les 14 liaisons n'impliquant pas rupture totale, 10 comportent un effet de rime. Dans deux cas seulement un même personnage poursuit son discours en tenant compte du nouvel interlocuteur :

— En II, 4-5, Daphnis envoie Amarante surveiller les tapissiers qui travaillent dans la galerie :

> Ces gens-là ne font rien si l'on n'a l'œil sur eux.

Elle engage alors la conversation avec Florame par un propos ironique :

> Je romps pour quelque temps le discours de vos feux.

— En IV, 5-6, Florame sait que son rival Théante approche ; il termine un court monologue sur la lâcheté de celui-ci par ce vers :

> Pour tant d'ambition c'est bien peu de courage.

Théante une fois en scène, Florame poursuit :

> Quelle surprise, ami, paraît sur ton visage ?

Deux fois, en III, 9-10 et en III, 10-11, un jeu d'assonances produit un effet d'écho ironique : assurée de l'emporter sur Amarante, Daphnis, dans le premier exemple, fait se succéder les rimes suivantes : martyre/ contredire ; ici/voici ; jolie/mélancolie ; saisis/choisis. Amarante a-t-elle su interpréter cette longue séquence en *i* ? Demeurée seule, elle commence une tirade en reprenant les sonorités finales des derniers vers de Daphnis : à la rime jaloux/époux répond la rime joue/désavoue.

La liaison avec effet de vers coupé se présente 9 fois. La plupart du temps, il s'agit d'une coupure à l'hémistiche. Deux fois seulement, la coupure a lieu après la troisième ou la quatrième syllabe ; dans un cas comme dans l'autre, l'effet s'accompagne d'une entrée non annoncée et d'une interruption :

— Au début de II, 8, c'est Amarante qui interrompt Florame au moment où il va se déclarer à Daphnis ; le vers qu'elle termine rime avec le dernier alexandrin complet prononcé par Florame.

— Au début de IV, 3, c'est encore Amarante qui interrompt Géraste dialoguant avec la même Daphnis et sur le point de dissiper un malentendu sur l'amant qu'il lui destine, c'est-à-dire Florame. Le même effet de rime est présent dans cette liaison.

L'effet d'interruption est toujours lié à un autre. Il intervient cinq fois. Trois fois, il s'accompagne d'un effet de rime (III, 5-6 ; IV, 1-2 ; IV, 2-3), quatre fois d'un effet de vers coupé (II, 5-6 ; II, 7-8 ; IV, 1-2 ; IV, 2-3), deux fois des deux à la fois (IV, 1-2 et IV, 2-3). La liaison des scènes 1 et 2 de l'acte IV est particulièrement intéressante : Géraste complète en entrant le dernier vers des stances prononcées par Daphnis. Le personnage d'Amarante est impliqué trois fois dans ces jeux d'interruption.

Le tableau de présence des personnages de *La Suivante* privilégie certes Amarante, qui paraît 21 fois, mais aussi Daphnis, présente dans un même nombre de scènes, et Florame surtout, qui en occupe 22. L'étude des singularités dans l'usage de la liaison des scènes permet d'accorder à la suivante un avantage supplémentaire. C'est la plupart du temps à une entrée ou à une sortie de ce personnage que correspondent les effets signalés plus haut. Vive, passionnée, agitée de pensées contradictoires, la jeune fille porte en elle un dynamisme particulier qui bouleverse le rythme de la comédie à tous les moments de son déroulement.

**

L'examen d'ensemble des liaisons dans *La Suivante* permet d'affirmer un certain nombre de principes :

— Toute liaison de vue implique rupture dans la versification.

— En corollaire, toute liaison avec effet de rime, de vers coupé ou d'interruption implique liaison de présence.

— Les liaisons les plus significatives sont celles qui s'écartent le plus de la norme (fausses liaisons de fuite, sorties non justifiées) ou celles qui associent trois effets de l'ordre de la métrique (comme c'est le cas pour les trois premières scènes de l'acte IV).

— Toute particularité dans l'application du précepte de la liaison des scènes est un signal mettant en évidence un moment décisif de l'action dramatique lié à la présence et (ou) à l'action du personnage central[6].

— Dans le genre comique, les « écarts » appuyés, qui traduisent une certaine distance par rapport à la norme, sont porteurs d'effets humoristiques et plaisants, comme certaines dissonances et autres syncopes dans la ligne musicale classique.

---

6. Ce principe peut sans doute être généralisé à l'ensemble de la production théâtrale de Corneille. Tenons-nous-en ici à la première tragédie parfaitement régulière du poète, *Horace*. On y trouve, comme on pouvait s'y attendre, une application beaucoup plus sévère du précepte de la liaison des scènes que dans la comédie de 1633. Toutes les liaisons y sont liaisons de présence. Le seul effet particulier qu'on y rencontre est l'effet de rime. Encore ne le voit-on appliqué que trois fois, en III, 4-5, III, 5-6 et IV, 1-2. Mais ces trois exemples sont particulièrement significatifs : 1) Ils constituent une séquence (il s'agit des deux dernières liaisons d'un acte et de la première du suivant). 2) Ils accompagnent les trois étapes du récit du combat entre les Horace et les Curiace : ils « sont aux mains » (révélation du vieil Horace) ; les Romains sont vaincus (récit de Julie) ; Horace est victorieux (message de Valère). 3) Dans les deux derniers exemples, l'effet est doublé par un jeu phonétique : en III, 5-6, la suite des rimes (terre/tonnerre/lois/rois/gloire//victoire/effets/défaits) correspondent à une suite vocalique en (e), (ɛ) et (we) ; en IV, 1-2, la suite (point/point/Valère//père/soin/besoin) fait apparaître une symétrie remarquable entre les trois derniers vers d'une scène et les trois premiers de la suivante (du type a/a/b//b/a/a).

3

Clitandre *

La singularité, au moins apparente, de *Clitandre* dans l'ensemble de la production dramatique de Corneille a fait l'objet de bien des commentaires et de bien des essais d'explication. Les travaux de René Bray[1] et d'Octave Nadal[2] permettent aujourd'hui de mieux situer la pièce dans l'histoire générale du théâtre de la première moitié du siècle. D'autres critiques se sont efforcés d'éclairer le choix du sujet et de certains épisodes en faisant appel à l'histoire politique[3] ou à la possible influence du théâtre anglais[4]. Enfin, R.-L. Wagner a procuré le texte de l'édition de 1632, indispensable pour toute étude sérieuse de la dramaturgie du jeune Corneille[5]. Notre dessein est à la fois plus modeste et plus précis. Par les méthodes de la critique interne, nous tenterons d'apprécier le tour de force technique dont se vante le poète dans sa *Préface*[6], et de mettre en évidence les principes dont il s'est inspiré et le genre de plaisir qu'il entendait éveiller chez ses spectateurs. Afin de concentrer notre recherche sur les problèmes de structure, qui sont ici les plus importants, nous écarterons cependant toute considération sur le ou les styles de la tragi-comédie et sur les types de personnages qui s'y rencontrent.

* *Revue d'Histoire du Théâtre*, 1960. (« La Structure de *Clitandre* »).

1. *La Formation de la doctrine classique en France*, Paris, 1927.

2. *Le Sentiment de l'amour dans l'œuvre de Pierre Corneille*, Paris, 1948.

3. G. Charlier, *La clef de Clitandre*, Publ. de l'Acad. royale de langue et de littér. françaises de Bruxelles, 1924. L. Rivaille, *Les débuts de P. Corneille*, Paris, 1936.

4. Pierre Legouis, « Le thème du rêve dans *Clitandre* et dans *The Dream* de Donne, » *R.H.T.*, n° 2, 1951. C.-E. Engel, « Corneille a-t-il connu *Cymbeline* ? » *Revue des Sciences Humaines*, fasc. 95, juill.-sept. 1959.

5. Coll. des *Textes Littéraires Français*, Lille et Genève, 1949.

6. Cf. les premières lignes de cette préface : « ... Il ne faut pas moins d'adresse à réduire un grand sujet qu'à en déduire un petit, si je m'étois aussi dignement acquitté de celui-ci, qu'heureusement de l'autre, j'estimerois avoir en quelle façon approché de ce que demande Horace au Poëte qu'il instruit, quand il veut qu'il possède tellement ses sujets qu'il en demeure toujours le maître, et les asservisse à soi-même, sans se laisser emporter par eux. » (Ed. cit., p. 7).

On sait le goût de Corneille, qui persistera jusqu'en ses dernières pièces, pour les structures qu'il appelle lui-même *implexes*, où les personnages ne paraissent exister que par et pour une situation initiale embarrassée et une suite d'événements nombreux et subtilement intrigués. Dans *Clitandre*, ce goût s'affirme déjà et le poète semble même prendre un malin plaisir à égarer son lecteur et son spectateur par la « quantité d'intrigues et de rencontres » qui encombreront leur mémoire[7]. En quoi sans doute Corneille est moins original qu'il ne paraît d'abord. Ses contemporains, parmi lesquels des « réguliers » comme Mairet ou La Mesnardière[8], affirment volontiers le plaisir qu'ils prennent à des pièces *chargées de matière*. Il leur arrive même, à cette occasion, de reprocher aux Anciens une simplicité d'action qu'ils sont bien près d'assimiler à une pauvreté d'invention[9]. D'autre part, nous voyons spontanément une entreprise paradoxale dans la « réduction » d'un sujet exceptionnellement touffu, comme celui de *Clitandre*, aux exigences de l'unité d'intérêt[10] et à la limitation temporelle et spatiale nécessaire, selon Mairet, pour satisfaire pleinement « l'imagination » du spectateur[11]. Les règles nous paraissent s'appliquer surtout à la tragédie et à la pastorale, et nous considérons volontiers que la tragi-comédie, genre romanesque et libre par sa nature, ne saurait guère s'y accomoder sans trahir sa vocation. Cette perspective n'est pas entièrement injustifiée. L'opposition entre Ogier préfaçant en 1628 la tragi-comédie de *Tyr et Sidon* et le Chapelain de la lettre du 29 novembre 1630 est tout à la fois celle de deux genres, tragi-comique et tragique, et de deux esthétiques, dont l'une est hostile et l'autre favorable aux règles. Mais le *Cléomédon* de P. du Ryer (1634) est une tragédie irrégulière, tandis que Mairet se soumet dans sa tragi-comédie de *Virginie* (1633) aux exigences les plus sévères des *doctes*[12]. Le défi de Corneille n'est donc pas, en son temps, aussi étonnant qu'il le paraît aujourd'hui. Au moins devons-nous reconnaître qu'il a multiplié dans *Clitandre* les difficultés tenant au sujet, et poussé le respect des unités, non certes jusqu'à la superstition, mais jusqu'au point exact où cette superstition risquait de nuire à la vraisemblance dramatique — qui n'est pas pour lui, on le sait, totalement confondue avec la vraisemblance humaine[13].

7. *Ibid.*

8. Préface de *Silvanire*, 1631. *La Poëtique de Jules de la Mesnardiere*, 1639.

9. La Mesnardière reproche moins à Lope de Vega la complexité de ses pièces que son constant mépris des bienséances. Mairet accorde volontiers que le théâtre des Anciens est parfois ennuyeux (La Mesnardière, *op. cit.*, *Discours* préliminaire ; Mairet, *op. cit.*, Ed. Otto, Bamberg 1890, p. 19).

10. Le sous-titre de *Clitandre* est « L'Innocence délivrée ».

11. Préface de *Silvanire*, éd. cit., pp. 16-18.

12. Sur tous ces problèmes, cf. Antoine Adam, *Histoire de la Littérature Française au XVIIᵉ siècle*, T. I, chap. V, qui en apporte une précise mise au point.

13. Dans le *Discours de la tragédie*, le « vraisemblable » est limité par le « nécessaire », défini par Corneille comme « le besoin du poète pour arriver à son but ou pour y faire arriver ses acteurs ».

*
* *

A l'origine de *Clitandre*, il y a moins un *sujet* qu'une *histoire*. Corneille paraît la compliquer et l'obscurcir volontairement dans l'*Argument* qu'il en propose. Mais son récent éditeur, pour la rendre plus accessible, nous semble avoir pêché dans le sens contraire[14]. Un roi s'est retiré avec sa Cour dans « un château de plaisance proche d'une forêt »[15]. Tandis que le Prince son fils organise une partie de chasse, un drame éclate et se déploie en sanglantes péripéties. Le point de départ en est commun : Dorise est jalouse de Caliste, amante de Rosidor, et l'entraîne dans la forêt pour la tuer, sous le prétexte qu'elle y surprendra son amant auprès d'une autre fille de la Cour. Pymante est jaloux de Rosidor, qu'il sait aimé de Dorise, et le fait venir également dans la forêt pour le tuer, sous le prétexte d'un duel imaginaire avec le favori du Prince, Clitandre, dont on sait qu'il est amoureux de Caliste. Il s'agit, on le voit, d'une chaîne amoureuse banale, compliquée de feintes diverses correspondant parfaitement à l'esthétique dramatique du temps. Ce double projet échoue. Les deux groupes se rencontrent en effet, Rosidor parvient à dérober l'épée de Dorise, à tuer les deux complices de Pymante, qui s'enfuit sans être reconnu, et rentre au château avec Caliste, persuadé qu'il a été victime d'une traîtrise de Clitandre ; interprétation apparemment confirmée d'autre part à la découverte, auprès de l'épée de Rosidor, des corps de ses assassins, qui sont précisément des hommes de Clitandre appointés par Pymante ; Clitandre, qui se trouve à la chasse avec le Prince, est arrêté et conduit en prison. Mais, dans leur fuite, Pymante et Dorise ont fini par se rencontrer. Déguisés tous deux, ils ne se reconnaissent qu'après que Pymante, prenant Dorise pour un de ses complices, a fait allusion à ses criminels desseins. Pymante, s'étant fait éborgner par Dorise comme il essayait de la forcer, s'apprête à la tuer quand le Prince survient, la tire de ses mains et reçoit de tous deux des aveux complets. Le Prince arrivera au château juste à temps pour sauver Clitandre de l'exécution, et tandis qu'on abandonnera Pymante aux mains de la justice, Dorise obtiendra sa propre grâce et Clitandre, pour que la symétrie soit satisfaite, acceptera de l'épouser, renonçant en faveur de Rosidor à son amour pour Caliste.

*
* *

Tant d'intérêts, tant d'événements, tant d'intrigues diverses confusément mêlées n'ont pas empêché Corneille de respecter, au moins formellement, les unités. Ce n'est pas en cela que consiste, croyons-nous, son véritable mérite. Nous tenterons de le montrer tout à l'heure. Il vaut la peine, cependant, d'apprécier, sur ce plan même, son habileté.

14. Cf. éd. cit., p. 11.
15. Id., p. 12.

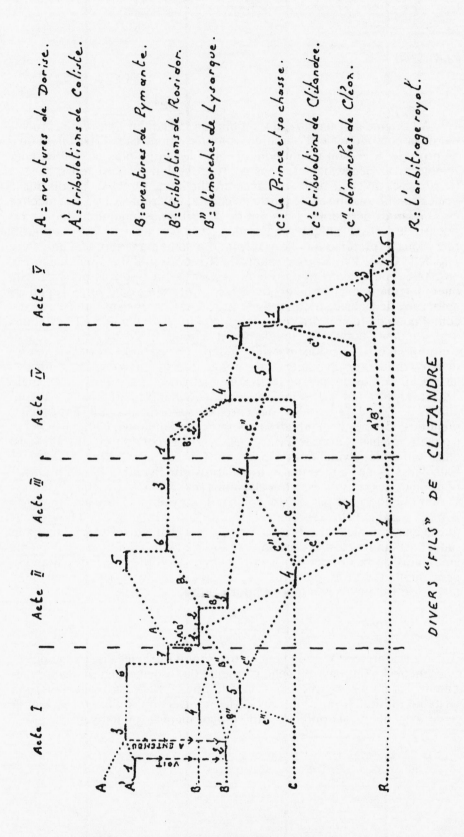

Acte I   Acte II   Acte III   Acte IV   Acte V

A : aventures de Dorise.

A' : tribulations de Caliste.

B : aventures de Pymante.

B' : tribulations de Rosidor.

B'' : démarches de Lysarque.

C : le Prince et sa chasse.

C' : tribulations de Clitandre.

C'' : démarches de Cléon.

R : l'arbitrage royal.

DIVERS "FILS" DE CLITANDRE

La pièce est « dans les vingt-quatre heures ». Elle commence au point du jour, comme en témoigne le monologue de Caliste qui en constitue l'ouverture. Et nous apprenons au troisième acte qu'il ne reste plus que quatre heures avant le dénouement[16]. Les dernières scènes sont, il est vrai, plus discrètes : il n'eût pas été très habile de souligner la rapidité avec laquelle Dorise est pardonnée et proposée à un riche parti, le soir du jour où elle a voulu tuer sa rivale[17].

Le lieu est *un*, sans être *unique*. Entendons simplement qu'il n'y a pas de solution de continuité entre les lieux, en réalité fort divers, où l'action se déroule. Il y a quelque ambiguïté dans l'expression « un château de plaisance proche d'une forêt »[18]. Caliste est bien proche encore du château quand à la fin de la première scène elle peut se dissimuler derrière une porte[19]. Mais on s'en est, insensiblement, fort éloigné, quand au quatrième acte le Prince a besoin d'un cheval pour arriver à temps auprès du roi[20]. Dans l'*Examen*, Corneille reconnaîtra que la conception ici appliquée de l'unité de lieu n'est pas exempte de quelque « libertinage »[21].

Enfin, Corneille, sans revendiquer pour cette tragi-comédie une parfaite unité d'action qui d'ailleurs ne s'y rencontre pas, entend seulement qu'on lui reconnaisse l'unité de *péril*. Tout tourne en effet autour de Clitandre et des dangers courus par lui, dès le moment où l'on devine qu'il risque d'être soupçonné[22]. Mais Corneille reconnaît volontiers que ce héros passif et bavard n'est guère susceptible d'éveiller, de la part du spectateur, un véritable intérêt[23].

Il était sans doute normal qu'en 1660 le vieux poète boudât un peu la folle entreprise de ses vingt-cinq ans. Il ne nous appartient pas de ratifier son jugement, mais de le juger sur les intentions qu'il pouvait avoir en 1630. Ces intentions sont difficiles à percer. Quand il déclare lui-même avoir appliqué ici la « règle d'un jour » uniquement pour montrer qu'il la connaissait, nous ne pouvons l'en croire qu'à demi[24]. Dès cette époque, Corneille a découvert les règles et médité sur leur validité. En les appliquant dans *Clitandre*, il s'efforce à la fois de gagner des lettres de noblesse auprès d'un certain public et de se prouver à lui-même qu'il est capable de résoudre des problèmes difficiles. *Clitandre* est par certains aspects un exercice de style. Le poète y paraît moins engagé que le technicien. Que celui-ci ait avec *Clitandre* réalisé son « chef-d'œuvre » et par là mérite la

---

16. Cf. III, 4, v. 1096.

17. Dans le *Discours des trois unités*, Corneille recommandera de laisser la durée fictive de l'action à l'imagination de l'auditeur.

18. Cf. *Argument*, éd. cit., p. 12.

19. Cf. I, 1, v. 62.

20. Cf. IV, 7, vv. 1482-1484.

21. Ed. cit., p. 118.

22. Cf. I, 5.

23. *Examen*, éd. cit., p. 116.

24. *Préface*, éd. cit., p. 8.

« maîtrise », c'est ce dont, malgré les défauts de la pièce, nous ne saurions douter.

*
* *

Mais l'essentiel n'est sans doute pas là. Le métier d'auteur dramatique, même en 1630, ne se réduit pas à l'acceptation ou au refus d'un certain nombre de conventions. Il suppose la connaissance de règles plus secrètes, et dont la plupart ne peuvent être élaborées qu'à l'occasion d'un sujet déterminé. Dans l'*Avertissement au Lecteur* de 1644, Corneille semble bien faire allusion à ces règles-là, qu'il se refuse à « spécifier », craignant d'« importuner les savants, embarrasser les faibles, et étourdir les ignorants ». Pour ce qui concerne *Clitandre*, il est possible, sinon de retrouver précisément ces règles secrètes, du moins, à l'aide de la *Préface*, de déterminer les problèmes qu'elles étaient appelées à résoudre. Pour ravir les yeux de ses spectateurs, Corneille a mis en action les événements que les Anciens plaçaient dans la bouche de messagers[25]. Ce n'est pas là une facilité, bien au contraire. L'obligation où Corneille s'est placé de montrer, sinon tous les « accidents », du moins la plupart d'entre eux, aux yeux des spectateurs, devait l'amener à une dispersion de l'action qui pouvait être fatale à l'esthétique qu'il s'était imposée. Les bienséances, reconnaissons-le, lui faciliteront énormément la tâche, quand en « réduisant » le sujet du *Cid* il renoncera à mettre en scène le duel avec don Gormas et la bataille contre les Maures. Ici au contraire, il fallait concilier la multiplicité des « séquences » et l'unité générale des lieux, les incessants et parfois lointains déplacements et la vraisemblance temporelle, surtout les constantes ruptures de l'action causées par la multiplicité des fils dont chacun est traité pour lui-même et l'unité, au moins apparente, de l'intérêt[26]. Pour y revenir, Corneille a dû se « prescrire » à lui-même des « règles particulières »[27]. Essayons de voir comment il s'y est pris, ou du moins ce à quoi il est parvenu.

Deux principes sont ici appliqués par Corneille : contrairement à ce dont les doctes feront bientôt une loi absolue, *lier les scènes le moins possible*, pour se réserver la possibilité de passer rapidement d'un lieu à un autre et d'un fil à un autre, et *réserver autant que possible les liaisons à des rencontres*, longuement différées ou totalement inattendues, qui permettent un tardif accomplissement de ce qu'on attendait ou de brusques changements dans l'orientation des événements. L'application de ce double principe confère à *Clitandre* un rythme très particulier, en rapport étroit avec le respect des règles et bien différent de la verve un peu hasardeuse d'un Rotrou dans ses premières tragi-comédies. Essayons d'en rendre compte avec plus de précision.

25. *Ibid.*
26. Sur l'unité d'intérêt, cf. l'étude de Jacques Scherer, *La Dramaturgie classique en France*, Paris 1950, première partie, chap. V.
27. *Préface*, éd. cit., p. 9.

Sur les 29 scènes de la pièce, chiffre très raisonnable, nous en convenons[28], on ne compte que 8 liaisons[29]. L'acte III, où le péril atteint son point maximum (Rosidor raconte au roi ce qu'il croit savoir concernant son aventure ; un geôlier vient chercher Clitandre pour le mener dans la salle du Conseil où il sera jugé ; Pymante, le vrai coupable, semble devoir maîtriser Dorise et échapper au châtiment ; deux personnages de la Cour annoncent la proche exécution de Clitandre), ne comporte aucune liaison. En revanche, la liaison entre I, 6 et I, 7 correspond à la rencontre de Caliste poursuivie par Dorise et de Rosidor poursuivi par Pymante et ses séides, rencontre qui aboutit à l'échec des deux ruses criminelles ; la liaison entre II, 5 et II, 6 à celle de Pymante et de Dorise, prélude à une poursuite à la fois amoureuse et criminelle, qui se prolongera jusqu'à la fin de l'acte IV, du moins jusqu'à la rencontre de ces deux personnages et du Prince, marquée par la liaison des scènes IV, 3 et IV, 4 ; l'examen pourrait être poursuivi : on aboutirait, dans presque tous les cas, à des conclusions identiques. Soulignons seulement que dans toutes ces liaisons on est très loin de la règle classique qui veut que les entrées des personnages soient justifiées. Il est ici nécessaire au contraire que rien ne les fasse prévoir et qu'elles demeurent purement fortuites, pour que l'effet de surprise soit sauvegardé. Si l'absence de liaison dans *Clitandre* est l'effet d'un art paradoxal, les liaisons, quand elles s'y trouvent, ne sont que la transposition codifiée des fantaisies de la Fortune.

De ces deux principes appliqués, consciemment ou non, par Corneille, plusieurs conséquences peuvent se déduire concernant le plaisir suscité à la représentation. Le premier est lié à deux effets : les ruptures de scènes accompagnées de changements de lieux donnent au spectateur, comme au lecteur de roman, l'impression d'une *quasi-simultanéité* dans le déroulement des différents fils de l'action : ainsi, à l'acte premier, on croit assister à la fois à la poursuite de Caliste par Dorise, à celle de Rosidor par Pymante, à la chasse même du Prince dont la scène 5 nous apporte l'écho. A l'acte IV, nous voyons tout à la fois la poursuite de Dorise par Pymante, le malheureux état de Clitandre dans sa prison, et plusieurs éléments de la chasse du Prince, que l'orage a dispersée, mais qu'un artifice sonore rassemble à l'extrême fin de l'acte[30]. Le second effet de la non-liaison des scènes est ce que Corneille lui-même a appelé la « suspension ». *Suspension générale* d'abord, dès l'instant où Clitandre est menacé. Il faudra pour le sauver trois rencontres successives : celle de Pymante et de Dorise, celle de ces deux criminels et du Prince, qui n'aura lieu qu'à la faveur de l'orage, celle enfin du Prince et du Roi qui n'est pas due au hasard, qui est

---

28. Jacques Scherer, *op. cit.*, deuxième partie, chap. II, situe la moyenne du nombre des scènes dans une même pièce entre 25 et 40.

29. Ou 9, si l'on tient compte de la *Liaison de fuite* des deux premières scènes de l'acte I.

30. Cf. IV, 7, vv. 1481-1484 : le Prince, entendant sonner du cor, comprend que la chasse n'est pas éloignée du lieu où il se trouve.

parfaitement prévue au contraire, mais que l'urgence temporelle rend encore aléatoire[31]. *Suspensions particulières* aussi, comme celle qui remplit tout le premier acte ; Dorise et Pymante parviendront-ils à leurs fins ? Qui pourra les empêcher d'accomplir leurs forfaits ? ou celle qui est liée à la rencontre de Pymante et de Dorise : comment Dorise échappera-t-elle aux mains de son agresseur ? Le second principe dont nous avons discerné la mise en œuvre dans *Clitandre* suscite un double plaisir : celui de la *surprise* et du *changement*, comme il advient en I, 7 quand le hasard permet à Caliste et Rosidor de se retrouver et de se sauver mutuellement la vie sans y être pour rien : les fils qui se sont rejoints ici se séparent alors en se transformant, les groupes Caliste/Dorise et Rosidor/Pymante engendrant par mutuel échange les groupes d'intérêt bien différent Rosidor/Caliste et Pymante/Dorise ; ou encore comme il advient en IV, 4 quand l'orage conduit le Prince sur le chemin de Dorise et de Pymante. Celui également qui est lié à la *progression* de l'action : deux fils qui se rejoignent peuvent provoquer un rebondissement de l'action : c'est le cas de la première des scènes que nous venons de citer : tout est fini apparemment, en réalité tout commence ; c'est le procédé essentiel, que l'on peut d'ailleurs trouver irritant, du roman-fleuve, et de bien des tragi-comédies du XVIIᵉ siècle ; mais il arrive qu'en se rejoignant, ces fils fassent positivement avancer l'action, et précipitent le dénouement : c'est le cas de la seconde des scènes citées, et généralement de toutes celles de l'acte V, où tous les fils finissent par n'en plus former qu'un seul, ce qui permet au dénouement de s'accomplir. Car si le malheur des personnages, dans la tragédie — particulièrement dans la tragédie racinienne — est lié le plus souvent à leur présence en un même lieu (ils se fuient et ne peuvent s'échapper), il est lié, dans la tragi-comédie, à leur séparation (ils se cherchent et finissent par se retrouver, après de multiples péripéties).

Les divers effets que nous avons signalés ne se manifestent pas de manière indifférente aux divers moments de la tragi-comédie. A chacun d'eux sont réservés certains temps forts, qu'il nous appartient maintenant de préciser en examinant le déroulement général de *Clitandre*.

Le premier acte est, si l'on veut, une *protase* en action. Trois fils y apparaissent, entre lesquels sont tendus des liens subtils : Dorise poursuit Caliste, Pymante poursuit Rosidor, le Prince est à la chasse dans la forêt. Cependant Caliste aperçoit Rosidor (lien entre les deux premiers fils) et l'écuyer de Rosidor rencontre un gentilhomme de la suite du Prince (lien entre les fils 2 et 3). Tous les éléments nécessaires à l'action sont déjà rassemblés : en cela, la technique de Corneille est conforme aux règles qu'il énoncera plus tard dans son premier *Discours*. Mais ces éléments sont si nombreux et les intrigues qui naissent de leur choc si compliquées que bien des solutions sont possibles, selon les *rencontres*. La *suspension* de la rencontre que nous savons jusqu'à la scène 7, la dernière de l'acte,

---

31. Id., v. 1482. Le Prince dit seulement : « Je me tiens *presque* sûr de sauver mon Clitandre ».

est destinée à introduire dans l'esprit du spectateur un sentiment d'attente curieuse ; celle de l'événement qui justifiera le sous-titre de la pièce, qui en dévoilera le véritable sujet, et qui fera jaillir l'ordre du désordre, par une sorte de changement à vue.

Les trois actes centraux comportent également trois fils : l'intrigue Pymante/Dorise, la chasse du Prince, les événements au Palais : tous trois se poursuivent parallèlement jusqu'à l'extrême fin de l'acte IV, où le Prince sauvera la vie à Dorise. Cette fois, la *suspension* entraîne un sentiment d'attente orientée : les éléments sont en place, le spectateur peut deviner, et avec toujours plus de certitude, ce qui doit se passer : une rencontre du Prince et des deux criminels. Il ignore seulement *quand* et *comment* cette rencontre se fera ; et l'on sait qu'alors le temps joue un rôle primordial : à partir de III, 4 Clitandre n'a plus que quatre heures à vivre. La scène 7 de l'acte IV constitue à cet égard une péripétie décisive.

L'acte V est assez particulier. Si le *presque* du vers 1482 laissait encore en suspens l'esprit du spectateur, les premiers vers de l'acte le rassurent tout à fait[32]. L'heureuse *catastrophe*, c'est-à-dire la libération de Clitandre, a eu lieu pendant l'entr'acte. Il ne reste qu'à en dérouler les conséquences, et à rassembler, pour la plus grande joie du public, non tant les fils que les personnages de la pièce. Le cinquième acte n'éveille plus qu'une *attente heureuse*. Il ressemble en cela aux derniers chapitres de certains romans qui prolongent le plaisir des lecteurs en leur offrant complaisamment le tableau reposé du bonheur des héros. Il y a d'ailleurs une certaine symétrie entre ce dénouement prolongé et les intrigues nouées dans le premier acte. Clitandre une fois sauvé, l'intérêt se reporte naturellement à la chaîne amoureuse évoquée dans les premières scènes de la pièce. Les problèmes qu'elle soulevait trouvent ici leur solution, dont certains aspects paraissent sans doute plaisamment désinvoltes, mais qui au moins a le mérite de faire peu de victimes. Le cercle se referme, les divers intérêts mis en jeu se rejoignent, le mouvement dernier de la symphonie les rassemble en un accord parfait. La pièce est terminée.

*
* *

Dans sa première tragi-comédie, Corneille a engagé une sorte de pari : il voulait concilier les goûts contradictoires du public aristocratique de son époque pour les intrigues complexes et donnant lieu à des spectacles qui pussent frapper son imagination, et pour les raffinements d'une régularité redécouverte dont le culte n'était sans doute pas toujours exempt d'une pointe de snobisme. Il ne nous appartient pas, à nous, lecteurs du XXe siècle, et qu'aucun document ne renseigne sur les représentations de la pièce, de dire s'il y est parvenu. Au moins devons-nous reconnaître qu'à la faveur de cette curieuse « expérience » Corneille a su donner

32. V, 1 vv. 1489-1498.

au genre jusqu'alors mal défini de la tragi-comédie un style et un rythme
qu'il ne comportait pas sous les autres plumes dramatiques de son époque ; et que la « réduction » de ce « grand sujet » lui a inspiré d'utiles
réflexions sur les diverses formes du plaisir dramatique. Le jour où,
presque sur son déclin, il renia *Clitandre*, blâmant en particulier sa
« constitution... si désordonnée »[33], il s'est montré bien ingrat envers le
jeune poète de 1630, qui écrivait, plus justement à notre sens : « ... c'est ce
qui ne me tombera jamais en la pensée, qu'une pièce de si longue haleine,
où il faut coucher l'esprit à tant de reprises, et s'imprimer tant de contraires mouvements, se puisse faire par aventure »[34].

---

33. *Examen*, éd. cit., p. 115.
34. *Préface*, id., p. 9.

4

Corneille et les vertus cardinales *

A l'aube du XVIIe siècle, deux théologiens molinistes, le Flamand Lessius et l'Espagnol Suarez, qui devaient plus tard figurer parmi les « victimes » des *Provinciales*, laissaient en mourant, dans leurs taités *De Justitia* et *De Virtutibus*, deux exposés sur les vertus cardinales dont notre *Dictionnaire de théologie catholique* a pu encore tirer profit[1]. Le jeune Corneille, chez ses maîtres de Rouen, a certainement été imprégné de la tradition des quatre vertus, présente chez Platon comme chez Aristote, évoquée par Cicéron, théorisée par Saint Ambroise, mais à laquelle Saint Thomas avait conféré toute son ampleur[2]. L'ouvrage de Germain Poirier, *Corneille et la Vertu de Prudence*, atteste que la première des vertus cardinales selon Saint Thomas s'incarne dans les personnages de Valère dans *Horace*, Maxime dans *Cinna* et Sévère dans *Polyeucte*[3]. Il semble que cette thèse puisse être généralisée, et que la doctrine thomiste des vertus cardinales puisse nourrir une idée de la tragédie chrétienne, dont Corneille serait le représentant le plus remarquable.

Selon la tradition thomiste, les vertus cardinales sont les principales vertus morales. Dans la hiérarchie générale des vertus, elles se situent entre les vertus intellectuelles et les vertus théologales. Elles constituent ainsi le lieu où l'humain et le divin peuvent coopérer harmonieusement, le lieu même où, à n'en pas douter, se meuvent les héros de Corneille, le lieu de l'humanisme chrétien. Deux d'entre elles, la Justice et la Tempérance, la seconde pouvant corriger la première comme dans les actes de clémence où le roi ou le juge fait passer la miséricorde avant la stricte rétribution, font de l'homme qui les pratique l'image de Dieu. Les deux autres, la

---

* *Mélanges Jeanne Carriat*, Limoges, 1986. (« Corneille et les vertus cardinales. A propos d'un livre récent » : G. Poirier, *Corneille et la Vertu de Prudence*, Droz, 1984).

1. Articles *Cardinales, Force, Justice, Prudence, Tempérance et Vertu*.

2. Voir dans le *Dict. de Théol. Cath.*, A. Gardeil, art. *Cardinales*.

3. Voir notamment la *Conclusion* de l'ouvr. cit., p. 319 et suiv.

Force et la Prudence, qui font partie des « dons de l'Esprit », du moins dans leur plus haute acception, sont proprement les vertus de l'homme agissant pour parvenir à la perfection. L'homme parfait, réalisé dans le Christ, possède au degré le plus éminent l'ensemble des quatre vertus.

Les exposés thomistes autorisent à lier deux à deux les vertus cardinales et les vertus intellectuelles : la Justice suppose la Science, la Tempérance la Sagesse, la Prudence morale la Prudence intellectuelle et la Force l'Intelligence. Ces mêmes exposés présentent les vertus cardinales comme autant de moyens de lutter victorieusement contre les passions. La tentation est grande de chercher une correspondance entre les quatre vertus et les quatre passions « cardinales » du théâtre classique. La Justice pourrait s'opposer à la vengeance, la Tempérance à l'ambition, la Prudence à l'élan amoureux incontrôlé et la Force à l'avarice, c'est-à-dire au refus du don, particulièrement du don de soi.

Dans la tradition aristotélicienne et dans la théologie morale chrétienne, enfin, on oppose aux vertus trois types de vices, correspondant aux notions de défaut et d'excès, ou à la négation même de la vertu envisagée. Dans la logique de cette tradition, et compte tenu des données d'une tragédie du XVIIe siècle, on est en droit de dresser le tableau suivant :

VERTU	VICE PAR EXCÈS	VICE PAR DÉFAUT	VICE OPPOSÉ PASSION A VAINCRE
Justice	Rigueur	Caprice	Iniquité Vengeance
Tempérance	Caprice	Rigueur	Iniquité Ambition
Force	Témérité	Pusillanimité	Mollesse Avarice
Prudence	Pusillanimité	Témérité	Mollesse Amour incontrôlé

Une définition et une analyse des tragédies de Corneille, au moins de celles que Germain Poirier a retenues, sont possibles à partir du tableau ci-dessus. Chacun de leurs personnages y apparaît comme l'incarnation, soit d'une des quatre vertus, soit de l'une de ses perversions. Cependant, comme les personnages positifs eux-mêmes, tout admirables que les souhaite Corneille, ne sont pas la perfection même, ils pourront, dans leur *habitus* permanent ou dans telle *conjoncture* singulière, se laisser glisser vers le défaut ou l'excès, ou s'abandonner aux pièges de la passion.

La Force est la vertu propre au héros de la tragédie (comme du poème héroïque). Elle permet « l'accomplissement du devoir malgré le danger »[4]. Selon les moralistes chrétiens, l'acte de force par excellence est le martyre. C'est l'acceptation joyeuse, sinon totalement sereine, du sacrifice qui guide effectivement Polyeucte après Curiace. Mais le premier, dans sa hâte à briser les idoles, et l'aîné des Horaces, dans l'ivresse de l'élection héroïque, frisent la témérité.

La Justice est particulièrement la vertu du Souverain-Juge. La tradition aristotélicienne entend qu'elle soit nuancée par l'*épieikeia*, qui sait corriger le droit légal par le droit naturel. La morale classique en limite l'exercice par la Tempérance, dont une des plus nobles dimensions est la clémence. On voit aisément que le roi Tulle représente dans *Horace* là forme la plus équilibrée de ces vertus. D'une manière différente, Auguste de *Cinna*, tenté successivement par la rigueur, la vengeance et le pur et simple abandon, trouve enfin dans la clémence la meilleure conciliation possible entre le devoir de justice et la tentation du renoncement.

La Prudence enfin est la voie moyenne, et donc par certains de ses aspects la meilleure parce que la mieux adaptée à l'homme. Au théâtre, elle est la qualité des sages de la comédie et des confidents et conseillers de la tragédie. Elle peut être pécheresse quand elle va jusqu'à la pusillanimité, comme chez Félix et plus tard chez le Prusias de *Nicomède* ; ou quand elle cède à la tentation de l'amour incontrôlé, se résout en mollesse, après s'être soi-même niée dans la témérité, comme chez Maxime.

Au moment où la tragédie cornélienne se dénoue, dans cette sorte d'« implosion » qui ramène sur le plateau tous les personnages, toutes leurs vertus, et aussi toutes leurs passions (comprises et dominées), la conciliation qui s'opère n'est aucunement un compromis : elle figure la parfaite union des vertus et comme le *Plérôme* de l'humain sous le regard de la perfection divine.

Selon les Épicuriens, l'union des vertus cardinales était la voie d'accès au plaisir. Dans le théâtre de Corneille, cette union représente, après une complexe psychomachie, la conquête de la paix intérieure.

---

4. *Dict. de Théol. Cath.*, V. Oblet, art. *Force*, citant Saint Thomas.

5

Le plaidoyer d'Horace *

Quelque jugement qu'on puisse porter sur l'efficacité dramatique du procès d'Horace (qui a été contestée par Corneille lui-même), on est frappé par la richesse idéologique de son contenu. Les commentateurs de Corneille n'ont pas manqué de souligner le caractère paradoxal des déclarations du héros de la tragédie, lorsqu'invité par le Roi à se défendre contre les accusations de Valère il revendique hautement le châtiment capital. Mais ils se sont parfois mépris sur le véritable sens de cette singulière *apologie*.

Or il s'agit là d'une page essentielle, qui précise, à notre sens, mieux que toute autre, le rapport que Corneille entend établir entre le rôle historique de ses personnages et la vision qu'ils en ont. On connaît la conception cornélienne de l'histoire, telle qu'il la définit dans le *Discours de la tragédie* ou dans l'*Avis au lecteur* d'*Othon*. Contre l'abbé d'Aubignac, qui soumettait à la règle de la vraisemblance l'ensemble du donné historique (*Pratique*, II, I), Corneille fait une distinction fondamentale entre les *faits*, auxquels il s'interdit en principe de rien changer, et le *comment* de ces faits, que le poète peut restituer selon la vraisemblance, c'est-à-dire selon les exigences d'une certaine logique des mœurs, celle de son époque. On retrouve cette distinction entre l'événement et ses motivations au niveau des caractères. Entendons-nous bien : il n'est pas question de refaire ici le portrait du *héros cornélien*. Les héros de Corneille ne se ressemblent pas au point de pouvoir se définir en une formule commode. Mais ils ont tous un point commun : leurs actions ayant été dessinées *une fois pour toutes* par l'histoire, il ne s'agit pour eux que de savoir s'ils resteront à la hauteur du rôle que cette histoire les force à assumer, et comment ils pourront s'y maintenir. C'est le type de problème que Montherlant posera dans *La Reine morte* : quel rapport, et quelle

---

* *The Romanic Review*, 1960. (« A propos du plaidoyer d'Horace. Réflexions sur le sens de la vocation historique dans le théâtre de Corneille »).

distance, y a-t-il entre le Ferrante de la tradition et l'homme que Montherlant appelle à jouer ce rôle imposé ? La solution cornélienne est naturellement d'un tout autre ordre que celle appliquée par Montherlant.

Généralement, dans les premières tragédies de Corneille, ce problème n'est pas *explicitement* posé par ses personnages. Il l'est au contraire, et avec une précision parfois un peu irritante, dans les toutes dernières pièces du poète, celles précisément où, selon le mot de Saint-Evremond, il fait apparaître, non seulement les *mouvements*, mais les *ressorts* de ses personnages, notamment dans les trois plus belles selon nous : *Attila*, *Pulchérie* et *Suréna*. Trois pièces décisives pour notre propos, bien qu'elles décident de trois manières différentes : Attila sacrifie l'homme sensible que Corneille a fait de lui au héros qu'il se sait devoir être, c'est-à-dire au « fléau de Dieu » ; Suréna sacrifie lucidement la gloire de son rôle de grand capitaine vainqueur et persécuté aux exigences de sa sensibilité personnelle ; la seule Pulchérie parvient encore à concilier, mais sur le plan d'une mystique apparemment inhumaine, la loi que lui impose son rôle et celle que lui dicte son cœur : aussi est-elle, de ces trois personnages, le seul qui survive à la tragédie.

Il se trouve qu'*Horace*, exceptionnellement, pose déjà le problème dans les termes et avec l'esprit qui se retrouveront dans les dernières productions de Corneille. Et c'est précisément le plaidoyer paradoxal du héros qui en fournit l'occasion à Corneille.

Ce plaidoyer est une réponse. Valère vient de demander pour Horace une mort ignominieuse : tout vainqueur d'Albe qu'il est, le héros s'est gravement souillé en devenant le meurtrier de sa sœur. Sous peine de s'attirer les foudres des dieux, il faut le retrancher d'une communauté qui ferait retomber sur elle, en pardonnant, le sang innocent de Camille. Valère va même plus loin : il ne saurait être question selon lui de balancer les mérites du combattant et la faute du meurtrier. Horace n'a pas de mérite personnel dans l'action d'éclat qu'il vient d'accomplir ; il n'a été que l'instrument des dieux :

> Le bon destin de Rome a plus fait que son bras,
> Puisque ces mêmes dieux, auteurs de sa victoire,
> Ont permis qu'aussitôt il en souillât la gloire... (V, 2)

Un thème essentiel est ici esquissé : distinguant en la personne d'Horace le guerrier habité et animé par le Génie de Rome et le criminel qui a tué Camille, Valère refuse de compter au bénéfice de l'homme coupable de meurtre les exploits du héros conduit par la main des dieux. La faute d'Horace est une faute d'*ubris* : parce que les dieux ont permis qu'il s'élève un moment à la hauteur d'un rôle exceptionnel, et qu'il incarne alors le Génie de Rome, il s'est indûment identifié à ce Génie, ne connaissant plus d'autre loi que celle de sa propre passion. Ou si l'on veut traduire les déclarations de Valère dans un vocabulaire chrétien, et le lecteur voudra bien ne voir là qu'une simple analogie, l'exploit d'Horace est un effet de la grâce divine, à laquelle son crime a substitué le caprice d'une liberté anarchique : à celui-là Horace n'a pas de mérite, de celui-ci il est pleinement responsable.

Le plaidoyer d'Horace ne contestera pas, dans son principe, cette distinction de l'homme et du héros : mais il en tirera de tout autres conséquences.

*
* *

La tirade d'Horace commence, comme tout bon plaidoyer, par un exorde : mais dès les premiers vers, Horace précise qu'il ne se défendra point comme on attend de lui qu'il le fasse. Sans mettre du tout dans ses propos l'ironie qu'on y a trouvée parfois, il affirme d'abord sa parfaite soumission à la volonté royale : le pouvoir d'un roi est pour lui en effet sans commune mesure avec le droit d'avis des sujets ; il transcende la justice commune. Le roi ne prononce pas parce qu'il *sait* la justice, mais parce qu'il *est* lui-même la justice :

> Sire, on se défend mal contre l'avis d'un roi ;
> Et le plus innocent devient soudain coupable,
> Quand aux yeux de son prince il paraît condamnable. (V, 2)

L'acte de soumission n'est pas ici acceptation réservée de la toute-puissante autorité d'un souverain : il est adhésion totale à une loi supérieure, qui est au-delà de toute autre loi, à une justice qu'il n'est pas plus permis de contester ou de sanctionner que celle de Dieu : c'est une illustration précise, et qu'il faut prendre au sérieux, de l'adage *rex lex*. Horace ne tentera donc point de sauver sa tête : il accepte, il revendique la mort demandée pour lui par Valère. Mais il lui donne un sens nouveau :

> Un seul point entre nous met cette différence,
> Que mon honneur par là cherche son assurance,
> Et qu'à ce même but nous voulons arriver,
> Lui pour flétrir ma gloire, et moi pour la sauver.

Les vers qui suivent constituent une justification de ce point de vue, appuyée sur une théorie de la *gloire* exprimée de façon si précise qu'on s'étonne que le mot ait donné lieu à tant d'erreurs d'interprétation depuis la mort de Corneille.

Le « peuple » est injuste : il n'accorde d'importance qu'aux actions extérieures ; une « vertu », si grande qu'elle soit, ne s'acquiert de la « gloire » — ou de « l'honneur », car les deux mots, ici comme ailleurs, ont précisément la même acception — qu'à condition de pouvoir se manifester dans l'action : Horace ne saurait accomplir désormais aucune action plus belle que le combat avec les Curiace ; il ne peut plus que déchoir : mieux vaut donc pour lui la mort qu'un honneur inférieur à celui qu'il s'est déjà acquis ; il n'a que « trop vécu », puisque le meurtre de Camille compromet dès aujourd'hui sa gloire.

Ce sont là de bien curieuses déclarations. Rien ne viendra plus les démentir, puisque ces vers sont les derniers qu'Horace prononce dans la pièce qui porte son nom. Il convient d'en peser très soigneusement les termes.

Reconnaissons-le : Horace définit l'honneur de façon très extérieure : il l'identifie à l'estime dont on jouit auprès du peuple. Sentiment collectif où il entre, en première analyse, une grande part d'illusion : un concours exceptionnel de circonstances est nécessaire pour qu'il puisse naître et s'épanouir. Il y a donc, objectivement, dans cette gloire, quelque chose d'artificiel et de faux. Pourquoi le puissant héros qu'est Horace ne peut-il se satisfaire d'une gloire intérieure, de la secrète joie d'être ce qu'il est ? Il ne saurait ici être question de vanité. Il ne saurait non plus s'agir de la mélancolie d'un homme qui se voit méconnu, et qui appelle la mort comme une délivrance, coupé qu'il est d'un public qui ne le comprend pas : aucune de ces explications ne s'accorde avec ce que nous savons déjà d'Horace. La première méconnaît la grandeur que Corneille a voulu donner à son héros ; la seconde est entachée d'un romantisme parfaitement étranger à la sensibilité cornélienne. Toutes deux oublient qu'aux yeux des héros de Corneille des valeurs positives, auxquelles ils rendent toujours hommage, sont attachées au groupe humain dont ils font partie. Aucun d'entre eux ne se conçoit sans un public. Ce qui leur importe d'abord, c'est d'être les héros d'une société déterminée — qui peut être, à la limite, la société des Saints. La gloire ou l'honneur suppose l'acceptation d'un code particulier, imposé du dehors. On ne peut dépasser les autres, paradoxalement, qu'en se soumettant à leur jugement. Le héros est fait pour être admiré, même si cette admiration doit aller à une image de lui-même qui ne tienne compte que de son rôle extérieur. C'est dire que la conception cornélienne de l'honneur est exactement conforme, sur ce plan au moins, à l'analyse qu'en proposera Montesquieu dans les *Lettres Persanes* ou dans *L'Esprit des Lois*.

Est-ce à dire que nous refuserions à Horace et à ses pairs toute intériorité ? C'est le contraire : Horace est, nous dit Corneille, « passionné pour sa patrie » ; il est prêt à se sacrifier pour elle ; et ce sacrifice de la personne exalte en lui le héros qu'il veut devenir. Mais ce sacrifice n'est pas un renoncement à soi : en servant sa patrie, Horace se rend un culte à lui-même ; et il sauve véritablement sa vie en la perdant. On connaît bien l'acte de foi du deuxième acte : on oublie parfois de l'interpréter :

> Le sort qui de l'honneur nous ouvre la barrière
> Offre à notre constance une illustre matière ;
> Il épuise sa force à former un malheur
> Pour mieux se mesurer avec notre valeur ;
> Et comme il voit en nous des âmes peu communes,
> Hors de l'ordre commun il nous fait des fortunes. (II, 3)

Ce sort qui *sait*, qui *voit* et qui *veut* n'a rien d'aveugle : il se confond, ici comme dans le discours de Valère, avec les dieux : il n'est pas la Fortune, il *fait des fortunes*. Il est un autre nom de la Providence, qui crée les circonstances pour que la vertu du héros puisse s'y incarner en gloire.

Dès lors, ce n'est pas parce que les circonstances lui viennent en aide que le « vertueux » devient le héros glorieux : c'est parce qu'il est déjà un héros que ces circonstances sont suscitées par le sort. Et la gloire qu'il acquiert parmi le peuple n'est que le signe d'une gloire plus haute et plus secrète, qu'il est le seul à connaître et à pouvoir mesurer. Ainsi Horace se trouve-t-il à la fois très proche et très éloigné du « peuple » : on le juge sur une apparence ; il se juge, lui, sur la signification intérieure profonde de cette apparence ; mais cette apparence, cette expression concrète et historique de sa valeur, est absolument nécessaire : *il n'est pas de héros méconnu*. La divine intuition de Pulchérie la persuadera de même qu'il n'est pour elle d'autre salut que de se confondre avec le rôle que tout un Empire veut la voir jouer.

Dans ce cadre, quel est le sens de la mort, pour Horace ? S'il a conscience de n'avoir d'autre réalité essentielle que le rôle héroïque dont il a senti au plus intime de lui-même l'irrésistible appel ; et si le seul témoin ici-bas de sa « vertu », c'est-à-dire sa gloire, tend à s'affaiblir, c'est que son rôle est terminé. Il ne lui reste plus qu'à mourir : un héros n'a pas à se survivre : il n'a pas le droit de redevenir un homme comme les autres : il trahirait sa mission. Accepter de vivre au-dessous de son rôle serait pour Horace une offense faite aux dieux ; il ne serait plus lui-même, c'est-à-dire ce que les dieux veulent qu'il soit : dans l'esprit des hommes, certes ; mais aussi dans la profondeur même de son être, puisque Horace vainqueur d'Albe et Horace fils d'Horace ne font qu'un ; puisqu'une relation mystique les rend inséparables l'un de l'autre.

Le désir de la mort, chez Horace, ne s'accompagne d'aucune nostalgie : Horace n'a pas le goût du néant ; il n'a pas non plus la foi en un Paradis des héros. *Il n'est pas pour lui d'autre vie que la vie sur cette terre* ; mais il n'est pas non plus de véritable mort : Horace vainqueur d'Albe ne peut pas vraiment mourir. La mort n'est pour lui que l'accomplissement définitif et parfait du héros choisi par le sort et révélé par l'action. Dans cette perspective, *vivre dans la mémoire des hommes*, c'est-à-dire connaître la gloire que l'Histoire confère à ceux qui en sont dignes, n'est pas plus vain que jouir de la gloire accordée par ses contemporains : chez un homme qui croit en une histoire providentielle, dont les événements ont tous une signification, il ne saurait y avoir d'angoisse non plus que de vertige de la mort : la vie par la gloire est la seule vraie, si extérieure, si « objective » qu'elle paraisse, et cette vie s'insère dans une histoire qui lui assure l'unique éternité désirable.

Avant de se taire à jamais, Horace fait encore une fois acte de soumission au roi. Comme l'approbation du peuple est le signe de la vocation héroïque, le roi est le canal ou l'incarnation de la volonté du destin. Horace n'oublie pas que l'illumination héroïque qui le possède s'est faite à l'occasion du choix que Rome et son roi ont fait de sa personne : les glorieuses intuitions qui sont maintenant les siennes sont soumises à leur tour à la ratification du roi. Il met dans cette soumission la même foi ardente que dans l'orgueilleuse affirmation de soi qui précédait. Et les deux thèmes se rejoignent enfin dans les derniers vers de la tirade :

> Assez d'autres sans moi soutiendront vos lauriers...

Pas de clause de style ici non plus que plus haut : Horace a maintenant joué son rôle ; il *est* vraiment Horace ; il sait que cet Horace est éternel, que rien ne peut plus l'atteindre. Au moment du choix, il se demandait s'il n'en était pas d'autres, plus dignes que lui, et qui eussent mieux répondu à l'attente de Rome (II, 1). Cette reconnaissance de la valeur possible d'autrui, qui lui était alors inspirée par ses doutes sur sa propre valeur, est maintenant inséparable de la conscience de sa grandeur. Il accepte que d'autres héros viennent à sa suite : il n'en sera pas jaloux, puisque son *éternelle grandeur* réside paradoxalement dans la *limitation temporelle* du rôle qu'il a joué. Quoi qu'il advienne, Horace restera *à jamais* le vainqueur des Curiace.

*
* *

Horace représente, dans le théâtre de Corneille, un cas-limite : il est le seul des héros de sa jeunesse à si bien coïncider avec son rôle qu'il n'y ait jamais lieu pour lui de remettre ce rôle en question. C'est précisément pour cette raison, nous semble-t-il, qu'il pourrait être le mieux choisi pour être le centre de référence de tous ses frères en héroïsme, et pour permettre de définir avec la plus grande assurance les « mots-clés » du théâtre de Corneille.

6

Le péché de désespérance
dans l'œuvre de Corneille*

Une interprétation abusive du terme d'admiration, dont un des premiers responsables est La Bruyère, a longtemps présenté Corneille comme metteur en scène de la perfection morale. Cette vision paraît aujourd'hui totalement dépassée. Elle ne se justifiait que par une réduction de l'œuvre aux textes de la maturité, du *Cid* à *Nicomède*. Or depuis une cinquantaine d'années l'étude des comédies de jeunesse[1] et des dernières tragédies[2] a permis de découvrir dans le théâtre du Rouennais des dimensions « immoralistes », des aspects de pure politique et des tentations élégiaques et romanesques. Découvertes qui à leur tour conduisaient à lire de façon nouvelle les œuvres « majeures » du poète. Dès lors il était normal qu'on voulût aller plus loin. Non seulement en refusant de mutiler le *corpus* cornélien, mais aussi et surtout en s'interdisant de disperser en archipel ce vaste continent qu'il constitue. Les pages consacrées à *Suréna* dans la thèse d'André Stegmann[3], l'article publié par Claude Abraham dans le premier numéro d'*Œuvres et critiques*[4] ou la belle synthèse proposée par Marie-Odile Sweetser[5] et la plupart des éditions et des études récentes[6] s'efforcent d'éviter ces deux écueils et de ressaisir, à travers sa variété et dans son évolution même, l'unité esthétique et spirituelle de l'œuvre.

---

* *Littératures Classiques*, Supplément au n° 11, Klincksieck, 1989. (« Le Péché de désespérance dans le théâtre de Corneille »).

1. L. Rivaille, *Les Débuts de Corneille*, Paris, 1936.

2. G. Couton, *La Vieillesse de Corneille*, Paris, 1949.

3. *L'Héroïsme cornélien*, Paris, 1968.

4. *De Rodrigue à Suréna*, Œuvres et Critiques, I, 1976.

5. *La Dramaturgie de Corneille*, Genève, Droz, 1977.

6. Voir notamment la Bibliographie de la littérature du XVIIᵉ siècle donnée par G. Hall pour les années 60-80, Syracuse Univ. Press, 1983.

Un ouvrage récent[7] a été consacré à l'incarnation, dans le théâtre de Corneille, de la vertu de prudence. Il nous a suggéré une étude sur celle des trois autres vertus cardinales chez tel ou tel personnage de ce théâtre[8]. Il est tentant de compter jusqu'à sept, et de s'interroger également sur la présence, dans la même œuvre, des trois vertus théologales, foi, espérance, charité ; et particulièrement de la seconde, évidemment plus impliquée que les deux autres dans un théâtre où les thèmes proprement chrétiens ne sont directement traités que de manière exceptionnelle. Toute œuvre dramatique suppose engagement dans une action, et par conséquent espérance de réussite, qu'il s'agisse d'un succès humain ou d'un accomplissement spirituel. De plus, le premier peut être image du second comme toute valeur de ce monde, singulièrement dans un siècle marqué par la tradition platonicienne et augustinienne. Plus encore : la parfaite réalisation de l'être moral, dans la perspective optimiste que Corneille pouvait hériter de ses maîtres jésuites, et qui s'épanouit dans *Polyeucte*, est déjà participation à la perfection spirituelle. Pauline « a trop de vertu pour n'être pas chrétienne ». Le Claudel du *Soulier de satin* et de *Tête d'or* l'a fort bien senti. Dans la tragédie, cependant, le héros est toujours tenté, à un moment ou à un autre, par l'abandon et le renoncement à la mission que l'histoire ou le mythe lui impose, c'est-à-dire par le désespoir, que nous préférons appeler ici, pour éviter toute ambiguïté, désespérance. On sait assez que nombre de personnages de Racine succombent à cette désespérance : songeons seulement à la maîtresse de Bajazet et à son suicide, accompagné de visions infernales comparables à celles qui ont hanté Oreste et qui habiteront encore Phèdre. L'objet de cette étude est de mettre en évidence, dans le théâtre de Corneille, la présence de la tentation du désespoir, même si ses héros, dans la plupart des cas, ne s'y abandonnent pas.

Les théologiens définissent le désespoir comme « acte de la volonté se détournant de Dieu comme fin dernière, parce que l'on juge l'acquisition du bonheur éternel entièrement impossible pour soi-même[9] ». Il suppose manque de confiance en Dieu et en sa grâce, mais aussi en ses propres forces. Le péché de désespérance a pour conséquence une impuissance à agir et un refus de l'effort, c'est-à-dire cette forme de la paresse que la théologie morale nomme *acedia*. On voit bien que ces notions, familières aux spirituels du XVIIe siècle et dont Corneille était parfaitement informé[10], peuvent se traduire sur le plan simplement humain : la désespérance s'y confond avec le sentiment de la vanité des démarches entreprises ; elle se fait renoncement passif ou volonté de se détruire. Cette volonté même peut affecter des couleurs plus sombres que le suicide stoïcien : Caton se

---

7. G. Poirier, *Corneille et la Vertu de Prudence*, Genève, Droz, 1984.
8. Voir ci-dessus « Corneille et les vertus cardinales » (II, 4).
9. *Dictionnaire de théologie catholique*, t. IV, 1924.
10. Voir François Suarez, *De Spe theologica*.

donne la mort parce qu'il a accompli son destin et ne peut plus qu'être infidèle à sa vocation ; le héros désespéré se donne la mort parce qu'il sait ou croit savoir qu'il n'est pas à la hauteur du rôle qu'il pensait pouvoir assumer. Quant au renoncement passif, il peut être cette mélancolique passivité qui correspond à l'*acedia* plus haut évoquée ; il peut aussi inspirer la résignation au faux-semblant et au mensonge, forme de refus de toute mise au jour de l'être profond, aux yeux du monde comme à ses propres yeux.

Dans le théâtre de Corneille la désespérance ne correspond le plus souvent qu'à un moment de fatigue spirituelle ou héroïque. Un sursaut de la volonté peut le muer en «beau désespoir», conforme à l'adage selon lequel «il n'est pas nécessaire d'espérer pour entreprendre». Mais dans une œuvre dramatique, s'il est vrai qu'un sens complet ne peut se dégager que moyennant la considération de tous les moments du poème, il est vrai aussi que chacun d'eux présente un sens plein et doit être entendu comme représentation d'un aspect de la vérité de la situation et de celle du personnage : Phèdre est Phèdre aussi bien quand elle rêve de séduire Hippolyte qu'à l'instant où elle prend le poison, et Rodrigue est toujours le même Rodrigue, qu'il songe à se donner la mort ou à la recevoir des mains de Chimène ou qu'il affirme sa stature de héros guerrier dans le combat contre les Mores. Aussi envisagerons-nous la typologie de la désespérance cornélienne, entendue dans l'instant où elle se manifeste ; mais nous nous interrogerons aussi sur les voies de son dépassement, et nous nous demanderons si celui-ci se réalise toujours ou si, même apparemment réalisé, il n'en demeure pas entaché d'ambiguïté.

Les Épreuves d'Eros ou la Désespérance Amoureuse

Le thème du désespoir amoureux est abondamment représenté dans la tradition de la littérature galante française, qu'il s'exprime dans l'élégie, dans le roman ou dans la pastorale. L'éloignement, l'ingratitude ou la mort de l'être aimé inspirent à Théophile des «désespoirs» qui vont jusqu'au vertige de la mort. Céladon, et après lui Astrée, se jettent dans les flots impétueux du Lignon. Aminta, rebuté par Sylvie, se précipite du haut d'un rocher. Tous survivent cependant à ces fausses morts. Le *topos* se rencontre tout au long de la carrière de Corneille. Une lettre contrefaite pousse Tircis à se laisser mourir, Mélite à le suivre et le trompeur Eraste à se livrer aux fureurs infernales. Heureusement, la mort du premier n'est que feinte, celle de la jeune femme apparence, celle du traître imagination. Et les deux premiers enfin pardonnent au troisième. Issue apparemment facile, comme il est normal dans l'univers de la comédie galante. Le jeu se complique pourtant lorsque le héros ou l'héroïne sacrifie librement son espérance en faveur d'un rival aimé[11]. Générosité dont Bellinde donne

11. Voir Madeleine Bertaud, *La Jalousie dans la littérature au temps de Louis XIII*, Genève, Droz, 1981 ; J. Morel, «Sévère, Eliante, Antiochus, témoins souffrants des amours malheureuses», PFSCL XI-21, 1984.

l'exemple au premier livre de *L'Astrée* et Gondebaut au quatrième dans l'histoire de Cryséide et Arimant. Le schéma se retrouve plusieurs fois dans le théâtre du XVIIᵉ siècle, notamment dans l'*Ostorius* de l'abbé de Pure (1658). Dans tous ces cas, le dépassement du désespoir amoureux s'effectue au nom de l'amour même et de l'amitié pour un rival. Corneille s'est inscrit dans cette tradition dès *La Place Royale*, où cependant le sacrifice d'Alidor ne vas pas sans quelque ambiguïté. Il n'en subsiste plus dans le sacrifice de l'Infante : on sait qu'à deux reprises elle «donne» Rodrigue à Chimène, au nom de l'amour et de l'amitié ; et on voit bien qu'au moment où elle avoue à Léonor : «Ma plus douce espérance est de perdre l'espoir» (I, 3, éd. 1637), la *perte* de *l'espoir* est pour elle accès à une haute gloire et non occasion de pécher ; le vers a été réécrit par Racine dans *Bajazet* ; quand Atalide apprend que son amant doit épouser Roxane, elle confie à Zaïre : «Mon unique espérance est dans mon désespoir» (I, 4) ; mais c'est alors la pure expression du désarroi et la lointaine annonce du suicide de l'acte final. Même dépassement du désespoir par la générosité amoureuse chez Sévère qui pourtant inaugurait son rôle comme plus tard devait le faire Antiochus, dans *Bérénice*, par l'aveu connu : «Je ne veux que la voir, soupirer, et mourir» (II, 1). Une étape importante est franchie dans *Rodogune* où le thème de la rivalité amoureuse est joint à celui de l'ambition et où Séleucus, prêt à accomplir en faveur de son frère un double sacrifice, dont sa mort ne sera que la sanglante réalisation, peut s'écrier : «J'éteins enfin ma flamme et mon ambition» (III, 5). Dès lors, le renoncement au bonheur de l'amour s'accompagnera presque toujours de considérations politiques : Plautine, aux premiers actes d'*Othon*, se dira prête à renoncer à l'amour du héros pour lui permettre d'accéder à l'empire ; Bérénice interdira à Tite de quitter le pouvoir par amour pour elle (*Tite et Bérénice*, III, 5) ; Pulchérie invitera Léon à sauver Byzance en ne l'aimant que d'une flamme toute spirituelle ; Eurydice prétendra dominer la tentation du désespoir par l'acceptation de la langueur (*Suréna*, I, 3) :

> Je veux, sans que la mort ose me secourir,
> Toujours aimer, toujours souffrir, toujours mourir.

Mais la mélancolie amoureuse ne trouve pas toujours une parfaite conciliation entre les légitimes désirs du cœur et les considérations du devoir civique et de la grandeur héroïque. Alidor, déjà, ne tombait-il pas dans une illusion un peu ridicule quand il attribuait à son culte de la liberté une séparation par ses erreurs et par les événements ? Rodrigue ne connaît pas plus que Chimène une joie parfaite au dénouement du *Cid*. Seul le roi thaumaturge peut vaincre en l'une l'horreur d'un manquement à l'honneur familial et en l'autre un vertige suicidaire dont l'épée plusieurs fois présentée à Chimène est l'expression indirecte. Othon, d'un bout à l'autre de la pièce, garde le désir de mourir en «amant véritable». Quand Plautine lui demande de la laisser «pleurer un père» (V, 7) et s'enfuit, cet empereur qu'on vient de couronner malgré lui demeure le désespéré d'amour qu'il était dès les premières scènes. Et quel arbitre pourrait cette fois opérer la conciliation ? Il n'est point, hélas, de don Fernand dans *Othon*. L'optimisme héroïque de l'impératrice ne peut sauver Léon de sa mélancolie amoureuse, pas plus que celui de Justine (« Le temps fait tout, Seigneur... » : *Pulchérie*, V, 6). C'est encore le désespoir amoureux qui tourmente Suréna, qui s'est dit à l'acte premier incapable de « toujours aimer, souffrir, mourir » comme l'entendait Euridyce, et la quitte au dernier, avant d'être atteint par la flèche du Parthe, sur des propos dignes du Titus de Racine :

> Cependant pour jamais il faut nous séparer...
>
> Cet exil toutefois n'est pas un long malheur,
> Et je n'irai pas loin sans mourir de douleur...
>
> Songez à vivre heureuse, et me laissez mourir. (V, 2)

Eurydice le suivra dans la tombe : « Non, je ne pleure pas, Madame... », trahissant ainsi sa volonté naguère affirmée de vivre dans une mélancolique fidélité à l'être aimé.

Corneille a parcouru dans son œuvre toute la gamme de la désespérance amoureuse, tour à tour gommée par la résolution d'un malentendu, effacée par l'arbitrage princier ou surmontée par un effort héroïque, mais présentée d'abord, et de manière toujours appuyée, comme décidément sans remède.

La Tyrannie de la Cité ou la Désespérance Politique

Le héros de tragédie ou de tragi-comédie ou de comédie héroïque est un prince ou un grand. Son destin est de gouverner ou de servir un État. Sa vocation, d'acquérir la gloire en gouvernant ou en servant de la manière la plus éclatante. Il est, au meilleur sens possible, un ambitieux. Mais cette ambition noble peut être combattue par le dégoût inspiré par les basses intrigues des médiocres (les flatteurs de cour ou les ministres machiavéliques). La tentation qui ferait trébucher le héros, s'il s'y abandonnait, est tantôt celle de l'abandon de toute ambition, tantôt celle de la complicité sans illusion avec le système qu'il condamne. Tout en respectant, aussi longtemps et aussi fermement qu'il l'a pu, la personne du souverain, Corneille a fait du monde politique une peinture sévère ; et ses héros les mieux trempés ont connu la tentation de la désespérance politique. L'heureuse issue de *Clitandre* ne peut faire oublier que le héros, favori du prince et cependant persécuté par des calomniateurs, est près de perdre cœur quand il se trouve injustement emprisonné comme l'avaient été peu auparavant le Maréchal de Marillac et son frère. Naïve esquisse, sans doute, inspirée par le motif traditionnel des « pestes de cour » que *L'Astrée* avait remis à la mode vingt ans plus tôt et dont Théophile avait fait une des dimensions de son *Pyrame*. Mais la critique du pouvoir tyrannique n'a cessé de hanter Corneille et de nourrir son inspiration. On songe bien sûr à *Médée* et à la lâcheté de Jason, le héros des *Argonautes*, qui se croit obligé de trahir celle qui lui a permis de conquérir la Toison d'or pour sauver ses enfants et Médée elle-même. Dans *Le Cid*, c'est l'excessif orgueil de don Gomès, le père de Chimène, qui l'entraîne à la révolte contre l'ordre de son souverain, faisant ainsi se succéder, dans le désespoir de sa vanité blessée, les épreuves de tous les autres protagonistes. C'est pourtant avec *Horace* que commence à s'imposer le thème de la désespérance politique, quand Curiace se révolte contre un «funeste honneur» (II, 5). Dès lors, les héros de Corneille garderont toujours un doute sur la légitimité de leur pouvoir, de celui des autres, et généralement sur la possibilité de demeurer soi-même dans une cité née du meurtre et se survivant par le mensonge et l'injustice : Auguste s'interroge sur la légitimité de son pouvoir et subit la tentation de la démission ou de l'abandon au fer des conjurés. Photin, conseiller de Ptolomée dans *Pompée*, apparaît comme un premier crayon du Narcisse de *Britannicus* en conseillant à son roi de perdre les « malheureux » déjà condamnés par « les Destins et les Dieux» (I, 1). Des rois s'humilient par lâcheté dans *Polyeucte* et *Nicomède*, ou s'affirment dans le mensonge avec *Rodogune* et *Héraclius*, ou s'imposent dans la violence de *Pertharite* à *Attila* et *Suréna*.

Cette perversion du pouvoir entache d'ambiguïté les élans du héros vers la gloire. Il est donné à un très petit nombre d'accéder comme Polyeucte à la gloire des saints, et d'échapper ainsi aux calculs de la politique. La plupart des personnages positifs de Corneille, surtout à partir d'*Œdipe*, sont condamnés au calcul ou au mensonge, double traduction du désespoir. C'est avec *Œdipe* que se définit symboliquement et décidément le drame de l'usurpation, déjà représenté par *Héraclius* et *Pertharite* et c'est dans les années qui suivent que les héros sombrent dans le désespoir politique. Sertorius avant son assassinat, fait à propos de Sylla l'amère critique d'un pouvoir sous lequel ou contre lequel il ne peut rien (IV, 3). Othon en est réduit à manœuvrer entre Galba et ses trois âmes damnées, et ne se laisse porter au pouvoir que contraint. Tite, «maître» de Rome s'en voit surtout l'«esclave» (III, 5). Suréna et Eurydice, s'ils savent mentir, ruser, manier l'ironie en face d'adversaires sans pitié ni générosité, ne croient plus à la possibilité d'un compromis avec le monde qu'ils représentent.

De *Clitandre* à *Suréna*, Corneille donne une image ambiguë de la cité et du pouvoir. S'il est demeuré un sujet loyal du monarque, il s'en faut de beaucoup qu'il nous ait laissé une image totalement positive de l'univers politique. Aussi bien, en son temps, le mot « politique » était-il synonyme de calcul intéressé. Ses héros, princes ou sujets, étaient donc condamnés à prendre du recul par rapport à un pouvoir dont la légitimité pouvait être contestée et dont l'exercice était toujours suspect. Mais leur tentation du désespoir politique pouvait-elle du moins être compensée par la certitude de leur vocation héroïque ? C'est ce qui nous reste à examiner.

L'Incertitude de la Vocation ou la Désespérance Héroïque

L'image la plus répandue du héros selon le cœur de Corneille est celle de l'homme qui, partagé entre des exigences apparemment inconciliables, parvient à les ménager également par l'intériorisation de ce qui lui est imposé de l'extérieur et la valorisation de ce que lui dictent ses sentiments profonds. Il est vrai que le jeune Rodrigue découvre au cours des stances du premier acte sa double vocation d'amant et serviteur de Chimène, mais aussi de « vengeur d'une juste querelle ». Il est vrai que toute son action vise à l'accord de ces deux exigences. En lui et chez les témoins de sa conduite, l'amour reconnaîtra la légitimité de la vengeance et la gloire intérieure aussi bien que l'honneur familial et castillan celle de l'élan amoureux et des valeurs qu'il représente. Mais c'est après le combat contre les Mores, les entrevues avec Chimène et la généreuse victoire sur don Sanche, après les ultimes déclarations de don Fernand surtout, que ce qui au moment des stances et dans les scènes qui suivent était tentation de suicide, résignation à la mutilation ou recherche du châtiment se mue en un premier triomphe du héros reconnu avec toutes ses dimensions. C'est *alors seulement* que naît le Cid. L'avenir lui est ouvert, celui du héros épique et celui de l'amoureux récompensé. D'où l'importance du verbe « espérer » dans sa bouche comme dans celle du roi :

> — Sire, ce m'est trop d'heur de pouvoir espérer
> — Espère en ton courage, espère en ma promesse [...]

Les choses sont moins simples, trois ans plus tard, avec le personnage d'Horace. Dès le deuxième acte, habité par cette force surhumaine que Valère assimilera plus tard à la puissance du « bon Destin de Rome », il refuse toute délibération ; il ne connaît pas le doute qui tourmente Curiace ; il renonce à tout ce qui ne va pas dans le sens de la vocation qui lui est offerte. Au contraire de Rodrigue, c'est au cours du procès qui lui est intenté qu'il paraît se laisser envahir par une sorte de désespoir. L'exploit guerrier qu'il a accompli n'aura pas d'égal dans sa carrière. Il aurait dû mourir avant le fratricide pour lequel on va peut-être le condamner (« [...] pour mon honneur j'ai déjà trop vécu ») Il est prêt maintenant à se donner la mort et à s'immoler à sa « gloire ».

Le personnage de Cinna, créé en 1642[12], est plus complexe que ses illustres prédécesseurs. Il a souffert de la comparaison avec Auguste, auquel Corneille, à partir du fameux monologue, impose une grandeur héroïque et mystique. Après la tentation de la démission, celle de l'abandon au fer des conjurés, et la simple décision de la vengeance, Octave devient Auguste par le pardon et s'assure ainsi l'immortalité. Mais Cinna, héros éponyme de la tragédie ? Corneille en a fait le martyre de la foi jurée et non de je ne sais quelle lâche soumission à une femme. Cinna

---

12. R. Pintard, « Autour de *Cinna* et de *Polyeucte* », RHLF, 1964, p. 378.

a promis à Émilie d'accomplir la vengeance qu'elle a fait serment d'assouvir. Il affecte devant Auguste des sentiments monarchiques uniquement pour permettre l'exécution de cette vengeance. Il est en proie aux tourments et aux remords quand, à l'acte III, conscient des mérites de l'empereur, il se rend compte du caractère « exécrable » de son serment. La solution qu'il envisage dès ce moment est d'accomplir une vengeance dont il sait qu'elle est injuste, et de se donner ensuite la mort (III, 4). Émilie, elle-même prisonnière de son serment, ne peut l'empêcher de reculer (III, 5). Ainsi l'un et l'autre se trouvent-ils condamnés à une action désespérée en raison de la piété respectueuse due au serment et à la promesse. Il faut que la générosité d'Auguste convertisse Émilie pour que Cinna se trouve délié de ses engagements, et que l'un et l'autre se rendent à la vertu nouvelle de leur souverain. D'un bout à l'autre de la tragédie, Cinna est demeuré héros fidèle et cependant désespéré malgré lui par une situation objective à laquelle il n'a rien pu changer. Cinna est l'image du héros de la désespérance, sans qu'il faille donner à cet oxymore quelque connotation péjorative que ce soit.

Ce bref rappel des personnages de la maturité de Corneille permet d'être plus mesuré qu'on ne l'est parfois pour ceux des années 1664-1674. Othon est un héros de même trempe que ceux qui l'ont précédé. Il a le malheur d'être poursuivi par un passé « néronien » qu'on ne lui pardonne pas plus qu'à Auguste les crimes d'Octave ; il est victime d'une passion amoureuse et d'une ambition aussi nobles l'une que l'autre, mais que la perversion de l'univers politique où il est plongé ne lui permet pas d'exprimer avec la brillante conviction d'un Rodrigue ou d'un Horace ; il est réduit à se laisser porter au pouvoir sans parvenir à mener à leur terme les mouvements généreux qui eussent préservé la vie de ses rivaux :

> En vain le triste Othon, à cet affreux spectacle,
> Précipite ses pas pour y mettre un obstacle ;
> Tout ce que peut l'effort de ce cher conquérant,
> C'est de verser des pleurs [...] (*Othon*, V, 6)

Au dernier acte, la passivité et l'impuissance d'Othon sont proches de l'*acedia*. Et pourtant Corneille, à en croire l'avis *Au Lecteur* de la première édition, a « tâché de faire paraître *ses* vertus [...] en tout leur éclat ».

La mélancolie de Suréna est proche de la passivité d'Othon. Il sait que les rois sont ingrats ; il refuse de sacrifier un amour héroïque aux calculs de cour ; et il ne trouve pas en lui la force nécessaire pour imposer à son entourage une image glorieuse dont il se connaît pourtant parfaitement digne. Dans l'avis *Au Lecteur*, plus court encore que celui d'Othon, Corneille écrit cependant qu'il a entendu dans son poème restituer les traits d'« un des premiers hommes de son siècle ». Or, dès le premier acte de la tragédie, Suréna s'est déclaré incapable d'accorder foi à l'immortalité qu'assure la génération : « vaine éternité » en effet que celle de la succession des héros aux héros, quand le monde refuse de reconnaître leur statut (I, 3). Dans la dernière scène où il apparaît, Suréna feint bien de croire qu'il a trop fidèlement servi son prince pour que celui-ci l'abandonne, et d'affecter cette « dureté » qui « sied bien aux grandes âmes » (V, 3). Il sait qu'il « court à son trépas » (V, 4). Ultime avatar du « héros cornélien », Suréna garde la fierté des Rodrigue et des Horace, mais il a perdu leur généreuse confiance ou leurs illusions obstinées.

Les plus grands parmi les personnages de Corneille connaissent à la fois leur mérite, le désir de le voir reconnu et la crainte d'être rejetés. L'abandon au vertige de la désespérance et de la mort, éclatant chez les derniers d'entre eux, était déjà présent au plus secret de l'âme des tout premiers. C'est sans doute que les illusions du poète sur la conciliation entre passion et vertu, entre exigence intérieure et vérité du monde se sont progressivement éteintes. C'est plus certainement encore qu'il a pris conscience d'année en année, qu'un authentique héros de théâtre était aussi l'image d'un homme.

7

Corneille metteur en scène *

Le titre de cette communication est paradoxal. Corneille est très discret dans ses œuvres dramatiques sur les décors, les costumes, les attitudes des acteurs. C'est au lecteur d'imaginer tout cela et de « s'instituer metteur en scène très médiocrement guidé par l'auteur »[1]. Celui-ci aurait avoué à l'abbé d'Aubignac n'avoir pas pensé à la difficulté de l'évocation des lieux dans *Horace*[2]. Si l'on met à part *Clitandre*, où fleurit la didascalie, et les pièces à machines, qui appartiennent à une esthétique précisément codifiée mais dont il sera peu question ici, le poète ne semble pas s'être soucié des conditions qui devaient présider à la représentation de ses œuvres. Sur celles-ci, d'autre part, sauf toujours pour ce qui touche le théâtre à machines, nous ne disposons d'aucun document, sinon des brèves indications de la dernière partie du *Mémoire* dit de Mahelot, qui sont très tardives. Ni la *Muze* de Loret, ni *La Gazette* ne font référence aux aspects concrets du spectacle cornélien[3], ou elles se contentent de souligner qu'il n'a rien d'extraordinaire[4]. Aussi André Stegmann est-il fondé à écrire, à propos de *Pertharite* :

> Si extraordinaire que cela nous paraisse, aucun témoignage direct ne demeure de la représentation de la vingt-deuxième pièce de Corneille, pas plus que des vingt et une qui l'on précédée[5].

Cette absence même nous libère. Une fois connues les conditions générales de la représentation théâtrale au XVIIe siècle, et le passage

---

* *Pierre Corneille*. Actes du Colloque de Rouen, Paris, P.U.F., 1985. (« Corneille metteur en scène »).

1. G. Couton, *Corneille et la tragédie politique*, P.U.F., 1984, p. 5.

2. *Pratique du théâtre*, cité par G. Mongrédien, *Recueil des documents relatifs à Corneille*, C.N.R.S., 1972, p. 88.

3. G. Mongrédien, *ouvr. cité*, p. 160-161.

4. Voir Loret à propos de *Sertorius*, *ibid.*, p. 176.

5. A. Stegmann, éd. des *Œuvres*, Seuil, 1963, p. 542.

progressif qui s'y opère du décor simultané au décor unique du carrefour comique et du palais à volonté, il nous reste à interroger et à interpréter les textes du poète. Si l'étude des dialogues prononcés apporte une moisson peu importante mais parfois décisive sur l'imagination scénique de Corneille, les *Examens* et les *Discours* de 1660 fournissent sur ces problèmes, au moins pour quelques cas précis, les éléments d'un corps de doctrine que ne démentiront pas les œuvres postérieures à *Œdipe*. Encore doit-on tenir compte du fait que ces pages constituent souvent des ensembles apologétiques répondant aux critiques de l'abbé d'Aubignac et de quelques autres, et ne peuvent pas se lire seulement au premier degré. De plus, on ne peut oublier qu'elles s'adressent à des lecteurs, auxquels il s'agit de faciliter la compréhension d'un texte écrit, autrement dit aux amateurs du « spectacle dans un fauteuil » plus qu'aux spectateurs du Marais, de l'Hôtel ou de la troupe de Molière. Que ces réserves pourtant ne nous découragent pas de tenter une appréciation de ce que Georges Couton appelle la « curiosité dramaturgique » du poète[6].

Corneille a une conscience précise des nécessités propres à l'écriture théâtrale. Et d'abord des nécessités conjoncturelles, celles qui répondent au goût d'une époque, et dont les doctes, de Chapelain à La Mesnardière et à l'abbé d'Aubignac, ont formulé les règles, qu'ils aient affecté de les emprunter à Aristote ou de les avoir découvertes par l'usage de la simple raison. Parmi celles-ci, celles qui touchent le plus directement à notre propos concernent le lieu et le temps. Corneille ne les a jamais ignorées, bien qu'il prétende, dans l'*Examen* de *Mélite*, n'avoir écrit à ses débuts qu'à partir de l'exemple d'Alexandre Hardy et à l'aide d'« un peu de sens commun ». Dans l'*Avis au lecteur* de 1648, il écrit seulement qu'il n'a pas la superstition de la règle d'un jour, et se permet d'entendre au sens large celle de l'unité de lieu. En 1660, dans le *Discours des trois unités*, il oppose la doctrine de l'unité de lieu à cette vraisemblance même à laquelle on prétend la rattacher. Pour qu'elle soit strictement appliquée, écrit-il alors, il ne faudrait qu'une femme dans la distribution, chez qui toute l'action se déroulerait : car, dans la tragédie en tout cas, la décence veut que les femmes ne sortent guère de chez elles. Aussi l'entend-il encore assez largement, en limitant le lieu général à une ville, mais en y faisant paraître plusieurs « lieux particuliers ». Corneille manifeste ainsi une fidélité remarquable à ce qu'il a été un quart de siècle plus tôt, quand tant de choses ont changé depuis lors dans l'écriture et dans la représentation dramatiques. Même fidélité concernant la liaison des scènes, que l'*Avis* de 1648 présente comme un « embellissement » et le *Discours des trois unités* comme un « ornement », mais à laquelle *La Suivante* s'était déjà astreinte, et que le texte de 1660 n'autorise que par l'« assiduité de la pratique ». L'expression est importante. Elle fait voir en Corneille un

---

6. G. Couton, *ouvr. cité*, p. 112. Dans le même ouvrage, p. 124, G. C. cite une page de Louis-Sébastien Mercier où on lit en particulier : « Il faut voir représenter Corneille pour en sentir tout l'effet. »

homme de théâtre soucieux de répondre à l'«horizon d'attente» des savants qui le critiqueront et surtout du public, dont les habitudes ne doivent être bousculées qu'avec ménagement.

L'abbé d'Aubignac, paradoxalement, se voulait plus révolutionnaire. Il eût aimé, par exemple, qu'on réformât radicalement les habitudes de jeu des acteurs et qu'on eût plus de souci de la splendeur et du réalisme des décors[7]. Corneille s'accommode beaucoup plus aisément des sujétions concrètes de la représentation. Ainsi n'ignore-t-il pas que le rideau est ouvert avant le début de la représentation tragique. Dès lors, dans *Cinna*, Emilie entre en scène à l'acte premier sans dire pourquoi elle paraît : elle est censée s'y trouver dès avant le début de la représentation[8]. Il admet la convention du «violon», qui distingue les actes les uns des autres sans distraire le spectateur de la ligne générale de l'action[9]. Et même quand le spectacle à machines lui donne toute liberté pour varier et enrichir les lieux, et lui permet d'user pleinement du merveilleux, il se divertit, dans une sorte d'à la manière de l'abbé d'Aubignac, en justifiant la descente des dieux dans les lieux «fermés» par le fait que ceux-ci ne le sont en haut «que par des nuages» et non par de solides toitures : plaisante et sans doute volontaire confusion entre les nécessités de la technique décorative et la simple vraisemblance intellectuelle[10]. Ces quelques exemples ne prétendent, pour l'instant, qu'à faire apparaître la conscience qui est celle du poète des *realia* de la scène de son époque. Il en voit parfaitement les inconvénients. Il les accepte, mais il les signale. Comme l'écrit Jacques Scherer :

> Parmi les auteurs du XVIIe siècle, Corneille est à peu près le seul à attirer notre attention sur ces difficultés. Les autres auteurs ne les rencontrent pas moins, mais se dispensent de les signaler[11].

C'est faire preuve d'un authentique talent d'homme de théâtre que d'admettre ainsi les conventions esthétiques et les sujétions matérielles de la représentation en son temps. Corneille voit en elles de simples instruments dont il faut jouer, peut-être faute de mieux. Mais l'essentiel reste pour lui le dialogue implicite du poète et de son public. Dès 1637, dans la dédicace de *La Suivante*, il se déclare soucieux avant tout de n'être pas «décrié par le consentement général de ceux qui ne voient la comédie que pour se divertir». En 1660, dans le *Discours des trois unités*, c'est à l'agrément du public qu'il pense en évoquant ce qu'il lui faut faire voir : ce qui assure la

---

7. *Pratique*, II, 6, et IV, 8 ; voir aussi l'*Avis au lecteur* de *La Pucelle*.

8. *Discours des trois unités*, éd. G. Couton, Garnier, p. 62.

9. *Ibid.*, p. 66. Selon Saint-Evremond, Corneille aurait cependant déclaré : «Si on mettait de la musique de Lulli et de ses danses dans les entractes de *Suréna* et *Iphigénie*, on perdrait [...] l'idée de ce qui aurait été représenté dans un acte et [...] on serait moins préparé à bien entendre le suivant» (G. Mongrédien, *ouvr. cité*, p. 263).

10. *Examen d'Andromède*.

11. *Dramaturgie classique*, p. 193.

« beauté du spectacle », ce qui met en relief « l'éclat et la véhémence des passions ». Si rares qu'elles deviennent après *Le Cid*, les indications marginales des tragédies traduisent volontiers la pompe ou la solennité de telle ou telle scène : ainsi en est-il au cinquième acte de *Rodogune* comme au premier de *Don Sanche*. A plusieurs reprises, les suites et les escortes rehaussent le dialogue par leur simple présence. L'*Examen de Nicomède* fait état de l'efficacité d'un usage déjà ancien : celui de la présence de tous les personnages au dénouement. Corneille a voulu, en y sacrifiant, « donner plus de satisfaction » aux spectateurs, « accoutumés » à ce rassemblement final. Cette complaisance n'est pas pour autant démagogie. Si Corneille n'entend pas blesser le goût de ses spectateurs, il les respecte assez pour leur faire confiance, comme êtres de sensibilité et d'imagination autant et plus que doués de raison abstraite. Les *Examens* du *Cid* et d'*Horace* et le *Discours des trois unités* développent une doctrine selon laquelle le public se laisse volontiers emporter par l'« action » de la pièce. Moyennant une relative discrétion du poète, son imagination supplée aux inconséquences touchant aux lieux et aux temps. Autrement dit, la représentation théâtrale suppose une connivence entre l'auteur et le spectateur, rassemblés dans la conviction, formulée ou non, que la spécificité de l'œuvre dramatique correspond à des exigences différentes de celles des théoriciens de la vraisemblance intellectuelle.

Le principe de plaisir qui inspire l'œuvre de Corneille lui permet de substituer souvent la notion de convention acceptée à celle de vraisemblance. Ou plutôt il l'amène à accepter lucidement un compromis (ici comme dans l'invention générale) entre le nécessaire et le vraisemblable. Dans *Mélite*, on peut se demander si les personnages qui au cours d'un même acte passent d'un quartier de la ville à un autre quartier éloigné du premier ont eu le temps de le faire. Du moins les ruptures de liaison créent-elles des sortes de mini-entractes qui rendent la chose à peu près acceptable. La journée du *Cid* est sans doute trop riche en événements et en déplacements. Mais le poète en a gommé en partie les invraisemblances en plaçant l'action principale à Séville, c'est-à-dire le plus près possible du lieu où débarquent les Maures. Corneille, on l'a vu, n'est pas esclave de la règle du lieu unique. Mais il ne l'enfreint que lorsque la vraisemblance le lui ordonne. L'éloignement des maisons de Mélite et de Tirsis est ainsi nécessité par le fait que ces deux héros ne doivent pas se connaître avant le début de l'action. Des arguments analogues justifient la duplicité des lieux, sinon dans *La Galerie du palais*, où Corneille cède à une mode, du moins dans *La Place Royale* et dans *Cinna*. Ce « libertinage » se retrouvera d'ailleurs dans *Rodogune*, dans *Héraclius* et dans « la plupart des poèmes qui suivent »[12]. Quand le poète applique la règle de l'unité comprise comme celle de l'unicité du « lieu particulier », il s'efforce de justifier la rencontre des personnages dans le lieu en question, ce qui l'amène à

---

12. *Examen d'Héraclius.*

s'interroger à peu près en ces termes : à quelles conditions peut-on faire sortir une femme telle que Pauline de ses appartements ? Ou encore : comment faire accepter au spectacle que Pompée puisse sans imprudence venir conférer avec Sertorius dans la résidence même du glorieux révolté ? Il faut des écoutants pour les récits. Corneille ne se dissimule pas que la justification de l'exposition dialoguée de *Rodogune* reste un peu choquante pour qui y regarde de près. Il s'efforce de rendre vraisemblable la présence de Dircé au récit de la punition d'Œdipe et de ses effets, alors qu'elle devrait être auprès de sa mère morte :

> Dircé a pu n'avoir aucun empressement de voir sa mère, à qui son secours ne pouvait plus être utile, puisqu'elle était morte : outre que si elle y eût couru, Thésée l'aurait suivie, et il ne me serait demeuré personne pour entendre ces récits [13].

Il n'est pas interdit de voir de l'humour dans cette bizarre explication. Mais enfin, le théâtre et les conditions de recevabilité de l'œuvre dramatique ont ceci de singulier qu'on y peut choquer quelquefois la raison sans laisser d'y toucher le cœur et l'esprit des regardants.

Il y faut cependant admettre un certain nombre de conventions, et ces conventions ne deviennent critiquables que lorsqu'elles manquent de cohérence. Par exemple, la conversation dans la rue, qu'on pratique dans les comédies, n'est qu'un « passe-droit » que justifie la tradition. C'est ce que répètent les *Examens* de *La Galerie du palais*, de *La Place Royale* et de *La Suivante*. A propos d'œuvres de genre plus relevé, et notamment du *Cid*, l'*Examen* de cette pièce et le *Discours des trois unités* introduisent la notion de « fiction de théâtre ». De même qu'en droit on a créé des « fictions légales », de même au théâtre on parvient à muer en unité la multiplicité des lieux en évitant de nommer ces lieux dans le texte, en convenant qu'on peut parler dans le lieu général avec « le même secret » que « dans sa chambre » et en admettant qu'on peut y aller trouver ceux qu'il serait plus séant de mander ou plus vraisemblable de recevoir chez soi : ainsi Rodogune ne devrait pas aller trouver Laonice mais devrait la faire venir chez elle ; Antiochus devrait aller chez sa mère et non celle-ci le rejoindre au lieu même où il s'est un instant auparavant entretenu avec Rodogune. Ces propositions comportent une défense contre la sévérité de l'abbé d'Aubignac ; mais elles définissent aussi un type nouveau de décor, en soi indifférent, et auquel les paroles seules et les gestes des personnages donnent signification. Nous y reviendrons.

Dans le système de conventions où s'inscrivent les premières œuvres de Corneille, le changement de lieu particulier s'accompagne, en principe, d'une rupture de liaison ; c'est évidemment ce qui se passe dans *Mélite, Clitandre* et *La Veuve*, pour ne citer que les cas les plus flagrants. C'est encore ce qui se passe dans *Le Cid*. Cependant, dans cette dernière pièce, le poète a eu quelque peine à justifier les scènes 3 à 7 de l'acte premier, où

---

13. *Examen d'Œdipe.*

le changement de lieu ne s'accompagne d'aucune rupture de liaison. Dans l'*Examen*, il suggère que

> don Diègue et le Comte, sortant du palais du Roi, avancent toujours en se querellant et sont arrivés devant la maison de ce dernier lorsqu'il reçoit le soufflet qui l'oblige à y entrer pour y chercher du secours.

C'est là une nouvelle « fiction » qui, dans la présentation originale, suppose un véritable mouvement du compartiment correspondant au palais à celui qui représente la maison de l'offensé. En 1660, la neutralité du décor utilisé implique une complicité plus grande du spectateur, que les seuls propos des deux personnages peuvent convaincre de ce passage d'un lieu à un autre. Une autre fiction, que Corneille dit « de roman », eût consisté à laisser don Diègue avec une troupe d'amis. Le poète, qui aurait pu accepter cet « accompagnement » en 1636 comme propre à soutenir l'imagination du spectateur, n'en souffre plus la pensée en 1660, comme ayant toujours « mauvaise grâce au théâtre » et risquant d'être rendu ridicule en raison de la mauvaise qualité des figurants. Ces suggestions font comme d'autres allusion à la critique de Scudéry, qui aurait mieux accepté *Le Cid* et sa conduite si le poète y avait ménagé des changements de « face », comme lui-même en ménageait dans *La Mort de César*, en faisant qu'un même compartiment ouvrant pût représenter tour à tour la chambre de César et la salle du Sénat romain. Il est probable que pour les premières représentations un changement de face partiel s'effectuait, sans doute pour cacher ou révéler la chambre de l'Infante. Ce qui expliquerait la formule utilisée par le rival de Corneille, « *presque* sans changer de face »[14]. Dans l'*Examen* du *Cid* encore, le poète suggère que les gens de théâtre appliquent deux principes : ne pas changer le lieu particulier au cours d'un acte (ce qui permet de respecter la règle de la liaison des scènes et, éventuellement, de fortement marquer la rupture de l'action entre deux actes consécutifs) ; ne pas utiliser différentes décorations pour les divers lieux évoqués (ce qui impose dans la tragédie l'utilisation du « palais à volonté » et donc une action limitée à un lieu clos comme une salle ou semi-clos comme une cour). Ces suggestions traduisent l'évolution de l'imagination scénique de Corneille. Elles nous conduisent naturellement à un rapide examen des étapes successives de la production du poète.

De *Mélite* au *Cid*, l'unité de jour n'a été violée que trois fois par Corneille : anarchiquement dans *Mélite*, plus régulièrement dans *La Veuve* et *La Galerie* où les cinq actes correspondent à cinq jours consécutifs. Partout ailleurs, il l'a respectée scrupuleusement. En revanche, l'unité de lieu a toujours été respectée au sens large, rarement au sens étroit de l'unicité, sinon par bravade comme dans *La Suivante* où cependant les ombrages d'un jardin peuvent cacher un moment certains acteurs à

---

14. Notre interprétation est légèrement différente de celle de G. Couton, Éd. de la Pléiade, p. 1451. Voir dans son dernier ouvrage, cité plus haut, une utile mise au point (*Corneille et la tragédie politique*, p. 40 à 42).

certains autres, ou paradoxalement, grâce à la magie, dans *L'Illusion comique*. Ailleurs, la décoration multiple fait apparaître deux ou plusieurs lieux éloignés quoique participant d'un même ensemble (c'est le cas pour *Clitandre* et *Le Cid*, mais aussi pour *Mélite*, *La Veuve* et *La Galerie*) ou plusieurs lieux contigus : ainsi en est-il pour *La Place Royale*, et surtout pour *Médée*, où les compartiments et même la machine volante du dénouement n'éloignent pas le spectateur du palais de Créon.

D'*Horace* à *La Suite du Menteur*, Corneille a hésité entre deux formules. Il a écrit lui-même dans le *Discours des trois unités* qu'il n'a pu « réduire » que trois pièces à la rigoureuse unité de lieu, ce qui suppose non seulement un décor unique, mais encore un décor en droit univoque et nommable : comparable à ce que sera celui de *Bérénice*, il représente « une salle de la maison d'Horace », « une salle ou anti-chambre commune aux appartements de Félix et de sa fille », « un grand vestibule commun à tous les appartements du palais royal » de Ptolomée. Cette réduction, ainsi que l'avoue le poète dans l'*Examen d'Horace*, « n'est pas sans quelque contrainte ». Aussi bien les autres œuvres de cette période présentent-elles une duplicité avouée, que celle-ci se matérialise dans la décoration (c'est le cas, très probablement, de *Cinna* lors de sa création ; c'est celui des deux comédies du *Menteur*), ou qu'elle ne soit évoquée que par la modification de quelques accessoires (ce fut très vite le cas pour *Cinna*). Il faut noter que, ce dernier exemple mis à part, un principe survit entre la première période et celle-ci : unique ou participant d'un ensemble complexe, chaque lieu évoqué dans le poème suppose un espace scénique qui lui soit propre, qu'il doive ou non le représenter de façon suggestive.

A partir de *Rodogune*, l'hésitation subsiste, mais peut s'exprimer en des termes légèrement différents en apparence, et peut-être porteurs en réalité d'une signification nouvelle. Certaines œuvres sont conformes à la doctrine du lieu où l'on se rencontre. Il s'agit d'une salle, dont Corneille ne précise pas la nature, où le spectateur admettra que tous les acteurs puissent se retrouver. Dans *Théodore*, les indications marginales précisent à l'acte IV et à l'acte V que le lieu représenté est contigu à l'appartement de Marcelle, et au deuxième acte qu'il communique avec une chambre pouvant servir de prison. Ceci peut être vrai également pour *Sertorius*, *Sophonisbe*, *Tite*, *Pulchérie* et *Suréna*. Dans la plupart des autres œuvres, le décor unique est utilisé mais peut évoquer successivement plusieurs appartements. C'est la convention du lieu que l'on transporte avec soi. La liberté que s'est ainsi donnée Corneille est définie à la fin du troisième *Discours*. Elle l'est encore dans les *Examens* de *Rodogune*, *Héraclius* et *Don Sanche*. Elle est certainement appliquée dans *Nicomède*, *Pertharite* et *Œdipe*. Elle représente le point d'aboutissement de la doctrine de Corneille touchant à la mise en scène en même temps qu'à la composition dramatique.

Ces constatations nous amènent à jeter un dernier coup d'œil sur l'ensemble de la production de Corneille, et à tenter de définir les principes qui l'animent, indépendamment des aspects conjoncturels ou polémiques de ses propres déclarations. Le plus évident de ces principes est la primauté de droit du texte théâtral, limitée seulement par les exigences de la représentation qui se modifient de décennie en décennie. Le second est la suggestion du lieu et du temps selon la présence corporelle ou l'absence de tel ou tel protagoniste (entendu comme personnage individuel ou comme groupe solidaire). Le dernier est l'élargissement de l'espace virtuel (dont la scène et le décor ne sont que la représentation partielle et allusive et que le seul dialogue rend actuel) au fur et à mesure que l'action progresse vers son terme. Quelques exemples peuvent ici éclairer notre propos. Et d'abord celui de *Cinna* : les trois premiers actes évoquent des lieux resserrés, ceux du secret et de la confidence : les actes impairs nous introduisent chez Émilie et encadrent l'acte de la consultation de Cinna et Maxime par Auguste. L'acte IV, qui, moyennant une rupture de liaison en IV, 4, fait passer du cabinet d'Auguste à l'appartement d'Émilie, rapproche par son rythme même ces deux lieux éloignés du palais. Le dernier acte, qui réunit tous les personnages, peut bien se dérouler dans le cabinet d'Auguste : celui-ci, maintenant ouvert sur l'ensemble du palais, de Rome et osons dire de l'histoire, apparaît comme un raccourci de l'univers romain. Cet élargissement final est préparé dans le dialogue et les mouvements des personnages par l'évocation de deux lieux extérieurs à la scène, mais essentiels à ce qu'on peut appeler la mise en scène imaginaire de l'ensemble : l'appartement de Livie vers lequel se dirigent Auguste à la fin de l'acte II comme avait fait Émilie à la fin de l'acte I et où ils se rencontrent (« Octave en ma présence a tout dit à Livie » (III, 4, v. 909)) ; Émilie passera encore par l'appartement de Livie avant de venir se dénoncer à l'acte V (d'où la suite normale entre la fin de IV, 5, et le début de V, 2) ; mais aussi le lieu de réunion des conjurés : Cinna s'y rend en III, 4 ; Fulvie tente de l'y rejoindre en III, 5 ; elle n'y trouve que Polyclète qui, sur l'ordre d'Auguste, recherche Cinna (voir IV, 3, et IV, 5). Le dénouement de *Cinna*, comme de plusieurs autres tragédies de Corneille, correspond à une sorte d'« implosion » faisant converger et se heurter violemment, en un lieu unique, tous les intérêts et toutes les passions que symbolisaient les « lieux particuliers » antérieurement évoqués sur la scène ou en dehors d'elle. La conception de *Rodogune* est comparable à celle de *Cinna*, à ceci près qu'à l'acte IV on passe du « côté » de Rodogune à celui de Cléopâtre sans rupture de la liaison des scènes. Corneille paraît s'en excuser dans le troisième *Discours*. Quelle suprême liberté, en réalité, que ce passage sans transition du dialogue entre Antiochus et sa maîtresse à celui qui l'oppose à sa mère ! Pour le reste, les trois premiers actes présentent la même alternance entre l'appartement de Rodogune et celui de Cléopâtre, et le dernier transforme celui-ci en une salle d'audience où tout procès et tout secret prennent fin. En revanche, avec *Sertorius* ou *Attila*, comme Corneille se le promettait en 1660, l'alternance acte après acte est parfaite entre le lieu où domine le héros masculin et celui où règne l'héroïne. Mais l'espace élargi et le temps retrouvé marquent ici et là le dernier acte, où bruit tout entier le palais de Viriate, où tout s'assemble dans le camp du roi des Huns.

Corneille n'a pas été « metteur en scène » au sens traditionnel de l'expression. Il l'a certainement été au sens le plus moderne, qui est aussi celui d'un certain XVIIᵉ siècle, italien et français, comparable à l'esprit du palais de pierre des Grecs qui ne créait l'espace et n'évoquait les lieux que par la présence, les gestes et les paroles des acteurs. Dès *Mélite*, le poète pressentait une mise en scène à deux pôles, évoqués par deux maisons et deux portes, qui font songer à celles qui surmontaient l'antique *logeion*. Entre 1640 et 1660, ce type de mise en scène, à la fois sévère et dynamique, a informé une grande partie de la production théâtrale de Corneille. Après 1660, elle s'est prolongée dans son œuvre, seule à soutenir cette tension spatiale, au moins imaginaire, qui est aussi celle de la sagesse et de la folie, de la médiocrité et de la grandeur, de la force lucide et de l'aveugle aventure. Dans leur dialogue et dans leurs combats réside sans doute le principe de toute mise en scène cornélienne. Aussi bien la dualité supposée par celle-ci se manifeste-t-elle de la manière la plus éclatante à l'époque de la pleine maturité de Corneille, qui fut aussi celle de la Fronde. Et celle des *Provinciales*.

8

Les criminels de Rotrou *

Les criminels sont nombreux dans le théâtre de Jean Rotrou. Présents à toutes les étapes de sa carrière, ils ne sont pas réservés aux seules tragédies. C'est qu'il n'y a pas, aux yeux de ce poète, de frontière nettement tracée entre les trois genres qu'il a cultivés : ses comédies peuvent être sanglantes, ses tragi-comédies peuvent se terminer sur une situation sans espoir. C'est peut-être aussi que Rotrou ignore les structures proprement tragiques, ou en méconnaît la spécificité. A l'opposé, si l'on veut, du théâtre racinien, le théâtre de Rotrou est celui de l'aventure ; son univers est l'univers du roman ou de la tragi-comédie. Tout, jusqu'au dernier moment, y est possible ; les jeux n'y sont jamais faits. Dans la mesure même où les sujets traités par l'auteur sont presque à chaque fois libérés de toute tradition contraignante, un dénouement paradoxal, faisant intervenir un brusque retournement de la situation, peut toujours être espéré. Le Destin semble faire place à la Fortune.

En revanche, rares sont les pièces de Rotrou qui ne renferment pas, à quelque moment de leur intrigue, une situation de caractère tragique. L'aventure vécue par les héros aboutit souvent à d'apparentes murailles, où le seul caprice inventif du poète ménagera une issue. Nous nous autoriserons de cette particularité pour emprunter nos exemples à l'ensemble de son œuvre dramatique.

Le problème des rapports du criminel à son action a été, on le sait, posé par Aristote : sans exclure absolument de la tragédie le héros criminel conscient de la portée de son acte, ni le personnage qui, sur le point d'accomplir un crime, aperçoit à temps son erreur et retient son bras prêt à frapper, il leur préfère un Œdipe, qui ayant agi par erreur se rend compte trop tard de la gravité de son geste [1]. Autrement dit, la doctrine aristotélicienne

---

* *Le Théâtre tragique*. Actes du Colloque de Royaumont, Paris, C.N.R.S., 1962. (« Les Criminels de Rotrou en face de leurs actes »).

1. *Poétique*, XIV, 12-18.

tend à refuser au héros tragique la qualité pleine et entière de criminel. La souillure provoquée par le crime reste extérieure à son auteur, dont la responsabilité est donc toute objective. Ainsi la sympathie du public peut-elle aller à un personnage qui fait figure de victime.

Sans ignorer le motif de l'erreur, Rotrou l'utilise rarement dans le domaine criminel. Et généralement son utilisation renforce sans la créer une situation déjà tragique. Quand un personnage de Rotrou se rend criminel par erreur, il ne songe pas, comme le fera la Jocaste de Racine, à se plaindre des persécutions divines[2]. Il ne cherche pas non plus, comme l'Œdipe de Corneille, à prendre cette hauteur qui permet de mépriser la Fortune[3]. Il assume pleinement son crime. Dans *Hercule mourant*, Déjanire renchérit sur l'héroïne de Sénèque dans ses imprécations sur elle-même. Quand sa confidente insinue que «celui ne pèche pas qui pèche sans dessein», elle répond vivement :

> O frivole raison! en un malheur semblable,
> La plus pure innocence est encor trop coupable.

Elle convoque à son châtiment, non pas comme chez Sénèque les personnages présents ou l'ombre d'Hercule, mais toutes les Nations, toutes les puissances des Enfers, son propre bras lui paraissant trop lent à la châtier. Elle imagine pour elle une mort sans exemple :

> Que mon sang sur ce mont fasse mille ruisseaux ;
> Qu'à ces pierres mon corps laisse autant de morceaux ;
> Qu'en un endroit du roc ma main reste pendue,
> Et ma peau déchirée en d'autres étendue...[4]

Aucun débat intérieur, aucune révolte. De même, dans *Venceslas*, apprenant qu'il a tué son frère en croyant tuer le favori du Roi, Ladislas n'invoque pas son erreur comme une atténuation à sa faute. Victime, il le sait, des caprices du sort, il se reconnaît pleinement coupable. On le voit, Rotrou assimile l'erreur à la faute. Moralement, la découverte de l'erreur criminelle n'a d'autre conséquence que de révéler la vocation irrésistible de son auteur aux actions mauvaises.

A l'erreur, Rotrou préfère généralement l'aveuglement : une folie plus ou moins profonde, plus ou moins prolongée, fait sortir pour un temps le personnage des exigences de la morale commune. Cette folie est provoquée par un mouvement de passion, qui peut aller de la simple cupidité à l'ambition politique, en passant par le désir amoureux. Au moment où ses yeux se dessillent, le coupable reconnaît volontiers son crime, et, comme faisait Déjanire, en revendique la responsabilité. Dans

---

2. *Thébaïde*, III, 2.

3. *Œdipe*, V, 7.

4. *Hercule mourant*, III, 4 (Nos citations de Rotrou sont empruntées à l'édition du Théâtre, dite édition des *Œuvres*, Paris, Th. Desoer, 1820).

L'Hypocondriaque, la première comédie de Rotrou, un page a consenti, moyennant une forte récompense, à changer le sens d'une lettre dont il était porteur ; son acte a eu pour conséquence de rendre fou le héros de la pièce. Surpris dans un bois par des voleurs qui le dépouillent de ses vêtements et le lient à un arbre, il s'écrie :

> Infâmes, je reçois un traitement trop doux,
> Vous épargnez un traître, et qui vaut moins que vous.

Il appelle le courroux du ciel sur sa personne, comme les grands criminels sénéquiens, ou comme la Déjanire de l'*Hercule mourant* :

> Dieux ! laissez-vous en paix cette âme criminelle ?
> Livrez à la traitresse une guerre éternelle.
> Pour éteindre mes jours allumez des bûchers ;
> Pour me désanimer animez des rochers ;
> Troublez les éléments, et lancez de la nue
> Vos foudres punisseurs dessus ma tête nue...[5]

L'attitude est analogue, dans *Filandre*, de deux personnages qui par leurs ruses amoureuses ont poussé un de leurs amis au suicide ; dans *Florimonde*, d'un jeune homme qui a trahi à la fois son ami et sa maîtresse, et qui, dépouillé lui aussi par des voleurs, reconnaît :

> Ils m'ont mis en l'état où je meurs de paraître,
> Mais où, pour mes forfaits, j'avais mérité d'être.[6]

Dans *Les Deux Pucelles*, une jalouse convertie par la générosité de sa rivale se fait passer pour un voleur et un assassin aux yeux des archers venus relever les cadavres qui encombrent la forêt, et qui ne doivent rien à ses coups[7]. Dans *Bélissaire*, trois assassins appointés sont désarmés par la grandeur d'âme du héros, se repentent, et réclament la mort[8]. Ainsi fera encore, dans *Célie*, un traître par amour qui se croit coupable de la mort de l'héroïne[9]. Aucun de ces personnages n'est vraiment tragique. Tous sont pardonnés, leurs crimes n'ayant pas eu les funestes effets qu'ils en attendaient. La plupart sont d'ailleurs des personnages de comédie. Dans le *Filandre*, le criminel accepte, puisqu'on l'y contraint, de conserver des jours « au malheur destinés ». Sa complice lui fait reconnaître qu'il n'est pas, comme il le prétend, voué au déchirement tragique :

5. *Hypocondriaque*, V, 2.
6. *Florimonde*, V, 5.
7. *Deux Pucelles*, V, 1.
8. *Bélissaire*, I, 2 ; II, 5 ; III, 2.
9. *Célie*, IV, 5.

> Filandre, est-il pas vrai ? parle d'une âme saine,
> Tu te vois délivré d'une sensible peine.
> L'honneur te défendait d'éviter le trépas ;
> Mais, si je te connais, il ne te plaisait pas. [10]

Le jeune homme en convient volontiers, et redescend au ton de la comédie pour envisager un heureux mariage avec sa belle complice.

Ces personnages, victimes d'une folie passagère, peuvent nous instruire cependant sur la conception de la conscience criminelle qui est celle de Rotrou. L'aveuglement qui les a poussés dans la voie du mal, tout en étant ressenti par eux comme une force extérieure, l'est aussi comme une part d'eux-mêmes qu'ils ne peuvent renier sans mutiler leur propre personnalité. Ils sont à la fois bons et méchants : ainsi en sera-t-il des plus hautes figures tragiques du poète. Deux personnages tragiques peuvent d'ailleurs leur être comparés : dans *Bélissaire*, Rotrou a mis en Théodora une violente passion ambitieuse. Pour briser le héros vertueux, dont elle est jalouse, elle utilise tous les moyens. Démasquée, et pardonnée par son ennemi, elle refuse son pardon, qui l'humilie, pour l'accabler sous l'arme de la calomnie. Contrairement à ce qui se passe dans l'histoire, Bélissaire est exécuté, et c'est seulement alors que le monstre féminin se trouve envahi par le remords. Théodora, qui dans certaines scènes préfigure le Néron de Racine [11], apparaît ainsi comme une sorte de possédée, dont la délivrance arrive trop tard. Et l'empereur Justinien conclut en refusant de l'accabler sous la responsabilité qu'elle a pourtant revendiquée :

> O ciel ! il paraît bien que la prudence humaine,
> Qui fait gloire ici-bas des essors les plus hauts,
> Tombe quand il te plaît en d'insignes défauts. [12]

Dans *Cosroès*, le vieux roi qui donne son nom à la pièce est sans cesse tourmenté par le souvenir du meurtre de son père Hormisdas, dont le spectre lui apparaît dans un horrible cadre infernal :

> Voyez-vous pas sortir de cet horrible gouffre,
> Qui n'exhale que feu, que bitume et que soufre,
> Un spectre décharné qui, me tendant les bras,
> M'invite d'y descendre et d'y suivre ses pas ?
> O dangereux poison, peste des grandes âmes,
> Maudite ambition... [13]

Cosroès n'est pas un personnage méprisable. Il meurt généreusement à la fin de la tragédie. Surtout, comme Théodora, il a le sentiment d'être et de demeurer grand. Les violentes passions criminelles ne peuvent être le fait

---

10. *Filandre*, V, 8.
11. *Bélissaire*, I, 4.
12. *Ibid.*, V, 7.
13. *Cosroès*, II, 1.

que de grandes âmes, sur lesquelles s'acharne « la furie du sort »[14]. A cette « furie », le héros vertueux qu'est Syroès devra lui-même, malgré lui, sacrifier son bonheur et sa raison. Tous ces malheureux se définissent donc, non pas contre leur destinée, mais par leur soumission horrifiée à un destin devenu intérieur à eux-mêmes, et contre lequel leur « raison » s'est révélée incapable de lutter.

*
* *

Les auteurs dramatiques des premières décennies du XVIIe siècle ont généralement professé une conception de la tragédie et du héros tragique assez différente de la formule aristotélicienne. Sous l'influence de critiques dont René Bray a noté qu'ils traduisaient « phobos » par « horreur » et non par « terreur » comme on le fera à partir de *La Poétique* de La Mesnardière (1639)[15], et plus encore de Sénèque et de ses adaptateurs français, à commencer par Robert Garnier, ils ont aimé les spectacles sanglants, les récits pathétiques, et surtout la peinture de l'emportement sans réserve aux passions criminelles. Dans le *Scédase* d'Alexandre Hardy, on assiste — ou peu s'en faut — au viol et l'assassinat, par deux jeunes spartiates, des deux filles d'un propriétaire campagnard qui est pourtant leur ami. Il est ainsi chez Rotrou des créatures infernales et grimaçantes, plus proches de Médée que d'Œdipe. Ses comédies en offrent quelques crayons intéressants. Dans *L'Hypocondriaque*, Lisidor brûle pour une indifférente. D'abord, il s'est contraint au respect. Mais sa souffrance l'amène à douter de la justice divine :

> Dieux, qui me condamnez à des maux éternels,
> Que faites-vous souffrir aux esprits criminels ?
> Quelles flammes, quels fers ont assez de puissance,
> Si vous êtes cruels à la même innocence ?[16]

Un simple raisonnement le convainc enfin qu'il est possible de concilier la justice divine et les exigences humaines. Puisqu'il souffre tant, c'est qu'il subit déjà le châtiment des criminelles entreprises auxquelles il est destiné sur la personne de la jeune fille. C'est ce qu'il tente du moins de lui faire admettre, au moment où il se prépare à abuser d'elle :

> ...le ciel irrité
> D'un châtiment cruel a prévenu mon vice ;
> Les flammes et les fers ont été mon supplice ;
> Ainsi tout me convie à l'accomplissement ;
> Que puis-je redouter après le châtiment ?[17]

14. *Ibid.*, V, 8.
15. *La formation de la doctrine classique*, 2e édition, p. 318.
16. *Hypocondriaque*, I, 2.
17. *Ibid.*, II, 2.

Dans *Cléagénor et Doristée*, Ozanor a tiré l'héroïne des mains de son ravisseur Ménandre. Aussi lui doit-elle son honneur ; et si elle lui refuse, il est en droit de le lui ravir[18].

Au lieu de feindre ou de se persuader qu'ils obéissent à la loi morale, d'autres criminels professent nettement une vocation au mal. Ils connaissent qu'ils sont criminels, et conviennent qu'ils méritent leur châtiment, au contraire des âmes veules que nous venons d'évoquer. Mais il ne s'agit pas pour eux, comme pour les victimes de l'aveuglement criminel, de se racheter. Le châtiment est à leurs yeux le couronnement, voire l'achèvement glorieux d'une carrière entièrement consacrée au crime. De ce type de criminel endurci, le Stalagme des *Captifs* constitue une assez plaisante caricature. Quand le père de l'enfant qu'il a autrefois dérobé lui dit ironiquement : « Approche, bon vieillard, saint homme, homme de bien », le ravisseur répond :

> Ce sont des qualités où je ne prétends rien :
> Je ne fus jamais tel, ni serai de ma vie ;
> Loin d'en avoir l'effet, je n'en ai pas l'envie ;
> Et quiconque établit son espérance en moi,
> Dans l'air et sur la mer peut chercher de la foi.

Il accepte et réclame le châtiment, aboutissement logique d'une longue suite de forfaits qu'il ne songe pas un instant à désavouer, et pour lesquels il n'éprouve aucun remords[19]. Cette froide lucidité, à laquelle Rotrou a donné un caractère grinçant que la verve plautinienne ne faisait pas apparaître, est une exception : les criminels, dans ce théâtre, ont en général plus de flamme. C'est déjà le cas du Cléonte des *Occasions perdues*, qui s'apprête à tuer son rival, sans remords mais sans essai de justification morale. La passion, assimilée par lui à l'énergie virile, est à elle-même sa propre justification. « Témoignez-moi, dit-il à ses complices, de passions plus fortes »[20]. Le crime n'aura d'ailleurs pas lieu, et Cléonte sera pardonné. Mais la galerie infernale de Rotrou est dominée par deux grandes figures. La première est celle d'Hermante, dans *L'Innocente Infidélité*. La pièce procède d'une sorte de manichéisme dramatique, tout à fait opposé à la doctrine dite « classique ». Les puissances célestes, en la personne de la douce Parthénie, épouse du roi d'Epire Félismond, y sont affrontées aux puissances des Enfers, représentées par Hermante, qui parvient, grâce à une bague enchantée, à détacher le roi de la jeune femme, et laisse éclater sa joie en ces termes :

---

18. *Cléagénor...*, I, 3.
19. *Captifs*, V, 2.
20. *Occasions perdues*, V, 9.

> Enfers, dessus les cieux votre pouvoir l'emporte.
> Superbes habitants de ces champs azurés
> Qui par notre ignorance étiez seuls révérés,
> Cédez à d'autres dieux cet orgueilleux empire ;
> Les enfers désormais vont gouverner l'Epire...[21]

Elle entraîne effectivement son aveugle complice dans tous les excès de la luxure et de la folie meurtrière. Mais le Ciel triomphe enfin : Hermante est démasquée avant d'avoir pu perdre sa rivale. Rendue « furieuse » par son échec, elle appelle sur elle les pires châtiments infernaux, et surtout convoque les démons à engloutir « tout, roi, sorcière et palais » :

> Dieux, enfers, éléments, faites ma sépulture
> Dans le commun débris de toute la nature ;
> Que le chaos renaisse et que tout soit confus.
> Dieux, tonnez ; cieux, tombez ; astres, ne luisez plus.[22]

Cette association d'un désordre cosmique au désordre intérieur, dans une sorte d'exaltation dont Sénèque pouvait donner à Rotrou plusieurs exemples[23], n'est pourtant pas ce qui nous intéresse le plus chez le personnage. L'essentiel de son « message criminel » est dans les vers prononcés par Hermante alors qu'elle vient de se rendre maîtresse du cœur de Félismond :

> Un dessein glorieux est toujours légitime :
> S'il passe pour un mal, c'est dans la folle estime
>   D'un esprit abattu.
> Jamais des grands dangers un grand cœur ne s'étonne ;
> Et qui n'ose commettre un crime qui couronne,
> Observe à ses dépens une lâche vertu...[24]

Sans être l'héroïne de la pièce, Hermante éveille chez Rotrou une admiration certaine, du même ordre que celle de Corneille pour Cléopâtre ou pour Attila, ou encore pour sa Médée, sœur et contemporaine de la sorcière de Rotrou.

L'admiration du poète, pour la grandeur criminelle s'affirme davantage dans *Cosroès*, à propos de Syra. Seconde épouse du roi, cette femme ambitieuse fait tout ce qui est en son pouvoir pour que règne son fils Mardesane et non son beau-fils Syroès. C'est à peu près la situation que reprendra Corneille dans *Nicomède*. Dominée par sa passion, Syra néglige, non seulement la loi morale, mais aussi les avertissements des dieux ; à sa confidente qui lui fait part de ses funèbres pressentiments, elle répond fièrement :

---

21. *Innocente infidélité*, II, 2.
22. *Ibid.*, V, 5.
23. Cf notamment *Thyeste*, v. 789 et suiv.
24. *Innocente infidélité*, IV, 1.

> Qui croit aux lois des dieux ne croit point aux augures ;
> Ils ont déjà réglé toutes mes aventures.
> J'ose tout, et me ris de ces lâches prudents
> Qui tremblent au penser de tous les accidents.
> Tant de précautions aux grands projets est vaine ;
> Je veux purger l'État de l'objet de ma haine,
> Et tends à me venger plus qu'à ma sûreté. [25]

Elle gardera la même attitude de défi hautain quand elle sera livrée entre les mains de Syroès :

> J'ai juré de périr ou voir régner mon fils,
> Et si la liberté m'était encore offerte,
> J'en emploirais pour lui tout l'usage à ta perte.
> Est-ce assez ? les témoins sont ici superflus.
> Mon procès est bien court, prononce là-dessus.

Et Syroès, dont les hésitations et les scrupules remplissent toutes les scènes où on le voit paraître, lui répond :

> J'admire ce grand cœur, et nous devons, Madame,
> Un renom mémorable à cette force d'âme.

Quand un peu plus loin elle demande en grâce que son fils la précède dans la mort, afin qu'il lui soit épargné de « recevoir des lois d'une main ennemie », Syroès accède à ses vœux, en les qualifiant de « généreux »[26]. La grandeur criminelle force l'admiration de ce jeune prince vertueux.

L'emportement d'Hermante, le fatalisme professé par Syra nous permettent d'atténuer, sinon même de supprimer tout à fait la responsabilité personnelle des deux femmes. Si elles ignorent le déchirement, si elles connaissent l'impénitence finale, c'est qu'elles doivent, comme Stalagme, mener jusqu'à son parfait accomplissement une vie conforme à la vocation au mal qui est la peur. Mais enfin elles font totalement leur cette vocation qui leur est imposée. On peut dès lors soutenir que ces personnages ne sont pas tragiques, et ne peuvent éveiller qu'un étonnement mêlé d'épouvante. Qu'on y prenne garde cependant : ces êtres d'une seule pièce sans faille intérieure, sont tragiques. Non psychologiquement, mais objectivement, aux yeux du public : non seulement en effet la tension que propose leur spectacle entre leur apparence humaine et leur monstruosité est en elle-même tragique, mais surtout de tels personnages sont doubles : ils possèdent aux yeux des contemporains de Richelieu et de Mazarin d'indiscutables vertus : ils sont grands par leur volonté lucide dans le mal, par leur courage devant la mort, et généralement par leur « générosité », c'est-à-dire par leur volonté de ne pas déchoir de leur rang. Et en même temps ils sont des monstres, auxquels il est impossible de pardonner. Ils

---

25. *Cosroès*, III, 1.
26. *Ibid.*, V, 2.

sont au double sens du mot des êtres *sacrés* : objets d'une vocation à la noirceur qu'ils assument pleinement, ils constituent une famille d'élus à rebours, marqués d'un sceau divin mais séparés par leurs crimes du reste de l'humanité.

L'ambiguïté, qu'on oserait presque qualifier de pré-baudelairienne, de ces archanges noirs, est encore accentuée en la personne du héros-criminel, très bon et très méchant à la fois, dont Rotrou nous propose plusieurs exemples. Il s'agit toujours de personnages attachants, qui forcent la compassion terrifiée, voire la sympathie. La passion les pousse irrésistiblement à accomplir une action qu'ils savent mauvaise et qu'ils réprouvent, mais qu'ils ne peuvent s'empêcher d'accomplir. Dans la comédie, l'infidélité amoureuse peut donner lieu à l'analyse d'un état intérieur ainsi déchiré. L'infidèle Rodolphe, dans *La Belle Alphrède*, reconnaît qu'il a tort d'abandonner une belle jeune femme, qui d'ailleurs attend un enfant de lui. Mais il ne peut faire autrement :

> ...la nécessité qui suit ma destinée
> M'engage aux mouvements d'une ardeur obstinée
> Qu'avec tous ses efforts mon cœur ne peut forcer...[27]

Et le jeune homme jette son épée aux pieds d'Alphrède pour se laisser tuer par elle sans résistance. Ce que, bien entendu, elle ne fera pas. Dans *La Céliane*, tragi-comédie de couleur comique, un personnage traduisait plus vigoureusement son déchirement intérieur ; criminel par amour, il réclamait à la fois l'assouvissement de son désir et le châtiment de son crime :

> Traversez, justes dieux, mes coupables desseins,
> Faites naître en mon cœur des mouvements plus sains ;
> Ou si l'astre ennemi qui gouverne ma vie
> Me procure la fin de ma brutale envie,
> Entre les doux accès de ce contentement
> Et ceux de mon trépas ne mettez qu'un moment ;
> Que le même linceul où mon amour impure
> Éteindra son ardeur serve à ma sépulture.[28]

D'heureux changements dans leur cœur permettront à ces deux personnages d'échapper au cruel dilemme où ils se trouvent placés par le sort.

Il n'en est pas de même pour Cassie, dans *Crisante*. Amoureux de la captive qui est en sa garde, il tente d'abord de se rassurer à la manière des cyniques dont nous parlions tout à l'heure, en affectant de confondre l'abandon à la passion et l'obéissance à la loi morale. Il s'efforce également de voir dans les imprudentes démarches de la passion le signe de la grandeur :

27. *Belle Alphrède*, I, 4.
28. *Céliane*, III, 2.

> De glorieux desseins un peu précipités
> Souvent succèdent mieux à qui les a tentés.

Mais il reconnaît aussitôt qu'il est déchiré entre les exigences de sa passion et celles de sa conscience, et semble paraphraser saint Paul en déclarant :

> J'honore la vertu, mais la beauté m'attire ;
> Je connais le meilleur, mais je choisis le pire ;
> Et, porté que je suis d'une aveugle fureur,
> Je déteste, condamne et connais mon erreur.
> Je combats sans effet une ardeur de la sorte ;
> Ma raison me convainc, mais ma fureur m'emporte...

D'avance, il accepte le risque du châtiment exemplaire qu'il est conscient de mériter :

> Qu'aucune cruauté n'égale mon supplice,
> Que j'offense l'État, et que Rome périsse,
> Je suivrai mon dessein : Crisante a des attraits
> Plus forts que tous respects et que tous intérêts. [29]

Après le crime, il devient pour lui-même un « objet d'horreur ». Il se tue en réclamant qu'on fasse de son corps « mille morceaux » et de son sang « mille ruisseaux ». Mort « trop généreuse », selon le mot d'un des assistants [30]. On le voit, le personnage garde la même vigueur d'âme d'un bout à l'autre de la pièce. Il n'évolue pas. Il poursuit avec la même flamme l'assouvissement de ses désirs et le châtiment de son crime. Ici et là, il manifeste la même grandeur emportée, et la même lucidité.

Chez Polynice, dans *Antigone*, le bien et le mal, la raison et la passion sont plus étroitement liés. Au départ, le héros a conscience de défendre son bon droit. Mais, une fois admis le principe de la légitimité de sa cause, il entend s'abandonner sans retour à sa passion vengeresse contre Étéocle (dont Rotrou a fait le personnage le plus pâle de la pièce). Polynice ne veut rien entendre des conseils de modération d'un capitaine qui tente de lui faire admettre que l'emportement n'est pas une vertu :

> En ces effets bien moins de valeur que de rage,
> La nature, Seigneur, dispense le courage ;
> Vous auriez plus de cœur si vous en aviez moins. [31]

Il n'écoute pas non plus les prières de Jocaste :

> ...Ne m'opposez plus d'inutiles avis.
> Parle, ma passion, les tiens seront suivis :
> Passe au dernier excès que peut faire paraître
> L'amour d'une couronne et la haine d'un traître. [32]

29. *Crisante*, I, 2.
30. *Ibid.*, III, 6.
31. *Antigone*, II, 1.
32. *Ibid.*, II, 4.

La nature de Polynice est bien une nature double : il ne conteste jamais les principes de la justice, ni les devoirs du sang. Mais il se sait d'autre part habité par une passion «généreuse», qui le dispense de la vulgaire obéissance aux lois humaines. On le voit, la confusion tend à se faire chez lui entre l'aspiration à la justice et l'abandon aux grandes passions. Est-il bon, est-il méchant ? Son attitude est au moins ambiguë. Or la même ambiguïté se retrouve chez sa sœur Antigone, lorsqu'elle entre en scène à son tour. Elle aussi refuse les détours de la loi pour assouvir sa soif de justice. Elle aussi préfère s'abandonner à l'intuition personnelle plutôt que de se soumettre au pouvoir ou à la famille. Et quand Créon la force à donner les raisons de son geste, elle n'a point d'autre réponse que l'affirmation de son amour passionné pour son frère :

> Après tout je l'aimais, et mon affection
> Entreprendrait encor cette sainte action. [33]

Polynice nous paraît être, moins dans ses actes que dans sa qualité d'âme et dans les rapports qu'il entretient avec les autres personnages de la pièce, une première esquisse de Ladislas. Ladislas est aimé, douloureusement, par son père. Au moment où Venceslas vient de chasser Alexandre, le frère puîné de Ladislas, pour laisser celui-ci se justifier seul, le vieux roi soupire :

> A quel étrange office, Amour, me réduis-tu
> De faire accueil au vice et chasser la vertu ! [34]

Ladislas est aimé également par sa sœur, qui est aussi sa confidente, du même amour qui unissait Polynice et Antigone. Après la découverte de son crime, cet amour demeure :

> J'aimais également la mort et l'assassin,

avoue cette princesse, plaignant le meurtrier comme elle plaint la victime [35]. Ainsi Ladislas, à travers son crime, reste un personnage séduisant. Proche de Polynice, Ladislas est aussi frère de Cassie, dont il connaît les déchirements. On le voit dès le premier acte, où il manifeste, à l'égard de son frère et du favori du roi, une violence orgueilleuse que la présence de son père ne peut modérer. Sa jalousie va jusqu'à la bravade. Les désordres de sa conduite le rendent-ils impopulaire, il s'écrie :

> Puisque je suis au peuple en si mauvaise estime,
> Il la faut mériter du moins par un grand crime,
> Et de vos châtiments menacé tant de fois,
> Me rendre un digne objet de la rigueur des lois. [36]

---

33. *Ibid.*, IV, 3.
34. *Venceslas*, I, 2.
35. *Ibid.*, V, 1.
36. *Ibid.*, I, 1.

Aux conseils de son père, qui l'engage à se réconcilier avec le favori, il répond comme faisait Polynice à Jocaste :

> Laissez ma haine libre aussi bien que mes vœux ;
> Souffrez ma dureté, gardant votre tendresse,
> Et ne m'ordonnez point un acte de faiblesse. [37]

Ladislas se juge donc sans indulgence, mais refuse de renoncer aux mouvements passionnés qui le mènent. Le tenterait-il, d'ailleurs, qu'il ne le pourrait point. A l'acte III, quand Venceslas veut donner à son favori la récompense due à ses services, celui-ci s'apprête en tremblant à nommer l'infante. Ladislas, imaginant qu'il va nommer Cassandre, dont lui-même est en vain passionnément amoureux, l'empêche de parler, et justifie ainsi sa violente sortie aux yeux de son père :

> Pour souffrir son orgueil, Seigneur, et vous complaire,
> J'ai fait tous les efforts que la raison peut faire ;
> Mais en vain mon respect tâche à me contenir,
> Ma raison de mes sens ne peut rien obtenir.
> Je suis ma passion, suivez votre colère :
> Pour un fils sans respect perdez l'amour d'un père ;
> Tranchez le cours du temps à mes jours destiné,
> Et reprenez le sang que vous m'avez donné... [38]

Son attitude est comparable en face de Cassandre. Tour à tour, il proteste de son respect et de son « repentir profond », pour les violences qu'il a tenté naguère d'exercer sur sa personne, ou il éclate en explosions passionnées et injurieuses, à moins qu'il n'affecte pour elle un mépris sarcastique.

Après son crime, et quand il apprend que sa victime est non pas le favori de son père, mais son propre frère, il n'invoque, ni son erreur, ni ses exploits antérieurs, mais accepte la mort avec courage. On se rappelle les vers :

> S'il est temps de partir, mon âme est toute prête...
> Le coupable, grand roi, souscrit à votre arrêt ;
> Je ne m'en défends point, et je sais que mes crimes
> Vous ont causé souvent des courroux légitimes. [39]

Il ne s'agit pas, comme chez Théodora ou comme chez les assassins de Bélissaire, d'une conversion, d'une métamorphose du héros. Sa passion demeure aussi forte, et le jugement sévère qu'il porte sur lui-même est conforme à ceux qu'il formulait déjà aux premiers actes. C'est que, d'un bout à l'autre de la pièce, Ladislas n'a pas cessé d'être « généreux ». Ses crimes eux-mêmes étaient le signe paradoxal de sa noblesse, et comme le

37. *Ibid.*, I, 2.
38. *Ibid.*, III, 5.
39. *Ibid.*, V, 4.

moule en creux des actes vertueux qu'il était susceptible d'accomplir. Dès la première scène, Venceslas paraissait en avoir conscience, lorsqu'il déclarait à son fils :

> Cherchez un digne objet à cette humeur hautaine,
> Employez, employez ces bouillants mouvements
> A combattre l'orgueil des peuples ottomans,
> Renouvelez contre eux nos haines immortelles,
> Et soyez généreux en de justes querelles. [40]

Et c'est ce que le peuple tout entier semble découvrir, quand renonçant à sa haine il réclame au dénouement la grâce de son Prince. Ladislas criminel était à la recherche d'une vocation à la grandeur dont Ladislas roi découvrira enfin les véritables exigences. Marmontel (et la plupart des commentateurs qui l'ont suivi) trouvait choquant que dans les derniers vers de la pièce Ladislas exprimât son espoir de conquérir le cœur de Cassandre. Il se méprenait sans doute sur la véritable nature du personnage, dont la générosité pleinement manifestée efface aux yeux de Rotrou tous les crimes antérieurs. Il se méprenait aussi sur la nature de cette pièce, qui, malgré les situations tragiques qu'elle comprend, est une tragi-comédie. L'élévation de Ladislas au trône représente symboliquement la résolution des conflits intérieur et extérieur auxquels le déroulement de la pièce a fait assister le spectateur.

Les grands criminels de Rotrou ont tous en commun un certain nombre de caractères. Ils sont le théâtre d'une sorte de psychomachie. Le sort, représenté par une passion exigeante, finit toujours par l'emporter en eux sur les lois de la morale commune. Dans l'impuissant combat qu'ils livrent parfois contre leur passion peut résider une de leurs dimensions tragiques. Mais le plus souvent le conflit se résout, soit dans l'acceptation sereine ou exaltée d'une destinée infernale, soit dans la conscience d'une vocation grande qui doit, en dépit de ses fautes, assurer le salut du héros. L'essentiel est qu'au cours de la pièce cette acceptation n'est pas sans ombre, ni cette conscience sans inquiétude. Le tragique propre à Rotrou paraît consister dans la recherche incertaine et ambiguë en chacun des héros que nous venons d'étudier, d'un destin qu'ils savent exceptionnel, mais dont ils ignorent l'exacte nature. Ce tragique de l'incertitude trouve peut-être sa source dans un vers de Sénèque : « Haud, quid sit, scio ; sed grande quiddam est » [41]. Déjà, dans les pièces qu'il adressait à son maître et ami Candale, Théophile avait développé une sorte de mysticisme de la vocation personnelle. Il n'y avait à ses yeux qu'une seule forme d'héroïsme, toutes les autres lui paraissant entachées d'hypocrisie : celle de l'homme qui accepte son destin et sa nature, et s'applique, avec une méritoire imprudence, à coïncider parfaitement avec leurs inspirations [42]. Cette

---

40. *Ibid.*, I, 1.
41. *Thyeste*, v. 269.
42. Cf. éd. Streicher, I, p. 66 et 71.

attitude de l'acceptation dans la nuit a été une fois, dans le théâtre de Rotrou, celle d'un héros appelé à la sainteté. On n'a pas toujours souligné assez nettement, dans *Saint Genest*, l'opposition qui se manifeste entre l'acteur en sa conversion et l'acteur en son jeu. Tandis qu'Adrien, qu'il représente, concilie sa foi et un certain humanisme, et qu'il s'efforce, aux yeux de ses juges, de faire apparaître la conformité de la conduite des chrétiens à la morale commune, Genest se dépeint comme le théâtre d'une lutte entre les dieux et le Christ[43]. Le Ciel lui impose le baptême, qui lui est administré par un ange, et cet ange prend la place du souffleur pour inspirer à Genest tout ce qu'il devra dire[44]. Genest est ainsi devenu l'acteur du Ciel. Son «illustre crime», dont, comme les autres criminels de Rotrou, il revendique paradoxalement la responsabilité et réclame le châtiment, est, dans ce théâtre, le seul acte inspiré par les forces supérieures à l'homme qui ne soit entaché d'aucune ambiguïté. Encore faut-il remarquer que cette ambiguïté subsiste aux yeux de ses spectateurs antiques. Le préfet Plancien, faisant le récit de sa mort héroïque, y mêle l'horreur à l'admiration :

> Sa force en se tournant a paru plus qu'humaine.
> Nous souffrions plus que lui par l'horreur de sa peine ;
> Et nos cœurs détestant ses sentiments chrétiens,
> Nos yeux ont malgré nous fait l'office des siens. [45]

Attitude parfaitement symétrique de celle d'un Syroès devant la constance de Syra au moment de sa mort. Saint Genest est à Syra ce qu'Antigone était à Polynice. Les grands Saints et les grands criminels ont, dans ce théâtre, la même trempe. Aussi, au moment même où tout déchirement, où toute incertitude tragique a disparu de l'âme des héros de Rotrou, au moment où ils coïncident parfaitement avec leur vocation, les doutes s'installent dans l'esprit des assistants, sur la scène et, par contre-coup, dans la salle. Vrais ou faux, les criminels de Rotrou ne sont tragiques, dans les derniers instants de leur histoire, que parce qu'ils incarnent l'obscure grandeur des forces qui mènent le monde, et, à travers elle, l'inconfort de la condition humaine.

43. *Saint Genest*, II, 6 et II, 2.
44. *Ibid.*, IV, 6.
45. *Ibid.*, V, 6.

9

Rois de tragédies et de tragi-comédies*

Le théâtre de Rotrou comporte un grand nombre de personnages royaux. On n'a voulu retenir ici que ceux qui figurent dans des œuvres apparemment conçues comme œuvres de divertissement, à dénouement heureux (qu'il s'agisse de tragi-comédies ou de la comédie de *La Bague de l'oubli*) et de sujets modernes. Sur ces neuf pièces, cinq au moins sont inspirées par Lope de Vega et toutes sont écrites dans l'esprit de la *comedia* espagnole. Plusieurs d'entre elles font apparaître deux, voire trois souverains, ce qui porte à quinze le total des personnages étudiés. Quatre d'entre eux se situent au centre de l'intrigue, soit seuls, soit comme éléments d'un couple, et treize sont engagés dans une aventure amoureuse, celle-ci se terminant par un heureux mariage. Rotrou, on le voit, est un des dramaturges de sa génération qui ont, comme Scudéry ou Mairet, ouvert la voie à ce que Corneille appellera la comédie héroïque. Bien que la publication des œuvres qui nous intéressent s'étale sur une quinzaine d'années, il a semblé commode de les présenter suivant un plan thématique plutôt qu'en respectant une exacte chronologie. L'intérêt de celle-ci ne sera signalé que si elle paraît utile à une meilleure compréhension des personnages et des idées.

*
* *

Si l'on excepte *Agésilan de Colchos*, œuvre inspirée par *Amadis* (publ. 1637), l'aventure royale n'est jamais résumée dans des intérêts privés. La plupart des rois de Rotrou évoquent les responsabilités inhérentes à leur fonction, leurs rapports avec leur cour, leur famille, leurs sujets et leur domesticité, et les relations diplomatiques ou guerrières qu'ils

* *L'Image du Souverain dans les lettres françaises des guerres de religion à la révocation de l'Édit de Nantes*. Actes du Colloque de Strasbourg, Paris, Klincksieck, 1985. (« Rois de comédies et de tragi-comédies dans le théâtre de Rotrou »).

entretiennent avec d'autres souverains. Le prétexte de l'intrigue de *La Bague de l'oubli* (publ. 1635) est un mariage d'État auquel le roi Alfonse veut obliger sa sœur. *Laure persécutée* (publ. 1639) a pour point de départ un projet analogue entre les souverains de Pologne et de Hongrie. La guerre est évoquée comme une menace ou comme une pressante réalité dans *Les Occasions perdues* (publ. 1635), *L'Heureuse Constance* (publ. 1636), *L'Heureux Naufrage* (publ. 1637) et *Dom Bernard de Cabrère* (publ. 1648). Le rôle des flatteurs de cour et les vicissitudes des favoris font l'objet d'un intéressant développement dans *Les Occasions* (I, 2) et d'amères réflexions du roi lui-même dans *Laure* (II, 3). Le souverain est aussi un juge dès *La Bague de l'oubli* ; il doit récompenser de valeureux capitaines dans *Dom Bernard*, trancher entre deux neveux également aimés dans *Célie ou le Vice-roi de Naples* (publ. 1646), punir et gratifier à la fois un glorieux général dans *Dom Lope de Cardone* (publ. 1652) : il lui donne sa fille et le condamne à l'échafaud ; sa justification se résume ainsi :

> Je dispense où je dois et le prix et la peine :
> L'un n'est jamais douteux, l'autre est toujours certaine. (V, 2)

Dans ces diverses occasions, trois attitudes sont possibles : le caprice tyrannique, où une passion incontrôlée peut entraîner le personnage, une stricte justice, qui peut aboutir à des attitudes apparemment absurdes, ou la clémence augustéenne, qui est ici, comme chez Corneille, le plus bel emploi de l'autorité. A la fin de *L'Heureux Naufrage* comme à celle de *L'Innocente Infidélité* (publ. 1637), les souverains coupables s'accusent eux-mêmes de s'être conduits en tyrans. Aux dernières scènes de *Dom Lope*, convaincu par les prières de son fils, le roi dom Philippe fait enfin grâce au « cher criminel » qu'il devait punir en stricte justice :

> Trop sévère équité, suspends ici ta force,
> Et laisse ta balance incliner une fois
> Plus devers la douceur que la rigueur des lois.
> Oui, prince, je fais grâce à deux cœurs invincibles,
> Que je ne puis m'ôter sans des douleurs sensibles,
>
> ...
> Vous aidez ma clémence, et malgré ma menace,
> Je suis ravi, mon fils, de vous devoir leur grâce. (V, 4).

Quelle que soit cependant leur conduite, les rois de Rotrou sont présentés par leurs sujets vertueux comme ceux à qui est dû le respect, comme ceux qu'on doit servir sans en attendre de récompense. La déférence inspire la noble Parthénie, dans *L'Innocente Infidélité*, qui non seulement pardonne au roi son époux dont elle a été près de recevoir la mort, mais s'excuse de paraître en vie devant lui. Dom Bernard, dont le roi peut dire

> Je lui donne en vassal, et lui me donne en roi. (II, 2),

tant ses exploits imposent de reconnaissance au souverain, ne veut attribuer ceux-ci qu'au renom de celui qu'il a si bien servi (II, 3). Inversement, les rois justes doivent renoncer à tout caprice apparent ou réel, et s'imposer une lucidité et une discipline personnelle plus sévères que tout autre homme. Le caprice qu'une subite maladie inspire au roi de *La Bague* est la source de terribles dangers pour l'État (IV, 2). Un mouvement de dépit peut entraîner partout crimes et violences ; mais chez un roi c'est la guerre et la destruction d'armées entières qu'il peut provoquer (*Heureuse Constance*, III, 2 et 3). Dans *Dom Bernard de Cabrère*, le roi s'accuse d'un moment de distraction. C'est là, dit-il,

> un défaut aux princes,
> Qui doivent toujours mettre au bien de leurs provinces
> Leur plus présent objet et leur soin le plus haut. (I, 4).

Aussi bien le souverain est-il toujours observé par ses sujets, et doit-il à tout instant leur apparaître comme irréprochable :

> C'est un malheur d'un trône où l'on est élevé,
> Qu'être toujours en butte et toujours observé ;
> Qu'il ne soit mur si fort dans les palais des princes
> Que ne puissent percer les yeux de leurs provinces :
> Toutes les actions regardant leurs sujets
> De leurs sujets aussi sont toujours les objets ;
> Avec le peuple enfin ils partagent un titre,
> Et juges de l'État, l'État est leur arbitre. (I, 5)

Tous ces éléments pourraient se retrouver dans les tragédies de Corneille, dans celles de Rotrou lui-même, et dans ses tragi-comédies de couleur tragique (*Venceslas*, par exemple). Certes, comme on le verra, ils n'interviennent que de biais dans des intrigues où dominent les rivalités et les malentendus amoureux. Ils n'en sont pas moins présents, avec une insistance qui ne peut être dépourvue de signification. C'est la merveille du genre tragi-comique de pouvoir ainsi faire subsister ensemble les réflexions les plus graves et les développements les plus légers. Mais il ne s'agit peut-être pas là d'un pur et simple jeu. Ce que pratique la tragi-comédie de divertissement, ce n'est sans doute pas le mélange, mais l'association étroite des genres.

*
* *

Il est vrai que les rois de Rotrou ne sont pas toujours revêtus de la dignité qui nous paraît correspondre à leur rang. On les voit précisément se déguiser au sens premier du mot. Alfonse, dans *Les Occasions perdues*, se déguise en ambassadeur pour voir la reine de Naples sans être reconnu par elle comme roi. Une intention analogue conduit le roi de *L'Heureuse Constance* à prendre un habit de paysan. Le roi de Colchos prend un vêtement et un nom de fille pour s'introduire chez celle qu'il aime.

D'autres personnages royaux se laissent accabler par le sommeil, comme des bergers ou bergères de pastorales : cela arrive par deux fois, à la reine de Naples dans *Les Occasions* et au roi d'Aragon dans *Dom Bernard*. La première se détend ainsi des devoirs de sa charge. Le second compense par le sommeil diurne une nuit d'insomnie passée à rêver d'amour ; Dom Bernard et ses exploits ne parviennent pas à le maintenir éveillé :

> En vain dans cet excès de gloire et d'allégresse
> Je tâche à résister au sommeil qui me presse. (II, 3)

Certains apparaissent vraiment comme personnages comiques. Les postures du roi Alfonse, dans *La Bague*, le rendent en apparence plus fou encore que son bouffon ; revenu à la raison, il feindra lui-même d'être toujours sous le charme de l'anneau pour confondre par ruse ses traîtres sujets. Le plaisant Darinel se moque insolemment de son maître Agésilan roi de Colchos quand celui-ci vante ses propres charmes et ses succès amoureux (où cependant il n'entend pas s'engager) : cela ne l'empêchera pas de tomber passionnément amoureux de Diane, à la simple vue d'un portrait. Dans *Laure persécutée*, le roi de Hongrie est tour à tour trompé (il s'éprend, sous un faux nom et à la faveur d'un faux récit, de celle que son fils aime malgré lui) et trompeur (il organise une mascarade pour détacher le prince de celle qu'il aime et s'amuse de sa déconvenue). Le roi de *Dom Bernard*, déjà ridiculisé par le sommeil qui l'a pris en écoutant les récits de son favori, l'est encore en se laissant entraîner dans un quiproquo à rebondissements divers (III, 4 à 6). Ces rois, si jaloux qu'ils soient de leur autorité, ne savent pas résister à des enchantements qui risquent de faire d'eux des pantins ou des esclaves. On connaît assez les effets de la bague magique sur le roi Alfonse : il ne connaît plus ses proches, il prend des décisions contradictoires à quelques minutes d'intervalle, il apparaît avec toute la faiblesse et l'ignorance de son rôle que connaîtra plus tard le Bérenger Ier d'Ionesco. Pires sont les effets que la bague de la sorcière Hermante produit sur le cœur et l'esprit de Félismond, personnage principal de *L'Innocente Infidélité*. Son visage s'altère, sa voix se trouble, il s'enfuit du temple même où son mariage vient d'être célébré. Dès lors, et tant que durera le charme, il demeurera l'esclave de sa maîtresse, tout en ayant une conscience parfaite de sa conduite criminelle. Ce qui permettra enfin à celle-ci de triompher en blasphémant :

> Le ciel bien mollement soutient une couronne ;
> Et cette autorité qu'on attribue aux dieux
> Est de notre faiblesse un voile spécieux. (V, 2)

On voit bien que la bague enchantée d'Hermante est symbolique. Le véritable charme dont sont surpris les cœurs des rois est celui de la passion amoureuse. La force de celle-ci, et par contre coup la fragilité de la volonté du personnage royal, réside dans sa soudaineté. Dans la plupart des exemples d'amour princier que propose Rotrou, on assiste à une brusque mutation qui d'un personnage jusqu'alors maître de soi comme de ses sujets fait le sujet d'un dieu et l'esclave d'un humain. Quelques citations sont ici nécessaires.

Hélène, dans *Les Occasions perdues*, évoquant Clorimand, à qui elle vient de sauver la vie :

> Que ce jeune étranger a touché mes esprits !
> O chasse infortunée, où mon cœur se voit pris !
> Chasse vraiment étrange et fatale à ma joie,
> Où celle qui chassait elle-même est la proie ! (I, 3)

Agélisan de Colchos, à la vue du portrait de Diane, retrouvant des accents malherbiens :

> O rare et divine merveille !
> Telle n'est la mère d'Amour
> Quand à l'univers qui sommeille
> Elle vient annoncer le jour. (*Heureuse Constance*, I, 2).

Le roi de Hongrie, apercevant Rosélie ; et s'adressant à Timandre, qu'il ne sait pas être le frère de la jeune fille (*Heureuse Constance*, I, 2) :

> Crois-tu que la nature ait produit un visage
> Beau comme cet objet de mon nouveau servage ?

Salmacis, dans *L'Heureux Naufrage*, venant de recueillir l'infortuné Cléandre :

> Ce prince, révéré de l'empire des flots,
> Qui conserva ses jours sans l'art des matelots,
> Tout pâle et tout changé par l'effort de l'orage,
> Même en ce triste état ébranla mon courage... (II, 2)

Le roi de Hongrie, à l'apparition de Laure (*Laure persécutée*, II, 5) :

> Ah ! comte, de quels traits de lumière et de flamme
> Je sens percer mon cœur !

Il s'agit là, certes, d'un lieu commun de la poésie amoureuse. Mais quand le genre concerné est le théâtre, et le personnage un roi, quand le sentiment né soudainement est suivi de conséquences graves pour ce roi comme pour ceux qui dépendent de lui, la banalité du thème fait place à son efficacité, et cette efficacité est redoutable jusqu'à renverser l'ordre même de l'État. On sait ce que plus tard seront les amours de Néron, de Roxane et de Phèdre.

Au dénouement, Alfonse, de *La Bague de l'Oubli*, et Dom Pèdre, dans *Dom Bernard de Cabrère*, épouseront celles qu'ils aimaient d'un amour au départ plus libertin que vertueux. Agésilan obtiendra la main de Diane. Mais tous les autres renonceront à un amour trop soudainement conçu, pour s'unir à des rois ou à des reines ou à des princesses plus convenables à leur rang et à leur devoir. Cette issue est présentée plusieurs fois comme un effet de l'action providentielle. Ainsi en est-il dans *Les Occasions perdues*, dans *Laure persécutée*, et dans *Célie ou le Vice-Roi de Naples*.

*
* *

Ces dénouements ne sont pas postiches. La tragi-comédie est, comme la pastorale, le ballet de cour et l'épopée, un genre certes optimiste, mais sérieux. Il comporte une leçon. Les plus puissants parmi les hommes sont encore des hommes, soumis à toutes les tentations, sujets à toutes les faiblesses. Plusieurs des tragi-comédies étudiées sont dédiées au roi, à la reine, aux plus hauts personnages du royaume de France. Elles veulent peut-être leur enseigner une certaine méfiance à l'égard de passions qu'ils peuvent prendre pour des intuitions répondant à la grâce ou aux privilèges de leur état. Elles entendent peut-être aussi traduire le courage qu'il leur faut assumer pour remplir pleinement leur rôle d'arbitre des humains, qui suppose de leur part une heureuse maîtrise de soi. Elles signifient encore l'ambigu mystère qui les entoure, et qui fait que leurs fautes elles-mêmes peuvent être paradoxalement des signes de leur vocation à la grandeur. Elles sont enfin pénétrées d'un providentialisme (que retrouvera Claudel) selon lequel les actes des rois, comme généralement les actions des hommes, sont mêlés de lumières et d'ombres, mais répondent à une économie générale de l'histoire, où rien, jamais, n'est totalement inutile.

10

Ordre humain et ordre divin
dans *Saint Genest**

A la cour de l'empereur Dioclétien, l'acteur Genest interprète, en prélude aux noces de la princesse Valérie et du césar Maximin, le rôle du martyr Adrien. Pendant cette représentation, Genest se convertit. Il proclame publiquement sa foi et subit à son tour le martyre. Tel est le sujet que Rotrou propose, sous la régence d'Anne d'Autriche, à un public « né chrétien et français ». Il ne pouvait scandaliser personne.

Mais sous ce sujet avouable, le thème qui retenait le poète aurait pu sembler autrement inquiétant. Rotrou traitait en effet de l'efficacité du théâtre, comme *moyen de transformer le monde*. Son œuvre comportait donc, à la fois, une apologie du théâtre (entendu comme un art « sérieux » et « moral »), mais aussi une problématique de l'*opus dramaticum* (où l'illusion pourrait bien rejoindre les réalités les plus essentielles). Le spectacle ici évoqué dans le spectacle en venant à se nier lui-même *en tant que spectacle*, *Saint Genest* constituait l'ironique remise en question du théâtre « d'illusion », tel qu'il pouvait être conçu au lendemain de la mort de Louis XIII.

*
* *

On évoque souvent, comme une des pièces du dossier favorable au théâtre en ces années où se ranime la querelle pour ou contre les spectacles, les tirades de *Saint Genest* où les personnages impériaux et les comédiens eux-mêmes rappellent la dignité, la politesse et l'éclat de la tragédie de leur temps (il faut entendre : à la manière de Corneille). L'apologie directe, placée dans la bouche d'un Genest, d'un Dioclétien ou d'une Valérie, prend en fait une signification plus inquiétante quand c'est le

* *Revue des Sciences Humaines*, 1972.(« Ordre humain et ordre divin dans *Saint Genest* de Rotrou »).

bourreau Maximin qui la prend à son compte, comme étant celle d'un genre qui doit lui attirer toujours plus de gloire, en justifiant *a posteriori* son action de justicier.

> Oui, crois qu'avec plaisir je serai spectateur
> En la même action dont je serai l'acteur.
> Va, prépare un effort digne de la journée
> Où le Ciel, m'honorant d'un si juste hyménée,
> Met, par une aventure incroyable aux neveux,
> Mon bonheur et ma gloire au-dessus de mes vœux. (I, 6)

Dix années plus tôt, Rotrou a dédié son *Hercule* à Richelieu. *Genest* est dédié à Mazarin. Ironie involontaire peut-être : la vision du théâtre qui est celle de Maximin est exactement la même que celle des cardinaux ; elle tend à la glorification du pouvoir politique et de ceux qui le détiennent.

Mais l'apologie indirecte du théâtre présente dans les thèmes et la structure de l'œuvre est plus curieuse encore. Le drame représenté devant le noble public des princes et de leurs courtisans n'est pas seulement un divertissement, comme le voudraient Dioclétien et Valérie, ni l'hymne de louange qu'y cherche Maximin. Il figure une réalité mystérieuse dont la portée ne se peut mesurer. Dans *L'Illusion* de Corneille, il n'y avait doute ou illusion que pour le père de Clindor et pour le spectateur. Une fois toute ambiguïté dissipée, l'un et l'autre était réintroduit dans un monde familier et rassurant. Le jeu théâtral se justifiait en ce qu'il pouvait s'accorder à la conception reçue de la société, à laquelle s'intégrait aisément le monde des comédiens de profession, honorables par leur vie, l'argent qu'ils gagnaient et les liens qu'ils entretenaient avec les grands de ce monde. Dans *Genest* au contraire, l'illusion théâtrale envahit tout : le monde des spectateurs, le monde des acteurs qui regardent leur camarade inspiré, et le cœur même de Genest, qui ne sait plus s'il est encore sur une scène, et victime de la farce d'un camarade, ou aux marges du Ciel, où Dieu et ses anges le convoquent. Dans la mesure où il devient impossible de préciser la nature du théâtre, où le poète le présente comme une réalité à double sens, l'un humain et tangible, l'autre surnaturel et seulement pressenti, le théâtre est un *mystère*. Il participe de ce qu'on peut imaginer de plus « sérieux » sur cette terre. Il se distingue mal, au reste, de la vie tout court :

> Ce monde périssable et sa gloire frivole
> Est une comédie où j'ignorais mon rôle. (IV, 7)

Il se sépare donc de l'art conçu comme *imitation* de la vie, pour devenir révélation de cette vie en attendant d'instituer son procès. Nous sommes bien loin des catégories aristotéliciennes.

Saint Genest ne peut être confondu avec aucune des tragédies de Corneille, voire avec aucune des autres tragédies de Rotrou. Présenter un comédien qui se convertit devant un parterre princier qui ne comprend pas ce qui se passe est esthétiquement et socialement révolutionnaire. Le héros de cette singulière « tragédie » n'est pas conforme aux normes. Dans son *Sanctus Adrianus*, le Père Cellot mettait en scène un noble personnage que des considérations humanistes poussaient à s'apitoyer sur le sort des chrétiens et que sa raison même conduisait à la dévotion. Polyeucte, malgré ses insolences, était issu d'une famille royale et l'on reconnaissait aisément dans sa conversion l'extrême aboutissement du constant effort de dépassement dont les « grands cœurs » étaient seuls susceptibles. Genest n'est pas noble. Il rappelle l'« abjecte fortune » qui est la sienne (I, 5). Il est mené, contrairement à Adrien (et, dans une certaine mesure, à Polyeucte), par des forces mystérieuses qui le dépassent et qui dépassent tous les assistants. Si Dioclétien et sa cour ne peuvent évidemment pas le comprendre, les spectateurs du XVIIe sont-ils bien sûrs de le pouvoir, et même en ont-ils le droit ? Qu'il s'agisse de l'empire romain ou de la monarchie très chrétienne, Rotrou fait intervenir Dieu (contrairement à toutes les bienséances) dans une société et dans un monde politique minutieusement organisés et hiérarchisés, et les remet brutalement en question. Le drame de la conversion et du martyre, éclatant dans l'univers du quotidien, atteste qu'il n'y a pas de quotidien et que toute sécurité est trompeuse. L'irruption de l'absolu dans le monde du divertissement, celui de la cour romaine ou celui de la tragédie mondaine du XVIIe siècle, atteste le refus d'une intégration pure et simple de la structure dramatique dans la structure politique et sociale d'une époque donnée, et la volonté de rendre compte de cette dernière par son insertion dans un cadre infiniment plus large, celui de l'ordre divin.

*
* *

Ce renversement de l'ordre établi est visible dans la structure de l'œuvre écrite, et plus encore si l'on imagine cette œuvre représentée devant le public moderne. Les spectateurs impériaux pensent, au début de la tragédie, qu'ils vont assister à la représentation du martyre d'Adrien, et verront donc bafoué et ridiculisé une fois de plus cet homme qui jadis s'est pris pour le fils de Dieu. Les spectateurs français, tout en pensant qu'ils jouissent par rapport aux premiers d'un avantageux recul, tendent d'abord à se confondre avec eux, notamment quand Genest, en des vers célèbres, rappelle l'œuvre de Corneille, et ces tragédies qui

> Portent les noms fameux de Pompée et d'Auguste. (I, 5)

Ils sont encore portés par la même illusion quand, dans son dialogue avec le décorateur, par un anachronisme non dépourvu de signification, le héros évoque un décor de tragi-comédie moderne (II, 1). Dès lors, *Saint Genest* entendu comme une tragédie « classique » suppose les cercles concentriques ainsi disposés :

> (Cour de France (Cour romaine (Monde du théâtre (Monde de Dieu.

Les deux cours entendent dominer, par leur autorité et leurs exigences, le monde du théâtre, qui leur est soumis. Mais la seconde veut par surcroît que le service rendu par le théâtre soit l'abolition du monde divin, la négation du Royaume.

La conversion de Genest, accomplie en IV, 7, suspend en fait le mouvement de négation qui devait aboutir à la mort d'Adrien. Celle-ci en effet n'est pas représentée, et donc la tragédie intérieure ne s'achève point, comme pour entretenir jusqu'au bout un doute obstiné dans l'esprit des spectateurs. Plus encore, l'acteur Genest, en se préparant à sa propre mort, la présente non seulement comme accession à la vraie vie, mais encore à la vie d'un acteur de Dieu, participant d'une société qui dépasse ou qui nie la société humaine. Au souffleur humain se substitue un ange (v. 1300). Ce n'est plus Dieu qui est l'objet de la comédie, mais le monde lui-même « et sa gloire frivole » (v. 1304). Méprisant la « grâce » de César (v. 1395), Genest attend du Ciel, devenu son vrai public, « grâce » et « prix » (v. 1313-1314). Un ordre nouveau s'instaure, qui explique l'ancien, et peut même lui rendre hommage (Adrien et Genest reconnaissent la grandeur de Rome et de l'empire), mais qui le dépasse, et qui, par la médiation du discours théâtral, dénonce sa faiblesse et le fait apparaître comme dérisoire.

Les spectateurs romains ne peuvent entièrement comprendre cette leçon d'humilité et d'inquiétude spirituelle : ils ne peuvent que s'étonner. Les spectateurs français, nés chrétiens, et qui savent que le martyre de Genest et de ses compagnons a mystérieusement préparé l'Édit de Milan de 313 et la réconciliation de l'empire et du christianisme, doivent entendre cette leçon. Bien plus, ils doivent comprendre qu'elle les condamne, dans la mesure où ils s'attachent à la gloire mondaine, aussi sévèrement que l'augustinisme d'un Saint-Cyran. Les cercles concentriques de la tragédie humaine doivent donc faire place à une disposition exactement inverse :

(Monde de Dieu (Monde du théâtre (Cour romaine (Cour de France.

**

Saint Genest échappe ainsi, avec une ironie singulièrement vigoureuse, aux limites en principe imposées à la tragédie de son temps, et qu'il n'accepte apparemment que pour mieux les transgresser. Drame d'allure résolument moderne, il se crée à la fois son objet (la peinture d'un anti-héros, exalté par un sacrifice non préparé), son idéologie (une remise en question de la société humaine) et son esthétique (fondée sur les correspondances et l'ironie). Il rappelle aux exigences du paradoxe chrétien et des Béatitudes une société portée à s'admirer soi-même comme image accomplie de la *civitas christiana*.

11

De l'horrible danger de l'imitation*

De Platon à Ribadeneira

On sait depuis Aristote que la poésie dramatique est fondée sur l'imitation : le poète imite la nature, l'acteur les personnages qu'il doit représenter. Le jeu ne va pas sans risque. Le Platon de la *République* considérait avec plus de faveur le « rhapsode » qui se contentait de réciter un poème héroïque né de sa plume ou de celle d'Homère que l'acteur qui jouait les personnages de comédie : pour lui comme pour les enfants qu'on éduque l'imitation « devient une seconde nature, qui change le corps, la voix et l'esprit »[1].

Le XVIIe siècle, plus proche du Marivaux des *Acteurs de bonne foi* que du Diderot du *Paradoxe*, évoque souvent le danger qu'une imitation trop parfaite peut faire courir, soit au spectateur naïf, soit à tel ou tel membre d'une troupe comique : le premier, selon *La Pratique du théâtre* de l'abbé d'Aubignac, s'imagine voir, non l'acteur Floridor, mais Horace lui-même[2]. Plus tard, *Les Fourberies de Scapin* ont plaisamment transposé cette théorie de l'illusion : Octave, en entendant Molière-Scapin imiter son père, ne fait pas de différence entre jeu théâtral et réalité et s'enfuit en s'« imaginant » qu'il entend ce père lui-même[3]. Émotion comparable à celle du père de *L'Illusion comique* prenant pour vraie la feinte mort de son fils[4]. Déjà, en 1629, la *Célinde* de Baro présentait une jeune fille qui, jouant le rôle de Judith, poignardait réellement son amoureux Floridan. Et au prologue de *La Comédie des comédiens*, l'« orateur » Bellerose cite le

* *Revue de la Comédie Française*, janvier 1988. (« De l'horrible danger de l'imitation. Réflexions sur le théâtre français au second quart du XVIIe siècle »).

1. *République*, livre III. Texte cité par M. Borie, M. de Rougemont et J. Scherer dans *Esthétique théâtrale*, SEDES, 1982.

2. *La Pratique du théâtre*, II,6.

3. *Les Fourberies de Scapin*, I, 3.

4. *L'Illusion comique*, V, dernière scène.

cas de deux acteurs qui se sont quasi entretués parce qu'ils ont transformé une joute oratoire en une joute armée[5]. Il n'y a donc pas lieu de s'étonner si à quelques mois d'intervalle le comédien-poète Desfontaines et le dramaturge Jean Rotrou ont proposé une adaptation française du *Feint véritable* de Lope de Voga, où l'acteur Genest, devant représenter par dérision le baptême d'un chrétien devant la cour de Dioclétien, se trouve véritablement converti par l'eau que son rôle l'oblige à recevoir. Ici et là, on croit déjà voir mis en application le « comme si vous croyiez » du *Pari* de Pascal. Il n'y a rien de subversif dans l'agenouillement de l'honnête homme des *Pensées* qui imite ce qu'il voudrait devenir. Il n'y a rien de scandaleux non plus, en principe, dans celui du héros de Lope et de Rotrou qui imite ce qu'il croit ne devoir jamais être. Aux années même où se jouaient les deux pièces françaises paraissait à Rouen une traduction des *Fleurs des vies des Saints* de l'Espagnol Ribadeneira (1645-1646) : à la date du 25 août s'y trouvait conté le martyre du comédien Genest (303) ; parfaitement conforme à la tradition des Martyrologes, le récit y suppose bien que l'eau « profane » reçue par l'acteur devient véritablement eau baptismale, efface les péchés de Genest et lui apporte de surcroît la grâce d'une vision béatifique.

L'orthodoxie chrétienne rejoignait aussi la doctrine platonicienne ; elle faisait plus, en sacralisant la même « imitation » que l'auteur de la *République* redoutait en raison des dangers qu'elle faisait courir aux imitateurs.

Un théâtre conscient d'être théâtre

Quand Rotrou fait représenter *Saint Genest*, vraisemblablement en 1645, la poétique théâtrale est parvenue, en France, à une sorte de perfection non dépourvue d'ambiguïté. La Mesnardière, Scudéry et Sarasin ont médité sur les genres et les règles[6]. D'Aubignac a déjà rédigé plusieurs chapitres de sa *Pratique du théâtre*[7]. On sait, en principe, distinguer les modes d'écriture qui caractérisent respectivement la comédie et la tragédie[8]. Mais la sévérité de la doctrine, en assurant la solidité des formes théâtrales, invite aussi à jouer insolemment avec elles : on pratique toujours les genres mixtes de la tragi-comédie et de la pastorale ; on introduit, à l'intérieur d'une comédie, la représentation d'une tragédie ; on s'amuse, comme dans *Les Songes des hommes éveillés* de Brosse (1646), à faire éclater une comédie en scènes également comiques ou agréablement

5. Gougenot, *la Comédie des comédiens*, I, 1 (1633).

6. La Mesnardière, *Poétique*, 1639 ; Scudéry, *Apologie du théâtre*, 1639 ; Sarasin, *Discours en tête de L'Amour tyrannique* de Scudéry, 1640.

7. En 1639, La Mesnardière évoque le travail de l'abbé d'Aubignac comme très avancé.

8. Voir en particulier les textes de Chapelain publiés à partir de sa préface à l'*Adone* de Marino (1623).

burlesques, où jouent des personnages qui ignorent le rôle que d'autres leur imposent[9]. C'est qu'on sait désormais qu'il existe un art général de la poésie représentative et qu'à l'intérieur de ce vaste ensemble les divers sous-genres se répondent et se font écho les uns aux autres. A une période ultérieure et apparemment plus « sage », Molière transposera dans *L'École des femmes* un dialogue de *Sertorius*, Racine imitera *Le Cid* dans une scène des *Plaideurs* et *L'Avare* dans l'acte des ruses de *Mithridate*. Pour l'instant, les intervalles qui séparent la tragi-comédie de la tragédie, la pastorale de la comédie et la comédie de la farce autorisent les poètes un peu audacieux à découvrir des formules très variées de poèmes dramatiques. Dès 1634, le thème de *L'Hôpital des fous* traité dans une comédie de Beys permettait au poète d'étourdissantes et plaisantes variations sur une réalité redoutable, que ses protagonistes savaient utiliser à leur profit en feignant une déraison qui n'était pas leur ; plus tard, dans sa *Comédie sans comédie* (1655), le jeune Quinault affirmera une autre forme de virtuosité en enchâssant à l'intérieur d'une intrigue matrimoniale des dialogues inspirés tour à tour par les genres de la tragédie, de la tragi-comédie, du théâtre à machines et de la farce. D'autres poètes manifestent, dans les années 1640-1645, leur conscience de l'unité et de la variété du mode représentatif en donnant tour à tour des œuvres aussi différentes que possible dans l'inspiration et la tonalité : *Horace, Polyeucte* et *Le Menteur* se suivent de près dans la carrière de Corneille, qui bientôt en 1649-1650, inventera la « comédie héroïque » avec *Don Sanche* et portera à sa perfection, avec *Andromède*, le genre nouveau de la tragédie à machines.

Savoir que le théâtre, sous toutes ses formes, est Théâtre, c'est connaître à la fois sa puissance et son caractère ludique. Tout y est réel, tout y est fantaisie, ou plutôt l'illusion théâtrale peut affecter deux signes opposés : tantôt, le spectateur peut imaginer qu'il voit en effet Floridor, tantôt il peut se croire transporté à Rome dans le palais des Horace : dans le premier cas, comme le père de *L'Illusion comique*, il attribuera à l'acteur les aventures du personnage ; dans le second, il prêtera au personnage les caprices de son interprète : *L'Impromptu de Versailles* a souvent fait confondre Molière auteur et acteur avec Molière personnage de comédie. Cas-limite, certes. Mais on constate déjà que les spectateurs princiers du *Martyre d'Adrien* se demandent si Genest « manque » certaines répliques de son rôle ou s'il représente le personnage mieux que ne le prévoyait le texte primitif[10].

Dans la première moitié du XVIIᵉ siècle, la décoration théâtrale elle-même permettait de semblables hésitations. La scène des années 1630-1640 dévoilait au spectateur un décor multiple où, de manière comparable à la tradition des mystères, les différents lieux de l'action étaient représentés simultanément. Il arrivait encore qu'on représentât à la fois le ciel, les

---

9. Voir l'édition de G. Forestier, S.T.F.M., 1984 ; du même auteur, *Le Théâtre dans le théâtre*, Droz, 1981.

10. IV, 4-5.

enfers et divers théâtres de l'action simplement humaine. Mais cette organisation toute conventionnelle s'accommodait d'éléments « réalistes » favorisant l'illusion de la présence des objets représentés : pour *Les Vendanges de Suresnes* de Pierre du Ryer (1633), le décorateur mêlait quelques véritables grappes au raisin peint sur la toile[11]. L'année précédente dans *La Galerie du Palais*, les indications de Corneille lui-même supposent qu'on proposait aux clients de vrais livres et de réelles dentelles. On songe à Sarah Bernhardt qui voulait porter en scène des bijoux authentiques. Dans les années qui ont suivi, les lieux représentés se sont réduits progressivement en nombre jusqu'à atteindre une parfaite unité : le palais à volonté ou le carrefour comique ou ce qu'on a appelé la chambre de Molière peuvent prétendre à créer la totale illusion : mais en réalité ces divers lieux obligent tous à l'acceptation de conventions nouvelles ; le même dispositif, moyennant quelques changements dans les accessoires, évoque tour à tour la chambre d'Émilie ou la salle du trône d'Auguste ; au carrefour comique se rencontrent ou monologuent des personnages qui devraient être en visite les uns chez les autres. *Saint Genest* présente une solution intermédiaire : à l'intérieur d'une décoration unique, le jeu des rideaux permet de faire apparaître, ici le « théâtre » où l'acteur va représenter Adrien, là la prison où il sera enfermé ; l'illusion de l'unicité et de la continuité dans l'action est contredite par la diversité des lieux figurés sur le plateau.

A la fin du gouvernement de Richelieu et au début de celui de Mazarin, le théâtre tend à n'être que jeu : en témoignent l'œuvre des « Cinq Auteurs » sous le premier et le théâtre à machines inspiré des Italiens sous le second. Certes, l'un et l'autre peuvent chanter la gloire du souverain et du ministre sous le voile d'un divertissement allégorique. Mais la tragédie des mêmes années, celle de Corneille, de Tristan ou de Scudéry, est aussi l'occasion de présenter de graves problèmes politiques ou religieux : Scudéry dans *La Mort de César* et Corneille dans *Cinna*, comme Tristan dans *La Mort de Sénèque*, traitent le sujet de la conjuration à un moment où celle-ci est véritablement d'actualité. Qu'est-ce alors que le théâtre ? jeu conformiste destiné à distraire sans le choquer un noble public soucieux d'être respecté, ou remise en question des certitudes de ce même public ? Les tréteaux peuvent devenir tribune, ou mieux tribunal, et *Cinna* ou *Polyeucte* saluer tour à tour ou contester une autorité sans doute légitime et glorieuse, mais née de l'usurpation. Et jusqu'à *Théodore* et *Saint Genest*, les tragédies de saints peuvent insinuer que le droit divin des souverains est limité par l'imitation de ce Dieu dont il se réclame.

Le théâtre est-il le lieu de la virtuosité et de la fantaisie ? Elles sont toutes deux présentes dans les comédies de Le Metel d'Ouville, qui adapte dans *L'Esprit follet* (1638 ?) ou dans *La Dame suivante* (1643) des comédies de Calderón où les déguisements, les jeux avec le décor, la narquoise

---

11. *Mémoire de Mahelot*, éd. Lancaster, Champion, 1920, p. 94.

allusion à l'actualité paraissent n'avoir d'autre objet que la délectation du public. Mais Calderón est aussi l'auteur de *La Vie est un songe*, « comedia » des années 1630 où l'inquiétude du personnage central sur sa propre identité traduit celle, plus fondamentale, de l'homme de l'époque baroque, annonçant un célèbre alexandrin involontaire de Pascal : « Car la vie est un songe un peu moins inconstant » [12].

De quelques hantises de Rotrou

L'œuvre de Rotrou, qui se déploie de 1629 à 1650, parallèlement à celle du Corneille de la jeunesse et de la maturité, est tributaire de l'évolution générale du théâtre de son temps. Le poète de Dreux a joué sur tous les claviers : comédies d'allure pastorale ou tragi-comique, comédies inspirées de Plaute, tragédies inspirées par la mythologie ou par l'histoire. Il a exploité toutes les ressources techniques offertes alors par la scène de l'Hôtel de Bourgogne : décoration multiple, changements à vue, bruitages élaborés. Il a plusieurs fois suggéré à ses interprètes des jeux de scène qui nous renseignent aujourd'hui sur les attitudes et les gestes de l'acteur de la première moitié du XVIIe siècle : longs silences, mimiques expressives, « grands pas » de personnages arpentant la scène aux moments des grandes décisions. Il a aimé le spectacle pour le spectacle, plus que la plupart de ses contemporains. L'époux de *Crisante*, à la fin du dernier acte, s'enfonce une épée dans le corps après avoir assisté au suicide de son épouse (1635). L'héroïne de *L'Heureuse Constance* médite un long moment devant la couronne que lui a fait envoyer le souverain qu'elle ne veut pas épouser (1633). Surtout, il est revenu constamment sur le thème de l'incertitude de l'homme touchant sa propre identité. Ses modèles, antiques, espagnols ou italiens, l'y invitaient. Mais il a su choisir dans ses sources et accentuer parfois ce qui n'était en elles qu'indications ou hypothèses.

Il est curieux qu'il n'ait retenu du théâtre de Plaute que les comédies du dédoublement : les jumeaux des *Ménechmes* (1630-31), *Les Sosies* (titre plus parlant que celui du modèle : *Amphitryon*) ou *Les Captifs* (1636 et 1637). *La Sœur*, imitée de l'Italien Della Porta, et dont la représentation a précédé de peu celle de *Saint Genest*, est fondée sur une hésitation comparable : qui est la sœur du jeune premier, celle qu'il aime, ou *quelqu'un d'autre* ?

Quand il emprunte aux tragiques anciens, Rotrou choisit de préférence les mythes sacrificiels, où le héros, apparemment voué au bonheur

12. *Pensées*, éd. Brunschvicg, § 386.

N.B. — On trouvera dans le volume de J. Scherer, *Théâtre du XVIIe siècle*, I, Gallimard, Pléiade, 1975, une excellente mise au point sur le théâtre de cette époque, des notes bibliographiques utiles et le texte, commenté et annoté, de *Saint Genest* et de plusieurs autres œuvres dramatiques de Rotrou. Voir aussi J. Morel, *Littérature française*, *III*, Arthaud poche, 1986.

terrestre, doit, quand il a pris conscience de ce qu'il est réellement, périr glorieusement ou ignominieusement pour renaître dans la gloire : c'est *Hercule mourant* qui après des amours plus complaisamment évoquées que chez Sénèque, subit la double épreuve de la robe empoisonnée et du bûcher avant d'apparaître dans la splendeur de la divinisation (1634) ; ou *Antigone*, dont la mort paraît mimer le sacrifice du Christ (1637) ; ou *Iphigénie*, naïve amante, fille pieuse prête au don total, et finalement enlevée par Diane aux rives de Tauris pour y être sa prêtresse (1640). Ces drames deviennent chez le poète mythes d'éducation, c'est-à-dire, en l'occurrence, de la progressive découverte de la vocation qui appelle le héros. Héros, ou saint ? Le récit de la mort d'Hercule le montre entrant dans le bûcher « comme en un lit de fleurs » (V, 1). Iphigénie s'apprête à mourir « d'une mort plus belle que la vie » (IV, 5).

Après *Saint Genest*, adaptant une autre œuvre espagnole, le *Venceslas* de Rojas, Rotrou métamorphosera successivement le prince criminel Ladislas en héros prêt à mourir avec constance (« mon âme est toute prête », V, 4) et en roi juste, lavé de ses fautes et oubliant de plus celles qu'on peut avoir commises contre lui (V, 9).

Dans les différents genres qu'il a cultivés, les héros de Rotrou ne sont jamais exactement ce qu'ils croient être et ce que leur première apparition peut faire croire d'eux. Ils deviennent ce qu'ils sont, soit par une progressive découverte, soit grâce à une soudaine révélation. Qu'ils jouent d'abord un rôle (comme les amants inconstants de la pastorale), qu'il leur soit imposé au départ un personnage qu'ils ne sont pas vraiment (comme les héros des comédies plautiniennes) ou que des forces supérieures aux forces humaines les obligent, par un secret et bizarre cheminement, à endosser successivement diverses défroques (comme dans les tragédies à l'antique ou à l'espagnole), ils ne deviennent eux-mêmes qu'à l'instant où le dénouement leur apporte, et apporte à ceux qui les regardent, l'éclatante lumière de la vérité. Mais c'est dans *Saint Genest*, et dans *Saint Genest* seulement, que cette vérité se trouve clairement préfigurée dans le rôle d'abord assumé comme simple imitation. Ce en quoi cette œuvre, la plus « édifiante » de toutes celles de Rotrou, est aussi la plus inquiétante.

Saint Genest *tragédie de la subversion*

Rotrou a dédié sa tragédie à Mazarin. Dédicace inconsciemment ironique : Mazarin est gardien d'un ordre de la fête et singulièrement du théâtre qu'il hérite de Richelieu. Il hérite aussi du même Richelieu la conscience d'un ordre politique à préserver. Qu'en est-il au juste dans *Saint Genest* ?

Toute régulière qu'elle est formellement (comme était *L'Illusion comique*, cet « étrange monstre » selon Corneille lui-même), la pièce ménage peu les « valeurs » théâtrales admises : elle se présente au départ comme le reflet d'un divertissement offert à la cour d'un prince à l'occasion du mariage de sa fille : que sera-ce ? une pastorale, un ballet ou une tragédie prudente malgré ses aspects de remontrance comme avait été *Cinna* ? On pourrait pencher pour la première hypothèse, en se souvenant qu'à la première scène est conté un songe où paraît un berger ; ou pour la seconde, en se référant à l'éloge indirect de Corneille inséré à la fin du premier acte. En réalité, Rotrou rompt ici avec les conventions de tous les genres dramatiques cultivés en son temps : les trois protagonistes, Dioclétien, Maximin et Genest sont tous trois d'humble origine. Ni princes déguisés ou longtemps passés inaperçus comme tels, comme ceux de la pastorale, ni bergers d'Arcadie destinés de tout temps à gouverner les peuples : des parvenus, qui n'ont donc leur place dans aucun genre, sérieux ou comique. L'un a réussi grâce à ses exploits, l'autre par l'adoption impériale, le troisième par son talent d'acteur. *Saint Genest* se démarque donc clairement du genre pastoral ou de la tragi-comédie d'aventures. Il ne s'agit pas non plus d'une tragédie politique : certes, à plusieurs reprises, la gloire de Rome et la grandeur de ses princes se trouvent précisément évoquées. Mais il ne s'agit que d'un « monde périssable » où Genest « ignorait *son* rôle » (IV, 7). L'œuvre se termine, non pas, comme *Cinna*, par la glorification des maîtres du monde, mais par le rappel de leur nature d'hommes, voués à l'erreur et à l'enchaînement sans fin des guerres et des supplices. Il ne s'agit pas, enfin, d'une tragédie religieuse comparable à celles de Corneille ni même à l'*Adrianus* du père Cellot dont s'inspire la pièce intérieure : chez Cellot comme dans le *Polyeucte* de Corneille, le héros n'est pas seulement un saint, mais encore un très noble personnage, à qui l'on peut donc permettre de paraître sur la scène tragique et d'y dialoguer avec des souverains qui sont seulement des supérieurs hiérarchiques. A la fin de la tragédie de Rotrou, la grandeur « civile » est certes aperçue comme l'image de la grandeur spirituelle : mais, comme chez Pascal, elle n'en est que l'image, et aucun chemin de sentiment ou de raison ne peut lui permettre de passer d'un ordre à l'autre. La grâce seule intervient ici pour métamorphoser l'imitateur d'Adrien et en faire le « véritable Saint Genest ». Mais le paradoxe réside justement en ce que le don gratuit de Dieu utilise pour prétexte ou pour canal cette imitation elle-même.

Ces simples remarques nous ramènent à notre point de départ : *Saint Genest* illustre parfaitement, non sans ironie pourtant, le danger de l'imitation que dénonçait Platon. Il le réinterprète cependant. Le jeu théâtral est jeu dangereux parce qu'il est provocation aux puissances d'en haut. Dans les œuvres antérieures de Rotrou comme dans la tragédie de la Renaissance les héros étaient irrésistiblement conduits à quitter le rôle qu'ils croyaient pouvoir assumer jusque là. Les rois périssaient, les princes et les princesses destinés à d'heureuses amours devaient y renoncer pour un sacrifice décisif. Dans ces contextes sans doute fort différents les uns des autres, l'ironie des dieux ou du sort dénonçait l'illusion de l'imitation d'autrui ou d'un « moi » trompeur. Cela signifiait peut-être que le monde est théâtre et que le rôle du théâtre qui ne se veut que théâtre est de

proposer des variations sur ce thème unique. C'est bien ce que dit encore
Genest :

> Ce monde périssable et sa gloire frivole
> Est une comédie où j'ignorais mon rôle. (IV, 7)

Mais ce qui jusqu'alors n'était que métaphore devient maintenant réalité.
En *représentant* le personnage d'un saint, Genest devient, non pas
exactement cet Adrien dont il récitait les répliques apprises, mais un autre
saint, lui-même. Par là-même il se condamne à mort. Contrairement au
personnage de Lope, qui continuait à prêcher en subissant son supplice.
Genest se contente de mourir sans un mot. Il ne reparaît pas ensuite,
comme Hercule, pour évoquer sa gloire nouvelle ; il n'exerce pas non plus
sur les autres personnages l'heureuse intercession qui, dans *Polyeucte*,
assurait la conversion de Pauline et de Félix. Ses compagnons gémissent et
se dispersent : ils ne le suivront pas dans le martyre, comme faisait la
femme d'Adrien dans la pièce intérieure. L'inscription de la seule tragédie
sacrée de Rotrou ne procède pas d'une indiscrète prédication. Le ressort
qui l'anime est d'abord et surtout la conviction de la puissance de la
mimesis théâtrale. Le commentateur prudent ne saurait aller plus loin.

12

Tristan poète tragique *

Poète lyrique, romancier, auteur d'une pastorale, d'une comédie et d'une tragi-comédie, Tristan L'Hermite a été aussi, et peut-être surtout, l'un des plus grands poètes tragiques de la première moitié du XVIIe siècle. Certes, sa carrière, en ce dernier genre, a été très courte : une dizaine d'années (1636-1647) au cours desquelles il n'a donné que cinq œuvres. Mais ces cinq poèmes, précisément contemporains des chefs-d'œuvre de Scudéry, de Rotrou, de Pierre Du Ryer et de Corneille, ne pâlissent ni auprès de *La Mort de César* du premier, ni auprès de *Saint Genest* ou de *Scévole*, et ils souffrent la comparaison avec *Horace* et avec *Cinna*. Tristan a connu Alexandre Hardy, le rude et fécond dramaturge du début du siècle, et lui a emprunté les sujets de ses deux premières tragédies. Il a guidé et protégé Philippe Quinault, le futur librettiste de nos premiers opéras. Montdory a créé sa *Mariane* et assuré son triomphe comme il assura peu après celui du *Cid*. Molière a représenté, avec Madeleine Béjart, *La Mort de Sénèque* et *La Mort de Chrispe* aux temps héroïques de l'Illustre Théâtre, et lui est demeuré fidèle au cours de ses errances provinciales, et à son retour à Paris en 1659. Ainsi Tristan se trouve-t-il étroitement associé à l'histoire littéraire et concrète du théâtre français du XVIIe siècle : issu de la dernière bande des poètes de la Renaissance et pressentant l'opéra louis-quatorzien ; écrivant d'abord pour les décors complexes du théâtre du Marais et joué enfin au théâtre du Palais-Royal. A ce seul titre, il méritait de figurer en 1984 à l'affiche de la Comédie-Française.

Mais son œuvre tragique présente à nos yeux d'autres intérêts. Il est sûr qu'elle déconcerte. On la situe malaisément. Tristan est-il précurseur de Racine ou disciple attardé de Garnier ? « Rewriter » de Hardy et de Rotrou ou inspirateur de Corneille ? On a vu en lui tantôt un libertin (et de fait il fut ami de Théophile de Viau) et tantôt un catholique scrupuleux

---

* *Revue de la Comédie Française*, mars 1984. (« Tristan poète tragique »).

(il est l'auteur d'un *Office de la Sainte Vierge*). Les critiques de notre temps préfèrent lui refuser toute étiquette. Il ne ressemble vraiment à aucun de ses contemporains et de ses prédécesseurs immédiats. Inversement il peut fasciner plus que d'autres, un lecteur ou un spectateur d'aujourd'hui. Des traits singuliers fondent l'indépendance d'une œuvre cependant nourrie d'une immense culture, et donnent une couleur de modernité à des tragédies pourtant attentives à se conformer à des normes héritées.

Les sujets des tragédies de Tristan sont tous empruntés à l'Histoire. Mais les lieux, les temps et les sources utilisés varient d'une œuvre à l'autre. De la Judée du temps d'Antoine et Cléopâtre, on passe avec *Panthée* à la Perse de l'époque de Xénophon ; de la Rome de Néron, à celle de Constantin évoquée dans *La Mort de Chrispe* et à la Turquie contemporaine présentée dans *Osman* comme elle le sera plus tard par Racine dans *Bajazet*. Quand elle n'est pas nourrie par la lecture d'Alexandre Hardy, l'imagination de Tristan fait appel à Tacite, aux histoires édifiantes ou tragiques contées par ses contemporains, peut-être, dans les cas d'*Osman*, à des témoignages oraux.

Cette variété dans l'inspiration n'est peut-être qu'apparence. Du moins s'accommode-t-elle d'une remarquable continuité dans les thèmes abordés. Les tragédies de Tristan paraissent surgir d'une méditation sur l'Histoire, sans cesse reprise et sans cesse déçue, comme s'il n'y voyait, tel Baudelaire dans le voyage, qu'une même image de l'homme, condamné à quelque « oasis d'horreur » quand il veut échapper au « désert » de l'« ennui ».

Hérolde, dit le Grand, roi de Judée dans les années qui précèdent la naissance du Christ, personnage puissant, mais contesté, fait périr, sur le conseil d'un entourage jaloux, l'épouse par laquelle il se croit trompé, et sombre dans le remords et la folie (*Mariane*). Une captive royale de Cyrus (qui fait songer à Sophonisbe et à Andromaque), poursuivie par les assiduités d'un officier perse, soupçonnée par son époux, se suicide sur le cadavre de celui-ci, mort au service du même Cyrus (*Panthée*). « Monstre » déclaré après les meurtres de Britannicus, Agrippine et Octavie, Néron, persuadé par la scélérate Poppée (héroïne de l'*Octavie* du pseudo-Sénèque et du tout récent *Couronnement de Popée* de Monteverdi), fait périr Sénèque son maître, qu'il croit impliqué dans la conjuration de Pison (*La Mort de Sénèque*). Soupçonné, comme l'Hippolyte d'Euripide, d'avoir attenté à l'honneur de sa marâtre Fauste, le fils du grand Constantin est condamné injustement à la mort (*La Mort de Chrispe*). Un sultan dont le pouvoir est contesté périt au cours d'une révolte de janissaires encouragée par une femme amoureuse et non payée de retour (*Osman*).

Toutes ces tragédies présentent des situations de crise du pouvoir, une atmosphère de désobéissance ou de conjuration, un souverain entouré de conseillers dangereux. Elles mettent en scène une passion amoureuse violente, mais non partagée ou injustement envieuse, qui entraîne des décisions irréparables. Leurs principaux personnages y sont le symbole, tantôt de l'innocence persécutée (Mariane, Panthée, Sénèque, Chrispe), tantôt de la fureur meurtrière ou érotique (Hérode ; Araspe dans *Panthée* ; Néron ; Fauste l'épouse de Constantin ; la Fille du Moufti dans *Osman*). Ces souverains y sont entourés de « détestables flatteurs », que le vice ou l'ambition conduisent et qui inspirent à leurs maîtres les plus funestes partis. Au blanc s'y oppose toujours le nom encore que les victimes n'ignorent pas les vaines ressources de la ruse, et que les bourreaux soient enfin tourmentés par le remords, et sombrent dans la folie ou se donnent la mort à eux-mêmes.

La tragédie tristanienne mêle ainsi aux violences du désir d'amour et de meurtre comme à celles de l'ambition, les détours calculateurs du mensonge et de la vengeance froide, les tourments de la vertu bafouée et ceux d'une impuissante jalousie. Toutes les passions tragiques s'y rencontrent pour susciter quand elles s'accordent la monstruosité de la fureur, et quand elles se contrarient celle du déchirement intérieur. Quand le rideau tombe, aucun avenir ne se dessine. Le « sale espoir », comme dirait Anouilh, ne trouve sa place que dans les timides appels des condamnés à une justice transcendante ou les fugitifs pressentiments des bourreaux.

Une telle parenté entre les sujets et les thèmes des œuvres tragiques de Tristan, peut-être unique dans le théâtre français, a quelques chose d'obsessionnel. Quelque interprétation morale ou psychique qu'on puisse lui donner, elle permet de parler, à propos des situations, des personnages et des événements, de structure mythique. Ces récits exemplaires sont au reste fort proches de certains épisodes de la Fable antique. Le personnage emporté par la passion, qui poursuit injustement un innocent et se trouve menacé lui-même au moment de sa victoire, c'est la formule la plus noire de la tragédie analysée par Aristote, et celle qu'il admet le moins volontiers. C'est pourtant celle qui informe l'histoire de Daphné poursuivie par Apollon et ne trouvant son salut que dans la métamorphose en laurier, ou d'Hippolyte poursuivi par Phèdre et mourant au rivage de Trézène. Dans la Bible, l'histoire de Saül ou celle d'Athalie, sont construites de manière analogue. Racine historien de Rome, de Byzance ou d'Israël sera tenté par un semblable schéma, qui pourtant dans son œuvre retrouvera avec *Phèdre* ses dimensions purement mythiques. Encore les dénouements raciniens n'excluent-ils pas l'ouverture sur un avenir qui comporte des moments de clarté aussi bien que des siècles d'ombre. Il n'en est rien dans les mythes que l'histoire inspire à Tristan, qui ne sont jamais ceux de la réconciliation, mais demeurent toujours symboles de séparation, de distinction, d'éclatement du monde humain.

L'ordonnance des tragédies de Tristan est simple et sage. Elle paraît s'inspirer plutôt de celle des pastorales à l'italienne que des tragédies de Garnier et de Hardy. A cette différence près que le mouvement de la pastorale va du malentendu à une heureuse harmonie, alors que celui des œuvres de Tristan fait se succéder les scènes d'aveuglement passionné, de mensonges concertés et d'incompréhension mutuelle, jusqu'au moment où la vérité éclate dans la violence et le meurtre, une vérité que les survivants ne peuvent comprendre, ou qui les oblige à de décisives remises en question.

Il est toujours un moment où l'écriture ironique traduit l'illusion d'une heureuse fin possible, mais qu'une lecture seconde permet d'interpréter comme celui où tout bascule vers la catastrophe. Hérode revient apparemment à Mariane :

> Veuille essuyer tes yeux objet rare et charmant
> La qualité de roi cède à celle d'amant...
>
> (*Mariane*, III, 2)

Cyrus traite l'époux de Panthée comme intime ami :

> Nous vivrons désormais vous et moi comme frères.
>
> (*Panthée*, IV, 3)

Néron et Sénèque font assaut de générosité (*La Mort de Sénèque*, I, 2). Chrispe et Constance sa bien-aimée remercient Fauste des grâces qu'elle leur a, pensent-ils, accordées,

> Car ces rares bontés adoucissant les choses
> S'en vont bientôt changer nos épines en roses.
>
> (*La Mort de Chrispe*, IV, 5)

Osman lance un ultime, mais glorieux défi au moment de s'embarquer pour l'expédition qui lui sera mortelle (*Osman*, IV, 1).

Ces instants de grâce sont violemment opposés aux pages brillamment tourmentées où Hérode se livre enfin à la folie, Panthée à la tentation suicidaire, ou Néron à son rêve insensé de destruction de l'univers. Les scènes de dénouement, dans les tragédies de Tristan, sont en effet marquées par une vérité tellement aveuglante qu'elle ne peut que provoquer une totale conversion (comme c'est le cas pour Constantin) ou détruire l'âme du meurtrier après avoir détruit le corps de sa victime.

Autre opposition particulièrement marquée : celle d'une manière très conforme à la tradition où alternent les ensembles stichomythiques en courtes répliques parallèles, et les monologues et tirades qui développent les arguments ou analysent les sentiments ; et d'un dialogue à la limite du familier, comme celui du second acte de *La Mort de Sénèque*, où les conjurés envisagent concrètement les circonstances du meurtre projeté de Néron.

Ultime paradoxe de l'expression : Tristan utilise dans ses tragédies deux « genres intérieurs » dont l'un est emprunté à la tradition la plus ancienne tandis que l'autre procède de la poétique théâtrale la plus moderne : le songe et le monologue en stances. Il est vrai que le premier est étonnamment varié, soit par sa place dans la tragédie (au premier, au second ou au troisième acte), soit dans sa présentation scénique (*Mariane* et *Osman* font assister au réveil en sursaut du dormeur), soit par nature (apparition fantomatique, vision divine, tableau symbolique), soit par l'intention qui préside à son récit (qui peut être, comme dans le cas de

Sabine-Poppée, celle de tromper l'interlocuteur), soit enfin par l'ampleur des développements auxquels il peut donner lieu. Il est vrai également que le renouvellement du motif par Tristan de la *Mariane*, a constitué un modèle pour Corneille dans *Polyeucte* et pour Racine dans *Athalie*. Mais la fidélité du poète à ce type de scène traduit sa volonté d'imposer à la courbe de l'action tragique un caractère aussi implacable que celui qu'imprimaient à leurs œuvres Sénèque, Robert Garnier et Alexandre Hardy.

Le monologue en stances, immortalisé par *Le Cid*, vient de passer de la pastorale à la tragédie, avec *Médée* de Corneille (1634), quand Tristan compose *Mariane*. Il rappelle ces formes lyriques dont Honoré d'Urfé avait fait usage dès la première partie de *L'Astrée* (1608). Il participe d'un goût propre à l'époque « baroque » pour la variété d'écriture dans les divers genres littéraires et pour tout ce qui procède des techniques de l'« enchâssement ». On introduit alors dans les tragi-comédies des récits assimilables à des mini-romans, et dans les romans des dialogues d'allure pastorale qui se détachent heureusement de leur contexte pour prendre l'allure des scènes autonomes. L'usage des stances joint à celui des récits permet d'unir, dans un poème dramatique, les trois grands types de la poésie selon Aristote : représentation, narration, expression des idées ou des sentiments. Tristan, dont l'œuvre lyrique associe la rigueur malherbienne, la couleur de Théophile et une délicatesse de touche qui n'appartient qu'à lui, a introduit des scènes en stances dans toutes ses tragédies, à des moments divers, mais toujours en début d'acte, à la première ou à la seconde scène. Il y a même deux scènes en stances dans *Panthée*, dans *La Mort de Chrispe* et dans *Osman*. Ces poèmes intérieurs font alterner des délibérations où l'antithèse fait l'objet d'un jeu subtil, des méditations rappelant la tradition des psaumes mis en français, des plaintes où l'inquiétude donne lieu à l'esquisse de tableaux maniéristes :

> O Fortune ! Nymphe inconstante,
> Qui sur une conque flottante
> Fais tourner ta voile à tout vent !

> *(Osman*, V, 1)

des mouvements de révolte où affleurent des images insoutenables et splendides :

> La vertu respirant parmi l'odeur du vice
>   Éprouve le supplice
> Du vivant bouche à bouche attaché contre un mort.

> *(Mariane*, IV, 2)

Dans la dédicace de *La Mort de Sénèque* au comte de Saint-Aignan (le futur ordonnateur des *Plaisirs de l'Ile enchantée*), le poète écrivait :

> Les Muses n'ont point de pinceaux que je ne puisse manier avec quelque adresse et je saurai bien mêler en ce crayon leurs plus éclatantes couleurs.

Tristan n'était pas plus modeste, on le voit, que ses contemporains Scudéry ou Corneille. Mais la lecture de ses tragédies autorise à souscrire au glorieux éloge qu'il fait de son propre talent. La rigueur de leur structure générale, l'entente du vers français qu'elles manifestent et la maîtrise de l'arsenal rhétorique dont fait preuve leur auteur ont permis à celui-ci d'y déployer une très large palette, qui n'exclut ni les ruptures de ton ni les passages surprenants d'un registre à un autre. Ronsard voulait que la poésie fût aussi variée que la nature elle-même. Tristan paraît bien avoir été, en cela du moins, son disciple. Mais le maître de Quinault annonçait sans doute, tant était grand son sens de la musique et son art à harmoniser les contraires, l'âge de la tragédie en musique et les heureux bariolages dont il devait se délecter.

On a pu parler, à propos de Corneille, de « tragédie sans tragédie ». Georges de Scudéry a privilégié le genre de la « tragédie à fin heureuse ». Rotrou s'est efforcé de ménager à ses drames une issue sinon entièrement lumineuse, du moins ambiguë et ouverte à l'espérance. Le tragique de Tristan est, comme le jansénisme de Port-Royal, sans compromis. Il n'est peut-être pas sans signification qu'une grande partie de son œuvre soit contemporaine des premières condamnations de l'augustinisme de Jansénius et de Saint-Cyran, et que l'impression d'*Osman* coïncide avec celle des premières *Provinciales*.

L'histoire du monde, on l'a déjà signalé, lui apparaît comme une suite d'histoires tragiques, comme un engrenage d'épisodes sanglants, conjurations inutiles ou injustes, répressions impitoyables, massacres aveugles. Vision pessimiste, confirmée sans doute par les événements contemporains. Ce gentilhomme poète ressent, à n'en pas douter, la même amertume que ses nobles protecteurs, parmi lesquels Gaston d'Orléans, à voir l'étouffement dont Richelieu menace l'orgueil des grands de la cour et des gouverneurs des provinces. Son pessimisme historique se double d'un douloureux scepticisme politique. Aussi bien, s'il évoque toujours, à l'exemple de ses prédécesseurs, le malheur des princes, le poète met-il volontiers en relief les maux dont ces mêmes princes se rendent coupables, par goût de la domination, par crainte de la subversion ou par aveuglement passionné.

L'image de la société est aussi sombre que celle des intrigues politiques. Son organisation hiérarchique est respectée en apparence. Mais l'auteur du *Page disgracié* en voit bien les aspects convenus ou pervers. Les micro-sociétés présentées dans ses tragédies apparaissent comme le lieu d'un jeu égoïste où chacun pousse ses pions sans se soucier de l'intérêt du partenaire ou même de la règle acceptée au départ. Mensonge et tricherie sont ici les premiers principes de toute action. Confidents, familiers, officiers et maîtresses ne flattent ceux auxquels ils s'attachent que pour s'imposer à eux, et parfois au risque de les perdre. Leur peur affole la mère de Mariane, qui la renie pour ne pas risquer d'être entraînée dans sa chute. Sénèque lui-même songe d'abord à se soumettre et à faire don à Néron de tous les biens qu'il a reçus de lui, plutôt que de s'exposer à en être dépouillé au prix de sa mort. Quand ils renoncent au désaveu de soi et au mensonge, les personnages de Tristan se condamnent au supplice. Les belles affirmations d'innocence d'une Mariane, d'une Épicharis ou d'un Chrispe n'ont point le succès que connaissent les héros de Corneille et de Scudéry. Elles ne font que précipiter leur fin. Le sacrifice de ces personnages est seulement un des signes de la perversion du monde où ils sont nés, et qui ne peut que les exclure.

Dans le théâtre de Tristan, tout vrai dialogue devient impossible. Et singulièrement le dialogue amoureux. Les couples unis, comme les héros positifs qu'on vient d'évoquer, sont voués à la séparation : Pauline ne peut sauver Sénèque, ni Constance Chrispe. Dans tous les autres cas, l'amour est lié à l'incompréhension mutuelle, à la jalousie et au dépit. Il demeure, certes, nostalgie de la communion. Mais le rêve d'union ne fait qu'accentuer ironiquement la conscience de la solitude.

Aux dernières lignes du *Page disgracié*, le narrateur annonçant à son dédicataire fictif une continuation qui ne fut jamais rédigée, la présente en ces termes :

> Je vais vous rendre raison du dégoût que j'ai pour toutes les professions du monde, et ce qui m'a fait prendre en haine beaucoup de diverses sociétés. C'est en ces deux volumes suivants que vous saurez l'apprentissage que j'ai fait en la connaissance des hommes ; et si j'ai quelque tort ou quelque raison de ne les vouloir hanter que rarement.

Ces formules transposent heureusement, dans le registre d'une « histoire comique », l'inspiration mélancolique des tragédies tristaniennes. L'« atrabile », qui nourrira plus tard les chagrins d'Alceste, est présentée dans *Mariane*, par la bouche du frère d'Hérode, comme exhalant une « noire vapeur » qui

> Ne pouvant figurer que des images sombres,
> Nous fait voir des tombeaux des spectres et des ombres.

C'est l'image même, en sa naïve apparence, du sentiment du tragique dont s'alimente le théâtre de Tristan L'Hermite. Évocation sans complaisance de l'histoire, des sociétés et des passions humaines, il donne de notre nature et de notre condition une peinture presque totalement noire. L'appel même aux dieux (ou à Dieu) y reste empreint d'une sorte de désespoir. Du moins la justesse de l'ordonnance dramatique, l'orchestration des thèmes et le charme du langage poétique parviennent-ils à faire que le « serpent » ou le « monstre odieux » puisse « plaire aux yeux ». Alchimie comparable à celle des *Fleurs du Mal*. Ici comme chez Baudelaire, la « boue » devient « or » et le « spleen » se pare des couleurs de l'« idéal ».

Les tragédies de Tristan L'Hermite

Mariane, 1636.
Panthée, 1637.
La Mort de Sénèque, 1643.
La Mort de Chrispe, 1644.
Osman, 1647 (publ. : 1656).

Principaux ouvrages consultés

A. Carriat, *Tristan, sa vie et son œuvre*, 1972.
D. Dalla Valle, *Il Teatro di Tristan L'Hermite*, 1964.
Cl. Abraham, *The tragic World of T. L'H.*, 1966.
Tristan L'Hermite, *Théâtre*, Univ. of Alabama Press, 1975.

13

Songes tristaniens *

Un poète qui, au XVIIe siècle, s'insère consciemment dans la « tradition », entend tout à la fois ressaisir tout ce qui peut être ressaisi de l'apport de ses devanciers et apporter à son tour des éléments nouveaux capables d'inspirer ses émules et ses successeurs. C'est bien la double intention de Tristan. Introduisant un songe dans chacune de ses cinq tragédies, il a aidé à se survivre la tradition humaniste qu'Alexandre Hardy, dans ce domaine en tout cas, avait prolongée ; mais il a aussi appliqué au motif un regard et une technique renouvelés, dont l'influence s'est prolongée jusqu'à l'extrême fin du siècle.

Hardy avait utilisé le Songe de façon variée, en en présentant le récit à toutes les places disponibles de la tragédie, et même, comme dans *Méléagre*, au cinquième acte. Tristan n'oublie pas cette leçon, mais il en tempère les paradoxales audaces. Il n'est plus temps, quand l'action est décidément nouée, d'en annoncer les suites par la prémonition, l'oracle ou le songe. Le célèbre réveil d'Hérode, le récit de son rêve et les discussions auxquelles il donne lieu, n'occupent que les trois premières scènes de *La Mariane* ; Panthée fait le récit de son cauchemar à la deuxième scène de l'acte II ; le songe de Sabine-Poppée, dans *La Mort de Sénèque*, est évoquée en III, 2 ; ceux de Constantin et de Lactance, dont le second interprète le premier, animent la première scène de l'acte III dans *La Mort de Chrispe*. Quant au songe de la Sultane Sœur, dans *Osman*, il est mis en scène à l'ouverture de la pièce et commenté aux premières scènes du deuxième acte. C'est peut-être à l'exemple de Tristan que Cyrano, dont on sait l'admiration pour notre poète, a introduit dans *La Mort*

---

* *Cahiers Tristan L'Hermite*, III, éd. Rougerie, 1981. (« La place de Tristan l'Hermite dans la tradition du songe héroïque »).

Note. — Les textes traduits d'Homère et de Sénèque sont empruntés aux éditions de Robert Flacelière (Bibl. de la Pléiade) et de Léon Herrmann (Belles-Lettres).

d'Agrippine deux songes aux scènes 1 et 2 de l'acte III, ou que Racine, dans *Esther*, a évoqué le songe d'Assuérus deux fois à l'acte II et deux fois à l'acte III de la tragédie, et qu'il a attendu la cinquième scène de l'acte II d'*Athalie* pour faire raconter par la vieille reine le songe « effroyable » qui la « poursuit ».

Dans la lignée du Sénèque des *Troyennes*, et sous l'influence du prologue prononcé par une ombre dans plusieurs tragédies de la Renaissance, Hardy avait privilégié le « songe épique » qui fait apparaître un mort, dont le prototype était le songe d'Achille au chant XXIII de *L'Iliade*. Tristan, de même, a préféré le songe d'apparition, mais en lui apportant toute sorte de modifications et en se refusant au pur et simple réemploi. Le songe d'Hérode dans *Mariane*, inspiré par la toute récente représentation de *La Mort de César* de Scudéry, présente le motif du réveil en sursaut et situe l'apparition d'Aristobule dans le cadre même où il a trouvé la mort par étouffement et noyade. Dans *Panthée*, l'apparition d'Abradate, qui vit encore au moment où l'héroïne raconte sa vision, est celle d'un homme en train de mourir. Dans *La Mort de Sénèque*, Sabine-Poppée est avertie par l'apparition d'Auguste des dangers courus par Néron, ensuite sauvé des entreprises de Mars par Bacchus et Cérès, dieux de la paix et de la vie. Dans *La Mort de Chrispe*, deux songes se succèdent, celui de Constantin et celui de Lactance. Le premier est allégorique, le second se réduit à la suppliante apparition de Chrispe mourant, et reprend la technique déjà éprouvée dans *Panthée*. Dans *Osman* enfin, la Sultane Sœur s'éveille au moment où son frère lui apparaissait succombant sous les coups de ses ennemis. Elle consultera ensuite un sage pour qu'il l'aide à interpréter cette sombre vision. Plusieurs de ces formules ont connu une brillante postérité. Racine doit à Tristan l'idée de la métamorphose d'un être vivant qui se transforme soudain en cadavre. En effet, dans *Panthée*, Abradate apparaît d'abord dans tout son éclat, comme faisait Patrocle dans *L'Iliade* :

> Son visage était gai, sa bouche était vermeille,
> (...)
> Et son contentement se lisait dans ses yeux.

Mais il se mue aussitôt en un objet d'effroi :

> Je l'ai vu tout à coup triste, sanglant et blême.
> Le harnais éclatant qu'il avait endossé.
> De mille étranges coups me semblait tout percé.

C'est le mouvement même de la première partie du songe d'Athalie, à cette nuance près que la vision d'Abradate mourant est prophétique alors que celle de Jézabel livrée aux chiens, comme celle d'Aristobule dans *Mariane*, correspond à un souvenir de l'héroïne. On peut rapprocher de cette métamorphose celle de l'aigle mourant dans le songe de Constantin (« J'ai vu l'oiseau sanglant mourir sur l'herbe verte », *Mort de Chrispe*, III, 1). On peut noter aussi que, dans *Athalie*, l'effet est redoublé par la surprise créée quand le jeune enfant qui rassure d'abord l'héroïne lui plonge enfin un poignard dans la poitrine.

Tristan a aimé redoubler un songe par un autre, qui le complète et au besoin l'interprète. Les deux parties du songe de Sabine-Poppée constituent deux visions successives, dont la seconde rassure alors que la première inquiétait. Corneille a dû se souvenir de *Panthée* en composant le songe de Pauline, où une scène de combat suit une apparition et un avertissement. Tristan a encore usé du songe double dans *La Mort de Chrispe*, en attribuant à un personnage le premier récit et à un autre le second. Cyrano s'en servira à son tour dans *La Mort d'Agrippine* : aux deux premières scènes de l'acte III, l'héroïne raconte d'abord à Cornélie le véritable songe qu'elle a fait (apparition de Germanicus lui demandant de le venger), et justifie ensuite quelques paroles imprudentes surprises par Tibère en les incluant dans un rêve prétendu où elle aurait vu l'Empereur «menacé de trépas». Ce songe/mensonge, qui métamorphose le songe authentique à des fins d'intérêt politique, peut s'inspirer, dans son esprit, des répliques échangées avec Néron par Sabine-Poppée après le récit de son mensonge. Ajoutons que, dans la manière même, Cyrano se souvient ici du songe de Calpurnie dans *La Mort de César*, du songe de Pauline et du songe de la Sultane Sœur dans *Osman* :

> Nombre de meurtriers qui couraient tous ensemble
> T'ont percé sur mon sein... (III, 2)

Dans *L'Iliade*, l'apparition de Patrocle était séduisante. Il se présentait tel qu'il était de son vivant, semblable à lui-même par la taille, le regard et le vêtement. Sénèque, en introduisant le songe épique dans la tragédie, avait rompu avec cette tradition. Dans *Les Troyennes*, Hector n'apparaissait pas dans sa gloire, comme le Patrocle d'Homère :

> *non qualis ultro bella in Argivos ferens*
> *versa ex Achille spolia simulato tulit* ;

«non pas tel que, lorsque prenant à son tour l'offensive contre les Argiens, il menaçait les vaisseaux grecs de torches de l'Ida». Il était «lassé, abattu, alourdi par les pleurs, plein de tristesse et couvert de cheveux en désordre». Le «non qualis» sénéquien est présent à l'esprit des dramaturges du XVIIᵉ siècle. Mais cette substitution, cette sorte de métamorphose implicite est utilisée diversement. Il est curieux qu'elle le soit justement dans deux *Mort d'Achille*, dont les auteurs paraissent ainsi refuser l'idéalisation homérique. Dans la tragédie de Hardy, Patrocle se décrit lui-même tel qu'il était au moment où il mourait sous les coups d'Hector, «vomissant» son âme «par la poitrine ouverte» (I, 1). Dans celle de Bensserade (1635-1636), Achille conte ainsi l'apparition de son ami :

> Patrocle m'apparaît et me fait voir sa plaie.
> Au milieu de la nuit son fantôme sanglant
> S'approche de son lit d'un pas affreux et lent. (I, 1)

Tristan a plusieurs fois utilisé l'antithèse, même quand l'un des termes paraît y manquer. Le « non qualis » apparaît dans *Mariane* :

> Il n'avait point ici la tiare à la tête
> Comme aux jours solennels de notre grande fête ;
> Où tirant trop d'éclat d'un riche vêtement
> Il obligeait les Juifs à dire hautement
> Qu'une si glorieuse et si noble personne
> Méritait de porter la mitre et la couronne... (I, 3)

Aristobule apparaît en effet sous l'image d'un cadavre fraîchement retiré de l'eau. Dans *Panthée*, la métamorphose évoquée plus haut tient lieu du « non qualis ». Dans *La Mort de Chrispe*, le héros présenté dans le songe de Lactance est en train de mourir :

> J'ai senti les glaçons qui saisissaient son corps,
> J'ai vu son teint tout pâle et ses yeux demi-morts. (III, 1)

Transformation comparable à celle subie enfin par Osman :

> [...] on perd devant mes yeux
> Le plus grand des mortels et le plus glorieux !
> Ah ! c'est fait, il est mort... (I, 1)

Corneille, dans *Polyeucte*, s'est souvenu de Sénèque, de certains aspects de *La Mort de César* de Scudéry, et de *Mariane*. Mais il a, comme faisait Tristan, renouvelé les effets qu'il trouvait chez ses modèles. S'il utilise le « non qualis », c'est en l'inversant : Sévère apparaît, non comme un fantôme horrible, mais comme un vivant, et comme un triomphateur. Le songe, qui traditionnellement annonce la mort de quelqu'un, annonce ici une résurrection. De même, il est bien question, dans ce songe double, d'un assassinat, mais de celui d'un autre personnage, Polyeucte. Dans *Athalie*, enfin, Jézabel n'apparaîtra pas d'abord comme cadavre, mais avec une splendeur dans le port et dans le vêtement comparable à celle de l'Aristobule d'autrefois ou du Sévère apparu à Pauline.

Dans *L'Iliade*, Achille s'efforce d'intervenir activement à l'intérieur du songe qui le presse. Il veut répondre à Patrocle, il lui parle en effet sans en être entendu, il lui demande de s'approcher et de le serrer dans ses bras. Vains efforts ! « L'âme fuit en criant, et, comme une vapeur, sous terre disparaît ». Achille s'éveille à ce moment. Dans *Les Troyennes*, de même, Andromaque cherche à embrasser l'être aimé. Mais son ombre disparaît, « fallax a été plusieurs fois évoqué par les poètes du XVIIᵉ siècle. Dans *Didon se sacrifiant* de Hardy, l'ombre de Sichée, « pâle, muette, en glace convertie », s'efface

> Semblable au vent qui part à l'oreille sifflant,
> Et sur les flots émus hideusement ronflant. (IV, 1)

Dans *La Mort d'Achille* du même poète, Patrocle s'écrie avant de disparaître :

> Ainsi pour m'accoler que du vent tu m'as pris. (I, 1)

Dans son *Ravissement de Pluton*, Cérès voit disparaître Proserpine :

> Dieux ! plus léger qu'un vent le fantôme s'enfuit,
> S'écoule de mes bras plus soudain que ne glisse
> Un éclair par les airs, que l'eau d'un précipice ! (III, 1)

Boisrobert fait dire à l'héroïne de sa *Vraie Didon* (1641-42) :

> Il m'a semblé de voir cette agréable idole
> Ouvrir ses tendres bras vers un objet si cher ;
> Je me suis éveillée en pensant le toucher. (I, 1)

Tristan prolonge et affine cette tradition. Son Hérode veut frapper et non embrasser Aristobule. En vain :

> A la fin j'ai levé le bras pour le frapper ;
> Mais pensant de ma main repousser cet outrage,
> Je n'ai trouvé que l'air au lieu de son visage. (I, 3)

Panthée court embrasser son époux :

> Mais d'un baiser si froid il m'est venu glacer
> Que par un grand effort j'ai rompu tous ces charmes,
> M'éveillant en sursaut les yeux couverts de larmes. (II, 2)

Dans *La Mort de Chrispe*, Constantin se voit lui-même jouant avec un aigle qui semble le protéger. Quand un vautour vient s'en saisir, il parvient à le tuer. La vision de Lactance est plus conforme à la tradition du songe-apparition. Chrispe disparaît cependant, comme Abradate, en deux temps : en mourant :

> A ces mots, son esprit de son corps est sorti ;

et en s'effaçant de la paupière de son ami :

> L'abondance des pleurs roulant sur mon visage
> A fait évanouir cette funeste image. (III, 1)

Au début d'*Osman*, la Sultane Sœur essaie en rêve d'arrêter les assassins de son frère. Mais le songe, quand il est ensuite évoqué, ne s'accompagne d'aucun véritable récit et la disparition des images qu'il suscite ne peut dès lors être évoquée comme elle l'était dans *Mariane*. Tristan a peut-être, à cette date (1646 ?), pris leçon auprès de Corneille. La deuxième partie du songe de Pauline, introduite par changement à vue sans évocation précise de la disparition du faux fantôme de Sévère, comporte un essai d'intervention de l'héroïne (« à son secours j'ai réclamé mon père »), mais le récit se termine par l'évocation d'un assassinat dont la « douleur trop forte » de Pauline a « brouillé *les* images ». La même sobriété se retrouvera d'ailleurs dans *Esther*, à propos du songe d'Assuérus (II, 7 ; III, 2 et 4), où le thème de la consultation d'interprètes professionnels peut s'inspirer d'*Osman* aussi bien que de *La Mort d'Alexandre* de Hardy.

Il revenait à Racine, dans *Athalie*, de parfaire l'ultime moment du songe, en bloquant en un seul les deux moments ailleurs séparés de la métamorphose et de la disparition (« Et moi je lui tendais les mains pour l'embrasser, / Mais je n'ai plus trouvé... ») ; et en créant une violente antithèse entre l'éclatante beauté de l'enfant de la seconde partie du songe et la cruauté du crime qu'il accomplit sur la dormeuse.

Dans l'histoire du motif tragique du songe, Tristan L'Hermite a eu le mérite de ménager d'heureuses transitions entre l'esthétique renaissante et post-renaissante et l'art du théâtre de la génération de Racine. Il a pu aussi, comme peu d'entre ses contemporains, profiter des découvertes de Corneille et lui permettre de bénéficier de quelques-unes de ses propres trouvailles.

14

A propos d'un héros mélancolique :
Araspe dans la *Panthée* de Tristan*

La *Panthée* de Tristan L'Hermite est une œuvre singulière. La plupart des commentateurs de cette tragédie la considèrent comme la moins bonne des pièces du poète. Lui-même a douté de la qualité de son poème, qui ne reçut pas il est vrai l'accueil dont *Mariane* avait été honorée. Les négligences qu'on y relève se ressentent sans doute de la maladie du poète et de la retraite imposée par l'apoplexie de Montdory, pour lequel était conçu le rôle d'Araspe comme l'avait été celui d'Hérode.

Le sujet, plusieurs fois traité par les dramaturges français et notamment par Alexandre Hardy, était-il un faux beau sujet ? On a pu dire la même chose de *Sophonisbe*. Quand Tristan écrit sa *Panthée* en 1637-38, il s'efforce en tout cas de lui donner une couleur nouvelle, en reléguant à l'arrière-plan l'épisode de la vie de Cyrus autrefois conté par Xénophon et en mettant en relief un drame amoureux à l'issue sanglante.

La tragédie n'est pas seulement originale quand on la compare à celles qui l'ont précédée sur le même sujet. Elle est également exceptionnelle dans la carrière de Tristan. Tous les protagonistes y sont d'une éminente vertu. Aucun n'y accomplit les crimes de l'Hérode d'hier ou du Néron de demain. Les « méchants » sont tous dans le camp adverse, et seulement évoqués par le discours : Crésus, dont le grand Cyrus va bientôt se rendre victorieux, ou l'« espion » blâmé par le même Cyrus en IV, 2. Les personnages de la distribution sont tous idéalisés ; Cyrus est un souverain parfait : pieux, clément, parfaitement maître de lui, il annonce par sa générosité la libération du peuple juif. Panthée et Abradate forment un couple parfait. Leur « trahison » à l'égard de Crésus apparaît comme un acte de justice : ils quittent un roi « lâche et cruel », qui a osé de plus jeter les yeux sur la vertueuse héroïne, pour un souverain digne de dominer l'univers

* *Glanes d'archéologie, d'histoire et de littérature creusoises*, Mélanges Amédée Carriat et Andrée Louradour, Guéret 1987. (« A propos d'un héros mélancolique : Araspe dans la *Panthée* de Tristan »).

entier. L'amour de Panthée pour son époux est si violent qu'elle supporte avec impatience son retard à la rejoindre (acte II), qu'elle le place au rang des dieux après sa mort et qu'elle n'hésite pas à le suivre dans l'au-delà. En Abradate son époux, la jalousie n'est que l'expression exacerbée d'une égale passion conjugale, vite dominée d'ailleurs par une égale admiration pour la vertu de la captive princière et de son vainqueur Cyrus. Ces trois personnages sont l'illustration du thème de la contagion héroïque. Ils annoncent, dans l'efficace admiration qu'ils éprouvent mutuellement, les «conversions» du dernier acte de *Cinna*. Cyrus est offert à un grand dessein (une guerre qui n'a pour objet que la paix, l'amitié et la justice), Panthée se dévoue à un suzerain généreux, Abradate est emporté par une émulation qui le pousse à les égaler tous deux.

Araspe, officier présenté comme le «favori» du roi de Perse, est entraîné par la même contagion. *Alter ego* de Cyrus auquel on peut en toute quiétude confier le sort et la garde de la belle Panthée, il est aussi un guerrier sans pair, impavide quand la mort menace, acceptant de la subir après son «crime» sous l'autorité de son roi aussi fermement que dans les hasards du combat. Cyrus, au reste, l'estime depuis l'enfance comme «serviteur ardent» et «homme plein de foi» (v. 961). Estime partagée par Panthée, et qui conduira l'un et l'autre à pardonner à l'amoureux indiscret, qui à son tour exprimera son désir d'un parfait service au combat à venir (acte IV).

L'amour vient compromettre cette ascension des protagonistes vers les plus hauts sommets de l'héroïsme. Mais il n'ôte sa dignité à aucun d'eux et, si tyrannique qu'il soit, il ne retire pas sa qualité de héros à l'amant malheureux, que sa passion désespérée et son talent de poète désignent, selon la caractérologie de cette époque, comme un «mélancolique».

Araspe est en effet un héros paradoxal : emporté par un amour irrépressible, il se trouve dans une situation comparable à celle de deux des personnages les plus remarquables de Rotrou : dans cette situation, Cassie, dans *Crisante*, se rendait coupable de viol (1635) ; plus tard, Ladislas devait accomplir un meurtre (*Venceslas*, 1647). Dans *Panthée*, Araspe est bien tenté par l'idée de la violence amoureuse aussi bien que par le meurtre du rival ; mais il ne commet aucun de ces crimes : il se contente de prières, de rêves et de vœux dont il sait bien qu'ils sont irréalisables. Si les trois autres héros de la tragédie ressemblent à des personnages d'épopée, Araspe apparaît, préfigurant l'Antiochus de *Bérénice*, comme un personnage d'élégie — le genre, selon Boileau, où se marient la plainte amoureuse et la déploration sur les tombeaux.

Autre paradoxe attaché au personnage d'Araspe : son amour et son deuil empruntent leur langage, leurs thèmes et leurs attitudes aux genres obsolètes du roman à la manière de *L'Astrée* et de la poésie galante des premières décennies du siècle. Son amour est adoration, «sainte ardeur» ; il médite comme un Céladon auprès des arbres confidents de ses peines ; il évoque les yeux de la femme aimée comme transformés en astres, il joue sur les sens propre et métaphorique des « fers », il ne craint pas de parler des pleurs de Panthée comme d'une eau qui allume un feu intérieur. Quand, en feignant de transcrire la passion d'un autre, il se déclare à Panthée, il parle de « pleurs » et de « soupirs », se compare à Ixion, résume ses combats intérieurs en utilisant l'image de la ville emportée de force, et termine par l'affirmation courtoise de la soumission dévote la plus parfaite à la femme-déesse. Un quart de siècle plus tard, Molière s'est sans nul doute souvenu de la déclaration d'Araspe pour la transposer burlesquement dans *Tartuffe*. A la fin de l'acte II, Araspe prend à son compte la doctrine de l'amour présente dans *L'Astrée* : l'âme du jeune homme ne vit plus qu'en celle de l'être aimé ; il songe encore à Ovide en imaginant pour Panthée une métamorphose analogue aux criminels d'amour des *Métamorphoses*. Au dénouement enfin, pour venger la double mort d'Abradate et de Panthée, Araspe s'inflige à lui-même le double suicide du poignard et de la chute du haut d'un rocher : le premier fait songer à *Pyrame*, le second à l'*Aminta* du Tasse ; et leur union au Marino de l'*Adone*.

Étrange tragédie que *Panthée* ! Étrange personnage qu'Araspe ! A n'en pas douter, Tristan a voulu, en cet ingénieux malade (Araspe est présenté en effet comme sortant à peine d'une grave maladie), figurer le sérieux de l'élégie amoureuse et du langage apparemment artificiel qu'elle véhiculait. Dans *Panthée*, en effet, la thématique de la galanterie (aussi bien que celle de l'héroïsme guerrier) et les jeux stylistiques de l'amour pastoral ne sont que les signes euphémiques de la fragilité humaine. L'héroïsme des conquérants et la politesse convenue des poètes de l'amour feignent de ne parler de la mort que métaphoriquement : ils la désignent en fait comme la plus évidente des réalités.

15

Racine et le personnage sacrifié*

La vision traditionnelle du théâtre de Racine implique une idée de la tragédie trop précise pour permettre de rendre compte de tous ses éléments : il serait le lieu d'un conflit impossible à résoudre sinon par la mort physique ou spirituelle d'un ou de plusieurs personnages[1]. Ce conflit, quelle qu'en soit l'origine, serait purement intérieur. Il prendrait fin à l'instant où s'impose au héros l'impossibilité de toute conciliation entre des exigences absolues mais contradictoires : celui où Œdipe s'aveugle, où Antigone périt, ou Titus et Bérénice consentent à la séparation, c'est-à-dire à la « destruction » d'eux-mêmes.

Depuis quelques années, cette vision réductrice de la tragédie racinienne a été remise en question. On a pu y mettre en évidence la présence de la liberté et de la responsabilité humaines[2], voir dans ce théâtre la persistance d'une morale néo-stoïcienne[3], distinguer dans cette œuvre les tragédies « authentiques » des drames « intra-mondains »[4], ou privilégier une lecture « poétique » de l'ensemble[5].

Mais on est demeuré attaché à l'idée que les critères aristotéliciens de la pitié et de la terreur étaient liés à une admiration respectueuse pour la grandeur du personnage qui va jusqu'au bout dans la satisfaction de ses exigences, que celles-ci soient filles de la passion ou mères du renoncement. En d'autres termes, on s'est plu, quoi qu'on s'en défendît, à lire

* *Racine, théâtre et poésie*, actes du 3e Colloque Eugène Vinaver, Manchester, 1987. Leeds, Francis Cairus Publications ltd, 1991. (« Le Personnage sacrifié dans l'œuvre de Racine »).

1. Le motif du conflit a fait l'objet d'une mise au point dans *Le Conflit racinien* d'Ingrid Heyndels, Univ. de Bruxelles, 1985.

2. J. Scherer, *Racine et/ou la Cérémonie*, Paris, P.U.F., 1982 ; El. M. Zimmermann, *La Liberté et le destin dans le théâtre de Jean Racine*, Stanford Studies, 1982.

3. Ronald W. Tobin, *Racine and Seneca*, Univ. of North Carolina Press, 1971.

4. L. Goldmann, *Le Dieu caché*, Paris, 1956.

5. E. Vinaver, *Racine et la poésie tragique*, Paris, 1951 (rééd. 1961).

Racine comme on lit Corneille. La fascination exercée par Hermione, ou Néron, ou Roxane, ou Phèdre, a quelque parenté avec celle qu'impose Médée ou Cléopâtre.

Dès lors la tentation reste grande de n'accorder que peu d'intérêt aux personnages non conformes à l'idée qu'on se fait du héros tragique, même lorsqu'ils sont au centre du drame, voire choisis comme héros éponymes de l'œuvre. Ainsi Andromaque, Iphigénie et Esther sont-elles parfois jugées avec sévérité.

Certes ces préférences ne sont pas dépourvues de signification. Elles traduisent quelque chose, même si elles le traduisent mal, faute sans doute d'envisager la tragédie comme une totalité dont tous les éléments sont solidaires. L'analyse dramaturgique et l'analyse actantielle ont heureusement permis de lire l'œuvre au delà ou en-deçà des personnages, leur constellation n'étant qu'une des composantes de la pièce. Mais il vient toujours un moment dans la lecture où il faut revenir à ceux que Racine appelle les « acteurs », en s'efforçant seulement de tenir compte des relations qu'ils entretiennent les uns avec les autres et du rapport qui est le leur à un modèle historique ou légendaire avec lequel ils ne se confondent jamais entièrement. C'est à leur niveau que se situe cette enquête.

A travers l'ensemble de l'œuvre de Racine, je me propose d'observer une famille, nombreuse et variée, d'« acteurs » situés au premier plan mais privés d'une partie au moins des caractères du héros tragique. Dans chaque cas, il s'agira d'un personnage « sympathique », c'est-à-dire d'un héros « positif » ; d'un personnage placé dans une situation telle qu'on pourrait imaginer pour lui un destin « tragique », mais qui échappe à ce destin et se trouve ainsi privé de la dignité qu'il impliquerait. Que l'issue de la tragédie lui soit ou non funeste, il semble qu'il lui manque quelque chose : netteté de l'expression des désirs et des ambitions, accès à une lucidité exemplaire sur soi et sur la situation, ou enfin geste ou attitude, à l'issue du drame, permettant de le faire reconnaître comme héros tragique par les autres personnages, par le public, par le poète lui-même.

De chacun de ces « sacrifiés » paradoxaux, je présenterai l'itinéraire, en soulignant ce qu'il a d'inattendu, et les péripéties qu'il comporte. Je tenterai ensuite de caractériser la place qu'il occupe dans la construction de l'œuvre. Enfin je m'interrogerai sur la signification de ces personnages, ou plutôt sur ce qu'ils apportent de particulier à la signification de l'œuvre entendue comme un tout.

*
* *

La Thébaïde se termine, Racine l'a reconnu, de manière « un peu trop sanglante »[6]. Tous les protagonistes y meurent les uns après les autres. Parmi eux pourtant il en est un qui « manque » sa mort. C'est

6. Préface de 1676.

Hémon. Son frère Ménécée s'est, dès l'acte III, suicidé en croyant accomplir l'oracle des dieux ; « héroïque fureur »[7] pourtant sans effet sur la suite de l'action. Lui-même, sur l'ordre d'Antigone, se jette courageusement entre les frères ennemis et tente de les séparer ; vain exploit : Etéocle le frappe mortellement, « Soit, dit Créon, qu'il cherchât son frère, ou ce fils malheureux »[8] ; le combat reprend, et les deux frères meurent à leur tour. Le sacrifice a été accompli pour rien.

C'est par une autre voie que le dénouement d'*Alexandre* abîme le seul personnage glorieux qu'on puisse opposer au conquérant. Porus, que certains spectateurs ont, selon Racine, trouvé « plus grand » que le fils de Philippe, doit s'effacer en réalité devant Alexandre, qui « triomphe de sa fierté même par la générosité qu'il fait paraître en lui rendant ses États »[9]. Certes, Racine l'a reconnu plus tard, « Porus a quelque chose qui intéresse davantage, parce qu'il est dans le malheur »[10]. Mais cette considération cesse à l'heure du dénouement. Par le pardon, Auguste était vainqueur de Cinna ; de même Alexandre : « Porus dans le tombeau descendrait en vainqueur »[11] ; en lui laissant la vie, le conquérant manifeste une supériorité que l'adversaire d'hier reconnaît aussitôt : « Je me rends ; je vous cède une pleine victoire »[12].

Ces deux personnages pouvaient être des héros de tragédie dans une acceptation encore naïve, par le renoncement à la « nature » au bénéfice d'une cause supérieure. Mais leurs renoncements n'ont pas été de parfaites réussites : la « fureur » d'Etéocle et Polynice éclipse l'inutile dévouement d'Hémon. A Porus qui eût préféré la mort à la servitude, Alexandre soustrait la grandeur qu'il paraissait mériter.

Les tragédies qui suivent présentent des conflits plus essentiels. Les personnages « sacrifiés » y apparaissent d'autant plus nettement comme tels que le tragique vécu jusqu'au bout par les autres est plus fondamental.

L'héroïne d'*Andromaque* connaît un dilemme aussi difficilement surmontable que ceux qui accablent Hermione ou Oreste ou même Pyrrhus. Sa situation est vécue comme insupportable dès le moment où le choix lui est imposé entre le sacrifice du fils et l'infidélité à l'époux. Au début de l'acte IV, Andromaque a pris une décision héroïque : épouser Pyrrhus et se donner ensuite la mort. Le projet est cohérent, digne d'une grande héroïne de tragédie, et le sacrifice qu'il implique n'est pas imaginé pour le plaisir. Mais le poète lui a refusé une mort qui correspondait pourtant à la ligne d'action qu'il avait inventée pour la veuve d'Hector : l'espèce de gloire qu'elle en eût retirée est transférée sur Hermione. Racine

7. *Thébaïde*, III, 4, v. 661.
8. *Thébaïde*, V, 3, v. 1336.
9. *Alexandre*, Préface de 1666.
10. Préface de 1676.
11. V, 3, v. 1516.
12. v. 1533.

allait plus loin dans la première version, où Andromaque reparaissait comme « captive » d'Oreste et promise à son « triomphe ». Projet certes sans suite, inutile humiliation, mais non dépourvue de sens. A la faveur des fureurs d'Hermione, Andromaque se plaçait déjà sous la protection du peuple épirote[13]. Le trait est demeuré dans le texte définitif. Il exclut décidément Andromaque du cercle de la glorieuse damnation tragique.

Dans son ultime situation, Andromaque est rejointe par Junie. Privée de celui qu'elle aimait et poursuivie par celui qu'elle hait comme une autre Daphné par un autre Apollon, elle feint de « passer chez la triste Octavie » comme pour annoncer le tragique destin de la future rivale de Poppée, et court en réalité se réfugier chez les Vestales. Dans le texte original, elle apparaissait une dernière fois pour évoquer sa « misère » et implorer la « pitié »[14]. Nouvelle expression de la fuite hors du cercle des maudits : c'est le moment où Agrippine vient d'annoncer sa propre mort, et celle de Burrhus ; où Néron lui-même s'abandonne à une fureur qui de loin annonce l'horreur de son trépas. Junie, elle, s'efface et survit, protégée comme Andromaque par la pitié populaire.

Antiochus représente le témoin souffrant des amours malheureuses. Il n'a statut que de confident, mais d'un confident condamné à un amour sans espoir. Certes Racine l'a obligé par deux fois à renaître artificiellement à l'espérance, grâce aux encouragements de l'indiscret Arsace ; mais cette espérance n'a d'autre fruit que la « rage »[15]. Antiochus est seul au dénouement à ne pas comprendre l'enjeu ultime de l'action. C'est Bérénice qui doit l'en instruire ; et si elle l'inclut enfin dans un mythe « exemplaire », c'est en le rétablissant dans son rôle de témoin, sans que lui soit permis le dépassement héroïque ni la mort glorieuse à laquelle il semblait préparé. Racine n'a tiré Antiochus du quasi-néant qui était le sien dans l'histoire que pour l'y replonger plus cruellement.

Plus étonnante encore est l'exclusion d'Atalide. Au départ, la dignité du personnage égale celle de Bajazet et dépasse celle de Roxane la parvenue. Mais elle a dû, comme Antiochus, prendre la défroque du confident messager. Mais elle n'a jamais entrepris aucune démarche décisive. Les combats intérieurs de Roxane parviennent à s'exprimer comme la traduction au moins approximative d'un dilemme insupportable. Les siens sont d'un bout à l'autre parfaitement univoques et vécus comme l'alternance de la souffrance amoureuse de la jalousie et de la souffrance morale du remords. La mort de Bajazet et celle de Roxane sont dans la logique même de la situation. La sienne est une vaine auto-punition (curieusement accompagnée de la vision de châtiments infernaux qui rappellent la folie d'Oreste, et de l'ironique sanction de son inefficacité). Elle n'est pas en effet la grande criminelle qu'elle croit être, mais une âme « dépourvue » dans la plus navrante acception du terme.

13. V, 3.
14. Ed. or., V, 6.
15. *Bérénice*, V, 4, v. 1300.

D'*Andromaque* à *Bajazet*, si diverses que soient les tragédies de Racine dans leur inspiration, un personnage au moins se trouve à chaque fois « marginalisé » : la mort et l'achèvement de soi qu'elle peut apporter sont refusés à Andromaque, à Junie[16], à Antiochus ; et le suicide d'Atalide n'est que la sanction de péchés par omission : il faut au moins, pour accéder à la stature de héros tragique, des péchés en parole ou en action.

A partir de *Mithridate*, le personnage que j'appelle « sacrifié » devient la règle. Et même il est sacrifié de manière d'autant plus frappante qu'il était plus proche que ses prédécesseurs de la consécration tragique. Xipharès était condamné dès le retour du père. Le piège tendu par Mithridate le condamne une seconde fois. Or, au mépris de l'histoire, il survit aussi bien que Monime, comme si Racine avait voulu faire de lui le héros d'une tragi-comédie. Iphigénie devait être « en Aulide immolée »[17]. Eriphile lui dérobe sa mort, avec le même mépris et la même brutalité qu'avait mis Hermione à dérober sa mort à Andromaque. Les conditions de la survie d'Aricie sont aussi étonnantes que celles de la survie de Junie. Ici et là, Racine a usé de la même liberté : dans les versions du mythe où Aricie intervient, elle épouse Hippolyte après la résurrection du héros par les soins d'Esculape. Racine l'oblige à survivre à son amant, alors qu'il pouvait fort bien les unir dans la mort : hypothèse présentée comme probable dans le récit de Théramène :

> Et froide, gémissante, et presque inanimée,
> Aux pieds de son amant elle tombe pâmée[18].

C'est que Racine, qui a fait d'Aricie une fille de la famille condamnée des Pallantides, veut imposer à travers elle, après tant de risques courus, une réconciliation de Thésée avec ses ennemis d'hier.

Il y a loin, sans doute, de l'inspiration des deux dernières tragédies profanes de Racine à celles de ses tragédies bibliques. Mais une analogie est sensible entre les personnages sauvés des œuvres païennes et ceux des tragédies à sujet religieux. Iphigénie et Aricie ont paru échapper une première fois au péril de mort ; toutes deux ont pu et dû se croire menacées au nœud de la tragédie ; toutes deux échappent enfin à la mort et sont promises à l'espoir d'une réintégration au cœur de la société des vivants par le mariage ou par l'adoption. De même, Esther et Joas ont été, l'une par le mariage, l'autre par la ruse de Josabet, mis « à part » d'un groupe condamné ; ils sont apparemment, au cours de la tragédie, menacés à nouveau de périr ; ils sont sauvés par un ultime retournement de situation. Le schéma, ici et là, est plus proche de ceux des contes de fées que de ceux des tragédies d'antan.

---

16. Junie dit pourtant : « Je vais le secourir, si je puis, ou le suivre » (*Britannicus*, V, 3, v. 1665).

17. Boileau, Épître VII, v. 3 (1677).

18. *Phèdre*, V, 6, v. 1586.

*
* *

Les héros paradoxaux dont je viens d'évoquer le destin sont tous indispensables à la tragédie où ils apparaissent et jouent un rôle décisif dans son déroulement. Ils permettent une meilleure compréhension des autres protagonistes. Ils contribuent enfin à la théâtralité du dénouement.

La première de ces trois propositions est vite vérifiée quand le titre du poème présente le personnage « sacrifié » comme protagoniste : des attitudes successives d'Andromaque dépendent celles de tous les autres personnages. L'action tout entière d'*Iphigénie* intéresse le sort personnel de l'héroïne. Le consentement d'Esther au sacrifice de sa vie et la série de ses initiatives commandent le déroulement du drame où elle apparaît.

Les personnages non éponymes n'ont pas une moindre nécessité. Hémon est l'indispensable serviteur et ambassadeur d'Antigone. Porus est un maillon nécessaire de l'intrigue amoureuse et politique d'*Alexandre*. L'enlèvement de Junie est au départ de la première démarche d'Agrippine ; le même personnage précipite la tragédie du combat fratricide. Sans Antiochus, il n'y aurait ni dialogue, ni action dans *Bérénice*. Sans Atalide, l'intrigue politique et amoureuse imaginée par Acomat ne pourrait exister. L'histoire des amours mêlée à celle des engagements politiques de Xipharès scande la tragédie de *Mithridate* et permet d'en caractériser les moments successifs. L'amour pour Aricie justifie le projet d'enquête et de fuite d'Hippolyte, et l'oblige donc à saluer Phèdre « avant que de partir » ; le rôle de la jeune fille est encore essentiel après la nouvelle de la mort de Thésée et le demeure après son retour : c'est d'elle qu'il tient les ultimes avertissements qui annoncent la fin déplorable du drame. Joas enfin est le centre de tous les intérêts de la dernière tragédie de Racine ; c'est de lui qu'il est constamment question, explicitement ou non, à toutes les étapes.

Sans personnage « sacrifié », la constellation des autres personnages se déferait, comme si elle avait perdu son pôle d'attraction : qu'on songe à Hémon, fils, amant, rival en héroïsme des frères ennemis ; à Porus, trait d'union dramaturgique entre deux femmes et deux hommes ; à Andromaque, mère d'Astyanax, lui-même enjeu de la lutte politique, et aimée de Pyrrhus, arbitre apparent de la décision matrimoniale. La seule présence d'Antiochus permet à Titus et à Bérénice de se « dire » à eux-mêmes ou l'un à l'autre. Atalide permet de mesurer l'amour et l'ambition de Bajazet et de surprendre Roxane en ses moments de dépit ou de jalousie déclarée. Par analogie ou par opposition, c'est grâce à Xipharès que se comprennent les autres protagonistes de *Mithridate*. Ceux d'*Iphigénie* se définissent par les sentiments qui les lient à l'héroïne. Aricie, dont la passion est à la fois semblable et opposée à celle de Phèdre, révèle Hippolyte à lui-même et force Thésée à retrouver *in fine* sa stature de généreux demi-dieu. Esther grandit Assuérus, justifie Mardochée et démasque Aman. Et si Joas apparaît dans un nombre de scènes restreint, il oblige du moins

Athalie à se découvrir en ses contradictions et à s'interroger sur ce qui peut demeurer d'humain en elle.

Ces personnages sont donc des « révélateurs » ; ils assurent aussi à la tragédie son unité, dans l'espace comme dans le temps. Ils donnent enfin son éclat au dénouement : soit dans la mise en scène du *finale*, représentée comme dans les drames bibliques ou contée comme dans les deux derniè-res tragédies mythologiques ; soit qu'ils apparaissent comme les instru-ments de la tension ultime : la mort d'Hémon et la fuite de Junie sont les accélérateurs de la catastrophe ; Antiochus est l'« embrayeur » de la der-nière déclaration de Bérénice ; et le suicide d'Atalide rétrécit encore l'ou- verture du dénouement de *Bajazet* à l'espérance politique ; soit enfin qu'ils fixent *in aeternum* l'image de leurs compagnons d'infortune : malheureuses amours d'Oreste et d'Hermione, grandeur de Mithridate, solitude de Phèdre, noire splendeur d'Athalie.

*
* *

Instruments efficaces de la cohérence esthétique de la tragédie, les personnages « sacrifiés » contribuent à lui donner sens. Il convient de rappeler ici que la plupart d'entre eux sont inventés, profondément modifiés ou totalement transformés par le poète. Les exceptions sont elles-mêmes parlantes : *Alexandre* est d'abord une œuvre de couleur épique ; les drames bibliques ont avant tout une signification providentia-liste. Racine ici a opéré un choix, qui ne peut être indifférent.

Tous ces héros correspondent certes à de permanentes tentations de Racine : celle du romanesque sans aucun doute ; grâce à de tels personna-ges, le poète ménage une issue à l'espérance, qu'elle se fonde sur la foi en l'homme ou sur la foi en la providence : l'homme peut avoir la grandeur des héros d'*Alexandre*, ou de Titus, ou de Mithridate, et Dieu ou les dieux sont, d'*Iphigénie* à *Athalie*, gardiens de la collectivité et soucieux de la poursuite d'une histoire. Mais à cet optimisme des « romans parfaits » se substitue volontiers chez Racine le romanesque à rebours des « histoires tragiques » : cela commence avec *La Thébaïde* et surgit à nouveau avec *Bajazet* ; mais cela commande aussi bien des aspects plus ou moins dissimulés d'*Iphigénie* comme de *Britannicus*, d'*Athalie* comme de *Bérénice* (où peut se lire en filigrane une tragédie possible du suicide collectif). La tragédie du salut et la tragédie du massacre, qui font passer au second plan le conflit tragique, exigent la présence des deux types de personnages « sacrifiés » évoqués plus haut : ceux qui sont sauvés de ma-nière paradoxale, et ceux qui meurent pour rien.

Mais ces étranges héros répondent aussi à un besoin impérieux qui est de transmettre une sagesse. Proches du spectateur, dans la simplicité de leurs sentiments ou dans le bonheur relatif de leur destin, ils contribuent à la lisibilité des drames où ils s'insèrent. Non que cette lisibilité soit parfai-te et univoque. Racine semble dire, d'une part, comme Claudel fera plus tard, que « le pire n'est pas toujours sûr » : Titus et Bérénice vivront, peut-être parce qu'Antiochus s'est déclaré prêt à mourir ; le sacrifice d'Eriphile sauve Iphigénie ; Aricie symbolise la survie d'une cité promise à un glorieux destin. Mais il dit aussi le contraire : un traité de paix ne met pas fin aux guerres ; une glorieuse victoire n'assure pas le triomphe décisif ; le départ d'un règne glorieux, comme celui de Titus, peut être proche de sa fin ; et les rois et les peuples consacrés peuvent un jour sombrer dans le crime et les violences. Aussi l'ultime leçon de la tragédie n'est-elle pas pure espérance ni pure résignation. Il est des situations qui imposent la fuite ou la retraite, au couvent pour Junie, dans la mort pour Atalide. Il en est d'autres qui impliquent pour le héros qu'il demeure sur la brèche et poursuive sa tâche : Xipharès retourne au combat et Bérénice va poursuivre son règne. Mais cette tâche sera poursuivie sans excessive illusion. Il y faudra certes un effort de lucidité et d'authentique courage. Mais cet effort pourra ne pas porter les fruits attendus ; qu'ont rapporté d'ailleurs, à l'intérieur de la tragédie, la valeur de Porus, le dévouement d'Antiochus ou la résignation d'Iphigénie ?

Les personnages qu'on vient d'évoquer sont comme la représentation microcosmique de l'univers tragique racinien, celui-ci voulant sans doute représenter le monde des hommes : théâtre de la mort et du salut, de l'espoir et de la crainte, mais surtout théâtre de l'incertain.

16

Poétique de Racine *

Les servitudes propres à l'œuvre théâtrale sont de trois ordres : le poète y présente l'écrit comme s'il était moral, le poème achevé comme s'il était improvisation, l'adresse de l'écrivain à son public comme dialogue entre des personnages aussi éloignés du premier que du second.

Triple paradoxe singulièrement accusé au XVIIᵉ siècle, qui a défini pour le théâtre une rhétorique de la passion, fondée particulièrement sur l'usage de l'hyperbate, et qui a mis en évidence l'artifice nécessaire à l'expression « naturelle ». Mais ces oxymores s'appliquent plus qu'ailleurs à la poésie tragique. La pastorale et l'opéra peuvent s'abandonner à la pure élégie : on n'y fait dialoguer les dieux et les bergers que « pour la vraisemblance », comme il est dit dans *Le Bourgeois*. La tragi-comédie ou la comédie héroïque, plus désireuses de séduire que de convaincre, peuvent jouer indéfiniment du délire verbal. La comédie se plaît à osciller entre le trompe-l'œil d'un langage référentiel qui fait « reconnaître les gens de votre siècle » et les ballets de parole où la fantaisie musicale l'emporte sur le souci de la transposition vraisemblable du réel. La tragédie, elle, se veut « poème » au sens le plus élevé du terme, mais prétend se fonder sur une histoire particulière et réputée authentique, même quand elle fait appel aux mythes ; elle implique, en dépit de la sujétion des alexandrins, un dialogue vraisemblable, c'est-à-dire restituant au plus près ce qu'ont dit, ont dû dire ou ont pu dire les personnages intéressés dans le récit qu'elle transpose.

Ce poème est achevé et l'histoire qu'il raconte est connue du public. Autrement dit, les dialogues qui s'y déroulent ne servent absolument à rien. Pourtant on leur reconnaîtra une valeur, non seulement émotive ou poétique, mais aussi conative ; on y verra à l'œuvre une action qui pourrait ou devrait aboutir, tout persuadé qu'on est que cet aboutissement ne peut être qu'échec, c'est-à-dire mort.

* *Racine, la Romaine, la Turque et la Juive*, (édité par Pierre Ronzeaud), Marseille, C.M.R. 17, 1986. (« La Poétique de Racine »).

Ce poème, enfin, a signification : l'écrivain s'adresse à un public lors même que ses personnages se parlent les uns aux autres, ou se parlent à eux-mêmes : discours complexe où s'affirme la fidélité à la tradition, où se justifient les libertés qu'on s'est accordées, où s'enseigne une éthique ou une sagesse. Pourtant cet écrivain n'est pas de ces marionnettistes selon la tradition orientale, qui demeurent présents auprès de leurs créatures comme la divinité qui leur donne et sens et vie. Il se cache, comme le Dieu janséniste de Lucien Goldmann, et s'il conduit ses personnages vers leur destinée, il les abandonne aussi en apparence à l'incertitude de leurs caprices ou aux aventures de leur fortune.

Ces dimensions se rencontrent toutes, par excellence, dans le théâtre de Racine. C'est ce qui a permis, tour à tour, de l'interpréter comme « poésie pure », comme poème épique, ou comme discours philosophique. Et certes il est tout cela, mais il est surtout théâtre tragique. Car sa poésie restitue une histoire, son mouvement une démarche, son discours une représentation. En d'autres termes, l'élocution racinienne ne peut être séparée, ni de l'invention, ni de la disposition, ni de l'action.

*
* *

Langage et invention

Dans ses tragédies, Racine, comme avait fait Robert Garnier au siècle précédent, entend préserver les histoires du passé comme des exemples ayant toujours valeur et sens pour les hommes de son temps. Cette conviction le situe dans une tradition qui n'est pas seulement théâtrale, celle qui entend l'écriture comme transmission et adaptation d'une culture, la culture du monde méditerranéen des siècles d'or : Euripide et Sénèque sans doute, mais aussi Homère et Virgile, ou Tacite et Suétone, ou Moïse et Josèphe, lus directement mais aussi à travers leurs adaptations modernes ou avec l'aide des clefs que les moralistes et les mythologues en avaient proposées. Car il ne s'agit pas seulement ici de recueillir des histoires, mais aussi de retrouver quelque chose de la manière de leurs rédacteurs successifs, de faire chanter dans la mémoire collective les formules copiées dans les cahiers d'*excerpta*, de ravir enfin le spectateur et le lecteur par la référence à des êtres et à des lieux appartenant à leur patrimoine culturel. De plus, si la recherche des analogies entre les situations d'autrefois et celles de l'actualité ne peut être poussée dans le dernier détail, elle reste longuement possible, fondée qu'elle est d'ailleurs sur la quête machiavéliste ou balzacienne des leçons du passé, et dans quelques cas elle s'impose comme répondant à une évidence. Aussi la lecture « horizontale » de Racine peut-elle toujours s'accompagner d'une lecture « verticale » qui plonge dans les strates de l'histoire passée, des événements du présent et des mentalités collectives forgées par celle-là comme par ceux-ci.

Dans un article récent, Odette de Mourgues a montré que le « style classique » n'était pas fondé sur la hantise du mot juste, mais sur la recherche, par l'association de plusieurs éléments figurés, de la « réduction du champ sémantique » de chacun d'entre eux. L'effacement des images au profit de la clarté de l'expression n'empêche sans doute pas celles-là d'évoquer sourdement l'univers qu'elles impliquent (celui du « feu » par exemple), mais il conduit à n'avoir aucun doute sur le signifié (« Et dérober au jour une flamme si noire », dans *Phèdre*, signifie précisément soustraire par ma mort aux hommes de ce monde la vue d'un amour criminel). L'expression, chez Racine, dans ses tragédies comme dans sa production lyrique, est en effet toujours univoque au premier degré. Mais cette univocité n'exclut pas plus une multiplicité secrète que le lieu unique du drame la pluralité des lieux qu'il peut évoquer. La dénotation est ici, en principe, simple ; la connotation est complexe. Le vers même de *Phèdre* qui vient d'être cité comporte objectivement un jeu d'oxymore baroque qui fait songer aux tragi-comédies des années 1640 ; il insinue déjà le thème de la descente aux enfers qui apparaîtra au quatrième acte, où Racine retrouvera, suprême ironie, le thème biblique de l'impossibilité d'échapper au regard de Dieu, même quand on s'est soustrait à celui de l'homme.

Le spectateur de *Phèdre* pouvait être surpris, dès les premiers vers, par leur contenu et leur expression. Hippolyte veut partir : non comme faisait le héros d'Euripide, pour une chasse suivie d'un bon déjeuner et de divers exercices hippiques. Celui de Sénèque ne songeait lui aussi qu'à la chasse. Plus grave, celui de Garnier s'inquiétait d'un songe et de sombres présages. Ici c'est un fils pieux qui renonce à ses jeux d'oisif pour aller à la recherche de son père. Rien de plus justifié que cette démarche, rien de plus clair que les mots qui la disent. Suit la réponse de Théramène, également limpide : partout où l'on pouvait aller, il est allé lui-même, en vain. Mais son périple, qui l'a mené de l'Epire jusqu'à la Mer Icarienne, a eu pour étapes successives des lieux considérés par l'Antiquité comme autant de boucles infernales. La force des premiers vers de *Phèdre* procède, mais non uniquement, de cette opposition entre la simplicité modale du discours et la présence des symboles de mort qui s'y rencontrent. Hippolyte ne partira qu'à la fin de la tragédie, pour un ultime voyage. Sept ans plus tôt, Antiochus faisait lui aussi des projets de départ ; un sursis atroce lui était accordé avant un adieu plus désespéré que celui qu'il imaginait.

René Jasinski a remarqué que *Britannicus*, représenté trois ans après la mort d'Anne d'Autriche, pouvait, en un simple vers énumératif.

« Moi, fille, femme, sœur et mère de vos maîtres »,

évoquer à la fois les liens historiques unissant Agrippine aux premiers empereurs de Rome, mais aussi les « tombeaux » et inscriptions rédigées sur la défunte reine de France « De quatre augustes rois fille, sœur, femme et mère ». L'expression utilisée par le personnage de Racine n'a pourtant d'autre justification que de marquer la distance qui sépare la mère de

Néron du vertueux Burrhus. Mais le lecteur de Tacite et le connaisseur en histoire romaine y trouvaient la même délectation que le simple courtisan de Louis XIV.

Le dialogue de *Bajazet* adapte une histoire du sérail toute fraîche encore à l'esprit des spectateurs. Mais en évoquant les divers sujets abordés antérieurement par les poètes du siècle et touchant à l'histoire de la même famille il prolonge une tradition comme pour la résumer et la parfaire. Il adapte aussi, en attendant de le faire plus directement, le thème des amours quasi-incestueuses de Phèdre, à l'exemple du Chrispe de Tristan l'Hermite.

Quand s'ouvre la tragédie d'*Athalie*, le public cultivé n'assiste pas seulement à une exposition : il peut retrouver, dans l'évocation des moments attendus de la journée, l'attente même de la cérémonie des Prémices et sa justification historique :

> [...] Je viens
> Célébrer avec vous la fameuse journée
> Où sur le mont Sina la loi nous fut donnée [...]
> Et tous, devant l'autel avec ordre introduits,
> De leurs champs, dans leurs mains, portant les nouveaux fruits,
> Au Dieu de l'univers consacraient ces prémices.

Mais les « prémices » sont aussi les premiers-nés dus au sacrifice ou à la consécration. Le sens second de ces vers est l'annonce du couronnement de Joas-Eliacin, lui-même ancêtre du Christ, dont le sacrifice sera la consécration du Fils de Dieu comme Roi du monde.

Univoque et polysémique, l'expression racinienne est aussi à la fois retenue et secrètement intense. L'exemple même des premiers vers d'*Athalie* l'atteste. Leur simplicité, voire leur apparente naïveté, s'accompagne d'harmoniques grandioses et redoutables. Est-ce là la litote classique louée par Gide, ou « l'effet de sourdine » que Leo Spitzer a étudié dans un article célèbre à partir de multiples exemples illustrant une vingtaine d'effets rhétoriques ? Peter France, il y a une vingtaine d'années, parlait à ce propos d'ironie, l'élégance de la parole (qui suppose la retenue) exprimant en le masquant le caractère désastreux de la réalité.

La « scène à faire » d'*Iphigénie* était pour Racine, comme pour ses prédécesseurs, le dialogue à double entente entre le père, résigné au sacrifice, et la fille, qui croit qu'on va la marier. L'ironie était présente au départ, et le spectateur ou le premier lecteur y devait attendre Racine. Ce dialogue comprend chez Euripide 37 vers en stichomythie, chez Rotrou 25 vers encore ; ici la stichomythie est réduite à six vers, suivis d'un rapide échange en vers coupés. Mais ce court moment est riche d'implications secondes : Iphigénie ne voit dans les propos d'Agamemnon que l'expression des soucis d'un chef de guerre partant en campagne ; « recevant » tout ce que dit sa fille, Agamemnon l'enrichit d'une interprétation différente (tout ce qu'elle craint pour autrui retombe sur elle, tout ce qu'elle souhaite implique son sacrifice) ; le spectateur croit pouvoir interpréter l'ensemble et par le sacrifice (ou l'enlèvement miraculeux) d'Iphigénie, et par le destin d'Agamemnon, qu'il connaît déjà ; le poète, qui a sur tout cela le point de vue de Dieu, sait que les choses ne se dérouleront pas exactement comme on le croit. A une ironie première supposée par les sources s'ajoute donc une ironie au second degré, liée à l'invention personnelle de Racine.

Univocité et polysémie ; retenue et intensité : la troisième dimension est comme imposée par les deux premières : Racine est limpide et obscur. Dans un article célèbre, Jean Starobinski définissait la « poétique du regard » chez Racine comme un « battement sémantique entre le trouble et la clarté [...] La violence s'allège et se fait regard, tandis que l'acte raisonnable de voir s'alourdit et devient conducteur de puissances irrationnelles ». Eugène Vinaver et Georges Poulet ont montré que le verbe racinien construisait un espace et un temps illusoires, et que la proximité des êtres et de l'accomplissement du désir était en réalité éloignement et mirage. Toute promesse, dans le théâtre de Racine, est dite de telle sorte qu'on pressente son désaveu, tout mouvement d'espérance implique la retombée dans le désespoir.

C'est Hermione évoquant Pyrrhus

> Intrépide, et partout suivi de la victoire,
> Charmant, fidèle enfin : rien ne manque à sa gloire.

Agrippine pressant Britannicus de courir au banquet :

> La joie, et le plaisir, de tous les conviés
> Attend pour éclater que vous vous embrassiez.

Bérénice tentant de se persuader :

> Titus m'aime. Titus ne veut point que je meure.

Atalide invitant Bajazet à tout promettre à Roxane :

> Allez, Seigneur : sauvez votre vie et la mienne.

Dans un contexte tout différent, le vertueux Hippolyte annonce son départ à son père, à peu près dans les mêmes termes qu'il avait employés au premier acte avec son gouverneur. Il disait : « Je commence à rougir de mon oisiveté ». Il dit maintenant : « Souffrez que mon courage ose enfin s'occuper ». Thésée n'est point trompé : il sait que cette résolution, sous son calme apparent, trahit le trouble et l'horreur :

> Quelle horreur dans ces lieux répandue
> Fait fuir devant mes yeux ma famille éperdue ?

Quand Racine utilise, dans les monologues de folie ou de lucidité excessive, la figure de l'hyperbate, des fureurs d'Oreste à la dernière tirade d'Athalie, le désordre étudié de son style est presque plus rassurant pour le spectateur que l'apparente tranquillité de propos ambigus inspirés par l'illusion ou par la nécessité de mentir.

*
* *

Langage et disposition

On a souvent souligné, à juste titre sans doute, l'aisance de Racine à observer les « règles » de la tragédie de son temps. Parmi celles-ci, les plus importantes sont celles qui visent à l'agrément du public, dont l'attention doit être constamment soutenue, et ne se permettre de relâchement que pour être ensuite plus vivement sollicitée. Cela suppose l'unité de ton de la « tristesse majestueuse », l'organisation du poème comme ensemble cohérent, et une constante progression dont le principe semble être le suivant : au fur et à mesure que se prononcent les répliques, que se déroulent les scènes et que s'accomplissent les actes, chaque mot déjà dit prend toujours une portée plus riche et plus forte.

Si, comme j'ai tenté de le montrer, l'expression tragique s'enrichit toujours d'un référent antérieur à l'œuvre, elle se nourrit aussi elle-même, à l'intérieur du poème. Effet d'accumulation dont les instruments sont la reprise des mots, la récurrence des images, la résurgence des thèmes. Dans cette perspective, l'expression, à tout moment, se trouve conditionnée par ce qui a précédé ou par ce qui suivra, soit dans l'immédiat, soit dans les scènes et actes encore à venir.

La clôture des scènes, que favorise au XVIIe siècle l'annonce de la sortie ou de l'entrée des personnages, engage des systèmes de correspondance entre leur début et leur fin. L'ouverture est question : Oreste vient chez Pyrrhus en ambassadeur ; il vient aussi chercher « une inhumaine ». Quand le premier paraît, Oreste déjà tout entier à d'autres vœux, confie à Pylade une ambassade plus importante que l'autre à ses propres yeux :

> Eh bien ! va donc disposer la cruelle
> A revoir un amant qui ne vient que pour elle.

Oreste est venu pour Hermione, et il ne rencontre d'abord que Pyrrhus. De même, Agrippine vient voir Néron et ne trouve que Burrhus. A la fin de la première scène de *Britannicus*, son dessein premier n'est rappelé que pour mieux souligner l'irruption du gêneur :

> [...] Allons subitement
> Lui demander raison de cet enlèvement.
> Surprenons, s'il se peut, les secrets de son âme.
> Mais quoi ? déjà Burrhus sort de chez lui ?

Agrippine ne rencontrera Néron qu'à l'acte IV, avant la crise à l'issue de laquelle le « monstre » se déclarera, et à l'acte V, après la mort de

Britannicus. Elle le « verra » encore, après le baisser du rideau, pour tenter d'empêcher de nouveaux crimes. Ainsi la reprise des verbes « venir » et « voir » fait-elle, des propos de la première scène et de l'opposition des premières aux dernières répliques de celle-ci, l'anticipation directe de l'ensemble de la tragédie et, plus largement, de la destinée d'Agrippine.

C'est le verbe partir qui, par ses diverses reprises, scande le drame de Bérénice et impose leur architecture à plusieurs de ses scènes. Dans le rôle de la reine, mais aussi dans celui d'Antiochus :

> Je pars, fidèle encor, quand je n'espère plus. (I, 2)
>
> Arsace, il faut partir quand j'aurai vu la reine. (I, 3)
>
> Prince, il faut avec vous qu'elle parte demain. (III, 1)

Quand chantent encore dans la mémoire immédiate du spectateur les derniers vers d'un acte, les premiers de l'acte suivant viennent renforcer leur signification, la nier ou la nuancer, ou lui apporter un contre-point. Ainsi dans *Andromaque* :

> Allons sur son tombeau consulter mon époux. (III, 8)
> (effet de clôture et de suspension)
>
> Ah ! je n'en doute point : c'est votre époux, Madame... (IV, 1)
> (reprise du thème par un mot, en attendant l'ultime explication)

dans *Britannicus* :

> Qu'on sache si ma mère est encore en ces lieux.
> Burrhus, dans ce palais je veux qu'on la retienne [...]
>
> Répondez-m'en, vous dis-je, ou sur votre refus
> D'autres me répondront et d'elle et de Burrhus. (III, 9)
>
> Oui, madame, à loisir vous pourrez vous défendre. (IV, 1)

dans *Bajazet* :

> Dites... tout ce qu'il faut, Seigneur, pour vous sauver. (II, 5)
>
> Zaïre, il est donc vrai, sa grâce est prononcée ? (III, 1)

dans *Phèdre* :

> Unissez-vous tous deux pour combattre Aricie.
> (Oenone à Phèdre, en I, 5)
>
> Hippolyte demande à me voir en ce lieu, [...]
>
> C'est le premier effet de la mort de Thésée.
> (début de II, 1 ; effet d'asyndète dramatique)

dans *Athalie* :

> Préparez, Josabet, le riche diadème
> Que sur son front sacré David porta lui-même. (III, 7)

> Lévite, il faut placer, Joad ainsi l'ordonne,
> Le glaive de David auprès de sa couronne   (IV, 1)

Les tragédies de Racine se terminent de manière volontiers ambiguë. Mais l'expression même des derniers vers répond, sans raideur et avec des effets d'atténuation, aux questions posées par les premiers : il y a là, à la fois, point final, point d'orgue et point d'interrogation. Les premiers et les ultimes propos d'un des héros sont ici particulièrement parlants :

Andromaque :

> Je viens chercher Hermione en ces lieux,
> La fléchir, l'enlever, ou mourir à ses yeux. (I, 1)

> L'ingrate, mieux que vous saura me déchirer,
> Et je lui porte enfin mon cœur à dévorer. (V, 5)

Bérénice :

à regarder, une fois encore, le seul destin d'Antiochus qui, dans le temps, encadre et, dans l'espace, figure celui du couple Titus/Bérénice, il y a correspondance entre le premier « Hélas » de I, 2 (« Hélas, je ne viens que vous dire [...] que [...] je pars, fidèle encore, quand je n'espère plus ») et le dernier, celui qui termine le poème et que Racine a placé à la rime (le mot est employé 27 fois dans *Bérénice* contre 15 dans *Andromaque* et 10 dans *Phèdre* ; ce dernier résume tous les emplois précédents dans la même tragédie).

Mithridate commence et finit sur les mêmes mots : effet de « boucle » porté par le rôle de Xipharès :

> Ainsi, ce roi [...]
> ....
> Meurt, et laisse après lui, pour venger son trépas,
> Deux fils infortunés qui ne s'accordent pas. (I, 1)

> Ah ! madame, unissons nos douleurs,
> Et par tout l'univers cherchons-lui des vengeurs. (V, 5)

Phèdre n'est pas seulement encadrée par les vers célèbres sur la lumière recherchée et quittée (I, 2 et V, 7), mais aussi par les vers de la première scène où Théramène s'inquiète de voir Hippolyte négliger ses chevaux et ceux du fameux récit où le char se fracasse parce que les chevaux n'obéissent plus à leur maître (V, 6).

Dans un registre différent, l'acte de foi de Joad, à la première scène d'*Athalie* (« celui qui met un frein à la fureur des flots [...] ») trouve son correspondant dans les avertissements du même personnage à Joas, à la dernière scène : « Par cette fin terrible, et due à ses forfaits [...] ».

Tout se passe comme si, tous les moments de la tragédie se répondant les uns aux autres et se confirmant les uns les autres, même quand ils semblent se nier, chacun d'eux représentait un astre singulier mais signifiant dans une constellation complexe mais ordonnée. Le temps de la tragédie fait songer au trajet d'un regard qui examine tour à tour les divers détails d'un tableau pour en découvrir la cohérence profonde.

*
* *

Langage et action

C'est au moment où le discours est prononcé qu'il prend son effet et apparaît, par la réaction des auditeurs, l'assemblée des Athéniens, le Sénat romain, ou les fidèles assemblés pour entendre un sermon de Bossuet, comme réussite ou comme échec.

Au théâtre, le poète délègue cette fonction à l'acteur, à l'équipe, plus largement, que le metteur en scène rassemble autour de lui. Mais dans l'œuvre publiée, l'achèvement du « théâtre dans un fauteuil » est laissé à la diligence du lecteur, aidé par la « périgraphie » du poème, et particulièrement par les préfaces dues à la plume du poète. Au XVIIe siècle, l'œuvre dramatique s'adresse aussi bien au lecteur qu'au spectateur. Aujourd'hui encore, le théâtre de Racine est objet de lecture, et sollicite non seulement l'intelligence qui cherche à lui donner sens mais aussi l'imagination qui veut y retrouver la pulsation de la vie. Dans une œuvre aussi pauvre que le souhaitait l'abbé d'Aubignac en indications marginales, c'est le verbe qui suggère le geste, ses violences soudaines, ses ralentis trahissant l'hésitation, mimant la tendresse, dissimulant la ruse. C'est lui encore qui crée l'espace scénique et l'univers imaginaire dont cet espace participe : le « cabinet » de *Bérénice*, cœur « secret » du palais impérial, mais aussi de Rome et de l'univers conquis par les Romains ; le sérail « interdit » de *Bajazet*, les routes maritimes et terrestres qui l'entourent, par où surgissent les envoyés d'Amurat, par où l'on voudrait s'échapper ; le vestibule du temple dans *Athalie*, que le dialogue et les jeux des rideaux élargissent aux dimensions du sanctuaire et de la ville sainte. C'est lui enfin qui par les récits, les prémonitions et les prophéties, nie l'instantanéité de l'acte tragique au moment même où il l'exprime, par ses ouvertures en direction du passé ou de l'avenir. L'action, dans le théâtre de Racine, telle que la suggère le dialogue, comporte un au-delà d'elle-même.

A partir de ces simples remarques, on peut définir diverses lectures de l'œuvre. L'une peut être tour à tour élégiaque et lyrique : c'est celle qui privilégie le discours humain porté à l'exemplaire par l'euphonie verbale et la généralité du vocabulaire ; chaque poème, dans cette perspective, apparaît comme une sorte d'ode ou de poésie en stances sur la misère de la condition humaine. C'est cette lecture que suggèrent particulièrement les pièces à sujets mythologiques. Une seconde lecture, qui convient

singulièrement aux drames historiques, peut se fonder sur la recherche de
l'efficacité dramatique : c'est celle qui soulignera les moments de décision,
les expressions de l'incertitude, ou interprétera les silences et les réticences.
Cette lecture est proprement tragique : mettant en relief le jeu des
passions, les raisons bonnes ou mauvaises des démarches, les vains
mouvements de la volonté, elle fait apparaître ironiquement l'impuissance
des êtres. Une dernière lecture peut être épique : chaque tragédie y
apparaît comme un moment d'une histoire qui la dépasse et toutes
ensemble composent alors un « long poème » sur l'histoire de l'humanité,
une « légende des siècles » composée certes de sombres épisodes, mais
dont l'association et les harmoniques constituent une geste d'allure
providentielle. C'est cette dernière lecture que veulent sans doute imposer
les drames bibliques. Mais ces trois dimensions de la poésie racinienne se
complètent. Condition humaine, nature humaine et recherche sur la
finalité de l'histoire sont toujours présentes à la fois dans l'esprit du poète
et dans la lettre même de son écriture. A chacune d'entre elles correspondent
deux mouvements ou deux tentations opposés et complémentaires : le
rêve de conquête, à quoi correspondent les échos, les effets de résonance
et les jeux de correspondance de la manière ; la résignation et la
rétraction, auxquelles s'harmonisent les procédés relevant de la litote et
de l'euphémisme.

*
* *

Textes critiques évoqués (date de la première parution) :

Odette de Mourgues, *Quelques paradoxes sur le classicisme*, Clarendon Press
Oxford, 1981 ; René Jasinski, *A travers le XVIIᵉ siècle*, Paris, Nizet, 1984 ; Leo
Spitzer, *Die Klassische Dämpfung in R's Stil*, Arch. Rom., 1928 ; Peter France,
R's Rhetoric, Clarendon Press, Oxford, 1965 ; Jean Starobinski, *Racine et la
poétique du regard*, N.N.R.F., 5, 1957 ; Eugène Vinaver, *Racine et la poésie
tragique*, Paris, Nizet, 1951 ; Georges Poulet, *Notes sur le temps racinien*, dans
Études sur le Temps humain, Univ. Press, Edimbourg, 1949.

17

Racine lecteur d'*Othon**

Dans la première préface de *Britannicus* (1670), Corneille est fort malmené. Racine y prend ses distances par rapport à la dramaturgie de son aîné, à laquelle il reproche les invraisemblances, l'inutile complication et ces « déclamations » où les personnages disent « tout le contraire de ce qu'ils devraient dire » : allusion au fameux ressort de l'« admiration », au goût de Corneille pour les intrigues embarrassées, à la fréquence, particulièrement sensible après 1660, des propos ironiques dans les dialogues. Racine évoque successivement *Héraclius, Attila, Agésilas* et *La Mort de Pompée*. Il ne parle pas d'*Othon*. Négligence ? Mépris ? Plus probablement ingratitude ; cette tragédie à sujet romain, où se mêlent les jeux de la politique et du sentiment amoureux, étant de celles qui pouvaient inciter le jeune poète à s'essayer dans le même genre et à rechercher l'inspiration dans les mêmes œuvres antiques, Suétone et surtout Tacite.

Les contemporains ne s'y sont pas trompés. *Othon*, cette tragédie qui, selon le maréchal de Gramont, « devait être le bréviaire des rois[1] », est de celles où Corneille « parle mieux de la politique et de la guerre qu'un ministre d'État et un général d'armée[2] ». Les cornéliens pensaient que Racine pouvait recueillir d'utiles leçons de la méditation des œuvres de son rival. Au lendemain de la publication de *Britannicus*, Saint-Evremond se disait persuadé que, « corrigé » par sa *Dissertation sur Alexandre*, Racine pourrait bien un jour se situer « assez près » de Corneille[3].

Au début de ce siècle, l'impitoyable dénicheur de plagiats qu'était Edmond Dreyfus-Brisac présentait un certain nombre de vers de Racine

* Préface à : Corneille, *Othon*, Éd. J. Sanchez, Mont-de-Marsan, José Feijoo, 1989.

1. Rapporté par l'abbé de Voisenon, *Œuvres*, 1781 ; cité par G. Mongrédien, in *Recueil des textes et des documents relatifs à Corneille*, Paris, éd. du C.N.R.S., 1972, p. 199).

2. Saint-Evremond, *Lettre à Mme Bourneau* (1665), cité par R. Picard, *Nouveau Corpus racinianum*, Paris, 1976, p. 32-33.

3. *Lettre à M. de Lionne* (1670), cité par R. Picard, *op. cit.*, p. 56.

« copiés » de Corneille[4]. Le jeu peut se poursuivre : qui reconnaît, par exemple, dans un des distiques les plus célèbres d'*Andromaque* deux vers tirés de *Théodore*[5] ? Mais il ne prend sens qu'à la condition d'engager des comparaisons plus essentielles à la peinture des sentiments, à la formulation du conflit tragique, à l'éthique des personnages.

Les rapprochements ici proposés ne concerneront, dans l'œuvre de Corneille, que la tragédie d'*Othon*, confrontée aux tragédies raciniennes des années 1669-1672 : *Britannicus, Bérénice et Bajazet*.

Le héros de Corneille se reconnaît lui-même comme une des « créatures » de Néron, la seule qui ait survécu au tyran[6] ; et Galba, le comparant à Pison, dont il veut faire son héritier, voit en effet en lui un homme « par Néron dans le vice abîmé[7] ». Bien qu'il puisse s'inspirer directement de Tacite[8], Racine doit songer aussi à Corneille quand il fait dire à Agrippine devant Néron :

> Othon, Sénécion, jeunes voluptueux
> Et de tous vos plaisirs flatteur respectueux[9].

Dans *Othon*, le consul Vinius met en garde son « ami » contre les dangers qui le menacent :

> Seigneur, quand pour l'empire on s'est vu désigner,
> Il faut, quoi qu'il arrive, ou périr ou régner.
> Le posthume Agrippa vécut peu sous Tibère,
> Néron n'épargna point le sang de son beau-frère,
> Et Pison vous perdra par la même raison,
> Si vous ne vous hâtez de prévenir Pison[10].

Le meurtre d'Agrippa, petit-fils d'Auguste, est présenté par Tacite[11] comme le premier crime (*primus facinus*) du principat de Tibère. Action autorisée sans doute, sinon par la morale, du moins par les maximes du réalisme politique. Et Corneille pense ici à Machiavel aussi bien qu'à Tacite. Dans *Britannicus*, quand Agrippine, pour perdre Néron, s'apprête à confesser publiquement les crimes qu'elle a commis pour lui assurer le trône, le grave Burrhus lui présente ce que l'adoption de Néron par Claude a eu d'heureux, une fois sanctionnée par le choix de Rome, et ajoute :

---

4. *Plagiats et Réminiscences ou Le Jardin de Racine*, Paris, chez l'auteur, 1905.

5. C'est l'amoureux Placide qui plaide auprès de l'impérieuse Marcelle en faveur de Théodore (III, 5) :
> Placide suppliant, Placide à vos genoux,
> Vous doit être, Madame, un spectacle assez doux.

6. *Othon*, I, 1, v. 54.

7. III, 3, v. 947.

8. *Histoires*, I, 16.

9. *Britannicus*, IV, 2, v. 1195-1196.

10. *Othon*, I, 2, v. 235-240.

11. *Annales*, I, 6.

> [...] Ainsi, sans être injuste,
> Elle choisit Tibère adopté par Auguste ;
> Et le jeune Agrippa, de son sang descendu,
> Se vit exclu du rang vainement prétendu[12].

Le meurtre d'Agrippa n'est pas ici évoqué. Mais il est vrai que Burrhus « ne pense pas [...] tout ce qu'il dit[13] ». C'est Narcisse qui l'affirmera devant Néron, dans une scène où ses maximes rappellent celles de Vinius : si Néron ménage Britannicus, il risque d'être la victime de ce vertueux jeune homme :

> Les dieux de ce dessein puissent-ils le distraire !
> Mais peut-être il fera ce que vous n'osez faire[14].

Les vers brutaux de Vinius contiennent en germe les propos euphémiques de Burrhus, les conseils pernicieux de Narcisse et le tragique dénouement de la pièce de Racine, évoqué par l'un sous le voile de l'ironie objective et par l'autre sous celui de l'insinuation perfide.

Le thème de l'esclave affranchi prend dans *Othon* un relief particulier. Euphorbe, l'affranchi de Maxime dans *Cinna*, n'était qu'un domestique un peu mieux traité que les autres. Ici, Martian est décidément monté au grade de conseiller influent. Il s'agit d'Icelus, mignon de Galba selon Suétone[15] et nommé par lui chevalier sous le nom de Marcianus[16]. Quand Plautine repousse dédaigneusement ses avances amoureuses, Martian lui rappelle que tous les empereurs ont choisi des affranchis comme conseillers, et cite

> Patrocle, Polyclète, et Narcisse et Pallas[17].

Tous les quatre sont cités dans les *Histoires* et les *Annales*. Mais on sait le rôle que les deux derniers assumeront dans *Britannicus*, et le rappel naïf de leur apparente solidarité dans la bouche du fils de Claude s'adressant à Narcisse :

> Chez Pallas, comme toi l'affranchi de mon père[18]

Quelques vers plus bas, Martian fait un autre rappel :

> Sous Claude on vit Félix le mari de trois reines[19],

---

12. *Britannicus*, III, 3, v. 863-866.
13. IV, 4, v. 1451.
14. v. 1397-1398.
15. *Vies*, VII, 22.
16. Tacite, *Histoires*, I, 13.
17. *Othon*, II, 2, v. 507.
18. *Britannicus*, I, 4, v. 356.
19. *Ibid.*, v. 510.

souvenir d'une expression de Suétone, « *trium reginarum maritum*[20] ».
Félix, frère de Pallas, procurateur en Judée, fut en effet l'époux d'une
sœur de Bérénice et d'une fille d'Antoine et de Cléopâtre, sa troisième
épouse nous étant demeurée inconnue. L'argument de Martian en faveur
des affranchis de mérite n'a pas été oublié par Racine ; mais celui-ci en a
fait un usage tout différent. C'est Paulin qui, dans *Bérénice*, rappelle à
Titus cet exemple pour faire apparaître l'infamie d'une union avec
Bérénice :

> De l'affranchi Pallas nous avons vu le frère,
> Des fers de Claudius Félix encor flétri,
> De deux reines, Seigneur, devenir le mari[21].

A noter cependant que chez Corneille la scélératesse de Martian est
aussi naïvement affichée que le cynisme de Vinius ; chez Racine, les
« méchants » ont des manières plus engageantes, et, plus dangereux
encore que ceux d'*Othon*, sont présentés par les tiers avec plus d'égards
apparents ; la « douceur » racinienne est opposée, à ce propos comme à
d'autres, à la « franchise » cornélienne.

On connaît assez la formule de Roland Barthes qui résume la situation
tragique racinienne : A aime B qui ne l'aime pas ; A a toute puissance sur
B. Cette formule est peu représentée dans le théâtre de Corneille. On l'y
retrouve cependant, avant *Suréna*, dans cette tragédie d'*Othon*, exactement
contemporaine des débuts de Racine : la princesse Camille est amoureuse
d'*Othon*, qui ne l'aime pas, mais qui, s'il la refuse, s'expose à la mort.
D'autre part, de la prétention d'abord toute « politique » d'épouser
Plautine, fille du consul Vinius, un irrésistible amour a fait une passion
incoercible. Ce n'est pas une tragédie à la romaine de Racine qui reprend
ce schéma, mais le drame à la turque de *Bajazet* : poussant à l'extrême les
données de la pièce de Corneille, Racine a créé Roxane en songeant à
Camille, Bajazet en pensant à Othon et Atalide en se souvenant de
Plautine.

Corneille, d'autre part, présente son héros Othon comme esclave
d'exigences politiques auxquelles il ne peut échapper, et qui ne se résument
pas à l'ambition personnelle. Othon est prisonnier d'une machine complexe
où les caprices de Galba et les intrigues de ses trois conseillers jouent un
rôle à la fois ambigu et contraignant. Il en tient certes compte, mais l'élan
qui le pousse vers Plautine se conciliant mal avec ses contraintes il songe à
plusieurs reprises à la solution du suicide : dès le premier acte, quand
Vinius le presse d'épouser Camille ; et surtout au quatrième, quand au
désespoir d'avoir tout perdu il se dit prêt à mourir « en vrai Romain » et
que Plautine se déclare prête à être l'Arrie de ce nouveau Pétus[22]. Dans

---

20. *Vie de Claude*, 28.
21. *Bérénice*, II, 2, v. 404-406.
22. *Othon*, IV, 1.

une situation comparable, bien que différente, le Titus de Racine envisagera comme solution la « noble voie » du suicide stoïcien[23]. C'est en effet de ce type de suicide qu'il est question au quatrième acte d'*Othon*. Le héros l'oppose d'ailleurs au suicide par désespoir amoureux qu'il était près d'accomplir au premier acte. Plautine l'avait alors rendu

[...] incapable
Des douceurs de mourir en amant véritable[24].

Non qu'elle condamnât le suicide en soi : mais se donner la mort par galanterie lui paraissait indigne d'un Romain ; Othon devait attendre d'y être autorisé par un plus « noble désespoir » :

Ce noble désespoir, si digne des Romains,
Tant qu'ils ont du courage est toujours en leurs mains,
Et pour vous et pour moi, fût-il digne d'un temple,
Il n'est pas encor temps de m'en donner l'exemple[25].

Le même dialogue de l'acte IV envisage un troisième type de mort consentie : s'il ne doit se tuer, ni par amour, ni par « noble désespoir », Othon accepte du moins, comme fera plus tard Suréna, de périr sous les coups de ses adversaires plutôt que de chercher à apaiser Camille comme le lui suggère Plautine :

Subissons de Lacus toute la tyrannie,
Avant que me soumettre à cette ignominie.
J'en saurai préférer les plus barbares coups
A l'affront de me voir sans l'Empire et sans vous[26].

Cet abandon aux « coups » des hommes est proche de l'*amor fati* antique. Il préfigure sans doute ironiquement l'abandon à l'acclamation par l'armée[27]. Racine s'est peut-être souvenu de ces vers de Corneille dans le dialogue de Bajazet et d'Acomat où le premier affirme préférer la mort à l'union avec Roxane :

[...]Acomat, c'est assez.
Je me plains de mon sort moins que vous ne pensez.
La mort n'est point pour moi le comble des disgrâces[28].

Comme Othon cependant, Bajazet luttera aussi longtemps qu'il ne désespèrera pas de conquérir le pouvoir. Ainsi l'attitude présentée par Racine dans la seconde préface de la tragédie comme caractéristique de la

---

23. *Bérénice*, V, 6, v. 1408-1414.
24. v. 1185-1186.
25. *Othon*, I, 4, v. 295-298.
26. IV, 1, v. 1201-1204.
27. Othon sera « porté » au camp par ses partisans (IV, 7).
28. *Bajazet*, II, 3, v. 607-609.

« férocité » turque se révèle applicable aux anciens Romains aussi bien qu'aux lointains habitants de Byzance.

Voltaire notait déjà l'analogie de situation entre le début du deuxième acte d'*Othon* et celui du troisième de *Bajazet*. Il ne s'agit en fait, ni d'une simple analogie, ni d'un véritable plagiat, mais d'une réécriture consciente et sans doute d'intention critique [29]. Ici et là le héros (Othon ou Bajazet) vient de rencontrer la princesse qui l'aime sans être payée de retour (Camille ou Roxane) ; et l'amante de ce héros (Plautine ou Atalide) interroge sa confidente (Flavie ou Zaïre) sur les propos tenus au cours de cette rencontre. Les deux scènes sont comparables dans leur mouvement et dans la formation :

> Je le force moi-même à se montrer volage [30].

> Si Bazajet l'épouse, il suit mes volontés [31].

Il y a plus : à la fin de l'acte précédent, les deux amoureuses pressaient leurs amants de consentir à l'amour de la rivale. Ceux-ci tentaient de se défendre :

> Hélas, Madame, hélas ! que pourrai-je lui dire [32] ?

> Eh bien ! Mais quels discours faut-il que je lui tienne [33] ?

Les deux femmes refusaient également de dicter quelque propos que ce soit, et se contentaient de rappeler l'enjeu de la conversation :

> Il y va de ma vie, il y va de l'Empire [34].

> Allez, Seigneur : sauvez votre vie et la mienne [35].

Deux vers prononcés par Flavie dans son dialogue avec Plautine :

> On a vu par ce peu qu'il laissait échapper
> Qu'elle prenait plaisir à se laisser tromper [36].

ont visiblement inspiré la déclaration de Bajazet à son retour auprès d'Atalide :

---

29. Le texte du *Commentaire* a été cité par plusieurs éditeurs, notamment par Bernardin, éd. de Racine (1882), III, p. 79.

30. Plautine dans *Othon*, II, 1, v. 389.

31. Atalide dans *Bajazet*, III, 1, v. 819.

32. *Othon*, I, 4, v. 361.

33. *Bajazet*, II, 5, v. 786.

34. Plautine dans *Othon*, I, 4, v. 362.

35. Atalide dans *Bajazet*, II, 5, v. 785. Ce vers précède chez Racine la question de l'amant, à laquelle il semble répondre par avance. La jeune femme termine la scène et l'acte avec le vers célèbre (v. 792).

> « Dites... tout ce qu'il faut, Seigneur, pour vous sauver. »

36. *Othon*, II, 1, v. 419-420.

> A peine ai-je parlé que, sans presque m'entendre,
> Ses pleurs précipités ont coupé mes discours.
> Elle met dans ma main sa fortune, ses jours,
> Et se fiant enfin à ma reconnaissance,
> D'un hymen infaillible a formé l'espérance[37].

Après ce dialogue, Othon ne paraît devant Plautine qu'à l'acte IV, à un moment où la conjoncture a considérablement changé. Chez Racine, la charge pathétique du dialogue entre Atalide et Zaïre est immédiatement exploitée : visible désespoir de l'amante, encore renforcé après le récit d'Acomat, retour de l'amant, arrivée de Roxane. L'auteur de *Bajazet*, une fois de plus, s'empare d'une indication de son prédécesseur et la développe jusqu'à en faire le ressort essentiel de sa tragédie.

Corneille, dans l'avis *Au lecteur* d'*Othon*, reconnaissait la complexité et l'inachèvement de sa tragédie : « tant de mariages » envisagés « pour n'en conclure aucun » ; et tant d'« intrigues de cabinet qui se détruisent les unes les autres ». Il semble que Racine lecteur d'*Othon* ait retrouvé son « tacitisme » avec *Britannicus*, conjugué, sur les suggestions de Corneille, amour, ambition et sens de l'abandon au destin dans *Bajazet*, et réservé à *Bérénice* l'expression de la désillusion et de la mélancolie héroïques : douloureux vertige que Corneille ne retrouvera pleinement qu'avec *Suréna*.

---

37. *Bajazet*, III, 4, v. 986-990.

18

Du profane au sacré dans l'œuvre de Racine

Depuis une trentaine d'années au moins la critique s'est interrogée sur la présence du sacré dans le théâtre de Racine, et particulièrement sur les rapports qu'on peut instaurer entre l'ensemble des poèmes rédigés pour le grand public de *La Thébaïde* à *Phèdre* et les deux œuvres écrites pour les élèves de Mme de Maintenon, *Esther* et *Athalie*. On se souvient des conclusions mesurées de Maurice Delcroix dans son livre *Le Sacré dans les tragédies profanes de Racine* (Nizet, 1970) et de celles d'Anna Ambroze (*Racine poète du sacrifice*, Nizet, 1970), des essais plus récents d'Éléanor Zimmermann (*La Liberté et le destin dans le théâtre de Racine*, Saratoga, Cal., 1982) et d'Ingrid Heyndels (*Le Conflit racinien*, Bruxelles, 1985), et de la série d'articles posthumes du regretté Eugène Vinaver (*Entretiens sur Racine*, Nizet, 1984). Je termine cette trop rapide esquisse critique en évoquant deux ouvrages aux conclusions en apparence opposées, le *Jean Racine* de Marcel Gutwirth (Montréal, 1970) et *La Tragédie racinienne* de Michael Edwards (« La Pensée universelle », 1972) : le premier voyant dans le Dieu d'*Athalie* Celui « qui ne veut pas que l'on aime, ou que l'on plaigne » ; le second découvrant dans le dénouement de *Phèdre* « la victoire du Jour [...], qui s'accomplit dans la guérison d'Athènes, et dans une dernière réconciliation : celle de Thésée et d'Aricie ».

On a souvent posé la question : une tragédie sacrée peut-elle encore se dire tragédie ? Interrogation inspirée par une idée de la tragédie lieu du « tragique », c'est-à-dire de l'impossibilité de résoudre un dilemme autrement que par la mort du héros, voire par la destruction d'un monde. Cette vision du poème tragique semble devoir rendre tout à fait paradoxale l'association « tragédie profane »/« présence du sacré ». On peut répondre aisément, du moins en première analyse, en rappelant que « tragédie » et « tragique » n'impliquent pas, au XVIIe siècle, rupture totale entre les personnages et faille intérieure interdisant au héros de se réconcilier avec lui-même. On peut également rappeler qu'Euripide, le plus tragique, selon Racine lui-même, des dramaturges grecs, trouvait avec les dieux des accommodements, et que Sénèque, dont Ronald Tobin a montré tout ce que Racine lui devait, évoque des situations certes irréversibles, mais qu'explique une faute antérieure qui aurait pu ne pas être commise : leçon austère, certes, mais non désespérée, pas plus que celle qu'apporte le théâtre de notre Robert Garnier dans *Les Troyennes* ou dans *Les Juives*. Le lecteur et le spectateur reçoivent la tragédie comme une leçon de soumission à la morale divine. Sophocle déjà sauvait spirituellement Antigone et permettait à Œdipe de trouver la paix au bois sacré de Colone. On ne peut oublier enfin qu'au moins dans la seconde moitié du XVIIe siècle, si nourris de notions religieuses que soient les poètes, et notamment l'élève ingrat de Port-Royal, ils sont censés s'interdire de mêler les « mystères chrétiens » et les ornements « égayés », c'est-à-dire littéraires, propres à la tragédie comme au poème héroïque. Mais cela n'empêche pas l'écrivain de « penser toujours » aux fins divines de l'homme sans en « parler jamais », sinon à travers des transpositions thématiques, des locutions apparemment profanes, des sujets empruntés à des civilisations assez éloignées pour qu'on n'y voie invoqués que le dieu de Mahomet ou les dieux de Platon. Ainsi toute tragédie peut-elle être imprégnée de sentiments religieux, sous les déguisements de la mythologie ou du pittoresque mahométan, avec d'autre part la discrétion qu'autorise la doctrine, chère à Lucien Goldmann, du *Deus absconditus*. Dans cette perspective, on examinera successivement la dimension religieuse qu'impliquent les sujets raciniens, celle qui informe le caractère des personnages, celle enfin qu'imposent les structures temporelles et spatiales des poèmes.

*
* *

La tragédie est faite pour des rois, comme l'a rappelé Anouilh ; elle met en scène des rois. Les rois de France, comme ceux de la Bible sont des oints du Seigneur. En quoi ils doivent faire songer à ces héros et demi-dieux que sont les souverains mythiques de la tragédie grecque. Tout sujet qui fait intervenir un roi ou des rois comporte un dialogue explicite ou implicite entre ce monde et l'autre. Le Ciel pèse sur les personnages de *La Thébaïde*, troublés par l'ambiguïté d'un oracle et les inutiles sacrifices de Ménécée et d'Antigone ; cette même *Thébaïde* où, bourrelé de remords, Créon va enfin « chercher du repos aux enfers ». Le héros d'*Alexandre*, fils de Jupiter, se montre digne de son ascendance divine, non seulement par l'éclat de ses victoires, mais par la pratique de la vertu de clémence, accordée seulement aux « enfants des dieux ». Les morts d'*Andromaque* sont immolations de personnages poursuivis par une sorte d'Eros infernal. *Britannicus* ne condamne le monde du crime que pour mieux sanctifier la pure Junie, désormais vestale destinée « au culte de nos dieux ». *Bajazet* est le théâtre d'une immolation collective inspirée par un fatalisme mystique répondant aux exigences qu'on attribuait alors au dieu de Mahomet. *Mithridate*, et avant lui *Bérénice*, sont les lieux où se manifeste la conscience des ruptures de l'histoire ; une histoire où, pour un homme du XVIIᵉ siècle, se poursuit une œuvre providentielle, à travers de pénibles sacrifices et de douloureux renoncements. Cependant, c'est avec *Iphigénie* et *Phèdre* que s'exprime avec le plus d'intensité le mystère de la justice divine : le sacrifice d'Iphigénie/Eriphile ouvre aux Grecs la voie de l'Orient-théâtre de toutes les rencontres entre Ciel et Terre, et permet que la réconciliation s'opère dans une apparition de Diane portant « au ciel notre encens et nos vœux ». *Phèdre* enfin, où la malédiction infligée à une famille inspire à l'héroïne des prières proches des psaumes de David, est aussi une pièce où le sacrifice du divin Hippolyte assure l'unité d'Athènes, la légitimation du pouvoir de Thésée et le départ d'une histoire où le Zeus Orkios du « temple sacré » paraît préfigurer le dieu inconnu dont Saint Paul fera plus tard le départ de sa prédication dans la patrie de Socrate. N'est-ce point la même divinité à la fois cruelle et compatissante que retrouveront les élèves de Madame de Maintenon avec *Esther* et *Athalie* ? Une divinité qui certes protège ses fidèles, mais les soumet à l'épreuve d'un passage par les ombres de la mort. L'héroïne d'*Esther*, comparaissant devant son époux et son roi, le croit « tout prêt à *la* réduire en poudre » (II, 7) ; Éliacin, avant d'être reconnu comme roi et de devenir Joas, se dit prêt à subir le sort de la fille de Jephté, cette Iphigénie de l'Ancien Testament. Le sujet tragique racinien, ici et là, est bien, au-delà des conflits humains ou à travers eux, dialogue de l'homme avec ce qui le dépasse, le dieu qui dans l'instant punit ou récompense ou la providence qui conduit obscurément l'histoire jusqu'à l'implicite Narousie qui en dévoilera le sens.

**
*

Paul Claudel n'aimait pas beaucoup les dramaturges français du XVIIᵉ siècle. Il avait tort, sans doute. Mais ses drames peuvent nous permettre de les mieux comprendre. On sait grâce à lui (et à quelques autres) que les grandes passions tragiques, l'Amour, l'Ambition et la Vengeance, sont images inversées ou perverties, ou initiatrices, des vertus chrétiennes : le héros du *Soulier* découvre que l'amour qui le transporte n'est qu'image de l'Amour divin ; celui de *Tête d'Or* que son ambition est le désir informulé d'une totalité que Dieu seul peut apporter. Or ces mêmes passions permettent de définir les personnages de Racine et de leur donner âme. Bien plus, leur étude peut faire entrevoir la parenté des héros des tragédies profanes et de ceux des pièces sacrées.

En simplifiant peut-être outrageusement, on voit se dessiner dans l'œuvre de Racine des lignées de personnages :

1) des êtres définis par l'amour de dilection, cet amour pouvant aller jusqu'au sacrifice : Antigone, Hémon et Ménécée ; Andromaque ; Junie ; Antiochus ; Atalide ; Monime et Xipharès ; Iphigénie, Aricie et Hippolyte enfin, chez lesquels la noble acceptation du sacrifice annonce celle d'Esther et celle d'Éliacin/Joas.

2) en violente opposition avec les premiers, des êtres de pure ambition, prêts à tout pour assouvir cette passion, liée chez eux à la brutalité et à la vengeance : Créon, Taxile, Narcisse (et sans doute Néron lui-même), Pharnace, Œnone peut-être, et, dans les drames bibliques, ces incarnations du démon que sont Aman et Mathan.

3) ceux chez qui l'amour perverti est lié à une ambition et une soif de meurtre portées au paroxysme : Roxane, Agrippine, Eriphile, Athalie.

4) ceux qui, au départ purement jaloux de leur autorité, sont convertis par l'amour de dilection à une forme de générosité héroïque : Alexandre ; Britannicus ; Titus et Bérénice ; Bajazet ; Assuérus.

5) Les personnages inclassables, parce que déchirés entre des passions et des exigences contradictoires, et qui peuvent être, sans doute pour cette raison, au centre de l'aventure tragique : les « frères ennemis » et leur mère ; Porus et Axiane ; Pyrrhus, Oreste et Hermione ; Phèdre et Thésée. Une lignée pressentie dès les premières œuvres de Racine, et qui domine *Andromaque* pour disparaître à peu près complètement jusqu'à *Phèdre*, et que Racine abandonne (personnages secondaires et confidents mis à part) dans les drames bibliques. Peut-être parce qu'elle représente avec trop d'intensité *l'homo tragicus*.

Il demeure de cette analyse, approximative, je le reconnais, qu'Iphigénie et Hippolyte semblent préfigurer Esther et Joas, Créon et Narcisse ou Aman et Mathan, Agrippine Athalie, Alexandre et Titus Assuérus. Quatre points cardinaux de la psychologie racinienne : l'amour et l'ambition pouvant être infléchis par la jalousie vers la soif de vengeance ou dépassés par la noblesse d'âme vers la pure générosité.

Ces distinctions ont en tout cas l'intérêt de faire apparaître dans l'œuvre de Racine le reflet de la *delectatio victrix* augustinienne : nul n'échappe à l'emprise de la passion amoureuse ou ambitieuse ; mais de l'un et de l'autre côté, selon la grâce qui habite les êtres, on peut glisser dans l'abîme ou s'élever aux sommets ; l'amour devient *eros* ou *agapê*, l'ambition soif de dominer ou désir de servir, tyrannie diabolique ou justice et clémence vraiment royales.

*
* *

En 1660, dans le *Discours de la tragédie*, Corneille rappelait les formules aristotéliciennes selon lesquelles le genre tragique supposait la parenté de sang ou la proximité tribale des deux protagonistes, et le désir de l'un de faire périr l'autre. Le premier connaît ou ne connaît pas l'autre ; il achève ou il n'achève pas son projet meurtrier. La tragédie préférée par Aristote est celle où, comme dans *Iphigénie en Tauride*, une reconnaissance *in extremis* fait renoncer le meurtrier à l'acte qu'il s'apprêtait à commettre. La formule préférée par Corneille est celle qui suppose une parfaite connaissance de la victime par son ennemi et l'inachèvement de l'acte par l'effet d'« une puissance supérieure » ou de « quelque changement de fortune » : c'est ainsi qu'échappent à la mort Rodrigue, Auguste, Rodogune et Nicomède. Racine a été tenté par ce schéma dès ses premières œuvres, en lui donnant toutefois des accents nouveaux ; le principe en est le suivant : un personnage, qu'on peut dire *piégé*, entreprend, sous l'emprise de la passion, une démarche décisive ; il veut savoir et dominer ; il est enfin vaincu. Un personnage, que l'on peut dire *consacré*, est poursuivi, sur le point d'être vaincu ; il voit alterner en lui le désir de fuite et l'acceptation du sacrifice ; qu'il périsse ou qu'il meure, il est enfin justifié à la fin de la tragédie. Dans *Alexandre*, on peut croire, jusqu'aux dernières scènes, que le traître Taxile l'emportera sur son rival Porus, et c'est le contraire qui se passe. Les tragédies qui suivent gardent certes quelques traces de cette structure. Mais les variantes y sont trop importantes pour que le schéma constitue l'épine dorsale de la pièce. Jusqu'à *Bajazet*, le meurtrier parvient à ses fins, même s'il doit sombrer ensuite dans la folie comme Oreste ou Néron, ou périr comme Orcan. Dans *Mithridate*, Pharnace, qui a poursuivi son frère jusqu'au bout et qui ne l'a laissé échapper que de justesse, est seulement promis à une mort ignominieuse, celle que sans doute lui infligeront les Romains. Mais le schéma revient avec *Iphigénie*. Eriphile poursuit la fille d'Agamemnon, l'empêche de fuir avec sa mère pour échapper au « fer de Calchas », et c'est l'intervention de Diane qui fait périr le personnage « piégé » et consacre l'héroïne Iphigénie.

Dans *Phèdre*, c'est l'héroïne qui poursuit sa rivale Aricie. La complicité de Thésée, fondée sur le malentendu qu'on sait, a sans doute pour conséquence la mort d'Hippolyte. Mais, de manière originale par rapport au mythe reçu, Racine parvient à sauver le second personnage consacré, Aricie ; comme était sauvée, mais dans un contexte très différent, la Junie de *Britannicus*. *Esther* et *Athalie* précisent encore la formule : Aman, mené par la jalousie politique, est près de faire périr l'ensemble des juifs et son rival Mardochée, et c'est celui-ci qui l'emporte, avec Esther et sous l'inspiration divine. Athalie et son âme damnée Mathan veulent détruire le temple, son grand-prêtre Joad et l'héritier légitime du trône Joas/Eliacin, et c'est l'ensemble des personnages et des lieux consacrés (cette fois au sens précis du terme) qui « l'emportent ».

Ces analogies sont frappantes, même si les raisons premières de la « poursuite » et du châtiment ont varié : amour et politique à la fois dans *Alexandre* et dans *Mithridate* ; passion amoureuse et jalouse dans *Iphigénie* et *Phèdre* ; rivalité politique dans *Esther* et dans *Athalie*. Mais les fins ultimes sont partout les mêmes : proclamer hautement la puissance d'une providence qui, à travers les échecs apparents, à travers la mort elle-même, justifie l'innocence et condamne les persécuteurs.

> La nuit qui s'ouvre passera comme toutes les choses de ce monde. Et la vérité de Dieu demeurera éternellement, et délivrera tous ceux qui veulent n'être sauvés que par elle.

Ces paroles de la sœur Angélique, à la fin de *Port-Royal* de Montherlant, paraissent faire écho à celles d'Iphigénie et d'Aricie comme à celles de Mardochée et de Joad.

19

Catherine Bernard et Fontenelle *

Tout est dit sur Fontenelle, particulièrement depuis la thèse d'Alain Niderst[1]. Et s'il laissait quelque chose à espérer sur la nièce (ou l'amie) du poète, Catherine Bernard, la thèse récente de Catherine Plusquellec[2] apporte les analyses et les mises au point nécessaires. Sur la tragédie de *Brutus*, Simone Dosmond a donné l'essentiel des renseignements souhaitables[3], et un article de Charles Mazouer pousse recherches et commentaires aussi loin qu'on pouvait l'espérer[4]. Après Arnaldo Pizzorusso[5], Alain Niderst a proposé des textes théoriques de Fontenelle sur le genre tragique un commentaire décisif[6]. Je me contenterai, dans cette communication, de rappeler la situation des tragédies de *Laodamie* (1688) et de *Brutus* (1690) dans l'histoire du théâtre français, de définir l'esprit qui les anime, et plus particulièrement d'étudier la seconde à la lumière des *Réflexions sur la poétique* de son coauteur.

Les deux tragédies publiées sous le nom de Catherine Bernard relaient à quelque dix années d'intervalle la tragédie d'*Aspar*, composée, après les opéras de *Psyché* et de *Bellérophon*, dans l'« atelier » de Thomas Corneille, et dont la chute est demeurée célèbre[7]. Si célèbre sans doute que son auteur, sans abandonner le théâtre (comédie, pastorale ou opéra), ne s'est pas reconnu dans les œuvres de la nièce, et n'est revenu qu'un quart de siècle plus tard au genre tragique pour lui donner une couleur et une écriture nouvelles. *Idalie*, tragédie en prose, faite pour la

---

* Actes du Colloque Fontenelle, Paris, P.U.F., 1989. (« Catherine Bernard et Fontenelle : l'art de tragédie »).

1. *Fontenelle à la recherche de soi-même* (notamment les chap. III et IV), Paris, 1972.

2. *L'Œuvre de Catherine Bernard*, thèse dactyl., Rouen, 1984.

3. *La Tragédie à sujet romain*, thèse dactyl., Poitiers, 1981.

5. Le « Brutus » de Catherine Bernard et Fontenelle, *Études normandes*, 1987-3.

6. Ouvrage et chapitres cités.

7. Alain Niderst, *op. cit.*, p. 101 s.

délectation de son auteur et pour la lecture de quelques fidèles, est parfaitement à sa place au tome VII de l'édition de 1751, avec six comédies où Fontenelle pratique le genre « mixte » : l'issue en est parfaitement heureuse, l'héroïne pouvant enfin épouser le roi Ptolomée, meurtrier du traître Agathocle auquel on la promettait : « Eumène, dit-elle au confident du bien-aimé, quel bonheur !... Quoi ? Eumène... Non, je ne puis parler. » C'est la fin heureuse qui, au temps de Scudéry, était chère à Sarasin, le préfacier de *L'Amour tyrannique* [8].

Les deux tragédies attribuées à Catherine Bernard correspondent à un moment particulier de l'histoire du théâtre français. Racine fait jouer *Esther* et compose *Athalie*. Depuis sa retraite, « le Campistron pullule ». Quinault a suivi Lully dans la tombe : il y a place pour *Thétis et Pelée* et pour *Enée et Lavinie*, où Fontenelle et Colasse font triompher l'amour constant sur les entreprises des rivaux. Temps difficile pour le genre tragique : il connaît une période d'étiage, et la crise n'est pas encore compensée par l'avènement des jeunes talents de Lagrange-Chancel et de Longepierre. Plus encore qu'en 1674, année de *L'Art poétique* de Boileau, le besoin se fait sentir d'une méditation sur une branche de la création littéraire qui vient de multiplier les chefs-d'œuvre. La Querelle des Anciens et des Modernes, née sans doute du sentiment de crise qui habite alors les meilleurs esprits, et à laquelle Fontenelle participe auprès de Perrault, rend plus urgent encore le besoin d'une redéfinition des normes esthétiques. C'est dans ce cadre, que vient encore compliquer la révolution anglaise, où on a pu voir la source d'inspiration aussi bien des tragédies de Catherine Bernard [9] que des drames bibliques de Racine [10], qu'il faut examiner celles-là et le prolongement théorique dont les *Réflexions* constituent l'essentiel.

Les poètes tragiques du XVIIe siècle ont été hantés par le problème du pouvoir politique et de ses vicissitudes : présence au côté du souverain d'un ministre ou d'un chef de guerre qui paraît faire ombrage à sa gloire (*Bélissaire* ou *Suréna*) ; menace extérieure de la part de puissants voisins (*Horace*) ; conjuration où les intérêts de l'aristocratie rencontrent les rancœurs populaires (*Mort de Sénèque, Cinna*). Le vieux Corneille, à partir d'*Œdipe*, et son frère Thomas n'ont pas cessé de multiplier les variations sur ces thèmes, en opposant de plus en plus les exigences de l'engagement politique et les élans du sentiment amoureux. Fontenelle lui-même, né dans la décennie qui a suivi la Fronde, ne pouvait échapper aux dilemmes qu'elle avait mis en évidence : royauté/tyrannie ; autorité parlementaire/privilèges aristocratiques ; soulèvement populaire/révolution aristocratique ; patriotisme/attachement à la famille sociale d'au-delà des frontières. Il inaugure sa carrière de poète tragique en évoquant le conflit

8. Éd. en 1639.
9. Alain Niderst et Catherine Plusquellec, *op. cit.*
10. Jean Orcibal, *La Genèse d'Esther et d'Athalie*, Paris, 1950.

qui mit aux prises, au Ve siècle, l'empereur Léon Ier et son ministre Aspar ; il la termine avec l'histoire imaginaire d'*Idalie*, théâtre de rivalités du même ordre. Les deux œuvres dramatiques de Catherine Bernard procèdent d'une inspiration analogue. La première évoque la fin de la dynastie épirote, au IIIe siècle avant J.-C., avec la mort de l'héritière des Pyrrhus, que Justin nomme Laudamia. Il n'est pas indifférent que les auteurs, en modifiant le nom de cette princesse, fassent d'elle l'homonyme d'un personnage mythologique, fille de Bellérophon, lui-même personnage familier à Fontenelle : le titre de l'œuvre ne permet pas de lever l'ambiguïté de son sujet ; et le traitement de celui-ci faisant intervenir des « désordres d'amour » dignes de Mme de Villedieu, il semble que la tragédie rassemble, assez subtilement d'ailleurs, la réflexion historique, le rêve mythologique et le prestige romanesque de l'aventure amoureuse. Ajoutons que l'événement rapporté est peu connu du spectateur de 1688, et que la liberté du poète à modifier et à enrichir son sujet en est plus considérable. Il n'en va pas tout à fait de même avec *Brutus*, qui traite des difficiles débuts de la République romaine et des efforts des amis de Tarquin pour reconquérir le pouvoir. Du moins le titre joue-t-il, comme celui de *Laodamie*, de l'ambiguïté : un Moderne ne peut songer à un Brutus sans songer également à l'autre, et l'abondante littérature qui les concerne tous deux associe l'événement proprement historique des ides de Mars et l'histoire semi-légendaire des origines de la grandeur romaine. D'autre part, les modifications apportées au récit de Tite-Live (menaces du voisin Porsenna) et sa transformation en une intrigue « politico-matrimoniale » soulignent la parenté d'inspiration et de conduite des deux tragédies de Catherine Bernard

Les travaux signalés plus haut ont très précisément étudié le contenu moral, politique et philosophique des tragédies de Catherine Bernard et de Fontenelle. Mon propos sera d'ordre purement esthétique. Je m'interrogerai sur le type de tragédie auquel correspond la création de *Laodamie* et de *Brutus* en confrontant leur analyse dramaturgique aux principes définis par Fontenelle dans les *Réflexions* rédigées par le poète dans les années 1690.

L'ouvrage comporte 74 articles, apparemment indépendants les uns des autres, et constituant en réalité un discours suivi et ordonné sur le théâtre tragique. Mais ce discours est ouvert. Bien que méditant à partir d'œuvres déjà écrites et représentées, Fontenelle paraît hésiter à en tirer des lois décisives. Il emploie souvent le conditionnel, soit pour évoquer les « règles qui ne sont pas encore faites, ou que tout le monde ne sait pas » (I), soit pour avouer son incapacité à faire la synthèse entre les règles et à y découvrir une hiérarchie entre l'essentiel et le secondaire (LXXIV). Il sait, comme La Bruyère, faire la distinction entre un bel ouvrage et un ouvrage régulier. Il pense, comme le Corneille de la Préface de *La Suivante*, ou comme Molière et Racine, que les recettes des praticiens ne sont que préceptes provisoires pour tenter de codifier l'art de plaire, « en quoi consiste la magie » (I). Aussi bien la composition générale des *Réflexions* superpose-t-elle la démarche rhétorique (invention, disposition, élocution) et celle d'une poétique de l'agrément (convaincre l'esprit, toucher le cœur, séduire selon les exigences d'un art qui exprime le vrai sans se confondre avec lui, invente un « naturel » qui n'est pas exactement celui de la nature, et comporte une cohérence qui n'appartient qu'à lui). Cependant, le texte des *Réflexions* est marqué par un certain nombre de motifs récurrents qui font son originalité, et où les leçons de Racine rejoignent paradoxalement celles de Corneille. Ces motifs annoncent aussi les doctrines à venir de Voltaire, de Diderot et de Beaumarchais. Dans l'invention, le « noble » et le « touchant » doivent être « réunis ensemble » (IX). Ainsi pourra-t-on unir la grandeur de *Nicomède* et le charme de *Bérénice*. L'admiration pour les personnages d'exception (XL, XLIV) pourra se concilier avec le « plaisir de pleurer » (XXXV), la pitié pour les malheurs « touchants », singulièrement pour ceux qui naissent d'une « faiblesse pardonnable », c'est-à-dire de l'amour (XLVIII). Dans la disposition, il faut rendre l'« événement » incertain (XX), et pour cela « approcher toujours le spectateur de la conclusion, et la lui cacher toujours » (XXI). C'est ce qu'écrivait déjà en substance le vieux Chapelain. Ce qui est plus nouveau, c'est l'idée que dans les poèmes à fondement historique la surprise du personnage peut se substituer à celle du spectateur (XXIII) : Diderot et Beaumarchais penseront de même que le sensible plaisir de l'auditoire peut résider dans la sympathie qui est la sienne pour le héros qui ignore encore ce que lui sait déjà : ouverture en direction du mélodrame futur. Un principe indispensable, dans l'invention du sujet, celle des personnages, et l'exposé des événements successifs, est celui de l'alliance entre simplicité et diversité : soumission des épisodes secondaires à l'action principale, parenté de personnages qui ne doivent pourtant pas être sosies les uns des autres, présence harmonieuse, chez un même personnage, des traits de vertu admirables et des traits de faiblesse touchants (XXXIII, XL, XL). Toutes conciliations qui ne peuvent s'opérer que par l'entente d'un art où les règles, et particulièrement les « unités » doivent être soumises à l'artificieuse restitution du « naturel » (LVI à LXXI) et à la cohérence d'un ensemble bien « arrondi », « toutes les semences du dénouement » étant « renfermés dans le premier acte » (LXXII). L'esprit des *Réflexions* procède d'une double sollicitation : l'assimilation d'un héritage respectable et l'intuition vive de ce que cet héritage comporte de caduc et de ce qu'il faudrait peut-être faire pour le dépasser sans le renier, en prenant en compte l'aspect relatif de la règle, le caractère particulier du reflet de la réalité dans l'œuvre d'art et les exigences sensibles du public.

Dans quelle mesure les tragédies de Catherine Bernard et Fontenelle, et particulièrement *Brutus*, celle qui obtint le meilleur succès, répondent-elles à l'avance aux principes formulés dans les *Réflexions* ? On peut envisager cette question sous trois angles : la régularité, l'invention et la disposition, l'« intérêt » enfin, autrement dit l'efficacité probable de la tragédie auprès des spectateurs.

La tragédie de *Brutus* est parfaitement régulière. Les cinq actes s'y déroulent dans le « palais des rois chassés », et en une seule journée. Elle

entrelace deux actions constamment évoquées en relation l'une avec
l'autre : les consuls de la jeune République romaine, suivis par le Sénat,
ont été sourds aux pressantes invites d'un envoyé de Tarquin ; celui-ci et
ses amis organisent une conjuration où se trouvent mêlés les deux fils de
Brutus ; cette conjuration échoue, et Brutus consent à la mort de ses enfants.
A ce drame politique se mêle une histoire d'amour : Brutus a destiné son
aîné Titus à la sœur du consul Valérius et son cadet Tibérinus à la fille
d'Aquilius, parent des Tarquin mais « demeuré Romain » (I, 3). Ce projet
satisfait le plus jeune mais désespère l'aîné qui est le rival de son frère
auprès de la belle Aquilie, elle-même amoureuse de Titus. Tibérinus
s'engage dans la conjuration qui lui promet de posséder Aquilie malgré
elle. Par amour pour elle, Titus est sur le point de trahir. Bien qu'il ne soit
pas allé jusqu'au bout de cette trahison, il s'accuse auprès de son père.
Malgré les prières de Valérie, qui a surpris le secret de la conjuration, et
d'Aquilie, qui se considère comme seule responsable de la faute de son
amant, le glorieux Titus périra aussi bien que le lâche Tibérinus. On ne
peut imaginer plus ingénieuse conciliation de la simplicité et de la diversité.
Dans le détail, les scrupules des auteurs sont encore plus remarquables :
entractes marqués, sauf entre II et III, par l'absence à la première scène
de tout personnage présent à la dernière de l'acte précédent ; parfaite
liaison entre les scènes successives (les sorties sont toujours justifiées et
les entrées annoncées dans trois cas sur quatre) ; équilibre remarquable
entre les rôles : Valérie, Titus et Brutus, les trois protagonistes, paraissent
dans un nombre de scènes comparable, avec un léger « plus » pour Brutus
(14 scènes contre 13) ; unité stylistique enfin : tous les personnages de
Brutus, comme tous ceux de *Laodamie*, ne sont soucieux que de clarté ;
leur « naturel » est celui de la rhétorique mise au point par les devanciers
de Fontenelle : peu d'images, beaucoup de métaphores convenues et
polies comme des galets, usage, pour ne pas dire abus, de l'antithèse, de la
répétition (anaphore ou itération), des exclamations et des interrogations
oratoires. Les frères Parfaict parlaient à propos de *Laodamie* et de *Brutus*
d'« une versification faible et parfois prosaïque »[11]. Un des commentaires
les plus récents de ces tragédies reprend sensiblement les mêmes termes[12].
C'est la rançon, sans doute, d'une recherche aiguë de la parfaite clarté.
On ne peut exprimer plus nettement un conflit intérieur que l'héroïne de
Laodamie.

    Mais mon cœur se révolte, et sans cesse combat
    Et les ordres d'un père, et les raisons d'État (I, 2),

ou Aquilie, dans *Brutus* :

    Il n'importe ; évitons d'être à Tibérinus
    Parlons, mourons plutôt des refus de Titus (II, 7).

11. *Histoire du théâtre françois*, t. XIII, p. 196.
12. Catherine Plusquellec, *op. cit.*, p. 124.

Toute l'expérience des dramaturges du XVIIe siècle est à l'œuvre dans la construction générale de *Brutus*. Les surprises y sont nombreuses : le généreux Titus, bon fils et bon soldat, a cédé aux faiblesses de l'amour (I, 3 et 4). Son frère Tibérinus, soumis aux volontés de son père Brutus, est le premier à le trahir (II, 1). Titus a horreur de la conjuration (III, 1) ; il suit pourtant le traître Aquilius (III, 5) ; on apprend qu'il n'en est point (IV, 1) ; il avoue sa culpabilité (IV, 4). Mais tous ces retournements apparents ont été soigneusement préparés : les personnages peuvent être surpris, le spectateur ne l'est guère : il suffit qu'on lui présente Aquilius comme un parent de Tarquin loyal envers la république pour qu'il soupçonne la trahison à venir ; qu'il sache Titus gardien d'une porte de la cité pour deviner qu'on le poussera à l'ouvrir aux envahisseurs. D'ailleurs tous les protagonistes, ce qu'ils sont et ce qu'ils peuvent devenir, ont été présentés dès le premier acte, et aucun personnage nouveau n'apparaît après la troisième scène de l'acte II. S'il y a effet de surprise dans les dénouements, cet effet demeure artificiel : Laodamie meurt accidentellement à la fin de la tragédie dont elle est l'héroïne et sa sœur épouse le personnage sympathique de la pièce. La double exécution de Titus et de Tibérinus n'a plus de justification : le « devoir » de Brutus veut représenter la vertu romaine : il n'en est guère que la caricature.

Ces remarques conduisent à s'interroger sur l'« intérêt » de la tragédie à la manière de Fontenelle et de Catherine Bernard. Pour n'évoquer ici que *Brutus*, il semble que les auteurs l'aient conçu comme une réécriture de quelques tragédies de Corneille et de Racine : les exposés historiques du premier acte, et les discussions auxquelles ils donnent lieu sur les avantages de la monarchie et de la démocratie, viennent de *Pompée*, de *Cinna* et de *Sertorius*. L'amitié généreuse des deux fils de Cléopâtre, dans *Rodogune*, avait sans doute inspiré celle des deux sœurs de *Laodamie*. Elle est rappelée et niée à la fois avec l'invention du couple Titus/Tibérinus, qui fait encore songer aux frères de *La Thébaïde*, aux rois rivaux d'*Alexandre*, à la jalousie de Néron pour Britannicus. Quand elle doute des sentiments de Titus, Aquilie se souvient des éclats d'Hermione en face de Pyrrhus (III, 1). *Mithridate* se trouve repris et corrigé quand Brutus retrouve son fils aîné qu'il croit innocent :

> Mon fils approchez-vous,
> Contre un perfide frère animez mon courroux (IV, 6).

Après quoi, c'est au *Venceslas* de Rotrou que fait songer le courage de Titus prêt à mourir

> Je dois ma tête à Rome et je viens l'apporter (IV, 6).

Ladislas de même s'écriait :

> (...) S'il faut mourir, mon âme est toute prête.

Les deux tragédies signées par Catherine sont de beaux exercices de rhétorique déjà néo-classique. On ne sait si ce qui surprend en elles pouvait véritablement toucher le spectateur, qui y retrouvait, à l'état de poncifs, les motifs et les procédés d'une tradition théâtrale qui sans doute avait fait son temps. Si, comme on peut le supposer, les *Réflexions* sont le fruit d'une commune expérience, et si la rédaction même des deux pièces a été précédée de conversations entre les deux auteurs, il s'en faut de beaucoup que *Laodamie* et *Brutus* répondent aux exigences nouvelles qui s'expriment dans l'œuvre critique de Fontenelle. C'est que le moule de la tragédie que nous appelons « classique » ne pouvait pas porter la sensibilité nouvelle des Modernes. Il a fallu attendre encore un demi-siècle pour que naisse, timidement, le genre nouveau du drame ; et cent cinquante ans pour que s'impose *Lorenzaccio*. Du moins les dernières années du XVIIe siècle ont-elles vu s'exprimer de beaux desseins. Et, après tout, l'œuvre de Catherine Bernard n'est pas indigne du riche tombeau où Icare s'était abîmé en son vol audacieux.

III

Comédie et pastorale

1

Rire au XVIIe siècle*

Le rire n'a pas toujours très bonne réputation au XVIIe siècle. Descartes y voit le signe d'une « joie » mêlée de « peine »[1]. Madeleine de Scudéry ne croit pas en l'innocence de la raillerie. La Rochefoucauld s'en méfie. Pascal, et La Bruyère après lui, condamnent les « diseurs de bons mots »[2]. Cependant, les meilleurs esprits de ce temps s'accordent sur quelques principes concernant le bon usage du rire : les uns touchent à la métaphysique, les autres à la pensée humaniste, d'autres encore à l'éthique sociale. A partir de ces principes, il est possible de faire la distinction, notamment dans la production littéraire, entre une forme du rire tolérée, voire encouragée, un type de raillerie acceptable sous conditions et un genre de plaisanterie presque unanimement condamné.

*
* *

Dans la onzième *Provinciale* (août 1656), Pascal défend contre ses adversaires une doctrine du rire grave inspirée par plusieurs textes bibliques dont les références sont tirées d'Antoine Arnauld : par exemple les propres paroles de Dieu adressées au premier homme au moment où le péché vient de le priver de ses privilèges de Roi de la Nature : « Voilà l'homme qui est devenu comme l'un de nous ; *Ecce Adam quasi unus ex nobis* » ; ou encore la formule de Jérémie sur le ridicule des entreprises humaines : « *Vana sunt et risu digna* ». Le rire de Dieu, de ses prophètes et de ses saints, s'adresse à l'homme déchu et victime de l'orgueil et de l'amour-propre. Il est aisé de généraliser. Tout homme, participant de la faute d'Adam, est condamné à pleurer sur son incapacité à retrouver seul la

---

* Conférence prononcée à Mayence en 1988 (non publiée).
1. *Les Passions de l'âme* (1649).
2. *Pensées*, Br. 46 ; *Caractères*, VIII, 80.

grandeur qui marquait son état premier. Mais s'il s'aveugle et se croit grand en dépit de l'expérience, il peut s'exposer à la pitié ou à la moquerie du philosophe. C'est l'homme aveuglé qui est plus que tout autre le « héros » du théâtre du XVIIe siècle : on songe à ces rois de tragédie qui, selon Vauquelin, usurpent « la louange aux dieux appartenante »[3], ou à tant de personnages de comédie qui se prennent pour des dieux ou des rois, comme les « songeurs » de Brosse ou de Rotrou, en attendant le Jourdain de Molière. Le tourment de ne pas être une totalité définit le héros de tragédie. L'illusion d'être une totalité, ou seulement d'être plus grand qu'on ne l'est en réalité, est inhérente au héros de comédie, du Matamore de Corneille à l'Alceste de Molière. Ces deux dimensions ont inspiré en notre siècle l'Ionesco de la pièce *Le Roi se meurt*. La seconde d'entre elles a inspiré tous les successeurs d'Érasme, à commencer par Rabelais et son Picrochole. La pensée du XVIIe siècle reste, en dépit de la raison cartésienne, imprégnée de l'idée de l'universelle folie. Le fou, ou le « fat » de La Bruyère[4], a raison parce qu'il a conscience de la vocation de l'homme à la grandeur ; et il a tort parce qu'il ignore sa petitesse. Pour revenir à Pascal, « les hommes sont si nécessairement fous, que ce serait être fou par un autre tour de folie, de n'être pas fou »[5]. Dès lors, on a le droit de se moquer de tout homme, et le devoir de se moquer de soi-même, en recourant, là à l'ironie, ici à l'humour. « S'il y a des hommes, écrit La Rochefoucauld, dont le ridicule n'ait jamais paru, c'est qu'on ne l'a pas bien cherché »[6]. Molière entend « entrer comme il faut dans le ridicule des hommes »[7]. Boileau s'écrie : « On sera ridicule, et je n'oserai rire ! »[8]. Et La Bruyère précise : « [...] Le ridicule qui est quelque part, il faut l'y voir, l'en tirer avec grâce, et d'une manière qui plaise et qui instruise »[9].

* *

Le XVIIe siècle n'a pas oublié les leçons de Rabelais et de son joyeux humanisme. Aux lecteurs de *Gargantua*, il était rappelé que « rire est le propre de l'homme ». Pantagruel professait une philosophie « confite en mépris des choses fortuites », c'est-à-dire refusant d'accorder plus d'importance qu'il ne faut aux accidents dus au hasard ou à la fortune, c'est-à-dire encore à tout ce contre quoi on ne peut rien. C'était le rire d'une sagesse, supposant une attitude positive envers l'existence. Des

3. *L'Art poétique*, II (1605).
4. *Caractères*, XI, 90.
5. *Pensées*, Br. 414.
6. *Maximes*, 311.
7. *Critique de l'École des femmes*.
8. *Satire* IX.
9. *Caractères*, I, 68.

arguments analogues se retrouvent sous la plume de La Fontaine des *Amours de Psyché* : « J'aime beaucoup mieux qu'on me fasse rire quand je dois pleurer, que si l'on me faisait pleurer lorsque je dois rire [...] On peut se lasser du jeu, de la bonne chère, des dames ; mais de rire, point [...] Le rire n'est pas moins naturel à l'homme que la raison [...] Le comique est plus assuré de nous toucher, en ce que ses incidents sont d'une telle nature que nous nous les appliquons à nous-mêmes plus aisément » [10]. Cette dernière phrase rappelle une célèbre réplique de Dorante dans *La Critique de l'École des femmes* où cet « honnête homme » refuse de voir seulement en Arnolphe un ridicule, mais encore le modèle aux traits certes un peu forcés de tous les amants : « Mais enfin si nous nous regardions nous-mêmes, quand nous sommes bien amoureux... ? » S'il est vrai que « rire est le propre de l'homme », il n'est jamais aussi finement appliqué que dans l'humour sur soi. Aussi la représentation d'une comédie suppose-t-elle de la part du spectateur une double attitude. Certes, on l'invite à rire de la naïveté d'Orgon ou des illusions d'Alceste. Mais on s'attend aussi qu'il reconnaisse dans les pièces comiques ces « miroirs publics » dont parle Uranie, où chacun peut contempler son image aussi nettement que dans le miroir des *Maximes*, parce que cette image est celle de l'universelle manie. Rire de Jourdain, c'est se moquer d'un certain type social, mais c'est rire aussi du secret désir qui est en tout homme de se voir plus grand, plus jeune et plus beau qu'il n'est en réalité. Si l'on met à part un monstre comme Tartuffe ou un fantoche comme Géronte, la plupart des « victimes » de la comédie sont bâties de telle sorte qu'elles éveillent la sympathie après avoir inspiré un amusement moqueur. De ce point de vue, il y a analogie entre la *catharsis* tragique et la *cartharsis* comique : je me veux différent et je me sens proche de Phèdre et d'Argan, d'Athalie et de M. Jourdain. Au double mouvement de la terreur et de la pitié que doit selon Aristote inspirer le spectacle tragique, le jeu comique substitue celui de la raillerie et de la connivence [11]. Ces deux sentiments, ici et là, peuvent se porter vers deux personnages différents : Néron inspire la terreur et Britannicus la pitié. Géronte suscite la moquerie et Scapin fait naître la complicité : on rit, en toute bonne conscience, des « bourles » de Scapin, comme il s'en amuse lui-même. Molière s'en est amusé avant son spectateur. Euphorie comparable à celle du « being in fun » moderne, et qui semble traduire le « degré zéro » de la sagesse comique, celle qui fera que Figaro s'empresse de « rire de tout » [12].

*
* *

---

10. *Œuvres diverses*, éd. de la Pléiade, p. 175 et suiv.

11. L'existence d'une catharsis comique a été mise en évidence dès 1888 dans l'*Esthétique* d'Édouard von Hartmann.

12. Max Eastman analyse le « being in fun » dans son *Plaisir du rire* (1936).

Dans une société réglée, on ne peut pas rire de n'importe qui ou de n'importe quoi. Au XVIIᵉ siècle, l'honnête politesse et le sens de la hiérarchie sociale ou spirituelle imposent d'étroites limites à l'exercice de la raillerie.

Il est indigne de l'honnête homme de prétendre n'exercer l'esprit de raillerie que dans l'étroitesse d'un cercle ou une « académie » ; on pense à la fondation projetée par Philaminte, où « Nul n'aura de l'esprit, hors nous et nos amis » ; ou aux *coteries* décrites par La Bruyère, « peuple qui cause, bourdonne, parle à l'oreille, éclate de rire », où domine « un mauvais plaisant », qui est « comme le héros de la société : celui-ci s'est chargé de la joie des autres, et fait toujours rire avant que d'avoir parlé » [13]. Comme on peut le constater dans la « scène des portraits » du *Misanthrope*, les « rieurs » sont cruels envers les présents (voir l'attitude de Célimène et des marquis envers Alceste) et tiennent sur les absents des propos diffamatoires. La raillerie peut être une menace pour l'idéal de la « conversation », c'est-à-dire de la sociabilité que doivent traduire les gestes et les propos. On retrouve ici la pensée de La Rochefoucauld : « La raillerie [...] est un poison qui tout pur éteint l'amitié et excite la haine, mais qui corrigé par l'agrément de l'esprit et la flatterie de la louange l'acquiert ou la conserve ; et il en faut user sobrement avec ses amis et avec les faibles » [14]. On retrouve aussi Descartes : « La dérision ou moquerie est une espèce de joie mêlée de haine » [15]. Cette dérision implique, du côté de la victime, une position d'infériorité réelle ou imposée ; du côté des « rieurs » une situation de supériorité effective ou imaginaire. C'est le rire de la cruauté pure.

Cependant le « poison » de la raillerie n'est plus poison quand il est judicieusement ménagé. On peut se moquer d'un individu ou d'une institution quand cette moquerie est justifiée par le souci de guérir une victime et d'espérer un redressement moral selon la célèbre formule de Santeul, *Castigat ridendo mores* : c'est ce « ridicule » reconnu qu'on a le droit, selon La Bruyère, de présenter « d'une manière qui plaise et qui instruise » [16] ; ou la « chose basse et ridicule » évoquée par Boileau dont la « raillerie ou *diasyrme* » n'est que l'expression hyperbolique [17]. On peut rire encore de ces types assez anonymement généraux qui ont été évoqués plus haut, et où nul n'est tenu de se reconnaître : c'est la doctrine constamment affirmée de la bonne satire, de la comédie satirique et de la farce. A fortiori, il est permis de railler des défauts secondaires qui ne compromettent par l'intégrité de la personne. On songe à la maxime de La Rochefoucauld citée plus haut, où la raillerie est présentée comme une « gaieté agréable de l'esprit, qui enjoue la conversation [...] si elle est obligeante ». On peut

13. *Caractères*, VII, 4.
14. *Maximes posthumes*, 34.
15. *Les Passions de l'âme*.
16. *Caractères* I, 68.
17. *Traité du sublime* (1674).

songer aussi à la page des *Pensées* où Pascal « parie la perte de la gravité » d'un pieux magistrat à la vue du visage barbouillé ou mal rasé d'un austère prédicateur[18]. Enfin, la raillerie se confond totalement avec l'honnêteté et la courtoisie quand elle répond à toutes ces conditions à la fois : redressement amical portant sur un élément extérieur à la personne et intégré à une conversation galante et enjouée.

*
* *

En littérature, on assiste au XVIIe siècle à un effort d'ennoblissement du rire. Cet effort se manifeste particulièrement dans le domaine du burlesque. Le burlesque de dérision, celui de Saint-Amant, Dassoucy ou Scarron, remet en cause, au moins en apparence, toutes les valeurs établies : celles notamment que représentent la poésie héroïque, le « roman parfait », le grand lyrisme de l'ode. Madeleine de Scudéry a condamné ce burlesque-là dans *L'Histoire d'Hésiode* : « Il y aura, y dit Calliope au jeune Hésiode, peu de grands poètes qui fassent de beaux ouvrages avec un style populaire ; il y aura encore d'autres poètes burlesques qui croiront être assez plaisants, pourvu qu'ils déchirent la réputation ou les ouvrages de quelqu'un [...][19] ». Le discrédit de ce burlesque-là a suscité l'invention d'autres formes de décalage stylistique : celle, radicale, du burlesque ascendant, illustrée par *Le Lutrin*, et qui n'a pas constitué une véritable réussite, malgré tous les efforts de Boileau ; celle surtout qu'ont pratiquée les cercles galants et les écrivains qui leur étaient associés : jeux de décalage réservé et subtil, hérités de Marot et de Voiture, et consistant à choisir une expression très légèrement supérieure ou très légèrement inférieure à ce que le thème semble indiquer. Dans une société cultivée, ces nuances suffisent à faire rire ou à faire sourire : le plaisant se marie avec l'élégance dans *Le Songe de Vaux* ; Sarasin, dans *La Souris*, badine agréablement sur un sujet plus grave qu'il ne semble ; dans *Le Roman comique*, le Destin conte avec un humour singulier son entrée avec Mlle de la Boissière et Mlle de l'Étoile dans la ville d'Orléans[20]. Tous ces textes auraient pu trouver grâce auprès de Calliope : feinte idéalisation ou caricature légère y nourrissent une forme de comique dont Molière a dû s'inspirer dans les pages galantes de son théâtre : celles de *La Princesse d'Élide* ou des *Amants magnifiques*. Il y avait là sans doute un risque : celui d'exténuer le rire et le comique jusqu'à en faire une forme de politesse mondaine. Et sans doute Molière, Boileau et La Bruyère ont-ils été bien inspirés de ne pas s'y enfermer. Du moins ont-ils su en voir et en pratiquer les charmes et l'agrément.

*
* *

18. *Pensées*, Br. 82.
19. *Clélie*, IV, 2 (1660).
20. *Roman comique*, I, 18.

L'éventail des manifestations et des significations du comique et du rire est, au XVIIe siècle, plus large qu'il ne semble. Du moins, entre Pascal et Sarasin, entre la gravité religieuse du rire des saints et le badinage du rire des mondains, le rire de bonne santé, celui de Rabelais, de Scarron et du Molière des grandes comédies, n'a pas cessé de redire aux hommes de ce temps que le meilleur parti à prendre dans l'existence était de reconnaître à la fois ses ambitions (sans doute vaines) et ses faiblesses (peut-être surmontables)[21].

---

21. On a particulièrement utilisé pour la rédaction de cet essai les articles et notes bibliographiques rassemblés par Reinhold Grimm et Klaus L. Berghahn dans *Wesen und Formen des Komischen in Drama* (Darmstadt, 1975) et par Wolfgang Preisendanz et Rainer Warning dans *Das Komische* (Münich, 1976).

2

Le comique moliéresque *

Poser cette question, c'est contester une certaine tradition critique, qui procède notamment de Brunetière, et selon laquelle la comédie de Molière serait *fabriquée* à partir d'un ensemble cohérent d'idées, et voudrait enseigner une doctrine philosophique et morale, le naturalisme par exemple. Mais c'est aussi s'interroger sur la validité des interprétations purement esthétiques de l'univers théâtral de Molière, univers parfaitement autonome, qui aurait pour objet la pure et simple délectation, et pour principe unique l'application la plus fine des exigences de l'efficacité dramatique et farcesque. Dans cet exposé, on entend se situer, pour répondre à cette double question, au niveau le plus humble, celui d'une « lecture première », qui veut seulement faire apparaître quelques lignes fondamentales et peu discutables, à partir desquelles diverses interprétations secondes pourront se déployer : une « vulgate » plutôt qu'une « glose ».

Évidence de la peinture comique

Les contemporains de Molière l'appelaient « le peintre ». Lui-même a écrit, dans *La Critique de l'École des femmes*, à propos de la comédie : « Vous n'avez rien fait, si vous n'y faites reconnaître les gens de votre siècle. » Ce peintre de la société est un railleur. Il satirise, et l'on craint de tomber sous le coup de sa critique. Il entend lui-même, selon *La Critique*, « entrer comme il faut dans le ridicule des hommes ». Il appartient bien en cela à son époque, pour laquelle le comique est dans les choses et les hommes avant d'être dans l'esprit de l'auteur ou du lecteur. La Bruyère évoque « le ridicule qui *est quelque part* », et Boileau s'écrie :

On sera ridicule, et je n'oserai rire ?

* *Revue d'Histoire du Théâtre*, 1974-2. (« Le Comique de Molière a-t-il un sens ? »).

La comédie de Molière apparaît sous cet angle comme une entreprise de décryptage et de dénotation d'une réalité humaine en soi ridicule. Mais ici commencent les difficultés : cette peinture, qui fait apparaître le ridicule des hommes, engage-t-elle pour autant une conception cohérente de la vie ? fait-elle apparaître la sagesse ? et quelle ? La plaisanterie moliéresque a pu apparaître comme « bourgeoise » ou comme aristocratique, comme libertine ou comme « évangélique », comme rire de conformisme ou rire de contestation. Certes, on peut toujours choisir, argumenter en faveur d'une thèse, apporter et défendre « sa » solution. Il n'en demeure pas moins qu'on peut garder des doutes, même après une lecture attentive, et que par conséquent l'évidence de la peinture comique n'entraîne pas celle d'une intention précisément définissable. D'autre part, cette raillerie, cette plaisanterie, à quelle fonction du rire doit-on la rattacher ? négative, et visant à mettre hors-jeu un adversaire ? positive, et traduisant l'acceptation de la vie et la recherche d'une certaine euphorie, d'un « being in fun » ? mixte, et reposant sur la conscience du mal ou du malheur, mais dépassée grâce à l'humour ? Ici encore, l'hésitation est permise, et la méthode bergsonienne garde ses chances, mais les analyses freudiennes ou les explications euphorisantes permettent des interprétations également convaincantes. Ces divergences et ces incertitudes mettent en évidence la faiblesse ou l'insuffisance d'une analyse qui tend à substituer sans cesse un signifié nommable au signe comique. S'il y a donc chez Molière une peinture comique, la traduction de cette peinture en termes philosophiques ou réalistes risque dans son principe même d'être entachée d'arbitraire. En même temps donc qu'on recherche, légitimement, cette traduction, il est nécessaire de faire appel à d'autres principes d'explication pour en limiter comme pour en justifier la portée.

La burlesque parole de Molière

Molière est appelé burlesque par ses contemporains, comme il est appelé peintre. Boileau lui-même a loué sa « burlesque parole ». J.-D. Hubert, naguère[1], a montré que Molière était burlesque, non pas seulement parce que sa manière est plaisante et railleuse, mais aussi parce que les tons des genres nobles, roman, pastorale et tragédie sont caricaturés dans ses comédies, et parce que ses personnages sont souvent gens du commun qui se voudraient héros d'exception.

Ce point de vue présente de nombreux avantages pour la compréhension de l'œuvre moliéresque. Il est proprement *littéraire*, et fait apparaître la comédie comme le reflet plaisamment déformé ou réduit aux lignes de la caricature des plus hautes productions de l'esprit. Il est littéralement justifié dans bien des cas : les propos d'Arnolphe supposent un regard du côté de *L'Astrée* ou du *Cid*, la déclaration de Tartuffe à Élmire désigne les

---

1. *Molière et les deux styles burlesques*, C.A.I.E.F., 1964, n° 16, pp. 235-248.

« réalités » par le biais d'une manière à la fois dévote et galante, Moron dans *La Princesse d'Élide*, pastiche les chansons pastorales et les scènes d'échos, tel ou tel vers de Corneille est repris par Molière : « Je suis maître, je parle... », « Ah ! pour être dévot, je n'en suis pas moins homme ». Enfin, ce point de vue est efficace : dans le burlesque « ascendant » ou « descendant » (le Bourgeois jouant les nobles, Dom Juan s'encanaillant avec les paysannes), l'idéalisme tragique, romanesque ou social se voit confronté à l'humble vérité d'un personnage, d'une situation et d'un langage qui emprunte beaucoup au *quotidianus sermo*.

On découvre aisément que la dimension burlesque est présente partout chez Molière, et que, chez cet homme cultivé, elle est une des bases les plus assurées de l'effet comique. Mais elle ramène, comme la dimension « picturale », à une satire qui n'est pas dépourvue d'ambiguïté : Molière se moque assurément des imaginations romanesques (malgré les comédies-ballets) ; mais se moque-t-il vraiment de Corneille, qu'il interprète volontiers et avec lequel il a collaboré ? La critique, si critique il y a, porte-t-elle sur la manière noble ou sur les illusions des personnages de comédie qui se prennent pour des héros tragiques ? Et cette critique est-elle effective ou ressortit-elle à un genre littéraire qui aurait ses conventions comme un autre ? Le *Virgile travesti* ne conteste pas la grandeur de *L'Enéide* : il revendique seulement une certaine liberté de jeu dans le dialogue littéraire avec les grandes œuvres et les grands mythes.

Molière farceur

Les contemporains de Molière ont vu en lui autre chose encore que le peintre et le dramaturge burlesque : le farceur élève de Scaramouche. Ce dernier aspect est essentiel. La peinture engage une matière (qui peut être un prétexte). Le burlesque suppose un langage (qui peut être ambigu). Le farcesque repose sur une situation qui est susceptible de diverses interprétations, mais qui apparaît aussi comme fondamentale et concrètement universelle, comme les gags du cinéma muet américain.

On peut discerner ce que cela entraîne à partir d'une farce simple, comme *La Jalousie du Barbouillé* : présence du trio mari, femme, amant ; découverte par le premier d'une disgrâce conjugale qui est à la source d'un conflit ; présentation de ce dernier au moyen du jeu de scène le plus simple et le plus dramatiquement efficace utilisant un dispositif élémentaire (la porte et la fenêtre, celle-là permettant de passer de l'intérieur à l'extérieur et inversement, celle-ci de garder un lien de vue entre ces deux lieux) ; invention enfin, ou redécouverte, d'un gag décisif : le mari veut empêcher la femme d'entrer, elle parvient à le faire sortir par ruse, et c'est lui qui se trouve devant la porte fermée.

Simplicité géométrique du récit, rythme vif et efficace, et surtout personnages résumés en emplois fixes et entraînés dans une aventure où s'expriment les aspects fondamentaux de la condition et des passions de l'homme. Voilà ce que suppose l'art de la farce, d'où toute tricherie littéraire est naturellement bannie, et dont la simplicité d'épure suppose de la part du poète la plus fine habileté et le métier le plus accompli. Mais si de tels jeux font référence aux réalités essentielles, que nous en font-ils retenir ? Et ces réalités ne sont-elles pas trop « générales » pour permettre au poète de s'engager sérieusement à leur propos ?

Un théâtre à trois dimensions

Avant de « sonder » les intentions profondes de Molière, il faut tenir compte d'abord de la présence simultanée de tous les éléments qui viennent d'être évoqués. Prenons l'exemple de *Tartuffe*. La situation est actuellement vraisemblable : un bon bourgeois est victime d'un « directeur » hypocrite : « fourbe renommé/Dont sous un autre nom il (*le roi*) était informé », auquel sont opposés les « honnêtes gens » de la famille. En second lieu, l'interprétation burlesque permet de discerner la sottise d'un personnage tel qu'Orgon, qui fut autrefois considéré comme « homme sage », mais qui de cette sagesse a glissé dans le sublime d'une dévotion peu accordée à ce qu'il est : l'équilibre ne sera retrouvé qu'après une plaisante « descente aux enfers », le séjour sous la table ; elle permet aussi de dénoncer l'imposture : l'analyse des propos dévots et galants de Tartuffe, masque de ses intentions criminelles, fait mesurer à la fine Elmire leur exacte portée :

> La déclaration est tout à fait galante,
> *Mais* elle est, à vrai dire, *un peu bien surprenante...*
> Je vous écoute dire, et votre *rhétorique*
> En *termes assez forts* à mon âme s'explique...

Le séducteur entendait entraîner sa victime au fil d'une galanterie apparemment innocente et d'un langage apparemment convaincant : toutes entreprises qui font long feu. Ces jeux burlesques n'enlèvent rien, cependant, à la portée « réaliste » de l'histoire racontée. La comédie se réfère aussi bien à une vérité actuelle qu'à une « culture » acquise. Le burlesque ne détruit pas la peinture : il en propose un commencement d'interprétation, et fait de la comédie une image orientée de l'existence. Le farcesque, enfin, réside dans les structures profondes de l'œuvre : l'entreprise de Tartuffe est comparable à celles de ses devanciers plus ou moins lointains, le parasite romain et le moine médiéval ; le piège tendu par la femme est analogue à celui de telle farce tabarinique où l'épouse envoie le mari travesti à l'assignation galante qu'elle a feint d'accepter. La mise en scène du tableau où Orgon est caché sous la table, le rythme de dialogues tels que celui du « pauvre homme », l'invention même de Mme Pernelle, cet Orgon caricaturé et parfaitement fixe, qui fut d'ailleurs joué par l'acteur Louis Béjart et non par une femme, tout cela est conforme à l'esthétique de la farce.

Propositions

La création comique de Molière, dans ce qu'on appelle traditionnel-lement les « grandes comédies », procède de la transposition d'une réalité actuelle scandaleuse ou ridicule (c'est l'invention), réduite partiellement à une épure farcesque (c'est la disposition) et exprimée sur le mode burlesque (c'est, si l'on veut, l'élocution). La manière burlesque dénonce la prétention de certains langages idéalisants (ce n'est pas pour rien que Molière s'est d'abord attaqué à une certaine préciosité). Elle est ainsi mise en garde contre toute illusion, sur soi (Arnolphe se prend pour un berger de *L'Astrée* ou pour un héros tragique) ou sur les autres (Dom Juan affecte d'admirer la blancheur des mains de Charlotte, qui sont « noires comme charbon »). A la limite, la manière burlesque démasque, et fait voir le monstre, derrière les galanteries d'un Tartuffe ou d'un Harpagon. La structure farcesque, enfin, fait apparaître le mal présent, non comme scandale nouveau et qui prendrait au dépourvu, mais comme l'illustration particulière d'un danger inhérent à la condition humaine, et inséparable de la nature humaine. La farce permet de nommer, donc de prendre du recul, et par là d'assurer une certaine maîtrise sur le mal, une maîtrise au moins intellectuelle.

Un double mouvement paraît conférer leur dynamisme aux comédies de Molière ; dénoncer le mal, désarmer le mal. C'est le principe d'une catharsis comique.

Dans la première scène du *Misanthrope*, un scandale est dénoncé par Alceste :

Je ne trouve partout que lâche flatterie...

Mais l'outrance même des propos du personnage compromet l'efficacité de son active révolte :

Ce chagrin philosophe est un peu trop sauvage ;
Je ris des noirs accès où je vous envisage...

Sourire burlesque, où Philinte paraît reconnaître en Alceste un nouveau Don Quichotte. Il poursuit :

...Et crois voir en tous deux, sous mêmes soins nourris,
Ces deux frères que peint l'*École des Maris*...

Rapprochement avec une situation elle-même empruntée à Térence, et derrière laquelle se discerne un même et « éternel » schéma farcesque, le conflit de la raideur et de la souplesse représentées par deux personnages proches par le sang ou l'éducation. Les premiers vers du *Misanthrope* fournissent peut-être une des meilleures clefs pour la lecture « plurielle » du théâtre de Molière.

3

La Salle et la Chambre *

Si on exclut, comme on le fera ici, les œuvres destinées à des représentations de Cour[1], on sait très peu de choses sur les éléments concrets de la scénographie moliéresque. En revanche, le texte même des œuvres et, ici et là, les indications marginales, permettent à peu près dans tous les cas de désigner le lieu où se déroule l'action et où évoluent les personnages. C'est ce lieu qui a fait l'objet de la présente enquête. On conviendra d'appeler « espace » moliéresque celui qu'implique le dialogue des comédies, et que la décoration suppose sans l'imposer *a priori*.

L'auteur du *Misanthrope* est l'héritier de deux systèmes décoratifs : le carrefour à l'antique, inspiré de Plaute et de Térence, avec maisons et fenêtres ouvrantes, que conservent encore, avec diverses variantes, les premières comédies de Corneille ; et la « chambre » ou la « salle » à l'italienne ou à l'espagnole, qu'on trouve par exemple, au milieu du siècle, chez Scarron, Thomas Corneille ou Le Metel d'Ouville. Rappelons qu'à l'époque des *Précieuses ridicules* (1659) le décor unique s'est imposé décidément, sauf pour les pièces à machines, sans modifications ou changements à vue. L'espace d'abord représenté ou signifié par la décoration ne changera donc à aucun moment du début à la fin de la comédie.

Il est aussi aisé pour nous que pour les anonymes décorateurs de l'Hôtel de Bourgogne et de la Comédie Française dont les notes figurent dans le *Mémoire de Mahelot* de distinguer entre intérieurs et extérieurs. Mais il est plus intéressant de reconnaître le métier de Molière dans l'utilisation de ces deux types d'espace et, pour ce qui concerne les intérieurs, de voir les différences qu'il établit entre deux pièces de réception,

---

* Colloque : *L'espace théâtral*, Université Paris III, Sorbonne nouvelle, 1989. (« L'Espace théâtral dans les comédies de Molière »).

1. On a tenu compte du *Malade*, qui n'eut pas l'honneur d'une véritable création à la Cour, et dont les divertissements, le dernier excepté, ne sont pas rattachés directement à l'intrigue.

la « salle basse » située au rez-de-chausée et la « chambre haute » située à l'étage des demeures bourgeoises ou aristocratiques du XVIIe siècle.

Les œuvres dont il sera tenu compte peuvent être classées de la manière suivante :

— Carrefour comique : *Sganarelle, L'École des maris, L'École des femmes, Les Fourberies.*

— Salle basse : *Les Précieuses, Tartuffe, L'Avare, Les Femmes savantes.*

— Chambre haute : *La Critique, Le Misanthrope, Le Malade imaginaire.*

C'est, on le constate, une répartition à peu près équilibrée. A noter cependant que le carrefour comique tend à disparaître après *L'École des femmes* (1662), exception faite des *Fourberies*, dont le caractère farcesque et l'intrigue à l'italienne, qui choquèrent Boileau, exigent en effet le grand air et le soleil napolitain.

*
* *

Le lieu où se déroule chacune de ces comédies peut être déterminé à partir de plusieurs sources. En allant du moins avéré au moins contestable, on distinguera :

— Les frontispices de Chauveau et de Brissart[2], sur lesquels on ne doit s'appuyer que prudemment, en raison de leur caractère iconique et parce qu'ils ne représentent qu'une partie du carrefour ou de l'intérieur qu'ils évoquent. On les désignera par l'abréviation *Fr.*

— Les très sobres indications des continuateurs de Mahelot, certaines postérieures de plusieurs années à la mort de Molière (abréviation : *C*).

— Les notes liminaires du texte imprimé, parfois absentes des éditions originales, et la plupart du temps réduites à la mention de la ville où l'action est censée se dérouler (abréviation : *N*).

— Le texte même des comédies, dont l'interprétation attentive impose une certaine vision de l'espace théâtral, c'est-à-dire du lieu représenté et des particularités impliquées par certaines répliques et par certains jeux de scène (abréviation : *T*).

Pour faire clair, on a rassemblé ces diverses données en un tableau où les œuvres apparaissent dans l'ordre chronologique.

Précieuses (1659) : *Fr.* (Brissart, 1682) : salle ornée, porte éclairée dans le fond à droite : *C.* : « Il faut une chaise à porteurs » ; *N.* : Ø ; *T.* : Paris (sc. 9), « salle basse » (sc. 6), meublée de sièges divers (sc. 9), et dont la porte est étroite (sc. 7).

Sganarelle (1660) : *Fr.* (Brissart, 1682) : place, deux portes dont une au moins ouvrante, fenêtre ; *C.* : « des maisons et des fenêtres » ; *N.* : « à Paris » ; *T.* : On sort de chez Gorgibus (sc. 1), de chez Sganarelle (sc. 3), dont la maison comporte une fenêtre ouvrante (sc. 4).

2. On a utilisé l'album du tricentenaire réalisé par Sylvie Chevalley. L'édition de référence est celle de G. Couton à la N.R.F., aux suggestions de laquelle ce travail est très redevable.

École des maris (1661) : *Fr*. (Chauveau, 1661) : place, entrée de jardin, deux maisons avec portes et fenêtres ; *C*. : « des maisons et des fenêtres » ; *N*. : « à Paris » ; *T*. : au moins trois maisons, celles de Sganarelle, d'Ariste et de Valère, avec portes ouvrantes ; une fenêtre chez Sganarelle (I, 2) et chez Valère (III, 7).

École des femmes (1662) : *Fr*. : (Chauveau, 1663) : carrefour avec trois maisons et un arbre ; *C*. : « deux maisons sur le devant et le reste est une place de ville » ; *N*. : « une place de ville » ; *T*. : le « logis d'Agnès » a des « murs rougis » (I, 4), il possède un balcon (II, 5) et des arbres poussent auprès (*id*.), mais on ne sait si on a vue directe sur le balcon, bien qu'on l'ait peut-être sur la fenêtre d'où tombera Horace entre IV et V (mais ce n'est pas certain).

Critique de l'École des femmes (1663) : *Fr*. (Brissart, 1682) : sept sièges dans un salon à une porte éclairé par deux chandelles sur appuis muraux ; *C*. : Ø ; *N*. : Ø ; *T*. : les premières répliques supposent qu'il s'agit de la chambre d'Élise, où on fera « monter » Climène à la fin de la scène 2.

Tartuffe (1664 ?) : *Fr*. (Brissart, 1682) : salle avec porte et fenêtres, et grande table couverte d'une nappe ; *C*. : « une chambre », « deux fauteuils », « une table, un tapis dessus » ; *N*. : « à Paris » ; *T*. : une « salle basse » (III, 2), proche de l'entrée de la maison (I, 1-3), avec « cabinet » (III, 1) et « galerie » (IV, 5) attenants.

Misanthrope (1665) : *Fr*. (anon., 1667) : pièce de réception avec cheminée et riche décoration, grandes fenêtres ; *C*. : « une chambre », « six chaises » ; *N*. : « à Paris » ; *T*. : chambre haute où l'on monte de « là-bas », c'est-à-dire de la salle basse (I, 2 ; III, 3, etc.), et qui est proche d'une « galerie » (II, 4) ; la cousine Éliante loge à l'étage supérieur (V, 1, v. 1581).

Avare (1668) : *Fr*. (Brissart, 1682) : salle avec deux portes, table et sièges, et jardin au fond ; *C*. : « une salle, et, sur le derrière, un jardin » ; *N*. : « à Paris » ; *T*. : salle proche de l'entrée de la maison (I, 3), à usage de vestibule (III, 3), donnant directement sur le jardin (I, 5 ; IV, 5, etc.).

Fourberies (1671) : *Fr*. (Brissart, 1682) : une rue, et une riche demeure au fond ; *C*. : Ø ; « à Naples » ; *T*. : une rue, avec au moins une porte introduisant dans la maison où logent Hyacinte et Zerbinette à partir de III, 1.

Femmes savantes (1672) : *Fr*. (Brissart, 1682) : une salle avec porte ouvrante, deux fenêtres, des rayons couverts de livres ; *C*. : « une chambre », « quatre chaises » ; *N*. : « à Paris » ; *T*. : les entrées supposent qu'on est proche de la porte de la maison (I, 1 ; I, 3 ; II, 5 ; IV, 1), dans une salle avec « cabinet » (V, 1 et 3).

Malade imaginaire (1673) : *Fr*. (Brissart, 1682) : simple chambre, peu décorée, avec une porte dans le fond à gauche et le fauteuil du malade ; *C*. : « une chambre et une alcôve dans le fond » ; *T*. : la chambre d'Argan, avec une table et le célèbre fauteuil, proche d'un cabinet-garde-robe (I, 3) et sans doute d'un autre cabinet où on reçoit le notaire (I, 7) ; « là-bas » (III, 5) désigne le rez-de-chaussée (voir aussi III, 9).

L'examen de ces divers documents fait apparaître quelques évidences :

1. Le carrefour comique demeure pour l'essentiel fidèle à l'ancien dispositif de la farce des années 1630 ; quelques maisons devant lesquelles on peut simplement passer, mais où on peut entrer et d'où l'on peut sortir, à la fenêtre desquelles enfin on peut se tenir. *La Jalousie du Barbouillé*, que Molière et ses compagnons jouaient dans leurs errances provinciales, demandait le même ensemble praticable que *Sganarelle*, les deux *Écoles* et les *Fourberies*. Les variantes sont peu importantes : *L'École des maris* porte à trois le nombre des portes ouvrantes et à deux celui des fenêtres, facilité que se donne le poète pour favoriser les ruses des protagonistes ; *L'École des femmes* agrémente de quelques arbres la place où se déroule l'action, pour l'agrément de la « promenade », « fort belle », au cours de laquelle Arnolphe interroge malignement Agnès, et « rougit » les murs de la demeure d'Agnès afin que le tuteur n'ait aucun doute sur les rapports d'Horace et de la jeune fille ; mais *Les Fourberies*, comédie de la rue et des rencontres, n'exige qu'une porte pour introduire les jeunes filles dans la maison où leurs amants les ont logées.

2. Il y a plus de variété dans les « salles basses » dont l'intérêt premier vient de ce qu'elles sont censées faciliter les entrées et les sorties des protagonistes et de leurs visiteurs : le Mascarille des *Précieuses* y pénètre comme on entre dans une cour, avec la seule difficulté que lui crée l'étroitesse de la porte ; *Tartuffe* triple ce lieu en y introduisant les deux cachettes de la table à tapis et du cabinet où se glisse Damis à l'acte III ; *L'Avare* impose une vue sur le jardin situé au fond de la scène, et d'où Harpagon, après le vol de la cassette, rentre en poussant des cris ; Molière est revenu à la plus extrême simplicité avec *Les Femmes savantes* : on notera seulement la présence d'un cabinet où Philaminte et le notaire se tiennent au long de la scène 2 de l'acte V, et l'ouverture sur la rue ou sur la cour supposée par les propos tenus en II, 1 par Ariste à l'amoureux Clitandre demeuré hors du « théâtre ».

3. Le chef-d'œuvre de Molière est sans doute la « chambre » située à l'étage, où l'entrée est plus difficile, parce qu'il s'agit d'un lieu plus intime que la « salle basse », et où, en principe (les exceptions confirmant la règle), ne peuvent pénétrer que les familiers de la maison. L'appartement d'Élise, dans *La Critique*, est fort simple, mais doit permettre, par sa situation, de filtrer les entrées. Celui de Célimène lui ressemble étrangement : comme Élise, elle a une cousine qui demeure à l'étage supérieur ; comme elle, elle se fait annoncer les visiteurs qui viennent l'entretenir, et dont elle a le temps de dire ce qu'elle pense ; comme Élise enfin, Célimène cultive le charme des conversations mondaines. La chambre haute est en effet le lieu de la fermeture aristocratique. Ces caractères rendent d'autant plus surprenante l'invention de la chambre du bourgeois Argan : pièce très simple, presque ascétique, où le cabinet attenant rappelle ceux du *Tartuffe* et des *Femmes savantes*, proche de la garde-robe qu'on devine malodorante ; une chambre d'où Argan ne sort jamais, et où il ne reçoit que ceux qui le

grugent et entretiennent sa mélancolie ; une chambre qu'égaient seulement l'intrusion de la petite Louison et celles de Toinette et des jeunes amants.

*
* *

A ces trois représentations de l'espace comique correspondent, avec diverses nuances et divers paradoxes, trois modèles dramaturgiques fondamentaux :

1. *La rue et le carrefour* : Quelles que soient les dimensions du plateau, le décor en extérieur correspond dans son principe même à l'ouverture la plus large. Certes, il est bordé par ces lieux clos que sont les maisons, où on peut enfermer les filles, comme dans *Sganarelle* et les deux *Écoles*, à moins qu'elles ne s'y réfugient, commes dans *Les Fourberies*. Mais de ces maisons les filles parviennent parfois à sortir, comme la jeune Célie au début de *Sganarelle*, qui manifeste ainsi son refus d'accéder aux volontés de son père ; elles peuvent aussi utiliser les demeures de leurs amies comme des cabines d'habillage et de travestissement : ainsi fait Isabelle à l'acte III de *L'École des maris*, qui emprunte par ce moyen les habits et l'apparence de sa sœur. Dans les maisons se trament les projets tyranniques des tuteurs et les ruses libératrices de leurs victimes. Mais c'est à l'extérieur et sous les yeux du spectateur que l'intrigue se noue, progresse et se conclut. La rue est en effet le lieu où l'on se rencontre. Ce peut être entre voisins comme dans la première *École*. Mais ce peut être aussi rencontre de hasard : celle, par exemple, dont s'étonne le naïf Horace dans *L'École des femmes* (I, 4) ; ou visite inattendue et sans nul besoin d'annonce ou de préambule : on songe à l'arrivée de Villebrequin dans *Sganarelle* ou d'Enrique dans *L'École des femmes*, dont l'objet est de procurer un dénouement acceptable pour tous. Enfin, l'espace de la ville implique un relatif éloignement des personnages les uns par rapport aux autres (doublé parfois, au dénouement, par les effets de la nuit)[3] : de là des méprises, des confusions de personnages et de possibles et faciles déguisements : Sganarelle prend Isabelle pour Léonor (*École des maris*, III, 3) ; Agnès se laisse tromper par Arnolphe, « le nez dans son manteau » (*École des femmes*, V, 4). La rue et le carrefour, en dépit de l'aspect rassurant des relations de voisinage, sont ainsi les lieux où tout est possible, le pire comme le plus heureux, parce que les puissances fastes ou maléfiques peuvent également s'y retrouver. C'est là que règnent la surprise, l'erreur et toutes les variétés du hasard.

2. *La « salle basse »* : Si tout le monde et n'importe qui peut passer un carrefour ou déambuler au long d'une rue pour chercher aventure à la manière de Scapin, la salle basse, chez Molière, est réservée aux habitants de la maison et à leurs visiteurs. Les premiers sont des bourgeois, dont la pudibonderie semble quelquefois se rassurer de ne pas accueillir les

---

3. La nuit joue un rôle essentiel dans *George Dandin*, que son caractère de comédie-ballet a fait exclure de notre *corpus*.

seconds dans une « chambre » : « Il faut le recevoir dans cette salle basse, dit Magdelon à propos de Mascarille, plutôt qu'en notre chambre » (*Précieuses*, sc. 6). Elmire monte à l'étage pour attendre son mari (*Tartuffe*, I, 3), mais descend pour s'entretenir avec le faux dévot (III, 2). Le paradoxe de l'utilisation de cette salle est que ce lieu sûr parce que semi-public est également incertain parce que l'on y pénètre rapidement et parfois par surprise. Mascarille et Jodelet se font certes annoncer, mais les précieuses ont à peine le temps de se préparer à les recevoir ; au dénouement, Du Croisy et La Grange entrent sans crier gare. Sans doute s'agit-il d'une farce. Mais on note que dans *Le Tartuffe* et dans *Les Femmes savantes* nombre de personnages arrivent sans être annoncés : ainsi Valère (*Tartuffe*, II, 4) et Clitandre (*Femmes savantes*, IV, 2). Dans *L'Avare*, l'arrivée de Mariane et de Frosine accueillies par Maître Jacques montre que le lieu représenté est une sorte de vestibule (III, 3). L'accélération du rythme assurée par la proximité de la salle basse à l'entrée permet d'y créer au dénouement des effets de surprise comparables à ceux que propose la catégorie précédente : qu'on se rappelle les entrées de Tartuffe et de l'exempt à la fin de *L'Imposteur* ou celles d'Anselme et de Cléante à la fin de *L'Avare*.

3. *La chambre haute* : Le caractère intime et fermé de la chambre haute a été déjà signalé. On a noté également que son usage, dans *Le Misanthrope*, était comparable à celui qui en avait été fait dans *La Critique*. Cette courte comédie représente une sorte de modèle : deux cousines, Uranie et Élise, reçoivent quatre visiteurs, dont un seul, Dorante, est attendu. Le premier est une femme, la précieuse Climène, qui n'était guère souhaitée. Entre le moment où le laquais Galopin annonce l'arrivée de la dame, qui est encore « dans la rue », et celui où elle fait son entrée, les cousines ont le temps d'échanger une vingtaine de répliques. Le marquis entre le second, de lui-même, sans se faire annoncer ; Galopin l'a poursuivi pour l'empêcher de pénétrer dans la chambre. Découragé, le « petit garçon », comme on disait dans *Les Précieuses*, va sans doute bouder dans un coin de la maison. La troisième entrée est celle de Dorante ; il est monté seul, et il en a le droit, étant un familier de l'appartement d'Élise. Mais l'irruption du méchant poète Lysidas est aussi grossière que celle du marquis. Aussi bien l'invite-t-on à prendre un siège lui-même, au lieu de lui en avancer un, comme on a fait pour le marquis cependant (sans doute en raison de son rang). Dans la chambre haute, toute entrée brutale apparaît comme une intrusion plutôt que comme une visite. Les entrées et sorties, dans *Le Misanthrope*, sont également instructives. Les deux cousines sont sorties (I, 2) ; Alceste est demeuré dans la chambre haute avec l'ami Philinte ; Oronte, avec le même sans-gêne que Lysidas, les y rejoint pour faire sa cour à Alceste ; les deux amis sortent ensemble à la fin de l'acte premier. Alceste a « ramené » Célimène chez elle au début de l'acte second ; au cours de ce même acte, tous les visiteurs sont annoncés, depuis les marquis jusqu'au garde de la maréchaussée de la dernière scène. L'acte III fait paraître les marquis, incrustés chez la

jeune veuve, et dont le dialogue occupe la première scène ; les autres visiteurs sont Arsinoé, dont l'annonce et l'entrée rappellent celles de Climène, et Alceste, qui comme Dorante est monté de lui-même en familier de la maison, et avec lequel Célimène est bien heureuse d'abandonner Arsinoé. L'acte suivant ne fait intervenir que les familiers de la maison, Philinte, Alceste et Eliante ; une entrée par surprise, celle de Du Bois, venu annoncer à Alceste qu'il est menacé d'arrestation (sc. 4). Toutes les entrées de l'acte V constituent des intrusions : celle d'Oronte, qui a poursuivi Célimène pour l'explication décisive, et celle des marquis et d'Arsinoé, qui arrivent en juges pour étaler les tromperies de la jeune femme. L'analyse du *Misanthrope* confirme ce qu'indiquait *La Critique* sur le caractère familier ou scandaleux des entrées non annoncées dans l'intimité de la chambre haute. L'enfermement prend un caractère plus sombre dans *Le Malade*. La chambre d'Argan apparaît d'abord comme le lieu de l'angoisse solitaire : « Il n'y a personne : j'ai beau dire, on me laisse toujours seul ; il n'y a pas moyen de les arrêter ici » (I, 1). Propos ironiques : car, mis à part les Diafoirus, dont l'entrée est préparée par Toinette, et les familiers de la maison, qui peuvent entrer sans se faire annoncer, les irruptions intempestives se font de plus en plus nombreuses au cours de la pièce, et notamment au dernier acte : celle de l'apothicaire Monsieur Fleurant, celle de Monsieur Purgon, en attendant l'arrivée de la fausse « Faculté », qui fournit l'ultime divertissement de la comédie. La chambre du malade solitaire est devenue le lieu où s'agite une foule. L'étouffoir où souffrait Argan est devenu étouffoir humain, plus pénible que les cloisons qui l'enfermaient. Auprès de l'angoisse qu'il traduit, c'est bien peu de chose que les propos d'une Louison endoctrinée par sa belle-mère, et qui inspirent pourtant au malade les gémissements de la fin du second acte : « Ah ! que d'affaires ! je n'ai pas seulement le loisir de songer à ma maladie. En vérité, je n'en puis plus. »

*
* *

Au cours des années de la carrière de Molière qui ont été ici retenues, une alternance nette est apparue entre trois types d'espace : celui des places et des rues, et de la liberté dramatique et des joyeux caprices qu'il suppose ; celui de la salle basse, où l'on respire encore, et d'où l'on pourrait chasser les intrus et les méchants en les poussant par l'épaule ; celui de la chambre dont, à l'époque de *La Critique* le poète ne soupçonnait sans doute pas les implications, mais qui, avec *Le Misanthrope* et *Le Malade imaginaire*, est devenu symbole de l'enfermement dans le monde élégant de l'aristocratie ou dans le monde confiné de la médecine : cet espace-ci, on peut certes comme Philinte s'en libérer par l'humour ; mais on est tenté de le fuir comme fait Alceste, peut-être pour ne pas y mourir de cette mort dont Argan se sent menacé et à laquelle il préfère le droit de tuer : « Vivat, vivat [...] Novus Doctor, qui tam bene parlat !/Mille, mille annis et manget et bibat,/Et seignet et tuat ! ». Molière ne nous pardonnerait pas de terminer sur une vision aussi sombre. Aussi bien, deux ans avant la représentation du *Malade*, *Psyché* se termine sur une promesse d'immortalité et Scapin ressuscite de sa feinte mort pour qu'on le « porte au bout de la table » et qu'il participe au festin de la réconciliation.

4

Molière et les honnêtes gens [*]

Le XIXe siècle a cru voir en Molière un philosophe audacieux qui, sous l'influence d'un Gassendi, d'un Cyrano ou d'un Chapelle, défendrait dans son théâtre des thèses purement naturalistes [1]. Parallèlement, dans ces comédies toutes pétries d'idées, la critique a longtemps discerné des échos précis de la vie personnelle de leur auteur, particulièrement de sa vie conjugale [2]. Leur naturalisme libertin se serait doublé d'un individualisme élégiaque.

Depuis l'important article de Gustave Lanson sur *Molière et la farce* [3], les commentateurs ont été amenés à remettre en question ces affirmations. Molière serait avant tout, selon eux, un *comédien* [4], préoccupé de plaire à son public. Certes, tout en se refusant à chercher gratuitement des allusions autobiographiques dans les *Écoles*, Gustave Michaut s'attarde encore à définir la *philosophie* de *L'École des maris* et celle de *L'École des femmes* [5]. Mais Albert Thibaudet ne veut voir dans la pensée de Molière qu'une «pensée de théâtre» qui serait démonétisée à la ville [6]. Félix Gaiffe présente le génie de Molière comme un esclave enchaîné et obligé de se soumettre au goût et aux préjugés de son public, et donc sa pensée personnelle comme un mystère impossible à sonder [7]. Des considérations

[*] *L'Information littéraire*, 1963, n° 5. («Molière ou la dramaturgie de l'honnêteté»).

1. Brunetière, *Études critiques*, IV, 202. Cf. Gustave Michaut, *Les débuts de Molière à Paris*, 1923, p. 206.

2. Abel Lefranc, *Rev. des Cours et Conférences*, 1907-1908, I, p. 107. Cf. Michaut, *op. cit.*, chap. VI.

3. *Revue de Paris*, 1901-III, p. 129-153.

4. *Un comédien nommé Molière* est le titre d'une étude de Béatrix Dussane (Paris, 1936).

5. *Op. cit.*, chap. VI et IX.

6. *Revue de Paris*, 1922-I, p. 312-333.

7. *Le rire et la scène française*, Paris, 1931, chap. VI.

analogues sont présentes dans les articles de Louis Jouvet ou de Ramon Fernandez[8].

Ces efforts se sont prolongés depuis la guerre dans plusieurs ouvrages de valeur. Georges Mongrédien estime impossible de pénétrer la pensée véritable de Molière[9]. Pour René Bray, la comédie de Jean-Baptiste Poquelin « est une création autonome qui se justifie par sa seule existence, par la force avec laquelle elle s'impose au spectateur » et « le comique ne peut comporter ni moralité ni immoralité »[10]. Dans cette perspective s'ébrouent à plaisir Jacques Audiberti et Alfred Simon, dont les courtes études sont d'ailleurs pleines de charme et d'intérêt[11]. Molière sera-t-il désormais condamné aux délices de l'*ambiguïté* et aux prestiges sans issue de *L'Illusion comique*[12] ?

Deux ouvrages ont cependant ouvert la voie à des recherches plus complètes et plus sûres : W.G. Moore[13] et Danilo Romano[14], en proposant une méthode nouvelle pour l'étude des comédies de Molière, sont parvenus à concilier la préoccupation esthétique et la préoccupation idéologique qui jusqu'alors poursuivaient deux carrières indépendantes. Il n'est pas interdit, selon W. G. Moore, de s'interroger sur les idées de Molière. Seulement ces idées ne doivent pas être recherchées à la surface de l'œuvre, par exemple dans les propos des « raisonneurs » qui y présentent leur profession de foi, mais dans la conception et la structure d'ensemble de chaque comédie[15]. Pour Danilo Romano, il ne faut attendre de la comédie que le type de pensée qu'elle est susceptible d'apporter : une pensée négative et critique, mais n'excluant pas des aspects positifs qui simplement ne sont pas de son ressort[16]. Diverses publications récentes paraissent inspirées par ces méthodes de recherches, notamment le *Molière* de J.D. Hubert[17]. Nous nous autoriserons de ces nouveaux points de vue en posant à notre tour l'irritante question : le rire de Molière a-t-il un sens ? autrement dit : les comédies de Molière font-elles rire de *quelque chose* ou ne peut-on trouver qu'en elles-mêmes la justification de leur *vis comica* ?

8. *Conferencia*, 1er septembre 1937. — *Tableau de la littérature française...* Paris, N.R.F., 1939.

9. *La vie privée de Molière*, Paris, 1950, chap. VI.

10. *Molière homme de théâtre*, Paris, 1950, chap. II et VI.

11. *Molière dramaturge*, Paris, 1954. — *Molière par lui-même*, Paris, 1957.

12. *Théâtre classique du Club du livre*, t. X, 1960.

13. *Molière. A new criticism*, Oxford, 1949.

14. *Essai sur le comique de Molière*, Berne, 1950.

15. *Op. cit.*, p. 21.

16. *Op. cit.*, p. 149.

17. *Molière and the comedy of intellect*, Univ. of California press, 1962.

Les contemporains du poète, et particulièrement les ennemis de *L'École des femmes* et de *La Critique*, n'ont pas eu un instant de doute sur ce point[18]. Molière est moins pour eux un créateur de personnages qu'un *peintre*[19] de la vie réelle, sur laquelle il jette un regard de poète satirique : « C'est un dangereux personnage : il y en a qui ne vont point sans leurs mains ; mais on peut dire de lui qu'il ne va point sans ses yeux ni sans ses oreilles. On commence à se défier partout de lui et je sais des personnes qui ne veulent plus qu'il vienne chez elles[20]. » On pense en effet que Molière fait des *personnalités*, et que ses comédies ont des *clefs*. Boursault, pour ne citer que lui, a cru se reconnaître dans le Lysidas de *La Critique*, flatteuse illusion, en somme, que Molière s'est chargé de dissiper dans son *Impromptu*[21].

Pourtant, ces accusations ne sont pas dépourvues de tout fondement. Il y a en Molière un *revuiste* qui s'amuse à rire et à faire rire de quelques personnages précis : M. de l'Isle, dans *L'École des femmes*, est bien Thomas Corneille[22] ; dans la même comédie, le poète parodie, non seulement dans les mots, mais aussi et surtout dans le mouvement dramatique, une scène de *Sertorius*[23] ; dans *L'Impromptu*, il nomme ses ennemis, des acteurs de l'Hôtel de Bourgogne au poète Boursault[24], et chacun a droit à son *paquet*.

Mais, comme il l'affirme dans cette dernière comédie, Molière n'a pas *d'abord* l'intention de dauber sur les individus. En satirisant Thomas Corneille, il raille en général les prétentions nobiliaires injustifiées ; en reprenant un vers de Corneille dans *L'École des femmes*, il exprime sans doute son scepticisme à l'égard d'un certain idéalisme héroïque hors de sa place, et ridiculise assurément les prétentions d'Arnolphe[25] ; quand il imite enfin les acteurs de la troupe rivale, il veut aussi illustrer *a contrario* sa conception de la diction théâtrale *naturelle*[26]. C'est plus volontiers à certains types sociaux qu'il s'en prend, et très précisément aux types de son époque[27] : le pédant, le marquis et la précieuse qui apparaissent dans *La Critique* représentent trois catégories contemporaines, ayant en

18. Cf. Michaut, *op. cit.*, chap. X, et Th. van Vree, *Les pamphlets et libelles littéraires contre Molière*, Paris, s.d. (1933), chap. II.

19. Cf. la comédie de Boursault, *Le portrait du peintre*, Paris, 1663.

20. Visé, *Zélinde*, Paris, 1663, sc. VI.

21. *Impromptu*, sc. V.

22. *École des femmes*, I, 1.

23. *Sertorius*, V, 6.

24. *Impromptu*, sc. I et V.

25. Cf. Serge Doubrovsky, *Arnolphe ou la chute du héros, Mercure de France*, septembre 1961, p. 111-118.

26. Cette diction est raillée par Mascarille, dans *Les précieuses ridicules*, sc. IX. La plupart des contemporains du poète affirment qu'elle empêcha Molière de réussir dans la tragédie.

27. « ...et vous n'avez rien fait, si vous n'y faites reconnaître les gens de votre siècle. » (*Critique*, sc. VI).

commun l'extravagance de langage et de jugement. Il ne s'agit pas en effet des *doctes* en général, dont plusieurs sont loués dans la comédie, qu'ils prennent place au parterre ou dans les loges[28], ni des gens de cour, opposés à la *douzaine de messieurs* qui les *déshonorent*[29], et la préciosité elle-même n'est attaquée que « dans sa plus mauvaise signification[30] ». Poète satirique, Molière ne remet pas en cause l'organisation sociale, mais s'empare des « ridicules » où qu'ils soient, et s'amuse seulement à pousser leurs traits et leurs manières jusqu'à la caricature, et leur langage jusqu'à une verve comique qu'il inspire, mais qui le dépasse conformément aux exigences de l'art[31]. Ainsi la comédie remplit-elle une double fonction : elle fait rire d'un langage, d'une mimique, d'une action ; mais au-delà elle tympanise la prétention du pédant, la sottise vaniteuse des turlupins et la pruderie affectée de ces coquettes en négatif que sont les précieuses à la manière de Clymène. Les contemporains ont bien vu qu'il n'y avait pas contradiction entre la *grimace* comique, qui ressortit au jeu de l'acteur, et l'expression de la réalité, qui est le fait de l'auteur satirique[32]. La force du comique farcesque de Molière réside en effet dans cette association de la drôlerie en soi et de l'esquisse librement expressive d'une réalité particulière.

Il y a donc une dimension satirique *actuelle* dans le théâtre de Molière, proche en cela de son ami et admirateur Boileau, qui est étroitement liée à des effets comiques aussitôt perceptibles. Mais il s'y peut discerner un troisième élément : les traits de cette satire sont convergents : le pédant, la précieuse et le marquis turlupin définissent négativement un type d'homme ayant les qualités qu'ils n'ont point et n'ayant pas les ridicules qu'ils étalent : ils sont sots, et lui est raisonnable ; ils sont affectés et lui s'efforce au naturel, ils sont prétentieux et lui « ne se pique de rien ». La caricature présente comme le moule en creux de l'honnête homme, soit le Dorante de *La Critique*, soit le Brécourt de *L'Impromptu*, dont il nous est précisé qu'il interprète « un homme de cour[33] ». Et cela est si vrai que dans les pamphlets publiés contre Molière, l'ennemi du poète ressemble à Dorante ou à Brécourt et trouve en face de lui de vieilles folles ou des marquis extravagants proches de la précieuse et du turlupin de *La Critique*. Les Visé et les Boursault entendent ainsi refuser au *peintre* ce brevet dont il les a eux-mêmes jugés indignes. Mais, à partir de ce point fixe de l'honnêteté parfaite, l'extravagance peut indéfiniment se diversifier, et quitter les

28. *Ibid.*, sc. V et VI.

29. *Ibid.*, sc. V.

30. *Ibid.*, sc. II.

31. Cf. René Pintard, *Pour le tricentenaire des Précieuses ridicules*, XVIIIe siècle, n°s 50-51, 1961.

32. Cf. *Elomire hypocondre*, 1670 : « Tantôt pour exprimer les soucis d'un ménage./De mille et mille plis il fronce son visage ;/Puis, joignant la pâleur à ces rides qu'il fait,/D'un mari malheureux il est le vrai portrait. »

33. *Impromptu*, sc. I.

types sociaux aisément reconnaissables pour s'attacher à toute sorte de personnages ridicules. Il y a une seule manière de respecter la mesure, et cent manières d'en sortir, de même qu'il n'y a qu'une orthodoxie et que l'hérésie prend toutes les formes qu'on veut. Autrement dit, on n'est jamais en peine de trouver des personnages qui fassent *rire les honnêtes gens*[34]. Essayons donc d'examiner quelques-uns des ridicules de Molière avec les lunettes de l'honnêteté, et de voir dans quelle mesure ce point de vue permet de rendre compte des effets comiques qu'il a voulu mettre en œuvre dans ses comédies.

*
* *

Aucun moraliste du XVIIe siècle n'a conçu l'homme en dehors de la société. Ceux qui, comme La Rochefoucauld, n'acceptent ni la cour ni la ville se sont composé une société de leur choix, où des êtres d'élection font régner le « naturel » (c'est-à-dire l'absence d'affectation et le sens de la juste place de chacun), et la « politesse » (c'est-à-dire un sens exquis d'autrui et des égards qui lui sont dus). Pascal, Méré, La Rochefoucauld et La Bruyère, pour ne citer qu'eux, ont rêvé cette société idéale, et lui ont proposé certaines lois. Les mondains qui se rassemblent aux environs de 1650 autour de muses bourgeoises ou aristocratiques du « classicisme » constituent à la fois ce milieu poli qui inspire les philosophes que nous venons de citer et le public dont Molière cherche à conquérir l'approbation ; l'affabulation de *La Critique* atteste parfaitement la sympathie que le poète à cette élite de la société du siècle.

Certes, l'idéal de l'honnêteté suppose, au moins sous une forme implicite, une critique de la société actuelle. Il est remarquable que les plus grands théoriciens de l'honnêteté, de Pascal à La Bruyère, ont été en même temps d'impitoyables censeurs de l'homme en société, préoccupé d'abord de se faire valoir et donc de se faire passer pour ce qu'il n'est pas. Ainsi fait Molière : voyez les « pecques provinciales » de sa première comédie parisienne : elles arrivent à Paris, elles n'y connaissent personne, mais elles ont un *furieux* désir d'avoir l'air de connaître quelqu'un et de savoir quels milieux il faut fréquenter : en un mot, elles jouent, non seulement les précieuses, mais les « honnêtes femmes » arrivées. Arnolphe, ce misanthrope, veut pourtant gagner une place dans la société en se donnant un nom à particule. De fait, la société cruellement hiérarchisée du XVIIe siècle inspire à ceux qui n'y figurent qu'aux plus bas degrés le désir de s'introduire au rang supérieur, en un mot le désir de *paraître* : ils oublient leur nature profonde, leur être réel, volontiers confondu alors avec la naissance, basse ou relevée, qui impose à jamais certaines attitudes, certains réflexes, voire certaines vertus. Même à ceux qui sont *arrivés* par la naissance ou par leur mérite cette société paraît imposer le port d'un

34. « Va, va, Marquis, Molière aura toujours plus de sujets qu'il n'en voudra ; et tout ce qu'il a touché jusqu'ici n'est rien que bagatelle au prix de ce qui reste. » (*Impromptu*, sc. IV).

masque d'honnêteté qui peut n'être que celui de l'habileté, mais qui peut épargner bien des déconvenues. Tout cela justifie la misanthropie de La Rochefoucauld ou de La Bruyère ; celle aussi d'Alceste, auprès duquel Philinte peut bien, aux yeux d'un moraliste exigeant, représenter la lâcheté et la compromission.

Mais Molière refuse le droit de juger à qui se retire du commerce des hommes. Il est parfaitement de son temps en récusant le témoignage de ceux qui vont acheter *au désert* un bonheur illusoire, ou affectent simplement de mépriser en bloc la société où ils sont condamnés à vivre. Sganarelle *entend* suivre sa *fantaisie*. C'est en quoi d'abord il est ridicule : s'il *se trouve fort bien de sa façon de vivre, chacun la condamne*, et la condamne à juste titre[35]. Le même personnage, dialoguant malgré lui avec Valère, affecte une totale indifférence aux nouvelles qui lui sont données de la cour et de la ville[36]. Signe du refus de la société dont il fait profession, comparable à l'anachronisme grotesque dont il fait parade dans son vêtement. Comme Alceste, il veut sans doute qu'on le *distingue*. On le fera d'ailleurs, en le traitant de « sauvage[37] ». Il se rencontre des traits analogues chez M. de La Souche, qui, en dépit de ses prétentions nobiliaires (ou à cause d'elles, puisqu'elles l'isolent de la société bourgeoise où il vit), affiche à l'égard de ceux qui l'entourent un mépris goguenard, et entend n'être au milieu d'eux qu'un simple spectateur[38]. C'est ironiquement qu'il est dit, d'entrée, dans *L'Impromptu* : « Les beaux esprits, cousine, aiment la solitude. » Uranie tient au contraire, en honnête femme qu'elle est, à être entourée, et à jouir de la vie de société. Parmi ceux qu'elle rencontre, « je goûte, dit-elle, ceux qui sont raisonnables, et me divertis des extravagants[39] ». Aussi trouve-t-elle, comme Dorante, le marquis ridicule quand il fait profession de mépriser le parterre[40], et tous deux s'amusent du poète pédant qui oppose le jugement d'une poignée de « connaisseurs » au plaisir spontané du grand public, de la cour comme de la ville[41]. En passant, le critère du succès s'est trouvé justifié : réussir, au théâtre, c'est prouver qu'on a eu pour le public — c'est-à-dire pour la société — les égards qu'on lui doit naturellement. Molière pensait certainement qu'il n'y a pas de génies méconnus[42]. En tout cas, il paraît bien assimiler à un malade mental celui qui refuse la société où il vit. Sganarelle, selon Ariste, porte un « air bizarre[43] » et Valère le tient pour un « bizarre

---

35. *École des maris*, I, 1.
36. *Ibid.*, I, 3.
37. *Ibid.*, I, 4.
38. *École des femmes*, I, 1.
39. *Critique*, sc. I.
40. *Ibid.*, sc. V.
41. *Ibid.*, sc. VI.
42. « Pourquoi fait-il de méchantes pièces que tout Paris va voir... ? » (*Impromptu*, sc. V.)
43. *École des maris*, I, 1.

fou[44] ». Arnolphe, au jugement de Chrysalde, est « fou de toutes les manières[45] ». « C'est un fou », dit encore Horace[46]. Le notaire voit en lui un « fou fieffé[47] ». Ces personnages qui veulent s'offrir la « comédie » en contemplant le monde risquent de la donner aux autres, comme le marquis de *La Critique*[48], ou de se voir « tympanisés » comme Arnolphe[49]. Des scènes généralement considérées comme de pures scènes de farce témoignent du ridicule de ces inadaptés : le « qui va là » de Sganarelle qui vient lui-même de frapper à la porte de son voisin et la scène où Arnolphe continue un monologue sans voir ni entendre le notaire qu'il a pourtant mandé ne sont pas seulement le fait de passionnés absorbés dans leurs préoccupations, mais celui de distraits qui ne peuvent plus *coïncider* avec la réalité, faute d'avoir accepté d'y vivre[50].

Tout en présentant les ridicules de l'homme a-social, Molière ne prétend pas absoudre la société. L'esclave de la mode, plaisamment évoqué dans *L'École des maris* comme il le sera dans *Le Misanthrope* et dans *L'Avare*, apparaît lui aussi comme un ridicule[51]. C'est ici qu'intervient la notion de juste milieu si précisément définie par Pascal[52], ce point d'équilibre parfait où le naturel et le raisonnable se concilient avec les exigences sociales. Ariste ne condamne de la mode que ses *excès* choquants ; mais c'en est un aussi grave que de se vêtir *à l'antique* comme Sganarelle (d'autant plus ridicule en cela qu'il est encore un homme relativement jeune). Bientôt, le Cléante de *Tartuffe*, en attendant le Philinte du *Misanthrope*, fera précisément l'apologie de la juste mesure[53] ; profession de foi où l'on a eu tort de voir toute une *morale*, mais qui comporte, en plus d'importants éléments de vertu sociale (le souci de la discrétion), quelques traits d'une philosophie de l'homme qui est celle de la *relativité* et qui tient compte des *limites* imposées à l'être humain. Déjà Chrysalde veut qu'on fuie les *extrémités*, et qu'entre deux partis opposés et excessifs on en cherche un *honnête*[54]. Dorante, dans *La Critique*, tient qu'entre

---

44. *Ibid.*, I, 4.

45. *École des femmes*, I, 1.

46. *Ibid.*, I, 4.

47. *Ibid.*, IV, 3.

48. *Critique*, sc. V. Cf *École des femmes*, I, 4 : « ...et des tours que je vois,/Je me donne souvent la comédie à moi ».

49. *École des femmes*, I, 1.

50. *École des maris*, II, 2. *École des femmes*, IV, 2. Cf. *École des maris*, I, 3.

51. *École des maris*, I, 1.

52. Pascal, *Pensées*, éd. Brunschvicg, § 70 : « La nature nous a si bien mis au milieu que si nous changeons un côté de la balance, nous changeons aussi l'autre... »

53. « Les hommes la plupart sont étrangement faits !/Dans la juste nature on ne les voit jamais ;/La raison a pour eux des bornes trop petites ;/En chaque caractère ils passent les limites ;/Et la plus noble chose ils la gâtent souvent/Pour la vouloir outrer et pousser trop avant. » (*Tartuffe*, I, 5.)

54. « Entre ces deux partis il en est un honnête. » (*École des femmes*, IV, 8).

l'aveugle soumission aux règles et l'anarchie artistique il est une position moyenne et raisonnable qui permet de justifier aussi bien le critère du plaisir que les vrais préceptes de l'art[55]. Il croit que « le trop d'esprit gâte » (et c'est presque une pensée de Pascal) et de même qu'« il y a des personnes qui se rendent ridicules, pour vouloir avoir trop d'honneur » (et c'en est une autre)[56].

*
* *

Tel paraît bien être l'exact point de vue d'où Molière nous invite à regarder les hommes et à rire de ses personnages. Ceux-ci pèchent en effet contre les trois vertus que nous venons d'évoquer : le naturel, ou l'acceptation de ce qu'on est, le réalisme, ou l'acceptation de la société et de l'événement, la raison enfin, ou la capacité de discerner le masque et le visage.

Sganarelle et Arnolphe affectent de se confondre avec un personnage qu'ils paraissent avoir dans l'abstrait choisi de jouer et qui satisfait au moins leur amour-propre. Il s'agit d'un moraliste doctrinaire, qui une fois pour toutes a mis au point une sévère théorie de la vie morale, sans tenir compte des exigences de la vie tout court : en quoi ils préfigurent le philosophe raillé par Marivaux dans son *Triomphe de l'amour*. Ainsi font-ils tous deux de la *maxime de leur action* une *loi universelle*, mais qui est au vrai sans portée. Ainsi substituent-ils surtout à leur nature un masque idéologique qui va jusqu'à dérober à leurs propres yeux leur être véritable (on peut se demander, dans cette perspective, dans quelle mesure Tartuffe lui-même n'est pas victime de son imposture).

Ne s'acceptant pas eux-mêmes, il n'acceptent pas non plus le monde. Sganarelle écarte de son univers tout ce qui n'est pas soumis aux règles de vie qu'il répute les seules justes ; il l'ignore, le condamne ou s'efforce de le détruire : ainsi se réjouit-il malignement des fautes prétendues de Léonor et de la disgrâce imaginaire d'Ariste. En revanche, il affecte de voir en Isabelle la créature dévouée à sa loi, et se félicite de son apparente soumission. Même attitude chez Arnolphe : les objections et les remontrances de Chrysalde glissent sur la cuirasse de ses préjugés sans les atteindre. Comme feront Alceste ou Orgon en face de Philinte ou de Cléante, il refuse tout dialogue, et s'impose à lui-même une solitude à peu près totale, sans le moindre malaise, sans le moindre regret. En revanche, la parfaite sottise d'Agnès le ravit, qui fait d'elle — au moins le croit-il — un *morceau de cire* entre ses doigts. Isabelle et Agnès constituent aux yeux des deux hommes un alibi à leur misanthropie. Autour d'elles en effet ils reconstruisent un univers diamétralement opposé à celui qu'ils condamnent,

55. *Critique*, sc. VI.

56. Cf. Pascal, *éd. cit.*, § 72 : « Trop de jeunesse et trop de vieillesse empêchent l'esprit, trop et trop peu d'instruction. »

une sorte d'*utopie* moralisante où enfin ils seront les maîtres. Car ces héros vaniteux refusent toute contradiction et ne veulent auprès d'eux que des êtres parfaitement soumis. Sganarelle entend, dit-il qu'Isabelle

Vive à ma fantaisie, et non pas à la sienne[57].

Arnolphe croit qu'Agnès peut se modeler sur le moule qu'il a rêvé pour elle dès sa première enfance, car «toute personne simple aux leçons est docile[58]». Tous deux construisent pour leurs créatures un monde étroit et fermé, totalement imperméable aux influences du monde vrai. Quand Sganarelle commence à craindre qu'Isabelle ne subisse la contagion de l'univers d'Ariste, il veut «lui faire aller revoir nos choux et nos dindons[59]», c'est-à-dire se retirer avec elle à la campagne: et l'on sait qu'alors *les champs* sont en dehors du monde et constituent aux yeux de l'imagination une thébaïde où règne encore l'innocence originelle: le *désert* d'Alceste. Arnolphe plus prudent encore, a déjà mis Agnès *à l'écart*.

Dans cette autre maison où nul ne me vient voir[60].

Ces pitoyables précautions suffisent pour qu'ils se croient à l'abri de tout mécompte. Il y a une évidente puérilité en ces monomanes qui finissent par se croire les maîtres d'un royaume imaginaire, d'où ils pensent dominer le reste du monde. Les extravagants de *La Critique* s'imaginent pareillement que leur association fonde un milieu intellectuel digne de régenter tous les autres, préfiguration de l'*académie* de Philaminte.

Enfin, ces victimes de Molière n'ont aucun jugement. Ils restent sceptiques à l'égard de ce qui s'oppose de front à leurs doctrines, mais sont toute confiance et naïve crédulité envers ce qui les flatte. C'est pourquoi ils aiment les simples d'esprit, qui acceptent passivement leurs leçons. C'est pourquoi aussi la flatterie et l'hypocrisie les touchent sans aucune peine. Ces ours et ces tyrans se muent en dupes. On sait ce que sera la leçon de Valère à Élise: qu'il faut *biaiser* pour atteindre les hommes faits comme Harpagon, et, sous peine de connaître les déceptions d'un maître Jacques, ne pas leur dire tout uniment *ce qu'on pense d'eux*[61]. Ce sera l'attitude de Philinte en face d'Oronte. Ici de même: Sganarelle est trompé par Isabelle, qui se sert de lui pour communiquer avec Valère et préparer son enlèvement. Arnolphe est trompé par Agnès, qui jette

57. *École des maris*, I, 2.

58. *École des femmes*, III, 3.

59. *École des maris*, I, 2 et 3.

60. *École des femmes*, I, 1.

61. Cf. *Avare*, I, 1 et surtout I, 5 : « Il y a de certains esprits qu'il ne faut prendre qu'en biaisant, des tempéraments ennemis de toute résistance, des naturels rétifs, que la vérité fait cabrer, qui toujours se raidissent contre le droit chemin de la raison, et qu'on ne mène qu'en tournant où l'on veut les conduire. » Cf. aussi *id.*, III, 1, et les derniers propos de Maître Jacques : « Hé bien ! ne l'avais-je pas deviné ? Vous ne m'avez pas voulu croire : je vous l'avais bien dit que je vous fâcherais de vous dire la vérité. »

bien un *grès* à Horace, mais l'enveloppe d'une lettre où son amour se déclare. Les ridicules de *La Critique* ne discernent pas les moqueries enveloppées qui leur sont adressées et continuent à s'imaginer que la majorité des personnages de la comédie leur est soumise et les admire. Tous sont en face des événements comme en face des hommes. S'ils réagissent douloureusement à l'échec, ils le surmontent à chaque fois en se persuadant eux-mêmes de la justesse de leur cause et de la nécessité de leur victoire. Ainsi se justifient les monologues d'Arnolphe et le rythme même de la comédie de *L'École des femmes* : après les aveux d'Agnès, estimant que « tout cela n'est parti que d'une âme innocente », et voyant dans la *cause* de son malheur une raison de ne pas le prendre au sérieux, Arnolphe se rassure et va jusqu'à s'imaginer qu'Agnès sera bien aise de l'épouser[62]. Sganarelle déjà écartait avec une désinvolture croissante les raisons qu'il avait de s'inquiéter de l'attitude d'Isabelle, et parvenait au comble de la jubilation au moment même où la jeune fille lui échappait totalement.

Mais Arnolphe se distingue du tuteur abusif de *L'École des maris* sur un point important qui fait de lui le premier héros de la grande comédie moliéresque. La première *École* n'était encore qu'un jeu : Sganarelle ne sortait à aucun moment du rôle qu'il s'était imposé. Quand tout était découvert, il se contentait de *renoncer* à ce *sexe trompeur*. Sous son masque de tyranneau domestique vaniteux et épanoui, il n'y avait rien. Arnolphe, au contraire, après avoir découvert que l'univers d'Agnès n'est pas celui qu'il imaginait, et qu'il a été trompé, découvre brusquement et paradoxalement sa solidarité essentielle avec le monde qu'il méprisait jusqu'alors. La métamorphose a lieu à l'acte III. Arnolphe ne comprend pas ce qui se passe en lui, et se prend lui-même à partie comme il faisait jusque-là avec les Chrysalde et les Horace : « Sot, n'as-tu point de honte ? » Agnès l'a trompé indignement ; il devrait n'être que colère envers elle :

> Et cependant je l'aime, après ce lâche tour,
> Jusqu'à ne me pouvoir passer de cet amour[63].

Le monologue qui ouvre l'acte IV est encore plus explicite : Arnolphe s'y étonne que puissent subsister en son âme la colère et la passion amoureuse :

> J'étais aigri, fâché, désespéré contre elle,
> Et cependant jamais je ne la vis si belle[64].

Mais la scène comporte un ultime sursaut : « Non, parbleu ! non, parbleu !... » De même, vers la fin de l'acte, il s'aperçoit que sa *philosophie* n'a de prise, ni sur le monde, ni sur lui-même ; mais il ne peut accepter pareille défaite,

---

62. *École des femmes*, II, 5.
63. *Ibid.*, III, 5.
64. *Ibid.*, IV, 1.

et tendant le poing aux forces supérieures à l'homme, dans l'attitude même de ces héros tragiques que raillera *La Critique* et qui « bravent en vers la fortune[65] », il s'écrie : « Ah ! bourreau de destin, vous en aurez menti[66]. » Seules lui demeurent les deux armes de la bastonnade, cet argument des masques italiens[67], et de la lâcheté (« Tout comme tu voudras tu pourras te conduire »[68]). Donnons à ce personnage la jeunesse, la dignité, et un je ne sais quoi de *noble* et *d'héroïque*[69], et Alceste pourra naître, qui dès le premier acte du *Misanthrope* reconnaît sa passion contradictoire à sa doctrine, mais reste persuadé, exactement comme Arnolphe, qu'il pourra, à force d'amour, *purger* l'âme de Célimène des *Vices du temps*[70].

L'homme a-social des comédies de Molière se trouve ainsi pétri de contradictions. Dans le chemin qu'il parcourt pour se découvrir lui-même, on le voit refuser les autres, mais s'efforcer de les régenter, jouer les tyrans mais devenir la dupe de ceux qui le flattent, affecter de se désolidariser d'autrui et se retrouver enfin homme parmi les hommes, quitte d'ailleurs à toujours reprendre la route de ses premiers errements, dans une sorte d'aller et retour perpétuel, image mobile — et combien agitée — de son essentielle fixité.

*
* *

Pour apprécier le comique de ces personnages et de leur univers, il est nécessaire de renoncer à tout autre point de vue que celui imposé par Molière — et que la simple acceptation de sa comédie nous fait adopter au moins inconsciemment. Si nous nous obstinons à parler de Molière hors du temps et dans l'abstrait de la morale ou de l'esthétique, nous continuerons à voir dans les distractions des personnages, dans les scènes de Georgette et de Gros-René ou dans celle de la bastonnade de simples scènes de farce ; les intrigues nous paraîtront mal adaptées des comédies de l'Italie ou de l'Espagne ; nous reviendrons aux commodes, mais insuffisantes distinctions entre comique de mot, comique de situation et comique de caractère. Si, au contraire, nous assistons à la comédie avec les yeux de Dorante ou d'Uranie, ceux de la raison, de la politesse et de cette sorte de naturel qu'inspire l'honnêteté, nous nous tiendrons au point exact d'où s'organise la perspective comique.

Molière ne pouvait « faire rire les honnêtes gens » en leur présentant une galerie de nobles et distingués personnages mêlés à une intrigue

65. *Critique*, sc. VI.
66. *École des femmes*, IV, 7.
67. *Ibid.*, IV, 9.
68. *Ibid.*, V, 4.
69. *Misanthrope*, IV, 1.
70. *Ibid.*, I, 1.

amoureuse à la manière pastorale, non plus qu'en leur présentant les seuls grotesques de la farce traditionnelle. Il lui fallait introduire dans leur monde même — au milieu de ces « raisonneurs » qui les représentent — le monstre comique avec lequel ils pussent prendre leur distances, en les mesurant avec précision, un homme de leur monde, mais hors de leur normes. Les seuls *excès* de ces personnages *extravagants* pouvaient faire naître leur rire. Ce qui suppose que le public de Molière partage une même sécurité morale, une même sérénité dans la sagesse que lui inspire la philosophie du juste milieu. Quand, au déclin du siècle, l'idéal de l'homme de bien se substituera à l'idéal de l'honnête homme, les contre-sens pourront naître : Alceste deviendra vite une noble victime (voyez Rousseau), en attendant qu'Arnolphe prenne des dimensions tragiques (voyez l'interprétation romantique d'un Provost[71].) Pour l'instant, les honnêtes gens du parterre et des loges, de la ville et de la cour, se voient confirmés par Molière dans leur sagesse mondaine. Le comédien-tapissier du roi leur offre exactement ce qu'ils doivent désirer : des portraits *ressemblants*, où ils peuvent *reconnaître les gens de leur siècle*, et des portraits *plaisants*, parce qu'ils bafouent, en prétendant les sauvegarder, les principes essentiels qui font subsister la société des hommes[72].

Qu'elle soit ou ne soit pas la pensée profonde de leur auteur, les comédies de Molière contiennent donc bien une pensée, parfaitement cohérente, et qui jauge la comique extravagance de ceux qui ne la partagent pas. La sagesse moliéresque justifie ainsi le comique moliéresque. On aurait tort de n'y voir que médiocrité. Le juste milieu de l'honnêteté n'apparaît fade qu'aux époques où cette essentielle vertu — dont Pascal a montré qu'elle pouvait avoir des dimensions paradoxalement héroïques — ne se trouve plus à la base de la vie sociale. Le monstre change de visage, et peut même dépouiller sa monstruosité, quand les traits de l'homme normal lui-même se modifient jusqu'à se renier.

71. Cf. Maurice Descotes, *Les grands rôles du théâtre de Molière*, Paris, 1960, p. 28 et suiv.

72. *Critique*, sc. VI.

5

L'Impromptu ou l'illusion de l'identité *

Comme l'indique le titre d'une célèbre comédie de Corneille, le théâtre est le lieu privilégié de l'illusion. Son paradoxe consiste en ce que des êtres de chair y représentent des personnages, c'est-à-dire des êtres imaginaires, ou, pour parler comme le magicien de *L'Illusion*, des «fantômes». L'illusion est totale quand le spectateur se juge fondé à croire qu'il n'y a pas de fantôme du tout et donc pas d'acteur non plus, mais des personnes qui, sans autre référence qu'elles-mêmes, engagent dans la spontanéité pure un dialogue et une action dont ils ne savent pas à l'avance où ils les conduiront. Le *happening* ou le *psychodrame* nous ont rendu familière l'idée d'un spectacle sans texte, sans canevas, sans lieu théâtral préexistant, d'un spectacle donc où l'illusion n'est pas d'autre nature que celle que procure au sage le spectacle du monde : Maya.

Le théâtre, d'ordinaire, ne se contente pas de ce degré zéro de l'illusion. Ou plutôt, il semble s'efforcer d'évacuer l'illusion par des moyens inverses de ceux du happening. Une tragédie de Racine est écrite en vers, jouée par des acteurs connus et reconnaissables, dite sur un ton fort éloigné de celui de la conversation quotidienne (on ne «récite» pas «comme on parle») et sur une scène séparée du public par une frontière bien marquée. La Champmeslé n'est pas Iphigénie. Ce n'est pas sur le sort d'une actrice que Boileau verse des larmes, mais sur celui d'un personnage qu'elle interprète avec perfection. Le spectateur averti ne voit en elle que la collaboratrice du poète, supérieurement douée, comme lui, et capable à son incitation d'éveiller des émotions propres au théâtre tragique, cette terreur et cette pitié qui, parce qu'elles ne sont que théâtrales, peuvent «purger» le spectateur de «semblables passions». Il faudrait, pour qu'il s'intéresse à l'actrice comme femme, que celle-ci fasse apparaître, sous

* *Mélanges Georges Couton*, Lyon, P.U.L., 1981. («*L'Impromptu de Versailles* ou l'illusion de l'identité»).

l'outrance d'un maquillage ou par un ton de voix forcé, « des défauts qui sont entièrement *d'elle* », ainsi que le dit Madeleine dans *L'Impromptu*[1].

Cependant, entre la quasi-absence d'illusion procurée par la Champ-meslé jouant *Iphigénie* et celle que permet le happening, tout un éventail de possibilités est offert, et une courbe peut se dessiner, doublement asymptote au degré zéro de l'illusion et culminant avec son degré maximal. Le sommet en serait représenté par l'idée de la comédie proposée par Molière, dans *La Critique* (« On veut que les portraits ressemblent »), et aussi par Madeleine, dans *L'Impromptu*, selon qui contrefaire un acteur comique c'est contrefaire, non l'homme qu'il est, mais le personnage qu'il joue, modèle tiré de la réalité contemporaine et que le poète-acteur imite si parfaitement qu'on peut l'appeler « le peintre ». Mais ce n'est là en effet qu'une idée, que le poète développe dans une intention polémique. Il est habile de la part de Molière de répondre à ceux qui le « mettent en pièces » que leurs traits manquent leur cible et retombent sur les ridicules de la société peinte par Molière, c'est-à-dire, pour une part, sur eux-mêmes. On n'attrape pas Molière-Protée, mais seulement les diverses représentations qu'il donne de modèles avec lesquels l'acteur ne semble se confondre que pour mieux s'en désolidariser[2].

Ces définitions du projet comique par Molière permettent en tout cas de mettre en évidence une certaine ambiguïté de l'illusion théâtrale, ambiguïté dont il joue lui-même, en poète nourri par la tradition, déjà riche, du « théâtre dans le théâtre ». Les vertus de la pièce enchâssée procèdent de son principe même. Elle fait intervenir en effet des acteurs dont les uns représentent des spectateurs, les autres des acteurs, d'autres enfin des « mixtes », tour à tour acteurs et spectateurs. Dans une œuvre de ce genre, l'illusion est favorisée par la confusion qui peut s'introduire, tantôt entre les spectateurs de la salle et les spectateurs de la scène, tantôt entre les acteurs de la pièce-cadre et les personnages de la pièce enchâssée. Mais ce que fait surtout apparaître ce théâtre qui se reflète lui-même, c'est que l'illusion dramatique comporte deux dimensions dont l'une ne peut s'établir qu'aux dépens de l'autre. L'acteur est un être de chair qui appartient à notre monde, mais qui dans son jeu s'efforce de ne faire s'exprimer que son modèle. Le personnage est une créature poétique et imaginaire (même si elle veut « imiter » la nature), mais qui, par le verbe du dramaturge et le jeu de l'acteur, semble s'incarner *hic et nunc*. Le spectateur peut être trompé par l'absence à soi de l'acteur qui joue, et s'imaginer qu'on le transporte décidément dans un autre monde. Ainsi dans *Saint Genest* les spectateurs princiers croient-ils voir et entendre

1. Scène Ire, éd. C. Couton, Bibl. de la Pléiade, I, p. 679.

2. *Ibid.*, Madeleine évoque les « traits » et les « couleurs » que l'acteur comique « est obligé d'employer aux différents tableaux des caractères ridicules qu'il imite d'après nature ». Selon ce texte, Molière entendrait donner au spectateur l'illusion qu'il voit et entend, non l'acteur, mais son modèle. Ceux qui prétendent faire « le portrait du peintre » ne feraient dès lors que celui de ses victimes.

Adrien quand Genest joue son propre rôle : c'est l'illusion de l'altérité[3]. Dans une œuvre théâtrale à deux degrés, l'illusion de l'altérité est maximale quand la distance entre la pièce-cadre et la pièce enchâssée est la plus grande. Cette distance s'instaure en effet entre la scène et la salle au moment où elle s'instaure entre la scène principale et la « petite scène ». Cette illusion de l'altérité, qui sépare nettement les aires diverses du lieu théâtral, est évidemment rassurante. Mais à d'autres moments c'est le personnage venu d'un autre monde qui semble appartenir à celui-ci, et s'imposer charnellement au spectateur. Après la conversion de Genest, les spectateurs de la cour de Dioclétien assistent à une sorte de réincarnation d'Adrien. Du même coup, le spectateur de Rotrou est tenté de croire que l'acteur présent sur la scène de l'Hôtel de Bourgogne est « possédé » par son personnage et le « devient », comme Genest est devenu Adrien. Il n'y a plus de distance entre la scène et la salle, plus de frontière marquée entre le monde réel et le monde imaginaire. Comme dans le songe ou la folie, si fréquemment associés alors au motif du théâtre dans le théâtre[4], il n'y a plus de critère du vrai, plus de distinction entre feinte et réalité. C'est l'illusion de l'identité.

Dans *L'Impromptu de Versailles*, Molière et sa troupe entretiennent d'un bout à l'autre cette illusion de l'identité, et si bien que les lecteurs eux-mêmes de la comédie s'y trompent fréquemment. Et pourtant, par la bouche de Madeleine, et par la sienne, Molière paraît inviter son spectateur comme ses acteurs à céder à l'illusion de l'altérité :

> Tâchez donc de bien prendre, tous, le caractère de vos rôles, et de vous figurer que vous êtes ce que vous représentez.

Il vient de faire un mérite à la Du Parc de

> bien représenter un personnage qui est si contraire à *son* humeur.

Il dit encore :

> Je vous dis tous vos caractères, afin que vous vous les imprimiez fortement dans l'esprit[5].

Il faut ajouter que ces « caractères » ne sont pas n'importe quels caractères. Ils sont conçus en fonction d'un public auprès duquel ils doivent être reconnaissables, celui des honnêtes gens de la Cour, dont le Roi fait partie. Quand Molière parle *des* rois à la première scène, en disant :

> Nous ne sommes que pour leur plaire,

---

3. *Saint Genest*, IV, 5, v. 1261-2 : « Voyez avec quel art Genest sait aujourd'hui/Passer de la figure aux sentiments d'autrui ».

4. Voir par exemple R. Horville, « Les niveaux théâtraux dans *Les Songes des hommes esveillez* de Brosse (1646) », *Revue des Sciences Humaines*, n° 145, janvier-mars 1972, et J. Fuzier, « L'Hôpital des fous », art. à paraître dans les *Mélanges* offerts à J.L. Flecniakoska, 1980.

5. Scène Ire, éd. citée, pp. 682-3.

il laisse entendre que la Cour et le Roi attendent qu'on leur présente certains personnages, et qu'on les leur présente d'une certaine façon : la formule « ils ne rient que quand ils veulent » n'évoque pas tant des *caprices* que des *exigences*. Dès lors l'entreprise de Molière poète de cour consistera à offrir à l'applaudissement royal des personnages que le souverain puisse reconnaître, et présentés de telle manière qu'il puisse en rire. Quand la répétition commence, à la scène III, Molière transporte imaginairement sa troupe « dans l'antichambre du Roi » ; il entend y faire défiler toute sorte de personnages, ceux qui, comme le marquis représenté par lui-même, ont l'ambition de « présenter » au moins leur « visage » au seuil de la chambre. C'est ainsi que devra être transposé à la comédie un spectacle offert quotidiennement au Roi, mais par l'entrebaillement d'une porte. Molière lui présente, pour le distraire de ses austères préoccupations de souverain, le monde grouillant et un peu ridicule qui l'entoure, et qu'il ne peut d'ordinaire qu'apercevoir. La magie comique rendra ainsi transparente la cloison qui sépare la chambre de l'antichambre. Opération au cours de laquelle l'acteur devra se faire oublier pour imposer d'autant plus fortement le modèle dont il s'inspire.

Ne nous y trompons pas cependant. Le dialogue des marquis appartient à la pièce enchâssée et *L'Impromptu* lui-même est déjà une comédie. Quand Molière s'y exprime, il ne le fait pas directement, comme il pourrait le faire dans une préface ou un placet, mais par l'intermédiaire de l'acteur Molière et du personnage Molière, conçu en fonction des désirs supposés du Roi, c'est-à-dire tel que celui-ci peut souhaiter le voir et l'entendre, non pas dans son antichambre, non pas même dans une salle de répétition, mais au lieu où nous sommes, sur la scène du théâtre de Versailles, en octobre 1663. Poquelin auteur, metteur en scène et acteur se « met dans l'esprit » un « caractère » comme un autre, celui de Molière poète et comédien du Roi[6]. Entendant conserver les faveurs royales, il le représente d'une manière telle qu'il ne puisse pas ne pas plaire à Louis XIV et anticipe même sur les applaudissements du souverain en faisant apparaître *in fine*, comme plus tard dans *Tartuffe*, le messager de sa gâce.

A partir de ces principes, on peut s'efforcer de découvrir, sous la complexité et la subtilité de l'invention qui caractérisent *L'Impromptu*, un certain nombre de traits faisant alterner les deux types d'illusion plus haut définis, mais aussi les jeux de l'un et l'autre avec ceux de la convention pure.

La troupe de Molière jouant la troupe de Molière paraît se confondre avec elle. Que de décalages cependant se trouvent entraînés ici par le jeu du théâtre dans le théâtre ! La scène du théâtre de Versailles est muée en salle de répétition : c'est pour cela qu'à la scène IV des « coffres » serviront de fauteuils à Armande et à la Du Parc[7] ; cette salle à son tour se transforme

6. Voir à ce propos M. Fumaroli, « Microcosme comique et macrocosme solaire : Molière, Louis XIV et *L'Impromptu de Versailles* », *Revue des Sciences Humaines*, n° 145, janvier-mars 1972.

7. Éd. citée, p. 689.

en un lieu incertain où se déroule en « one man show » la comédie des comédiens de la première scène, puis en un lieu précis mais non représenté, l'« antichambre du Roi » où doit se dérouler la comédie qu'on est censé répéter. Ce lieu, indiqué au début de la scène III, disparaîtra quand Madeleine, à la scène V, interrompra la répétition. Au décalage spatial s'ajoute un décalage temporel : cette pièce fort courte est censée se dérouler en deux heures (« Le Roi ne doit venir de deux heures, employons ce temps... », sc. I). L'œuvre est bien entendu un « impromptu à loisir », comme ceux de Mascarille ; de plus, loin d'être présentée comme si elle était contemporaine de sa représentation, elle comporte un dialogue où la pièce de Boursault, Le Portrait du Peintre, est désignée comme une comédie à l'affiche, alors que sa représentation a précédé celle de L'Impromptu[8] ; enfin, l'évocation des projets de Molière conduit tour à tour le spectateur dans le passé (l'idée d'une comédie des comédiens a été abandonnée par Molière) et dans le futur (évocation des types sociaux encore disponibles à la scène IV).

La pièce-cadre de L'Impromptu a ceci de particulier que dix acteurs de la troupe y jouent leur propre rôle et demeurent constamment en scène, qu'ils parlent ou qu'ils restent muets (d'où l'illusion de l'identité), mais que deux d'entre eux y représentent d'autres personnages qu'eux-mêmes : La Thorillière n'est présent que comme « marquis fâcheux » au sketch de la scène II (thème repris des Fâcheux, que Molière redonne précisément au moment où il crée L'Impromptu) et Béjart comme « nécessaire » à la fin de la comédie (d'où l'illusion de l'altérité, conforme à ce que professe Molière). Enfin, des procédés éprouvés soulignent le caractère théâtral et précisément moliéresque de cette fausse improvisade : les répliques synonymiques de la première scène, le côté conventionnel de la scène du fâcheux, les reprises à variations dans les entrées de « nécessaires » aux scènes VI à XI, tout cela procède du jeu pur et non de quelque illusion que ce soit.

La « comédie des comédiens » de la première scène est une scapinade avant la lettre : Molière y interprète tous les rôles, mais à des degrés variés d'enchâssement : Molière représente Molière représentant tour à tour un poète et les divers acteurs d'une troupe de campagne (degrés I et II) ; ces acteurs interprètent « naturellement » les rôles de Prusias, de Camille et de Curiace (degré III) ; le poète à son tour imite Montfleury dans Prusias et Mlle Beauchâteau dans Camille (degré III et IV) ; Molière, sortant de la fiction du dialogue avec le poète, imite, pour ses camarades, Beauchâteau dans le rôle de Rodrigue, Hauteroche dans celui de Pompée, Villiers dans celui d'Iphicrate, personnage d'Œdipe (degrés II et III). Ainsi le même jeu (imitation d'un acteur de l'Hôtel de Bourgogne dans un rôle du

---

8. La pièce de Boursault a certainement été représentée avant L'Impromptu (voir Molière, éd. citée, I, p. 1387, et G. Mongrédien, La Querelle de l'École des Femmes, t. I, S.T.F.M., 1971, p. 93). Molière place donc ses personnages dans une situation dépassée par l'événement (voir éd. citée, pp. 691 et 693 et les notes correspondantes, pp. 1305-6).

théâtre de Corneille) intervient à des degrés divers d'enchâssement, selon un tableau qu'on peut représenter ainsi :

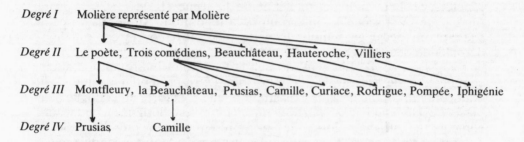

Degré I   Molière représenté par Molière

Degré II   Le poète, Trois comédiens, Beauchâteau, Hauteroche, Villiers

Degré III Montfleury, la Beauchâteau, Prusias, Camille, Curiace, Rodrigue, Pompée, Iphigénie

Degré IV   Prusias   Camille

Cela fait en tout dix-sept rôles, dix-huit en y ajoutant Molière joué par Molière. L'effet produit est celui d'une confusion qui entretient le vertige d'une illusion ambiguë : celle de l'identité si on oublie que Molière au départ joue Molière ; celle de l'altérité si on ne l'oublie pas et si on croit voir, par exemple, non plus Molière, mais la Beauchâteau, quand l'auteur de *L'Impromptu* fait dire au poète : « Voyez-vous comme cela est naturel et passionné ? Admirez ce visage riant qu'elle conserve dans les plus grandes afflictions » (scène I).

Quant à la scène qu'on répète à partir de la scène III, si son introduction dans *L'Impromptu* répond à une technique moins complexe, sa présentation est au moins aussi subtile. On note en effet :

— que la pièce-cadre y resurgit à diverses reprises, jusqu'à étouffer enfin la répétition (d'où confusion du degré I et du degré II, et par récurrence, du degré zéro[9] et du degré I, et donc illusion de l'identité) ;

— qu'il y a lieu de distinguer, parmi les acteurs de la pièce intérieure, Madeleine, qui interrompt la répétition avant d'y paraître dans son rôle de prude ; La Grange et Du Croisy qui, à partir de la scène III, se confondent entièrement avec leurs personnages au second degré ; les femmes autres que Madeleine, qui toutes reprennent la parole en leur nom (degré I) après l'interruption de la répétition par leur aînée ; Brécourt et Molière enfin qui, le premier un instant, le second à plusieurs reprises, redeviennent Brécourt et Molière (passage du degré II au degré I du jeu).

Ces passages constants et variés d'un plan à un autre contribuent à accroître la confusion entre l'acteur et le personnage qu'il représente au premier degré, c'est-à-dire son double. Le principe de la pièce enchâssée en répétition va d'ailleurs toujours dans ce sens. Ainsi, dans une comédie telle que celle-ci, où l'on fait à plusieurs reprises l'éloge de l'illusion de l'altérité procurée par les bons acteurs, c'est à l'illusion de l'identité que le spectateur est presque constamment ramené. Cependant, les jeux de

9. Nous désignons par cette expression la simple présence des acteurs sur la scène, comme êtres de chair et non comme personnages.

rythme et de style, le caractère conventionnel de telle ou telle scène de la pièce-cadre contribuent à leur tour à limiter cette seconde illusion. Par une sorte d'ironie, Molière la ramène, pour ainsi dire, à la première : l'acteur s'imite tellement bien qu'on finit par croire au personnage qu'il représente (et qui n'est pas lui) comme on croit aux personnages du fâcheux et du nécessaire interprétés par La Thorillière et Béjart au début et à la fin de la pièce.

A quel genre de comédie assiste donc Louis XIV, ce jour d'octobre 1663 ? Sans aucun doute à une « comédie des comédiens » qui a l'allure trompeuse d'une « comédie sans comédie »[10]. Molière lui propose, non sans humour, une vue cavalière du monde du théâtre parisien des années 60. Mais ce monde est sa création, même s'il entretient des rapports d'analogie ou de ressemblance avec le vrai ; et la troupe même du Palais Royal est ici réinventée et recomposée, ce qui fait qu'on impose aux acteurs des rôles d'autant plus difficiles qu'ils n'ont pas l'air d'être des rôles. L'illusion de l'identité subsiste du seul fait que Molière, toujours présent, se montre capable de « rendre » parfaitement un certain nombre de figures grotesques de la société contemporaine et de manifester par là son immense talent d'acteur, un acteur avec lequel le spectateur peut se croire de connivence. Mais s'il n'est pas tout à fait naïf, ce spectateur, au sortir de la salle, aura conscience d'avoir assisté à la reconstitution ordonnée et signifiante de l'univers de la cour et de celui du théâtre. Ce n'est plus alors avec un acteur qu'il se sentira de connivence, mais avec un poète. Or ce que fait apercevoir celui-ci, ce n'est plus une vue cavalière mais une vue perspective où le créateur occupe une place de choix. L'éventail paraît se déployer en tous sens ; il obéit au vrai à la main qui, à partir de son unique foyer, l'ouvre, l'agite et le referme selon un projet qui n'appartient qu'à elle[11].

10. Nous employons à dessein les titres des comédies de Scudéry et de Gougenot d'une part, de Quinault d'autre part.

11. R. J. Nelson a montré dès 1957 (« *L'Impromptu de Versailles* reconsidered », *French Studies*, XI, pp. 307-14 ; repris dans *Play within a Play*, New Haven, 1958) que Molière est ici personnage de théâtre et non J.-B. Poquelin ; le second n'est que le modèle du premier. Plus récemment, la structure de la comédie a été étudiée par D. L. Robin (*Romance Notes*, 1975, pp. 653-61).

6

La scène du pauvre*

Cette scène célèbre ne figurait pas, comme on sait, dans l'édition de 1682[1], et la critique s'accorde à penser qu'elle fut réduite dès la seconde représentation aux répliques indispensables à l'enchaînement des événements de l'acte III. Cette rencontre dans une forêt, conforme à la tradition tragi-comique, a d'abord pour objet, en effet, de préparer l'intervention de Dom Juan au secours des frères d'Elvire attaqués par des voleurs. Elle a fourni d'autre part à Molière un prétexte lui permettant de rappeler tel propos prêté à Malherbe par Tallemant et tel autre au chevalier de Roquelaure[2]. Cependant, la scène peut se lire d'une troisième façon encore. Son inutilité dans l'intrigue et le rappel qu'y propose Molière de deux paroles blasphématoires célèbres invitent à y voir un court épisode fermé sur soi, une sorte de fable intérieure à la comédie, où Dom Juan n'est plus que le représentant de l'insolence libertine, en face d'un personnage que la distribution seule veut bien nommer (et Francisque est un nom au symbolisme transparent), mais qui devient « un pauvre » en tête de la scène et « le pauvre » en tête des répliques qui lui sont prêtées.

La scène du pauvre est une page d'actualité, moins en fait par les allusions scandaleuses qui s'y trouvent que parce qu'elle traite du problème de la « charité », ou de l'« aumône », deux mots que le siècle a répandus dans leur acception moderne, et auxquels les fondations de Saint Vincent de Paul et les membres de la Compagnie du Saint-Sacrement ont entendu

---

* *Revue d'Histoire Littéraire de la France*, 1972. (« A propos de la « scène du pauvre » dans *Dom Juan* »).

1. L'édition des Grands Écrivains de la France donne l'essentiel des informations à ce sujet.

2. Cf. Tallemant, Bibliothèque de la Pléiade, II, p. 385, R. Pintard, dans *Revue d'Histoire de la Philosophie*, 1937, p. 1 et suiv., A. Adam, *Histoire de la littérature française au XVIIe siècle*, t. III, p. 329.

donner un contenu sensible et tangible[3]. Ce qu'il importe de se rappeler, c'est que ces entreprises n'ont pas pour objet de pallier les effets d'une inégalité sociale considérée comme injuste, et se présentent tout au contraire comme la sacralisation d'une réalité humaine voulue par la Providence, la coexistence dans une même cité des riches et des pauvres. Par ce biais s'expliquent les phrases de Pascal :

> J'aime la pauvreté, parce qu'Il l'a aimée. J'aime les biens, parce qu'ils donnent le moyen d'en assister les misérables[4].

La « spiritualité des états de vie », qui se développe particulièrement après 1650, tend à faire accepter à chacun sa condition et à donner à tous, mais par diverses voies, l'accès aux « demeures » différentes du « royaume », ou de la « Maison du Père ». Cette vision optimiste a sa source dans la Bible. Le livre de Tobie comporte déjà une théologie de l'« aumône », manifestation visible de la « miséricorde » de Dieu[5]. Surtout, les affirmations du Nouveau Testament font apparaître une doctrine cohérente de la relation entre les riches et les pauvres. La morale sociale du Christ n'implique pas la disparition d'un système où les uns possèdent et où les autres n'ont rien. Certes, il dénonce le voisinage du mauvais riche et de Lazare, c'est-à-dire de l'excès égoïste dans la possession et de ce comble de la pauvreté qu'est l'indigence (comme Vincent de Paul ne cessera de le faire au XVIIᵉ siècle). Mais il ne prophétise pas la disparition de la pauvreté (« Les pauvres, vous les aurez toujours avec vous »[6]) et la glorifie au contraire comme un signe et un appel :

> Ce que vous avez fait à l'un de ces petits, c'est à moi que vous l'avez fait[7].

Les pauvres doivent être secourus « pour l'amour de Dieu », c'est-à-dire parce qu'ils représentent Dieu sur terre. Le pauvre est un intercesseur permettant au riche, par le sacrifice d'une partie de ses biens, d'espérer en la miséricorde divine. Le riche doit donc accueillir le pauvre pour être associé à son bonheur éternel :

> Quand tu offres un festin, invite des pauvres... Cela te sera rendu lors de la résurrection des justes[8].

Le Poverello d'Assise, dont Francisque est sans doute un lointain disciple, a fondé sa spiritualité sur de semblables exigences. Pour sauver une société de gentilshommes et de prélats perdue dans ses richesses, il lui a

---

3. Un exposé sobre et sûr de ces problèmes figure dans l'*Histoire spirituelle de la France*, Beauchesne, 1964, art. de J. Le Brun, p. 247 et suiv.

4. Pascal, *Pensées*, éd. Brunschvig, § 550.

5. Cf. *Vocabulaire de théologie biblique*, Cerf, 1964, art. *Aumône*.

6. Matthieu, 26, 11.

7. Matthieu, 25, 31-46.

8. Luc, 14, 13-14.

imposé la continuelle présence d'un peuple de mendiants spirituels et lui a réclamé la restitution en « œuvres » des « richesses d'iniquité » par elle accumulées.

La théologie du pauvre est ainsi fondée sur une inversion des valeurs reconnues (le pauvre est infiniment plus élevé dans la hiérarchie que le riche) et sur une relation d'amour et d'échange entre celui qui n'a pas et celui qui a. Le premier est matériellement pris en charge par le second ; le second est soutenu spirituellement par le premier ; et l'un et l'autre fondent leur action sur la foi et le service de Dieu.

Ce thème alimente dans la seconde moitié du XVIIe siècle un grand nombre de sermons, dont Jacques Truchet a rappelé l'essentiel dans sa belle thèse sur la *Prédication de Bossuet*, le chef-d'œuvre en étant le sermon de Bossuet *Sur l'éminente dignité des pauvres dans l'Église*, prononcé en 1659 chez les Filles de la Providence, et conforme à l'esprit de Vincent de Paul, fondateur de leur Compagnie.

> Entrez en commerce avec les pauvres ; donnez, et vous recevrez : donnez les biens temporels, et recueillez les bénédictions spirituelles ; prenez part aux misères des affligés et Dieu vous donnera part à leurs privilèges...

et encore :

> Tel assiste le pauvre, qui n'est pas intelligent sur le pauvre. Celui qui leur distribue quelque aumône, ou contraint par leurs pressantes importunités, ou touché par quelque compassion naturelle, il soulage la misère du pauvre ; mais néanmoins il est véritable qu'il n'est pas intelligent sur le pauvre. Celui-là entend véritablement le mystère de la charité, qui considère les pauvres comme les premiers enfants de l'Église ; qui, honorant cette qualité, se croit obligé de les servir ; qui n'espère de participer aux bénédictions de l'Évangile que par le moyen de la charité et de la communication fraternelle.

Dom Juan voit le jour en pleine querelle du *Tartuffe*. Or le *Tartuffe* évoque les pauvres et les œuvres de charité en des termes singulièrement ambigus. Orgon admire Tartuffe et le sert comme *pauvre* :

> Je lui faisais des dons ; mais avec modestie
> Il me voulait toujours en rendre une partie[9].

Avoir recueilli Tartuffe chez lui est pour Orgon la source de divines bénédictions. Ce pauvre est à juste titre devenu le maître du temporel et du spirituel dans la maison de ce pieux bourgeois. Il s'établit entre le protégé et le protecteur une « communication », celui-ci apportant la sécurité matérielle et celui-là la profusion des grâces dont il semble être le détenteur. A son tour, le « dévôt personnage » affecte de visiter les prisons

9. *Tartuffe*, I, 5.

et de distribuer les « deniers » de ses « aumônes »[10]. Mais, si la sincérité d'Orgon ne fait aucun doute, Tartuffe est un hypocrite. La comédie met donc en scène une première forme de perversion de la relation pauvre riche, le premier exploitant à des fins de réussite sociale la piété naïve du second. Les « sages » de la pièce ont dès le début percé à jour les secrètes intentions de Tartuffe. Mais leur discernement procède d'une philosophie morale et religieuse fondée sur la mesure, la discrétion et la prudence, aisément conciliable avec l'« honnêteté » et tout à fait opposée au fervent prosélytisme du maître de maison. Ils suspectent toute forme de piété visant à la conquête de la sainteté, comme foncièrement inhumaine, et accusent d'orgueil ceux qui entendent s'y conformer et y entraîner autrui. Le modeste et touchant évangélisme de Cléante est certes fondé à condamner les « grimaces » d'un Tartuffe. Il méconnaît cependant la valeur positive de l'échange des biens temporels et spirituels, qu'il confond avec la caricature qu'en impose l'action d'Orgon et de Tartuffe. D'entrée, Dorine n'a-t-elle pas condamné sans appel le renversement de la hiérarchie sociale qu'impose aux spirituels « l'éminente dignité des pauvres » :

> Certes, c'est une chose aussi qui scandalise
> De voir qu'un inconnu céans s'impatronise ;
> Qu'un gueux qui, quand il vint, n'avait pas de souliers
> Et dont l'habit entier valait bien six deniers,
> En vienne jusque-là que de se méconnaître,
> De contrarier tout, et de faire le maître[11].

La fidèle servante n'admettrait pas plus que celle de l'hypocrite la présence d'un « vrai pauvre » dans la maison de son maître. Elle pourrait contre lui développer les mêmes arguments. Molière, dans *Tartuffe*, n'est pas le diable. Il n'est pas non plus un disciple de Vincent de Paul ou de Bossuet.

Dans *Dom Juan*, la relation du pauvre et du riche n'est pas entachée des mêmes ambiguïtés que dans *Tartuffe*. Francisque est un « vrai pauvre », qui n'a rien et qui a choisi de n'avoir rien et de vivre en étroite dépendance par rapport aux « gens de bien » qui lui « donnent quelque chose ». Dom Juan est riche, noble et libertin. Il représente exactement *tout ce que n'est pas* l'homme qu'il rencontre. On ne peut donc voir s'instaurer entre eux qu'un faux dialogue, d'où toute « communication fraternelle » est d'avance exclue. Mais il y a plus. Le pauvre ne raisonne pas. Il accepte tout événement avec humilité et soumission. Il est informé des premiers principes de la théologie de la pauvreté : attendant qu'on lui donne de quoi se nourrir, et priant pour ceux qui lui ont donné « quelque chose ». Mais il lui échappe des mots qui attestent son peu d'intelligence profonde du *mystère* que représente la vie qu'il mène :

10. *Tartuffe*, III, 2.
11. *Tartuffe*, I, 1.

...je ne manquerai pas de prier le Ciel qu'il vous donne toute sorte de biens.
...prier le Ciel tout le jour pour la prospérité des gens de bien qui me donnent quelque chose.

Les deux formules, qui se renforcent l'une l'autre, sont également malheureuses. L'intercession du pauvre en faveur du riche qui donne doit être d'ordre spirituel. S'il prie pour son bienfaiteur, ce doit être en vue de son salut, et non pas de sa réussite matérielle. Or, de salut il n'est absolument pas question dans la scène. La prière du pauvre manifeste qu'il est lui-même victime des préjugés de la société où il s'insère en croyant la fuir. Il admet que, tandis qu'il est lui-même « dans la plus grande nécessité du monde », c'est-à-dire dans un en-deçà de la pauvreté, l'indigence, les « gens de bien » soient, par ses prières elles-mêmes, confirmés dans la possession de richesses immenses. De ce fait, Francisque pervertit dangereusement la relation d'échange entre le riche et le pauvre. Sa naïveté donne bonne conscience au riche qui donne *très peu* pour s'autoriser à acquérir toujours plus, et qui trouve normal que la pauvreté des petits aille jusqu'à la « nécessité ». Son authentique respect de Dieu, qui lui permet de résister aux offres du tentateur, se confond avec le respect des privilèges sociaux les plus opposés à la morale évangélique dont il fait profession. En face de ce personnage, Dom Juan est le riche. Non pas le riche « mou » qui donnerait pour se débarrasser d'un gêneur, ni le mauvais riche qui refuserait de voir la misère de l'interlocuteur. Dom Juan peut donner, et il donne. Mais après s'être amusé à tenter le pauvre, comme il s'amusait tout à l'heure à tenter les paysannes. Cette tentation est progressive. Au départ, le pauvre a donné avis à Dom Juan de la présence de voleurs dans la forêt. Comme il assortit cet avertissement de la demande d'une aumône, Dom Juan affecte de le prendre en flagrant délit d'infidélité à la morale du désintéressement : le reproche n'est pas justifié, s'agissant d'un homme qui manque de tout, et auquel sa pauvreté même donne droit de demander. Dom Juan le sait : ce qu'il veut, c'est jeter le trouble dans l'esprit du pauvre, le faire douter de lui-même. Dans la même intention, le riche insiste longuement sur l'inutilité des prières du pauvre : il lui refuse son rôle théologique d'intercesseur :

Eh ! prie-le qu'il te donne un habit, sans te mettre en peine des affaires des autres.

Enfin, quand le pauvre a avoué qu'il vivait dans la « nécessité », Dom Juan veut lui inspirer la révolte :

Voilà qui est étrange, et tu es bien mal reconnu de tes soins. Ah ! Ah ! je m'en vais te donner un louis d'or tout à l'heure, pourvu que tu veuilles jurer.

Dans cette réplique, Molière se souvient à la fois du mot de Malherbe et de celui du chevalier de Roquelaure, tels que les rapporte Tallemant.

Mais il les unit par un lien logique : puisque Dieu ne récompense pas le pauvre, pourquoi celui-ci ne manifesterait-il pas son insoumission à un maître injuste en blasphémant ? Dom Juan joue ici le rôle de Satan dans la tentation au désert. Il y a même peut-être dans le style de la page un souvenir de la manière biblique, Dom Juan renouvelant trois fois ses formules de tentateur :

> En voici un que je te donne, si tu jures ; tiens, il faut jurer.
> A moins de cela, tu ne l'auras pas.
> Prends, le voilà ; prends, te dis-je, mais jure donc.

A la fin de la scène, Dom Juan, qui a suffisamment joui du spectacle du pauvre souffrant, et qui s'est suffisamment amusé de sa foi naïve comme il l'a fait ailleurs de la vertu d'Elvire ou de l'innocence de Charlotte, donne « pour l'amour de l'humanité ». L'expression est atroce à deux titres : parce qu'en 1665 elle constitue un jeu de mots à la limite du blasphème (c'est « pour l'amour de Dieu » que donne le chrétien) ; parce qu'elle est en contradiction avec l'attitude conservée par Dom Juan tout au long de la scène, qui est celle de la curiosité condescendante et du mépris pour l'interlocuteur [12].

Pour comprendre véritablement cette scène, il convient d'y discerner cependant la présence d'un troisième personnage, le conteur ou le fabuliste, qui introduit dans un dialogue en soi peu soutenable une dimension ironique. Quand Dom Juan souligne la responsabilité du Ciel dans la misère du pauvre, il entend mettre en évidence l'inexistence ou la méchanceté de Dieu. Mais Molière ne nous invite-t-il pas à nous interroger sur la responsabilité d'une société où les riches oppriment allègrement les pauvres ? De la même manière, quand le pauvre insiste naïvement sur l'extrême « nécessité » qui est la sienne, l'aveu semble confirmer involontairement les raisonnements de Dom Juan. Mais ne dénonce-t-il pas aussi un scandale social ? Ne veut-il pas faire entendre que l'extrême inégalité qui y règne condamne une société prétendue chrétienne ?

Si l'on veut considérer la « scène du pauvre », non comme un moment dans le déroulement de la comédie, mais comme une fable ou une parabole, les réflexions que nous avons proposées permettent d'y découvrir une signification qui n'est ni religieuse, ni anti-religieuse, mais sociale. Molière y dénonce le scandale de l'opposition entre l'extrême richesse et l'extrême pauvreté. Il y dénonce aussi l'imposture qui voile de raisons religieuses cette scandaleuse réalité, en faisant passer une relation aliénante, la sujétion du pauvre au riche comme de l'inférieur au supérieur, pour cette « communication fraternelle » réclamée par un Bossuet. Ici comme dans *Tartuffe*, mais en procédant à une audacieuse généralisation, Molière

---

12. Il est impensable que dans une telle expression, « pour l'amour de » puisse signifier seulement « en considération de » (comme le veut G. Michaut, éd. de l'Imprimerie Nationale, t. XI, p. 144 (1947).

s'attaque à l'hypocrisie. Comme dans *Tartuffe* encore, il ignore ou affecte d'ignorer les aspects positifs des œuvres de charité. Mais sa dénonciation de la tranquille bonne conscience des riches rejoint celle des prédicateurs plus haut évoqués. S'il ne peut aller jusqu'à ce que Bossuet appelle « l'intelligence du pauvre », il va du moins jusqu'à la « compassion naturelle », et dénonce en son nom quelques-uns des abus les plus criants de la société de son époque [13].

---

13. Nous rejoignons ici l'analyse de Henri Gouhier (*Table Ronde*, nov. 1957, p. 73), ainsi que les formules de J. Scherer, *Sur le Dom Juan...*, S.E.D.E.S., 1967, p. 79 (« La pièce n'est ni pour Dieu, ni contre Dieu,... elle est contre l'athéisme »), ou celles de R. Jasinski, *Molière*, Hatier, 1969, qui voit en Molière aussi bien un ennemi de la superstition qu'un adversaire du libertinage (p. 135-136).

7

Rayssiguier adaptateur de *L'Astrée**

Quand Honoré d'Urfé imaginait ses héros, il trouvait tout naturel de les couvrir des riches vêtements de la pastorale dramatique, *une houlette en la main*, mais *peinte et dorée*, avec des *juppes de taffetas*, et une *pannetière bien troussée, et quelques-fois faite de toile d'or ou d'argent*. Ce n'est pas là, comme pourrait le faire croire le contexte immédiat, simple métaphore. Le romancier a précisément conscience des rapports étroits qu'entretiennent à son époque l'œuvre dramatique et l'œuvre romanesque. A en croire son héritier spirituel Baro, Urfé voyait d'autres analogies entre le roman et le drame pastoraux : « ... il vouloit faire de toute son œuvre une tragecomedie pastorale, et..., comme nos François ont accoutumé de les disposer en cinq actes, chaque acte composé de diverses scenes, il vouloit de mesme faire cinq volumes composez de douze livres, afin que chasque volume fust pris pour un acte, et chasque livre pour une scene. »[1] *Sylvanire ou la Morte Vive*, publiée après la mort du romancier, apparaîtrait ainsi comme un premier essai, avant la transposition de l'ouvrage dans son ensemble[2]. Au frontispice de la *Conclusion d'Astrée* de Baro (1628), le berger et la bergère gravés par Rabel ont décidément adopté le costume luxueux des bergers de la pastorale. A partir de 1633, les planches gravées par un Michel Lasne ou un Charles David seront d'inspiration résolument théâtrale[3].

A cette date, le vœu attribué par Baro à Honoré d'Urfé est exaucé : l'histoire d'Astrée et de Céladon a été portée au théâtre. L'auteur de cette adaptation est un jeune poète originaire du Languedoc et protégé des Retz, l'avocat Rayssiguier, un de ces dramaturges qui, avec Pierre du

---

* *Revue des Sciences Humaines*, 1961. (« Rayssiguier adaptateur de *L'Astrée* »).

1. *Avertissement* en tête de la quatrième partie de *L'Astrée*.

2. Paris, 1627.

3. Cf. A.-J. Bernard, *Recherches bibliographiques sur le roman d'Astrée*, Paris, 1859 ; D. Canivet, *L'illustration de la poésie et du roman français au XVIIᵉ siècle*, Paris, 1957.

Ryer, Auvray et Pichou, s'efforcent de renouveler la scène française en recherchant un compromis entre le modernisme et la « politesse »[4]. Un dessin et une notice du *Mémoire de Mahelot* attestent que sa pastorale, créée sans doute à l'Hôtel de Bourgogne en 1628 ou 1629, est encore jouée en 1633-34[5]. Il n'est pas impossible que les graveurs de l'édition de 1633 se soient inspirés de l'œuvre de Rayssiguier autant que du roman lui-même.

Le dessein affirmé de Rayssiguier est triple : réduire sans la trahir une histoire complexe — et familière au spectateur — aux dimensions d'une œuvre dramatique ; traduire en poésie dramatique la prose du romancier ; et surtout accorder aux exigences de la scène le long récit d'Honoré d'Urfé. « Ceux qui entendent la Scene, écrit-il dans son avis *au lecteur*, et qui cognoissent les vers, s'ils ne sont point interessez, y trouveront quelque chose qui les contentera, et sans doute les autres me doivent louer de leur avoir developé en deux mille vers deux histoires intriquees dans cinq gros volumes... » Dans sa *Préface*, il s'efforce de mettre en évidence l'habileté technique de son adaptation : « Ce suject est si cognu, qu'il sembleroit inutile d'en faire un argument, toutesfois afin qu'on puisse mieux comprendre le dessein que j'ay eu de le disposer au theatre, et de le faire voir démélé des autres histoires, dans lesquelles il est intriqué, j'en ay voulu donner la disposition. » Les problèmes difficiles qui se posaient ainsi au dramaturge nous paraissent avoir été résolus avec une élégance et une originalité dont ses commentateurs n'ont pas toujours su reconnaître le mérite[6].

Le titre même de la Pastorale de Rayssiguier permet de caractériser son entreprise. C'est l'histoire du couple central de *L'Astrée* qu'il a voulu raconter. Mais cette histoire lui paraissait inséparable de celle des amours de Lisne et de Silvandre. Et les « inscontances d'Hyles » à leur tour ne pouvaient être négligées, puisqu'elles obligent le parfait amant néoplatonicien Silvandre à s'expliquer, et font ressortir par contraste la pureté des sentiments des autres bergers du Forez. Naturellement, les récits intérieurs, et les épisodes accessoires ont été supprimés. Tout ce qui concerne le siège de Marcilly a disparu. Seule demeure la double histoire d'amour de Céladon et de Silvandre, racontée par dix personnages seulement, auxquels un chœur de bergers vient se joindre, qui joue d'ailleurs dans la pièce un rôle très discret. Parmi les personnages importants

4. Sur Rayssiguier, voir l'article de H.C. Lancaster, R.H.L.F. 1922, p. 257-267. Nous avons lu la pastorale d'*Astrée* dans l'édition de 1680 : « Tragicomedie/Pastorale,/ou/les amours d'Astree et de Celadon./sont meslees à celles de Diane, de/Silvandre et de Paris, avec les /inscontances d'Hilas./Par le Sieur de Rayssiguier Advocat./A Paris,/Chez Nicolas Bessin, au Palais en/la galerie des Merciers,/sous la montee de/la Cour des Aydes./ MDCXXX./Avec privilege du Roy. » (Arsenal Rf 6 800, in 8°). On trouvera dans le livre du chanoine O.-C. Reure, *La Vie et les œuvres d'H. d'U.*, Paris, 1910, une liste des principales adaptations dramatiques du roman de *L'Astrée*.

5. Éd. Lancaster, Paris, 1920, p. 76.

6. Voir en particulier J. Marsan, *La Pastorale dramatique en France...*, Paris, 1905, p. 383-384.

du roman, Galathée et Phylis ne sont évoquées que dans les scènes
d'exposition, Sémire et Amasis disparaissent complètement. Aucun
personnage par conséquent qui ne soit indispensable au développement
d'une action complexe mais unifiée, aucun épisode qui n'achemine de
quelque manière au dénouement, et qui ne se situe dans le cadre bocager
de la tragi-comédie pastorale.

L'action commence avec l'histoire de la lettre de Céladon à Astrée,
que l'amoureux berger glisse entre les doigts de Silvandre endormi (I, 1.
Cf. *Astrée*, II, 2 et 3) ; tous les événements antérieurs donnent lieu à une
simple exposition, placée dans la bouche de Céladon aux premiers vers de
la pièce. L'action est ensuite menée bon train. La fameuse lettre parvient
à Astrée, qui en reconnaît l'écriture (I, 2. Cf. *Astrée*, II, 3). Les bergers
découvrent le Temple d'Astrée, auprès duquel ils s'endorment en attendant
le lever de la lune. Mais Astrée, à demi éveillée, a vu s'enfuir ce qu'elle
croit être le fantôme de Céladon. On lui dressera donc un « vain tombeau »
(I, 3. Cf. *Astrée*, II, 3, 5, 6 & 8). A l'acte II, une cérémonie se déroule
auprès du cénotaphe de Céladon (II, 2. Cf. *Astrée*, II, 8). Cependant le
druide Adamas s'apprête à faire passer Céladon, déguisé en fille, pour sa
propre Alexis (II, 1. Scène absente du roman sous cette forme) et presse
le berger d'y consentir et de voir Astrée sous ce vêtement (II, 5. Cf.
Astrée, II, 10). Enfin, Silvandre est apparemment repoussé par Diane
(II, 4. Cf. *Astrée*, III, 1). A l'acte III, les bergers et bergères rendent visite
à la « feinte Alexis » (III, 2. Cf. *Astrée*, III, 1 et 2). La visite a été précédée
par de nouvelles exhortations d'Adamas et de sa nièce Léonide à Céladon.
(III, 1. Cf. *Astrée*, III, 1) ; elle est suivie d'un dialogue de Bollinde, mère
de Diane, et de Paris, cru fils d'Adamas, auquel Diane est promise par un
oracle (III, 3. Cf. *Astrée*, V, 5 et 6) et d'une conversation d'Astrée et
Alexis interrompue par Hyles (III, 4. Cf. *Astrée*, III, 2 et III, 5). Le drame
se noue à l'acte IV : désespoir de Diane et Silvandre séparés par les dieux
(IV, 1. Cf. *Astrée*, V, 6) ; condamnation de Céladon, dont la feinte est
découverte, par Astrée, et décision d'Astrée et de Diane de se sacrifier de
Vérité d'Amour (IV, 2. Cf. *Astrée*, V, 6 & 7) ; tentative de suicide de
Silvandre qu'Alexis retient et départ de tous deux pour la même fontaine
(IV, 3. Cf. *Astrée*, V, 7) ; miracles à la fontaine et annonce du sacrifice de
Silvandre (IV, 4. Cf. *Astrée*, V, 7, 8, 9, 10 & 11). L'acte V met en scène la
péripétie avec reconnaissance qui fera le bonheur des amants : adieux de
Diane et de Silvandre (V, 1. Cf. *Astrée*, V, 11 & 12) ; formation du cortège
qui se dirige vers le lieu du sacrifice (V, 2, scène absente du roman sous
cette forme) ; décision prise par Diane d'assister cachée au sacrifice (V, 3.
Scène absente du roman) ; sacrifice évité par une reconnaissance, et union
des amants ordonnée par l'Amour (V, 4. Cf. *Astrée*, V, 12).

Tous ces événements sont distribués en cinq journées, une par acte
(chacun d'eux commence vers le matin et se termine le soir) ; et le
spectateur peut avoir l'illusion qu'elles sont consécutives, comme ce sera
le cas dans *La Veuve* ou *La Galerie du Palais* de Corneille. Rayssiguier a
donc poussé au maximum la concentration temporelle. Les lieux sont

multiples ; mais le décor bocager les rassemble et les unifie, comme le dessin de Mahelot le met en évidence, et comme c'est généralement le cas dans la pastorale : de plus, chaque acte se déroule autour d'un lieu précis, qui attire à lui toute l'attention, vers lequel on se dirige, et où se déroule un événement important : I) le Temple d'Astrée (révélation de la présence de Céladon) ; II) le Vain Tombeau (annonce de l'arrivée d'Alexis) ; III) la demeure d'Adamas (rencontre d'Astrée et Alexis) ; IV) la Fontaine (il faut immoler Silvandre) ; V) le Temple d'Amour (reconnaissance). Chacun des cinq moments du drame ne constitue pas, cependant, un *tableau* séparable de l'ensemble et illustrant seulement un épisode du roman ; mais précisément une *démarche*, action à la fois partielle et complète en soi, et pourtant préparée par celle qui la précède et faisant attendre celle qui suit. La découverte du Temple d'Astrée et les signes de la présence de Céladon préparent l'érection du cénotaphe ; l'annonce du retour d'Alexis prépare la scène de la visite ; l'oracle qui promet Diane à Paris et les feintes de Céladon préparent les brouilles et les tentatives de suicide de l'acte IV ; les paroles d'Amour annoncent le dénouement. La pastorale, dans son ensemble, est ainsi faite de grandes scènes mouvementées et spectaculaires, en étroite liaison les unes avec les autres, et dont chacune donne lieu à des morceaux poétiques relatifs à l'amour : c'est la structure même de l'opéra classique. *L'Astrée* de Rayssiguier est, en France, l'une des étapes de sa préhistoire.

Concentration temporelle et spatiale, équilibre des actes, étroite liaison entre les moments successifs du drame : tous ces caractères de la pastorale de Rayssiguier exigeaient non seulement qu'il supprimât purement et simplement ce qui était inutile à son propos, mais aussi qu'il adaptât du roman à une esthétique dramatique. De fait, il est parvenu à concilier assez heureusement la fidélité à l'œuvre d'Urfé et de Baro et le nécessaire effort d'adaptation que lui dictait son sens de la scène. Dans le déroulement même des épisodes retenus par lui, Rayssiguier simplifie et concentre, évitant l'inutile et le double emploi : les successives « stations » des bergers et bergères en route vers le Temple d'Astrée, la maison d'Adamas ou la fontaine enchantée sont réduites aux rencontres indispensables. Plusieurs fois, deux scènes sont fondues en une seule : en III, 4, des éléments sont empruntés à deux conversations entre Alexis et Astrée (*Astrée*, III, 2 & 5) ; en IV, 4, l'oracle d'Amour s'inspire de deux révélations successives (*Astrée*, V, 9 & 11). Des innovations importantes attestent le souci du poète à préparer les événements à venir : l'oracle qui donne Diane à Paris est mentionné dès III, 1, alors qu'il intervient beaucoup plus tard dans le roman (*Astrée*, III, 11) ; surtout, Rayssiguier fait annoncer le retour d'Alexis dès la scène du « vain tombeau », et insiste sur son imminence, alors que dans le roman Adamas en fait courir le bruit « quatre ou cinq jours » à l'avance, et nettement après la consécration du cénotaphe (*Astrée*, II, 9). Au cours du déroulement de la pièce, un certain équilibre est gardé par le poète entre les deux intrigues amoureuses de Céladon et de Silvandre : à l'acte III, des scènes consacrées aux aventures de Céladon s'inspirent de la troisième partie du roman, celles qui concernent la rivalité de Paris et de Silvandre sont tirées des I. 5 & 6 de la dernière le parallélisme ainsi réalisé entre les deux histoires se poursuit avec les premières scènes de l'acte suivant : mais cette fois, Rayssiguier se contente de suivre les indications de son modèle, où le désespoir de Diane et celui d'Astrée s'expriment au même livre 6 de la dernière partie. Enfin, à deux moments essentiels, Rayssiguier anime ce qui est seulement raconté dans le roman : il réduit à une scène vive et courte la condamnation à mort de Céladon par Astrée, qui fait dans le roman l'objet d'une confidence de la bergère à Diane (IV, 2) ; au dernier acte, il donne à Diane l'idée d'assister en personne au sacrifice de Silvandre, s'épargnant ainsi le récit de la scène placé par Baro dans la bouche d'Astrée (V, 3 & 4). On le voit, l'action complexe de la pastorale est tout entière représentée sur la scène : cérémonies, apparitions, scène miraculeuse de la fontaine avec les lions et les licornes charmés par la pureté des amants. On croit déjà entendre le Corneille de la *Préface* de *Clitandre* : « ...quiconque voudra bien peser l'avantage que l'action a sur ces longs et ennuyeux récits, ne trouvera pas étrange que j'aye mieux aimé divertir les yeux, qu'importuner les oreilles... » ; et l'on saisit précisément l'écho des conseils du préfacier de *Tyr et Sidon* (1628) : « ...il faut éviter tant que l'on peut ces discoureurs ennuyeux, qui racontent les advantures d'autruy ; et mettre les personnes mesmes en action, laissant ces longs narrés aux historiens, ou à ceux qui ont pris la charge de composer les Argumens et les sujets des pieces que l'on représente ».

Pour Rayssiguier comme pour la plupart de ses contemporains, le spectacle dramatique doit être un spectacle « total ». Le prestige du décor et l'ampleur des actions qui s'y déroulent ne sont pas à ses yeux exclusifs de la délectation poétique. Il s'efforce de traduire en beaux vers la prose riche et imagée, mais un peu molle, d'Honoré d'Urfé, et s'acquitte de cette tâche avec le respect auquel l'oblige la popularité du roman, mais aussi avec un certain génie du vers. Quelques exemples suffiront ici pour en convaincre le lecteur. Au moment où Céladon apercevait Astrée endormie, Urfé évoquait en ces mots la surprise du berger : « ...il luy advint lors comme à ces personnes qui ont longuement demeuré dans des profondes tenebres, et qui sont tout à coup portées aux plus clairs rayons du soleil. » (II, 8, p. 329-330)[7]. Chez Rayssiguier, la même image est placée dans la bouche de Céladon :

> ...Je ressemble à ceux qui sortis des tenebres,
> Qu'une prison enferme en ses cachots funebres,
> Lorsqu'il respirent l'air avecques liberté
> Se trouvent esbloüis d'une grande clarté. (I, 3).

Urfé décrivait ainsi la préparation d'un sacrifice : « Le Vacie... avait apporté tout ce qui estoit necessaire pour le vain tombeau de Céladon, et

---

7. Nos citations de *L'Astrée* sont extraites de l'édition H. Vaganay, Lyon 1925-1928.

les filles Druydes avec Chrysante estoient chargées les unes de fleurs, les autres de laict, et les autres de vin et d'eau, et devant elles touchoient les brebis et jeunes taureaux necessaires. » (II, 8, p. 347). Ce même tableau inspire à Rayssiguier deux beaux vers

> Voilà le tombeau vain, et le laict preparé,
> Avecques l'agneau noir dont le front est doré. (II, 2)

Ailleurs, le poète est original, et interprète librement les indications du romancier. Céladon reprend avec habileté une métaphore traditionnelle pour évoquer l'échec de son suicide :

> ...Le dieu de Lignon pour moy trop pitoyable,
> Contre ma volonté me jette sur le sable,
> De peur que la grandeur du feu de mon amour,
> Ne changeast en guerets son humide sejour. (I, 1)

Silvandre chante sa douleur mélodieusement :

> Depuy j'ay perverti l'usage
> Du doux silence de la nuict,
> Depuis quand le Soleil nous luict,
> Et qu'il rejouit tout avec son beau Visage,
> La tristesse me suit. (I, 1)

Paris dédie aux êtres de la forêt une plainte ingénieuse :

> Mais vous qui bien souvent sous vostre bel ombrage
> Des rayons du soleil deffendez son visage,
> Beaux arbres soulagez cependant mes douleurs,
> Me disant si ses pas ont fait naître ces fleurs,
> Et si l'esclat vermeil qui paroist en la rose
> N'a de sa belle bouche emprunté quelque chose... (I, 3)

Hylas évoque la vieillesse en des vers assez délicats :

> Dy moy quand les beautez viennent à defaillir,
> Que le temps vient d'un teint les belles fleurs cueillir,
> Que l'on voit les sillons changer tout le visage,
> N'est-ce pas estre sot de l'aymer davantage ? (III, 2)

On sait que le roman contient un certain nombre de pièces en vers. Il arrive que Rayssiguier s'en souvienne. Mais il se garde bien de les reproduire : il entend en ces occasions rivaliser avec son modèle dans le même langage. La chanson d'Hylas (« Je le confesse bien, Phillis est assez belle..., *Astrée*, III, 1, p. 36) devient ici plus vive et plus sobre :

> Il est vray que Philis est belle
> Et qu'elle mérite beaucoup
> Mais qu'on sçache à ce coup,
> Qu'ell' a trop peu d'apas pour me rendre fidelle.

> Lorsqu'elle surprit ma franchise
> Ce ne fut pas sa beauté
> Mais de ma volonté,
> Qui maintenant aussi sans congé l'a reprise. (I, 3)

L'inscription qui figurait à la porte du Temple d'Astrée (« Loin, bien loin, profanes esprits.., *Astrée*, II, 5, p. 176) gagne au contraire en ampleur solennelle :

> Mortel qui que tu sois regarde dés l'entree
> Que c'est le temple sainct de la deesse Astree
> Et que les prophanes espris
> Qui ne sont point espris
> D'une flamme sainte et fidelle
> Sont trop mal voulus d'elle,
> Pour les laisser entrer dans son sacré pourpris. (I, 3)

Toutes ces transpositions font apparaître un désir de variété dramatique opposée à l'excessive monotonie des poèmes de l'*Astrée*, en même temps que la recherche d'un rythme et d'une ornementation qui apparentent les vers de Rayssiguier à l'œuvre élégiaque d'un Théophile. Le théâtre est lieu de rencontre idéal de tous les genres et de toutes les traditions littéraires.

Il nous reste à aborder un problème qui nous paraît d'une importance décisive : celui de l'imagination dramatique de Rayssiguier, qui ne ressemble ni à celle de Du Ryer, ni à celle d'Auvray, pas plus qu'à celles de Corneille ou de Rotrou, et qu'on retrouve à l'œuvre dans le reste de sa production théâtrale. Dans la plupart des scènes de notre tragi-comédie pastorale, les personnages se meuvent à l'intérieur d'un lieu supposé assez vaste pour qu'on puisse s'y apercevoir de loin avant de se parler, pour qu'on s'y cache les uns aux autres tout en poursuivant des conversations ou des monologues à la fois indépendants et entrelacés, enfin pour qu'on s'y déplace aux yeux des spectateurs, qu'on se dérobe un instant à leur vue derrière quelque accident de terrain, et reparaisse l'instant d'après pour rejoindre d'autres personnages arrivés entre temps. Ces conventions révèlent chez Rayssiguier la recherche d'un style de récit accordé à la fois à la scène de son époque et au caractère mouvementé de l'action du roman. Quelques exemples sont ici nécessaires.

En I, 2, Astrée adresse au « détestable Lignon » de chagrines imprécations. Survient Diane, qui la voit sans être vue, et parle seule un instant. Dialogue Astrée-Diane. Arrive Silvandre : d'abord, on s'aperçoit de loin :

> D. — Mais quittez ce discours et ceste humeur chagrine,
> Un berger devant nous à grands pas s'achemine.
> A. — C'est Silvandre.
> S. — A la fin je tombe dans ses pas,
> Elle est avec Astrée en entretien là-bas.
> D. — Il est vray, c'est luy-mesme, et si je ne me trompe
> Il nous vient rencontrer.

Diane répond à sa compagne par-dessus la réplique de Silvandre qu'aucune des deux bergères n'a évidemment entendue.

En III, 2, nous assistons à la visite rendue à Alexis par les bergers et bergères. Hylas, Silvandre, Diane et Astrée sont en scène. Paris vient à leur rencontre, et leur sert de guide :

> Nous voila desja pres, traversons ce bocage,
> Qui nous offre en passant son agreable ombrage.

Toute la troupe disparait, et Leonide et Alexis profitent de cet instant pour sortir de la maison d'Adamas et échanger quelques répliques. Puis Astrée revient « avec sa troupe ». On se repose un instant, sauf Hylas, qui veut sans attendre rejoindre Alexis. A ce moment, « Adamas sort et parle avec Alexis » :

> Cette troupe est desja dans nostre basse cour,
> Hylas s'est avancé conduit de son amour...

Bref dialogue avec Hylas, pendant lequel bergers et bergères reprennent leur marche. Adamas, Alexis, Léonide et Hylas vont alors à leur rencontre.

En IV, 5, Silvandre est près de se jeter du haut d'un rocher, Alexis d'autre part veut aller affronter les charmes redoutables de la fontaine. Tandis que dans le roman Alexis a poursuivi Silvandre depuis un long temps, et arrive au rocher juste au moment où son ami va se précipiter, il ne l'aperçoit ici qu'après un long monologue double, dont voici quelques vers :

> Al. — Mourons, mais pour mourir comme l'on m'a veu vivre
> Je veux que ma mort serve aux vrays amants d'un livre.
> Sil. — Ce rocher est bien rude et fascheux à monter,
> Il faut son aspreté toutefois surmonter.
> Al. — Un seul doute pourtant me retient en suspens.
> Sil. — Courage, me voila tantost où je prestens.
> Al. — L'enchantement est tel, qu'il faudroit qu'une belle,
> Qui tousjours eust brulé d'une flamme fidelle,
> Mourust pour le finir comme moy constamment,
> Et l'on voit ces beautés parétre rarement...
>
> ....
> Sil. — Diane si ma mort vient jusqu'à vous un jour,
> Donnez-luy pour le moins quelques larmes d'amour.
> Al. — Mon oreille me trompe, ou j'entens quelque plainte.
> Sil. — Et soyez de pitié pour mon subject atteinte...

Les scènes à grand spectacle (IV, 4 ; V, 4 ; etc.) déroulent en même temps plusieurs actions parallèles accomplies par différents groupes et en divers endroits du plateau, sans que le lieu cesse pour autant d'être censé unique, et qui ne convergent qu'aux derniers instants de la scène. Rayssiguier organise ainsi de vastes tableaux vivants, complexes, mais non désordonnés, où divers groupes autonomes, disposés ici et là autour d'un point de convergence unique, participent chacun à son rang et selon ses propres intérêts à une même action. Les affinités sont évidentes de cette technique de présentation avec celle qu'illustrent certains grands ensembles picturaux de l'époque, en particulier certains tableaux du jeune Poussin. Elle fait clairement apercevoir également la conception de « l'unité d'action » qui fut celle des « pré-classiques ». Pas plus que pour le jeune Corneille le lieu *un* n'est réduit au lieu *unique*, l'action une n'est comprise alors comme une *seule* action. La perfection de l'œuvre n'est atteinte qu'au moment où se réalise un équilibre apparemment instable entre la profusion de l'ornementation et la netteté d'une ligne générale, entre la multiplicité des intérêts particuliers et l'attraction enfin irrésistible exercée par un motif central et commun. Le paradoxe « baroque » n'est pas contradiction, mais tension ; et cette tension peut être résolue, à chaque instant par le lecteur ou le spectateur, au dénouement par le poète. En faisant de *L'Astrée* une pièce de théâtre, Rayssiguier a substitué au caprice et aux détours aventureux du romancier la discipline d'une dramaturgie de la conciliation.

8

Le modèle pastoral et Molière *

A la fin du troisième acte des *Fâcheux*, le jeune Éraste a obtenu la belle Orphise. On la lui devait bien : ne venait-il pas de tirer des mains de la Rivière et de ses compagnons le sévère tuteur qui la lui avait jusque-là refusée ? Mais surviennent encore de nouveaux fâcheux :

« Qui portent des crincrins et des tambours de Basques ». Il faut les expulser *manu militari*, en faisant appel à des suisses armés de hallebardes, pour que puissent enfin « danser à leur aise quatre bergers et une bergère » ; c'est la dernière entrée de la comédie, « qui, au sentiment de tous ceux qui l'ont vue, ferme le divertissement d'assez bonne grâce ».

Cette danse de bergers, *finale* de la première comédie-ballet de Molière, inaugure dans son théâtre une veine nouvelle : l'inspiration pastorale. Cette première apparition sera suivie de beaucoup d'autres, et d'ampleur bien plus considérable. En apparence, elle n'appartient pas à Molière, mais à Lulli, à Le Brun et à Beauchamps. Et pourtant le choix et la place de ce divertissement ultime des *Fâcheux* présentent des caractères non dépourvus de signification. Aucune des entrées précédentes ne comportait de semblables éléments de bergerie. C'est que les bergers, comme les naïades et les satyres du prologue de Pellisson, sont faits pour célébrer la paix et la joie (même, on le verra, quand ils se querellent pour se mieux réconcilier ensuite). De même que l'ensemble du divertissement est présenté dans le prologue comme célébration du repos royal, la danse des bergers au son des violons commandés par Damis célébrera l'harmonie amoureuse et le « ravissement » des amants réunis. Il y a donc exacte correspondance entre le bonheur du dénouement et la grâce du divertissement qui l'accompagne.

Il ne s'agit pas, pourtant, d'une résurrection pure et simple, opérée à la faveur de la musique de cour, et sous la décisive impulsion de Lulli.

---

* *Le Genre pastoral en Europe du XVᵉ au XVIIᵉ siècle*, Université de Saint-Étienne, 1980. (« Le Modèle pastoral dans l'œuvre de Molière »).

On a vu longtemps, dans l'histoire du genre pastoral, une période de balbutiement, marquée notamment par les premières traductions ou adaptations de l'*Aminta* et les premiers livres de *L'Astrée*, un âge d'or, celui où Racan fait jouer *Les Bergeries* et Mairet *Sylvie*, et une lente décadence. La vérité est un peu différente. Tout en demeurant fascinés par les ressources que pouvaient apporter au théâtre français la *Diane* de Montemayor, puis l'*Aminta* du Tasse, tout en gardant un certain nombre de motifs communs au roman et au dialogue à sujet rustique, nos poètes se sont conformés tour à tour à divers modèles. Ainsi, la pastorale des années 1650-1660 ne ressemble que de loin aux divertissements théâtraux présents dans *Les Bergeries de Juliette* de Montreux (1588), aux drames bocagers publiés par Alexandre Hardy dans ses recueils successifs, ou encore aux comédies d'inspiration pastorale de Corneille, Rotrou ou Tristan. Penser la pastorale, vers 1660, suppose sans doute la connaissance de ces œuvres-là et celle des œuvres italiennes que l'abbé de Torche va bientôt rééditer avec traduction française en regard. Mais penser la pastorale implique également la conscience de sa conformité au goût mondain, la référence à quelques formes nouvelles ou renouvelées du spectacle, et la présence en l'esprit de ce que plusieurs comédies pastorales récentes ont imposé au genre. Le goût mondain, que définissent fort bien Ménage et Pellisson dans leur édition des *Œuvres* de François Sarasin en 1656, c'est celui des beautés moyennes qui concilient grandeur et simplicité, style grave et style plaisant. « Élégant badinage » fait d'audaces contrôlées, et qui, avant de triompher dans *Psyché* de La Fontaine, s'est essayé dans le franc bariolage du burlesque. Ces alternances, présentes dans les romans et les nouvelles à la manière de Scarron, dans les poésies de Sarasin et dans les ballets de cour Louis XIII, le sont aussi au théâtre, particulièrement dans *Le Berger extravagant* de Thomas Corneille (1652-1653). Le nouveau théâtre du Marais et les délires inspirés du marquis de Sourdéac ont d'autre part permis à la France de transporter sur les scènes parisiennes ou princières quelque chose des drames italiens en musique dont les cardinaux se sont délectés et d'exploiter les talents de Torelli en attendant ceux des Vigarani. *Andromède* de Corneille, opportunément rééditée en 1974 par Christian Delmas, a fourni un premier modèle de ce qui devait être plus tard l'opéra à la française. Mais *Apollon et Daphné* de Dassoucy, dont nous devons la quasi-résurrection à Yves Giraud, donnait la même année 1650 l'idée de ce que pouvait être une pastorale en musique dans le goût français comme devait faire, en 1659, *La Pastorale d'Issy* de Pierre Perrin.

Un nom, cependant, paraît ici s'imposer. Celui d'un poète qui deviendra bientôt notre premier grand librettiste d'opéra ; celui d'un talentueux héritier grâce auquel la comédie de type pastoral de Rotrou et la pastorale à implications comiques de Tristan ont pu survivre en esprit durant une vingtaine d'années : Quinault. J. D. Biard a récemment édité sa *Comédie sans comédie*, vraisemblablement représentée en 1655. Se souvenant des *Bergeries de Juliette* ou de l'*Entretien des Illustres Bergers* de Frénicle (roman publié en 1634), et plus encore de *La Comédie des comédiens,* de Scudéry, publiée en 1635, mais renchérissant sur eux comme sur le Corneille de *L'Illusion comique*, Quinault a enchâssé dans sa comédie, qui raconte les aventures d'un comédien amoureux d'une jeune fille de bonne famille, trois pièces différentes, comédie, pastorale et tragédie. La pastorale qui constitue l'acte II, *Clomire*, me paraît présenter en raccourci les dimensions essentielles du genre tel qu'on le concevait en ce temps-là. Sept personnages : deux bergères (l'une passionnée, l'autre au départ sans attache, et la première un temps travestie en berger) ; deux bergers, Filène le riche et le « réaliste », Dafnis le pauvre et l'« idéaliste », un tuteur indulgent du nom de Montan (souvenir probable du *Pastor Fido*) ; deux satyres. L'histoire est d'une simplicité exemplaire : Clomire est courtisée par deux bergers, dont l'un a naguère abandonné Dorise. Celui-ci, reconnaissant sa bergère de jadis sous son travesti masculin, revient à ses anciennes amours. L'autre tire celle qu'il aime des mains de deux satyres, et la convertit ainsi à l'amour, ou la tire du moins du « lac d'Indifférence » pour la conduire à « Tendre-sur-Reconnaissance ». Scènes de satyres, évocation de la mort et de la résurrection d'un personnage, débat amoureux entre rivaux, scène de coquetterie de la bergère qui refuse de choisir, scène avec personnage endormi, scène d'écho : l'arsenal thématique et dramatique est presque complet. Quant à la manière et à l'invention de détails, elles sont tour à tour sérieuses ou plaisantes : par exemple, les deux satyres lâchent leur proie pour s'entrebattre ; l'écho est un mauvais tour joué par l'un des bergers à l'autre. En quelque 350 vers, le modèle est précisément défini. C'est à lui que je penserai particulièrement en analysant les scènes pastorales de Molière.

Le genre pastoral, à l'époque de Molière, est décidément de ceux dont on se plaît, même quand on les pratique, à souligner le caractère conventionnel. Au début du *Bourgeois*, le maître à danser prétend que la « vraisemblance » impose qu'on utilise des bergers pour célébrer par le chant la passion amoureuse. Il est sûr que Molière, qui a fait chanter bien d'autres personnages sur son théâtre, a mis dans cette réponse quelque malice ironique. On ne peut d'ailleurs séparer ce texte des dernières répliques de l'acte, qui concernent cette fois un intermède dansé. « Sont-ce encore des bergers ? » demande Monsieur Jourdan. Le maître à danser répond, avec une belle désinvolture : « C'est ce qu'il vous plaira ». Au cours des divertissements pastoraux qui constituent les intermèdes de *George Dandin*, Tircis et Philène sont rebutés par les bergères qu'ils aiment. « Ces deux bergers, précise le livret, s'en vont désespérés, suivant la coutume des anciens amants qui se désespéraient de peu de chose ». Il ne faut pas prendre au sérieux les chagrins d'amour des héros de pastorales Les bergers morts renaissent et se marient, au moins depuis le Tasse. Et le meilleur, à ce que veut enseigner l'ultime divertissement de *George Dandin*, est « de noyer dans le vin toutes ses inquiétudes ». Le même esprit raillard semble présider à l'invention de la pastorale vécue par Moron dans *La Princesse d'Élide*, voire, indirectement, à la création des divers types de campagnards comiques présents dans *Dom Juan*, dans *La Comtesse d'Escarbagnas* ou dans *Le Médecin malgré lui*. Ne nous y trompons pas cependant. Pas plus que la manière burlesque n'est en soi destructrice de la manière sublime, la pastorale apparemment dévaluée et l'antipastorale ne sont pas dirigées contre un genre noble. Comme le style lulliste, le style moliéresque est mixte. Ses accents ne s'opposent les uns aux autres que pour se mettre réciproquement en valeur et composer ensemble cette fête ambiguë que réclamait apparemment le public au temps du Grand Roi : le même public qui s'est diverti à la lecture du *Songe de Vaux* et des *Fables*. C'est ce que semble confirmer l'analyse des pastorales de Molière, où l'apparente désinvolture n'est qu'un des modes du talent et de la conscience de l'auteur.

Je passerai assez vite sur les moments pastoraux fugitifs introduits par Molière dans les comédies-ballets, simples entrées dansées ou chantées, que mettait surtout en valeur la musique de Lulli, puis celle de Charpentier. Il convient cependant de noter la fidélité de Molière, jusqu'au *Malade* exclu, où l'églogue royale prit place au début de la comédie, au principe adopté dans *Les Fâcheux*. Ces entrées se situent à la fin de la comédie, dans *La Princesse d'Élide* (faunes, bergers et bergères), dans *Psyché* (bergers et satyres, et « doux son des musettes » marié aux « trompettes, timbales et tambours » dans le chœur final), voire dans *Le Bourgeois gentilhomme*, où les Poitevins entrent les derniers pour célébrer des amours champêtres dans des « bocages » aux « tendres feuillages » où chantent et s'entre-baisent le rossignol et sa compagne (souvenir affaibli du thème lucrétien des amours innocentes et heureuses des animaux, que le Tasse avait transmis aux auteurs français de pastorales). Plus intéressantes pour mon propos sont les histoires de bergers vraiment intriguées sur le modèle que j'ai évoqué tout à l'heure, et que le poète a enchâssées dans des divertissements de cour ou dans ses comédies.

La première est la pastorale burlesque éclatée qui, aux intermèdes II, III, IV et V de *La Princesse d'Élide*, conte les amours de Moron (c'est-à-dire en grec, le bouffon) pour la bergère Philis. L'intérêt particulier de cette plaisante pastorale vient du fait que les deux protagonistes font semblant d'être bergers alors qu'ils sont en réalité des domestiques de la Princesse. Il y a ainsi continuité et parfois parallélisme entre la noble histoire vécue par la Princesse et les amourettes vécues par ses domestiques. Et pourtant on peut dégager des intermèdes de la comédie une intrigue pastorale indépendante des aventures sentimentales de la fille d'Iphitas, bien qu'il y ait parfois rencontre entre celles-ci et celle-là. Qu'on en juge : Moron s'entretient avec les « arbres » et les « rochers » de son amour pour Philis dont il est devenu l'amant « la voyant traire une vache ». Il s'amuse d'un écho. Survient un ours qui l'effraie, et dont heureusement des chasseurs viennent à bout. Scène qui rappelle la chasse du premier intermède, la fuite de Moron devant un sanglier racontée au premier acte, et la scène où Aristomène et Théocle disent comment ils ont sauvé la Princesse de l'agression du même sanglier (int. II). Moron ne parvient pas à retenir Philis auprès de lui. Il décide, pour lui plaire, d'apprendre à chanter (« la plupart des femmes aujourd'hui se laissent prendre par les oreilles ») et s'adresse pour cela à un galant satyre qui lui fait entendre quelques couplets de sa composition. Mais la sottise de Moron empêche la leçon d'avoir lieu (int. III). Tircis séduit Philis en lui chantant des plaintes amoureuses. Moron, les surprenant, essaie en vain d'égaler son rival. Philis soutenue naturellement par Tircis, l'engage à se tuer pour elle : « J'aimerais de tout mon cœur une personne qui m'aimerait assez pour se donner la mort ». Moron feint un instant d'accéder à sa demande (int. IV). Philis soutient contre sa compagne Clymène la cause de l'amour. Ce dialogue ne fait que « redoubler l'inquiétude » de la Princesse au lieu de « charmer son chagrin » comme elle l'espérait. La pastorale se fond décidément dans la comédie. C'est à Philis que reviendra l'honneur d'annoncer les chants et les danses des « bergers et bergères héroïques » du dernier intermède. Son histoire à elle est terminée, heureusement, avec l'intermède V.

Deux ans plus tard, pour *Le Ballet des Muses*, Molière donna les deux premiers actes d'une « comédie pastorale héroïque », *Mélicerte*. Daphné et Eroxène repoussent leurs soupirants Tyrène et Acante. Elles aiment toutes deux le jeune Myrtil, cru fils du pâtre Lycarsis, mais que son charme fait paraître « issu du sang des dieux ». Invité par Lycarsis à choisir entre Daphné et Eroxène, Myrtil les refuse toutes deux et avoue, à la vaine colère du père, qu'il aime Mélicerte. Lycarsis s'attendrit enfin et s'apprête à unir les deux jeunes gens, mais on apprend que le Roi vient d'enlever Mélicerte pour lui faire épouser un grand seigneur. Plus que l'histoire de Timarète et Sésostris du *Cyrus*, donnée en 1699 comme la source de *Mélicerte* par son continuateur Nicolas Guérin d'Estriché (fils d'Armande Béjart), cette aventure rappelle le *Pastor fido* et ses avatars français. La pastorale de Moron caricaturait des thèmes procédant d'*Aminta*. Celle de Myrtil et Mélicerte est d'allure guarinienne, en substituant le thème des amours juvéniles traversées par les parents à celui de l'ingratitude des bergères.

De *La Pastorale comique* qui remplaça *Mélicerte* dans *Le Ballet des Muses* (1667), nous ne connaissons que les noms et qualités des personnages, ainsi que le livret. Une jeune bergère est courtisée en vain par deux « riches pasteurs ». Elle leur préfère un jeune berger de condition servile. Un jeune berger « enjoué » console les amants rebutés et les dissuade de quitter la vie par désespoir amoureux. L'œuvre rappelait sans doute, autant que les pastorales italiennes, le type français mis au point par Hardy, Urfé et Mairet, mais illustré surtout par *Les Bergeries* de Racan, où la pastorale prenait une signification sociale en opposant le bonheur en amour du berger pauvre mais de cœur noble au berger riche et brutal qui se voit toujours rebuté. L'opposition était présente également dans *La Comédie sans comédie*. Molière, en en faisant un usage nouveau, renoue avec un thème présent au premier acte du *Cocu imaginaire* (où Gorgibus préférait comme gendre le riche Valère au pauvre Lélie).

Dans le même *Ballet des Muses*, Molière a introduit en 1667 la comédie du *Sicilien*. Enchâssés dans cette comédie, à la scène II selon le livret, à la scène III dans le texte imprimé, trois bergers chantent en dialogue : Tirsis est repoussé par Climène, et Filène par Cloris ; tous deux se plaignent mélodieusement en s'adressant aux rochers et aux oiseaux, heureux les uns d'être insensibles, les autres de chanter dès l'aurore leur bonheur amoureux ; le troisième berger, qui rappelle le pâtre « enjoué » de *La Pastorale comique*, oppose à leur tourment la douce philosophie d'un heureux jeune homme qui n'aime que ce qui l'aime et se fait tigre envers les tigresses. La scène est résumée ainsi par Hali dans la présentation qu'il en fait à son maître Adraste :

> Ce sont deux bergers amoureux, tous remplis de langueur, qui, sur le bémol, viennent séparément faire leurs plaintes dans un bois, puis se découvrent l'un à l'autre la cruauté de leurs maîtresses ; et là-dessus vient un berger joyeux, avec un bécarre admirable, qui se moque de leur faiblesse.

Il y a là en effet la matière de quatre scènes de comédie. Mais Hali précise encore que le lieu est « propre à servir de scène » et qu'il a prévu « deux flambeaux pour éclairer la comédie ». N'oublions pas que cette pastorale (prétendument chantée par des musiciens turcs) est intérieure à la comédie du *Sicilien*, elle-même constituant l'entremets d'une entrée chantée et dansée de Turcs et de Maures, qui n'est que la quatorzième du *Ballet des Muses*.

La comédie de *George Dandin* constitue le morceau de choix du *Grand Divertissement de Versailles* de 1668, dont Félibien nous a transmis la *Relation* et que Jacques Vanuxem a plusieurs fois étudiée pour en faire apparaître l'exubérance et la fantaisie baroques. L'appréciation esthétique de *George Dandin* est difficile pour nos contemporains. Georges Couton a trouvé la note juste en parlant, à propos de la comédie, d'« un grain de réalité au centre d'un rêve d'architectures, de végétations, voire de confiseries ». Les précédents éditeurs de Molière n'ont pas toujours été aussi avisés, en taxant d'artifice le « passage d'un genre à l'autre » ou en présentant l'élément pastoral comme accessoire. Il faut bien voir que l'artifice est qualité d'artiste, et que dans une fantaisie théâtrale les rapports d'opposition peuvent être source d'harmonie. *George Dandin* n'est pas en vérité l'histoire d'un homme qui est berné par sa femme ; c'est le dialogue d'un genre littéraire et d'un autre, et plus précisément, si on veut, le dialogue de *La Jalousie du Barbouillé* et de *La Pastorale comique*.

Il est difficile de décider si la comédie s'enchâsse dans la pastorale ou si c'est l'inverse. Dans *La Princesse d'Élide*, on voyait bien que l'histoire de Moron constituait une suite d'« entremets ». Ici, bien que la technique soit comparable, c'est tantôt la comédie du Mari confondu, tantôt la pastorale des « illustres bergers » qui paraît prendre la première place. Molière poète et Molière prosateur, Molière écrivant pour son chef de troupe Jean-Baptiste Poquelin et Molière écrivant pour son musicien

Jean-Baptiste Lulli : quel merveilleux équilibre ! quel dialogue entre le bécarre et le bémol ! L'entrelacement de la comédie et de la pastorale est d'une réjouissante virtuosité. Au cours d'une « grande fête champêtre », deux bergères repoussent les avances de deux bergers. Dandin, que les réjouissances des bergers ont déjà interrompu une première fois dans ses « rêveries », apprend sa disgrâce et ne parvient pas à convaincre ses beaux-parents (acte Ier). Entre une bergère éplorée qui lui parle de la mort des amants désespérés. Il se met en colère et la plante là, pour laisser Cloris, une des cruelles, se plaindre en musique sur la mort de son amant. Suit un dialogue plaisant du serviteur de l'amant de l'épouse du paysan avec sa future, servante de ladite épouse de Dandin. Ce sot valet confirme à nouveau Dandin dans ses inquiétudes, mais une fois de plus l'habileté de l'infidèle et la naïveté intéressée des beaux-parents empêchent Dandin de se faire entendre (acte II). Comme il se désole, la même bergère du premier acte vient l'importuner en lui racontant la suite de l'histoire : les bergers se sont jetés à l'eau, mais six bateliers ont pu les sauver. Une seconde fois, Dandin s'échappe, et l'on assiste à la danse des bateliers. Le dénouement approche : Dandin parvient (comme jadis le Barbouillé) à fermer la porte de la maison pour empêcher sa femme de rentrer après son rendez-vous galant et persuader ainsi les beaux-parents de sa disgrâce. Mais quand ceux-ci arrivent, c'est Dandin qui est à la porte de son logis et sa femme à l'intérieur. Il veut, dit-il « s'aller jeter dans l'eau la tête la première » (acte III). Mais un de ses amis lui conseille de noyer plutôt son chagrin dans le vin. Cependant, les bergers réconciliés célèbrent les vertus de l'amour et celles du bon vin, en dansant et en chantant. *George Dandin* rappelle ces colonnes torses qui constituaient la plus frappante décoration du divertissement où s'enroulaient autour du marbre dur les folles découpes du lierre ou de la vigne.

   Les Amants magnifiques de 1670 ne sont pas une comédie, mais un divertissement complet. Celui-ci s'ouvre sur une « galanterie » maritime offerte à une princesse et à sa fille par l'un des royaux soupirants de celle-ci. Il se termine par une évocation des jeux pythiens. Entre ces deux moments brillants, d'autres réjouissances viennent « divertir la princesse », et notamment, en troisième intermède, une pastorale dont « le théâtre est une forêt » : Caliste répond en secret à l'amour de Tircis, et se plaint de ne pouvoir l'aimer sans contrainte, comme font les « innocents animaux ». Tircis contemple sa belle endormie. Celle-ci, une fois éveillée, ne résiste pas au plaisir de lui avouer ses sentiments. Caliste se débarrasse aisément de deux satyres, qui vont se consoler dans le vin. L'intermède se termine par une fête champêtre au cours de laquelle est dialogué un « dépit amoureux », et que doublent, en la parodiant, les plaisantes mimiques de « trois petites Dryades et trois petits Faunes. » La thématique de cet intermède est précisément celle d'*Aminta*, mais la désinvolte aisance de Molière (et certainement de Lulli) atteint ici au sommet de la virtuosité.

   Il est regrettable que la pastorale, qui se jouait après la scène VII de *La Comtesse d'Escarbagnas*, représentée elle-même au cours du *Ballet des ballets* de 1671, soit perdue. La liste des personnages donnée par le livret permet seulement de penser que l'œuvre devait constituer un ambigu de la *Clomire* de Quinault (avec une bergère travestie) et de *Mélicerte* (avec le jeune berger interprété par Baron). Du moins Molière a-t-il fini en beauté avec le « petit opéra impromptu » du *Malade*, qui est successivement conté par l'amoureux Cléante et dialogué par les amants. On sait ce que lui devra *Le Barbier de Séville*. Au départ, il y a la « curiosité d'une vieille tante qui, dit Toinette à Cléante, nous fit accorder la liberté d'aller à cette comédie qui donna lieu à la naissance de votre passion » (II, 1). Le livret, récité par Cléante devant Argan et les Diafoirus, transpose l'aventure en une histoire de bergers : le héros sauve l'héroïne des entreprises d'un brutal (on reconnaît le satyre de l'*Aminta*). Il s'en fait aimer, mais souffre de la présence d'un « indigne rival » que le père de la bergère veut imposer à sa fille (retour au thème guarinien des persécutions des pères). Cet « impertinent d'opéra » est fort mal accueilli par Argan, dont l'attitude rappelle celle de Lycarsis dans *Mélicerte* ou de Gorgibus à la première scène du *Cocu imaginaire*. Ce qui est nouveau dans *Le Malade imaginaire*, c'est que la pastorale n'y est qu'une traduction fidèle de l'histoire contée dans l'ensemble de la comédie. Molière paraît ici faire un ultime clin d'œil à son lecteur ou à son spectateur : la pastorale et la comédie disent la même chose, même si leurs langages sont différents. Elles apportent une double perspective, certes, mais celle-ci procède au fond d'une philosophie unique, engageant peut-être deux dramaturgies convergentes. C'est ce que je voudrais tenter, en finissant, de faire apercevoir.

Dans la comédie de la Renaissance, les enfants se révoltaient contre les parents par pure passion, voire par étourderie. Dans la pastorale issue notamment de l'histoire de Silvanire à la quatrième partie de *L'Astrée*, s'exprime une philosophie de la liberté amoureuse qui pousse les enfants, la plupart du temps sans manquer au respect qu'ils doivent aux parents, à leur faire accepter un mariage par amour. Les deux formules sont conciliables, et le théâtre de Térence, en particulier, pouvait aider à cette conciliation. Elle sera achevée dans les comédies de Marivaux. Elle s'esquisse chez Molière, fidèle à l'inspiration des comédies de Corneille et de Rotrou, dès les deux *Écoles*. Elle fait de *La Princesse d'Élide* une agréable comédie de l'harmonie familiale. Plus nettement que chez Moreto, le père de la Princesse s'y refuse à imposer son autorité à sa fille : « Si tu trouves où attacher tes vœux, ton choix sera le mien... » (II, 4). Il est normal que la doctrine soit précisément exprimée dans une pastorale comme *Mélicerte*. C'est le jeune Myrtil qui s'en charge, et il finit par attendrir son père prétendu (I, 5 et II, 5). Dans une comédie où cependant le conflit des générations est vif et les passions exacerbées, *L'Avare*, Cléante exprime devant son père la même philosophie : « Ce ne sont point ici des choses où les enfants soient obligés de déférer aux pères ; et l'amour ne connaît personne » (IV, 3). La « politesse » pastorale vient ici adoucir l'âpreté comique.

Le second thème que je voudrais évoquer est celui du berger qui vient au secours de la bergère. Thème pastoral s'il en est, au moins depuis l'*Aminta*. Molière ne l'a guère utilisé dans les scènes pastorales qu'il a introduites dans les divertissements de cour. Il l'a largement exploité, en revanche, dans ses comédies. Elvire, dans *Dom Garcie de Navarre*, est redevable au héros qui s'est engagé à la sauver des entreprises d'un usurpateur :

> Car un cœur amoureux prend un plaisir extrême
> A se voir redevable, Elise, à ce qu'il aime,
> Et sa flamme timide ose mieux éclater,
> Lorsqu'en favorisant elle croit s'acquitter. (I, 1)

Les Princes de Messène et de Pyle attendent une semblable reconnaissance de la Princesse d'Élide, après l'aventure du sanglier ; mais ils y perdent leur peine (*Princesse*, I, 3). Auprès de Célimène, Alceste s'abandonne au rêve : il la voudrait voir, non pas exactement en proie à un danger immédiat, mais pauvre, méprisée, abandonnée, afin qu'elle doive tout à l'« éclatant sacrifice » qu'il serait prêt à faire pour la tirer du malheur : c'est encore le thème de « Tendre-sur-Reconnaissance » (*Misanthrope*, IV, 3). Ce rêve se réalise dans *L'Avare* : l'amour d'Élise pour Valère remonte au jour où il l'a sauvée héroïquement de « la fureur des ondes » (I, 1). Il est vrai que l'argument ne vaudra rien auprès d'Harpagon : « Il valait bien mieux pour toi qu'il te laissât noyer que de faire ce qu'il a fait » (V, 4). On comprend que dans *Le Malade*, l'attitude courageuse de Cléante au théâtre ait pu être aisément transposée dans le « petit opéra » pastoral de l'acte II.

De quelque façon que soit né leur amour, les jeunes gens, à présent, s'aiment sans retour possible. Cet attachement mutuel s'exprime volontiers dans les scènes de dépit amoureux, où le masquent un moment la pudeur de la jeune fille et la maladroite vivacité du jeune homme. Si le *Dépit amoureux* des *Amants magnifiques* est simple transposition d'une ode d'Horace, si l'ensemble de la comédie qui porte ce titre vient de Secchi, le type de scène auquel le thème donne lieu, langage discret, sentiments délicats, parallélisme des répliques, reste dans tous les cas proche des scènes pastorales de malentendu, qu'une comédie de Rotrou telle que *Clorinte* avait déjà transposées. Molière a su la plupart du temps doser dans ses « dépits amoureux » les éléments graves et tendres et les éléments comiques : ainsi le *Dépit amoureux* de 1658, où le malentendu des domestiques donne lieu à un plaisant dialogue qui suit et caricature celui des maîtres, et dans *Le Bourgeois gentilhomme* où les deux dialogues s'entrecroisent, ou encore dans *Tartuffe*, où la présence de Dorine pimente l'amoureuse querelle de Mariane et de Valère. Mais il lui est arrivé de ne garder pour traiter le thème que l'élément sérieux, et de s'interdire les trop visibles effets du parallélisme des répliques. C'est vrai des scènes 5 et 6 de l'acte II de *Dom Garcie* reprises et adaptées dans *Le Misanthrope* (IV, 3), de la scène 5 du premier acte des *Fâcheux*, qui procède d'un malentendu analogue, de l'ensemble de l'acte IV de *La Princesse d'Élide*, qui se termine au sommet du malentendu, comme de la scène mélancolique de *Mélicerte* où Myrtil a peine à persuader la bergère de sa fidélité (II, 3). Molière a joué du motif dans tous les genres qu'il a pratiqués ; il en a exploité tout l'éventail stylistique et thématique de la frontière du quiproquo farcesque à celle du malentendu tragique. Le retour périodique du thème exprime sans doute son attachement pour l'une des situations pastorales les plus significatives : celle où, tous obstacles extérieurs mis entre parenthèses, les amants, face à face, hésitent entre l'abandon au bonheur et la terreur de n'être pas aimés.

La Comédie Moyenne et la Comédie Nouvelle, à Athènes, et leur héritière la comédie latine, procèdent volontiers au dénouement par reconnaissance. Par exemple, la jeune fille qu'on pouvait croire de condition servile se révèle être la même qu'on voulait faire épouser au jeune homme qui l'a rencontrée par hasard et aussitôt aimée. Facilité que Molière a souvent exploitée, par exemple dans *L'École des femmes* et dans *Les Fourberies*. Dans la pastorale, ce schéma s'est transformé sans tout à fait se renier. Bergers et bergères, au moins depuis le *Pastor fido*, sont souvent, *in extremis*, reconnus comme enfants princiers. Plutarque, avec l'histoire des faux bergers Lycastos et Parrhasios, qui gouvernèrent sur l'Arcadie après avoir établi leur origine princière, donnait un garant à cette transposition et lui conférait une dimension mystérieuse et sacrée. Le dénouement de pastorale pouvait ainsi garder l'utilité dramaturgique du dénouement de comédie tout en lui apportant une substance et une signification. Dans *La Princesse d'Élide*, Molière a fait allusion à ce type de dénouement en faisant dire à Moron qu'il n'est peut-être pas le fils d'un berger, mais le fils d'un prince, et donc demi-frère d'Euryale : simple fantaisie de ton burlesque, bien à sa place dans la bouche d'un fou de cour (I, 2). Mais le motif est traité sur le mode sérieux dans la « comédie pastorale héroïque » de *Mélicerte* : Eroxène dit du jeune Myrtil :

> J'ai peine à concevoir, tant la surprise est forte,
> Comme un tel fils est né d'un père de la sorte ;
> Et sa taille, son air, sa parole et ses yeux
> Feraient croire qu'il est issu du sang des Dieux. (I, 2)

C'est ce que le dénouement de la comédie aurait sans doute révélé. En lisant ces vers, on ne peut, bien sûr, s'empêcher de songer aux *Précieuses*, où Magdelon déclarait :

> J'ai peine à me persuader que je puisse être véritablement sa fille, et je crois que quelque aventure un jour, me viendra développer une naissance plus illustre. (scène V)

Mais le ridicule des propos de cette « pecque provinciale » n'était pas lié au thème ; il venait de la disconvenance de leur emploi dans la bouche d'une petite bourgeoisie. Beaucoup plus tard, avec la comédie de *L'Avare*, qui se déroule dans un milieu social plus élevé, la révélation des origines de Valère doit être au contraire prise au sérieux. Valère met « fièrement » son chapeau pour déclarer qu'il appartient à la noble famille de Dom

Thomas d'Alburcy. Molière est décidément déconcertant. Dans deux autres comédies, il a pris le contre-pied de ce dénouement par reconnaissance. Dans *Tartuffe*, le personnage central, « un gueux » selon Dorine, « un fourbe renommé » comme nous l'apprend le dénouement, devrait se révéler, si l'on en croit Orgon, comme « gentilhomme » (II, 2). La contre-épreuve sera fournie par *Les Amants magnifiques*. Au dernier acte de la comédie, la situation est comparable à ce qu'elle était dans *Dom Sanche d'Aragon* de Corneille. On se souvient que le héros de cette « comédie héroïque », d'abord cru de basse extraction, apparaît enfin comme personnage de rang princier. Valeureux guerrier comme lui, et comme lui préféré par la Princesse à ses nobles rivaux, Sostrate ne l'emporte enfin qu'en raison de ses vertus ; « le mérite tout seul brille dans cette préférence », comme le dit la princesse-mère Aristione (V, 2).

Mais ce mérite-là s'est révélé quand Sostrate a tiré du danger la même Aristione, qu'un sanglier avait attaquée : « La Princesse, pleine de joie » a nommé « Sostrate son libérateur et l'époux digne et fortuné que les Dieux lui marquaient pour vous » (V, 1). Les Dieux sont peut-être ici de trop, puisque la fortune de Sostrate est liée à une prétendue prédiction dont ses rivaux auraient dû profiter. En revanche, on voit bien que ce motif est une variante de l'épisode pastoral de la bergère secourue par le berger. Molière s'en est servi plusieurs fois pour ses dénouements. Dans *Les Fâcheux*, c'est en sauvant la vie de son tuteur qu'Éraste obtient Orphise :

> Son bras [dit le tuteur en question] a repoussé le trépas que j'évite,
> Et je veux envers lui que votre main m'acquitte. (III, 5)

Dans *Tartuffe*, Valère se révèle comme le gendre idéal au moment où il s'apprête à « mettre en lieu sûr » le malheureux Orgon (V, 6). Dans *Les Femmes savantes*, Clitandre fait apparaître son mérite en offrant sa personne et ses biens à la famille de Chrysale qu'on croit ruinée (V, 4). De la même façon, les éminentes vertus de Cléante éclatent devant la chaise d'Argan contrefaisant le mort, et se manifestent encore quand il promet de se faire médecin pour obtenir Angélique (*Malade imaginaire*, III, 14). L'heureuse issue des trois comédies empêche qu'une suite soit donnée à ces propositions de sacrifice. Valère ne sera pas enveloppé dans les périls qui menacent Orgon, Clitandre n'aura pas besoin de se ruiner par amour et Cléante échappera à la robe de médecin. Mais enfin tous les trois ont fait leurs preuves, et manifesté du même coup la noblesse de leur âme et l'authenticité de leur amour.

Molière a été sans doute fasciné par les schémas pastoraux. Il y trouvait des structures dramatiques efficaces, en dépit ou à cause de leur « artifice ». Mais l'artifice est le même dans les schémas farcesques, et Molière a su en faire ce qu'on sait. Il y trouvait aussi l'expression d'un sentiment à la fois ardent et pur, conciliant le plaisir et la morale. Lui-même n'a-t-il pas montré, dès *L'École des femmes*, que le véritable amour est pour celui qui l'éprouve la révélation de soi à soi, voire, pour le personnage d'Horace, la source des vertus et l'occasion d'une sorte de conversion ? Mais cette fascination était sans illusion. Les œuvres que j'ai citées présentent aussi bien le côté lumineux et le côté sombre de l'amour. La farce impitoyable y dialogue avec la pastorale idéalisante. Aux délicatesses de l'élégie se mêlent les coups de dents de la satire. Du moins la coexistence de l'une et de l'autre confère-t-elle à la comédie moliéresque une double dimension stylistique, dramaturgique et peut-être idéologique dont ses lecteurs et spectateurs n'ont pas fini de s'émerveiller.

9

Sur *La Princesse d'Élide**

Mai 1664. Louis XIV a vingt-six ans. Versailles n'est encore qu'une
«maison de campagne»[1]. Mais déjà le Roi veut y faire plus beau que
Foucquet à Vaux. Dans les jardins, la grande allée descend en pente
douce vers un «rond d'eau». Pour surpasser en faste et en magnificence
les fêtes de 1661, Louis entend que *Les Plaisirs de l'Ile enchantée* dont cette
allée sera le cadre soient incomparablement plus merveilleux que la trop
belle réception organisée sous le signe de l'écureuil trois ans auparavant.
Ici comme là, Molière. Ce que *Les Fâcheux* ont été chez Foucquet en
1661, *La Princesse d'Élide* doit l'être à Versailles en 1664.

L'ensemble des réjouissances de 1664 est impressionnant, tel que
nous le restitue la relation détaillée que l'on connaît, précisément illustrée
par Israël Silvestre. Je n'en donnerai pas le détail, dont naguère nous
entretenait Pierre Mélèse[2], et que la plus récente édition du théâtre de
Molière, que nous devons à Georges Couton, restitue avec de précieux
commentaires. Mlle Christout a analysé les divertissements de 1664 dans
son *Ballet de Louis XIV*. L'édition de Molière au Club du Livre reproduit
les gravures de Silvestre. A ces travaux, que situent les rôles de Saint-
Aignan, l'ordonnateur, de Vigarani, le décorateur, de Benserade, le
principal poète, et surtout de Lully, «l'Orphée de notre temps», et de
Molière, nous n'avons guère à ajouter.

Mon propos est seulement de replacer la comédie de Molière dans
l'ensemble des fêtes, d'en faire apparaître la richesse d'inspiration, et de
tenter de définir les principes conciliateurs qui lui donnent son unité en
même temps qu'ils l'intègrent harmonieusement à ces ravissants *Plaisirs*.

---

* Actes du 3e Colloque du C.M.R. 17, *Marseille* n° 35, 1973. («Poésie, musique,
spectacle : La structure de *La Princesse d'Élide*»).

1. Éd. G. Couton, Gallimard, 1971, I, p. 751.

2. Conférence publiée dans le premier numéro daté de 1973 de *XVIIe Siècle* (98-99).

Trois perspectives s'offrent comme d'elles-mêmes pour contempler les fêtes de mai 1664 : la première est temporelle, et se contente de suivre les réjouissances qui se sont succédé du 7 au 14 mai. La seconde est spatiale, et s'interroge sur les lieux divers de Versailles où les jeux de mai se sont déroulés. La dernière est esthétique, et s'efforce de dire quel lien unissait entre eux des divertissements si variés.

Le mercredi 7 mai, à partir de 6 heures du soir, les jeux commencent, inspirés, selon une tradition qui rappelle le ballet de Louis XIII, par *Roland furieux* de l'Arioste, et plus particulièrement par l'épisode de Roger (ici représenté par le Roi) prisonnier d'Alcine la magicienne. Occasion de défilés, de courses, de «récits» poétiques et d'un brillant festin. Le jeudi 8, à la nuit, on représente *La Princesse d'Élide*. Le vendredi 9, on met fin aux *Plaisirs de l'Ile enchantée*, avec un spectacle qui, comme l'attestent les gravures d'Israël Silvestre, commence de jour et se termine de nuit, quand doit s'embraser le palais de la magicienne. Les divertissements royaux se prolongent par des jeux de cavalerie (samedi 10 mai), une représentation des *Fâcheux* (dimanche 11 mai, dans un salon du palais), une «première» du *Tartuffe* (lundi 12), des jeux de cavalerie et une représentation du *Mariage forcé* (mardi 13). Le mercredi, nous dit le rédacteur des *Plaisirs*, «le Roi prit le chemin de Fontaine-bleau»[3].

Ces fêtes animent un espace. Aux divers moments du divertissement royal, correspondent divers lieux dont chacun a été spécialement aménagé. Les jeux de la première journée se déroulent dans un premier «rond» : la première relation, datée du 14 mai, celle de Marigny, le décrit ainsi :

> L'on arrive par la grande Allée, qui est au bout du Parterre, dans un rond fort spacieux, coupé par une autre Allée de même largeur ; ce lieu qui est à cinq ou six cens pas du Chasteau, fut choisi pour le plus propre à faire paroistre les premiers divertissemens du Palais enchanté d'Alcine[4].

Et le texte des *Plaisirs* :

> On fit donc en peu de jours orner un rond, où quatre grandes allées aboutissent entre de hautes palissades, de quatre portiques de trente-cinq pieds d'élévation et de vingt-deux en carré d'ouverture, de plusieurs festons enrichis d'or, et de diverses peintures avec les armes de *Sa Majesté*[5].

Pour la seconde journée, celle de *La Princesse d'Élide*, on passe en un autre lieu :

---

3. Éd. Couton, p. 829.
4. *Relation*, Barbin, 1664, p. 10.
5. Éd. Couton, p. 752.

L'on avoit dressé un grand Theatre environ cent pas au-dessous du Rond où les chevaliers avoient couru la Bague, et l'on avoit fait une espèce de Salon, entre les pallissades de l'Allée [6].

Lorsque la nuit du second jour fut venue, leurs Majestés se rendirent dans un autre rond, environné de palissades comme le premier, et sur la même ligne, s'avançant toujours vers le lac où l'on feignait que le palais d'Alcine était bâti [7].

Pour la troisième, la relation de Marigny précise :

Le Rond d'eau qui est au bas de la mesme Allée, par laquelle l'on estoit descendu de la Place où s'estoit faite la course de Bague, au Salon de la Comédie, fut choisi pour représenter le Lac au milieu duquel estoit l'Isle enchantée [8].

Et le rédacteur des *Plaisirs* :

Plus on s'avançait vers le grand rond d'eau qui représentait le lac sur lequel était autrefois bâti le palais d'Alcine, plus on s'approchait de la fin des divertissements [9].

Les jours suivants sont marqués par une dispersion, une fantaisie qui donne *l'impression* de l'improvisé qui succède à l'organisé, et une manière d'itinéraire capricieux qui conduit le spectateur ou le lecteur dans les lieux les plus magnifiques du Versailles d'alors : la course de têtes du quatrième jour est contemplée par la cour « d'une balustrade de fer doré, qui régnait autour de l'agréable maison de Versailles » [10]. Le cinquième jour, le Roi conduit ses invités à la ménagerie et, pour voir *Les Fâcheux*, dans un salon du palais. Le lundi, la loterie se tire en un autre lieu, revient à la lice du samedi, au dernier jour des jeux, pour courre encore les têtes. C'est donc une vue cavalière des diverses beautés de Versailles que le Roi propose à la cour, mais étalée dans le temps, de manière que chacun jouisse pleinement d'une perspective particulière, avant de passer à la suivante.

Cet ensemble, comme le château de Valterre décrit par Mlle de Scudéry (entendons comme le château de Vaux), et comme tant de beautés architecturales et jardinières baroques, associe l'extrême diversité et une harmonie générale qui se veut, à la manière des ballets du début du siècle, image de celle du monde. A Monsieur, qui l'a interrogé sur ses impressions, Marigny répond ainsi :

Je luy répondis que j'avois trouvé la première journée surprenante ; la seconde galante et agréablement diversifiée ; la troisième singulière, et toutes trois tres magnifiques, et tout à fait Royales [11].

6. *Relation*, p. 33.
7. Éd. Couton, p. 766.
8. *Relation*, p. 44.
9. Éd. Couton, p. 820.
10. Éd. Couton, p. 827.
11. *Relation*, p. 53.

Et le texte des *Plaisirs* précise que tout devait se faire « avec liaison et avec ordre »[12]. La fiction de l'île enchantée, qui se prolonge durant trois jours, est chargée, en attendant le « défoulement » des dernières réjouissances, de donner un cadre solide à l'ensemble. *Les Plaisirs* résument et disciplinent les Fêtes. Mais surtout, au centre de tout, centre spatial, temporel et esthétique, *La Princesse* en offre un concentré précieux. Y reparaissent les fêtes royales, les courses, la musique et la danse. La comédie de Molière reflète ainsi brillamment la réalité d'une cour qui entend apparaître comme la plus belle d'Europe. C'est un peu la composition en abîme chère à André Gide. La troupe de Molière n'est-elle pas elle-même l'image de la magnifique assemblée qu'elle est chargée de divertir ? Le texte des *Plaisirs*, en tout cas, nomme les acteurs de la comédie comme il fait les chanteurs et les danseurs des autres divertissements, qui sont en grande partie princiers ou royaux.

Mais qu'est-ce que cette comédie ? On sait que son sujet est emprunté à une pièce de l'Espagnol Augustin Moreto, *El Desden con el desden*, publiée en 1654. Les éditions Moland et Despois-Mesnard ont esquissé une comparaison des deux œuvres. Sur quoi Guillaume Huszar, en 1907, a déclaré tout net que l'œuvre de Molière n'était qu'une « pâle copie de l'œuvre espagnole »[13]. Michaut, dans l'édition de l'Imprimerie Nationale, dit encore que Molière n'a fait qu'une « adaptation (...) et parfois même une simple traduction » (1947)[14]. Robert Jouanny, dans l'édition Garnier, écrit : « Au reste, il avait simplement traduit en la transposant dans un paysage antique... » etc.[15]. P. Nurse, dans un fort bon article, ne doute pas cependant que Molière « suive de près son modèle espagnol »[16]. On est reconnaissant à R. Jasinski d'avoir souligné la liberté de Molière dans son adaptation (1969)[17], et à Georges Couton de parler seulement de *sujet* repris, et de souligner l'intérêt du dialogue d'ouverture entre Arbate et Euryale[18]. En fait, la comédie de Molière imite Moreto comme *Le Cid* imite Guillem de Castro et *Phèdre* Euripide. Si l'on met à part l'idée première (pour conquérir le cœur d'une insensible, un jeune homme affecte lui-même l'insensibilité), et les incitations que trouvait Molière dans les divertissements intérieurs de la comédie espagnole et dans les jeux farcesques liés à la seule présence du *graciozo* Polilla, tout le reste lui appartient, est de sa — ou de ses — veine(s). Il s'est aussi largement libéré de son modèle qu'un Corneille ou un Racine et a placé au centre de son

---

12. Éd. Couton, p. 752.

13. Guillaume Huszar, *Molière et l'Espagne*, Champion, 1907, p. 181. On lit l'œuvre de Moreto dans un vol. des *Clasicos castellanos*, Madrid, 1916 ou dans la traduction de Clément Rochel, *Les Chefs-d'Œuvre du Théâtre Espagnol*, Paris, Garnier, s.d. (1900).

14. T. IV, p. 132.

15. T. I, p. 576.

16. *Revue des Sciences Humaines*, n° 100, 1960, p. 381.

17. *Molière*, Hatier, 1969, p. 117-118.

18. Éd. cit., p. 743.

œuvre l'idée essentielle de la grandeur et de la liberté de l'amour. On cite toujours le dialogue de la princesse et de son père pour attester la fidélité du poète français au dramaturge espagnol. Si on examine les choses de près, on s'aperçoit que l'indulgence du père, chez Moreto, est inséparable d'une aveugle soumission aux caprices de sa fille, tandis que, chez Molière, elle est le prétexte à un développement vigoureux en faveur du mariage. Aux dernières scènes, le pré-marivaudage de Molière est entièrement sien, là où Moreto proposait un dénouement brusque et sans nuance. *La Princesse d'Élide* est bien de Molière.

Elle est bien française aussi, et recueille, comme fera bientôt *Amphitryon*, beaucoup de traditions littéraires, esthétiques et morales qui appartiennent à l'ensemble du siècle. L'esprit pastoral, d'abord. Les références seraient ici innombrables : le récit de l'Aurore contre l'indifférence en amour transpose la première scène de l'*Aminta* du Tasse. La Princesse est désignée comme « une autre Diane »[19], non seulement parce que Moreto l'appelait Diane, mais surtout parce que la pastorale a toujours accablé également les amoureux indiscrets qui se vouent à Pan et les jeunes filles qui veulent se garder vierges. La liberté que le père de la Princesse entend lui laisser est un héritage discret de ces procès de *L'Astrée* où il est rappelé que l'amour n'est pas sujet aux volontés des parents. Molière se soumet encore à deux thèmes obligés de la pastorale, le satyre et l'écho (mais il donne de la noblesse au premier et il rend le second « bouffon »). Les règles de la galanterie romanesque sont rappelées quand la Princesse, congédiant Aristomène, lui reproche de s'être un peu trop vite vanté de son choix. La conversion (apparente, certes) de l'insensible est aussi un thème pastoral, souvent repris par le jeune Corneille et par Rotrou. Enfin, dans les ultimes divertissements, les « bergers et bergères héroïques » dont on admire les évolutions avaient été précédés par les bergères nobles d'Honoré d'Urfé, et par celles de Quinault. Toutefois, nous ne sommes plus aux premières années du siècle : Molière, quand il se moque plaisamment du refus du mariage qu'il prête à son héroïne, ne se souvient-il pas des Précieuses, ridicules ou non ? C'est Moron, le bouffon, qui rappelle :

> Vous savez de quel titre elle se glorifie,
> Et qu'elle a dans la tête une philosophie,
> Qui déclare la guerre au conjugal lien,
> Et vous traite l'Amour de déité de rien[20].

C'est à une tradition assez proche de celle de la pastorale que se réfère implicitement (comme dans l'ensemble des *Plaisirs*) tout ce qui, dans la comédie et ses divertissements, rappelle les ballets de l'époque d'Henri IV ou de Louis XIII. Pour ne citer que lui, l'arbre aux faunes qui est dressé à

---

19. Éd. Couton, p. 778.
20. I, 2, p. 784.

la fin de la comédie peut apparaître comme une allusion à un ballet que celui de *La Délivrance de Renaud*, dansé en 1617.

Au jeu pastoral, la plupart du temps « sérieux », s'oppose le pur jeu comique de certaines scènes et de certains intermèdes. Quand il fuit le sanglier, Moron poétise Matamore tout en annonçant Sosie :

> Encore si c'était qu'on ne fut qu'à la chasse
> Des lièvres, des lapins, et des jeunes daims, passe :
> Ce sont des animaux d'un naturel fort doux,
> Et qui prennent toujours la fuite devant nous.
> Mais aller attaquer de ces bêtes vilaines
> Qui n'ont aucun respect pour les faces humaines,
> Et qui courent les gens qui les veulent courir,
> C'est un sot passe-temps, que je ne puis souffrir[21].

Ce « fanfaron », ainsi que le désigne le texte[22], est en effet innocent et naïf comme le sera Arlequin chez Marivaux. Mais il sait aussi donner des coups de patte satiriques comme fera Sosie dans *Amphitryon* :

> Il me faut manier la chose avec adresse ;
> Car on doit regarder comme l'on parle aux grands,
> Et vous êtes parfois d'assez fâcheuses gens[23].

Trait satirique encore, et plus mordant, que l'idée exprimée par Moron qu'il pourrait bien être demi-frère du prince Euryale, sa mère ayant eu jadis quelques bontés pour le père de ce distingué jeune homme[24]. En Moron, Molière ressaisit à la fois l'ancienne tradition française du fanfaron (soldat ou non), et celle du *gracioso* espagnol : mais il les relève toutes deux par le talent créateur qui lui est propre, et qui lui a permis d'inventer les Sganarelle, les Sosie, voire les Martine.

A ce comique franc se joint la plaisanterie burlesque. Molière connaît l'*Apollon et Daphné* de Dassoucy (1650)[25] et *Le Berger extravagant* de Thomas Corneille (1653)[26]. Comme l'un et l'autre, il sait, quand il le désire, imposer à son spectateur des décalages burlesques. D'entrée, il oppose au chant des musiciens, allègre mais noble, la prose familière et narquoise de Lyciscas. Au second intermède, successivement Moron fait « une petite conversation » avec les « arbres » et les « rochers », comme avaient fait les héros de *L'Astrée* et comme fera bientôt la Psyché de La Fontaine. Mais c'est pour leur dire :

21. I, 22, p. 781.
22. II, 2, p. 789.
23. I, 2, p. 784.
24. I, 2, p. 784.
25. Voir l'édition procurée par Yves Giraud, Droz, 1969. Curieusement, il y a dans la comédie de Moreto une chanson de Daphné. Elle n'a pas échappé à Yves Giraud (*La Fable de Daphné*, Droz, 1969, p. 377).
26. Voir l'édition procurée par Fr. Bar, Droz, 1960.

> Philis est l'objet charmant
> Qui tient mon cœur à l'attache ;
> Et je devins son amant
> La voyant traire une vache.
> Ses doigts tout pleins de lait, et plus blancs mille fois,
> Pressaient les bouts du pis d'une grâce admirable[27].

Quant, à l'acte II, les amours de Moron pénètrent la comédie elle-même, leur opposition aux sentiments quintessenciés des maîtres produit encore un effet burlesque, et dans le style même :

> Je pense que ce visage est assez passable, et que pour le bel air,
> Dieu merci, nous ne le devons à personne[28].

Il est d'usage, dans le roman, la pastorale et la tragédie, qu'on se propose de mourir aux yeux de la personne aimée. Jaloux du beau Tircis, Moron s'apprête au même sacrifice. La belle et le rival l'y poussent, désireux qu'ils sont de se voir débarrassés de ce balourd encombrant. Mais Moron n'est pas si « niais » que de se laisser prendre au piège :

> Allons, je vais faire honte à tous les amants. Tiens, je ne suis pas
> homme à faire tant de façons. Vois ce poignard. Prends bien garde
> comme je vais me percer le cœur. (*Se riant de Tircis*) Je suis votre
> serviteur : quelque niais[29].

Comme les *Fables*, La Princesse d'Élide est vraiment un « miracle de culture ». C'est le siècle entier et ses différents jeux littéraires, éthiques et figurés qui vient s'y incliner devant le Roi-Soleil, sous les brillants costumes et les coiffures empanachées des personnages de Molière.

Reste à tenter d'imaginer comment tout cela pouvait tenir ensemble. La gageure de Molière était en effet au moins aussi surprenante que celle du Corneille de *L'Illusion comique*. Mais il était possible, en 1664, d'assurer une unité en profondeur à ce qui était surtout, dans la comédie de Corneille, accord formel, fondé d'abord sur les impératifs extérieurs de la construction dramatique.

Certes, l'allégresse de la musique de Lully a dû contribuer à « fondre » les divers éléments de cet ensemble. Loret parlait de *La Princesse* comme d'une pièce « très abondante en mélodie »[30], et la *Gazette* insistait sur la charme de cette représentation « entremêlée de ballet, et de flûtes, et de violons »[31]. Dans l'histoire du ballet en France, on constate que la musique, les danses et l'éclat de la mise en scène ont fait passer bien des

---

27. Deuxième intermède, scène première, p. 788.

28. II, 2, p. 793.

29. Quatrième intermède, scène II, p. 806.

30. G. Mongrédien, *Recueil des textes et des documents du XVIIᵉ siècle relatifs à Molière*, C.N.R.S., 1965, p. 221.

31. Mongrédien, p. 217.

à-peu-près poétiques. Dans une scène de dépit fort amusante, Moron déclare d'ailleurs :

> La plupart des femmes aujourd'hui se laissent prendre par les oreilles ; elles sont cause que tout le monde se mêle de musique, et l'on ne réussit auprès d'elles que par les petites chansons et les petits vers qu'on leur fait entendre. Il faut que j'apprenne à chanter pour faire comme les autres[32].

Et le bouffon supplie son ami le satyre de lui donner leçon. C'est la traduction plaisante de la conviction du poète : dans sa pièce, la musique règne en maîtresse. Nous ne sommes pas loin du souverain dialogue du maître de musique et du maître à danser par quoi s'ouvrira *Le Bourgeois gentilhomme*.

Mais l'essentiel n'est peut-être pas là. Ce que Molière a fait dans sa *Princesse*, plus que dans ses *Fâcheux* eux-mêmes, c'est une illustration, à la mesure des ambitions royales, de ce qu'on peut appeler « l'esprit de Vaux », qu'illustrera bientôt la publication des premiers fragments du *Songe* de La Fontaine, et que *Psyché* prolongera encore. L'esprit de Vaux est représenté par Pellisson, et la doctrine de Pellisson s'exprime dans cette charte de la littérature mondaine qu'est la Préface aux *Œuvres* de Sarasin. Avant que La Fontaine ne fît dans la Préface de *Psyché* la théorie de l'alliance de la « plaisanterie » et de « l'héroïque », Pellisson, à propos de Sarasin, a fait l'éloge du style moyen, où peuvent s'allier les éléments familiers et les éléments nobles, sans que jamais le poète tombe dans la bassesse ou s'élève au-delà de ce que supportent les oreilles des dames. Il a aussi loué en Sarasin la recherche de la « nouveauté », le culte de la « variété », associés à la noble uniformité que procure « ce stile esgal et naturel, qui sçait dire les petites choses ou les médiocres, sans bassesse, sans contrainte et sans dureté »[33]. De cette variété sans dissonances, le mélange de la prose et des vers, dans une œuvre telle que *La Pompe funèbre de Voiture*, est l'éclatante illustration :

> Ce qui donne beaucoup d'ornement à cet ouvrage, c'est que les Vers n'y sont pas seulement mêlez avec la prose, mais composent avec elle le corps d'une même narration, chose pratiquée par quelques anciens, inconnue à nos Français, si vous en exceptez Théophile (...) Cette liberté de changer de style, et d'être poète et orateur en même temps, doit être réservée, ce semble, aux jeux de l'esprit, et à ces ouvrages d'invention qui tiennent comme un milieu entre la Prose et la Poésie[34].

On a dès la création remarqué le brusque passage des vers à la prose que le manque de temps a imposé à Molière dans *La Princesse d'Élide*. Cela faisait écrire à Marigny que cette comédie avait « un pied chaussé et

32. Troisième intermède, scène première, p. 796.
33. Sarasin, *Œuvres*, éd. Courbé, 1956, p. 26.
34. *Ibid.*, p. 18.

l'autre nu »[35]. Mais cet inconvénient n'a jamais nui au succès d'une œuvre qui se trouvait ainsi, fortuitement, conforme aux canons de la beauté mondaine. De plus, dès le premier intermède, l'œuvre associait la prose de Moron aux vers des musiciens. Et enfin, dans les scènes en prose, on a remarqué depuis longtemps, et Maurice Pellisson l'a souligné[36], la présence d'un rythme poétique, où se marient les alexandrins blancs, les octosylla-bes et les groupes de membres de six ou de dix syllabes. Tout cela corres-pondait à l'idéal du juste milieu professé par le commentateur de Sarasin.

Le ton que Molière entend « attraper » dans sa comédie, c'est celui d'une distinction sans prétention, accordée au goût de la cour, et notam-ment des dames. Ce ton a un nom : la galanterie. Le mot revient constam-ment dans la relation des *Plaisirs* : « fêtes galantes » (dans le titre), « comé-die galante » (à propos de *La Princesse*), et, à l'intérieur même de celle-ci : « un prince d'Élide, lequel étant d'humeur galante et magnifique... »[37]. La *Gazette* qualifie de « galante » l'intrigue de la comédie, et Loret parle à son propos de « pièce galante », ce qui sous sa plume paraît synonyme de « noble et splendide »[38].

Ainsi replacée dans un contexte immédiat ou plus vaste, *La Princesse d'Élide* se présente comme une expression exemplaire du goût mondain et aulique à une période exceptionnellement brillante de notre histoire.

35. *Relation*, p. 33 et Mongrédien, p. 216.

36. Maurice Pellisson, *Les Comédies-Ballets de Molière*, Hachette, 1914, p. 142 et suiv. Documentation à compléter par M.-Fr. Christout, *Le Ballet de cour de Louis XIV*, Picard, 1967, par les articles de Meredith Ellis consacrés à Lully et publiés dans *Recherches sur la musique française classique*, (VIII, 1968, p. 89 et suiv., IX, 1969, p. 23-24, ce dernier article donnant le thème des gavottes de l'intermède I et de l'intermède 6) et par l'édition Prunières des *Œuvres* de Lully (Les Comédies-Ballets, vol. II, 1933).

37. Éd. Couton, p. 755.

38. Mongrédien, p. 217, 221, 227.

10

Pastorale et tragédie

Une des particularités de la production dramatique du XVIIᵉ siècle est la distinction des genres. Mais cette distinction, qui paraît sévère, est compensée dans la pratique par une constante interpénétration. Celle-ci se manifeste dans l'hésitation, fréquente surtout dans la première moitié du siècle, entre les dénominations de *pastorale, comédie pastorale, tragi-comédie pastorale. Clitandre* et *Le Cid* ont été successivement désignés, on le sait, comme *tragi-comédies* et comme *tragédies*. Quelles qu'aient été ici les raisons de Corneille, il demeure que les variantes des textes ne sauraient en elles-mêmes justifier ce changement à la page de titre. Mais l'interprétation va beaucoup plus loin. Pour n'évoquer ici que quelques exemples très connus, on peut songer à la fameuse scène du *Cid* où le roi éprouve les sentiments de Chimène en lui faisant croire à la mort de Rodrigue, ou aux vers de *L'École des femmes* (II, 5) reprenant en fin d'acte le «Je suis maître...» adressé à Perpenna par Pompée dans *Sertorius* (V, 6). Le jeu de glissement entre genres dramatiques a été brillamment illustré et comme symbolisé par Quinault dans sa *Comédie sans comédie* (1657).

Que les auteurs de tragédies aient souvent songé à la pastorale s'explique fort bien. La pastorale, surtout quand elle s'inspire de l'*Aminta* ou du *Pastor fido*, est un genre de structure rigoureuse et d'écriture «élevée». Elle conte des amours de bergers aussi nobles que ceux de *L'Astrée*. Elle entend s'adresser, dès les années 20, à un public de cour. Les rois et les princes y apparaissent volontiers, par exemple dans la *Sylvie* de Mairet. Elle présente enfin une éthique de l'entreprise amoureuse qui nourrit tout au long du siècle l'imagination des auteurs de romans (qu'ils aient nom Scudéry, Lafayette ou Villedieu) et celle des premiers librettistes de l'opéra, à commencer par Quinault. De cette éthique et de cette esthétique les poètes tragiques sont tous imprégnés, même quand ils affirment le contraire : Corneille peut bien écrire, à propos de *Nicomède*, que la «tendresse et les passions» n'ont «aucune part» dans la pièce (ce qui est largement inexact), il reconnaît dans la même phrase qu'elles « doivent être l'âme des tragédies »[1]. Racine écrit dans la préface de *La Thébaïde* : « L'amour, qui a d'ordinaire tant de part dans les tragédies, n'en a presque point ici », comme s'il affectait de minimiser les sentiments d'Hémon et leur galante expression directement issue de la littérature pastorale. Dans celles d'*Alexandre* et d'*Andromaque*, il se défend avec moins de bonne foi encore d'avoir fait des Céladons du fils de Philippe et du fils d'Achille. Dans un article récent, Ingrid Heyndels a rappelé ce que les chaînes amoureuses des tragédies de Racine devaient à celles des comédies de couleur pastorale de Rotrou[2]. C'est plutôt aux thèmes galants et à leur expression que nous nous attacherons ici.

*
* *

Les modèles les plus « purs » qui s'offrent aux poètes tragiques français du XVIIᵉ siècle sont l'*Aminta* du Tasse, très tôt connu et traduit en 1632 par Rayssiguier, *Les Bergeries* de Racan et la *Sylvie* de Mairet, deux œuvres représentées entre 1620 et 1626. Le schéma pastoral primitif est simple, même s'il peut être indéfiniment compliqué par les poètes : deux amants s'épousent après avoir été séparés, soit par l'opposition des parents, soit par les menées d'un jaloux, soit parce que l'un des deux se prétend d'abord insensible à l'amour. Ces divers obstacles ont pour conséquence ou pour illustration de fausses morts, suicides manqués ou apparents trépas procurés par quelque amoureux traître. Par bonheur, et parfois grâce à l'intervention de bienveillantes divinités, le retournement final permet au bien de naître du mal, et les amants se retrouvent plus heureux après l'épreuve qu'ils ne l'étaient au début de la comédie. Tout cela s'est déroulé dans un cadre bocager et s'est exprimé en un langage où les thèmes de la galanterie noble impose à l'écriture élégance et rigueur.

Nous avons retenu, dans la production tragique du siècle, cinq œuvres majeures : le *Pyrame* de Théophile (auquel l'auteur des *Bergeries* s'est avoué redevable) ; *Clitandre* de Corneille ; *Saint Genest* de Rotrou : *Britannicus* et *Phèdre* de Racine. On y retrouve en effet, à des degrés et sous des perspectives diverses, quelques-uns des thèmes constitutifs du poème pastoral : la rivalité du souverain et du sujet ; la souffrance liée aux amours impossibles et pourtant exprimée sur le mode galant ; le rêve de l'évasion, l'évocation d'une nature complice ; la nostalgie du monde de l'innocence première.

Souverain et sujet : le roi de Théophile est amoureux de Thisbé et prêt à recourir à l'assassinat pour posséder celle qu'il aime : car « la violence est bonne / A qui sait bien user des droits d'une couronne » (I, 3). Celui de

---

1. *Au lecteur* (1651).

2. *Pastorale dramatique et tragédie classique*, dans *Le Genre pastoral en Europe*, Saint-Étienne, 1980.

Mairet nourrit des desseins analogues pour empêcher son fils de contracter un mariage contraire à ses projets. Dans *Clitandre*, le roi est éclairé à temps pour ne pas condamner le prince son fils. Les empereurs de Rotrou condamnent un Genest qui a le double tort de représenter le Roi des Rois et de dominer la cour de Dioclétien par son talent. Néron et Thésée, enfin, reprennent, dans des conditions différentes, l'autorité apparemment bafouée par les amours d'un frère et d'un fils. On pourrait généraliser : ces rivalités, qui dans la pastorale n'étaient que rivalités amoureuses, sont devenues dans la tragédie rivalité entre souverain et héros : celle que savaient dépasser les personnages du *Cid* et qui vaudront à Suréna l'exil et la mort.

Des amours impossibles : Alcidor et Arténice, dans *Les Bergeries*, ont dû surmonter bien des « fâcheux obstacles » (V, 3) avant de s'unir avec la bénédiction de leurs parents. Pyrame et Thisbé ne peuvent se parler et se rejoindre qu'en échappant à la surveillance de leurs cerbères. Caliste et Rosidor, dans *Clitandre*, doivent triompher des jaloux, des fausses apparences et des ruses avant de trouver le bonheur. Les couples de la pièce-cadre et de la pièce enchâssée, dans *Saint Genest*, sont séparés par des malentendus. Il en va de même des « vrais amants » de *Britannicus* et de *Phèdre* : le jeune amant de Junie, trompé par Narcisse, équivalent du berger-traître de la pastorale, peut se croire abandonné par celle qu'il aime (III, 7). Hippolyte et Aricie, dont les amours sont frappées d'interdit, doutent parfois l'un de l'autre (II, 2). Mais tous enfin, jusqu'à leurs ultimes propos, ne quittent guère le registre de l'élégie « plaintive », celui qu'adoptait le plus souvent le dialogue pastoral :

> Ma Princesse, avez-vous daigné me souhaiter ?
>
> *Britannicus*, II, 6
>
> Par quel trouble me vois-je emporté loin de moi ?
>
> *Phèdre*, II, 2

Le rêve de l'évasion dans une nature complice : on connaît assez le vers de *Phèdre*

> Dans le fond des forêts allaient-ils se cacher ?
>
> (IV, 6)

L'image de la fuite, dans la tragédie, est souvent associée à l'évocation d'un Eden qu'on croit être celui de la pastorale, bien qu'il puisse être le lieu de tous les dangers. *Pyrame* est à cet égard un texte fondateur : qu'on songe à ce « clair ruisseau » au pied de cette « roche » où le héros donne rendez-vous à Thisbé (IV, 1) et où l'un et l'autre seront victimes de l'effroi causé par un lion. Au cœur de *Saint Genest*, l'empereur Dioclétien rappelle que Maximin a été berger, mais que bien des bergers de l'histoire ont mérité d'accéder au trône.

> et fait des mêmes mains
> Des règles aux troupeaux et des lois aux humains.
>
> (I, 3)

La nostalgie des bergeries peut apparaître comme l'inversion du thème de l'ascension mythique du berger au rang souverain. Le temple de Vesta où Junie a couru se réfugier et le « bout de l'univers » où Titus songe un instant à s'enfuir (*Bérénice*, IV, 4), la mer apparemment accessible et pourtant à gagner qu'évoquent *Bajazet* et *Mithridate* annoncent l'évasion loin du monde de la cruauté et du mensonge dont rêveront encore Hippolyte et Aricie. Comme Pyrame et Thisbé songeaient à trouver asile près du tombeau de Ninus, les amants de *Phèdre* se préparent à gagner aux portes de Trézène un lieu sacré, où les tombeaux des ancêtres entourent le temple de Zeus Orkios. Vains refuges ici et là : le lion de *Pyrame* et le monstre marin de *Phèdre* témoignent de la présence, aux lieux en apparence les mieux préservés, d'êtres beaucoup plus redoutables que les satyres des forêts et les magiciens des prairies de la pastorale traditionnelle.

Le rêve de l'innocence : les amours de pastorale sont des amours innocentes. Si elles sont menacées, elles n'en demeurent pas moins exemplaires. Dans la tragédie, les couples innocents sont, non seulement menacés, mais condamnés. Déjà, dans *Clitandre*, Caliste et Rosidor n'échappaient qu'*in extremis* à la mort. Mais on sait le destin des héros de *Pyrame*, de *Britannicus* ou de *Phèdre*. Cependant, ces héros trop parfaits laissent aux survivants une nostalgie persistante du paradis des bergeries : A la fin de *Saint Genest*, Maximin doit comme malgré lui évoquer le « malheur salutaire » du héros ; Néron est accablé de remords ; et le dernier chant de Phèdre et de Thésée est consacré à la célébration de l'innocence d'Hippolyte.

*
* *

La pastorale met en scène et parvient à mettre hors jeu des forces inquiétantes : l'autorité politique, les interdits familiaux, les monstres qui hantent les forêts, les prairies et les étendues marines. La tragédie les connaît également et les laisse triompher parce qu'elle est tragédie. Mais elle ne cesse de faire signe au lecteur ou au spectateur, comme pour leur suggérer que le monde qu'elle évoque pourrait ne pas être le vrai si les hommes et les dieux y mettaient du leur. Il suffit certes d'un quart de tour dans l'intrigue et la manière pour que le paradis pastoral ressemble à un enfer. Mais une nuance dans la manière et un léger coup de pouce imposé à l'intrigue pourrait faire de la tragédie une image paradoxale du bonheur. Le théâtre n'est-il pas toujours ambiguïté ?

IV

Confrontations

1

De Sénèque à Rotrou *

La tragédie *Hercules Œtaeus*[1] de Sénèque comportait beaucoup d'éléments capables de séduire les auteurs dramatiques de la première moitié du XVIIe siècle.

Il s'agissait d'un poème à tous égards excessif, et fort proche par là de l'idéal de Hardy et de ses contemporains. Un héros exceptionnel s'y déclarait supérieur à tous autres héros et aux dieux eux-mêmes (v. 79 et suiv.) ; une épouse y poussait jusqu'à la démence hallucinée sa fureur jalouse (v. 240 et suiv.) et l'horreur de ses remords (v. 842 et suiv.) ; une mère s'y abandonnait aux manifestations les plus violentes de la douleur (v. 1668 et suiv.). Sénèque avait multiplié dans sa tragédie les évocations horribles ou simplement étranges, susceptibles de bouleverser profondément l'âme de son lecteur. Iole décrivait complaisamment le cadavre de son père (v. 207-210) ; Déjanire faisait vœu d'arracher de ses propres mains, hors du sein d'Iole, l'enfant qu'elle portait (v. 345-347) ; le récit atroce de la mort de Nessus (v. 724 et suiv.), celui du supplice de Lichas (v. 815 et suiv.) et les suicides imaginés par Déjanire (v. 861-865) étaient de la même veine ; sujets à des hallucinations, les personnages se voyaient tour à tour aux enfers (v. 93 et suiv., 1003 et suiv.) ou au ciel (v. 1432 et suiv.). La pitié était éveillée et longuement entretenue par l'évocation des souffrances d'Hercule, et parvenait à son comble quand le héros invincible et généreux s'abandonnait à la révolte ou aux larmes (v. 1265 et suiv.), ou quand il se trouvait en face de sa mère.

L'imagination des poètes devait également être touchée par l'intensité quasi *expressionniste* du jeu. Les personnages couraient, s'agitaient, se

---

* *Les Tragédies de Sénèque et le théâtre de la Renaissance*, Actes du Colloque de Royaumont, Paris, C.N.R.S., 1964 (« L'« Hercule sur l'Œta » de Sénèque et les dramaturges français de l'époque de Louis XIII »).

1. Nous renvoyons à l'édition des *Tragédies*, procurée par Léon Herrmann, 2e éd., Paris, Belles-Lettres, 1961. Nous avons feuilleté également l'éd. in-folio, Paris, 1514, avec les gloses de Jodocus Badius, Erasme, etc., que les traducteurs et adaptateurs français paraissent avoir utilisée.

démenaient non sans quelque indiscrétion (v. 700, 740, 1024). Plusieurs fois, leurs douloureuses attitudes étaient précisément notées. La nourrice décrivait ainsi le visage de Déjanire en sa jalouse fureur :

> ... sa fureur ne se contente pas d'une seule expression : tantôt ses joues s'enflamment ; puis la pâleur chasse cette rougeur et son ressentiment prend au hasard toutes les formes : elle se plaint, elle implore, elle gémit. (v. 250-253. Trad. Herrmann).

Ailleurs, on voyait la nourrice suivre sa maîtresse, « agitée mais silencieuse, en hochant la tête » (v. 739).

Le thème exceptionnel du demi-dieu vaincu successivement par l'amour et et par la mort était enfin à l'origine d'effets stylistiques semblables à ceux qu'affectionnaient les contemporains d'Henri IV et de Louis XIII : hyperboles (v. 79 et suiv.), paradoxes (v. 358 et suiv.), imprécations (v. 290 et suiv.) abondaient dans la pièce, tandis que le souvenir des exploits d'Hercule pacificateur de l'univers avait autorisé Sénèque à y multiplier les morceaux de poésie cosmique et mythologique : l'univers entier, les dieux, les monstres fabuleux et le peuple des héros de la Grèce se trouvaient convoqués à la glorification d'Hercule et à la déploration de sa mort.

Mais, pour un homme né chrétien et français entre 1580 et 1630, la tragédie de Sénèque présentait de bien autres séductions. L'*Hercule sur l'Œta* est en effet un poème moral et religieux, développant un de ces thèmes paradoxalement optimistes que la période « baroque », d'Aubigné à Corneille, a particulièrement cultivés. Sans doute Hercule est-il d'abord le type le plus achevé du héros stoïcien. Il représente l'homme qui, par la force de la volonté, sait s'élever au-dessus du destin et des passions. Toute sa force physique anéantie, il lui reste à faire éclater sa force morale. Sénèque ne nous épargne aucune des étapes qui le mènent de la douleur, de l'humiliation rageuse et de la révolte même envers les dieux à la joie sereine du sacrifice. Il se repent des violences commises pour obtenir Iole et demande à son fils Hyllus de l'épouser, afin de la rétablir dans ses prérogatives de grande princesse, et de donner un père légitime à l'enfant qui doit naître d'elle (v. 1488 et suiv.). Sur le bûcher, il se précipite lui-même à la rencontre des flammes qui ne veulent pas le consumer (v. 1729-1730). Il redonne courage, en ses derniers instants, à sa mère et à ses amis rassemblés autour du bûcher (v. 1734 et suiv.). Mais ce dépassement de soi n'est pas vain. Le mépris du destin est sanctionné par une manifestation visible de la Providence. Hercule revient lui-même pour annoncer qu'il a été enlevé aux cieux et qu'il règne parmi les dieux. Seul son corps a péri ; son âme connaît le plus magnifique des triomphes (v. 1968). Le stoïcisme de Sénèque paraît ici plus que la récompense promise aux justes. C'est ce qu'indique le dernier chant du chœur :

> Jamais une valeur éclatante ne descend vers les ombres du Styx : vous, vivez en gens de cœur et jamais les destins cruels ne vous entraîneront vers les ondes du Léthé, mais quand, vos jours achevés,

votre heure suprême viendra, la gloire vous donnera accès au jour des immortels (v. 1983-1988).

Cet Hercule sénéquien se trouvait donc étonnamment conforme à l'Hercule chrétien de la tradition humaniste, que Ronsard avait chanté dans un hymne de 1555 :

> Hé, qu'est-ce aupres d'Hercule qui alla
> Sur le mont d'Œthe, et par feu s'immola
> A Jupiter ? *sinon Christ à son Pere,*
> *Qui s'immola sur le Mont de Calvere ?* [2]

De fait, la prière à Jupiter aux premiers vers de la tragédie, la prière de l'agonie (v. 1290 et suiv.), la vision céleste des v. 1432 et suiv., l'attitude heureuse du héros sur le bûcher (v. 1645 et suiv.), et l'apparition finale, ne pouvaient guère être considérées pour des lecteurs et des adaptateurs du début du XVIIe siècle, que sous l'angle chrétien de la rédemption par le sacrifice. L'étude des adaptations de cette tragédie à l'époque du triomphe de la Contre-Réforme présente donc un intérêt exceptionnel [3].

*
* *

Cinq ans avant la représentation de l'*Hercule mourant* de Rotrou aux Jours Gras de 1634, Benoist Bauduyn [4] avait publié à Troyes une traduction des *Tragédies* de Sénèque. L'*avis au lecteur* de ce volume comporte toute une doctrine de la traduction. On y lit notamment :

> ... le traducteur s'est proposé de suyvre le milieu de deux extremitez, en l'une desquelles on se laisse aisement aller, ou quand d'un costé on veut de trop pres s'attacher à la lettre de celuy qu'on traduit ; ou bien lorsque d'un autre on s'estudie de si bravement parler en son langage, que la traduction tient plustost lieu d'une paraphrase, que d'une pure interprétation...

Cette mesure entre deux excès conduit Bauduyn tantôt à développer, tantôt à resserrer ; parfois à remettre les vers en leur bonne place et à redresser l'attribution de certaines répliques. Nous n'aurons donc point à nous scandaliser des libertés prises par les adaptateurs, quand les traduc-

---

2. *Hercule Chrestien*, v. 253-256, in *Œuvres Complètes*, éd. P. Laumonier, S.T.F.M., t. VIII, Paris, 1935, p. 220-221.

3. M. Horn-Monval, *Traductions et Adaptations françaises du Théâtre étranger*, 2, *Théâtre Latin*, Paris, 1959, p. 42, signale à tort, sous le n° 731, la traduction de maistre Laurent de Premierfait, Paris, A. Verard, s.d., qui ne contient que les œuvres philosophiques, et, sous les n°s 732-733, la traduction de Pierre Grosnet, Paris, 1534, qui comprend seulement des sentences tirées des tragédies.

4. LES/TRAGEDIES/DE LVC. ANN./SENEQVE. Traduites en vers Françoys par/BENOIST BAVDVYN/d'AMIENS./A TROYES./Par NOEL MOREAV dict le Coq/rüe nostre Dame, à l'enseigne/du coq./MDCXXIX. (L'exemplaire de l'Arsenal ne comprend pas l'Hercule Œtaean, qu'il faut lire dans celui de la Bibl. Nat., 8e Yc 762).

teurs font profession d'une semblable tolérance. Dans son ensemble, la traduction de l'*Hercules Œtaeus* est fidèle, mais sans grand relief. Bauduyn utilise l'alexandrin, sauf bien entendu pour les chants du chœur, traduits en strophes analogues à celles des tragédies de Garnier. Les lamentations d'Iole (v. 173-224) sont rendues par une suite d'octosyllabes à rimes croisées ; celles d'Alcmène (v. 1863-1940) par une série de décasyllabes à rimes plates. Dans le dialogue, Bauduyn a tendance à gloser, à expliciter les allusions : ainsi Hésione et Télamon sont nommés dans le passage correspondant aux v. 363-364 de Sénèque. L'Eurus et le Notus deviennent ailleurs (v. 729) les vents du sud-est et du sud. Bauduyn a parsemé sa traduction de quelques contre-sens, parfois surprenants, mais dont certains témoignent du goût de la bizarrerie qu'il partage avec beaucoup de ses contemporains, et attribue volontiers au poète latin lui-même. Ainsi les v. 1752-1753 de Sénèque, « Ast illi graves/Luxere barbae », « Sa barbe épaisse étincela », sont rendus par ces deux vers :

> Mais sa barbe sentant la flamme qui la brusle
> Craquette pour le dueil qu'elle a de son Hercule.

Bauduyn a visiblement confondu *luxi* parfait de *luceo* avec *luxi* parfait de *lugeo*, et donné à *graves* un sens moral.

*
* *

Jean Prevost, « advocat en la Basse-Marche », avait publié en 1614, parmi ses « Secondes Poétiques et Tragiques », un *Hercule* adapté plus librement de la tragédie de Sénèque[5]. Prevost est resté fidèle à la disposition générale de son modèle. Il en a transposé soigneusement les diverses scènes, voire, à l'exception du dernier, les divers chants du chœur, sans en modifier les thèmes. Son œuvre peut donc être considérée seulement comme une traduction libre. Elle n'en est que plus intéressante. Le texte du poète latin n'étant perdu de vue à aucun moment, on saisit à chaque instant ce que Prevost en garde, ce qu'il abandonne, ce qu'il ajoute et ce qu'il transpose. On peut définir ainsi les principes de sa transposition, et, au delà, quelques traits essentiels du goût de son temps en matière dramatique et poétique.

Mettons d'abord à l'actif de Prevost, comme nous l'avons fait à celui de Bauduyn, un effort pédagogique d'explication. S'il supprime un grand nombre des allusions mythologiques de la tragédie de Sénèque, il s'efforce toujours de développer ce qu'il garde, afin de le rendre plus accessible au lecteur français. Mais l'œuvre de Prevost se recommande surtout à notre

5. LES/TRAGEDIES/ET AVTRES ŒVVRES/poëtiques de Jean Prevost/Aduocat en la Basse-/Marche./L'indice desquelles est en la page suiväte./A POICTIERS, par IVLIAN THOREAV, Imprimeur/du Roy et de l'Vniversité. 1614./Avec privilege de sa Majesté. (Arsenal, Rf 6716). *Hercule* figure en tête de : LES/SECONDES/ŒVVRES POËTI-/QVES ET TRAGIQVES/..., second recueil du volume, daté de 1613. Cf. Lancaster, *A History*..., I, p. 92-3).

attention par le souci qu'il y témoigne de rendre plus théâtrale une œuvre somme toute assez statique en dépit de l'agitation à laquelle s'y abandonnent les personnages. De passages simplement lyriques ou rhétoriques, Prevost a fait de vrais moments dramatiques. A l'acte I, Iole dialogue vraiment avec les « dames Echaliennes » ; à l'acte II, la nourrice interrompt par une réplique la longue tirade correspondant aux v. 278-314 de Sénèque ; la mission confiée par Déjanire à Lichas (Sén., v. 569 et suiv.) s'accompagne d'un dialogue entre l'épouse outragée et son messager, dont voici un court extrait :

> *Déj*. Raconte lui mon vœu. *Ly*. Je luy diray sans doute.
> *Déj*. Et le comportement de sa famille toute,
> Tu sais comme il en va...

Les dialogues eux-mêmes sont plus animés chez Prevost que chez Sénèque. Cinq répliques tiennent lieu des deux que Prevost trouvait aux v. 378-379 ; les v. 563-568, prononcés chez Sénèque par la nourrice, sont remplacés par un dialogue en trois répliques ; le seul v. 715 se voit substituer onze répliques. Prevost introduit même des dialogues inventés de toutes pièces dans les passages qui lui paraissent trop languissants chez son modèle. Entre les v. 1429 et 1430 de Sénèque, apparaissent ainsi quatorze vers nouveaux ; Hercule agonise ; Hyllus vient d'arriver, et Alcmène l'invite à faire silence :

> *Hyl*. Je vous veux obeir, mais qu'est-ce, est-il pas mort,
> Que faict-il et comment ? *Alc*. Faictes silence, il dort.
> *Hyl*. Viens venerable nuict, viens ô nuict venerable,
> Qui donnes le repos à l'homme miserable,
> Monte je te supplie, et sorts de l'Acheron,
> Enveloper ses yeux de ton noir aileron.
> *Alc*. Vous menez trop de bruit. *Hyl*. Que fait-il ? *Alc*. Il respire,
> Et se plaint quelquefois. Approchez. *Hyl*. Je désire
> De voir sa contenance. *Alc*. Approchez mon amy.
> *Hyl*. Dort-il bien sainement ? *Alc*. Je crains qu'il se réveille
> Si vous en approchez. *Hyl*. Mais gardez vous aussy
> Que son sommeil vous trompe en reposant ainsi.

De même, à la place des v. 1485-1487, Prevost introduit un dialogue stichomythique de trente-deux vers.

Sur le plan proprement dramaturgique, ces transformations, en somme assez timides de la part d'un adaptateur, sont à peu près les seules que propose la tragédie de Prevost. Quelques traits cependant font penser qu'il s'est efforcé d'introduire dans certaines scènes une progression spécifiquement tragique. Le dialogue du premier acte entre Iole et le chœur devient ici une discussion passionnée, dont le ton s'élève peu à peu, jusqu'à l'évocation par Iole de ses malheurs personnels ; au troisième acte, un effet de *suspension* est introduit par Déjanire, qui recule plus habilement que chez Sénèque les révélations qu'elle fait faire sur les terribles vertus du sang de Nessus ; dans la même scène, Prevost a songé à la *préparation* de l'épisode suivant, en faisant annoncer son suicide par Déjanire.

Mais les modifications introduites par Prevost dans l'œuvre de Sénèque ne cherchent jusqu'ici et là ses aspects dramatiques. L'esprit de la tragédie est au contraire profondément altéré. Dans le dialogue d'Hercule agonisant avec sa mère (Sén., v. 1337 et suiv.), Prevost accentue les aspects pitoyables de la situation : Alcmène se plaint de sa vieillesse, qui lui ôte la force de soulever le corps étendu de son fils ; de son côté, Hercule souffre dès qu'elle pose sa main sur lui pour le « tourner de costé » comme il le lui a demandé, et gémit ainsi :

> Tournez-moy de costé, que vostre main est dure,
> Hélas ! vous me tuez, que de mal que d'endure.

A l'horreur, Prevost a substitué ainsi un attendrissement déchirant. De même, il n'a rien ménagé pour rendre Déjanire digne de pitié. Plus qu'aux v. 1014-1015 de Sénèque, son innocence s'exprime dans des expressions telles que : « Mon fil est sans fraude », et « Amour en est l'autheur ». Quant à Hercule, sa fin paraît prendre une signification nouvelle. Au lieu de racheter ses fautes en demandant à Hyllus d'épouser la malheureuse Iole, il le fait en pardonnant à sa femme :

> Je t'absous ma compaigne en ce malheur icy,
> Car ma trame devoit se devider ainsi.

Sénèque lui faisait seulement dire : « Je ne me plains plus : c'est ainsi qu'il soit convenable que je finisse. » (v. 1479). Enfin, au moment de mourir, il est véritablement transfiguré ; le v. 1726 de Sénèque, « Voltusque non idem fuit », est rendu par celui-ci :

> ... son visage en parlant
> Plus qu'à l'accoustumé sembloit estincelant.

De la tragédie de Sénèque, Prevost a fait une sorte de mystère.

Il en a fait aussi un poème écrit à la moderne, et là ne résident pas les moindres aspects de son originalité. Prevost est véritablement poète. Il sait parfois *rendre* avec talent les beautés de son modèle. Les plaintes du chœur, voix v. 128-132, sont traduites par lui avec précision et sensibilité :

> L'Erethrien pasteur d'une indocte chanson
> Plaignant de nos malheurs le lamentable son
> Assis sur nos portaux ou les bœufs doivent paistre
> Dira ce temps maudit d'une fleuste champestre.
> Les siecles tourneront, et se perdra tandis
> Le souvenir des lieux où nous étions jadis.

Le v. 219 lui inspire une précise évocation :

> ... d'un pouce mouillé
> Tourner incessemment son lin enquenouillé.

Prevost est particulièrement à son aise dans les passages les plus sanglants
de son modèle. Il se plaît à en accentuer la violence, et en tire des effets
esthétiquement assez surprenants. Voici comment il évoque le cadavre du
père d'Iole, en adaptant les v. 210-213 de Sénèque :

> Helas ! mon geniteur, si le Ciel eust permis
> Que mon pieux devoir au tombeau vous eust mis,
> Qu'il vous falloit chercher, combien vos membres palles
> Semez de tous costez souilloient l'or de vos salles,
> Tant vous estiez broyé, tant vostre corps espars
> Gisoit cruellement rompu de toutes pars.

Le crime que Déjanire rêve d'accomplir sur le corps d'Iole (Sénèque
v. 345-346) est ainsi décrit par Prevost :

> ... et si dedans son flanc
> Il y a quelque chose engendré de son sang
> Je le veux arracher, et d'une main sanglante
> Dechirer l'Embrion, rompre sa chair tremblante...

L'idée du suicide par l'épée, simplement indiquée par Sénèque (v. 845),
devient ici image :

> ... qu'une large espée
> Ouvrant ton estomach en ton cœur soit trempée,
> Baigne-là dans ton sein, qu'une mare de sang
> I saute à gros bouillons lui descendant du flanc.

Enfin, la mort de Déjanire, annoncée par Sénèque en quatre vers
(v. 1463-1466), en inspire trente-quatre à Prevost, dont voici les derniers :

> [Elle] Ouvre son estomac qu'une boucle doree
> Agraffoit au collet, et s'est deseinturee,
> La mammelle et le blanc paroist à descouvert.
> Lors comme sa nourrice a veu son sein ouvert,
> Et qu'elle a veu flamber dans sa dextre une lame,
> Soudain elle s'escrie, accourez à madame.
> Elle se veut meffaire, elle se veut ferir :
> Tous accourent au cry prests de la secourir,
> Mais las ! nous luy trouvons sous la gauche mammelle
> Ce poignard enfoncé jusques à la pommelle.

Ce goût affirmé de Prevost pour l'horreur sanglante n'est sans doute
qu'un aspect du plaisir pris par lui à l'évocation des spectacles concrets
précisément rendus. Ces spectacles sont parfois reposants et familiers.
Comme un Ronsard, et surtout comme un Garnier ou un Aubigné, et
dans la ligne, très étrangère à Sénèque, d'un certain alexandrinisme,
Prevost, en des vers parfaitement originaux, sait évoquer avec délicatesse
un tableau naturel ou une attitude humaine. Il nous montre Hercule
aüprès d'Omphale,

>   ... à sa Dame asservy
> Porter une quenouille et d'une main farouche
> Luy retordre un filet arrosé de sa bouche.

A propos de l'épreuve du sang de Nessus pratiquée par Déjanire sur une toison, il ajoute aux comparaisons proposées par Sénèque aux v. 729-734 plusieurs traits qui lui sont personnels, et supprime les images grandioses et peu adéquates auxquelles s'abandonnait Sénèque dans les vers suivants.

>   ... la toyson consumée
> Coule en poudre menue, en la mesme façon
> Qu'on void d'un bois scié couler un peu de son,

écrit-il ; et, plus loin, il compare le bouillonnement de la terre sous l'effet du venin à la

>   ... vehemence
> Qu'on void apres vendange au plus haut d'un tonneau
> La jeunesse bouillir de quelque vin nouveau.

L'œuvre de Prevost ne manque donc pas d'éléments attachants et instructifs, qui se situent assez nettement dans la tradition de Garnier plutôt que dans celle de Hardy : effort, timide, de dramatisation, volonté d'adapter à l'époque moderne la morale de Sénèque, et surtout recherche de l'expression poétique concrète, dans le sens de la violence, de l'exactitude pittoresque, ou d'une délicatesse de touche presque toujours exempte de mièvrerie.

*
* *

On n'en saurait dire autant de l'œuvre pitoyable de Pierre Mainfray, publiée deux ans plus tard sous un titre particulièrement prétentieux : *Tragedie des forces incomparables, et amours du grand Hercules. Ou l'on voit artistement despeinct sa generosité, son trespas, et son immortalité, malgré l'envie de Junon sa Marastre*[6]. L'*Argument* fait apparaître à quel point Mainfray a pris ses aises par rapport à Sénèque ; en voici l'essentiel :

> Hercul ayant acquis un monde de glorieuses victoires... Espousa Dijanire fille d'Oenné Roy de Calidon, quelque temps apres va en Thessalie laquelle il conqueste, et s'amourasche d'Iolle fille du Roy du pays qu'il avoit dompté et laquelle il avoit prise prisonniere : de quoy Dianyre (*sic*) advertie envoya à son époux une chemise rare en

---

6. TRAGEDIE/DES FORCES INCOM-/PARABLES, ET AMOURS/du grand Hercules./Ou l'on voit artistement despeinct sa gene-/rosité, son trespas, et son immortali-/té,/malgré l'envie de Junon sa Marastre./PAR P. MAINFRAY./A TROYES,/chez Yve Girardon, demeurant en la grand ruë pres l'Asne rayé. (Bibl. Nat. Rés. Yf 4674. Lancaster, *op. cit.*, I, p. 96, signale une autre éd. chez Nicolas Dudot, Troyes 1616).

artifice et ouvrages que Nessus luy avoit donnée et baillée à entendre
que par icelle elle recouvriroit son amour lors qu'il la esloignera, mais
Dyanire (*sic*) ignorant ceste chemise empoisonnée par la malice de
Nessus occasionna la mort d'Hercul qui eschauffé du feu des sacrifices qu'il faisoit aux dieux lorsqu'il la vestit fut suffoqué, et tellement
surmonté du venin qu'il ce (*sic*) jetta dans le mesme feu avec une
indicible joye de sa marastre Junon et un incomparable regret
d'Alcmene sa mere Dijanire, et Iolle neantmoins son geniteur
Jupiter admirant ses incroyables victoires et ses vertus l'edifia et
rendit immortel, et son nom perdurable à la posterité comme vous
verrez despeint en ceste Tragedie ou l'histoire est plus amplement
descrite.

La pièce, en quatre actes, est encadrée par deux monologues de Junon,
dont le premier rappelle le prologue de l'*Hercule Furens* et le dernier,
venant immédiatement après une scène où nous avons vu Hercule sacrifier, revêtir la fatale chemise, tuer Lichas et se précipiter lui-même dans
les flammes, dit la joie qu'elle éprouve à le savoir mort, et le chagrin
qu'elle a de le savoir déifié. Les remords et le suicide de Déjanire, le
pardon d'Hercule, sa progressive conquête de la sérénité et son apparition
finale ont été escamotés par Mainfray. Tout l'aspect philosophique et
religieux de l'ouvrage de Sénèque se trouve ainsi sacrifié. Hercule est
devenu le héros d'une tragi-comédie pastorale.
    Dans la scène I, 2, qui correspond à la première de la tragédie de
Sénèque, Hercule ne s'attarde guère sur ses exploits, et préfère en venir
rapidement à évoquer les beautés d'«Iolle aux brillants yeux» :

> Mais quel Prince, quel Roy, quelle divinité,
> N'eust esté amoureux admirant sa beauté,
> Et ses cheveux dorez ou le mignard Zephire,
> Et le fils de Cypris vont tenant leur Empire...

Épargnons-nous les «sourcils ebenins», le «front d'ivoire», et les

> ... tetins polis,
> Ou l'on voit deux boutons naifvement fleuris. (I, 2)

Venons-en à la promenade d'amoureux proposée par Hercule à sa captive,
et qui rappelle certes beaucoup moins Garnier ou Hardy que les mignardises
de l'art de Fontainebleau :

> Allons doncques mon cœur que je prise et honore
> Faire un tour de verger en ce beau temps que Flore
> De nouveau accouchée a les flancs entre ouvers
> Pour embasmer de fleurs les dieux et l'univers,

occasion pour le poète et son héros d'énumérer seize espèces de fleurs,
depuis «la tannée Amaranthe» jusqu'au

>   ... Tripolion
> Qui change de couleur comme un cameleon. (III, 1)

Au moment même du sacrifice, après une leçon de morale politique dont Hercule paraît s'ennuyer passablement, le sacrificateur décrit l'autel :

> Enrichy de Jasmin, d'Amaranthe et de Lys,
> De Narcisses, d'Œillets, et Glays espanuys.
> Le vin est au hanap et l'encens Panchaïde
> Respand ja son odeur dans l'air vaste et liquide.
> L'autel est parsemé de verveine et laurier... (IV, 1)

Ces contre-sens stylistiques sont doublés d'étonnantes naïvetés. Mainfray, par exemple, a si peu le sens de la chronologie, qu'il compare Iole successivement à Statira femme de Darius épousée par Alexandre, à Didon abandonnée par Enée, et à la malheureuse Zénobie reine de Palmyre.

Pourtant, l'œuvre de Mainfray n'est pas totalement dépourvue de mérite. Plus consciemment et plus systématiquement que Prevost, il s'est efforcé de construire sa tragédie suivant une intrigue à la moderne, et d'imprimer un certain mouvement aux diverses scènes de la pièce. Contentons-nous ici de quelques exemples : en IV, 1, pendant qu'Hercule sacrifie, Lichas arrive, porteur de la fatale chemise que lui a promise Déjanire. En marchant dans le bois, où il cherche son maître, il monologue, exprime son espoir de rencontrer enfin Hercule, mais aussi les funestes pressentiments qui l'envahissent malgré lui, Hercule lui apparaît enfin. Lichas lui remet la chemise. En en voyant les funestes effets, il se sauve « dans cet espais bocage ». Mais Hercule l'y poursuit et le lance enfin dans la mer. Cet effort pour représenter ce que Sénèque faisait simplement raconter peut faire sourire. Il est cependant conforme à l'évolution du goût dans les premières décennies du siècle. Rayssiguier ne procèdera guère d'autre façon dans son *Astrée*, non plus que Corneille dans son *Clitandre*. Il arrive que la volonté de rendre plus dramatique la tragédie de son modèle inspire à Mainfray de plus discrets, mais de plus heureux effets. Hercule, au premier acte, reste un moment déchiré entre son amour pour Iole et la fidélité qu'il doit à Déjanire :

> Mais quoy que [dis] je o dieux auray je bien le cœur
> De faire ainsi sans foy banqueroute a mon honneur
> De prophaner mon lict ou la pudeur doit luire,
> De quitter pour jamais l'amour de Dijanire
> Dont la vertu le port la grace et la beauté,
> Ont autrefois Hercule privé de liberté
> Non je ne veux ne doibs c'est acte incivil faire. (I, 2)

Iole combat longuement avant de se rendre à l'amour du héros. Elle ne cède que parce qu'une violente passion s'est enfin emparée d'elle contre sa volonté :

> Mais quoy ? ce sont les traicts de l'enfant de Ciprine
> Qui force le bouclier de la nostre poictrine,
> Et malgré nostre vueil nous contraint de cherir,
> Ceux que nous detestons autant que le mourir. (III, 1)

Elle ne retrouve sa sérénité que grâce aux paroles rassurantes de sa suivante Doralys, qui lui propose toute une série d'exemples de semblables malheurs. Le personnage de Déjanire est traité de manière assez intéressante. Mainfray nous la présente une première fois avant que soient connues les amours d'Hercule et d'Iole. Inquiète de ne pas voir revenir son époux, elle se demande s'il lui est arrivé malheur, ou s'il est infidèle. La nourrice la rassure sur la vertu d'Hercule. Déjanire le croit elle aussi fidèle. Heureusement : elle aimerait mieux mourir que de se savoir trompée par lui. Enfin la nourrice lui apprend son proche retour (on se demande d'ailleurs pourquoi elle a tant tardé à le faire), et Déjanire laisse éclater sa joie. Il y a là de la part du poète un effort de préparation *a contrario*, destiné à faire ressortir plus vigoureusement les imprécations de l'acte suivant. Notons cependant que Déjanire est chez lui beaucoup moins forcenée que chez Prevost. Elle songe beaucoup moins à se venger qu'à mourir. Et quand la nourrice lui conseille de tenter d'amollir le cœur d'Hercule par un présent, elle s'empresse d'entrer dans ses vues.

La tragédie de Mainfray apparaît donc comme une œuvre inorganique et d'une insigne faiblesse. Nous avons voulu en dire quelques mots cependant, parce que Rotrou y a peut-être puisé l'idée de faire dialoguer Iole et Hercule, et surtout parce que Mainfray, en ne gardant rien de la structure épico-lyrique de l'*Hercules Œtaeus*, a manifesté sa volonté de traiter en moderne un sujet antique.

*
* *

Les mérites de Prevost ou de Mainfray paraissent bien pâles à côté de ceux de Rotrou dans son *Hercule mourant*[7]. Cette tragédie est historiquement importante à plusieurs égards. Première tragédie écrite par Rotrou, elle est aussi, avec la *Sophonisbe* de Mairet, une de nos premières tragédies classiques. D'autre part, nous sommes sûrs que cette pièce a été représentée, et le *Mémoire* de Mahelot[8] donne une idée du luxe qui a dû présider à sa création : sur la scène apparaissait le temple de Jupiter, « bâti à l'antique », et qui ne se découvrait qu'au moment voulu. De l'autre côté une montagne boisée, sous laquelle s'ouvrait une chambre funèbre, cachée aux regards pendant la plus grande partie de la représentation. Au centre, figurait « une salle à jour, bien parée de ballustres et plaques d'argent et autres ornemens de peinture ». Le Ciel s'ouvrait pour l'apparition finale d'Hercule, et laissait voir les signes du zodiaque, les vents, les étoiles et le soleil. Il s'agissait donc d'un spectacle grandiose, fait pour charmer les yeux autant que pour toucher le cœur. *Hercule mourant* est probablement

7. HERCVLE MOVRANT/TRAGEDIE/DE ROTROV/A PARIS,/chez ANTHOINE DE SOMMAVILLE, au Palais,/dans la petite salle, à l'Escu de France./MDCXXXVI./ AVEC PRIVILEGE DV ROY. 9 f 83 p in 4° (Arsenal Rf 7004. Cf. Lancaster, *op. cit.*, I, p. 683 et sq.).

8. Ed. Lancaster, p. 102-103.

la première tragédie française adaptée de Sénèque dont nous connaissions précisément la décoration, et donc les conditions concrètes de la représentation.

Sans manifester à l'égard du poète latin la même désinvolture qu'un Mainfray, Rotrou s'est montré, dans son adaptation, beaucoup plus libre que Prevost. Un résumé de l'intrigue de son *Hercule* le fera sans peine apparaître. Hercule s'est emparé d'Œchalie, d'où il ramène en captive la princesse Iole. Celle-ci se refuse à lui, pour préserver son honneur, et aussi par fidélité à son amant Arcas, qu'Hercule maintient également prisonnier, et qu'il menace de faire périr, si la belle captive continue à lui résister. Cependant, Déjanire se laisse emporter par la jalousie, imaginant qu'Iole est déjà la maîtresse du héros. Iole a beau protester auprès d'elle de la pureté de son cœur, Déjanire multiplie à son égard les manifestations de mépris. Enfin, Déjanire envoie à Hercule, sur le point de sacrifier à Jupiter, une robe teinte du sang de Nesse, dont elle croit, comme chez Sénèque, qu'elle aura la vertu de lui ramener son époux. Hercule passe ce vêtement, et ses horribles souffrances commencent. Cependant, Déjanire, déjà en proie à de funestes pressentiments après avoir vu la pierre se fendre au contact de quelques gouttes du sang de Nesse, les voit confirmés en apprenant l'agonie de son époux. Elle se suicide. Cette mort est contée à Hercule, en même temps que lui est précisée la nature du poison dont il brûle. Ces révélations le rassérènent, étant conformes, comme elles l'étaient chez Sénèque, à d'anciennes prophéties le concernant. Il choisit de mourir sur le bûcher, et ordonne que soit immolé sur sa tombe le malheureux amant d'Iole. Les dernières scènes de la tragédie se déroulent autour de cette tombe. Philoctète hésite à sacrifier un innocent ; Alcmène l'y pousse au contraire, tandis qu'Iole s'offre généreusement, mais en vain, à périr à sa place. Mais Hercule divinisé apparaît, et ordonne qu'Arcas, délivré, épouse celle qu'il aime.

Rotrou a donc fait un véritable personnage, et non le simple prétexte de jalouses fureurs de Déjanire. De plus, son histoire, et celle de son amant, sont ici intimement mêlées à la ligne générale du drame. L'habileté de Rotrou, dans la construction de sa tragédie, est à cet égard considérable. Tout d'abord, il est parvenu à donner un certain équilibre aux divers éléments qu'il y mettait en œuvre, et à assurer aux divers personnages un temps de présence exactement conforme à l'importance de chacun d'eux : Hercule apparaît dans huit des vingt scènes que comporte la pièce ; Déjanire dans cinq scènes ; Iole dans cinq également ; Arcas dans trois. Les trois protagonistes sont présentés dès le premier acte. L'intrigue amoureuse, présentée aux deux premiers actes, laisse place ensuite, jusqu'aux dernières scènes de l'acte V, à l'évocation des remords de Déjanire et de l'agonie et de la mort d'Hercule, pour ne reparaître qu'au moment du sacrifice sur le tombeau, heureusement interrompu par l'apparition d'Hercule déifié. Rotrou a donc montré suffisamment de respect envers son modèle pour s'effacer derrière lui aux temps les plus forts du drame.

Comme l'avait fait Mainfray, Rotrou a mis en action tout ce qui lui paraissait gagner à la présentation directe. Nous assistons au sacrifice d'Hercule à Jupiter. Nous voyons même Hercule poursuivre Lychas, sans que pourtant celui-ci meure sur le plateau (III, 1 et 2). En revanche, nous n'assistons, ni à sa mort, ni à celle de Déjanire, chacune d'elles faisant seulement l'objet d'un récit. *Hercule mourant* se trouve de ce fait plus conforme aux bienséances que *Médée* ou même que *Sophonisbe*.

Enfin, Rotrou a fait dialoguer des personnages qui chez Sénèque ne se rencontraient jamais. Non seulement, comme l'avait fait Mainfray, il a introduit au premier acte deux scènes où Hercule s'entretient avec Iole (I, 3 et 4) ; il a mis encore face à face Hercule et Déjanire (I, 2 et 4), et ménagé deux rencontres entre les rivales (I, 4 et II, 3).

Mais c'est au-delà de cette « mise en place » générale que l'originalité de Rotrou se manifeste le plus. Et tout d'abord dans l'organisation des scènes, voire de celles où il suit Sénèque du plus près. Ainsi, en II, 2, dans la scène correspondant aux v. 256 et suiv. de Sénèque, il supprime tout ce qui est dramatiquement inutile et assure aux tirades successives de Déjanire une progression sans retombée que ne connaissait pas son modèle. Au dialogue de IV, 1, entre Hercule et Philoctète, il emprunte des éléments aux v. 1218-1289, 1290-1306 et 1448 et suiv. de la tragédie latine ; ces éléments sont regroupés de manière à éviter les redites, et à donner à l'ensemble de la scène une composition à la fois logique et dramatique : Hercule évoque successivement la lâcheté de Déjanire, l'horreur de sa propre souffrance, et enfin, terminant par une antithèse grandiose, l'opposition de sa faiblesse actuelle à sa grandeur d'autrefois, ce qui le conduit naturellement à implorer l'aide de Jupiter. A cette réorganisation rationnelle et dramatique à la fois, Rotrou joint d'autres traits originaux : un des mérites de la poésie sénéquienne, aux yeux des contemporains de notre poète, consistait dans la profusion du style : images, comparaisons, longues énumérations se retrouvent effectivement chez les dramaturges français de l'époque de Louis XIII, et chez Rotrou lui-même. Cependant, l'*Hercule mourant* reste dans ce domaine d'une relative sagesse : dans la première scène de la tragédie, Hercule renonce à énumérer complaisamment les monstres qu'il a vaincus, et se contente d'une évocation générale. Aux v. 363-377 de Sénèque, la nourrice énumérait les diverses conquêtes d'Hercule : Rotrou se contente d'exprimer l'idée et fait grâce au lecteur et au spectateur de l'énumération :

> Pour combien de beautés a-t-il eu de l'amour !
> Et pour combien aussi n'en a-t-il eu qu'un jour ! (II, 2)

Dans le même esprit, Rotrou, imitant les v. 233-255 de Sénèque, substitue les monstres de l'Afrique puis la malheureuse Niobé à Charybde et Scylla puis à la Ménade en délire pour évoquer la souffrance jalouse et les gestes violents de Déjanire : comparaisons plus chargées de signification

que celles proposées par le latin, qui cédait là comme ailleurs à son goût
de l'ornementation. Pareillement, à propos du souterrain où est caché le
sang de Nesse, la Déjanire de Sénèque s'exprimait ainsi :

> Il est dans un coin très retiré du palais royal un souterrain muet
> qui garde mon secret. Ce lieu ne reçoit ni les premiers rayons du
> soleil, ni les dernières lueurs de l'astre lorsqu'il cache sa lumière et
> plonge son attelage fatigué dans l'océan qui rougit. (v. 485-489)

Rotrou remplace l'évocation mythologique par une évocation précisément concrète :

> Escoute : souz le temple, un peu loing du palais,
> En un lieu que le jour ne visite jamais,
> Vaste, sombre et profond, j'ay caché le remede
> Qui peut seul alleger le mal qui me possede. (II, 2)

Aux v. 706 et suiv., la Déjanire de Sénèque décrivait longuement, en
multipliant les comparaisons plus ou moins adéquates, les effets du sang
de Nessus sur un tissu de laine et sur la terre ; Rotrou supprime toutes les
comparaisons, et réduit le récit à quelques vers expressifs :

> ... j'ay veu sur le seuil
> Sous deux gouttes de sang par hazard repanduës,
> Du bois se consumer et des pierres fenduës ;
> L'air en estoit obscur, la terre en escumoit,
> Le fer en estoit chaud et le bois en fumoit... (III, 3)

Sagesse relative, avons-nous dit. Elle n'a d'autre but, en effet, que
d'accroître l'efficacité dramatique des scènes que nous venons d'examiner.
Cette même efficacité peut conduire Rotrou, au contraire, à renchérir sur
la profusion imagée de son modèle. Si Iole se montre, dans l'*Hercule
mourant*, plus discrète que l'héroïne de Sénèque dans l'évocation du
cadavre de son père (ce qui paraît sans doute à Rotrou plus conforme à la
douceur de son caractère), la violence de Déjanire en proie au remords
est plus accentuée dans la tragédie française que dans son modèle latin.
Voici comment elle évoque son angoisse quand elle a découvert les vertus
du sang de Nesse :

> Quelle horrible frayeur se glisse dans mes veines !
> Quel trouble, quelle horreur me dresse les cheveux !
> Chaque instant m'est un jour, tout objet m'est hideux.
> Mon cœur espouvanté tremble, fremit, s'altere,
> Ceste frayeur en moy court d'artere en artere,
> Et dans ce changement mon corps intemperé
> Ne sent jointures, os, nerf, ni muscle asseuré. (III, 3)

Hercule, de son côté, songeant à se venger de son épouse, s'écrie :

> Mange son cœur jaloux, boy son perfide sang... (III, 2)

Enfin, comme dans la pièce de Prevost, la mort de Déjanire donne lieu à un long récit, dont voici quelques vers :

> Nous la suivons en vain, et, dés notre venuë,
> Elle avoit le poignard contre sa gorge nuë ;
> Luscinde à deux genoux, pleurant, joignant les bras,
> De loin la conjuroit de ne s'outrager pas,
> Et j'allois la saisir, lors que cette cruelle
> A porté dans son sein la blessure mortelle.
> Sur les fleurs d'alentour le sang en a jally,
> Ses yeux se sont troublez et son teint est pâly. (IV, 3)

Le contenu humain et moral de la pièce de Rotrou ne pouvait pas ne pas être très différent de celui de la tragédie de Sénèque. L'œuvre du poète latin constituait surtout un poème à la gloire d'*un* héros. Le personnage d'Hercule y écrasait tous les autres. Il était proprement le seul à exister. Iole, Alcmène, et même Déjanire n'étaient autour de lui que des utilités, destinées à mettre en relief la grandeur de son ouvrage, ou à fournir des objets à ses haines, à ses amours, et généralement à sa générosité. Chez Rotrou, ces personnages comptent beaucoup plus. Déjanire n'est certes pas innocente comme elle l'était chez Prevost. Elle est au moins plus humaine que chez Sénèque. Sa jalousie même se justifie mieux, puisqu'elle a surpris Hercule aux pieds d'Iole, et qu'il l'a défiée avec une cruelle ironie (I, 4). Dans ses remords, elle assume plus profondément que dans la pièce latine sa responsabilité personnelle. La Déjanire de Sénèque opérait une sorte de dédoublement entre l'amoureuse trompée par la ruse de Nessus et la criminelle objective. Ici les deux personnages ne font plus qu'un. Déjanire se sent à la fois *innocente* et *coupable*. Une mort réparera son crime et consacrera ses vertus ; ses dernières paroles, à l'acte III, en témoignent :

> La main qui tuë Hercule est assez genereuse
> Pour ne rebrousser pas contre une malheureuse ;
> Allons de mille coups sur ce coulpable corps
> Reparer une mort pire que mille morts. (III, 4)

Iole, enfin, n'est pas ici, comme chez les prédécesseurs de Rotrou, un être faible et passif. Tendue dans la volonté héroïque de rester fidèle à son honneur et à son amour, elle est prête à tous les sacrifices, notamment à celui qu'elle voudrait accomplir à la place de l'innocent Arcas. Mais c'est surtout Hercule qui sort transformé de l'adaptation de Rotrou. D'abord sans doute du fait de son humiliante passion pour Iole, qui lui inspire des compliments parfois assez proches de ceux de l'Hercule de Mainfray, et permet au poète de développer longuement le thème du héros vaincu par une femme et du conquérant conquis. Mais c'est surtout devant la mort qu'éclate l'originalité du héros de Rotrou. Chez Sénèque, la sérénité d'Hercule prenait l'allure d'un défi au destin, et accessoirement à Junon. D'autre part, cette raideur stoïcienne se montrait contagieuse, et s'imposait aux compagnons du héros et à sa mère elle-même. Chez Rotrou, il n'en va pas de même. Alors que dans le reste de la tragédie Hercule se montrait plus proche de l'humanité que chez Sénèque, il se situe ici sur un plan nouveau, qu'il faut bien appeler le plan de la sainteté. Tous les autres s'abandonnent aux larmes, et ne peuvent être convaincus par ses exhortations. Lui seul reste calme :

> A ces mots, le teint doux, l'œil gay, la face ouverte,
> Il nous embrasse tous, et tous pleurent sa perte.
> Il paroist seul content, et, riant de nos pleurs,
> Entre dans ce bûcher comme en un lict de fleurs.
> Jamais roy triomphant environné de palme
> Ne parut en son char plus joyeux ny plus calme... (V, 1)

Il n'éprouve d'autre douleur que celle de la pitié pour ses compagnons et pour sa mère, que l'émotion et le chagrin ont fait tomber évanouie. Ainsi le comble de l'héroïsme correspond-il au comble de l'humaine sensibilité.

C'est donc bien comme chez Sénèque une éthique de la grandeur qui nous est proposée dans l'*Hercule mourant* de Rotrou. Mais la leçon prend dans le poème français une coloration et des dimensions nouvelles. Hercule n'est plus le héros solitaire qui triomphe par la volonté des atteintes cruelles du destin. Il est le pécheur par amour appelé paradoxalement à la sainteté, auprès duquel deux héroïnes de l'amour malheureux parviennent, au nom même de leur passion, à un dépassement et à un sacrifice qui paraissent figurer les siens. L'*Hercule mourant* confirme qu'aux yeux de Rotrou comme à ceux des « généreux », ses contemporains, la grandeur des passions est signe d'une autre grandeur, celle de l'héroïsme ou celle de la sainteté.

*
* *

L'examen des adaptations de l'*Hercules Œtaeus* par les poètes français de la première moitié du XVIIᵉ siècle conduit à de bien étonnantes conclusions. Sans doute est-il normal que l'extrême violence des sujets chosis par Sénèque séduisît les successeurs de Hardy et de Montchrestien, ainsi que le caractère excessif de ses personnages et les outrances de son style. Mais rien de tout cela n'était vraiment du théâtre. Pour tirer de ces sujets une action, de ces personnages tout d'une pièce des êtres dramatiques, et de ces outrances des beautés susceptibles de passer la rampe, il fallait puiser à d'autres sources. De fait, ce n'est pas au dramaturge latin que Prevost, Mainfray et surtout Rotrou ont emprunté leur technique dramatique, mais à la pastorale ou à la tragi-comédie des Italiens et des Espagnols. De là les disparates que nous avons remarquées dans leurs œuvres. Les dialogues sautillants de Prevost, les fadeurs galantes de Mainfray et même de Rotrou se comprennent mieux si l'on tient compte de ce fait essentiel. D'autre part, le *tonus* moral du drame sénéquien n'était guère accessible au public français de cette époque. Il ne pouvait l'apercevoir qu'à travers les glaces déformantes du stoïcisme chrétien ou de l'aristocratisme passionné des « généreux ». Le prestige de l'*Hercules* comme des autres drames de Sénèque reposait donc sur un double contre-sens, esthétique et philosophique. Si ce contre-sens permet de rendre compte des échecs patents d'un Prevost et surtout d'un Mainfray, il met aussi en évidence le caractère paradoxal de la réussite au moins relative de Rotrou.

2

Le mythe d'Antigone*

La légende d'Antigone, qui inspira si souvent les poètes français de notre siècle, eut moins de bonheur aux époques renaissante et « classique ». Sans doute la tragédie de Sophocle a-t-elle fait alors l'objet de plusieurs adaptations latines ; sans doute la traduction italienne d'Alamanni fut-elle lue et méditée par les poètes de la seconde moitié du XVIᵉ siècle ; sans doute Jean-Antoine de Baïf publiait-il en 1573 une assez fidèle traduction en alexandrins de la tragédie grecque[1]. Aucune tragédie française de valeur, au XVIIᵉ ni au XVIIIᵉ siècle, n'a choisi comme sujet unique le sublime dévouement d'Antigone aux « lois non écrites ».

L'ensevelissement de Polynice ne continuait, en effet, pour les Français de la Renaissance, qu'un épisode à peine privilégié du cycle des légendes thébaines. En quoi ils étaient peut-être plus proches que nous des traditions antiques[2]. L'*Antigone* de Sophocle est seule, parmi les œuvres des Anciens consacrées aux Labdacides, à concerner uniquement le sacrifice de la jeune fille et à le présenter avec toutes ses motivations et toutes ses conséquences. Avant Sophocle, Eschyle se contentait, dans une scène parfois contestée des *Sept contre Thèbes*, de la montrer avec sa sœur Ismène sur le point de rendre les derniers honneurs à Polynice. Après lui, Euripide lui fait seulement annoncer, à la fin des *Phéniciennes*, sa décision d'inhumer son frère. Les textes latins de l'Empire témoignent des adultérations subies ensuite par la légende. Les *Phéniciennes* de Sénèque s'interrompent après un dialogue d'Œdipe et de sa fille et les vaines supplications de Jocaste à l'adresse de ses fils. Hygin, en sa fable 72, veut que Créon ait ordonné à son fils Hémon de tuer lui-même Anti-

---

* Texte d'une communication présentée au Congrès de l'Association Guillaume Budé, (Aix, avril 1963) ; publiée par la *Revista de Letras*, Assis (Brésil), 1964. (« Le Mythe d'Antigone, de Garnier à Racine »).

1. Cf. notamment Raymond Lebègue, Notice d'*Antigone*, dans Robert Garnier, *Œuvres Complètes. La Troade. Antigone*, Paris, Belles-Lettres, 1952, p. 267 et suiv.

2. Cf. Léon Legras, *Les Légendes thébaines en Grèce et à Rome*, Paris, 1905.

gone. Feignant d'obéïr, le jeune homme la confie à des bergers, l'épouse secrètement, en a même un fils. Créon reconnaît un jour l'enfant et le tue. Désespéré, Hémon fait mourir Antigone et se suicide. La *Thébaïde* de Stace élude le dénouement d'une autre manière : après la publication de l'édit de Créon, Antigone rejoint auprès du cadavre la veuve de Polynice et toutes deux, ayant lavé le corps, le placent sur le bûcher d'Etéocle. Mais la haine des deux frères leur survit : les flammes s'écartent du corps de Polynice, la terre tremble, les gardes accourent. Les deux femmes vont être conduites au supplice. Mais l'intervention des troupes athéniennes les libèrent. Créon est tué par Thésée. La tragédie s'est décidément affadie en roman.

Les tragiques français de la Renaissance s'attachaient, comme on sait, aux longues suites de *meschefs*, d'*encombres* et de *trépas*. Robert Garnier ne manque pas à la règle, en son *Antigone* (1580). Il s'y inspire sans doute de Sophocle, avec des souvenirs de Baïf et d'Alamanni. Mais l'histoire propre d'Antigone est précédée d'une libre adaptation des deux scènes parvenues jusqu'à nous des *Phéniciennes* de Sénèque. Près de soixante ans plus tard, l'*Antigone* de Rotrou (publ. 1639) reprend tous ces éléments — moins le dialogue d'Œdipe et de sa fille — et contamine Garnier avec Stace, Sénèque et Sophocle, lu probablement dans la traduction d'Alamanni[3]. En 1664 enfin, Racine fait jouer une *Thébaïde*, où les deux premiers actes de Rotrou et les premières scènes du troisième sont adaptés avec le souci de préserver une unité dramatique : le sujet d'*Antigone* disparaît ; la jeune fille, indignée qu'après la mort au combat d'Hémon, d'Étéocle et de Polynice Créon lui propose de l'épouser, se donne elle-même la mort. Étonnant sacrifice, de la part du jeune Racine, pourtant « né chrétien et français », de l'épisode thébain le plus chargé, à nos yeux, de spiritualité[4].

La comparaison de ces trois œuvres paraît d'autant plus intéressante qu'elles se sont, pour ainsi parler, engendrées les unes les autres. Cette confrontation doit mettre en évidence les adaptations imposées au mythe par l'esthétique de Garnier, qu'on peut encore qualifier de *renaissante*, par l'esthétique *baroque* de Rotrou et par l'esthétique *classique* de Racine.

« Je suis de ceux qui aiment, non de ceux qui haïssent », disait déjà l'héroïne de Sophocle[5]. Les dramaturges modernes ont tous mis l'accent, plus que leurs prédécesseurs grecs ou latins, sur l'affectivité d'Antigone et des siens.

Garnier déjà humanise l'Œdipe des *Phéniciennes* de Sénèque. Il attribue en retour à Antigone une affection inquiète pour ce père, qui va

3. Cf. Fr. E. Buchetmann, *Jean de Rotrou's Antigone und ihre Quellen*, Erlangen und Leipzig, 1901.

4. Cf. R. C. Knight, *Racine et la Grèce*, Paris, Boivin, 1950, p. 248 et suiv. ; P. J. Yarrow, A Note on Racine's *Thébaïde, French Studies*, X (1956), p. 20-31 ; Jules Brody, Racine's *Thébaïde* : an analysis, id., XIII (1959), p. 199-213 ; et surtout Raymond Picard, éd. des *Œuvres* de Racine, Paris, N. R. F., 1950, t. I, p. 125-128.

5. v. 523. Trad. Paul Mazon, Paris, Belles-Lettres, 1955.

demeurer seul après sa mort ; il la fait hésiter, en une pathétique délibération, entre son père et sa mère[6]. Lui et Rotrou accentuent la mutuelle
affection des deux sœurs[7]. La tendresse naturelle d'Antigone s'exprime
encore chez Garnier dans un dialogue avec les jeunes filles de Thèbes, qui
semble annoncer les adieux de Marie Stuart à ses compagnes dans l'*Escos-
soise* de Monchrestien[8]. L'amour familial trouve chez Rotrou une expression plus surprenante : jusque dans sa colère, son Créon demeure un père
aimant[9] ; de son côté, Hémon affirme à plusieurs reprises, et jusque dans
ses révoltes et au bord même de la mort, son affectueuse déférence à
l'égard de son père[10].

Mais c'est surtout l'affection d'Antigone pour Polynice qui reprend
chez les modernes une signification nouvelle. Les poètes anciens étaient
partagés entre les deux frères : Eschyle condamnait Polynice et admirait
Etéocle. Sophocle, au moins dans son *Antigone*, partage cette manière de
voir. Euripide, puis Stace et Sénèque, ont mis au contraire le bon droit du
côté de Polynice[11]. Chez Garnier, c'est encore lui qui paraît préféré par
Jocaste et par Antigone[12]. Rotrou et Racine ne se prononcent pas entre
eux : tous deux sont bons et méchants à la fois ; Racine en particulier montre en Polynice un amant de la paix[13], mais justifie Etéocle au moment
de la reprise du combat[14] ; d'autre part il souligne que les deux frères sont
également victimes, et de la monstrueuse ambition de Créon[15], et de la
cruauté du destin qui les a voués à la haine mutuelle, comme d'autres sont
destinés à l'amour[16]. Dans ces deux derniers cas, l'affection d'Antigone
n'a pas de raison particulière de choisir l'un plutôt que l'autre. Rotrou
donne à son amour pour Polynice l'allure d'un « je ne sais quoi »[17] et fait
dire à Argie femme de Polynice :

> Je paroissois sa sœur, et vous sembliez sa femme.[18]

Des expressions analogues se retrouvent chez Racine[19] ; mais au dernier
acte cette amitié mystérieuse trouve son fondement rationnel dans la

---

6. v. 2192 et 1276 et suiv. (éd. citée).
7. Garnier, v. 893 et suiv. ; Rotrou, IV, 3 (éd. Louis de Ronchaud, Paris, 1882).
8. v. 2158 et suiv.
9. IV, 6.
10. IV, 6 ; V, 1, 3 et 9.
11. Cf. Léon Legras, *op. cit.*, passim.
12. v. 517, 528-531, 1881.
13. II, 1.
14. III, 4.
15. III, 6.
16. IV, 1.
17. I, 4 ; II, 2 ; III, IV, 3.
18. III, 7.
19. « Je trouvais à lui plaire une extrême douceur... » (II, 1).

pitié pour la vertu malheureuse[20]. C'est donc chez le seul Rotrou que l'amour pour son frère Polynice apparaît comme le signe sensible de la vocation d'Antigone.

Cependant chez les trois poètes le sentiment est une des sources du sacrifice de la jeune fille : et comme si Hémon sur ce point se faisait le conscient imitateur de celle qu'il aime, on le voit chez Garnier refuser d'abandonner un amour «cousu dans ses entrailles»[21] comme un destin, chez Rotrou épargner Polynice par amour pour Antigone[22], et chez Racine prendre pour la même raison fait et cause pour lui et combattre à ses côtés contre ses compatriotes Thébains[23].

En se révoltant contre Créon, Antigone — si religieux que soient ses motifs — prend en fait une attitude politique, dont les propos d'Hémon, chez Sophocle, développent une justification. Cette attitude a varié dans les adaptations françaises de la légende. Rappelons-en tout d'abord les conditions.

Chez nos trois poètes, contrairement à ce qui se passait chez Sénèque, Etéocle est agréable au peuple, tandis que Polynice est haï des Thébains et accepte cette haine. Garnier lui fait dire :

Ne règne qui voudra de haine être délivré.[24]

Rotrou :

Qui règne aymé des siens en est moins absolu.[25]

Racine rappelle à plusieurs reprises que Thèbes est hostile à Polynice[26]. Cependant les trois poètes affirment aussi que Polynice a droit à sa part d'héritage :

De poursuivre ses droits à chacun est permis[27]

affirme l'Antigone de Garnier. On trouve des affirmations analogues chez Rotrou[28] et chez Racine[29]. Ainsi l'opposition des deux frères devient-elle précisément l'opposition du fait et du droit.

Quant à Créon, s'il apparaît comme un tyran chez les trois poètes, son attitude se nuance à chaque fois de traits nouveaux. Avant d'atteindre à

20. « Son frère plus que lui commence à me toucher ;
Devenant malheureux, il m'est devenu cher. » (V, 2).

21. v. 1417.

22. I, 4.

23. I, 5 ; II, 1.

24. v. 919.

25. II, 4.

26. II, 3 et IV, 3.

27. v. 1883.

28. IV, 3.

29. « Jocaste : Il a pour lui le peuple. Polynice : Et j'ai pour moi les dieux. » (IV, 3).

l'invraisemblable et monstrueuse ambition du personnage de Racine, chez qui l'on croit retrouver l'horrible tyran de Stace plutôt que le prince soucieux de la sauvegarde de la cité présent au début de la tragédie de Sophocle[30], Créon invoque chez Garnier le caractère sacré de l'autorité du Prince[31] et chez Rotrou une raison d'état[32] parfois conciliable avec la conscience de ce qui relève de son autorité et de ce qui n'en relève pas[33] ; mais il souligne aussi, chez le même poète, que les sujets doivent au roi, identifié avec la loi même, parfaite obéissance[34].

En face de ces doctrines de princes, Hémon et Antigone exposent le point de vue des sujets. Comme chez Sophocle, Hémon essaie chez Garnier et chez Rotrou de tirer devant son père la leçon des murmures du peuple. Chez le poète grec, il le faisait au nom de l'idée démocratique[35]. Chez les deux poètes français, il distingue du décret royal une *loi publique* à laquelle celui-ci doit toujours se conformer[36]. Quant à Antigone, son point de vue, dans la tragédie de Sophocle, était tout subjectif. Elle n'avait aucunement la tête politique, et refusait purement et simplement d'entrer dans le jeu de Créon. Un rite devait être accompli et par lui respectées les lois divines. Dans tous les autres domaines Antigone était prête à la soumission[37]. L'Antigone de Garnier, au contraire, pense que les lois humaines ne sont pas en droit différentes des lois divines « an-crées » au cœur de tous les hommes ; obéir aux « préceptes sacrés », c'est obéir *a fortiori* à la loi de l'état[38]. Chez Rotrou, Antigone oppose, non plus loi à loi, mais personne à personne : la personne du roi à la personne de Dieu. Pour elle il n'y a plus hétérogénéïté des deux domaines, comme chez Sophocle ; il n'y a pas non plus parallélisme entre les lois divines et les *vraies* lois humaines, comme chez Garnier : mais une hiérarchie spiri-tuelle que prolonge et parfait la hiérarchie sociale[39]. Ainsi se manifeste chez l'un comme chez l'autre une volonté *humaniste* de conciliation entre la terre et le ciel. L'Antigone de Garnier et celle de Rotrou sont des catholiques de la Contre-Réforme. C'est ce qui nous invite à examiner de plus près la foi qu'elles professent.

Antigone, ou la Piété est le titre complet de la tragédie de Garnier. « Ali-

---

30. Sophocle, *Antigone*, v. 162 et suiv.

31. v. 1706 et suiv.

32. IV, 1.

33. Créon traite Argie avec plus de douceur qu'Antigone, parce qu'elle ne *relève* pas de son *autorité* (IV, 4).

34. IV, 6.

35. v. 737.

36. Garnier, v. 2035 et 2041 ; Rotrou, IV, 6.

37. v. 450 et suiv.

38. v. 1809 et suiv.

39. IV, 3.

quis est ex me pius » s'écriait déjà Œdipe, dans les *Phéniciennes* de Sénèque [40]. Chez Garnier, Ismène absout sa sœur par cette formule :

> Le crime qu'elle a fait n'est que de piété. [41]

Rotrou la dit « pieuse » plusieurs fois [42]. Si la *pietas* latine est vertu morale
plutôt que qualité religieuse, la piété d'Antigone, au XVIe et surtout au
XVIIe siècle, est très nettement christianisée.

Cette piété à la française associe les deux principes de la responsabilité
humaine et de l'intention qui juge. Dans le dialogue d'Antigone et d'Œdipe, chez Sénèque, la jeune fille affirmait l'innocence de son père au nom
de ce second principe, au moment même où celui-ci se sentait accablé, au
nom du premier par le poids de son crime. Aucune conciliation n'était
possible entre les deux positions. Aussi l'attitude adoptée alors par Antigone ressemblait-elle à de la révolte plutôt qu'à de la piété [43]. La vertu
d'Œdipe apparaissait comme un douloureux défi aux dieux persécuteurs.
Ce défi disparaît chez Garnier, pour qui les épreuves imposées au malheureux lui sont une occasion de s'élever au-dessus de son destin (mais non
pas au-dessus des dieux) par une sereine générosité [44]. Dans la même tragédie, Antigone déclare à Ismène qu'il n'est pas nécessaire de réussir pour
mériter : la seule volonté de bien faire dispense du succès :

> Y taschant, je serai du surplus excusée. [45]

Aussi bien les héros de Garnier ne sont-ils pas de pures victimes du destin.
S'ils succombent, c'est le châtiment de fautes anciennement commises, et
qu'ils auraient pu éviter. Ainsi, à propos de Créon, le poète prend-il bien
soin de substituer à l'idée du destin aveugle ou de l'acharnement cruel des
dieux l'idée de l'irréparable, qui demeure tragique, certes, mais qui,
rendant à l'homme son entière responsabilité, ne peut éveiller la révolte
dans le cœur des assistants [46]. Des principes analogues se retrouvent dans
la tragédie de Rotrou. Antigone y parle encore de « l'innocent péché »
d'Œdipe [47]. A propos du geste de l'héroïne elle-même, Hémon, chez
Rotrou comme chez Garnier, invoque son imprudence et son ignorance [48].
A supposer qu'Antigone ait mal fait, elle se trouve justifiée par sa seule
volonté de bien faire. L'Antigone et la Jocaste de Racine sont moins sereines : l'affirmation de la morale de l'intention n'est plus chez lui l'occasion

---

40. v. 82 (éd. Léon Herrmann, Paris, Belles-Lettres, 2e éd., 1961).
41. v. 1930.
42. II, 2 et V, 1.
43. Sénèque, *Phéniciennes*, v. 182 et suiv.
44. v. 123 et suiv.
45. v. 1605.
46. v. 2640 et suiv. et 2674-2677.
47. I, 4.
48. Garnier, v. 1990 et suiv. ; Rotrou, IV, 6.

de louer les dieux, mais celle de se révolter contre leurs cruels décrets[49].
Aussi bien le destin, dans *La Thébaïde*, est-il plus pesant et ses lois plus
impénétrables que chez les prédécesseurs de Racine. Les hommes sont ses
jouets. Ils sont par lui poussés au crime[50], voués à la haine[51], et ne sont
éclairés sur leurs devoirs que lorsqu'il est trop tard : Créon ne peut plus
espérer trouver de « repos » qu'aux « enfers »[52]. Il n'y a pas, pour l'instant
du moins, d'autre théologie chez le jeune Racine.

Garnier et Rotrou lui proposaient pourtant une vision plus rassurante du
gouvernement du monde par les dieux. Sans doute, s'inspirant librement
de deux vers de Sophocle, Rotrou faisait-il dire à Créon aveuglé :

> ... le Ciel laisse agir l'ordre de la nature,
> Et n'a pas toujours l'œil sur une créature.[53]

Mais son Antigone et celle de Garnier présentaient Dieu ou les dieux tout
différemment. Celle-ci évoquait « Le grand Dieu, qui le Ciel et la Terre a
formé »[54] et qui a laissé dans la nature et dans la conscience humaine des
préceptes qui « durent éternels », aisément déchiffrables pour tous les
hommes de bonne volonté[55]. Celle-là parlait des dieux « pieux, augustes »,
« esprits dépouillez de toutes passions », vers lesquels peuvent s'élever les
grandes âmes[56]. La réponse de l'homme à l'appel des dieux prenait chez
l'un et chez l'autre la forme du sacrifice volontaire, sereinement consenti.
Le suicide de Jocaste est présenté par Garnier comme un acte capable de
racheter les fautes des Labdacides et de ramener entre eux la paix[57]. Le
Ménécée de Rotrou pense de même en se suicidant pour satisfaire à la
lettre d'un oracle[58]. Chez Racine, le même sacrifice fait croire un moment
à Antigone et à Jocaste que les dieux vont en effet se calmer. Mais aussitôt
Jocaste revient au thème de la persécution du ciel « toujours cruel, et
toujours en colère » et dont l'apaisement n'est jamais que feinte[59]. L'espérance d'Antigone n'est plus ici foi, mais illusion. Nous sommes loin de
la « face ouverte et nullement esmeue » du Ménécée de Rotrou[60], ou de la
joie du martyr affirmée par son Antigone[61]. Racine creuse à nouveau
entre les hommes et les dieux l'abîme comblé par ses devanciers.

49. II, 2 et III, 2.
50. III, 2.
51. IV, 1.
52. V, 6.
53. Sophocle, v. 1042-1043 ; Rotrou, V, 5.
54. v. 1810.
55. v. 1824.
56. IV, 3.
57. v. 1240-1241.
58. I, 2.
59. III, 3.
60. I, 2.
61. IV, 3.

Les mythes sont à la fois tenaces et malléables. Ils posent toujours à l'homme de grandes questions ; mais ils le laissent libre de sa réponse.

A travers les diverses expressions que nous venons d'examiner, le mythe d'Antigone nous a permis de caractériser trois moments de la sensibilité française, concernant le problème de la sauvegarde de la cité et du conflit de ses lois avec la conscience individuelle. Garnier propose, paradoxalement, au milieu du désordre des guerres de religion, la conciliation la plus aisée. Son Antigone est la plus sereine de toutes, en même temps que la plus sensible : en aimant Polynice, elle s'attache au bon droit ; en lui rendant les honneurs funèbres, elle n'accomplit pas un rite, elle obéït à une loi morale et religieuse, universelle et éternelle. Rotrou fait d'Antigone une mystique du bien moral, grande âme touchée par une grâce particulière, et qui contrevient aux lois par considération pour des lois supérieures qui n'apparaissent pas aux autres : une âme déjà citoyenne du Ciel. Racine a sacrifié Antigone au sujet des *Phéniciennes* : choix significatif. Le jeune poète refuse encore de répondre à l'angoissant problème de la destinée humaine. Il préfère le poser une nouvelle fois, sans concession à l'optimisme héroïque présent chez Garnier, à l'optimisme mystique proposé par Rotrou. Il ne voit plus Antigone que comme une victime parmi les autres victimes, incapable de révolte contre les hommes parce qu'elle est toute révolte contre les dieux. L'*Antigone* de Sophocle avait, pour reprendre les expressions de Léon Legras[62], fait triompher Apollon sur Erinys. Celle de Garnier avait, de l'antique Apollon, fait le Dieu ami et proche des hommes dont le visage avait été fixé par la Contre-Réforme. Celle de Rotrou, le Dieu des Généreux, accessible, comme celui de Saint Jean de la Croix ou de Sainte Thérèse d'Avila, aux élans mystiques des êtres d'exception. *La Thébaïde* de Racine impose de nouveau à l'homme, au soir du « siècle des Saints », l'obscure prison d'une condition à la fois nostalgique et malheureuse.

---

62. *Op. cit.*, II, *Les légendes thébaines dans l'épopée et la tragédie grecques*, chap. VI, p. 150.

3

Crisante et *Panthée* *

I. Plutarque, *Des Vertus des Femmes* (O.M.)

Chiomara, femme de Galatie et épouse d'Ortiagon, est prisonnière des troupes de Caeus Manlius. L'officier qui la garde déshonore Chiomara, et pour se faire pardonner la fait évader et rejoindre ses compatriotes. Mais Chiomara, au moment de rejoindre les siens, leur fait signe de frapper le Romain indiscret. La tête de l'officier est tranchée. Chiomara l'enveloppe dans les plis de sa robe, revient vers son époux, et jette la tête de l'officier à ses pieds. Selon Plutarque, Polybe a rencontré cette femme après la funeste aventure ici évoquée.

Dans *Crisante*, Rotrou reprend cette histoire, mais en la modifiant : le Romain Cassie viole la jeune femme et la renvoie à son époux. Celui-ci, Antioche, adresse à l'épouse qu'il croit infidèle de violents reproches. Elle retourne au camp des Romains, dont le général la laisse maîtresse du sort de Cassie. Crisante laisse l'officier se punir lui-même. Il se tue. Crisante s'empare de sa tête et retourne vers Antioche, lui présente la tête de Cassie et se poignarde. Antioche se tue et s'effondre sur le corps de sa femme.

II. Xénophon, *Cyropédie*, livres V, VI et VII.

Après la victoire de Cyrus sur les Assyriens, plusieurs femmes lui sont remises, dont Panthée, épouse d'Abradate, roi de Suse, qui au moment de la défaite est parti négocier, au nom des Assyriens dont il est allié, avec le roi de Bactriane.

Cyrus confie Panthée à Araspe, son ami d'enfance. Panthée est fort belle. Cyrus hésite à la rencontrer, sur la flatteuse évocation que lui en a

---

* Conférence prononcée à Grenoble en 1988, à l'occasion de l'exposition *La Hyre*. Inédit. (« Les Sources premières de *Crisante* et de *Panthée* »).

fait Araspe. Au cours d'un débat entre Cyrus et son ami, le premier exprime sa crainte des emportements de la passion amoureuse ; Araspe prétend au contraire que l'amour, chez les grandes âmes, ne peut qu'être volontaire. Pourtant Araspe devient insensiblement amoureux de cette femme, qui est non seulement belle, mais encore digne et attentive à servir son gardien. (1, V)

Brûlant d'amour pour la belle captive, Araspe la supplie de lui accorder ses faveurs. Elle refuse, car elle veut demeurer fidèle à son mari absent, qu'elle aime d'un violent amour. Elle n'accuse Araspe devant Cyrus qu'après qu'il l'a menacée de la prendre de force. Cyrus fait comparaître Araspe devant lui, lui adresse de vifs reproches, en lui rappelant combien sa théorie de l'amour s'est révélée inexacte ; il lui pardonne cependant, à condition qu'il accepte une mission d'espionnage en Lydie, en feignant de passer à l'ennemi, et naturellement qu'il renonce à sa passion pour Panthée. Celle-ci, qui croit, comme l'ensemble des Perses, à la trahison d'Araspe, entend marquer sa reconnaissance envers Cyrus en lui gagnant l'alliance de son époux Abradate. Celui-ci de toute façon ne s'entend pas avec le nouveau roi de Lydie. Il arrive, Panthée lui vante la clémence de Cyrus, et Abradate consent à le servir.

Araspe de retour fait rapport à Cyrus de sa mission. Il est lavé de tout soupçon et combattra l'ennemi au côté d'Abradate.

Panthée fait ses adieux à Abradate, et l'encourage à la vaillance (les commentateurs voient ici un souvenir des adieux d'Andromaque à Hector dans *L'Iliade*) (1. VI).

Abradate meurt au cours de la bataille contre Crésus. On célèbre ses funérailles. Pleurs de Panthée, qui s'accuse d'être cause de la mort de son époux. Cyrus s'efforce de la consoler. En vain. Elle se poignarde, en présence de sa nourrice, sur le corps d'Abradate. Les eunuques commis à sa garde se tuent à leur tour. Cyrus demeure inconsolable. (1, VII)

Le sujet de *Panthée* a été traité plusieurs fois à la fin du XVIe et au début du XVIIe siècles. Mais la source principale de la tragédie de Tristan est sans doute le poème d'Alexandre Hardy, publié en 1624 : l'œuvre suit d'assez près le récit originel : Araspe paraît à l'acte I, fait alterner flatteries et menaces auprès de Panthée en II, 1, est dénoncé à Cyrus qui le réprimande en lui demandant de ne plus recommencer (acte III) ; il assiste au suicide de Panthée en V, 2.

La *Panthée* de Tristan (1637-38 ; publ. 1639) ne mérite, ni l'accueil que lui a réservé le public, ni les doutes du poète lui-même, ni les jugements en général fort défavorables, qui ont été portés sur elle par la critique.

Au lendemain de la victoire de Cyrus sur l'armée des Assyriens, Panthée obtient un entretien avec le vainqueur, qui a confié auparavant à l'un de ses généraux :

> Si dans cet entretien j'osais la regarder
> Je crains que le plaisir qu'on trouve en sa présence
> Ne fasse négliger les choses d'importance. (I, 1)

Panthée, conquise par sa générosité, lui promet l'alliance de son époux Abradate, déçu par les défauts du nouveau roi d'Assyrie, dont il était l'allié. Cyrus confie Panthée à son «favori» Araspe, qui s'empresse d'obéir en disant :

> Sire, on ne saurait voir ce miracle des Cieux
> Sans lui rendre aussitôt l'honneur qu'on doit aux dieux. (I, 2)

Araspe est aussitôt séduit par l'épouse d'Abradate, et «tombe en défaillance» devant elle. Il est vrai qu'il relève de maladie. Il confie son amour aux suivantes de Panthée, en leur demandant le secret :

> Ah ! le cœur me soulève en pensant à ses charmes ;
> Permettez que je donne un cours libre à mes larmes,
> Et connaissant le mal qui cause mon trépas,
> En plaignant mon malheur, ne le divulguez pas. (I, 4)

Le malheureux Araspe «s'entretient en une solitude» de sa passion pour Panthée, et retrouve pour la chanter l'oxymore et la pointe familiers aux geôliers captifs :

> Je rassurai son cœur, elle troubla mon âme,
> Et me donna des fers quand je rompis les siens. (II, 1)

Panthée après avoir raconté à sa «fille d'honneur» Charis un songe où son époux Abradate se présente comme mort, aperçoit Abradate en train d'écrire. Il prétend, comme avait fait naguère le Tircis de *Mélite*, composer un poème pour un ami amoureux. Il récite en effet ce poème, en l'accompagnant des intonations et des gestes convenables au propos. On en retiendra les derniers vers, dont Molière s'est souvenu dans *Tartuffe* :

> O divine beauté ! pourvu que je vous voie
> Je ne demande pas de plus parfaite joie ;
> Je ne veux qu'observer vos célestes appas.

Mais Panthée lui répond comme fera Elmire à son amant indiscret :

> J'écoutais ce discours comme une raillerie,
> Mais s'il s'adresse à moi, cessez-le, je vous prie [...]

et demande à sa fidèle Charis de rapporter à Cyrus cette insolence. Demeuré seul, Araspe se plaint en anticipant sur les plaintes d'Arnolphe :

> Je la fuis, je la crains, et si je l'aime encore.
> Je sens mon feu s'éteindre, et puis se rallumer,
> Je ne la puis haïr, je ne la puis aimer,
> Je sais qu'elle est ingrate, et je la trouve belle,
> Qu'elle est mon ennemie, et si je suis pour elle.
> Il faut pour satisfaire à la rigueur du sort
> Guérir de tant de maux par une seule mort. (II, 3)

Charis tente de calmer la colère de la vertueuse Panthée. Araspe cependant est prêt à subir le châtiment que lui imposera sans doute Cyrus. La mort lui sera douce, si elle coûte à celle qu'il aime le moindre soupir. Cyrus fait en effet de vifs reproches à Araspe, qui répond seulement en invoquant l'amour et sa puissance et en se disant une nouvelle fois prêt à mourir.

> Commandez sur le champ qu'on termine mon sort,
> Il ne m'importe pas de quel genre de mort ;
> En l'état où je suis, les feux, les précipices,
> Le fer et le poison, me seront des délices ;
> Je les tiens à faveur, et promets hautement
> D'en goûter l'amertume avec ravissement. (III, 6)

Mais Panthée, dans le même dialogue où elle annonce à Cyrus l'arrivée d'Abradate, demande au roi des Perses la grâce d'Araspe, dont la faiblesse amoureuse ne s'explique selon elle que par les effets de la «cruelle et longue maladie» qu'il vient de traverser. Ce qu'accorde Cyrus, qui se contente de rappeler à Araspe que l'amour n'est pas «volontaire» comme il le prétendait (souvenir d'un épisode de Xénophon non évoqué dans la tragédie de Tristan). (III, 8)

Abradate est arrivé. Il doute un moment de la fidélité de son épouse, qui lui paraît trop chaleureuse dans les louanges qu'elle fait de Cyrus. Panthée parvient à le convaincre de son erreur. Araspe, de son côté, promet à Cyrus de lui manifester sa reconnaissance en combattant avec ardeur contre les Lydiens. Abradate lui fait une promesse analogue (acte IV).

Abradate est mort au combat. Araspe croit pouvoir s'en réjouir. Il écoute le récit de cette fin avec une allégresse nuancée d'inquiétude quand le message évoque l'état pitoyable de Panthée :

> Dieux ! depuis que l'amour me tient à la torture
> Il verse dans mon sein l'absinthe toute pure,
> Et le cruel qu'il est ne me saurait donner
> L'ombre d'une douceur sans me l'empoisonner. (V, 1)

Panthée s'abandonne aux plaintes dans une scène de stances. Cyrus s'efforce de la consoler. Elle demande à ses dames d'honneur et à sa suite de la laisser seule auprès du cadavre de son mari. S'accusant d'être la cause de sa mort, elle se poignarde. Ses suivantes « s'évanouissent auprès » d'elle. Araspe paraît, et se reproche de n'avoir pas secouru celle qu'il aimait en vain.

> Ayant perdu l'espoir que tu me viens d'ôter,
> En ton ressentiment je te veux imiter,
> Car cette même ardeur qui t'empêche de vivre
> Au point de ton départ me contraint de te suivre.
> Malgré tous les efforts de ton cruel orgueil
> Je te veux adorer au-delà du cercueil,
> Et donner par ce coup une preuve évidente
> Que contre ton amour la mort est impuissante.

Il se poignarde et se jette du haut d'un rocher, comme faisaient les émules de l'Aminta du Tasse. Mais il n'est pas de bergère pour le secourir : Araspe meurt deux fois, pour rendre hommage à l'épouse fidèle et à l'époux qu'elle aimait. (V, 3)

L'habileté de Tristan est d'avoir su faire alterner, dans sa tragédie, les trois motifs de la générosité princière, de la vertu féminine et de la passion amoureuse : il devait peut-être la première à Xénophon, la seconde à Plutarque... mais la peinture de la dernière, c'est à son siècle et à lui-même qu'il la devait.

Panthée est chez Tristan un mythe à quatre personnages, dont la présence s'impose également du début à la fin de l'histoire contée : la femme vertueuse, à la fois sévère et tendre, l'époux valeureux, jaloux et sensible, l'arbitre royal, autoritaire et fervent serviteur de la justice. Mais aussi et surtout l'amoureux mélancolique et désespéré, tenté tour à tour par la violence de Pyrrhus et par le délire suicidaire d'Oreste. Les jeux de mots, les antithèses apparemment forcées, les paradoxes étranges ou qu'on croirait usés se justifient quand ils inspirent des ensembles à la fois aussi complexes et aussi limpides. Avec autant de vigueur que dans ses pièces les plus admirées, Tristan a su faire apparaître dans celle-ci les essentielles dimensions de la nature et de la condition humaines. La singularité de son inspiration tient surtout, pourtant, en ce que, plus nettement que dans *Mariane*, il a mis en valeur dans *Panthée* non tant la « vertu » de la femme que sa puissance et son mystère. L'héroïne de sa seconde tragédie parvient en effet à imposer le respect au prince à qui on l'a livrée, l'admiration à l'époux qui aurait dû la soupçonner et une dévotion douloureuse et magnifique au soldat qui la garde. *Panthée* est une admirable élégie : « Elle peint des amants la joie et la tristesse » ; elle sait aussi « les cheveux épars, gémir sur un cercueil ». Ses paradoxes sont équilibre entre l'éblouissement et l'angoisse que fait naître, en cette vie, la sombre et rayonnante autorité des passions.

4

Trois témoins mélancoliques des amours malheureuses *

Les schémas du théâtre d'amour, au XVIIe siècle, sont, quand on les réduit à leurs lignes essentielles, en assez petit nombre. Le type tragique a pu être résumé ainsi : A aime B qui ne l'aime pas[1]. La formule définit une situation et appelle un destin. Jamais Hermione ne « revient » à Oreste. Jamais Bajazet ne pourra accepter l'amour de Roxane. Le type comique ou pastoral se définit de manière différente. A aime B qui l'aime. Mais divers obstacles les empêchent de s'unir. Ces obstacles tombent au dénouement. Céladon peut épouser Astrée, et Agnès connaître le bonheur auprès d'Horace. Cette formule optimiste peut être appliquée à la tragédie, avec cette différence que l'issue y devant être malheureuse les obstacles seront d'une puissance telle que les amants ne puissent voir leurs « feux récompensés ». C'est le destin de Junie et Britannicus, d'Atalide et Bajazet, d'Aricie et Hippolyte. Enfin, l'union des deux schémas correspond à une formule mixte et répandue dans tous les genres narratifs comme dans tous les genres dramatiques : C aime A qui ne l'aime pas, ou qui du moins lui préfère B qui répond à son amour.

Les variations de ce dernier schéma sont nombreuses, mais on peut les classer assez aisément :

1. Selon la hiérarchisation, du point de vue de l'intérêt dramatique, entre les personnages ou entre les sentiments évoqués :

a) Si le couple uni A + B domine, les vicissitudes de leur mutuel amour entraîneront des situations pathétiques.

b) Si l'accent est mis sur le couple C/A, où le premier personnage est

---

* *Papers on French Seventeenth Century Literature*, 1984 (numéro « Pierre Corneille »). (« Sévère, Éliante, Antiochus, témoins souffrants des amours malheureuses »).

1. C'est la seconde partie d'une célèbre formule de Roland Barthes ; nous supprimons ici la première, « A a tout pouvoir sur B ».

amoureux du second sans être payé de retour, la situation sera d'emblée tragique.

2. Selon la nature du dénouement :

a) Il peut être heureux pour A et B, C étant mis hors jeu (c'est le dénouement de *L'Astrée*).

b) Il peut être malheureux pour les trois personnages (c'est le dénouement de *Phèdre*).

3. Selon l'attitude de l'amoureux non payé de retour :

a) Elle peut être active et inspirée par la violence ou par la ruse, comme l'est celle de Néron, de Roxane ou de Phèdre[2].

b) Elle peut être passive, procédant d'un amour de tendresse, marqué par la mélancolie. C'est l'attitude d'Amaranthe amoureuse de Célion dans *L'Astrée*, ou celle de l'Infante dans *Le Cid*.

De toutes ces possibilités, celle qui apparaît comme la plus paradoxale est celle qui correspond à la formule (1, a ; 2, b ; 3, b). Autrement dit, A aime B qui l'aime, et l'issue de leurs amours est malheureuse, sans que pourtant C, qui aime A en vain, entreprenne rien contre son rival. Il n'y a pas de raison décisive pour faire de ce schéma celui d'une œuvre théâtrale. Il n'implique en soi aucune action, sinon celle du renoncement. Il n'impose pas même que le troisième personnage existe, l'absence de toute entreprise de sa part ne lui donnant dans une intrigue aucune place. Si de plus aucun obstacle majeur autre que la rivalité amoureuse n'intervient de manière incoercible entre les personnages A et B, et que le conflit qui fait le sujet du drame est tout intérieur, si donc apparemment *rien ne se passe* dans l'œuvre, du moins dans le domaine du sentiment qui retient ici, le poème sera réduit à des oscillations minimales entre les mouvements de l'espérance et ceux du découragement, jusqu'à l'heure d'une séparation qui pourra n'être pas mortelle.

Corneille, Molière et Racine ont proposé chacun une œuvre conforme à cette formule paradoxale. Il s'agit de *Polyeucte*, du *Misanthrope* et de *Bérénice*. Dans ces trois pièces, qui appartiennent à trois catégories différentes (tragédie de saint, comédie « sérieuse », tragédie politique et sentimentale), un couple est constitué ou près de se constituer, mais doit se séparer au moment du dénouement. A l'amour qui devrait « destiner » A à B s'oppose victorieusement un « actant » non tyrannique mais que son intériorisation en B rend incoercible : Célimène pourrait s'attacher à Alceste si le Monde ne lui interdisait de s'engager auprès de lui ; Polyeucte demeurer auprès de Pauline si la Grâce du baptême ne l'entraînait pas vers un autre destin ; Titus épouser Bérénice si son Rôle d'empereur ne l'obligeait à se séparer d'elle. Dans ces trois couples asymétriques,

---

2. Ces trois personnages répondent parfaitement à la première partie de la formule de Roland Barthes.

l'amoureux A passe par des alternatives d'élan vers l'objet aimé et de morne chagrin ou de vaine révolte. Pauline, dans la scène IV, 3, supplie Polyeucte en tendre épouse et s'abandonne à un mouvement de dépit. Dès sa première rencontre à l'acte II avec Célimène, Alceste annonce une rupture prochaine et finit par des protestations d'amour éternel. Une alternance comparable, quoique dans un registre différent, marque les propos de Bérénice à Titus en IV, 5. Ainsi va-t-il jusqu'au moment où A reconnaît la force intérieure de l'actant Monde, Foi, Empire dans le cœur de son partenaire. Le paradoxe consiste en ce que, dans la seule comédie du *Misanthrope*, A (Alceste) refuse d'en admettre la légitimité. En quoi il paraît en effet ridicule, ce héros de comédie qui fait de la surenchère par rapport à une héroïne de tragédie telle que Pauline.

Il est temps de parler du «témoin souffrant». Dans deux chapitres particulièrement riches de sa thèse, Madeleine Bertaud a évoqué, des personnages de *L'Astrée* à l'Infante du *Cid*, ces héros qui parviennent à vaincre la jalousie[3], se trouvant par là conformes à l'idéal formulé par le P. Senault dans un ouvrage proche par sa date de la représentation de *Polyeucte* :

> De la jalousie modérée, on [...] peut former un zèle discret sans lequel ni l'amour prophane ni le sacré n'entreprennent rien de généreux[4].

Les vertus de Sévère[5], d'Éliante et d'Antiochus paraissent bien définies dans les formules du savant oratorien. Sévère, dans les propos de Pauline, est présenté comme un «grand cœur», comme un «honnête homme», comme un «vertueux amant» (I, 3) ; Polyeucte sait tout cela, et que son rival et lui-même n'auront à combattre «que de civilité» (III, 5). Éliante est «sincère» (I, 1) ; elle est toute transparence ; elle est «pour les gens qui disent leur pensée» (V, 3) ; ces mêmes vertus qu'elle devine chez Alceste lui inspirent un sentiment de tendresse, voire d'admiration, qui lui permettent d'envisager un mariage avec cet amant «grondeur». Antiochus a montré, en combattant auprès de Titus, qu'il avait les mêmes qualités héroïques que le fils de Vespasien, celles aussi qui avaient fait la gloire de Sévère. Il est également présenté, par Bérénice elle-même, comme un «ami» qui lui «parle du cœur» (I, 4).

Au cours de la pièce, les trois personnages peuvent espérer un temps voir leur amour récompensé. Quand Polyeucte prétend céder Pauline à Sévère, Sévère s'offre à Pauline, qui le refuse (IV, 5). De même Antiochus, quand Titus le charge de reconduire la reine dans ses États, voit renaître une espérance que la froideur de Bérénice décourage aussitôt (III, 2 et 3). Moins enflammée sans doute, Éliante n'exclut pas pour autant la possibilité de consoler Alceste, si celui-ci était rebuté par Célimène (IV, 1).

---

3. Madeleine Bertaud, *La Jalousie dans la littérature au temps de Louis XIII*, Droz, 1981, p. 253 et suiv., p. 471 et suiv.

4. Cité par Madeleine Bertaud, ouvr. cit., p. 161.

5. Un très juste portrait de Sévère est proposé dans l'ouvr. cit., p. 473-477.

Vient pour tous trois le moment où ils tentent d'aider le couple menacé à se reconstituer. Ils font ainsi l'épreuve et donnent enfin la preuve de l'extrême profondeur de leur amour et de la qualité de leur amitié à l'égard du rival. Suivant l'exemple de l'Infante et de Don Sanche, Sévère, qui vient d'être refusé par Pauline, prend l'héroïque décision de plaider pour Polyeucte :

> Allons trouver Félix, commençons par son gendre,
> Et contentons ainsi, d'une seule action,
> Et Pauline et ma gloire, et ma compassion (IV, 6).

Dans une situation comparable, Antiochus supplie Titus de revenir à Bérénice (IV, 7) et, croyant avoir réussi à le convaincre, lui avoue qu'il était son rival et qu'il est heureux dans son désespoir de voir les amants enfin réunis.

> Oui, Madame, vers vous j'ai rappelé ses pas,
> Mes soins ont réussi, je ne m'en repens pas. (V, 7)

Quant à Éliante, après avoir déclaré, dans le dialogue avec Philinte plus haut cité,

> Et si c'était qu'à moi la chose pût tenir,
> Moi-même à ce qu'il aime on me verrait l'unir (IV, 1)

elle résiste à l'élan qui l'entraîne vers Alceste au moment où par dépit celui-ci vient s'offrir à elle, et tente de le débarrasser des soupçons que lui inspire Célimène (IV, 2).

*
* *

Le XVIIe siècle est souvent plus étonnant qu'on ne le croit parfois. Il a eu le sens du théâtre. Il a aimé les romans. Grâce aux audaces de Corneille, il a pu appliquer au premier des schémas qu'on aurait dû apparemment réserver au second. D'une situation et d'une action aussi anti-théâtrales l'une que l'autre il a su tirer au moins trois œuvres que la postérité a placées à juste titre au plus haut rang de notre littérature dramatique. Il a su également imposer un type de héros qu'on a quelquefois accusés de fadeur, mais que leurs élans généreux, leurs souffrances secrètes ou pathétiquement exprimées et leur délicatesse en amitié assurent de la sympathie du lecteur de bonne foi et du spectateur sensible.

5

Les *Maximes* et le théâtre*

Parler de théâtre à propos de l'œuvre de La Rochefoucauld peut sembler paradoxal. Il n'y est question directement ni de Corneille[1], ni de Racine[2], à peine de Molière. Dans une lettre du 24 septembre 1669 à la comtesse de Clermont, écrite à Chambord où l'écrivain avait accompagné la Cour, on ne trouve guère que des formules décevantes : « Molière joua hier *L'École des maris*, que je ne vis point ». Du moins la même lettre désigne-t-elle son auteur comme « pauvre gentilhomme limousin », lassé par les fêtes, les festins et les jeux[3] : allusion à *Monsieur de Pourceaugnac* deux semaines avant la première, ce qui suppose qu'il avait assisté, soit à une répétition, soit à une lecture de la pièce[4], comme il le fit plus tard pour *Les Femmes savantes*[5]. Dans la réflexion *Des Goûts*, rédigée vraisemblablement quelques mois après la mort de Molière[6], La Rochefoucauld évoque la « comédie », c'est-à-dire le théâtre, en ces termes : « On peut aimer la comédie sans avoir le goût assez fin et assez délicat pour en bien juger, et on peut avoir le goût assez bon pour bien juger de la comédie sans l'aimer ». Autrement dit, le « goût qui nous porte vers les choses », qui est de l'ordre de la sensibilité, peut, dans le domaine du théâtre, être distingué du goût « qui nous en fait connaître et discerner les qualités », c'est-à-dire du jugement, fondé sur la connaissance des « règles ». Cette

---

* *L'Intelligence du passé*, Mélanges Jean Lafond, Tours, 1988. (« Les *Maximes* et le théâtre »). Les abréviations utilisées sont celles définies à la p. LXXI de l'éd. Truchet.

1. L'index des *Œuvres* dans l'édition de la Pléiade confond le poète tragique avec l'historien latin.

2. La maxime 413, selon Segrais, ferait allusion à Boileau et à Racine.

3. Éd. de la Pléiade, p. 640.

4. La première eut lieu le 6 octobre.

5. Lettre de Mme de Sévigné du 1er mars 1672.

6. S'il est vrai que La Rochefoucauld y évoque une conversation dont fait état une lettre de Mme de La Fayette à Mme de Sévigné datée du 4 septembre 1673.

formule est ambiguë : au lendemain de la querelle qui a vu naître les *Traités* de Conti et de Nicole, mais aussi un quart de siècle après la querelle du *Cid* et dix ans après la querelle de *L'École des femmes*, La Rochefoucauld peut aussi bien en ces phrases condamner les ennemis de Corneille ou de Molière, qui jugent à partir des règles, que les fanatiques du théâtre qui ne jugent qu'à partir de leur sentiment immédiat. Certes, l'œuvre de La Rochefoucauld nomme des personnages de l'histoire de l'Antiquité qui ont été aussi des héros de théâtre : Alexandre, Antoine, César, Pompée et Caton, présents dans les réflexions VII et XIV. Mais la liste est vite close.

Pourtant, explicite ou non, la présence de l'univers théâtral s'impose dans les écrits de La Rochefoucauld. Rien d'étonnant à cela : la genèse et la publication des *Maximes* embrassent toute la carrière profane de Racine, les dix dernières années de la production de Corneille, la décennie la plus féconde et la plus glorieuse de Molière. Mais surtout il y a parenté entre le genre des maximes et les genres dramatiques : dans la forme, la sentence morale et la réplique de théâtre entretiennent des rapports d'analogie ; dans l'inspiration, le théâtre met en œuvre les mêmes passions que la maxime s'efforce d'analyser ; dans le dessein, comédie et tragédie sont au service des mêmes formes de sagesse que les *Maximes* et les *Réflexions* entreprennent de fonder ou de contester. Cette parenté permet en revanche de faire apparaître plus nettement tout ce qui, dans la manière, le matériau psychologique et le projet moral, oppose l'auteur des *Maximes* aux écrivains de théâtre des années 1660 et 1670.

*
* *

La maxime est sentence, comme tant de répliques du théâtre de type cornélien. La MS 42 (I, 236), « On ne peut répondre de son courage quand on n'a jamais été dans le péril », peut être comparée au vers fameux du *Cid* : « A vaincre sans péril on triomphe sans gloire » : structure analogue, en deux membres et quatre accents ; mise en relief de deux mots essentiels : *courage/péril* et *péril/gloire* ; application au même objet, le monde des aristocrates, la classe des guerriers. La ressemblance pourtant ne doit pas tromper : la maxime de La Rochefoucauld paraît bien être reprise du thème de la témérité : là où le Corneille du *Cid* voyait une vertu, le moraliste des *Maximes* voit une marque de présomption peu justifiable. Une simple étude formelle met ainsi en évidence, sous l'analogie, un décalage du point de vue et une critique implicite.

La maxime est dialogue : parce qu'elle peut répondre, on vient de le voir, à des maximes antérieures ; parce qu'elle tire son origine de la conversation et du dialogue écrit de la correspondance ; parce que son évolution suppose un échange oral ou épistolaire avec ses premiers lecteurs. Mais également dans sa présentation même : à l'intérieur des groupements de maximes, il est fréquent de voir se suivre des formules qui se corrigent, s'opposent ou présentent un renversement du point de vue.

Ainsi, entre les maximes 114 et 115, il s'opère une reprise à variations très significative : inversion des termes, passage de l'évocation du sentiment éprouvé à celle de la démarche entreprise, recul dans le temps et changement du sujet. Autant d'éléments qui transposent ceux du dialogue de théâtre : dimension temporelle, changement d'interlocuteur, parenté thématique et nuance sémantique. Mais le « dialogue » des *Maximes* est comme le reflet anamorphique du dialogue de théâtre : s'il en réutilise les ingrédients, il en bouleverse les rapports, en déforme les contours, en dépersonnalise les acteurs.

Comme il y a quatre humeurs en l'homme, quatre saisons dans l'année, quatre éléments dans l'univers, quatre qualités dans les corps et quatre âges dans la vie, il y a au théâtre quatre passions fondamentales : l'avarice, l'amour, l'ambition et la vengeance, les deux premières appartenant plutôt à la comédie, où elles opposent les jeunes gens et les vieillards, et les deux autres plutôt à la tragédie, où elles affectent les jeunes héros et les hommes d'âge mûr. Ces passions se rencontrent dans l'œuvre de La Rochefoucauld ; il arrive même que certaines d'entre elles fassent l'objet d'une sorte d'histoire aisément transposable sur une scène : la « carrière » de l'avare est évoquée dans la maxime 11 et dans les maximes 491 et 492 qui n'apparaissent qu'en 1678 ; à la même date on assiste au passage de l'amour à l'ambition (M 490) ; la maxime 38 du ms Liancourt fait de l'ambition la source du malheur des grands : beau sujet et thème traditionnel de la tragédie ; les très nombreuses maximes consacrées au sentiment de l'amour en font apparaître tantôt la mystérieuse grandeur, tantôt les tourments et les inquiétudes qui l'accompagnent, tantôt les contradictions qui en font un désir de domination ou/et une forme de soumission aveugle, tantôt les fautes dont il est l'origine et qui exposent au jugement, voire à la raillerie d'autrui (M 422) : tour à tour le lecteur peut interpréter ces maximes, selon leurs dates, comme annonçant ou glosant *Bajazet*, et selon leur ton comme transposition de la passion racinienne ou comme réécriture de *L'École des femmes* ou de la *Critique* (« Quand nous sommes bien amoureux, nous faisons des choses... »).

Mais ces passions n'ont pas toujours ici le caractère de la grandeur héroïque. Elles sont parfois réduites à des phénomènes physiologiques (I, 13). Elles sont changeantes : l'amour est naturellement inconstant (Réfl. XVII) ; il finit par mourir (Réfl. VI et IX) ; sa vieillesse est malheur et décrépitude (*ibid.* et M. 430) ; l'avarice « produit quelquefois la prodigalité, et la prodigalité l'avarice » (M. 11). Les passions tragiques se voient contester leur noblesse : on doute de la possibilité de la vengeance (M. 14) ; l'ambition d'Auguste et d'Antoine n'est qu'un effet de la jalousie (M. 7) ; ailleurs la même passion est ravalée au seul désir de dominer et décidément distinguée de la force d'âme (M. 24).

Il y a là une critique assez évidente de la caractérologie théâtrale communément admise. La comédie de Molière présente bien les contradictions d'Alceste, mais elle lui permet de conserver jusqu'au bout son identité d'« atrabilaire amoureux » ; la tragédie met bien en œuvre le déchirement intérieur de ses ambitieux, de ses jaloux, de ses héros ivres à la fois d'amour et de vengeance : du moins leur garde-t-elle les mêmes traits essentiels : le crime de Néron ne rend pas méconnaissable le jeune empereur que fascinait au deuxième acte sa rencontre avec Junie. Dans son étude des passions, La Rochefoucauld paraît refuser aux personnages de théâtre une authentique vraisemblance : il les voit peut-être comme acteurs d'une sorte de psychomachie. Paradoxalement, sous l'abstraction des maximes, il met en doute le concret de l'existence que prétend évoquer la « poésie représentative ».

Comme il traite des quatre passions, La Rochefoucauld traite aussi des quatre vertus cardinales. Mais, sauf exception, il en traite de manière toute négative. La force, vertu première du héros tragique, ne s'applique ici qu'à supporter « les maux d'autrui » (M. 19) ou à résister aux passions, si elles sont faibles (M. 122) ; dans la bonté, elle n'est que faiblesse (M. 237) ; ailleurs, elle est curieusement assimilée à l'avarice, entendue à la fois comme « désir de conserver » et « crainte de perdre » (MP. 32). La prudence s'associe ironiquement à la force dans la résistance aux curiosités indiscrètes des amis (Réfl. V) ; cette vertu, si excellemment représentée par les confidents de tragédie et par les Philinte de comédie, et que la tradition présente comme juste tempérament entre les autres vertus, devient dans les *Maximes* tempérament entre les vices (M. 182). La justice, qualité royale des don Fernand et des Tulle, n'est plus ici que celle des Prusias et des Orode, qui supposent des crimes en l'innocence (M. 489) ; elle est chez les juges inspirée par le seul « amour de leur élévation » (I, 89). La clémence, enfin, qui est la tempérance des juges et des rois, n'est que « politique » (15). Auguste pardonne à Cinna par « lassitude » et par « crainte » (lettre 39, éd. J. Truchet) ; ce sont des sentiments qui inspirent la « réconciliation avec nos ennemis » (M. 82).

Les héros, dans les *Maximes* et les *Réflexions*, sont le fruit plutôt que la source de leurs exploits. Les réflexions XIV et XIX font certes des grands hommes de l'histoire des favoris de la nature, mais les montrent surtout comme des favoris de la fortune. L'éventail, sans doute, est large, de la « grandeur de courage » d'Alexandre à la médiocrité du duc de Bragance ou du comte d'Harcourt : mais pour l'un comme pour l'autre, les événements ont fait l'essentiel (M. 24, 53, 153).

Il est vrai que la fortune peut apparaître comme un autre nom de la Providence (MS. 39). « Dieu seul fait les gens de bien », lit-on dans les premiers manuscrits des *Maximes*[7]. Les écrits publiés par La Rochefoucauld sont peut-être le palimpseste d'un dessein premier visant, comme faisait Nicole, à substituer à la notion d'héroïsme individuel celle de vocation providentielle. Contrairement aux théoriciens de la gloire, La Rochefoucauld voudrait que l'homme de valeur accomplît ses exploits, non en public,

7. Éd. J. Truchet, p. 142.

mais « sans témoins » (M. 216), montrant ainsi qu'il sait concilier ses vertus avec l'« humilité » (M. 358) : une humilité qui ne serait pas « de théâtre », pour reprendre l'expression appliquée par Nicole à la Théodore de Corneille.

Les mises en doute et les corrections des *Maximes* ont pu encourager le théâtre français d'après 1665 à chercher des voies nouvelles : la conscience du rôle à assumer qui habite les héros du vieux Corneille, le providentialisme des dernières tragédies de Racine, la dépossession de soi dans la folie heureuse ou mélancolique des Jourdain et des Argan doivent peut-être quelque chose à La Rochefoucauld.

6

Pellegrin adaptateur du
mythe de Phèdre *

Le 8 mars 1732, Voltaire écrivait à son ami Cideville, à propos de
l'opéra de *Jephté* de Simon-Joseph Pellegrin et Michel Pignolet de
Montéclair : « Je suis fâché en bon chrétien que le sacré n'ait pas le même
succès que le profane, et que *Jephté* et l'arche du Seigneur soient mal
reçus à l'Opéra lorsqu'un grand-prêtre de Jupiter et une catin d'Argos
réussissent à la Comédie [...]. Je demande très humblement pardon à
l'Ancien Testament s'il m'a ennuyé à l'Opéra. »[1] La « catin d'Argos » est
l'héroïne d'*Eriphyle*, tragédie du parricide involontaire comme *Jephté*
l'était de l'infanticide votif. Les deux œuvres ont été en exacte concurrence
par la date de la représentation, mais *Eriphyle* n'eut qu'un succès d'estime,
alors que l'opéra de Pellegrin attira quelque temps le public. Deux mois
après la première lettre citée, Voltaire devait reconnaître : « On baille à
Jephté, mais on y va. »[2] « Ce n'a pas été sans trembler, écrira de son côté
Pellegrin dans la préface de son opéra[3], que j'ai entrepris de mettre sur le
Théâtre de l'Académie Royale de Musique un sujet tiré de l'Écriture
Sainte. » De fait, l'œuvre fut mise en quarantaine par l'Église, si nous en
croyons une lettre de Formant à Cideville[4]. Pourtant, l'histoire qu'on y
contait n'avait pas gardé grand-chose de commun avec le récit original.
Pellegrin y avait introduit, en se référant à *Polyeucte*, une intrigue
amoureuse profane, et son souci des âmes sensibles lui avait fait épargner
la fille de Jephté. Une longue tradition veut qu'une rivalité inverse ait
opposé l'année suivante, auprès de Rameau lui-même, un livret de
Voltaire d'inspiration biblique, celui de *Samson*, et le dernier livret

---

* Actes du Colloque Rameau, Dijon, 1987. (« *Hyppolyte et Aricie* de Rameau et
Pellegrin dans l'histoire du mythe de Phèdrre »).

1. Éd. Besterman, l. 450.

2. *Ibid.*, l. 466.

3. Recueil Ballard, XV, pp. 51 et suiv.

4. Éd. Besterman, l. 449 et notes.

d'opéra de Pellegrin, emprunté à la légende la plus célèbre de la Grèce, celui d'*Hippolyte et Aricie*[5]. La réalité est sans doute un peu différente. Mais l'histoire du texte de *Samson* est de toute manière liée trop étroitement à celle de la carrière d'*Hippolyte* pour que nous la passions totalement sous silence.

Le 2 octobre 1733, c'est-à-dire le lendemain de la première de l'opéra de Pellegrin et Rameau, Voltaire écrit à Cideville : « Les paroles sont de l'abbé Pellegrin. La musique est d'un nommé Rameau, homme qui a le malheur de savoir plus de musique que Lulli. C'est un pédant en musique ; il est exact et ennuyeux. »[6] Réaction de dépit du poète qui n'aurait pu imposer au musicien un *Samson* esquissé, nous dit-on, dès 1731 ? On est en droit d'en douter en constatant avec Besterman que l'argument décisif en faveur de cette hypothèse est un passage d'une lettre à Thiériot datée de 1731 dans l'édition Moland et qui date en fait de 1735 (on y trouve la fameuse phrase : « Quand Orphée-Rameau voudra, je serai à son service. »)[7] C'est après le succès de l'opéra de Pellegrin que Voltaire, immobilisé par une « inflammation d'entrailles »[8], écrit *Samson* en une dizaine de jours[9]. Dès décembre 1733, Mme du Châtelet en parle comme d'une œuvre qui doit être jouée « avant qu'il soit six mois »[10]. Mais, en dépit de la hâte de Rameau, la condamnation du texte par la Sorbonne[11] et probablement les difficultés éprouvées par Voltaire à se plier aux exigences du genre, n'ont pas permis de représenter *Samson*, pour lequel cependant le musicien composa « une musique délicieuse » dont devait profiter au moins *Castor et Pollux*[12]. Ce qui est certain en tout cas, c'est que Pellegrin n'écrivit plus rien pour l'opéra après *Hippolyte*. Il est vrai qu'en 1733 il avait 70 ans. Mais la cour assidue faite par Voltaire à Rameau au cours des deux années suivantes et les piques qu'il n'a pas dû manquer de lancer à l'adresse de Pellegrin ont pu être pour quelque chose dans la disgrâce de l'abbé auprès du compositeur.

Quoi qu'il en soit, le livret du vieux Pellegrin n'est dépourvu ni d'intérêt historique, ni de mérite. Il s'agit du premier opéra inspiré par le mythe de Phèdre. *Thésée* de Quinault (1675) se clôt avec la reconnaissance

---

5. Les références sont innombrables. Voir en particulier Catherine Kintzler, *Jean-Philippe Rameau. Splendeur et naufrage de l'esthétique du plaisir à l'âge classique*, Le Sycomore, 1983, pp. 110 et suiv., et, dans l'éd. Besterman de la correspondance de Voltaire, les notes de la l. 667 (datée par Besterman de décembre 1733 et non 1732 comme avait fait Fernand Caussy (*Le Correspondant*, 25 août 1911).

6. Éd. Besterman, l. 640.

7. Éd. Moland, t. 33, lettre du 1/12/1731 ; éd. Besterman, l. 915.

8. Éd. Besterman, l. 664 du 5/12/33.

9. *Ibid.*, l. 664 du 5/12/33.

10. *Ibid.*, l. 665.

11. *Ibid.*, l. 762 et 764.

12. *Ibid.*, l. 13.766. *Samson* ne fut publié qu'en 1745 (Bengesco, I, p. 17). L'éd. de Kehl et l'éd. Moland des Lettres de Voltaire ajoutent à *Castor et Pollux* l'acte des Incas dans *Les Indes galantes et Zoroastre*. V. éd. Besterman, t. I, p. 361.

du jeune héros par son père. *Aricie* de Pic et La Coste (1697) conte une histoire sans rapport avec celle d'Hippolyte, non plus que le *Pirithous* de La Serre et Mouret (1723)[13]. Cet *Hippolyte* est antérieur de douze ans à l'*Ippolito* de Christophe-Willibald Gluck et de vingt à *Phèdre et Hippolyte* de Roseingrave. Dans l'édition du Recueil Ballard[14], le livret est précédé d'une intéressante préface où Pellegrin lui-même s'étonne de n'avoir pas été «prévenu» par Quinault dans son entreprise. «Jamais sujet, écrit-il, n'a paru plus propre à enrichir la scène lyrique.» Et il évoque «le merveilleux dont toute cette Fable est remplie» comme tout à fait conforme aux règles et usages du genre de la tragédie en musique. Ces faits invitent à étudier pour lui-même le livret de Pellegrin[15]. Après en avoir proposé une analyse, nous nous efforcerons de le situer dans la tradition du mythe, d'y discerner quelques dettes précises envers l'œuvre de Racine (sans nous limiter à *Phèdre*) et d'en apprécier l'intérêt esthétique et la portée morale.

*
* *

Dans une forêt consacrée à Diane, l'Amour se voit d'abord interdire par la déesse de «lancer» ses «redoutables traits» en un lieu voué à la virginité. Mais l'intervention de Jupiter, messager du destin plus puissant que les dieux, oblige Diane à faire exception à cette règle un seul jour, ce jour devant être celui d'un mariage : «En faveur de l'Hymen faites grâce à l'Amour.» Diane consent à protéger les vertueux amants qui vont lui être confiés, et à les secourir «contre une injuste violence». L'Amour s'apprête à guider nymphes et habitants des bois «au Temple de l'Hymen» (*Prologue*).

Dans un temple également consacré à Diane, Aricie s'apprête à se vouer au service de la déesse, comme a fait Hippolyte qui veut bien partager «les malheurs d'une Pallantide», Thésée leur ayant interdit de s'épouser. Diane du moins saura pardonner un amour innocent. Cependant, Aricie, bien qu'un chœur de prêtresses célèbre pour elle la paix que procure l'indifférence en amour, hésite à s'engager dans le célibat monastique parce qu'elle le ferait sous la contrainte : c'est Phèdre en effet qui l'y pousse. Le chœur l'approuve. A son tour, Hippolyte refuse de faire passer le respect des dieux après celui des puissances humaines. Phèdre déclare alors la guerre à l'autel et au temple de Diane. Mais celle-ci apparaissant dans un bruit de tonnerre déclare qu'elle protégera «la liberté des cœurs» et tout le monde entre dans le temple sauf Phèdre et Œnone. «Ma rivale me brave ! elle suit Hippolyte», soupire la première. Arcas, confident de

13. Recueil Ballard, I, VI et XIII.

14. T. XV, 1739, pp. 313 et suiv.

15. Il l'a été déjà par Cuthbert Girdlestone, *La Tragédie en musique (1673-1750) considérée comme genre littéraire*, Genève, Droz, 1972, pp. 245 et suiv. Voir aussi *Girdlestone, 1957*.

Thésée, venant annoncer à toutes deux que Thésée vient de suivre « un tendre ami » aux Enfers, la nourrice encourage sa maîtresse : « Mes yeux commencent d'entrevoir/Que vous pouvez brûler d'une ardeur légitime. » A quoi Phèdre répond : « Mais si l'éclat du rang suprême/Ne peut rien sur l'Ingrat que j'aime,/La mort est mon dernier recours » (*Acte premier*).

A l'entrée des Enfers, Thésée se plaint auprès de Tisiphone dés malheurs qui l'accablent. Il vient de voir « Pirithous déchiré par Cerbère ». Le fond du théâtre s'ouvre. Pluton paraît, accompagné des trois Parques, et annonce que Thésée devra partager le supplice de son complice. Le héros se défend en rappelant qu'il n'a agi que selon les exigences de la vertu d'amitié. Le dieu et époux outragé s'en remet aux juges des Enfers, qui n'accordent à Thésée, ni la mort, ni la liberté, mais seulement la prison éternelle. Thésée adresse alors à Neptune le second des vœux dont ce dieu lui a promis la réalisation ; le premier ayant été le souhait de descendre aux Enfers, celui-ci sera le souhait d'en sortir. Mercure se fait le messager de Neptune auprès de Pluton pour que ce vœu soit exaucé. Il l'est en effet. Mais Pluton et les Parques insinuant qu'il trouvera chez lui d'autres Enfers, Thésée décide de « cacher » son « retour » afin de connaître son sort avant qu'on sache qu'il est revenu sur terre. « Dieux, s'écrie-t-il, détournez les maux qu'on vient de m'annoncer,/Et surtout prenez soin de Phèdre et d'Hippolyte » (*Acte II*).

Dans un décor représentant « une partie du Palais de Thésée, sur le Rivage de la Mer », Phèdre demande à Vénus qui « a perdu [sa] trop coupable race » d'accepter du moins de l'épargner. Œnone annonce l'arrivée d'Hippolyte. Quand il paraît devant elle, Phèdre lui laisse entendre qu'elle ne le hait pas comme il le croit. Hippolyte veut bien, dit-il, « tenir lieu de père » au fils légitime de Thésée, mais réaffirme son amour pour Aricie. Fureur de Phèdre qui saisit l'épée d'Hippolyte pour s'en frapper. Mais le jeune hommme la lui arrache. Thésée paraît en ce moment précis. A ses questions, Phèdre ne répond que par une formule ambiguë, et Hippolyte en demandant à son père la grâce d'un « exil éternel » ; mais Œnone, demeurée seule avec le roi, insinue qu'Hippolyte a manqué de respect envers sa belle-mère. Thésée fait alors appel à Neptune pour un dernier vœu et s'écrie : « Le sang a beau crier, je n'entends plus sa voix ». On voit la mer s'agiter. Enfin une troupe de Peuple et de Matelots vient acclamer Thésée et on assiste à leurs danses et au chant d'une Matelote (*sic*) qui se conclut sur ces deux vers : « L'amour ne dort/Que dans le Port » (*Acte III*).

Dans un « bois consacré à Diane », où l'on « aperçoit un char attelé » et qui est situé au bord de la mer, Hippolyte déplore son triste sort. Aricie paraît. Sans lui révéler les causes exactes de son départ, le jeune homme l'invite à le suivre comme son époux. Tous deux adressent une prière à Diane. Apparaît une troupe de chasseurs et de chasseresses. Chants et danses. Mais soudain « la mer s'agite ; on voit sortir un monstre horrible ». Hippolyte s'avance vers lui ; des flammes et des nuages l'environnent, puis se dissipent : le jeune héros a disparu. Aricie tombe évanouie. Entre

Phèdre, qui, apprenant le sort d'Hippolyte, se livre aux transports du repentir : « Non, sa mort est mon seul ouvrage./Dans les Enfers c'est par moi qu'il descend ;/Neptune de Thésée a cru venger l'outrage ;/J'ai versé e sang innocent [...] Fuyons ; où me cacher ? Je sens trembler la terre ;/Les Enfers s'ouvrent sous mes pas./Tous les dieux conjurés, pour me livrer la guerre,/Arment leurs redoutables bras [...] Laissez-moi révéler à l'Auteur de ses jours/Et son innocence et mon crime. » Le chœur ne peut que soupirer : « O remords superflus !/Hippolyte n'est plus » (*Acte IV*).

Au dernier acte, « le théâtre représente un Jardin délicieux, qui forme les Avenues de la Forêt où l'on voit Aricie, couchée sur un lit de verdure ». La jeune fille s'éveille au son de « doux concerts » et à la brillante clarté du Soleil. Diane descend dans une gloire et annonce à Aricie et à une troupe de bergers et bergères qu'elle a « fait choix d'un héros » pour « dispenser *ses* lois » dans ce séjour. Les Zéphirs amènent Hippolyte dans un char, les amants se retrouvent et Diane leur explique que « le destin dont la puissance/Fait trembler les Enfers, et la Terre, et les Cieux » a délivré Neptune de son serment. « Phèdre, ajoute-t-elle, aux yeux de Thésée a terminé son sort,/Et t'a rendu ta gloire en se donnant la mort ». Mais ce même destin a interdit que Thésée connaisse le lieu où Hippolyte a été transporté. On entend le chant des musettes, et le chœur chante et danse (« Croissez, naissante Herbette,/Paissez, bondissants Moutons », etc.) (*Acte V*).

Aux premières représentations, auxquelles fait encore allusion la *Préface*, ce dernier acte s'ouvrait par deux scènes, un monologue de Thésée et un dialogue de Thésée et de Neptune, que Pellegrin a supprimées en en donnant la substance dans le récit de Diane, afin de ne point rompre l'unité de lieu. Ces scènes ont été conservées dans l'édition Michaelis, publiée chez Charles Poisat en 1881[16].

*
* *

Si insolente que paraisse cette histoire à l'égard du mythe reçu, le vieux poète l'a présentée comme parfaitement respectueuse de la tradition et de l'esprit de la mythologie. Comme faisaient avant lui les tragiques du XVIIe siècle, il s'est donné un certain nombre de garants. Il s'appuie sur Ovide qui fait revivre Hippolyte « sous le nom de Virbius dans la forêt d'Aricie »[17], et sur Racine pour faire d'une sœur des Pallantides l'héroïne éponyme de cette forêt. Il aurait pu citer encore Virgile, auquel Racine lui-même fait référence : « Ibat et Hippolyti proles pulcherrima bello,/Virbius, insignem quem mater Aricia misit. »[18] Racine ajoutait : « J'ai lu encore dans quelques auteurs qu'Hippolyte avait épousé et emmené en

16. C. Girdlestone, *op. cit.*, p. 267, note 71.
17. *Métamorphoses*, IX, XV, etc.
18. *Enéide*, VII, vv. 761 et suiv.

Italie une jeune Athénienne de grande naissance, qui s'appelait Aricie, et qui avait donné son nom à une petite ville d'Italie. » Le poète de *Phèdre* pouvait songer aux *Tableaux* de Philostrate *mis en français* par Blaise de Vigenère et publiés en 1615 à Paris. On y lit en particulier : « On estime que ce lieu (*Aricana*) fut ainsi appelé d'une belle jeune Demoiselle de la contrée d'Attique nommée Aricia ; de laquelle Hippolyte s'étant enamouré, l'emmena en Italie où il l'épousa. »[19] Pellegrin fait de Thésée le fils de Neptune, pour la « vraisemblance », dit-il, et en s'appuyant sur Hygin, dont les fables XXXVII et XLVII confirment en effet cette filiation. Neptune et Égée s'étant partagé les faveurs d'Aethra, fille de Pitthée, le premier permit que le second fût considéré comme le père de l'enfant à naître : « Neptunus quod ex ea natum esset Aegeo concessit. »[20] Enfin, Pellegrin refuse qu'on se scandalise du rôle de Diane, devenue ici protectrice des amoureux. C'est que Théocrite, repris par le mythologue italien Natalis Comes ou Natale Conti, tenait que les nymphes consacrées à Diane pouvaient, moyennant des offrandes à la déesse, être relevées de leur obligation de virginité. Dans l'édition française de la *Mythologie* dite de Noël Le Comte (Paris, 1611), on pouvait lire en effet : « Somme, Diane eut plusieurs charges et offices : car les filles d'Athènes qui venaient s'ennuyer de demeurer si longtemps vierges, pour éviter le courroux de cette Déesse, [...] avaient de coutume porter en des paniers certaines offrandes au temple de Diane, lui demandant pardon de ce qu'elles changeaient de dessein. »[21] Pellegrin, en bon auteur tragique néoclassique, procède comme les jésuites des *Provinciales*. Il emprunte à ces auteurs graves que sont les mythologues de l'antiquité lointaine ou tardive, voire ceux de la Renaissance, des « opinions probables » qui donnent le poids de leur autorité aux apparentes fantaisies de son récit. Cela confère une sorte de vraisemblance à ce que lui imposent en réalité les « nécessités » de l'art qu'il pratique, et dont Corneille s'était montré le théoricien, à propos d'un autre genre, dans son *Discours de la tragédie*. Nous y reviendrons plus loin.

La référence de Pellegrin à des textes rares et à des traditions secondaires ne l'empêche pas de songer à Racine, dont il se souvient en maints endroits, qu'il s'agisse d'ailleurs de *Phèdre* ou d'autres tragédies. Rassuré, ainsi qu'il l'écrit dans sa *Préface*, par « la différence du genre », il peut se permettre de l'imiter dans le détail sans être son esclave dans l'ensemble de son opéra. Une comparaison de quelques passages ou scènes de Racine et de Pellegrin peut ici être instructive :

— I, 7 : Pellegrin, ayant fait l'économie de l'aveu de Phèdre à Œnone, comme de la révélation de l'épouse de Thésée du mutuel amour

19. *Les Images ou Tableaux de Philostrate*, p. 311. La référence figure dans l'édition de Racine des G.E.F.

20. *Fab.* XXXVII, *Aethrea*.

21. *Mythologie...*, p. 208.

d'Hippolyte et Aricie, imite ici *Phèdre*, IV, 6 (« Ils bravent la fureur d'une amante insensée » devenant « Ma rivale me brave »). Il se souvient également d'*Andromaque*, I, 4 et de *Bérénice*, V, 6 (« En l'état où je suis, je puis tout entreprendre » devenant « Viens, dans mon désespoir je puis tout entreprendre »).

— I, 9 : Œnone parle à Phèdre d'une « ardeur légitime », comme celle de Racine parlait d'« une flamme ordinaire » (I, 5) et comme Xipharès, dans *Mithridate*, évoquait « un amour légitime » (I, 1).

— II, 1 : Pellegrin n'a pas servi la tradition évhémériste qui présentait chez Racine l'absence de Thésée comme un malheureux voyage chez le Tyran d'Épire : cela l'aurait privé de l'acte des Enfers, qui avait constitué une des beautés d'*Alceste*. Mais il n'a pas oublié les « monstres cruels » qui dévoraient Pirithous dans *Phèdre*, ni les « cavernes sombres » où Thésée lui-même était retenu (III, 5).

— II, 6 : le vers de Thésée, « Je trouverais encor ces Enfers que je quitte », paraît transposer un vers de *Phèdre*, III, 5 (« Je voudrais être encor dans les prisons d'Épire »). L'appel aux dieux « Et surtout prenez soin de Phèdre et d'Hippolyte » a le même accent ironique que celui d'Iphigénie s'adressant à son père : « Les dieux daignent surtout prendre soin de vos jours » (*Iphigénie*, II, 2).

— III, 2 : le cri de Phèdre, en apercevant Hippolyte (« Il vient ; Dieux ! par où commencer ? »), reprend moins les vers prononcés par l'héroïne dans la scène correspondante de *Phèdre* que celui qui précède l'aveu à Œnone (« Ciel ! que lui vais-je dire ? et par où commencer ? », *Phèdre*, I, 3). Sa fureur, aux vers qui suivent, semble inspirée par les éclats de Roxane dans *Bajazet*. Les vers « Rends-toi digne fils d'un héros/Qui de monstres sans nombre a délivré la terre,/Il n'en est échappé qu'un seul à sa fureur :/Frappe ; ce monstre est dans mon cœur » transposent ceux que prononçait la Phèdre de Racine (« Digne fils d'un héros qui t'a donné le jour,/Délivre l'univers d'un monstre qui t'irrite », II, 5) avec le souvenir des insinuations d'Aricie en V, 3 (« Mais tout n'est pas détruit, et vous en laissez vivre/Un... »).

— III, 7 : Thésée affirmant : « Le sang a beau crier, je n'entends plus sa voix » rappelle Phèdre elle-même qui chez Racine le suppliait ainsi : « Respectez votre sang [...] Sauvez-moi de l'horreur de l'entendre crier » (IV, 4).

— IV, 4 : Phèdre, après la mort d'Hippolyte, avouant qu'elle a versé « le sang innocent » et poursuivant par « Fuyons ; où me cacher ? », se souvient de deux passages du modèle racinien : « Mes homicides mains [...] Dans le sang innocent brûlent de se plonger » et « Où me cacher ? Fuyons dans la nuit infernale » (IV, 6).

Par ces emprunts, qui, ont le voit, semblent souvent hors de leur place, Pellegrin a voulu donner une touche précisément racinienne à une œuvre qui procède cependant d'une esthétique différente de celle de son prédécesseur. Il s'agit de citations volontaires qui, à ses yeux, constituent autant d'hommages à un maître comparable. Il s'agit aussi de reprises et d'adaptations qui, en préservant la noblesse de l'expression tragique, contribuent à assurer la dignité du genre lyrique. Montaigne procédait un peu de la même manière, dans l'*Apologie de Raimond Sebond*, avec Plutarque. Ce n'est pas un exemple méprisable.

*
* *

Romain Rolland écrivait en 1895 : « D'elle-même, la tragédie française marchait vers l'Opéra. »[22] L'affirmation mérite d'être nuancée. Elle l'a été par R. Rolland lui-même, et, plus récemment, C. Girdlestone s'est efforcé de présenter la tragédie en musique « comme genre littéraire »[23]. Dans les affirmations explicites de sa *Préface*, comme dans les enseignements qu'apporte la lecture de l'opéra de Pellegrin, on trouve la double confirmation de la parenté du genre à celui de la tragédie parlée et des règles qui lui sont propres.

Beaucoup d'analogies se discernent entre tragédie racinienne et opéra pellegrinien. On constate que le poète d'*Hippolyte* n'a jamais failli à la règle de la liaison des scènes à l'intérieur d'un même acte. Si, dans la version d'abord présentée au public, il y a changement de lieu entre les scènes 2 et 3 du dernier acte, et par voie de conséquence rupture de liaison, Pellegrin s'est interdit cette liberté dans la version imprimée. Inversement, il s'est imposé une règle que Racine n'a pas toujours respectée, et qui veut qu'on assure l'autonomie des actes et qu'on respecte l'entracte comme intervalle signifiant, en ne faisant pas paraître à la première scène d'un acte un personnage présent dans la dernière scène de l'acte précédent. D'autre part, il a observé (si l'on excepte les scènes citées plus haut) l'unité de lieu propre à l'opéra, c'est-à-dire celle qui veut qu'aucun changement n'intervienne à l'intérieur d'un même acte. Il a enfin, d'une manière particulièrement habile, assuré l'unité d'action et l'unité de jour de son œuvre, en faisant de son prologue, non pas un divertissement sans rapport direct avec l'action tel que ceux qu'on trouvait dans les pièces à machines des années 1650-1660 ou dans les opéras de Quinault, mais un prologue à l'antique, présentant la situation, préparant l'action et justifiant le dénouement en le laissant prévoir pour le jour même. Ajoutons que tous les protagonistes humains sont présentés dès le premier acte, à la seule exception de Thésée dont les plaintes aux Enfers ouvrent l'acte II.

Un principe exprimé par Chapelain dès la première moitié du XVIIe siècle voulait que le poète tragique sût concilier la « merveille » et le vraisemblable. Dans sa *Préface*, Pellegrin a rappelé que le merveilleux abondait dans l'histoire d'Hippolyte. Racine y avait été sensible lui-même,

22. Romain Rolland, *Histoire de l'Opéra en Europe avant Lully et Scarlatti*, Paris, 1895, p. 261.

23. Cf. la note 15.

et sans rien imposer d'«incroyable» au spectateur, avait évoqué par le biais de l'ouï-dire la présence de Neptune au dénouement de *Phèdre*, comme il avait évoqué celle de Diane au dénouement d'*Iphigénie*. Mais de même que le poète de *Phèdre* entendait dans sa *Préface* faire apparaître ce que son œuvre comportait de «raisonnable», le poète d'*Hippolyte* veut faire voir «si [sa] fable est raisonnable». Il prétend même l'emporter sur son modèle. Le passage mérite d'être cité :

> Son Thésée m'a toujours paru trop crédule, et [...] un fils aussi vertueux qu'Hippolyte ne devait pas être condamné si légèrement sur la déposition d'une femme suspecte, et sur l'indice d'une épée qu'on pouvait avoir prise à son insu ; je sais qu'une passion aussi aveugle que la jalousie peut porter à de plus grandes erreurs, mais cela ne suffit pas au théâtre ; et le grand secret pour être approuvé, c'est de mettre les Spectateurs au point de sentir qu'ils feraient de même que les Acteurs, s'ils se trouvaient en pareille situation.

C'est cette préoccupation qui lui a inspiré la sinistre prophétie des Parques, qui le prépare à retrouver les Enfers chez lui, le tableau où Hippolyte est surpris l'épée nue à la main devant Phèdre, et les réponses de plus en plus inquiétantes de Phèdre et d'Œnone à ses questions. Il se félicite enfin d'avoir introduit au moment où Thésée vient de prononcer son vœu une fête de matelots qui, dit-il, «l'empêche d'entrer dans un plus grand éclaircissement». On peut concevoir de tels scrupules. Mais il en est d'autres qui procèdent d'un autre type de vraisemblance, comparable à celui de l'épopée traditionnelle : il s'agit d'un vraisemblable interne au merveilleux lui-même, et comme transposé de la société humaine à la société des dieux. Il est ainsi vraisemblable que Neptune exauce le vœu de Thésée parce que ce roi est aussi son fils selon Hygin, que Diane protège les couples d'amoureux parce que c'est un de ses rôles selon Théocrite. Mais encore il est plus vraisemblable de faire intervenir le Destin pour trancher «le nœud gordien» de la résurrection d'Hippolyte que de laisser ce soin à Esculape, divinité inférieure à Neptune, et qui ne pouvait donc outrepasser ses décisions. Dans tous ces effets, c'est plutôt à la cohérence interne d'une action qu'à l'illusion du vrai que vise Pellegrin. Mais n'était-ce pas ce que recherchaient les poètes tragiques de jadis et de naguère, qu'ils eussent nom Euripide ou Racine ? Ce qui change, de la tragédie à l'opéra, c'est le dosage des éléments plus que leur nature même.

Encore faut-il constater que ce changement dans le dosage aboutit souvent à une apparente dénaturation. L'utilisation du merveilleux n'allait pas chez Racine jusqu'à une descente aux Enfers ou une apparition monstrueuse. Cela procède du théâtre à machines et de l'opéra de Quinault. De même, l'union finale d'Hippolyte et Aricie semble peu respectueuse de la tonalité tragique. Mais un ami de Molière, Magnon, n'avait-il pas uni Tite et Bérénice dans un dénouement qui faisait fi plus que celui d'*Hippolyte* des autorités antiques ? Enfin, les chants et les danses de matelots, de bergers et de chasseurs paraissent au lecteur moins à leur place dans une tragédie lyrique que dans la comédie-ballet de Molière. Mais les divertissements de la tragédie euripidéenne et plus encore ceux d'*Andromède* ou de *La Toison d'or* pouvaient autoriser quelque liberté dans ce domaine autant que la tradition propre de l'opéra.

Une quarantaine d'années après *Athalie*, on le voit, un opéra français pouvait encore prétendre à une certaine fidélité à l'esthétique tragique, moyennant les adaptations et les libertés liées aux « nécessités » du théâtre en musique. *Hippolyte et Aricie* est sans doute, par son texte du moins, un des derniers opéras français qu'on puisse rattacher à cette longue recherche du spectacle brillant, surprenant et tour à tour violent ou délicat dont les étapes ont été la tragédie à fin heureuse de l'époque « baroque », la pastorale en musique et la tragédie à machines des années 1650-1660 et peut-être les tragédies bibliques de Racine.

*
* *

L'œuvre de Pellegrin est cependant, par son contenu idéologique, exactement adaptée à l'époque où elle voit le jour. Les années 1725-1735 sont marquées en effet, au théâtre en tout cas, par un renouvellement de la sensibilité. C'est le moment où les tirades de la comédie larmoyante prêchent en faveur de l'amour et de la fidélité dans le mariage. *Le Philosophe marié* de Destouches a été représenté en 1727. *Le Préjugé à la mode* de Nivelle de la Chaussée le sera en 1735. *Hippolyte et Aricie* participe doublement de cette révolution morale. L'abbé Pellegrin y rappelle d'abord que la vocation religieuse ne doit pas être confondue avec l'engagement contraint alors si souvent pratiqué : c'est le sens de la scène 4 du premier acte et du refus d'Aricie, approuvé par Diane et ses prêtresses, de déférer aux ordres de Phèdre et de se vouer à la virginité monastique. Quand Diane, dans la scène suivante (numérotée 6 par erreur), affirme qu'elle protège « la liberté des cœurs », elle ne fait que rappeler une des règles de l'Église catholique. Il en va de même quand, conformément à ce que suggérait déjà Racine, Hippolyte propose à Aricie un mariage secret (IV, 2). Le sacrement de mariage se résout en effet en un consentement mutuel librement prononcé devant témoin. Ce témoin était Jupiter Orkios dans *Phèdre*. Il est ici Diane elle-même. En corollaire, la morale la plus exigeante pourra reconnaître dans le mariage mutuellement consenti et inspiré par un véritable amour un état aussi saint que l'état religieux. C'est bien ce que signifie le vers du prologue « En faveur de l'Hymen faites grâce à l'Amour » et la procession où l'Amour guide les habitants des bois et les Nymphes vers le Temple de l'Hymen. Dans la tragédie de Racine, l'amour vertueux des jeunes gens était présenté comme un contrepoint discret à la passion emportée de Phèdre aux aventures de Thésée et de Pirithous. C'est ici le mal que représentent cette passion et ces aventures qui sert de contrepoint aux chastes désirs des amants et à leur réalisation finale.

*
* *

« Ne sutor ultra crepidam. » Je n'ai guère parlé de la musique de Rameau. C'eût été insolent devant d'éminents musicologues et historiens de l'opéra. Mais il ne m'a pas paru inutile d'évoquer avec un peu de précision ce dernier livret de Pellegrin qui a inspiré le premier ouvrage lyrique de Jean-Philippe Rameau. Il nous a permis de constater que l'opéra des années 1730 était conscient de poursuivre une grande tradition, à la fois antique et moderne, celle du théâtre mythologique. Cette conscience engageait le poète au respect de son sujet, à la noble rigueur de l'expression et à la solidité de la construction. C'est ce que lui enseignaient en particulier ces genres élevés qu'avaient été au siècle précédent la pastorale et la tragédie. Cette étude a voulu montrer aussi, en contre-partie, qu'un livret tel que celui de Pellegrin fait apparaître dans la tragédie lyrique un genre autonome, impliquant un sens renouvelé des notions de régularité, de merveilleux et de vraisemblance. Enfin, malgré les sujétions qu'imposent le respect de la tradition théâtrale et les caractères propres au thème musical, *Hippolyte et Aricie* nous a semblé exprimer, avec plus de netteté qu'on ne l'attendait sans doute, quelques-unes des exigences de la sensibilité morale de son temps. Au début du XVIIᵉ siècle, Honoré d'Urfé avait rappelé l'image selon laquelle les poètes modernes étaient semblables à des nains juchés sur les épaules de ces géants qu'étaient les Anciens. De la même manière, Pellegrin a dû penser que des épaules de Racine et de Quinault, il pouvait voir plus loin que l'un et l'autre.

7

Quinault librettiste de Lulli dans *Atys**

Voltaire, dans *Le Siècle de Louis XIV* (1751), situait Quinault au même rang que Corneille et Racine, Molière, Boileau et La Fontaine ; chacun de ces poètes avait également brillé dans le genre qu'il pratiquait et l'avait élevé ainsi à une dignité insurpassable, qu'il s'agît de la tragédie, de la comédie, de la fable ou de l'opéra : « La simple et belle nature, qui se montre souvent dans Quinault avec tant de charmes, plaît encore dans toute l'Europe à ceux qui possèdent notre langue et qui ont le goût cultivé. Si l'on trouvait dans l'antiquité un poème comme *Armide* ou comme *Atys*, avec quelle idolâtrie il serait reçu ! Mais Quinault était moderne. »

Ce jugement scandalise parfois les historiens de la littérature française de notre temps, qui se demandent si l'opéra n'a pas été pour quelque chose dans la retraite de Racine après *Phèdre* (1677), voire de Corneille après *Suréna* (1674), ou portent sur l'auteur d'*Alceste* le sévère jugement du poète d'*Iphégénie* sur celui d'*Isis* l'appréciation peu nuancée de La Fontaine dans son épître au chanteur Pierre de Niert, et sur celui d'*Armide* la condamnation sans appel de Boileau dans la satire *Contre les Femmes*, qui n'y voyait que des « lieux communs de morale lubrique » (1866). De telles opinions ne reflètent guère le goût du temps : Louis XIV aimait les vers de Quinault, Mme de Sévigné se plaisait à le citer, et son fils Charles, au lendemain de la création d'*Atys*, exprimait dans une lettre à Mme de Grignan son admiration pour « les deux premiers actes de l'opéra »,

---

* *L'Avant-Scène*, 1987. (« Philippe Quinault, librettiste d'*Atys* »).

On a lu *Atys* dans le *Recueil* Ballard (1703). Les ouvrages dont on a tiré profit sont ceux d'Étienne Gros, *Philippe Quinault*, Paris, 1926, de Pierre Mélèse, *Le Théâtre et le Public à Paris sous Louis XIV*, Paris, 1934, d'Antoine Adam. *Histoire de la littérature française au XVIIe s.*, t. II et IV, Paris, 1951 et 1954, de C. Girdlestone, *La Tragédie en musique*, Paris et Genève, 1972, et l'excellent article d'Yves Giraud. *Quinault et Lulli*, dans *Marseille*, n° 95, 1973. Le *Dictionnaire des Littératures de langue française* (Bordas, 1984) comporte un excellent article sur Quinault, dû à Alain Niderst.

qu'il trouvait « jolis » (février 1676). La mère et le fils appréciaient donc l'œuvre du poète à la simple lecture, privée des agréments de la musique. Après la mort de Quinault et de Lulli, Charles Perrault les a associés en un éloge commun, qui préfigure celui de Voltaire, dans la troisième partie du *Parallèle des Anciens et des Modernes* et dans *Les Hommes illustres*, où l'auteur des *Contes* félicite le musicien d'avoir trouvé « ...un poète dont les vers ont été dignes de sa musique, et tels qu'il pouvait les désirer pour bien mettre en leur jour toutes les beautés et toutes les délicatesses de son art ».

Une première carrière brillante

Dans l'*Historiette* qu'il a consacré à Henri de Guise, un des personnages du siècle qui ont le plus défrayé la chronique galante, Tallemant des Réaux fait dire à son héros à propos du jeune Quinault : « Vous voyez, c'est le fils d'un boulanger ; il n'enfourne pas mal. C'était le valet de Tristan ; Tristan était à moi, c'est comme Élie qui laissa son manteau à Élisée. »

Il est vrai que le poète était d'humble origine ; vrai aussi que sa chance fut de rencontrer Tristan l'Hermite, un des plus puissants dramaturges de sa génération ; vrai enfin qu'il passa quelques années dans la maison des Guise, que fréquentaient également les frères Corneille, Pierre et Thomas. Il a commencé sa carrière au lendemain de la Fronde, dans l'atmosphère un peu désenchantée qui contraignait au silence les héros du vieux Corneille, mais favorisait l'invention ou la redécouverte de la pastorale, de la tragi-comédie romanesque, et du théâtre à machines. C'était l'époque où Madeleine de Scudéry, mettant le point final à son *Grand Cyrus* (1653), introduisait dans *Clélie* (1654 et suiv.) des personnages sans doute moins brillants, mais plus proches par leur propos et leurs intérêts du monde des salons précieux. En même temps, tandis que Molière donnait en province ses premières « grandes comédies », Paris applaudissait aux intrigues à l'espagnole de celles de Scarron et de Thomas Corneille, relevées par les plaisantes interventions du farceur Jodelet. En poésie enfin, la virtuosité d'écriture de Jean-François Sarasin était saluée par les présentateurs de ses *Œuvres* (1656) et les « vers mêlés » apparaissaient dans *Le Songe de Vaux* de La Fontaine (1658 et suiv.).

Ces diverses influences ont été également décisives pour le jeune Quinault. Son extrême facilité à écrire, son ingéniosité à bâtir des intrigues, son don de l'imitation originale et sa connaissance du goût mondain l'ont imposé, dès l'âge de vingt ans, comme un des dramaturges les plus doués de sa génération. En 1655, les deux grandes salles parisiennes l'ont également à leur répertoire : l'Hôtel de Bourgogne donne *Les Coups de l'Amour et de la Fortune* et le Marais *La Comédie sans comédie* : une œuvre d'intrigue rédigée à partir d'un schéma de Tristan (qui vient de mourir) et un très beau « monstre », où Quinault se souvient de *L'Illusion comique* de Corneille en introduisant dans la même pièce, sous le prétexte de convertir un père réticent à l'amour du théâtre et de l'amener à donner sa fille à un comédien, une pastorale, une farce, une tragédie et une tragi-comédie à machines. Dès lors la carrière de Quinault est assurée. Elle ne s'interrompra, ni avec le retour de Corneille à la tragédie en 1659, ni avec les débuts de Racine (1664). Quand il s'associe avec Lulli au moment de la création de l'Académie de musique (1672), il a derrière lui de nombreux succès : comédies comme *La Mère coquette* (1665), tragi-comédies comme *Amalasonte* (1657), tragédies comme *La Mort de Cyrus* (1659) ou *Bellérophon* (1671). Il a collaboré avec Molière et Corneille à la tragi-comédie en musique de *Psyché*, le premier véritable opéra français. La même année, il a été reçu à l'Académie française (1671). Il a pu songer alors à quitter le théâtre. En réalité, la double consécration représentée par la commande de vers pour *Psyché* et l'élection académique couronnait une première carrière et préparait l'inauguration d'une seconde, celle qui devait lui permettre de conquérir son véritable titre de gloire.

La période des chefs-d'œuvre lyriques

Avant *Cadmus* (1673), Quinault avait écrit pour Lulli le divertissement de *La Grotte de Versailles* (1668) et rimé celui pour les *Fêtes de l'Amour et de Bacchus* (1672) : deux œuvres qui demeuraient, dans leur structure, conformes à l'esthétique des spectacles de cour ou des œuvres à sujet mythologique dont les spectateurs du Marais étaient friands depuis l'*Andromède* de Corneille (1650). Mais c'est en 1673 que le genre de l'opéra est créé dans toutes ses dimensions : sujet « noble », qu'il soit inspiré par les légendes antiques (et notamment par la tradition issue des *Métamorphoses* d'Ovide) ou, comme bien des ballets de cour, par les « longs poèmes » du Tasse ou de l'Arioste ; insertion dans l'œuvre de scènes pastorales, les bergers étant, avec les princes, seuls à savoir chanter leurs amours et leurs peines ; présence d'un surnaturel que le poète fait accepter, soit comme une heureuse convention permettant l'usage des machines, soit comme idéalisation de simples sentiments humains rendus exemplaires par leur incarnation divine ou héroïque ; glorification, au prologue, de la personne royale, présentée comme le soleil qui met fin aux sombres enchantements de la nuit : écriture accordée tour à tour aux exigences du récitatif et de l'*aria*. Le texte d'une « tragédie en musique » est relativement court : il doit en effet se soumettre aux lois d'un genre qui réclame beaucoup de temps pour les danses, les chants choraux, et même les *soli*. L'intrigue, en conséquence, est réduite au minimum ; mais, entre deux interventions divines, les héros ont tout le temps nécessaire pour exprimer leurs sentiments, dire leurs espoirs, s'abandonner aux plaintes.

Sur les onze opéras écrits par Quinault, seuls les trois derniers s'inspirent de thèmes romanesques : *Amadis* (1684), *Roland* (1685) et *Armide* (1686). Tous les autres appartiennent à la veine mythologique.

On rappellera seulement ici les légendes contées dans les trois premiers, ceux qui ont précédé *Atys*. Dans *Cadmus et Hermione*, Quinault s'est inspiré des diverses légendes que lui transmettait l'Antiquité sur le héros fondateur de Thèbes. Mais il les a transformées pour faire de la quête héroïque de Cadmus une quête amoureuse : Hermione, c'est-à-dire Harmonie, offerte orginellement à Cadmus par les dieux pour le récompenser de ses exploits, est ici l'objet premier de la poursuite qu'il entreprend ; elle est en effet promise à Draco par Mars, père d'Hermione, et la victoire de Cadmus sur le monstrueux serpent devient celle d'un amoureux sur son rival. *Alceste* (1674) prend avec sa source principale, Euripide, des libertés plus grandes encore : si les actes centraux (III et IV) évoquent bien le sacrifice de l'épouse d'Admète et l'exploit d'Hercule qui parvient à la tirer des enfers, les deux premières sont consacrées à l'enlèvement d'Alceste par le roi de Sciros Licomède et le dernier embellit par les fastes d'une fête princière la restitution d'Alceste à Admète par Hercule. *Thésée* (1675) brode sur l'histoire de la reconnaissance du héros par son père Égée une série de variations où la magie le dispute à la galanterie : la redoutable Médée s'y efforce de gagner la tendresse de Thésée par des moyens qui font songer à la Roxane de *Bajazet* et surtout au Néron de *Britannicus* : tourments infernaux imposés à la jeune Églé, la bien-aimée du héros, obligation faite à la jeune fille d'annoncer à Thésée qu'elle rompt avec lui ; Médée paraît encore se souvenir de *Rodogune* de Corneille en tentant de faire boire à Thésée une soupe empoisonnée. Un heureux dénouement est acquis grâce à la reconnaissance *in extremis* du fils par le père et à l'intervention de la déesse Minerve qui veille sur le salut du héros comme elle le faisait déjà dans *Cadmus*. Dans les trois premières « tragédies en musique » de Quinault, les personnages principaux sont doublés par les divinités qui prennent leur parti, par des serviteurs ou des grotesques dont les interventions détendent l'atmosphère de façon plaisante, voire comique, et par des bergers et des mariniers dont les chants et danses miment, comme dans les comédies-ballets de Molière, les sentiments et les conflits qui font le sujet général de l'œuvre. Le théâtre lyrique du poète se présente ainsi, dès son origine, comme un spectacle total, où les tons les plus divers parviennent à créer une harmonie singulière. Il fallait qu'existât une parfaite entente entre librettiste et musicien pour que le premier préfigurât dans l'invention et dans l'écriture la virtuosité et la largeur de palette du second.

Atys, d'Ovide à Quinault

Atys a été créé à Saint-Germain le 10 janvier 1676. Comme on l'a vu, l'œuvre eut aussitôt des lecteurs attentifs, et parmi eux Mme de Sévigné. En mai, la mère de Mme de Grignan assistait à une des représentations données à l'Opéra, avec un enthousiasme modéré seulement par une préférence affichée pour *Alceste*. A la cour, *Atys* fut redonné plusieurs fois ; ainsi qu'à Fontainebleau, en octobre 1677, en alternance avec *Alceste* et *Thésée*. On le représente encore en janvier 1682 devant les ambassadeurs du Maroc. Malheureusement, les comptes rendus de ces représentations n'évoquent guère le texte de Quinault. Tout le monde n'avait pas le goût de Charles de Sévigné. En 1677, Bayle renonce à envoyer le livret à son frère : « cela, écrit-il, ne vaut pas le port ».

La légende contée par Quinault se rattache au culte de la déesse Cybèle. Née en Phrygie, elle a fait l'objet de versions extrêmement diverses. Mais à partir d'Ovide, qui l'introduit au I, IV des *Fastes* pour expliquer l'émasculation des prêtres de la déesse (assimilée à Rhéa épouse de Saturne), une vulgate s'est imposée, dont les mythologues modernes ont recueilli l'héritage : le jeune Atys (ou *Attis*) est un jeune homme d'une merveilleuse beauté que la déesse dompteuse de lions et couronnée de tours (*turrigera*) recueille dans la forêt où il a été abandonné. Elle s'éprend de lui et lui confie la garde de son temple, en lui faisant promettre de garder sa pureté d'enfant. Mais Atys tombe amoureux de la nymphe Sagaris (ou *Sangaritis*, du nom du fleuve Sangarios) et « *cesse d'être enfant dans ses bras* ». Irritée, Cybèle fait périr la nymphe, en abattant un arbre auquel son sort était attaché. Fou de douleur, en proie à des visions infernales (les fouets et les flambeaux des Furies), Atys s'émascule. Une tradition optimiste veut qu'Atys soit ensuite revenu à Cybèle, agréé comme son compagnon et prêtre de son culte.

Quinault a considérablement étoffé le récit ovidien : les trois protagonistes reçoivent des confidents ; Celenus roi de Phrygie est présenté comme rival d'Atys auprès de Sangaride, et agréé par le père de la nymphe ; des chœurs divers, des troupes variées accompagnent la déesse ou le roi, ou apparaissent à Atys ; interviennent encore dans l'action le dieu Morphée, la Furie Alecton, et des divinités des bois et des eaux. Le *Prologue* à la gloire de Louis XIV fait intervenir des dizaines d'autres personnages. L'œuvre comporte une intrigue, comparable à celle de *Thésée*, et souvent proche du mythe de Phèdre et Hippolyte : on songe ici plusieurs fois à *Bajazet* ; et on peut se demander en revanche si Racine, dans sa *Phèdre*, ne s'est pas souvenu de l'opéra d'*Atys*. Voici le résumé de cette intrigue.

Au moment où se prépare une fête en l'honneur de Cybèle, Idas presse son ami Atys de lui avouer qu'il est amoureux ; celui-ci se défend en vain, au nom de la chasteté qu'il a promis de garder ; Idas lui rappelant que « *Tôt ou tard l'amour est vainqueur* », Atys consent à l'aveu, sans nommer celle qu'il aime : c'est l'esquisse de la première scène de *Phèdre*. De son côté, Sangaride avoue à sa confidente Doris (souvenir de la confidente d'Eriphile dans *Iphigénie*) que l'« amour » l'emporte en elle sur le « devoir » : elle préfère le bel Atys au roi qu'on veut lui donner (acte Ier). Cybèle a fait choix d'Atys comme sacrificateur : elle avoue à sa confidente Mélisse son amour pour le jeune homme ; celle-ci la rassure comme fera Œnone : « Tous les dieux ont aimé, Cybèle aime à son tour » (acte II). La déesse choisit les Songes comme interprètes tour à tour caressants et menaçants de ses sentiments envers Atys ; elle n'obtient de lui qu'une déclaration semblable à celle de Bajazet : «*Je sais trop ce que je vous dois/Pour manquer de reconnaissance*» ; et comme Roxane Cybèle s'inquiète en se souvenant qu'Atys et Sangaride «*se sont aimés dès l'enfance*» ; (acte III). Le dépit de Sangaride inspire à Atys le dessein de tout avouer à la déesse ; il se contente de faire remettre le mariage de Sangaride avec Celenus (acte IV). Cybèle ne doute plus des sentiments mutuels de Sangaride et Atys ; un supplice les attend tous deux ; chacun voudrait cependant, comme les amants de *Bajazet*, donner sa vie pour celui qu'il aime. Atteint de folie et en proie à des visions infernales, Atys prend Cybèle pour Sangaride et Sangaride pour un monstre : il la tue. Revenu à la raison, Atys se donne la mort. Prise de pitié, Cybèle le transforme en pin : c'est l'«arbre de Cybèle» que jadis Ronsard plantait en l'honneur de sa maîtresse (acte V).

Atys représente un moment privilégié du dialogue paradoxal qu'inauguraient en 1674 les représentations parallèles d'*Alceste* et d'*Iphigénie* au cours des fêtes de Versailles. Quinault voulait sans aucun doute prouver que le nouveau genre était capable de rivaliser en dignité avec l'austère tragédie racinienne. Plus encore que dans *Thésée*, il y reprenait des situations et des thèmes chers à l'auteur de *Britannicus*. Il y «réécrivait» des scènes de *Bajazet*. Enfin, il n'hésitait pas à assombrir le dénouement de son œuvre, comme s'il avait voulu justifier l'appellation de «tragédie» pour un genre que les contemporains désignaient déjà presque exclusivement du nom d'*opéra*. Le pari a été tenu et le défi relevé par l'adversaire : *Phèdre* n'aurait peut-être pas vu le jour si Quinault n'avait pas donné *Atys*. Plus tard, *Esther* et surtout *Athalie* devaient s'efforcer d'égaler les splendeurs de l'opéra lulliste.

8

Marmontel et la tragédie [*]

Dans les dernières années du XVIIe siècle, les « modernes » se refusent à comprendre et à admirer les ressorts de la tragédie antique. Fontenelle, dans ses *Réflexions sur la Poétique*, condamne le sujet d'*Œdipe*, dont il ne remporte, dit-il, « qu'une désagréable et inutile conviction des misères de la condition humaine » [1]. C'est dans le même esprit que Beaumarchais écrira encore : « Dans la tragédie des anciens, une indignation involontaire contre leurs dieux cruels est le sentiment qui me saisit à la vue des maux dont ils permettent qu'une innocente victime soit accablée, Œdipe, Jocaste, Phèdre, Ariane, Philoctète, Oreste et tant d'autres m'inspirent moins d'intérêt que de terreur » [2].

De tels reniements conduisaient naturellement à préférer à la tragédie la comédie larmoyante et le drame bourgeois. Mais les confusions du goût, au siècle philosophique, ont amené aussi à renier la tragédie moderne non plus pour sa fidélité aux formules antiques, mais au nom même des grands tragiques grecs, dont la force paraissait oubliée par les poètes de l'époque de Racine. La tentation de la terreur, du sang, de l'inhumain et de la fatalité du malentendu est déjà celle de Crébillon, en attendant d'être celle de Voltaire, dans la *Lettre à Maffei* publiée en tête de *Mérope* en 1744 et surtout dans la *Dissertation sur les principales tragédies anciennes et modernes* publiée en tête de *Sémiramis* en 1749, où, comme on sait, s'institue le procès de la tragédie d'amour.

La comparaison du système moderne au système antique, au cours du siècle, trouve sans cesse un intérêt nouveau, au fur et à mesure que sont mieux connues les œuvres antiques et les civilisations qui les portent [3].

---

[*] *Coll. Jean-François Marmontel*, Clermont, 1970. (« Tragédie ancienne et tragédie moderne selon Marmontel »).

1. Réflexion XLIX.

2. *Essai sur le genre dramatique sérieux*, en tête d'*Eugénie*, 1767.

3. Louis Bertrand, *La Fin du Classicisme...*, 1897, chap. IV.

Aussi, en même temps que paraît baisser le prestige des Anciens[4], une vision renouvelée et « moderne » de leur œuvre peut-elle se faire jour. Diderot, théoricien du drame, et admirateur de Corneille et de Racine, est transporté d'enthousiasme à la pensée de la mise en scène possible des *Euménides*[5]. La lecture des *Tragiques grecs* du P. Brumoy, constamment enrichis depuis 1730 jusqu'en 1785, permet à Voltaire, pour ne citer que lui, de mettre sous l'invocation des Grecs des idées et des thèmes qu'il empruntait jusqu'alors à Shakespeare[6].

Marmontel, auteur d'une demi-douzaine de tragédies, correcteur peu inspiré du *Venceslas* de Rotrou et surtout admirateur de Voltaire et collaborateur de Diderot pour l'*Encyclopédie*, est un témoin excellent de l'évolution du goût tragique dans la seconde moitié du siècle. Sa position de départ est définie dans les *Réflexions sur la Tragédie* publiées en 1750 à la suite de la tragédie d'*Aristomène* :

> Quoi qu'en dise Aristote, ils [*les anciens*] semblent n'avoir voulu exciter dans l'âme des spectateurs qu'une terreur et qu'une pitié stériles ; peut-être parce que ceux qui décernaient le prix de la tragédie décidaient leurs suffrages sur la seule émotion. Les modernes se sont quelquefois bornés à ce succès imparfait. L'*Œdipe* où les dieux seuls sont criminels ; l'*Iphigénie en Aulide*, ce monument de la plus affreuse superstition ; l'*Electre* et l'*Atrée* où tout ne respire et n'inspire que la vengeance ; la *Phèdre* où l'innocence est prise pour victime, où tout se conduit par la fatalité, ont eu sur notre théâtre le même succès que sur le théâtre d'Athènes. La raison en est simple : ces sujets sont terribles et touchants ; ils ont été maniés par de grands maîtres. Mais on ne saurait leur appliquer ce principe d'Horace :
>
> *Omne tulit punctum qui miscuit utile dulci.*
>
> Aussi ces mêmes poètes modernes qui se sont quelquefois laissé entraîner à l'imitation, sont-ils bien au-dessus de leurs modèles, à l'égard des mœurs, quand ils se livrent à leur propre génie. Les dieux, les oracles, les destins ne se mêlent point de l'intrigue du *Cinna*, de *Britannicus*, de *Rhadamiste*, de l'*Alzire*. Les passions en sont les seuls mobiles. Dans le *Cinna*, l'on voit à quel excès peut se porter un amour effréné, et quel est l'empire de la clémence sur les âmes les moins flexibles ; dans le *Britannicus*, l'affreuse destinée d'un jeune roi qui, naturellement porté au vice, est encore livré à la basse ambition des flatteurs ; dans le *Rhadamiste*, les tourments d'un cœur que les passions ont entraîné dans le crime, et les malheurs qui naissent de l'extrême sévérité d'un père envers ses enfants ; dans l'*Alzire*, l'avantage de la belle nature sur l'éducation et de la religion sur la nature. Voilà des leçons générales, touchantes et lumineuses dont les anciens nous ont laissé peu d'exemples[7].

4. J. Rocafort, *Les Doctrines littéraires de l'Encyclopédie*, 1890, p. 45.
5. *Deuxième Entretien sur le Fils naturel*, 1757.
6. G. Lanson, *Esquisse…*, 1920, leçon 31.
7. Éd. Belin, VII-1, p. 335.

Ce texte se situe précisément dans la ligne des *Réflexions* de Fontenelle et annoncent l'*Essai* de Beaumarchais. La concession aux Anciens, dont les sujets sont « terribles et touchants », apparaît comme une reconnaissance de l'Antiquité belle en sa barbarie que le siècle vient de découvrir. Pour le reste, Marmontel demeure moderne et traditionaliste à la fois. Les temps approchent où il corrigera Rotrou au nom de la politesse, de la vraisemblance, et de la moralité[8].

Marmontel entre à l'*Encyclopédie* en 1753 et en sort en 1757[9]. Il a eu le temps de rédiger les articles *Comédie, Épopée, Farce, Fiction, Fable*, etc., mais au VIe volume « son beau feu s'éteignit subitement »[10] et l'infatigable Chevalier de Jaucourt[11] rédige l'article *Tragédie*, où il se contente de sagement aristotéliser et ne se pose aucun des problèmes essentiels qui passionnent les contemporains[12]. Heureusement, à son dossier de candidature à l'Académie Française en 1763 Marmontel a joint une *Poétique* où figurent ses principaux articles de l'*Encyclopédie* et quelques études nouvelles, notamment un chapitre *De la Tragédie* où des idées de 1750 sont reprises mais précisées :

> Si dans la Tragédie ancienne la passion est quelquefois l'instrument ou la cause du malheur, ce malheur ne tombe pas sur l'homme passionné, mais sur quelque victime innocente. On dirait que les Grecs évitaient à dessein le but moral que nous cherchons, car ils n'ont pu le méconnaître. Quoi de plus simple en effet, pour guérir les hommes de leurs passions que de leur en montrer les victimes ? Quoi de plus terrible et de plus touchant que l'exemple d'un homme à qui la nature et la fortune ont tout accordé pour être heureux, et en qui une seule passion a tout ravagé, tout détruit ? Une passion dis-je, sans méchanceté, qui souvent même prend sa source dans un cœur noble et généreux. C'est bien là le caractère mixte que devait souhaiter Aristote pour réunir la crainte et la pitié ; mais le théâtre moderne en a mille exemples, et le théâtre ancien n'en a pas un...[13].

Le ton est encore sévère. Mais la discussion est apparemment exigeante et la critique, du moins, s'interroge sur les raisons de la méconnaissance par les Anciens de ce qui fait le meilleur du système moderne. Il est curieux de noter que dans ce texte Marmontel applique aux tragédies modernes les qualificatifs de « terrible » et de « touchant » naguère réservés aux œuvres antiques. Réponse apparemment naïve à l'objection de la puissance antique opposée à l'excessive politesse moderne. En somme, pour le critique, les tragiques français sont plus conformes à l'idéal antique que les Anciens eux-mêmes.

8. S. Lenel, *Un Homme de Lettres au XVIIIe siècle*, 1902, chap. V, p. 168 et suiv.
9. L. Ducros, *Les Encyclopédistes*, 1900, p. 77.
10. J. Rocafort, *ouvr. cité*, p. 27.
11. L. Ducros, *ouvr. cité*, p. 76.
12. T. XVI, 1765.
13. Paris, Lesclafort, t. II, p. 119-120.

Une étape nouvelle est franchie en 1773, avec le *Discours sur la Tragédie*, publié en tête du *Recueil des meilleures Pièces du Théâtre français*[14]. Marmontel oppose dans ce texte deux sens du mot de *passions*. Il découvre un équilibre entre grandeur antique et grandeur moderne. Il applique aux deux systèmes les épithètes de « touchant » et de « terrible ». Il s'efforce enfin d'expliquer par la religion et par l'histoire la nature même de la tragédie grecque :

> Les *passions*, dans le sens des anciens, sont les impressions destructives ou douloureuses qui nous viennent du dehors, et dont le sentiment exprimé par des plaintes, des cris, des larmes, peut exciter la pitié. Aristote et Le Tasse en donnent pour exemples la mort, les blessures, les plaintes, les remords : *come sono le morti, e le ferite, e i lamenti, e i ramarichi, che possono mover a pieta*. Le théâtre des passions, dans le sens des anciens, est donc le théâtre des accidents qui font sur l'âme des acteurs des impressions destructives ou douloureuses.
>
> Les *passions*, dans le sens des modernes, sont les mouvements les plus impétueux de l'âme, ses affections les plus violentes, l'amour, la haine, la vengeance, la colère, l'ambition, la jalousie, dans leurs accès les plus terribles, dans leurs plus aveugles transports. Le théâtre des passions, dans le sens des modernes, est donc le théâtre où l'homme est livré à ces furies qui le tourmentent, et qui lui déchirent le cœur. Mais que l'homme, dans l'un ou dans l'autre sens, soit la victime des passions, il est toujours pour ses semblables un objet touchant et terrible. La différence est que tantôt la cause de ses malheurs est hors de lui, et tantôt en lui-même.

Et encore :

> La destinée et la nature sont les deux objets de terreur que nous présente la tragédie : la fatalité chez les anciens, la volonté chez les modernes, voilà ses deux ressorts. Ainsi, par exemple, l'âme d'Œdipe, dans ses malheurs, en est la victime passive : l'âme d'Orosmane, au contraire, est elle-même la cause active du crime et du malheur où l'entraîne l'amour. Dans l'un, ce qui nous épouvante, c'est l'ascendant de sa destinée ; et dans l'autre, un penchant funeste qui subjugue sa volonté. Dans Œdipe, je plains un malheureux esclave ; dans Orosmane, un insensé, tous deux dignes d'un meilleur sort[15].

Autant de signes d'une évolution vers la sérénité dans le jugement et d'une curiosité accrue pour un système dramatique surprenant et somptueux à la fois, celui des Grecs.

En 1776, Marmontel revient à l'*Encyclopédie*. De très nombreux articles du *Supplément* sont dus à sa plume, où il reprend et recoud d'anciens textes, ou en rédige de nouveaux, ou modifie et adapte des

14. Éd. Belin, VII-2.
15. Éd. cit., p. 367-368.

articles déjà publiés ailleurs. Une page importante pour notre propos est celle qu'il consacre à la réhabilitation des Anciens :

> Après avoir avoué que Sophocle et Euripide étaient inférieurs à Corneille et Racine pour la belle entente de l'action théâtrale, l'économie du plan, l'opposition des caractères, la peinture des passions, l'art d'approfondir le cœur humain, d'en développer les replis ; n'avait-on pas à faire valoir le naturel, l'énergie, le pathétique des poètes grecs, et surtout leur force tragique ? [16].

Mais l'article pour nous essentiel est l'article *Tragédie* [17]. Marmontel y définit le *Système ancien* et le *Système moderne* avec tant d'équilibre et de nuances que le premier est reconnu maintenant comme actuellement applicable (et d'ailleurs comme largement représenté chez les modernes, et avec raison), et le second comme nettement préfiguré chez les Anciens. Sous deux rubriques, *Avantages du système ancien, Avantages du nouveau système*, sont énumérées les qualités de l'un et de l'autre avec un remarquable esprit de relativité et un sens historique parvenu à maturité : le système ancien était « plus pathétique », « plus facile à manier », « plus favorable à la grandeur de leurs théâtres... » ; il « remplissait mieux l'objet religieux, politique et moral que l'on se proposait alors ». Le nouveau système, découvert par Corneille, est « plus fécond, plus universel, plus moral, plus propre à la forme et à l'étendue de nos théâtres, plus susceptibles de tout le charme de la représentation ». C'est à propos des « avantages du système moderne », et plus précisément de sa *moralité*, que Marmontel reprend la page de la *Poétique française* citée plus haut, avec quelques variantes significatives. Ainsi, après « ...quelque victime innocente », Marmontel ajoute : « Or pour réprimer en nous la passion, il ne s'agit pas de nous faire voir qu'elle est funeste aux autres mais à nous-mêmes » ; en revanche, dans la troisième phrase, il supprime « et de plus touchant » comme pour accentuer l'adjectif *terrible* ; dans la même phrase, après « une seule passion », il ajoute : « la même dont chacun de nous porte le germe dans son sein, » formule généralisante dont l'intention est la même que celle qui inspirait la première addition signalée. A la fin du texte, la référence à la *Poétique* d'Aristote est remplacée par une référence à la *Rhétorique* (utilisée, déjà, mais dans un autre contexte, dans l'article de 1763) : « C'est ce rapport, cette induction qui rend l'exemple salutaire ; et Aristote l'a reconnu, mais dans sa *Rhétorique* ». Surtout, le « pas un », qui tombait comme un couperet à la dernière ligne de la page citée de 1763, disparaît totalement en 1777.

Cet article *Tragédie* procède d'un effort de réconciliation, comme l'article *Pathétique* qui lui est contemporain. De cet effort une manifestation au moins nous paraît aujourd'hui paradoxale. L'acceptation, au nom de l'histoire de systèmes dramatiques différents, conduit Marmontel à évoquer

16. Suppl., t. I, 1776, art. *Anciens*.
17. Suppl., t. IV.

pour la louer la *tragédie bourgeoise* de Saurin, *Beverly*, représentée en
1767 et adaptée du *Joueur* d'Edward Moore (1753). Marmontel croit ou
veut croire que le troisième système tragique représenté par cette œuvre
est aussi fidèle que les deux précédents aux exigences du « terrible » et du
« touchant » :

> Cherchez dans l'histoire des héros une situation plus touchante,
> plus morale, en un mot plus tragique ; et au moment où ce malheureux
> s'empoisonne, au moment où après s'être empoisonné il apprend que
> le ciel venait à son secours, dans ce moment douloureux et terrible,
> où à l'horreur de mourir se joint le regret d'avoir pu vivre heureux,
> dites-moi ce qui manque à ce sujet pour être digne de la tragédie ?

Marmontel, homme du XVIIIᵉ siècle mais aussi homme de goût
« classique », présente cette particularité d'avoir de plus en plus cherché à
concilier histoire et permanence, à comprendre la relativité des goûts et
en même temps à les ramener aux exigences essentielles de la sensibilité et
de l'esprit des hommes. Ce n'est peut-être pas un mince mérite.

9

L'*Hetman* de Déroulède*

Le second drame de Paul Déroulède a été représenté pour la première fois à l'Odéon le 2 février 1877. La représentation dut être somptueuse, si l'on en croit les critiques de l'époque. Le rôle principal était confié à l'excellent acteur Geffroy et deux des cinq décorations différentes de la pièce étaient l'œuvre de l'excellent peintre Chéret. L'accueil fut cependant mitigé. On s'inclinait certes avec Émile Montégut ou Francisque Sarcey devant les nobles intentions du patriote ; on était moins enthousiaste quand il s'agissait de porter un jugement sur le dramaturge.

L'auteur venait d'atteindre la trentaine. Officier, ancien engagé volontaire en 1870, il avait déjà eu l'honneur de voir représenté au Français, en 1869, son *Juna Strenner*. Surtout, ses *Chants du Soldat* lui avaient valu, à partir de 1872, une notoriété certaine. Il n'était pas encore l'animateur de la Ligue des Patriotes ni le thuriféraire du général Boulanger mais il incarnait déjà, non sans panache, l'esprit de revanche qui devait assurer jusqu'en 1914 la survie d'une œuvre littérairement médiocre mais politiquement importante.

Les Cosaques et l'histoire de l'Ukraine hantaient l'esprit des Français du siècle dernier, nourris de la légende napoléonienne ou passionnés par le problème des nationalités. En 1859, Auguste Galitzine avait réédité la *Description de l'Ukraine* du chevalier de Beauplan (1660). On n'ignorait pas, sans doute, l'ouvrage consacré aux Cosaques par Tolstoï en 1863. Quelques mois avant la création du drame de Déroulède, Pierre Larousse publiait le dernier volume de son *Dictionnaire*, où l'article *Ukraine* apportait une utile synthèse sur l'histoire de ce pays et de ses héros, particulièrement, comme il est normal, aux XVIIᵉ et XVIIIᵉ siècles. Le sujet, en tout cas, devait intéresser le public : le nombre des comptes rendus substantiels de la première de l'*Hetman* en témoigne de manière convaincante.

---

* *L'Ukraine et la France au XIXᵉ siècle*, Paris, Université de la Sorbonne Nouvelle, 1987. (« L'*Hetman* de Paul Déroulède »).

Le sujet traité par Déroulède est l'une des insurrections des Cosaques d'Ukraine contre le roi de Pologne. La date n'en est pas précisée et ne peut pas l'être. Déroulède écrit seulement : « L'action se passe (...) vers 164.... ». Le roi de Pologne qu'il met en scène est Ladislas IV, ce qui donne un *terminus ante quem* : 1648. Mais il lui prête, en I, 5, l'âge de soixante ans, alors qu'au moment de sa mort Ladislas n'en avait que cinquante-trois. C'est son frère et successeur Jean-Casimir qui subira en 1649 la défaite de Zboriv, et s'obligera à satisfaire certaines revendications des Zaporogues. Il semble que le poète ait voulu rassembler dans une même histoire exemplaire l'évocation des Cosaques du Dnipro, qui dépendent en partie de la Pologne et les Cosaques du Don, qui vivent en principe sous la mouvance de la Russie. D'autre part, la carrière de l'Hetman Frol Gherach ressemble beaucoup à celle du héros de la lutte contre les Polonais, Bohdan Khmelnytskyi, élu précisément, comme lui, en 1648, par l'assemblée des Zaporogues, et à un âge relativement avancé. Quant au nom du fils de Frol par l'esprit, Stenko, il ne peut pas ne pas faire penser à Stenka Razine, qui devait diriger la révolte paysanne de 1667 contre le tsar Alexis Mikhailovitch. Stenka Razine était vite devenu le symbole de l'espérance de toutes les révolutions populaires. Déroulède a voulu sans doute, dans son drame, rassembler divers types de personnages et diverses situations pour donner une image générale de l'esprit d'indépendance et de liberté avec lequel devaient compter, en effet, les souvenirs russes et polonais du milieu du XVIIᵉ siècle. C'était déjà ce que faisait Corneille, quand il évoquait, dans *Nicomède*, la « politique des Romains au dehors » et ce que faisait Hugo dans *Ruy Blas*, quand il entendait donner une image globale de la décadence espagnole. Belle ambition, qu'on ne peut pas reprocher à un poète.

*
* *

Le drame de Déroulède engage une vingtaine de personnages, compte non tenu des soldats polonais et cosaques. Leur constellation s'organise selon une hiérarchie d'intérêt précise. Au centre, Frol Gherach, ancien hetman général des Cosaques d'Ukraine, sa fille Mikla et Stenko, le fiancé de celle-ci, tous trois retenus dans la résidence du roi de Pologne Ladislas IV à Lublin. Auprès d'eux un mauvais ange, Rogoviane, cosaque passé au service de la Pologne et amoureux de Mikla ; une muse guerrière, la Marucha, qui fut la nourrice de Stenko ; un agent double, le juif Chmoul, prêt à servir celui qui paie le mieux. Le roi est entouré de plusieurs seigneurs polonais. Prennent encore part au dialogue plusieurs cosaques d'Ukraine et un représentant des Cosaques du Don. L'éventail est large, d'autant qu'à l'intérieur de chaque groupe chaque personnage apporte une nuance dans les idées, le caractère ou la détermination dans l'engagement. Le poète a fait effort pour proposer une fresque aussi complète que possible des êtres et des philosophies qu'ils incarnent. La fresque se veut également éclatante pour ce qui concerne les lieux où l'action se déroule :

le palais royal de Lublin, dont on voit les jardins et la façade au premier acte, et un « grand salon d'attente » au troisième ; le camp de la Sitch sur la fameuse île qui domine les cataractes du Dnipro (de nos jours exploitées grâce à un barrage célèbre) à l'acte II ; une forêt à l'acte IV ou campent les chefs des Cosaques ; au dernier l'intérieur d'une isba abandonnée où sont réunis, avec Rogoviane, plusieurs seigneurs polonais.

La suite des événements est relativement complexe.

Le roi de Pologne a promis au traître Rogoviane le gouvernement de l'Ukraine s'il revenait victorieux de la prochaine guerre contre ses compatriotes. Or Chmoul apprend à Rogoviane que les Cosaques, rassemblés au camp du Dnipro, s'apprêtent à combattre, non comme on le croit les Turcs, mais les Polonais. La vieille Marucha a envoyé Chmoul comme émissaire pour annoncer à Stenko que le moment est favorable, et qu'il est invité à se mettre à la tête des révoltés : on ne s'adresse plus en effet au vieux Frol Gherach, auquel déjà plusieurs fois on a fait appel en vain. Joie de Rogoviane, qui songe aux promesses du roi. Il suggère à Chmoul de faire évader Stenko, le jeune futur hetman, avec l'aide d'un cosaque du roi qui prétendra ensuite l'avoir poursuivi en vain. « Moi, ajoute-t-il, je retourne au bal endoctriner le roi ».

Stenko est en effet un jeune homme passionné pour sa patrie, et qui souhaite aussi prendre vengeance de Rogoviane, et de son manque de respect à l'égard de Mikla. Le vieux Frol ne parvient pas à lui faire partager son attitude de modération. Il peut bien lui dire : « Où je courbe le front, tu peux baisser la tête ». Stenko lui répond (faisant ainsi allusion à son engagement d'autrefois) : « Plus tu courbes le front, mieux j'en vois l'auréole ». La mission dont Chmoul prétend s'être chargé va lui donner l'occasion de pousser son héroïsme bien au-delà d'une provocation à Rogoviane, et à faire taire ses remords, qu'il exprime ainsi :

> Que de fois j'ai trouvé sans bornes la prison
> Dont deux yeux adorés grandissaient l'horizon !
> Et cependant les miens gémissent en Ukraine...

Il accepte donc de partir secrètement et de prendre le commandement qui lui est offert :

> Ah ! c'est le ciel qui s'ouvre et l'honneur qui renaît ! (...)
> Partons d'où l'on s'abaisse et courons où l'on meurt ! (...)

Toujours attaché à son projet, le roi demande à Frol d'apaiser les Ukrainiens. Il lui accorde pour cela huit jours. Mikla, à Lublin, répondra de son père. On apprend alors la fuite de Stenko. Frol ne renonce pas cependant à accomplir sa mission (acte premier).

Stenko est parvenu au camp de la Stich. Il demande à Chmoul de retourner à Lublin pour annoncer à Frol que la marche des Cosaques s'apprête. Chmoul reçoit la bourse qu'il lui tend en disant en aparté :

> J'en aurai bien le double encor de Rogoviane

Au camp, Stenko a été reçu comme un sauveur. En revanche plusieurs officiers croient encore que Frol les a définitivement délaissés. D'autres ont eu des visions contradictoires : apparition du dieu Dnipro annonçant le triomphe, mais également visions de mort et de sang. La Marucha, qui est présente, croit à cette double vision, mais ne peut suivre Stenko quand il prétend que l'amour peut guider vers la gloire.

Pour elle, comme le disent les paroles d'un de ses chants, c'est de la « rouge semaille » que doit naître « la liberté ». Arrive Frol, qui tente de faire renoncer les Cosaques à leur entreprise. La Marucha et le vieil officier Mosiy lui en font reproche. Mais Stenko craint soudain pour Mikla, et Frol doit lui confirmer qu'elle est en effet retenue en otage et risque la mort si la révolte éclate. Cependant les Cosaques du Don viennent rejoindre leurs compagnons. Stenko, accablé, refuse le commandement et s'enfuit. « Grand mouvement de stupeur et d'indignation parmi les Cosaques ». On combattra pourtant, et c'est Frol Gherach qui reprend l'épée abandonnée par Stenko. Pourtant, dit-il :

> Ma fille est en otage entre les mains du roi. (acte II)

Dans le vestibule du palais royal où se tient le Grand Conseil avant le départ pour une chasse aux loups, Chmoul rend compte à Rogoviane de ce qu'il a vu. Il devra parler au roi lui-même, en ajoutant (ce que tous deux ignorent encore, mais qui selon Rogoviane doit corser la chose) que Frol Gherach a accepté le commandement en Ukraine. Mikla, de son côté, à l'intention de dénoncer au roi les entreprises de Rogoviane auprès d'elle. Elle a refusé l'invitation du traître à se réfugier près de lui dans son château. Réplique de Rogoviane :

> Si je suis assassin, tu vas me voir bourreau.

Le même Rogoviane flatte le roi dans son entreprise contre la Suède, à laquelle s'opposent toujours ses conseillers, qui sont devenus « un État dans l'État ». Mais il lui révèle aussi que « Gherach et Stenko sont les chefs des rebelles ». Le roi demeurant sceptique, Rogoviane lui annonce l'arrivée d'un espion sûr. Or, c'est Stenko qui entre. Chmoul s'est enfui au galop. Selon Stenko, les Cosaques l'ont élu comme leur chef pour combattre les Turcs : le roi consent, et Rogoviane doit regagner son palais. Mais Mikla a deviné la vérité. Elle consent à fuir avec Stenko. Arrive la Marucha. Bref dialogue dont voici quelques vers :

> Stenko — Mais cette enfant, mais cette fleur qu'ils vont abattre !
> La Marucha — La faux du moissonneur ne choisit pas les blés.
> Mikla — Heureux ceux qui sont nés dans des temps moins troublés !
> (...)
> La Marucha — Le temps où nous vivons veut qu'on vive autrement.
> C'est le temps des efforts virils, des cœurs sublimes.

La Marucha révèle enfin que Frol a accepté le commandement et Mikla se déclare heureuse de s'offrir en sacrifice. Dernier échange des amants :

Stenko — Je t'aime, ne meurs pas !
Mikla — Va me venger ! je t'aime. (acte III)

Frol Gherach a décidé, malgré l'hésitation de ses officiers, de combattre avec les Cosaques du Don conduits par Sergeieff. Il consent, ainsi, malgré son désespoir, au sacrifice de sa fillle. Il presse Stenko et Mosiy de l'aider à rétablir la discipline compromise :

Le reste est au destin, qui lui-même est à Dieu.

Rogoviane et les siens doivent arriver avant quelques heures, et la Marucha est chargée de repérer leur itinéraire. A son retour, Stenko, qui croit d'ailleurs Mikla morte, accepte de diriger l'expédition au péril de sa vie, tandis que Gherach restera à la tête de son peuple. Celui-ci promet à ses Cosaques la victoire. Mais quinze cents d'entre eux devront mourir à leur poste :

Longuement, lentement, sans hâte et sans regrets.

Dans l'enthousiasme du combat, les Cosaques s'en vont, tandis que la Marucha entonne encore un chant, dont le dernier vers proclame :

Qu'importent les morts ! la liberté vit ! (acte IV)

Rogoviane est installé dans une isba abandonnée. Les Polonais sont vainqueurs, mais ont subi de lourdes pertes. Un des seigneurs qui accompagnent Rogoviane dit ne pouvoir empêcher d'admirer les Ukrainiens.

Ah ! ces désespérés sont vraiment des héros !

Stenko a été grièvement blessé au cours de la bataille. Rogoviane promet la tortue à Moisiy, qui s'écrie :

Je n'étais qu'un soldat, tu m'auras fait martyr.

Avant de poursuivre les Cosaques apparemment en déroute, Rogoviane a la joie d'apprendre que Mikla, qui a tenté de s'évader, est entre ses mains. En voyant le traître alors qu'elle s'apprêtait à voir Stenko, Mikla manifeste le même effroi qu'Agnès reconnaissant Arnolphe au dernier acte de *L'École des Femmes*. Mais elle résiste aussi bien qu'elle aux offres amoureuses de l'ennemi. Celui-ci fait paraître Stenko, étendu sur une civière, et tente en vain de lui faire croire que Mikla a racheté sa vie en le déshonorant.

Il prétend aussi que Gherach a coupé la retraite à ses compagnons. A ce moment, on entend raisonner la marche Cosaque. Les Polonais sont défaits. Stenko meurt, mais « libre ». Digne de Marguerite dans le *Faust* de Gounod, Mikla s'écrie :

Anges qui l'emportez, ne me prendrez-vous pas ?

Rogoviane se sent perdu, surtout quand il apprend que les Cosaques du roi sont passés à l'Ukraine. Il veut fuir. Mikla le retient ; il la « frappe d'un coup de poignard », et elle « va tomber morte sur le corps de Stenko ». Le tableau est digne d'*Hernani* et de *Ruy Blas*. Rogoviane est désarmé et la Marucha lui promet une mort lente et terrible :

> Que le sang de nos morts ruisselle sur le front
> Et que son noir tombeau soit creusé si profond,
> Que rien d'impur ne germe au sol de la patrie.

Elle prononce aussi l'oraison funèbre des jeunes gens :

> Et vous, beaux fiancés qu'un tel trépas marie,
> Enfants qu'un pays libre a déjà pour aïeux
> Soyez glorifiés, martyrs victorieux.

Il faut bien qu'à la fin apparaisse le malheureux père, et qu'il « tombe à genoux auprès du corps de ses enfants ».

Il faut bien aussi que la Marucha lui murmure à l'oreille son terrible chant :

> Qu'importe les morts ! la liberté vit !

Il faut bien pour conclure que Gherach se relève et dise :

> Couvrez de lauriers verts leur tombe nuptiale,
> Et vous, clairons, sonnez la marche triomphale.

« Les fanfares éclatent de toutes parts, les Cosaques se relèvent et la Marucha saisit la main de Frol Gherach, qu'elle porte à ses lèvres ». Et le rideau tombe.

*
* *

Les contemporains, comme je l'indiquais en commençant, ont assez bien vu les faiblesses du drame de Déroulède. Il a sans doute voulu faire du Corneille, un Corneille alors et pour des décennies compris comme le poète du devoir vainqueur de la passion amoureuse. Il a sans doute voulu rivaliser avec Hugo, dont il paraît, dans certains tableaux, être la caricature. Il a quelquefois même frisé le ridicule en se souvenant, consciemment ou non, de Molière. Il s'est égaré dans des formes démodées, comme celle du mélodrame qui faisait pleurer Margot au début du XIXe siècle. Mais ces inspirations diverses auraient pu du moins émouvoir le grand public.

L'Hetman a été représenté une année après les premières élections des chambres de la Troisième République. Celles-ci gardaient au Sénat une majorité conservatrice, mais donnaient à la Chambre des députés une forte majorité républicaine. Bientôt le président Mac-Mahon verra son ministère d'Ordre moral mis en minorité par la Chambre et prendra la décision de dissoudre celle-ci. L'époque est donc, en France, particulièrement agitée. Le rappel des vertus patriotiques et des austères devoirs qu'elles imposent a dû paraître opportun à l'auteur des *Chants du Soldat*. Déroulède portait alors le drapeau d'une sorte d'union sacrée qui annonçait déjà le barrésisme à venir.

Il ne m'appartient pas de décider de la fidélité du poète à la réalité de l'Ukraine du XVII\u1d49 siècle. Je serais tenté de lui accorder plus de sérieux dans sa transcription qu'on ne le fait généralement. Je ne serais pas étonné en tout cas que cette œuvre ait été méditée par les Ukrainiens nationalistes du début de notre siècle.

10

Un *Dom Juan* d'Ukraine *

L'Amphitryon de pierre de Lessia Oukraïnka a vu le jour en 1912. L'année précédente, Georges Gendarme de Bévotte avait donné une nouvelle édition de sa *Légende de Don Juan*, en deux volumes : elle comportait un complément important sur les plus récents avatars du mythe. La proximité de ces deux dates ne peut laisser indifférent. L'œuvre de la poétesse ukrainienne ne se laisse interpréter en effet qu'à la lumière de l'ensemble du corpus poétique et théâtral inspiré par le héros espagnol.

L'œuvre se situe à l'extrême fin de la carrière de Lessia Oukraïnka. Bien que celle-ci l'ait évoquée comme un « organisme à part » et se suffisant à soi-même [1], il n'est pas interdit d'y voir une sorte de testament esthétique, social et spirituel. C'est dans cet esprit, semble-t-il, que la critique a surtout commenté la pièce.

Depuis 1970, la belle traduction de Mme Olha Witochynska permet de lire ce poème en français. Six années plus tard, dans sa thèse d'Université, Mme Witochynska a rassemblé un grand nombre de documents biographiques et critiques permettant de replacer *L'Amphitryon* dans la carrière de l'écrivain et dans l'histoire de la légende. En 1978, dans son *Mythe de Don Juan*, Jean Rousset a réservé à l'œuvre une place notable et reproduit dans son anthologie la dernière scène de la pièce [2]. Enfin, dans son *Don Juan mythe littéraire et musical* (Stock-musique, 1979), Jean Massin a mentionné parmi d'autres le drame de Lessia Oukraïnka, non certes pour en faire l'éloge, mais pour le rejeter en même temps que tous les *Don Juan* postérieurs aux *Fleurs du Mal* en affirmant de manière péremptoire : « Le mythe ne répond plus » [3].

---

* *Lessia Oukraïnka*, Colloque de l'Université de la Sorbonne Nouvelle, Paris, 1983. (« Lessia Oukraïnka et le mythe de Don Juan »).

1. Cit. par O. Witochynska, *Deux Don Juan*, thèse dactylographiée, p. 123.
2. Ouvr. cit., p. 199-200.
3. Ouvr. cit., p. 121.

On a signalé les dettes de Lessia Oukraïnka envers Molière, qui à tout le moins lui a fourni le personnage de Sganarelle ; Mozart, qui a pu donner l'idée de la sérénade de l'acte II et qui, comme le note en particulier Jean Rousset, a été l'initiateur du retour et de l'« exaltation » d'Anna ; Pouchkine, qui a fait d'Anna, non plus la fille, mais la veuve du Commandeur, dont la Laura présente quelque analogie avec la Doña Sol d'Hernani, personnage homonyme d'un de ceux de Lessia Oukraïnka, et chez qui la statue du Commandeur est invitée comme ici dans la demeure de sa propre veuve ; Byron, qui évoque les longues errances du héros : Jean Aicard même, qui en 1889 fait mourir son héros de la main d'un double « surgi du miroir »[4]. Mme Witochynska insiste avec raison sur la probable influence de l'œuvre d'Alexis Tolstoï (1862) : aux origines du mythe, ainsi que le rappelle Robert Horville dans un précieux petit livre consacré à la comédie de Molière[5], deux traditions se sont tour à tour distinguées et confondues : celle de Don Juan Tenorio, qui périt comme on sait, celle de Don Juan de Maraña, qui se convertit et mène ensuite une existence édifiante. On suit, au second tome de l'ouvrage de Gendarme de Bévotte, l'histoire de cette seconde tradition, qui, renaissant à partir des *Âmes du Purgatoire* de Mérimée (1834), s'épanouit chez Alexandre Dumas père (1836) et chez José Zorrilla (1844) selon qui « c'est une femme, la seule qu'il ait aimée d'amour vrai, qui intercède pour lui auprès de Dieu, et arrache son âme au châtiment infernal »[6]. C'est cette Doña Anna, et c'est à cette tradition que Lessia Oukraïnka se rattache avec le personnage de Dolorès. Sans aucun doute possible, la poétesse a voulu, dans son drame, présenter une sorte de synthèse (au reste très sobre) des virtualités diverses offertes par le mythe moderne de Don Juan en la rendant aussi transparente et efficace que possible auprès de ses contemporains. C'est cette transparence et cette efficacité que je voudrais mettre en évidence, en montrant que l'œuvre est fidèle pour l'essentiel au mythe hérité, que ce « Lesedrama »[7] est en réalité authentiquement théâtral, que ce poème enfin, dans les thèmes et les idées qu'il véhicule, prolonge utilement la tradition et la renouvelle de manière parfois prophétique.

*
* *

L'histoire contée par Lessia Oukraïnka est la suivante : les parents d'une noble jeune fille, Dolorès, l'ont fiancée, dès sa naissance, à Don Juan. Celui-ci, étant encore page, a provoqué en duel un prince du sang pour l'amour de l'Infante. Banni, il a séduit tour à tour la fille d'un rabbin qui s'est ensuite noyée, une abbesse petite-fille d'inquisiteur, qui est

4. *Le Mythe de Don Juan*, éd. Armand Colin, Paris, 1978, ouvr. cit., p. 202.
5. *Don Juan de Molière*, Larousse, 1972, p. 258.
6. Ouvr. cit., II, p. 39.
7. O. Witochynska, ouvr. cit., p. 99.

devenue tenancière d'une taverne de contrebandiers, une gitane qui a disparu, une mauresque qui a empoisonné son frère à cause de lui et s'est faite ensuite religieuse. Après de longues errances où il a joué les pirates et les contrebandiers, il s'est caché dans une caverne près de Cadix où Dolorès l'a retrouvé, blessé par un alcade dont il avait voulu séduire l'épouse. Elle l'a soigné sans pourtant se laisser séduire à son tour. Tous deux cependant portent une bague de fiançailles dont ils ont fait serment de ne pas se dessaisir. Et Dolorès garde sur elle, dans un médaillon, le portrait de Don Juan. Un jour, Dolorès se recueille, au cimetière de Séville, sur la tombe de ses parents, en compagnie de son amie Donna Anna, fille de Don Pablo de Alvarez et fiancée au Commandeur Don Gonzago de Mendoza. Pendant que les duègnes des jeunes filles se sont éloignées, Don Juan paraît, sortant d'un caveau où il se cachait. La beauté d'Anna le bouleverse et, malgré les conseils de prudence de Dolorès, il accepte l'invitation que lui adresse la jeune fille au bal masqué donné le soir même par ses parents à l'occasion de ses fiançailles. Survient Don Gonzago. Don Juan se cache. Mais Anna informe son futur époux de l'invitation adressée au « fiancé de Dolorita ». Le nouvel amour de Don Juan lui fait négliger le rendez-vous qu'il a accordé à la belle Donna Sol ; il presse son valet Sganarelle de la laisser retourner chez son mari (I). Au bal masqué chez Pedro de Alvarez, le Commandeur a offert à Anna un diadème de perles assorti à sa robe blanche. Don Juan paraît, chante une sérénade à Anna, qui en retour lui offre sa première danse. Invitée par lui à renoncer à la position élevée mais contraignante qui lui est offerte, Anna se déclare prête à le suivre dans ses libres aventures s'il lui sacrifie l'anneau de Dolorès comme elle-même est prête à sacrifier sa bague et son diadème. Don Juan refuse. Paraissent encore, au cours de ce bal, Donna Sol, que Don Juan repousse sans ménagement, et Dolorès, son « ombre », qui sous un domino noir veille sur lui et l'empêche successivement de faire un scandale à propos de Donna Sol et de poursuivre l'épée nue le Commandeur, devant lequel il s'est nommé et par qui il s'est jugé offensé (II). Plus tard, Don Juan retrouve près de Cadix la grotte où jadis Dolorès l'a soigné. Sous un déguisement de moine, la jeune fille vient lui apporter un décret du roi et un document papal l'absolvant de tous ses crimes. Ce double pardon a été obtenu par le don de son corps et par celui de son âme. Elle rend son portrait au jeune homme, mais chacun garde l'anneau des fiançailles. Don Juan gagne Madrid, qui est maintenant la résidence d'Anna, et où il peut paraître en toute impunité (III). Anna est lasse de l'étroite discipline et de la rigoureuse existence que lui impose le Commandeur, et dont il fait une sorte de machine au service d'une ambition qui va jusqu'à désirer le trône. Un soir, grâce à la complicité de la servante Mariquita, Don Juan pénètre chez Anna et lui déclare à nouveau son amour. Survient le Commandeur, Don Juan se bat avec lui, le tue, et essuie sa propre lame aux plis du manteau blanc de l'ordre. Donna Anna fera croire que le crime a été accompli par des brigands (IV). Un jour d'hiver, au cimetière de Madrid, auprès du tombeau du Commandeur, la duègne d'Anna, transie de froid, la quitte pour aller emprunter des gants à une parente. Don Juan paraît. Anna refuse de fuir avec lui. Elle a accepté ce qu'il appelle son «bonheur de pierre». Cependant une noble dame de Madrid les a aperçus. Elle les nomme (Don Juan devient ici Don Juan de Maraña). Pour couper court à tout bruit fâcheux, Anna invite Don Juan pour le lendemain. La duègne est enfin de retour. Toutes deux sortent. Sganarelle paraissant met au défi Don Juan d'inviter le Commandeur à sa propre table. Don Juan relève le défi mais force Sganarelle à transmettre l'invitation. Apparaît alors dans la main du Commandeur de pierre un parchemin portant la réponse : «Viens, j'attends» (V). Dans la salle du banquet où sont déjà rassemblés bon nombre d'invités, Don Juan (dit ici de Tenorio), arrive et prend la place du Commandeur, laissée libre par les autres conviés. Scandalisés par la hautaine et insolente attitude de cet «Antonio-Juan-Hurtado de Maraña», tous se retirent. Donna Anna presse alors Don Juan d'accepter la succession et d'hériter les ambitions du Commandeur. Il lui offre son anneau, elle lui donne le sien et le revêt du manteau blanc et des insignes de son époux. A ce moment, la statue du Commandeur sort du miroir situé en face de Don Juan, met d'une main Anna à genoux et applique son autre main contre le cœur de Don Juan, qui s'immobilise dans la mort (VI).

*
* *

L'œuvre a gardé du mythe les «trois invariants» définis par Jean Rousset, chacun d'eux recevant une légère modification non dépourvue de signification : 1) Le mort, invité de pierre, est ici invité dans sa propre maison. 2) Il y a bien un groupe féminin, «une série *n* de victimes» et «parmi elles, victime privilégiée», non la fille, mais l'épouse du mort. 3) Le héros est bien «Don Juan, celui qui s'attaque au Mort auquel il est relié intimement, puisqu'il a tenté de lui voler» sa femme, non sa fille, «qu'il l'a tué, qu'il en recevra le châtiment final». Don Juan est encore «l'improvisateur devant la Permanence, symbolisée par la Statue ; l'homme de l'instant face à ce qui conteste ou détruit le temps donjuanesque»[8] ; mais dans le drame de Lessia Oukraïnka cet improvisateur dans le siècle a gardé jusqu'au bout une dimension spirituelle de permanence : l'anneau de Dolorès, qui agit comme un mystérieux talisman ; et il ne se condamne lui-même qu'au moment où il en fait le sacrifice par amour pour Anna ; d'autre part, la mortelle intervention de la statue ne se produit qu'après le renoncement du héros à ses libres improvisations au profit de la pétrifiante acceptation d'une discipline sociale et politique, celle de la hautaine ambition héritée du Commandeur dont il s'est fait le double. Jean Rousset cite dans son livre une phrase de Julien Gracq qui peut donner sens à ce double suicide de Don Juan, tel que l'a imaginé la poétesse : «La dernière

8. Ouvr. cit., p. 13.

scène de *Don Juan* pourrait servir à illustrer d'une manière tragique une tentation congénitale à l'artiste. Il vient toujours dans sa carrière un moment assez dramatique où s'invite d'elle-même à souper au coin de son feu une statue qui n'est autre que la sienne, dont la poignée de main pétrifie »[9].

L'Amphitryon de pierre distribue les rôles avec la même fidélité et les mêmes libertés qu'il applique au déploiement de l'action. Don Juan, sauf à l'acte central de la grotte, n'apparaît jamais qu'*après* d'autres personnages. Il est toujours celui qu'on attend et dont l'entrée en scène est comme préparée par les conversations et les interrogations qui la précèdent. En revanche, sa partenaire privilégiée, Anna (mis à part le même acte central) est toujours en scène en début d'acte. C'est elle qui constitue le pôle d'attraction de la pièce, c'est vers elle que le héros est conduit, c'est d'elle que, d'acte en acte, il se rapproche jusqu'à en mourir, comme l'insecte de nuit vient se consumer à une flamme. La progression de la pièce est d'ailleurs assurée par la progressive élimination de toutes les autres femmes. De celles qui illustrent les aventures contées au premier acte il n'est plus question ensuite. Donna Sol, qui rappelle les belles consolées qu'évoquait Pouchkine, est annoncée au premier acte et introduite au second, mais oubliée aussitôt. Dolorès équilibre aux deux premiers actes le personnage d'Anna, paraît au troisième pour informer Don Juan de son sacrifice, et disparaît à jamais. Anna demeure donc seule en face du séducteur tout au long de la seconde moitié du drame. Solitude devenue totale seulement à l'ultime scène. Jusque-là divers personnages secondaires mais signifiants l'ont entourée : sa duègne, traitée en caricature, ses parents, présentés à l'acte II comme de dignes aristocrates, les gentilshommes et nobles dames croqués avec malice à l'acte II (un peu comme Victor Hugo présente Don Guritan dans *Ruy Blas*), et férocement caricaturés aux deux derniers, où ils apparaissent comme grotesquement prétentieux ou suavement hypocrites. Don Juan est sans parents et sans amis. Lessia Oukraïnka lui a bien laissé un valet, Sganarelle, inspiré par Molière et par le Leporello de Mozart. Mais son rôle demeure relativement discret. Il est absent de tous les actes pairs, c'est-à-dire de tous les actes d'intérieur. A l'acte premier, il n'est que le messager de Donna Sol, et Don Juan l'invite à prendre « le chemin de la taverne » sans s'inquiéter des nouvelles amours de son maître. Il est présent durant tout l'acte III, de corps ou d'oreille, mais se contente de quelques questions et exclamations ironiques. A l'acte V enfin, il accomplit auprès de la statue du Commandeur la mission dont l'a chargé Don Juan et qu'il avait lui-même naïvement suggérée. Dans tous les cas, ses brèves réflexions à l'extrême fin de l'acte soulignent le caractère inattendu et paradoxal des projets immédiats de son maître : abandon désinvolte de Donna Sol, oubli de Dolores, invitation de « L'Amphitryon de pierre ».

*
* *

9. *Ibid.*, p. 179.

Ce bref aperçu touchant les divers personnages, leurs relations, leur situation dans l'espace humain du drame, permet déjà de définir quelques principes concernant le rythme de *L'Amphitryon* (opposition des débuts et des fins d'acte, des actes pairs et des actes impairs) et son mouvement général (progressive élimination de tout ce qui n'est pas le couple central, irrésistible entraînement des deux protagonistes l'un vers l'autre). L'examen de la pièce comme œuvre théâtrale confirme ces principes et en prolonge la portée.

L'Amphitryon de pierre est une œuvre courte : une cinquantaine de pages dactylographiées dans la traduction de Mme Witochynska. Elle comporte six actes ou plutôt six tableaux correspondant à six décors différents, situés à Séville (I et II), à Cadix (III) et à Madrid (IV, V, VI). Les actes I et II se déroulent au cours d'une seule journée. Un temps très court sépare les actes III et IV (celui de la chevauchée entre Cadix et Madrid). Les actes V et VI correspondent à deux jours consécutifs. En revanche, il y a rupture de continuité et place pour une durée indéterminée entre II et III (confondue avec les longues périodes de deuil imposées par le Commandeur à son épouse) comme entre IV et V (c'est le temps où Anna s'est progressivement métamorphosée en s'enfermant dans son veuvage, imitant peut-être une autre héroïne espagnole, Chimène, dans son effort pour ne plus voir le meurtrier de son père). Ces constatations, permettent de proposer un découpage du drame en trois actions successives : l'ensemble des actes I et II voit naître l'amour mutuel des héros, présente une tentative inachevée de meurtre du commandeur et s'achève par la séparation et la fuite de Don Juan. Les deux suivants aboutissent au meurtre de Donna Anna après l'absolution de ses crimes antérieurs, et à une seconde fuite du héros. Les deux derniers font assister à un troisième meurtre du Commandeur : non plus le meurtre symbolique de l'acte II, non plus le meurtre « réel » de l'acte IV, mais le meurtre mystérieux de Don Juan confondu avec le Commandeur par un Commandeur surgi du miroir où se reflétait l'image du héros revêtu de ses insignes. Cette fois, il n'y a plus de fuite possible, pas même de disparition dans l'abîme des *Don Juan* antérieurs, mais *immobilisation* du héros, comme changé en pierre à son tour et devenu le double de sa victime.

Lessia Oukraïnka a imaginé pour son drame des décors précis et volontiers somptueux, présentant des effets de couleurs et des jeux de lumière et d'ombre, où selon les moments les personnages (dont les vêtements sont minutieusement décrits) s'immobilisent en tableaux vivants ou se meuvent dans des éléments praticables. Ces décors divers se répondent les uns aux autres en s'opposant. Ainsi l'allure printanière et sereine du cimetière de Séville à l'acte I^ier offre un violent contraste avec l'hivernale austérité du cimetière de Madrid à l'acte V. De même, si le premier « intérieur » du drame, la demeure à patio et galeries du père d'Anna où se déroule le bal de l'acte II, paraît vaste et ouvert, le second, c'est-à-dire le boudoir d'Anna, à l'acte IV, demeure « spacieux » et nous est décrit comme « somptueusement décoré » mais les tons « sombres » y dominent et les fenêtres en sont « étroites » ; enfin la salle de banquet du dernier acte est étroite, sans fenêtre et lourdement meublée. Le deuxième acte du drame peut donner une idée de l'imagination scénique de l'auteur, qui fait évoluer ses personnages à la fois en divers lieux contigus et sur plusieurs plans : deux galeries très éclairées au fond de la scène et une cour et une gloriette au premier plan qui demeurent dans l'ombre. Les danses exécutées sur la galerie supérieure, vers le milieu de l'acte, constituent une sorte de spectacle intérieur au drame qui suppose une précise mise en scène. Tous ces éléments composent une œuvre parfaitement jouable, aussi brillante qu'un drame hugolien, un opéra mozartien ou une féerie.

Mais c'est le dialogue de Lessia Oukraïnka qui donne sens à cette féerie. Il s'organise autour d'un petit nombre de symboles aux infinies variations, à partir de l'image fondamentale de la pierre. Pierre intérieure, celle de la souffrance de l'austère fidélité vouée à Don Juan par Dolorès (acte premier). Pierre onirique dans les obsessions d'Anna : elle rêve d'un château planté au sommet d'une montagne inaccessible où une princesse est enfermée sans espoir d'être délivrée par un « heureux chevalier » (*id.*). Le thème reparaît à l'acte second, où Don Juan évoque une « montagne de cristal » et un « château de diamants », opposés à l'immensité marine de ses libres errances, analogue elle-même à la « vague blanche » à laquelle s'assimile Anna et qui terminera sa « danse libertine » près de la « pierre » ou de la « montagne » représentées par le Commandeur. Au début de l'acte IV, celui du meurtre, Don Gonzago veut convaincre Anna de s'associer à ses ambitions, de devenir auprès de lui « l'aigle femelle » qui bâtit son nid sur la hauteur, « loin des parfums des vallées attirantes ». Elle semble se muer en effet, dans les scènes qui suivent, en une « caryatide soutenant un fardeau de pierre » : c'est Don Juan qui le lui reproche, et elle reconnaît qu'en effet son âme se « pétrifie ». A cette métamorphose correspond en elle une résurgence de la « fierté » espagnole, cette hauteur froide et brûlante à la fois que *Le Maître de Santiago* a exprimée des années plus tard dans le dialogue superbe et bouleversant du père et de la fille. Dès lors, et c'est le sens du cinquième acte, ce n'est pas le chevalier qui emmènera la princesse loin de sa prison, c'est elle qui, héritant les ambitieuses vertus de son Commandeur de pierre, l'attirera sur ses hauteurs et dans son aire. Reprenant les leçons apprises de Don Gonzago à l'acte IV, elle lui fera accepter l'emprisonnement dans une « superbe forteresse » ou, à une liberté perdue dans la réhabilitation même de l'acte III, se substituera une liberté nouvelle, celle du pouvoir : et Don Juan deviendra pierre à son tour.

L'allégorie composée par Lessia Oukraïnka à partir de l'image de la pierre est transparente. La liberté spirituelle de l'homme ne peut subsister que dans le secret engagement à la fidélité envers son être intime, signifié ici par Dolorès, « ombre » du héros. Elle disparaît dans les engagements dangereux qu'inspire la vanité sociale et politique. Dans cette fable de la recherche de soi-même et du désir de la conquête universelle, de la liberté intérieure et de l'ambition terrestre, Lessia Oukraïnka s'est peut-être souvenue de *Tête d'Or*. Elle semble avoir pressenti *Le Soulier de Satin*. Ce ne sont pas de minces références.

11

Ionesco réécrit Molière*

Si l'on en croit Ionesco lui-même, la lecture des *Exercices de style* de Raymond Queneau aussitôt après la composition, à coups de méthode *Assimil*, de *La Cantatrice*, lui révéla une «certaine similitude» entre son entreprise et celle du fondateur de l'*Oulipo*[1]. Cette similitude se discerne en effet à plusieurs niveaux de la création des deux œuvres. Mais l'évidence est qu'ici et là les modes d'expression les plus divers se trouvent appliqués de manière systématique à des objets tirés du quotidien de l'existence : le ruban d'un chapeau, un bouton de pardessus, des pommes à l'huile, un homme qui s'agenouille pour nouer le lacet de son soulier ; mais aussi l'amour, la mort, la violence. Au cours de sa carrière, Ionesco est toujours demeuré fidèle à la figure de la répétition sous ses diverses formes : reprises d'idées, de situations, de structures syntaxiques, de termes obsédants ; retour d'objets ou de personnages créant tour à tour de simples effets de réduplication et des effets plus inquiétants d'accumulation ou d'amoncellement. La présence d'Anglais et d'Anglaises donne son rythme au *Piéton de l'air* ; *Les Exercices de conversation* (1970) et les *Voyages chez les morts* (1981) sont également fondés sur le principe, explicite pour la dernière œuvre, du thème à variations. Ailleurs, selon une imperturbable logique, un cadavre grandit jusqu'à la monstruosité, les meubles s'accumulent dans une chambre, un *Homme aux valises* se multiplie indéfiniment, les personnages d'*Un Formidable Bordel* font des petits par scissiparité.

Il y a cependant une différence fondamentale entre les toutes premières pièces d'Ionesco, *La Cantatrice* et *La Leçon*, et toutes celles qui ont suivi. Tandis que dans celles-là un recommencement de l'action est esquissé aux dernières répliques, dans les suivantes on assiste à «la montée constante

---

* *Ouverture et dialogue*, Mélanges Wolfgang Leiner, Tübingen, Gunter Narr, 1988. («Un exemple de composition circulaire : *La Critique de l'École des Femmes* relue à la lumière de *La Cantatrice chauve*»).

1. «Naissance de *La Cantatrice*», 1959, *Notes et Contre-notes*, Paris, 1966, p. 257.

vers une extrémité tellement absurde qu'elle s'annule elle-même et fournit une fin »[2]. Au principe de circularité tel qu'on le trouve appliqué dans certains concertos de J.-S. Bach se substitue la progression par étapes, et souvent avec des allers-et-retours, jusqu'aux derniers accords ou les ultimes dissonances d'une symphonie théâtrale.

La circularité, enfin, n'est pas tout à fait du même ordre dans *La Cantatrice* et dans *La Leçon*. Dans la seconde pièce, on assiste à l'accomplissement d'un meurtre qui vient après trente-neuf autres et à l'amorce du quarante-et-unième. Le dédoublement de l'action peut se renouveler indéfiniment jusqu'à ce que l'appartement soit décidément encombré par les cahiers et les cartables des élèves sacrifiées. *La Leçon* engage donc un processus d'accumulation procédant d'une répétition inscrite dans une ligne temporelle. Dans *La Cantatrice*, au contraire, c'est l'œuvre même à laquelle on vient d'assister qui est promise à un recommencement sempiternel, comme sur la bande des phénakistiscopes de nos grands-pères[3]. Ionesco a rappelé, dans un texte publié en 1959, que ce refus de dénouement assumé par une amorce de recommencement succédait à d'autres fins envisagées : dans un premier schéma, la bonne entrait, annonçait que « le dîner était prêt », et la scène se vidait ; sur quoi un chahut de faux spectateurs entraînait l'arrivée des forces de l'ordre et l'exécution des trublions ; dans un second projet, la bonne interrompait la querelle des Martin et des Smith en annonçant l'arrivée de l'auteur, qui devait s'adresser au public en termes menaçants. « On trouva cette fin trop polémique », écrit plaisamment Ionesco. Et il poursuit, en évoquant *in fine* la substitution d'un couple à l'autre opérée après la centième :

> Et c'est parce que je ne trouvais pas une autre fin, que nous décidâmes de ne pas finir la pièce, et de la recommencer. Pour marquer le caractère interchangeable des personnages j'eus simplement l'idée de remplacer, dans le recommencement, les Smith par les Martin[4].

Qu'il s'agisse des uns ou des autres, il importe peu pour le présent propos. Le dialogue se répètera, identique ; il se répètera même jusqu'à la fin des temps, parce qu'il implique désormais son indéfinie réitération. Mais il sera toujours « neuf heures » au lever du rideau. La circularité de *La Cantatrice* est donc parfaite et sans faille.

> Molière lui-même m'ennuyait. Ces histoires d'avares, d'hypocrites, de cocus, ne m'intéressaient pas. Son esprit amétaphysique me déplaisait [...]. Les problèmes moliéresques me semblaient, tout compte fait, relativement secondaires, parfois douloureux certes,

---

2. Bersani, Autrand, Lecarme, Vercier, *La Littérature en France depuis 1945*, Paris, 1970, p. 517.

3. Nous lisons le texte dans l'édition folio/Gallimard, éd. de 1984. Sur le dédoublement, voir L. Dällenbach, *Le Récit spéculaire*, 1977 et G. Forestier, *Le Théâtre dans le Théâtre*, Genève, 1981.

4. « Naissance de *La Cantatrice* », *éd. cit.*, p. 259.

dramatiques même, jamais tragiques ; car pouvant être résolus. On ne peut trouver de solution à l'insoutenable, et seul ce qui est insoutenable est profondément tragique, profondément comique, essentiellement théâtre [5].

Ionesco écrivait ces lignes en 1958, et sans doute étaient-elles sincères. Mais à qui lit ou seulement parcourt l'ensemble de son œuvre, le souvenir, mieux la hantise de Molière apparaît partout. Si bien que son théâtre, parce qu'il reprend certains schémas et certains motifs du créateur d'Alceste, en les isolant de leur contexte, permet une lecture critique renouvelée de Jean-Baptiste Poquelin.

Sourde ou éclatante, la présence de Molière est manifeste dans le théâtre d'Ionesco. Elle correspond à l'une des obsessions de l'universitaire et du candidat au doctorat ès-Lettres qu'il a d'abord voulu être. Sans parler de la simple idée d'écrire un *Impromptu*, rappelons qu'on trouve, dans les thèmes de *Le Roi se meurt*, des souvenirs du *Malade imaginaire* (et des conditions de sa création) ; que *Rhinocéros*, monstre en quoi tout homme risque de se métamorphoser, n'est ni plus ni moins dangereux que Tartuffe ou Dom Juan ; que la mort et les morticoles sont aussi souvent évoqués chez Molière que chez notre contemporain, et que celui-ci reprend, dès *La Cantatrice*, un thème récurrent chez son prédécesseur, selon qui le médecin tue le malade plus sûrement que la maladie (voir les pages évoquant la malheureuse opération de Parker). La montée vers l'absurdité totale, qui structure tant de pièces d'Ionesco, est déjà présente dans *Le Bourgeois* et dans *Le Malade*, où la folie de Jourdain et d'Argan entraîne et aggrave une situation de rupture telle qu'il est nécessaire de la flatter jusqu'à l'invraisemblance pour pallier ses funestes effets. Si Ionesco use du jargon, des jeux de mots, invente des vocables ou en utilise de rares pour éveiller un comique « primitif », il suit là une tradition illustrée dans les comédies de Molière qu'on vient de citer, et dans celles de ses prédécesseurs immédiats : la « cascade de cacades » et la suite « Cactus, Coccyx ! coccus ! cocardard ! cochon » placées dans la bouche de Mme Martin, peuvent faire penser aux vers de *Dom Japhet d'Arménie* cités par Robert Garapon dans sa *Fantaisie verbale* :

> Le cacique Uriquis et sa fille Azatèque,
> L'un et l'autre natifs de Chicuchiquizèque.

Quand enfin Ionesco s'interroge sur le rôle du comédien, il peut bien se référer à Diderot, Jouvet, Piscator et Brecht (dont les doctrines lui « déplaisent » également) [7] : on reconnaît sous sa plume des tournures proches, malgré la différence d'intention, des expressions utilisées par Molière. Il écrit :

5. « Expérience du théâtre », *Notes...*, p. 52.
6. *La Fantaisie verbale...*, Paris, 1957, p. 191.
7. *Ouvr. cit.*, p. 51.

Ils n'ont pas à se mettre dans les peaux de personnages, dans les peaux des autres ; ils n'ont qu'à bien se mettre dans leur propre peau[8].

On lisait dans *L'Impromptu de Versailles* :

Tâchez de bien prendre, tous, le caractère de vos rôles, et de vous figurer que vous êtes ce que vous représentez [...]. Ayez toujours ce caractère devant les yeux [...]. Entrez bien dans ce caractère [...]. Je vous dis tous vos caractères, afin que vous vous les imprimiez fortement dans l'esprit (scène première).

Tous propos qu'il ne convient pas d'ailleurs de prendre entièrement à la lettre : les personnages de Molière sont souvent, sinon toujours, inventés, non certes en conformité avec la propre psychologie de ses différents acteurs, mais en harmonie avec leur nature d'acteurs (allure physique, possibilités vocales, sensibilité au rôle). L'auteur de *La Cantatrice* est-il si loin d'une telle conception ? Il a su rendre hommage à Jean Vilar, qui « avait su trouver le dosage indispensable, en respectant la nécessité de la cohésion scénique sans déshumaniser le comédien [...] »[9].

Ionesco définit *La Cantatrice* comme une œuvre « spécifiquement didactique », dans la mesure où elle fait partie de ces ouvrages où nous transmettons « les idées que nous avons reçues »[10]. *La Critique*, de même, transmettait les formules cent fois ressassées des gentilshommes ridicules, des savantasses et des femmes du beau monde ; en leur joignant, il est vrai, l'exposé des doctrines chères aux sympathisants du nouveau théâtre, alors qu'Ionesco réserve l'exposé des siennes aux commentaires et aux interviews. Aucune de ces deux courtes comédies ne comporte de « véritable intrigue »[11]. Il s'agit seulement de conversations, qui n'ont jamais, ni raison déterminante pour s'interrompre, ni raison déterminante pour rebondir. Aussi, dans l'une comme dans l'autre, le plus difficile est-il de trouver une fin. Du moins, ici et là, le ton monte à partir d'un certain moment ; Dorante s'échauffe lui-même dans une apologie de Molière que ses adversaires ne veulent point écouter et qu'ils interrompent par des condamnations péremptoires et répétitives, s'achevant avec la chanson fredonnée par le marquis (« La, la, la, lare, la, la, la, la [...] ») ; chez Ionesco, « l'hostilité et l'énervement » vont « grandissant », et les arguments ultimes des Smith et des Martin se résument avec la récitation des voyelles et des consonnes de l'alphabet, l'imitation du bruit d'un train (« Teuff, teuff, teuff, [...] ») et la répétition à un rythme toujours accéléré de « c'est pas par là, c'est par ici, [...] ».

S'il faut pourtant trouver dans ces deux comédies un sujet-prétexte,

---

8. « A propos de *La Cantatrice chauve* », 1951, *ouvr. cit.*, p. 255.

9. « Expérience du théâtre », *Notes...*, p. 51.

10. « *La Cantatrice chauve*, la tragédie du langage », *Notes...*, p. 250.

11. « A propos de *La Cantatrice chauve* », *ouvr. cit.*, p. 254.

celui-ci pourrait se formuler ainsi ; deux personnages en attendent plusieurs autres pour le repas du soir. Ces derniers arrivent en retard. Quelques autres, non attendus, se joignent à eux. Un dialogue s'engage, se prolonge et s'alourdit jusqu'au moment où l'on trouve un moyen d'y mettre fin : dans *La Critique* et dans la première version, non jouée, de *La Cantatrice*, ce moyen est l'annonce du repas servi. Galopin entre et dit : « Madame, on a servi sur table » ; Mary devait annoncer à l'origine « que le dîner était prêt ». Ici et là, tous les personnages quittaient la scène pour passer à table. Dans *La Critique* et dans la version définitive de *La Cantatrice*, la conversation se termine, là par la promesse, ici par l'esquisse d'un recommencement. La double fin moliéresque a donc fourni à Ionesco deux des fins de *La Cantatrice*. Les analogies se précisent dans le détail. *La Critique* s'ouvre avec le souvenir (discret) du *dîner* (qui est ici le repas de midi), dîner suivi d'une attente estimée « fort courte » par Élise et « fort longue » par Uranie. *La Cantatrice* commence par l'évocation (appuyée) d'un *dîner* qui est cette fois le repas du soir. La situation d'attente est rétablie à partir du moment où les Martin sont annoncés par Mary et entrent enfin. Les Smith ont oublié qu'ils ont déjà dîné. Ils se plaignent, et Mary également, de l'arrivée tardive des invités. Les deux textes sont alors assez proches l'une de l'autre :

> Molière ; « Dorante vient bien tard, à mon avis, pour le souper que nous devons faire ensemble » (sc. I). « Vraiment, c'est bien tard que… » (sc. 3) « Ah ! Voici Dorante que nous attendions » (sc. 4). « Madame, je viens un peu tard » (Lysidas, à la sc. 6).

> Ionesco : « Nous les attendions. Et on avait faim » (sc. 2). « Pourquoi êtes-vous venus si tard ! Vous n'êtes pas polis » (Mary, à la sc. 3). « Nous n'avons rien mangé de toute la journée. Il y a quatre heures que nous vous attendons. Pourquoi êtes-vous en retard ? » (M. Smith, à la sc. 7).

Le thème est quasi-identique, à ceci près que Molière fait garder à ses personnages un ton d'urbanité auquel Ionesco a totalement renoncé.

Quand elle ne se limite pas à des jeux verbaux et à des propositions absurdes, ou même au-delà de ces jeux et de ces propositions, la conversation, chez Ionesco, porte sur le prochain. On ne peut compter les personnages évoqués dans *La Cantatrice*, d'autant que certains sont des personnages collectifs, comme ceux de la famille du pompier (sc. 8) ou les Bobby Watson, morts ou vivants (qui, par parenthèse, ne font que déployer indéfiniment le thème des *Ménechmes* ou des *Jumeaux de Brighton*, ou celui des *Sosies* et d'*Amphitryon*). Mais ce type de personnages est déjà bien représenté chez Molière. Ils sont en tout cas plus de sept, et plusieurs d'entre eux sont les copies conformes des autres, ou celles des personnages présents sur scène : le marquis trouve son égal en Dorilas et son sosie avec cet « ami » de Dorante qui s'écrie au milieu de la représentation « Ris donc, parterre ! ris donc » (sc. 5). La trop délicate Climène trouve des complices chez les « façonnières » et les marquises qui affectent la pruderie » (sc. 3, 5 et 6). Molière jouera plus tard de ces dédoublements, avec Acaste et Clitandre, Purgon et Diafoirus, et les deux familles parallèles des *Fourberies*, celle de Géronte et celle d'Argante, auxquelles arrivent à peu près les mêmes événements, jusqu'à la reconnaissance de deux filles (autre parenthèse : la mutuelle reconnaissance de M. et Mme Martin ne fait que pousser à l'absurde le thème classique de la découverte de l'identité).

Ici et là, on raconte, et particulièrement on fait part d'expériences vécues dans la journée, ou dans les jours précédents. Dans *La Critique*, il s'agit d'un thème à variations : la représentation de *L'École des Femmes* : on parle bien entendu de son sujet et de ses dialogues ; mais aussi de la salle et des divers spectateurs (ceux des « loges », ceux du « théâtre », c'est-à-dire ceux qui occupent des fauteuils de scène, ceux du « parterre » ; voir la sc. 5). Dans *La Cantatrice*, les récits et anecdotes sont beaucoup plus dispersés, dans leur nature comme dans leur degré de vraisemblance ou d'absurdité. Mais les *incipits* présentent entre eux une certaine analogie :

> Molière : « Je viens de voir, pour mes péchés... » (Climène à la sc. 3). « Je ne fais que d'en sortir » (le marquis, évoquant à la sc. 4 la même représentation). « Je vis l'autre jour sur le théâtre [...] (Dorante à la sc. 5).

> Ionesco : « Eh bien, j'ai assisté aujourd'hui à une chose extraordinaire » (Mme Martin a vu un homme qui laçait ses souliers, sc. 7). « Ainsi, aujourd'hui moi-même, j'ai vu dans le métro, assis sur une banquette, un monsieur qui lisait tranquillement son journal » (M. Martin, même scène).

On se demande si les histoires contées par les personnages de Molière ont à ce point ennuyé Ionesco qu'il les a transformées en traits aussi triviaux qu'une borne au milieu d'un carrefour. Mais qu'on me passe encore une parenthèse : le récit de Mme Martin est interrompu à plusieurs reprises par ceux même qui souhaitent le plus ardemment l'écouter (« Dis vite », « Ah, on va s'amuser », « Il ne faut pas interrompre », « chut », etc.) : procédé moliéresque, inspiré sans doute par *Les Femmes savantes* (« Si vous parlez toujours, il ne pourra rien dire »), où l'on demande d'ailleurs à Trissotin de réciter une seconde fois son sonnet insipide, comme on demande au pompier de répéter l'histoire du *Rhume* (« Ah, s'il vous plaît, encore une fois quoi qu'on dise... » ; « Oh oui, Capitaine, recommencez ! tout le monde vous le demande », (sc. 8).

Molière, dans *La Critique*, donne au moins un exemple de ce qu'on peut appeler la perversion, ou la subversion, des emplois : le valet Galopin ne devrait être qu'une utilité ; or il se permet de parler insolemment au marquis, il lui présente un siège « rudement » (sc. 4), il boude enfin et n'introduit pas les personnages qui arrivent ensuite. Mary n'est que la bonne, dans *La Cantatrice* : comme Galopin, elle insulte les invités, comme lui, elle prétend se mêler à la conversation des maîtres, prétend dire « une anecdote », embrasse son amant le pompier devant tout le monde : c'est presque (encore une parenthèse) l'intendant Valère obtenant les faveurs d'Élise dans *L'Avare* ; et les maîtres réagissent : « Je n'aime quand même pas la voir là... parmi nous... », « Elle n'a pas l'éducation nécessaire » (sc. 9). Ajoutons que le marquis de *La Critique*, uniquement capable de « turlupinades » (comme le calembour sur *Bon œil* et *Bonneuil* cité à la sc. première), semble avoir fait école dans *La Cantatrice*, où tous les personnages se livrent à des exercices du même ordre (ainsi du « vitrier, plein d'entrain, qui avait fait, à la fille d'un chef de gare, un enfant qui avait su faire son chemin dans la vie... » ; c'est le pompier qui parle ; Mme Smith l'interrompt : « Son chemin de fer... » et M. Martin « Comme aux cartes »). Les personnages de la pièce d'Ionesco sont désignés comme « interchangeables » ; ceux de Molière, au moins ceux qui font rire, ont tous tendance à mimer les marquis turlupins, que *L'Impromptu* désigne d'ailleurs comme l'équivalent, dans la comédie moderne, du valet ridicule de la comédie antique (sc. première).

Dans son *Journal*, Ionesco parle, à propos de son « anti-pièce », de la « progression d'une passion sans objet ». Il écrit encore : « Le sens particulier d'une intrigue dramatique cache sa signification essentielle »[12]. En 1959, il emploie l'expression « comédie de la comédie ». *La Critique* était déjà sur la voie ainsi définie. Théâtre au second degré, œuvre sans véritable intrigue, et cependant pièce efficace. Certes, cette efficacité tient au contenu esthétique et polémique d'une œuvre dans une querelle précise. Mais les commentateurs se sont longtemps arrêtés à ce contenu, sans prendre garde à la théâtralité de sa présentation. Or cette courte pièce joint l'exemple au précepte, en s'efforçant de « plaisanter », afin de « faire rire les honnêtes gens » : elle utilise pour cela des procédés qui ne seront pas perdus pour les lointains émules de Molière : décalage farcesque entre le rôle et l'emploi (révolte d'un valet/utilité ; mutation d'un noble personnage, ravalé au rang du valet ridicule de la tradition). Effets rythmiques produits par les répliques synonymiques (« Bagatelle/Faible réponse/Mauvaises raisons », etc. à la sc. 6) comme dans *La Cantatrice* (« Dites.../Rendez-nous ce service/Je vous en prie/Je vous en supplie » à la sc. 8). Dialogue perverti ou illusoire, quand les personnages ne peuvent plus s'entendre, dans tous les sens de l'expression. Aussi, à côté et peut-être au-delà de la justesse dans la peinture et de la force de conviction dans la défense d'un art, le mérite de Molière est encore et surtout celui de la découverte d'un jeu de fantaisie, d'un dialogue qui se nie lui-même, et de la présentation de personnages aux réactions inattendues dans leur excès. Le pédant Lysidas, dans *La Critique*, reproche à Molière tout ce qui, dans *L'École des Femmes*, ressortit au jeu farcesque, à l'outrance-caricaturale, voire à l'absurdité : les mots bas, le rôle démesuré des serviteurs, les extravagances « trop comiques » d'Arnolphe. Dorante croit bien défendre Molière en essayant de convaincre son interlocuteur au nom de la vrai-

---

12. *Ibid.*

semblance humaine. Il a sans doute raison, du moins en face du public de son temps. Mais nous, qui sommes d'une autre époque et qui avons du mal à entrer dans les arguments des théoriciens de ce temps-là, si *La Critique* peut nous intéresser, c'est par tous ces éléments qui font de cette petite pièce une œuvre théâtrale exemplaire.

C'est, dira-t-on, à partir de ces éléments et d'eux seuls que s'est construite *La Cantatrice chauve*. Seulement Ionesco les a poussés jusqu'à leurs extrêmes limites. Et refusant tout contenu idéologique pour sa pièce, il lui a donné un titre absurde, inspiré, paraît-il, par le lapsus d'un de ses interprètes, en tout cas très opposé au titre explicitement polémique de Molière (encore que l'un et l'autre commencent par les mêmes lettres L.A.C.). Ainsi débarrassé du poids des idées, et par surcroît de celui des caractères, nullement tenu de garder à son œuvre la relative cohérence de l'œuvre « classique », Ionesco peut faire éclater tous les carcans, et ne maintenir les pièces éparpillées du puzzle qu'il s'est amusé à défaire que par la seule exigence du tempo farcesque.

Réécriture parodique, mais constituant aussi, implicitement, un hommage au savoir-faire du devancier, *La Cantatrice* est bien un exemple de « théâtre *du* théâtre » procédant de la technique du « théâtre *sur le* théâtre ». Tous deux ont en commun la possibilité de réduplication et de circularité. Et pour faire apparaître leur analogie et leur différence, contentons-nous pour finir d'une formule qui rende compte de l'invention générale de chacune des deux œuvres qui nous intéressent.

> *La Critique* : Molière compose une comédie dont les personnages, réunis un soir pour disputer sur les défauts et les mérites d'une autre comédie de Molière en attendant que le repas soit servi, et proches enfin du ton de la pure et simple rupture, s'accordent pour faire en sorte que Molière compose une comédie... etc.

> *La Cantatrice* : Ionesco compose une comédie dont les personnages, réunis un soir pour bavarder à tort et à travers en attendant que le repas soit servi, et proches enfin du ton de la pure et simple rupture, obligent enfin leur créateur à les expulser puis à recommencer une comédie dont les personnages... etc.

Qui ne voit qu'alors que Molière demeure à l'infini comme auteur de sa comédie, Ionesco, dans l'ultime version de sa pièce du moins, s'est expulsé lui-même pour abandonner ses créatures à leur danse infernale ? Il a d'ailleurs évoqué une mise en scène italienne où « le rideau tombe sur la querelle des personnages qui s'empoignent en une sorte de danse frénétique, une sorte de bagarre-ballet ». Et d'ajouter : « C'est aussi bien »[13]. Depuis trente ans et plus, Ionesco a laissé les Smith et les Martin poursuivre interminablement leur ballet de paroles. *La Cantatrice* fonctionne maintenant comme un satellite artificiel, qui peut se passer de l'ingénieur qui l'a

---

13. « Naissance de *La Cantatrice* », éd. cit., p. 260.

inventé. *La Critique* ne se passe pas de Molière[14]. Ses révolutions se sont arrêtées quand les circonstances ont changé. Les deux œuvres se font signe, pourtant, à travers le temps et se reconnaissent comme image l'une de l'autre.

14. Il y apparaît d'ailleurs, comme Hitchcock dans ses films, sous le nom de Damon. Quant à *La Cantatrice*, elle est encore régulièrement donnée au théâtre de la Huchette.

12

Giraudoux célèbre Alcmène*

Giraudoux, a-t-on dit, est un héritier ; au vrai, il est plutôt l'enfant gâté de ce que nous appelons la « culture classique ». Il sait et il sent mieux que personne les mythes et les fables, et se plaît, surtout, à les redécouvrir au-delà des livres qu'il aime, dans leur primitive intégrité. C'est ce qui l'autorise à cette liberté quasi insolente — et plus respectueuse pourtant que bien des fidélités — qui triomphe dans le trente-huitième *Amphitryon* de la littérature dramatique. Car il est de tous, apparemment, le plus audacieux dans le choix ou dans l'invention des épisodes, le plus désinvolte dans leur mise en œuvre et dans leur écriture.

Nous sommes loin, en effet, de la timidité des successifs adaptateurs de Plaute, loin même de la poétique broderie dont Molière avait rehaussé le vieux canevas. Les dieux de l'Olympe ont perdu, sous la plume de Giraudoux, la majesté que leur prêtait l'art néo-classique : Mercure est plus Sosie que nature, Jupiter, tour à tour, fait figure de professeur de métaphysique qui ne croit même pas à son pédantisme, ou de candidat maladroit à l'humanité qu'une simple femme n'a pas de peine à refuser à son examen. Amphitryon, de son côté, semble avoir rajeuni : ce général qui n'a gagné qu'une bataille et tué qu'un ennemi apparaît avant tout comme un beau garçon sportif et tendre, tout entier défini par l'élan de son amour pour Alcmène, et ne trouvant pour le dire que les phrases prétentieuses et touchantes d'un étudiant mal dégrossi. Surtout, la pièce que le XVIIᵉ siècle a successivement intitulée *Les Sosies* et *Amphitryon* pourrait avec Giraudoux (dont on sait la prédilection pour les titres féminins) être appelée *Alcmène*. Car c'est autour de la jeune femme — si proche encore de la jeune fille rêveuse qu'elle fut, et qu'on devine constamment à travers ses propos, que la pièce s'organise ; c'est pour elle que la nature se fait belle et que la nuit grecque exhale ses parfums ; l'univers

* *Études*, 1957. (« *Amphitryon 38* à la Comédie des Champs-Élysées »).

ne lui est, dirait-on, qu'un précieux écrin, préparé tout exprès pour elle, toute « petite bourgeoise » qu'elle est.

Le spectateur pourrait se tromper — et s'est trompé quelquefois, sur les intentions de la comédie, en se laissant bercer, comme Giraudoux l'y convie malignement, par le seul charme du langage poétique. Tout, ici, est pudeur : la plaisanterie, qui prend parfois l'allure du calembour (on songe à *La Belle Hélène*...) ; la fantaisie verbale, qui transfigure si bien les choses qu'elle paraît ne devoir évoquer que plaisir musical ou olfactif, les prosaïsmes soudains, qui revêtent des couleurs du quotidien l'unique et lointaine légende : tous ces éléments d'un style apparemment disparate, et dont on a dit qu'il faisait l'école buissonnière, sont dans leur entrelacement semblables à cette gaze qui, au lever du rideau, révèle en le cachant le couple enlacé des époux, ou au grand voile de tulle qui, dans l'actuelle mise en scène, dérobe aux regards le repos de Jupiter et d'Alcmène, que le premier rayon du soleil va éveiller ; Giraudoux refuse d'appuyer, d'imposer une pensée, de livrer au spectateur les mouvements profonds de sa sensibilité. Aussi bien, ce qu'il veut nous dire s'accommoderait-il mal de l'affirmation : le mélange de scepticisme et d'intelligente bonté qui est au fond de l'œuvre ne peut être suggéré qu'à travers les arabesques de la fantaisie et les apparentes inconséquences de l'humour.

*
* *

Pourtant, l'histoire qui nous est contée si plaisamment et si insolemment n'échappe jamais, en dépit de ses fantaisies, au contrôle de son auteur : elle est légèrement, mais précisément construite, et sa structure même est éloquente.

Amoureux d'Alcmène, père déjà, aux yeux des destinées, de l'indispensable Hercule, il ne reste plus à Jupiter qu'à découvrir le moyen d'obtenir les faveurs de celle qu'il aime. Sur les conseils de Mercure, il suscite une courte guerre entre Thèbes et sa voisine — et alliée — Athènes. Ainsi, Amphitryon, général des Thébains, sera éloigné pour un temps ; et le dieu pourra sans difficulté rejoindre Alcmène : il se fera passer pour son mari — le seul être au monde qu'elle consente à aimer, en feignant sous son nom d'avoir pu distraire à la guerre quelques heures de la nuit.

C'est bien ce qui se passe en effet. Seulement, Jupiter est tourmenté du désir d'être aimé pour lui-même. Il n'y parviendra pas : il essaye bien, au cours d'une première conversation, sous la fenêtre d'Alcmène, de prononcer le mot d'« amant ». Il se fait vivement reprendre. Giraudoux se souvient ici d'une des premières scènes de la comédie de Molière : Jupiter, apparaissant pour la première fois au côté d'Alcmène, lui disait :

> En moi, belle et charmante Alcmène,
> Vous voyez un mari, vous voyez un amant ;
> Mais l'amant seul me touche, à parler franchement...

Sur quoi l'épouse blessée s'écriait, en petite bourgeoise, déjà :

Amphitryon, en vérité,
Vous vous moquez de tenir ce langage,
Et j'aurais peur qu'on ne vous crût pas sage,
Si de quelqu'un vous étiez écouté.

Mais le nouveau Jupiter va beaucoup plus loin : il tente, au matin, de conduire doucement Alcmène à la découverte de sa véritable identité. La simplicité d'Alcmène, effrayée et scandalisée par l'étrange leçon de théologie qu'il veut lui donner, l'empêche une fois encore de parvenir à ses fins. Il s'en va, et Alcmène croit toujours avoir tenu dans ses bras le véritable Amphitryon.

Cependant, le rusé Mercure a partout annoncé que Jupiter doit obtenir la nuit suivante, les faveurs d'Alcmène ; de cette union, dont le monde ignore qu'elle est déjà consommée, naîtra un héros, Hercule. Sous les vêtements de Sosie, Mercure a aussi, malignement, suggéré au général thébain de faire, au matin, une courte visite à sa femme. Enfin, sous sa forme divine, il vient annoncer à Alcmène la prochaine arrivée de Jupiter, en précisant ses intentions. Alcmène refuse de se rendre, malgré toutes les formes de chantage qu'il essaye sur elle, à la pressante prière du messager des dieux. Intervient Léda : elle est venue voir celle qui doit lui succéder dans le cœur de Jupiter : selon elle, Alcmène n'aimant que son mari, c'est sous l'apparence d'Amphitryon que Jupiter viendra vers elle. Alcmène obtient alors de Léda qu'elle se substitue à elle lors de sa visite. Ce que Léda, en excellente amie, accepte : malheureusement, cette fois, c'est bien Amphitryon qui, sous l'inspiration de Mercure, est venu vers sa femme, et qui pénètre dans la chambre obscure où l'attend une autre qu'Alcmène...

Le soir arrive, qui est le second de la comédie. La guerre est finie, elle n'a fait aucune victime, Amphitryon rentre victorieux dans Thèbes. Cependant le peuple de la cité attend un autre visiteur, Jupiter, dont l'union officielle avec Alcmène doit avoir lieu cette nuit-là. Alcmène promet à son mari d'amener le dieu des dieux à renoncer à elle. Quelques allusions d'Amphitryon à sa visite-éclair du matin, certains propos de Jupiter lui-même, et surtout l'impression, qu'éprouve Alcmène auprès de lui, de le connaître déjà, introduisent bien le doute dans son esprit sur le véritable sens des événements de la précédente nuit. Mais elle se refuse sagement à approfondir les choses, et Jupiter, après lui avoir vainement proposé de lui révéler la vérité, verse sur elle un bienheureux oubli, et la rend à son mari. Amphitryon et Alcmène connaîtront encore de longues années de bonheur, et pourront imaginer que l'enfant qui va naître est bien le fils d'un simple mortel.

*
* *

Amphitryon 38 est une pièce faussement simple et faussement complexe. Faussement simple, parce que cet hymne à l'amour conjugal auquel on l'a parfois réduite n'en épuise pas la substance, et n'est peut-être même que l'occasion d'une autre leçon sur les hommes et les dieux ; faussement complexe aussi, dans la mesure où cela même qui paraît accessoire dans le déroulement de l'intrigue, tous les thèmes annexes qui s'y mêlent en de délicieuses parenthèses concourent étroitement à l'expression du sentiment intime de l'écrivain.

L'amour mutuel des époux s'exalte dans la pièce en un lyrisme d'autant plus émouvant qu'il ne quitte guère le registre du quotidien, et s'accommode à merveille de la tasse de chocolat prise à deux, des petits travaux de l'époux bricoleur, ou des bavardages entre voisins. Amour bourgeois sans doute, que ne tourmentent pas les problèmes métaphysiques et qui se plaît dans la quiétude et la discrétion feutrée de la tendresse. Il n'a connu que les plus banales aventures : le mari s'est éloigné quelques heures de sa femme pour aider à la lutte contre un incendie, ou pour sauver de la mer un enfant qui allait s'y noyer. Giraudoux évoque de manière exquise l'horreur de la publicité et de la fausse grandeur qui fait tout le prix des sentiments d'Alcmène et d'Amphitryon : quand le général va partir pour la guerre, il feint doucement de s'étonner que sa femme ne lui dise pas comme les autres : « Reviens dessus ou dessous », ou encore : « N'aie d'autre peur que de voir tomber le ciel sur ta tête ! » Elle ne sait que lui répéter : « Amphitryon, je t'aime ; Amphitryon, reviens vite !... » Et, à la fin de la comédie, quand retombe le rideau, la nuit tombe elle aussi sur « l'aparté des apartés, le silence des silences », sur le délicieux secret d'un amour devant lequel les spectateurs sont invités à affecter « la plus complète indifférence ».

Cet amour simple, conscient de ses limites, soucieux seulement de chanter juste, dans le registre qui lui appartient, n'est que le raccourci d'un art de vivre, qu'on retrouve, presque semblable, dans *Intermezzo*. Quelle belle leçon d'humanité, celle que donne Alcmène à Jupiter à l'acte II ! Son ambition de femme est aussi consciemment mesurée que l'étaient ses sentiments d'amoureuse. Elle refuse l'immortalité des astres : elle frémira, au cours de son dialogue avec Léda, à la pensée de devenir un jour une de ces « surbeautés » froides qu'elle lui dépeint, « noyaux » ou « matrices » des « possibles du monde ». Elle veut n'être que femme, en pleine conscience de tout ce que cela implique : « Je ne crains pas la mort. C'est l'enjeu de la vie... Devenir immortel, c'est trahir, pour un humain... Il n'est pas une péripétie de la vie humaine que je n'admette, de la naissance à la mort ».

Et elle se prend à chanter la beauté de cette vie humaine, dans les changements incessants, dans l'incessante création qu'elle suppose. Ce sont les teinturiers qui ont inventé les couleurs préférées d'Alcmène ; c'est Amphitryon qui a créé « un système de poulies pour fenêtres » et inventé « une nouvelle greffe pour les vergers ». Le monde que Jupiter a fait sortir du chaos, et dont il offre à Alcmène la pure contemplation, n'a rien qui la séduise : il n'a pas été fait pour elle ; il ne comporte rien encore de cette humanité où elle tient à se réduire. Jusqu'à la dernière scène, les offres du dieu des dieux — qui est surtout ici celui des philosophes et des savants —

se heurteront à un refus obstiné : l'infini du monde, les mystères de la chaîne des temps, et même les secrets de sa propre vie dont Jupiter lui propose la révélation ne pourront éveiller la curiosité de l'épouse d'Amphitryon.

Ainsi, par la bouche de cette femme qui ne se veut que femme, Giraudoux nous transmet-il le meilleur de la sagesse mesurée des Horace et des La Fontaine, et, sans doute, en la nourrissant plus qu'eux encore du sens concret et délicat des chatoiements de cette vie transitoire et des subtiles nuances des sentiments humains. Il n'est pas interdit pourtant de voir plus que cela dans *Amphitryon 38* : assumer dans la joie la condition humaine ne suppose pas seulement une totale absence de prétention, mais aussi un secret héroïsme. Au moment où les époux se disent adieu, Sosie a un mot sublime : au guerrier qui lui demande : « Elle est de celles qui pleurent ? » il répond : « De celles qui sourient. Mais les épouses guérissent plus facilement des larmes que d'un tel sourire ». Une telle réplique invite à voir dans la sagesse de Giraudoux autre chose que l'acceptation de la médiocrité bourgeoise, et le refus de tout ce qui risque de compliquer l'existence. Aussi bien l'épreuve que l'irruption des dieux dans sa vie impose à Alcmène a-t-elle précisément pour objet d'en révéler de plus secrets aspects.

*
* *

« Toute ma jeunesse, dit Alcmène à Mercure à propos des dieux, s'est passée à les imaginer, à leur faire signe. Enfin l'un d'eux est venu !... Je caresse le ciel !... J'aime les dieux ». Elle allie en effet à son amour de la vie, à son extase heureuse devant les beautés naturelles qu'elle aime, le sens de la divinité lointaine et proche, peut-être confondue en elle avec le vertige de la mort, que connaissent tant de jeunes filles chez Giraudoux. Mais, aussitôt après avoir dit sa joie d'effleurer du bout des doigts les cheveux de Mercure, elle frémit à la pensée de n'être pas digne de l'intérêt que lui porte Jupiter. Elle rêve un instant de l'heureux sort qui fut celui de Léda et de Danaé, mais elle refuse pour elle « une nuit de noces célestes ». C'est qu'il y a Amphitryon. C'est aussi, et surtout peut-être, qu'elle vit « dans tout ce qu'il y a de plus terrestre comme atmosphère, et aucune divinité ne pourrait la supporter longtemps ». Prenons bien garde qu'ici il ne s'agit plus du tout des dieux d'Offenbach, ni du démiurge des philosophes : c'est le mystère des rapports de Dieu et des hommes qui est en jeu. Rêver des dieux, c'est pour Alcmène dénoncer l'insatisfaction qui accompagne comme leurs ombres toutes les joies de l'homme, c'est avouer une inquiétude qui cherche parfois un point de référence aux incertitudes humaines. Mais aussi son rêve exclut l'irrespect : les dieux qu'elle sent parfois si proches d'elle-même ne peuvent pas plus être les familiers des humains que les humains ne peuvent concevoir leur stature et leur œuvre. Être tout humain n'implique pas pour Alcmène la négation du divin : cela suppose au moins qu'elle refuse de s'évader dans l'univers des dieux, de même qu'elle leur dénie le droit d'intervenir dans la vie des hommes s'ils ne respectent la vocation de liberté créatrice qu'ils ont éveillée en eux, fût-elle génératrice d'erreurs. Sans les « vibrations diverses de l'éther », avec l'aide desquelles Jupiter a créé les couleurs de l'arc-en-ciel, que pourrait faire le teinturier ? C'est lui pourtant qui en a tiré le « mordoré », le « pourpre », le « vert lézard » : les nuances chères à Alcmène. Ainsi est-ce seulement à travers le prisme de l'invention humaine que peut briller à nos yeux la lumière divine, que nous ne pourrions contempler en face sans en être aveuglés.

Alcmène pourrait-elle vivre encore, si elle acceptait, à la fin du troisième acte, la dernière offre de Jupiter : « Tu ne veux pas savoir, puisque tu vas tout oublier, de quelles apparences est construit votre bonheur, de quelles illusions votre vertu ? » Car enfin, le spectateur sait qu'Alcmène a tellement bien reconnu Amphitryon en Jupiter qu'elle n'a trouvé d'autre adjectif que celui de « conjugale » pour qualifier la nuit qu'ils ont passée ensemble ; il sait que, quelques heures plus tard, elle a cru, auprès de son époux, qu'elle prenait cette fois pour Jupiter, que l'envahissait « une espèce de science du passé, de prescience de l'avenir » ; et qu'Amphitryon de son côté ne s'est pas douté un seul instant qu'il serrait dans ses bras une autre que sa femme. Et Alcmène a fait le serment de mourir si elle trompait une fois son mari...

Aussi vaut-il mieux que la lumière ne soit pas faite sur les mystères de cette étrange nuit. L'homme supporterait-il de savoir que l'amour unique n'est qu'illusion ? et que la plus honnête des femmes peut à tout instant rêver d'autres amours et parfois les connaître sans en prendre conscience ? D'ailleurs, son heureuse ignorance n'est pas totalement erreur. La fragilité et les leurres du bonheur humain ne sont pas exclusifs de sa réussite. Les derniers doutes d'Alcmène, ceux qu'a laissés sur ses lèvres l'ultime baiser de Jupiter, fondront comme neige au soleil au feu de l'amour d'Amphitryon. « Et maintenant, conclut-elle pour le public avant d'appeler son mari à l'heureux dénouement de la comédie, et maintenant que la légende est en règle, comme il convient aux dieux, réglons au-dessous d'elle l'histoire par des compromissions, comme il convient aux hommes... Personne ne nous voit plus... Dérobons-nous aux lois fatales... » L'acceptation de la vie humaine se couronne ainsi par l'acceptation de ses distances à l'absolue vérité.

Au scepticisme attendri qui anime la mélodie de l'amour humain, Giraudoux apporte, comme autant de contrepoints, les fils capricieux des thèmes divers qu'il introduit dans son œuvre : la guerre, la science et la philosophie, la morale humaine, la création artistique... Dans toutes ces activités humaines, il discerne une part d'illusion, et dénonce la sottise ou la prétention de ceux qui s'y laissent prendre. Matamores et pédants se trouvent ainsi également égratignés, et le dernier mot de l'art est placé dans la bouche du trompette thébain, quand il confie à Sosie, curieux de savoir comment il peut composer des hymnes avec l'unique note de son instrument : « Si je suis célèbre parmi les trompettes à une note, c'est qu'avant de sonner, ma trompette à la bouche, j'imagine d'abord tout un développement musical et silencieux, dont ma note devient la conclusion. Cela lui donne une valeur inattendue. » Ainsi sont les jeux humains : la réalité en fournit la moindre part, le reste est fruit de l'imagination. Amphitryon est grand général bien qu'il n'ait remporté qu'une seule victoire ; lui aussi n'a qu'une note à son instrument. Au moins son sourire, comme la naïve franchise de son trompette, les préservent-ils tous deux des tentations de la vanité. Ainsi l'humour de Giraudoux nous épargne-t-il ce qui pourrait être sa philosophie...

Retour aux sources :
Le théâtre miroir du théâtre*

Dans son introduction à *La Critique littéraire en France*, Roger Fayolle cite une formule de Brunetière, extraite de l'article *Critique* de la *Grande Encyclopédie* : « La critique littéraire n'est pas un genre à proprement parler, rien de semblable ni d'analogue au drame ni au roman, mais plutôt la contrepartie de tous les autres genres, leur conscience esthétique, si l'on peut dire, et leur juge ». En un siècle où l'écrivain commence à se faire reconnaître comme tel, le critique garde le statut ambigu d'auteur réfléchissant sur son art ou d'aristarque vétilleux s'amusant à démolir, au nom de principes tenus pour intangibles, les ouvrages de plus grands que lui. Cette ambiguïté permet, voire impose, une représentation de l'écriture critique en une sorte d'éventail largement ouvert. Entre les théoriciens de l'art littéraire tels qu'Hensius ou Vossius ou d'Aubignac et les écrivains engagés dans la production de textes comme Hardy, Corneille et Racine, on doit tenir compte d'amateurs éclairés à la manière de Balzac, de « liseurs » doués d'un brin de plume tels que Mme de Sévigné, de professionnels du journalisme littéraire à la manière de Donneau de Visé et de « dialoguistes » comme le Père Bouhours. Cette distinction en entraîne plusieurs autres, celles qu'inspire toute étude circonstancielle de l'acte d'écriture : pour qui et pourquoi fait-on œuvre de critique ? où peut-on l'exercer ? comment parvient-on (ou échoue-t-on) à lui conférer la dignité « littéraire » ?

Plus encore que le roman, l'œuvre dramatique est, à l'époque envisagée, l'occasion pour les praticiens, les théoriciens et le public d'exprimer des jugements et des goûts. Tout ce qui compte, socialement ou intellectuellement, dans la France du siècle, va au théâtre, lit les poèmes dramatiques, juge souverainement de leurs vertus ou de leurs manques. A leur tour, les auteurs, leurs amis, les groupes et académies où ils se retrouvent

---

* *Les Conditions de la critique théâtrale au XVIIᵉ siècle* : conférence prononcée à Las Vegas en mars 1990, à paraître.

réagissent à la représentation et à l'impression des textes. Aussi la critique théâtrale se glisse-t-elle partout, envahissant tous les autres genres, de la lettre familière au traité philosophique ou au sermon.

Sans prétendre épuiser un tel programme, je ne veux ici que tracer quelques pistes, touchant aux lieux où s'exerce la critique théâtrale, aux intérêts qui l'inspirent, à l'objet intellectuel qu'elle construit.

Le lieu apparemment privilégié de la critique de théâtre est le *traité* : œuvre d'un docte nourri de la lecture d'Aristote, d'Horace, de leurs épigones et parfois de leurs contradicteurs modernes, le traité propose ou impose des principes, des règles et des pratiques : qu'il suffise de rappeler la poétique en latin d'Heinsius (1661), celle de La Mesnardière (1639) et la *Pratique* de l'abbé Hédelin d'Aubignac (1657). Tous ouvrages qui, comme ceux de Scaliger (1561) ou de Vossius (1647), n'ont d'autre prétention que celle de prolonger les leçons du Stagirite. En l'actualisant toutefois : car les uns et les autres feignent volontiers de ne parler que des auteurs anciens en multipliant les allusions à l'état présent du théâtre ; tous font référence au modèle italien en affectant parfois de le confondre avec le modèle antique ; Vossius paraît bien songer au modèle cornélien en écrivant sur la tragédie en général ; l'abbé d'Aubignac fait explicitement référence à l'œuvre de Corneille, qu'il aime, déteste et jalouse tout à la fois.

L'auteur de *La Pratique* est aussi celui de plusieurs tragédies demeurées dans l'ombre discrète de la médiocrité distinguée. A ce titre, il peut revendiquer la dignité d'écrivain de théâtre. Mais il ne saurait rivaliser avec les « grands » qui ont, eux aussi, concilié critique et création. Un poète dramatique dispose de nombreux supports permettant d'exprimer une pensée critique. Traités autonomes comme les *Discours* de Corneille (1660) ou, six ans plus tard, et sur un mode polémique, la première *Lettre* de Racine *à l'Auteur des hérésies imaginaires*. Correspondance du poète avec ses amis : on songe à telle lettre du même Racine à Boileau ou au père Bouhours. On n'oublie pas, bien sûr, les *Avis au lecteur*, les *Examens* inspirés à un Corneille par une relecture de ses œuvres, les *Préfaces* enfin pour lesquelles il arrive que l'auteur délègue un de ses amis : c'est le prieur Ogier qui préface la tragi-comédie *Tyr et Sidon* de Schélandre (1628), le médecin Isnard la *Filis de Scire* de Pichou (1631), et Sarasin, le poète aux multiples talents, *L'Amour tyrannique* de Scudéry (1639) ; occasion pour l'un de faire l'apologie du théâtre irrégulier, pour l'autre de proposer une doctrine de la pastorale et pour le dernier de tenter une théorie de la tragédie à fin heureuse. Mais la périgraphie des œuvres dramatiques comporte des pièces dont l'intérêt est parfois sous-estimé : la dédicace de *Cinna* au financier Montoron et celle de *Pompée* à Mazarin ne sont pas seulement offrandes intéressées ; sous l'hyperbole flatteuse, se glissent ici et là des formules éclairantes sur le dessein qui a présidé à la composition de l'œuvre.

Il y a plus. Au XVIIᵉ siècle, le théâtre prend de plus en plus conscience d'être théâtre. Cette conscience est évidemment à la source des pièces à enchâssement dramatique étudiées naguère par Robert Nelson et plus récemment par Georges Forestier : les comédies des comédiens qui fleurissent dans les années 30 (sous la plume de Gougenot, Scudéry et Corneille), le *Saint Genest* de Rotrou (1646), *La Comédie sans comédie* de Quinault (1657) et *L'Impromptu de Versailles* de Molière (1663), pour ne citer que les plus connues des comédies de ce type, n'apportent pas seulement des témoignages sur l'acteur ; elles disent encore ce que peuvent être ses rapports avec le poète et ceux que celui-ci entretient ou souhaite entretenir avec son public, public du parterre et public des loges, public de la Ville et public de la Cour ; enfin la pièce enchâssée peut être réécriture d'un genre (tragédie sacrée chez Rotrou adaptée du P. Cellot, genres cardinaux chez Quinault, comédie mondaine chez Molière). Mais il n'est pas nécessaire, pour qu'une œuvre dramatique parle du théâtre, qu'elle comporte un enchâssement. Toute comédie est comédie de la comédie. Il y a à cela plusieurs raisons. Les unes tiennent au sujet choisi : *L'Avare* suppose connue l'entière tradition de Plaute à Lorenzo de Médicis et à Pierre de Larivey ; *Phèdre* implique la relecture des *Hippolyte* anciens et modernes. Ailleurs c'est de la reprise d'un thème qu'il s'agit : on pense à *Rodogune*, où se croisent les thèmes de l'infanticide, du parricide et du meurtre de l'époux, présents tous trois dans le mythe des Atrides ; ou à *La Mort de Chrispe* de Tristan, si proche du mythe de Phèdre et de celui d'Atys. Dans d'autres œuvres enfin le poète entend moins faire apparaître son originalité dans le traitement d'un sujet ou d'un thème que mettre en évidence les manques d'une pièce antérieure : Racine « refait » l'*Antigone* de Rotrou dans sa *Thébaïde*, comme Pierre Corneille avait refait, en 1643, le *Pompée* de Chaulmer (1637).

Généralisons encore. Il est peu d'œuvres dramatiques du temps de Louis le Juste et de Louis le Grand où n'apparaisse un jeu de masques : que de personnages ne fait-on pas jouer à Monsieur Jourdain ou à Argan ! que de défroques passe successivement le Scapin des *Fourberies* ! Dans la tradition pastorale et tragi-comique, particulièrement chez Rotrou, les jeunes filles s'habillent en hommes, les valets s'habillent en maîtres et les maîtres en valets. A la limite, comme dans *Amphitryon*, on ne sait plus qui est qui. C'est que tous les personnages sont en effet des acteurs (ce mot se retrouve souvent à la place du premier en tête de la liste des intervenants dans la version imprimée des pièces). Les comédies du XVIIᵉ siècle pourraient porter en sous-titre *Les Acteurs de bonne foi*. De bonne ou de mauvaise foi. Sosie est dupé, mais Scapin dupe. Dans la tragédie même, on joue souvent un rôle : cela va de soi pour les œuvres mettant en scène une conjuration, *Cinna* ou *La Mort de Sénèque* ; mais tout ce qui se déroule dans une cour, quelle qu'elle soit, impose des feintes et des déguisements. On y joue la comédie pour tuer, comme Cléopâtre dans *Rodogune*, pour séduire, comme Pacorus dans *Suréna*, pour tenter de sauver ce qu'on aime, comme Junie dans *Britannicus*. Ces jeux-là peuvent aller jusqu'au pastiche ou à la parodie. Dans *L'Illusion*, Corneille n'introduit un brava-che que pour s'amuser à donner un langage nouveau à un type hors de mode dont il s'était interdit l'exploitation en donnant *Mélite*. *La Mort d'Agrippine* de Cyrano, où l'héroïne ne meurt pas et porte un nom si connu qu'on doit la croire à tort mère de Néron, est une insolente parodie à visée plus philosophique que théâtrale et qui pourtant, en les détournant de leur fin première, réutilise en en montrant l'artifice, les types, les structu-res et les lieux communs des pièces de la tradition. Quand Tristan écrit une comédie, il fait *Le Parasite*, dont la typologie malignement convenue peut se comparer à celle de *L'Illusion*. Quand il écrit une pastorale, il reprend une comédie de Rotrou, *Célimène*, vraie pastorale déguisée, il la décrypte, il y introduit des satyres plus aimablement salaces que ceux de la pastorale traditionnelle, et cela donne *Amarillis*.

Telle nous apparaît la variété des sources pouvant nous renseigner sur la lettre et l'esprit de la vision « classique » du théâtre. Décidément, si beaux que restent les vers de *L'Art poétique*, Boileau ne suffit pas à nous en donner une idée vraiment juste. Encore n'avons-nous guère évoqué les simples amateurs, ceux qui écrivent pour le plaisir après une représenta-tion ou une lecture, comme le Balzac de certaines lettres et surtout comme Mme de Sévigné. Le *Corpus* de Raymond Picard et les *Recueils* de Georges Mongrédien peuvent faire estimer l'ampleur et l'importance de leur contribution à l'édifice critique. Et Saint-Evremond à lui seul peut nourrir une réflexion sur ce que la science et le goût ont pu inspirer au public cultivé de son temps.

*
* *

Les idées et les jugements dispersés dans des textes de nature très variée ne peuvent s'en dégager utilement pour nous que moyennant cer-taines précautions. On ne peut se contenter d'une interprétation littérale des pages ici évoquées. Pour nous borner à quelques exemples, on ne peut lire la *Préface* du *Tartuffe* avec les mêmes yeux que la *Lettre sur la comédie de l'Imposteur* : celle-ci est une défense du poète à un moment où sa comé-die subit encore persécution ; celle-là, écrite deux ans plus tard, et par Molière lui-même, laisse percer la joie du triomphe sous l'apparence du plaidoyer ; la *Critique de Bérénice* de l'abbé de Villars semble d'abord au lecteur non initié contenir plus d'éloges que de reproches (Racine, lui, ne s'y était pas trompé). Le respect des Anciens, périodiquement rappelé comme un dogme par les savants en *-us*, s'exprime d'une toute autre manière dans la *Préface* de *La Suivante* de Corneille, présentée sous la forme d'une *Épître*, ou dans l'*Avis au lecteur* des *Plaideurs*, ou dans telle scène d'allure insolente de *La Critique de l'École des femmes*.

Le dessein de ceux qui écrivent sur le théâtre varie selon plusieurs paramètres. Le destinataire d'abord : le dédicataire qu'il convient de flatter tout en lui donnant de discrètes leçons; le docte académicien devant lequel il faut faire preuve de science, au moins théorique; les honnêtes gens cultivés pour lesquels s'écrivent certaines préfaces et les collègues ou les rivaux auxquels on en destine d'autres; le «peuple» enfin, comme on disait, qui est curieux de spectacle et qui va au théâtre pour se divertir. Le genre utilisé ensuite: lettre d'apparat, lettre familière, discours, traité, dialogue de comédie ou de tragédie. Le moment enfin: le ton et les arguments varient selon l'état de paix ou l'état de guerre où se trouvent les lettres, et particulièrement la littérature dramatique. Le temps de la querelle du *Cid*, ou de celle de *Tartuffe*, celui de la querelle des Anciens et des Modernes obligent à aiguiser sa plume d'une tout autre manière que les années où l'on ne songe pas encore à se révolter contre les doctes ou celles où le goût aulique et mondain impose sa marque à toute œuvre poétique.

Pourtant, tout au long du siècle, les doctrines des uns et des autres se nuancent, s'opposent ou se combattent à partir d'un fonds commun, qu'on voudrait maintenant définir en quelques mots:

— Comme toute production littéraire, le poème de théâtre s'inscrit dans une tradition, dont la source est antique: Aristote et Horace, Euripide et Plaute ou Térence. Mais il est fait aussi «pour les gens de maintenant». Le meilleur hommage que l'on puisse rendre aux Anciens est l'imitation originale. Double principe, différemment dosé, mais sous-jacent à toutes les grandes œuvres, et dont on pourrait trouver l'expression symbolique dans la scène de *Saint Genest* où Rotrou semble faire l'éloge d'un dramaturge ancien en faisant celui de Corneille.

— Le théâtre dit «classique» entend obéir à la règle de la distinction des genres. Il s'y soumet en effet, mais avec toute une série de nuances: la comédie peut, en se réclamant d'Horace, s'élever jusqu'au pathétique: avant *Tartuffe*, avant *Le Misanthrope*, les pièces du jeune Corneille, toutes comiques qu'elles étaient, se teintaient volontiers de mélancolie: ainsi *Mélite*, ainsi *La Suivante*; inversement, la tragédie use volontiers de procédés réservés, croit-on, à la comédie: évoquons seulement la feinte plaisante et cruelle du roi dans *Le Cid*, qui subsiste lors même que la pièce s'intitule tragédie, ou la transposition, dans *Mithridate*, du piège tendu par Harpagon à son fils et qui permet de connaître qu'il est son rival. Les genres modernes, comme la pastorale, la tragi-comédie et la comédie-ballet, peuvent jouer de tout l'éventail des tons et des genres, à condition qu'il s'agisse, non d'une rhapsodie, mais d'une intégration des éléments dans un ensemble unifié.

— Faire œuvre d'auteur dramatique, c'est vouloir plaire à un public varié: si les mondains se laissent volontiers prendre à l'illusion du «vrai», les connaisseurs sont surtout sensibles à l'art du poète, c'est-à-dire à l'artifice. Mais les véritables amateurs de spectacle réclament les deux à la fois. L'art dramatique, parvenu à sa maturité, permet parfaitement cette paradoxale alliance. Et les poètes doivent connaître cet «art» dont parle La

Bruyère, qui fait « rentrer dans la nature ». C'est que le théâtre mis en
scène est reflet du théâtre du monde, où tout est à la fois vérité et mensonge.

A la fin de *La Galerie du Palais* (1632-33), on a conclu deux mariages.
La malicieuse suivante Florice suggère à la mère d'une des jeunes filles et
au père de l'autre de constituer un troisième couple. A quoi répond
Chrysante, la mère d'Hippolyte :

> Outre l'âge en tous deux un peu trop refroidie,
> Cela sentirait trop sa fin de comédie.

C'est en effet une fin de comédie. Le jeune Corneille avait déjà le sens de
l'ambiguïté de l'œuvre théâtrale, type de poème où le jeu physique et la
profération orale imposent une présence qui est peut-être aussi absence,
mystère, et parfois plaisante mystification.

Postface

Le théâtre dans les collèges génovéfains
(XVII-XVIIIᵉ siècle)

Nous savons que le théâtre scolaire est une institution assez ancienne en France. D'abord conçu comme divertissement, pour rompre la monotonie d'années scolaires sans les vacances que nous connaissons, le théâtre fut intégré à l'enseignement à la Renaissance, les pièces sont jouées en latin, les sujets inspirés des écrivains de l'antiquité. Tous les collèges de Paris et de province donnaient une ou plusieurs fois par an, à l'occasion de la distribution des prix, des représentations théâtrales, et comme l'a montré Gofflot[1], cette pratique s'étendait largement hors de France et était également courante en Angleterre au XVIᵉ siècle.

Les Jésuites, dont une des vocations était l'enseignement, ont fait du théâtre scolaire une partie intégrante de leur éducation. Dans le *Ratio docendi et discendi* de 1685, le Père Jouvancy explique que la tragédie doit servir à former les mœurs. C'est pourquoi il faut traiter de sujets graves et religieux, s'abstenir de tout amour profane, de tout personnage de femme.

Non seulement les représentations théâtrales permettaient aux jeunes élèves de se familiariser avec les auteurs classiques ou l'Histoire Sainte, mais aux XVIIᵉ et XVIIIᵉ siècles apparaissent deux autres arguments en faveur du théâtre : d'une part il permet aux jeunes gens d'acquérir « de la grâce et de l'assurance » et, comme le dit si bien le Mercure Galant de 1739, « il donne aux écoliers un certain air d'aisance et d'honnête liberté qui distingue la jeune noblesse, tant française qu'étrangère »[2], d'autre part il fournit aux spectateurs un divertissement très apprécié à une époque où ceux-ci étaient rares.

Bien que l'enseignement ne fut pas pour eux une activité essentielle et ne les ait jamais enrichis, les Génovéfains avaient quelques collèges, dont l'importance et le nombre des élèves n'égalèrent jamais ceux des

---

1. Gofflot, *Le Théâtre au collège*, p. 65 et sq.
2. Cité par Boysse, *Le Théâtre des Jésuites*, p. 102.

Jésuites[3]. Les deux plus importants étaient Saint-Vincent de Senlis, 1626-1771 et Sainte-Geneviève de Nanterre, 1637-1766. Trois autres collèges moins importants ont été établis à Chartres, séminaire de St Chéron, 1629-169?, Meaux tenu par les Génovéfains de 1661 à 1737 et Noyon tenu par eux de 1683 à 1792. Ces collèges avaient des effectifs relativement réduits, 40 à 150 pensionnaires, ce qui n'atteint pas, de loin, le niveau des collèges de Jésuites tel qu'il nous est donné par l'enquête de 1668 : 794 élèves au collège de Bordeaux, 764 à Tours, 1169 à Nantes, 300 à Chaumont[4], chiffres qui baissent sensiblement lors de l'enquête de 1685. Ils étaient destinés à former des élites et à servir de vivier à la congrégation et étaient ouverts aux enfants de familles nobles ou bourgeoises que l'on accueillait dès leur plus jeune âge pour avoir la chance de retenir les meilleurs éléments, ce qui était souvent le cas, puisqu'au XVIIe siècle un tiers des élèves de Nanterre et de Senlis entrèrent chez les Génovéfains.

L'austérité bien connue des Génovéfains ne les poussait pas à introduire le théâtre dans leurs collèges, mais ils durent céder au goût du temps et adopter une pratique si répandue bien que controversée. Nous avons en cela un témoin précieux dans les *Nouvelles ecclésiastiques* du 3 juillet 1747 qui rapporte que l'abus des représentations théâtrales avait à Saint-Vincent peu à peu disparu et que celles-ci avaient été abolies par le Révérend Père Scoffier, quand ce dernier est éloigné en 1730 pour cause d'opposition à la Bulle *Unigenitus* et remplacé par Père Roger comme prieur. Le Père Roger introduit alors la comédie avec la tragédie et va même jusqu'à organiser des danses, qui eurent si grand succès au moment du Carnaval que la représentation fut reprise le lendemain.

Les règles du théâtre scolaire sont bien connues : point d'amour, point de femmes, des sentiments décents. Il ne faut pas risquer les jeunes acteurs âgés de 15 à 17 ans que l'on espère recruter dans les ordres. Cela entraîne à modifier les personnages, à supprimer tout ce qui peut rappeler l'amour profane. Les régents composaient le plus souvent les tragédies représentées, mais n'hésitaient pas à s'inspirer de pièces connues qu'ils modifiaient sans le moindre scrupule. Nous avons de nombreux échos de cette pratique. C'est ainsi que le ms 2468 de la Bibliothèque Sainte-Geneviève nous a conservé le texte de « *Pompée*, tragédie (de Corneille) raccommodée pour la bienséance du collège de Nanterre ».

Quand il le fallait, les régents modifiaient l'argument, travestissaient en hommes les rôles de femmes, transformaient les sentiments amoureux aux dépens de toute vraisemblance, mais la vraisemblance importait peu. Le rédacteur des *Nouvelles ecclésiastiques* du 3 juillet 1747 critique

---

3. Tous les collèges dont nous avons gardé la trace ferment ou sont retirés aux Genovéfains pour cause de mauvaise gestion financière : Meaux en 1720, Nanterre transformé en école militaire en 1766 est finalement cédé à un particulier que le collège ruine, Senlis en 1771. Seul Noyon est tenu par les Génovéfains jusqu'à la Révolution. A ces difficultés financières s'ajoutaient les critiques de jansénisme.

4. P. de Dainville, *L'Éducation des Jésuites*, p. 138.

vivement l'adaptation qui a été faite du *Démocrite* de Regnard. Il avance, non sans raison, que les jeunes gens se reporteront à l'original et que la transformation en jeune homme du rôle de Crysis, jeune fille chez Regnard, rend les sentiments incompréhensibles.

De même nous savons que Voltaire se plaint amèrement qu'un régent de collège ait fait des additions et corrections à sa pièce *La Mort de César*, qui était parfaite pour un collège, car, écrit-il : « Il n'y a point de femmes dans cette pièce ; il n'est question que de l'amour de la patrie »[5].

Il faut noter au passage que si les rôles de femmes étaient interdits aux garçons et ont vite disparu chez les Jésuites, il n'y avait apparemment pas la même réserve chez les filles puisque les pensionnaires de Saint-Cyr jouèrent des rôles de garçon dans *Cinna* et *Andromaque*, puis *Esther* avec musique dès 1689 avec grand succès et *Athalie* à la fin de 1690.

Le répertoire

Les cinquante-trois programmes que nous avons pu retrouver de représentations données à l'occasion de la distribution des prix dans les collèges génovéfains des années 1657 à 1757 nous donnent la possibilité de suivre l'évolution du goût pendant une centaine d'années.

A étudier les titres des pièces représentées, il n'est pas étonnant de retrouver, avec un certain décalage dans le temps, le reflet des succès de l'époque et les thèmes traités par les grands auteurs, Corneille et ses contemporains : Rotrou, Quinault, Thomas Corneille, Racine, Regnard, Voltaire. On trouve également des pièces à succès des Jésuites en particulier les *Incommodités de la grandeur*.

Les sujets des tragédies représentées sont tirés de l'antiquité grecque : *Phylotas, Pyrhus, Idoménée, La Mort d'Achille, Adraste*, ou romaine *Aulus Posthumus, La Mort d'Annibal, Prusias, La Mort de Pompée, La Mort de César, Stilicon*.

On trouve quelques exemples tirés de l'histoire contemporaine : *Demetrius*, grand duc de Moscovie, cette histoire arrangée de Boris Godounov fut un thème abondamment représenté dans les collèges jésuites de France, *Lescus ou l'amitié couronnée*, représenté deux fois à Saint-Vincent de Senlis et à Sainte-Geneviève de Nanterre, où l'on voit Lescus refuser le trône de Pologne pour ne pas bannir son ami Godovic, *Ramir ou le beau-fils généreux*, où le fils naturel de Sanche IV de Navarre défend sa belle-mère accusée d'adultère par son propre fils. Cette pièce est représentée en 1658 à St Vincent. Il faut rapprocher cette date de la création du *Cid* en 1635.

Les « tragédies chrétiennes » : *Sébastien*, joué en 1702, 1714, 1722, *Jodoxe martyr*, joué en 1705, *Celse*, joué en 1750, auxquelles on peut joindre *Solyman*, joué en 1701 et 1723 et *Abdulasis converti*, joué en

---

5. Cité par Gofflot, *Le Théâtre au collège*, p. 179.

1658, mettent en scène des conversions ou des chrétiens héroïques, qui préfèrent la mort à l'abjuration. Elles sont à rapprocher de *Polyeucte* et de *Théodore, vierge et martyre* publiés par Corneille en 1643 et 1645, ainsi que du *Saint Genest* de Rotrou, 1646.

Certains de ces thèmes ont connu un succès énorme, *Celse* a été représenté dix fois dans les collèges de jésuites et ailleurs de 1646 à 1700.

Comme cela est normal dans des collèges qui servent également de séminaires, les sujets tirés de l'Ancien Testament sont nombreux : *Daniel* joué en 1662 à Saint-Vincent de Senlis et en 1705 à Sainte-Geneviève de Nanterre ; *Jonathas*, 1729, *Benjamin* 1736, 1751, *Absalon*, 1734, 1745 : *Jonathas Machabée*, 1746. Ces thèmes sont également représentés chez les Jésuites, en particulier *Daniel*, joué six fois de 1624 à 1698.

Quelques rares représentations s'inspirent de l'histoire de France. Saint Louis est le sujet de trois tragédies : en 1662 *Ludovic captus*, 1717, *Saint Louis, roi de France* et 1725 *Saint Louis en Palestine* ; mais également *Clotaire premier*, où Clotaire fait périr son fils Chramme avec l'aide de son autre fils Childebert, représenté deux fois en 1742 à Noyon et 1744 à Nanterre.

Ces thèmes semblent propres aux Génovéfains et ne se retrouvent guère chez les Jésuites. Ils indiquent l'attachement à la monarchie des chanoines de la congrégation de France, dont l'Abbaye avait servi de nécropole royale. La collection des portraits des rois de France, qui décorait le Cabinet de curiosités de l'Abbaye Sainte-Geneviève, en est un autre témoignage.

Au début, seule la tragédie est représentée chez les Génovéfains, de sensibilité janséniste, alors que les comédies sont présentes très tôt dans les collèges jésuites. Nous n'avons gardé que très peu de titres de comédies jouées à Nanterre et à Senlis. Elles sont souvent reprises d'auteurs profanes, à l'exception du succès du Père Jean-Antoine du Cerceau, jésuite, dont la pièce *Grégoire ou les Incommodités de la grandeur* créée en 1717 au Collège de Clermont, puis rejouée en 1721 et en 1727, fut donnée au Collège de Meaux en 1722 et en 1734 à Saint-Vincent de Senlis.

Les autres comédies dont nous avons gardé la trace sont *Le Glorieux*, d'après Philippe Néricault Destouches joué en 1736 à Senlis et en 1750 à Nanterre ; deux pièces de Regnard : *Démocrite à la cour*, joué en 1739 et en 1746 à Senlis et *Le Légataire universel* joué en 1751 à Senlis et en 1778, après le départ des Génovéfains, au Collège de Meaux. Il faut remarquer que, contrairement à la pratique du siècle précédent, les auteurs contemporains entrent au répertoire au xviiie siècle.

Trois autres pièces doivent être dues aux régents : *Les Mécontens*, joués en 1729 à Senlis, en 1742 à Noyon et en 1744 à Nanterre. Inspirée d'Horace et de Lucien, la pièce exhorte à se contenter de peu. Quatre artisans, mécontents de leur sort, font appel à un sorcier qui leur montre un homme fortuné réduit au désespoir par la banqueroute. *L'Homme de fortune*, joué en 1748 à Senlis, raconte les dépenses extravagantes d'un négociant enrichi de Nantes et *La Métromanie*, jouée en 1757 à Sainte-

Geneviève de Nanterre, met en scène un amour excessif de la poésie. Sauf la dernière, toutes ces comédies ont des intentions morales avouées et mettent en garde la jeunesse contre les tentations de l'argent ou de la gloire. Elles ont des connotations aristocratiques marquées.

Quant au ballet, introduit à la cour au XVIIᵉ siècle et bientôt chez les jésuites pour rompre la monotonie des représentations, il n'est que fort peu présent chez les Génovéfains et seulement à Sainte-Geneviève de Nanterre. Dès 1696, un ballet intitulé *Les Désirs de la paix* est donné dans le théâtre du Collège de Nanterre. Mais il faut attendre 1744 pour qu'apparaisse un autre ballet, *Jupiter vengé*, sur une musique de Rameau. En 1750, 1753 et 1757, sont mentionnées des danses de M. Dévaux, maître de ballet. En 1753, toujours à Nanterre, eut lieu une représentation du *Bourgeois gentilhomme*, comédie-ballet de Molière, la seule apparition, bien tardive, de cet auteur sulfureux, mais qui a ce trait commun avec les autres comédies représentées qu'elle ridiculise un parvenu. Point de ballet à Saint-Vincent de Senlis, mais, en 1751 seulement, la mention de danses de M. Magny, maître de danse.

C'est pour les représentations données à Sainte-Geneviève de Nanterre que nous avons conservé le plus de programmes avant que le collège d'humanités ne devienne école militaire. Le répertoire est assez différent de celui de Saint-Vincent de Senlis. Il comprend davantage de sujets de l'antiquité et moins de sujets de l'Ancien Testament qu'à Saint-Vincent. Les comédies y apparaissent plus tard. A Saint-Vincent de Senlis, on trouve davantage de tragédies à sujets d'histoire moderne ou nationale, et jamais de ballets, ce qui n'est pas surprenant dans un établissement dont la finalité religieuse était plus accentuée qu'à Sainte-Geneviève.

Très tôt, le théâtre au collège avait fait l'objet de vives critiques, de la part de l'Université particulièrement. Rollin, dans son *Traité sur les études* en 1726, en avait souligné les dangers : perte de temps pour les régents qui composent les tragédies, perte de temps pour les écoliers qui apprennent les rôles et font des répétitions, dépenses excessives en costumes et décors, risque de dissipation enfin.

Quarante ans plus tard, les Jésuites étaient expulsés de France et les représentations théâtrales prennent fin avec eux. A partir de 1764, que ce soit à Saint-Vincent de Senlis ou à Sainte-Geneviève de Nanterre, des exercices publics remplacent tragédies et comédies lors des distributions de prix. L'histoire ne dit pas si le public y trouve son compte !

Aujourd'hui, par un juste retour des choses, l'Université a retrouvé le goût du théâtre et en fait un objet d'étude. Que ce petit texte, écrit pour honorer Jacques Morel, qui préside avec tant d'autorité souriante le conseil de la Bibliothèque Sainte-Geneviève, lui rappelle qu'il s'inscrit dans une tradition ancienne de notre maison.

Geneviève BOISARD
Bibliothèque Sainte-Geneviève

BIBLIOGRAPHIE

BOYSSE (Ernest) : *Le Théâtre des Jésuites* ; Paris : Henri Vaton, 1880, 370 p.

DAINVILLE (François de) : *L'Éducation des Jésuites* (XVI-XVIIIᵉ siècles). Textes réunis et présentés par Marie-Madeleine Compère ; Paris : Les Éditions de Minuit, 1978, 575 p. (le Sens Commun).

DESGRAVES (Louis) : *Répertoire des programmes des pièces de théâtre jouées dans les collèges de France (1601-1700)* ; Genève ; Droz ; Paris ; Champion, 1986, 198 p. (Histoire et civilisation du livre ; 17).

GOFFLOT (L.V.) : *Le Théâtre au Collège du Moyen-Age à nos jours* ; Paris : Librairie Honoré Champion, 1907, 336 p.

COMPERE (Marie-Madeleine), JULIA (Dominique) : *Les Collèges français 16ᵉ-18ᵉ siècles. Répertoire* ; Paris : INRP-CNRS, 1984-1988. 2 volumes parus (1 : France du Midi ; 2 : France du Nord et de l'Ouest).

Outre les ouvrages cités, tout cet article doit beaucoup aux recherches de Nicolas PETIT sur le fonds ancien de la Bibliothèque Sainte-Geneviève.

TABULA GRATULATORIA

ABEL André (Chatel-sur-Moselle)
ABIRACHED Robert (Université Paris X)
ABRAHAM Claude (Univ. de Californie-Davis)
ABREU Graça (Université de Lisbonne)
AKAGI Shozo (Université d'Osaka)
ARIS Daniel (Université de Rouen)
AULOTTE Robert (Université Paris IV)
AUTRAND Michel (Université Paris IV)
AVIGDOR Éva (Université d'Haïfa)

BACHELARD Suzanne (Paris)
BAENZIGER E.J. (Paris)
BAILBE Jacques (Université Paris IV)
BALMAS Enea (Université de Milan)
BAUSTERT Raymond (Université de Luxembourg)
BEAUDIN Jean-Dominique (Université Paris IV)
BECQ Annie (Université de Caen)
BELLENGER Yvonne (Université de Reims)
BERLING Philippe (Les Lilas)
BERRENDONNER
   Marie-Françoise (Bourg-en-Bresse)
BERTAUD Madeleine (Université Strasbourg II)
BERTIERE Simone (Université Bordeaux III)
BERTRAND Dominique (Université des Antilles)
BESSEDE Robert (Université Montpellier III)
BETHERY Marianne (Univ. Clermont-FD II)
BEUGNOT Bernard (Université de Montréal)
BIET Christian (E.N.S. Fontenay-St-Cloud)
BLANC André (Univ. Paris X, Nanterre)
BOISARD Geneviève (Bibl. Ste-Geneviève)
BORDES Hélène (Université de Limoges)
BOULOGNE Jacques (Université Lille III)
BOUTTET Stephan (Université Rennes II)
BOUYSSE Patrice (Londres)
BRASSEUR Annette (Université Lille III)
BRAY Bernard (Université de la Sarre)
BRODY Jules (Dekalb)
BRUNEL Jean (Université de Poitiers)
BRUNEL Pierre (Université Paris IV)
BURY Emmanuel (Université de Reims)

CADOT Michel (Université Paris III)
CALAME Alexandre (Université de Californie)
CALLEGARI Jean-Pierre (Saint-Saulve)
CANOVA-GREEN
   Marie-Claude (Jesus College, Oxford)
CANTILLON Alain (Paris)
CARRIAT Amédée (Tercillat)

CARRIER Hubert (Université de Tours)
CASTELLANI
   Marie-Madeleine (Université Lille III)
CAZAURAN Nicole (Université Paris IV)
CECCHI Annie (Université Paris IV)
CHARPENTIER Françoise (Université Paris VII)
CHAUVEAU Jean-Pierre (Université de Nantes)
CHEDOZEAU Bernard (Rectorat de Paris)
CHEVALLEY Bernard (Paris)
CHUPEAU Jacques (Université de Tours)
CITRON Pierre (Université Paris III)
COLLINET Jean-Pierre (Université de Dijon)
COLLINS Kathleen (Université de Temple, Philadelphie)
CONESA Gabriel (Université Paris IV)
CORNUD Mireille (Université Paris III)
COULET Henri (Université d'Aix-Marseille)
COURT Marc (Paris)
CUCHE François-Xavier (Université Strasbourg II)
CUENIN-LIEBER Mariette (Mulhouse)

DALLA VALLE Daniela (Université de Turin)
DAMBRE Marc (Université Paris III)
DANDREY Patrick (Université Paris III)
DARTEVELLE Olivier (Monthureux-sur-Saône)
DARTEVELLE-MOREL
   Jeanne (Monthureux-sur-Saône)
DEBON Claude (Université Paris III)
DECLERCQ Gilles (Université Paris IV)
DELIBES Louis (Reims)
DELMAS Christian (Université Toulouse II)
DEMERSON Geneviève (Univ. Clermont-FD II)
DEMERSON Guy (Univ. Clermont-FD II)
DEMORIS René (Université Paris III)
DESNE Roland (Université de Reims)
DHUICQ Bernard (Université Paris III)
DOSMOND Simone (Université Bordeaux III)
DOTOLI Giovanni (Université de Bari)
DOTTIN Georges (Université Lille III)
DUBOIS Claude-Gilbert (Université Bordeaux III)
DUBU Jean (Antony)
DUCHENE Roger (Université Aix-Marseille I)
DUFOURNET Jean (Université Paris III)
DUTERTRE Eveline (Université Paris XII)

ELLRODT Robert (Université Paris III)
EMELINA Jean (Université de Nice)

FAUROUX Roger   (Paris)
FAYOLLE Roger   (Université Paris III)
FONGARO Antoine   (Homps)
FORESTIER Georges   (Université de Reims)
FRAGONARD
    Marie-Madeleine   (Université Montpellier III)
FUMAROLI Marc   (Collège de France)

GARAGNON Anne-Marie   (Université Paris IV)
GARAPON Jean   (Université de Brest)
GETHNER Perry   (Université d'Oklaoma)
GLATIGNY Michel   (Marcq-en-Baroeul)
GODARD de DONVILLE
Louise   (Université de Pau)
GODENNE René   (Université de Liège)
GONZALEZ Christophe   (Cahors)
GOSSIP Christopher   (Université
                              de New England)
GOVINDANE Arimadavane   (Univ. Clermont-FD II)
GOYET Thérèse   (Univ. Clermont-FD II)
GRAGG Michèle   (Rosary College,
                              River Forest)
GRAZIANI Antoine   (Paris)
GRIESBECK Jean-Joël   (Université de Metz)
GRISE Catherine   (Université de Toronto)
GUEDJ Colette   (Université de Nice)
GUELLOUZ Suzanne   (Université de Caen)
GUICHARDET Jeannine   (Université Paris III)
GUICHEMERRE Roger   (Université Paris IV)
GUILLUMETTE Doris   (Hatfield)
GUITTON Edouard   (Université Rennes II)
GUTWIRTH Marcel   (Cuny Graduate School,
                              New York)

HALL Gaston H.   (Université de Warwick)
HARRINGTON Thomas   (Paris)
HAUSSER Michel   (Université de Strasbourg)
HENNEQUIN Jacques   (Université de Metz)
HEPP Noémi   (Université de Strasbourg)
HIMELFARB Hélène   (Musée de Versailles)
HORVILLE Robert   (Université Lille III)
HOURCADE Philippe   (Université de Mulhouse)
HOWE Alan   (Université de Liverpool)

JACKSON G. Donald   (Univ. Winters,
                              College York)
JEANDET Jean-Claude   (Montluçon)

KIM Keun-Talk   (Université de Yonsei)
KIRSOP Wallace   (Monash Université)
KITE Barry   (Université de Birmingham)
KOWZAN Tadeusz   (Université de Caen)
KRAEMER Irène   (Carthage College,
                              Kenosha)

LANAVERE Alain   (Université Paris IV)
LANTIER André   (Vallauris)
LARTHOMAS Pierre   (Université Paris IV)
LAUGAA Maurice   (Université Paris VII)

LEFORT Eugène   (Riorges)
LEINER Wolfgang   (Université de Tübingen)
LEROY Jean-Pierre   (Université d'Orléans)
LEROY Pierre   (Amiens)
LESTRINGANT Frank   (Université Lille III)
LIEVRE Bernard   (Paris)
LOPEZ Denis   (Université Bordeaux III)
LOTY Laurent   (Paris)
LYONS John D.   (Univ. de Charlottesville)

MALANDAIN Pierre   (Université Lille III)
MALLET Nicole   (Université d'Alberta)
MALLINSON Jonathan   (Trinity College)
MALQUORI FONDI
    Giovanna   (Université de Naples)
MANSAU Andrée   (Université Toulouse II)
MARCHAL Bertrand   (Université de Reims)
MARIN Louis   (E.H.E.S.S. Paris)
MARMIER Jean   (Université Rennes II)
MAS Marie-Pierre   (Épinal)
MASSIP Louis   (Pessac)
MAURICE Sylvie et Claude   (Uxegney)
MAY Georges   (Université de Yale)
MAZOUER Charles   (Université Bordeaux III)
MENARD Philippe   (Université Paris IV)
MERLIN Hélène   (Université Lyon II)
MESNARD Jean   (Université Paris IV)
MEURILLON Christian   (Université Lille III)
MICHEL J.   (Université Lille III)
MILLER Maria   (Nicosie)
MILLY Jean   (Université Paris III)
MILNER Max   (Université Paris III)
MONGREDIEN Jean   (Université Paris IV)
MOREL Denise   (Paris)
MOREL Mary-Annick   (Université Paris III)
MOUDOUES Rose Marie   (Soc. d'Histoire du Théâtre)
MOUREAU François   (Université de Dijon)
MOYNIER Thierry   (St Julien-en-Genevois)
MULLER Jean   (Université Strasbourg III)

NAKAM Géralde   (Université Paris III)
NELSON Robert J.   (Université d'Urbana)
NEPOTE Fanny   (Université Toulouse II)
NERAUDAU Jean-Pierre   (Université de Reims)
NIDERST Alain   (Université de Rouen)
NOLLET Raymonde   (Sceaux)
NOSJEAN Madeleine   (Université Paris X)

PANTIN Isabelle   (La Celle Saint Cloud)
PASQUIER Pierre   (Université Grenoble III)
PETITMENGIN Pierre   (E.N.S. Paris)
PEYRONNET Pierre   (Paris)
PHILLIPS Henry   (Emmanuel College,
                              Cambridge)
PINEAUX Jacques   (Auxerre)
PANTIE Jacqueline   (Université Aix-Marseille I)
POIRIER Germain   (La Baule)
POL Ernest   (Peymeinade)

PRIGENT Michel (Paris)
PROBES Christine M. (Université de So. Florida)
PUZIN Claude (Paris)

RAVOUX-RALLO
Élisabeth (Université Aix-Marseille I)
REDONDO Augustin (Université Paris III)
REULOS Michel (Paris)
RIFFAUD Alain (Le Mans)
ROBIC Sylvie (Paris)
ROHOU Jean (Université Rennes II)
ROMDHANE André-Marie (Vayrac)
RONZEAUD Pierre (Université Aix-Marseille I)
ROUSSET Jean (Université de Genève)

SABA Guido (Université de Rome)
SACOTTE Mireille (Université Paris III)
SANCHEZ José (Saint-Pierre-du-Mont)
SCHERER Jacques (Université Paris III)
SCHRODER Volker (Université de Tübingen)
SEGALEN Auguste (Porspoder)
SELLIER Isabelle (Reims)
SELLIER Philippe (Université Paris IV)
SERROY Jean (Université Grenoble III)
SHORT J. Patrick (Université de Sheffield)
SIMON Marcel (Université de Caen)
SOARE Antoine (Université d'Alberta)
SOLER Patrice (Paris)

STENZEL Harmut (Univ. Karl-Glöckner, Giessen)
SWEETSER Marie-Odile (Université d'Illinois)
TASCA Valeria (Université Paris III)
TISSIER André (Université Paris III)
TOBARI Tomoo (Université de Tokyo)
TOBIN Ronald W. (Université de Californie-Santa-Barbara)
TONNET Éliane (Paris)
TROUBETZKOY Wladimir (Université Lille III)
TRUCHET Jacques (Université Paris IV)
VAN DELFT Louis (Université Paris X)
VIALA Alain (Université Paris III)
VOISINE Jacques (Université Paris III)
WAGNER Marie-France (Montréal)
WENTZLAFF-EGGEBERT
Christian (Université de Cologne)
YON Bernard (Université de Saint-Étienne)
ZIMMERMANN Éléonore M. (Suny at/Stony Brook, New York)
ZOTOS Alexandre (Université de Saint-Étienne)
ZUBER Roger (Université Paris IV)

Bibliothèque Ste-Geneviève (Paris)
Bibliothèque de la Sorbonne (Paris)
Bibliothèquede l'E.N.S. (Fontenay aux Roses)
Bibliothèque de l'Université (Université de Metz)
Bibliothèque de l'Université (Université de Princeton)
Bibliothèque de l'Université (Université de Reims)
Bibliothèque de Français (Université Bordeaux III)
Bibliothèque A.M. Schmidt (Université Lille III)
Bibliothèque Blaise Pascal (Clermont-Ferrand)
Bibliothèque Gaston Baty (Université Paris III)
Bibliothèque Universitaire (Université d'Avignon)
Bibliothèque Universitaire (Université de Tours)
École Normale Supérieure (Paris)

Librairie « A la Sorbonne » (Nice)
Librairie « Sous la Lampe » (Paris)
Librairie P.U.F. (Paris)
Librairie Roger J. Segalat (Lausanne)
Romanisches Seminar (Westfolische Wilhelms Université)
Romanisches Seminar (Université de Cologne)
Séminaire de Litt. Française (Université de Berne)
The Library (Trinity College, Oxford)
U.F.R. Lettres & S. Humaines (Université de Reims)
U.F.R. Lettres, Lgages, Mus. (Univ. Toulouse-le-Mirail)
Université de Caen (Université de Caen)

Table des matières

III
COMÉDIE ET PASTORALE

IV
CONFRONTATIONS

ACHEVÉ D'IMPRIMER
LE 6 AVRIL 1991
SUR LES PRESSES DE
DOMINIQUE GUÉNIOT
IMPRIMEUR A LANGRES

DÉPÔT LÉGAL: AVRIL 1991
Nº D'IMPRIMEUR: 1949